Marcus Hajek

Pathologie und Therapie der entzündlichen Erkrankungen der

Nebenhöhlen der Nase

Marcus Hajek

Pathologie und Therapie der entzündlichen Erkrankungen der Nebenhöhlen der Nase

ISBN/EAN: 9783743357525

Hergestellt in Europa, USA, Kanada, Australien, Japan

Cover: Foto ©ninafisch / pixelio.de

Manufactured and distributed by brebook publishing software (www.brebook.com)

Marcus Hajek

Pathologie und Therapie der entzündlichen Erkrankungen der

Nebenhöhlen der Nase

Pathologie und Therapie

der

entzündlichen Erkrankungen

der

Nebenhöhlen der Nase.

Von

Dr. M. HAJEK

Docent an der k. k. Universität Wien.

Mit 89 grösstentheils Originalabbildungen.

LEIPZIG und WIEN.

FRANZ DEUTICKE.

1899.

VORWORT.

Bereits im ersten Jahre meiner Assistentenzeit, im Jahre 1887, reifte
in mir der Plan, den Hörern der laryngo-rhinoskopischen Vorlesungen
propädeutische Curse über Anatomie des Kehlkopfes und der Nase zu
lesen, um ihnen die Pathologie leichter zugänglich zu machen. In Folge
des wohlwollenden Entgegenkommens meines verehrten Chefs, weiland
Regierungsrath Professor Schnitzler's, konnte ich diesen Plan bald zur
Ausführung bringen. Schon nach den ersten Cursen legte ich das
Hauptgewicht auf die Darstellung der Anatomie der Nase und ihrer
Nebenhöhlen, und dies aus dem Grunde, weil ich fand, dass die Unkenntnis auf diesem Gebiete zumeist die Schuld daran trug, dass die
Frequentanten der Curse keine oder nur ungenügende Fortschritte
in der Diagnostik der Nasenkrankheiten machten.

Je länger ich diese propädeutischen Curse las, umsomehr leuchtete
mir deren Nützlichkeit ein. Mit der fortschreitenden Erkenntnis der
Erkrankungen der Nebenhöhlen war ich stets mehr und mehr
in die Lage gekommen, die anatomischen Verhältnisse zur Beantwortung der complicirten Fragen der Pathologie und Therapie
heranzuziehen, und bald leuchtete es meinen Schülern ein, dass zur
Aneignung eines gründlichen Wissens auf rhinologischem Gebiete
die genaue Kenntnis der Anatomie unerlässliche Bedingung ist.

Das Hauptobject meines Unterrichtes bildete Jahre lang nur das
anatomische Präparat. Für die Herstellung instructiver Präparate für
meine Curse habe ich eine enorme Zeit geopfert. Ich habe dies aber
nicht zu bereuen, denn ich kann sagen, dass diese Zeit meine beste
Lehrzeit gewesen, wo ich die meisten Anregungen erhalten habe, und
so bewahrheitet sich auch hier wieder der Satz: „docendo discimus."

Meine ursprünglichen Curse über Anatomie der Nase und der
Nebenhöhlen verquickte ich im Laufe der letzten Jahre so innig mit
der Pathologie und Therapie der Krankheiten der Nase und deren

*

Nebenhöhlen, dass daraus ein systematischer Demonstrationscurs entstanden ist, welcher in Folge seines umfangreichen Inhaltes von dem praktischen Curse vollkommen getrennt werden musste.

Die Zahl meiner Hörer, welche im Verlaufe der letzten zehn Jahre an diesen Cursen theilgenommen haben, und die sich aus allen Ländern der Welt recrutiren, beträgt nunmehr über 1100, obwohl ich mich erst seit kaum einem Jahre des legitimen Stempels erfreue, die laryngo-rhinologische Wissenschaft weiter verbreiten zu dürfen.

Vorliegendes Buch verdankt seinen Ursprung wesentlich dem vielfach geäusserten Wunsche meiner Hörer, wenigstens einen Theil meiner Vorlesungen mit der Abbildung der wichtigsten demonstrirten Objecte gedruckt zu erhalten. Ich wählte zu diesem Zwecke die Nebenhöhlenaffectionen, welche bisher am wenigsten ausführlich dargestellt worden sind.

Das Buch repräsentirt aber nur dem Inhalte, nicht auch der Form nach, meine Vorlesungen über Nebenhöhlenaffectionen der Nase. Es ist die Vereinigung der sowohl im anatomisch-propädeutischen, als im diagnostischen Cursus enthaltenen Erörterungen über diesen Gegenstand. Dadurch hat die Anatomie theilweise ihre dominirende Stellung eingebüsst; sie ist in dem Buche in Bezug auf Ausführlichkeit als wesentliches, aber dennoch nur als mit der Diagnose und Therapie gleichwerthiges Capitel dargestellt worden. Immerhin habe ich mich bemüht, auch in dem Buche die wichtigsten Beziehungen zwischen Anatomie und Pathologie deutlich hervorzuheben, damit die Methode, welche ich als die den Unterricht am meisten fördernde erachte, auch hier zum Ausdrucke gelange.

Von der Darstellung des Lehrstoffes in Vorlesungen habe ich nach langem Schwanken aus rein technischen Gründen abgesehen. Ich hätte Vieles ausführlich wiederholen müssen, wodurch das Buch einen mir unwillkommenen Umfang erreicht hätte.

Viel Gewicht habe ich auf eine genaue und verständliche Wiedergabe der Abbildungen gelegt. Dieselben werden wohl am besten bei meinen Hörern die Erinnerung an meine Vorlesungen vermitteln. Dieselben sind insgesammt von dem bekannten Wiener akademischen Zeichner J. Wenzel mit grosser Sorgfalt und Genauigkeit nach meinen Präparaten gezeichnet und durch Zinkographie hergestellt worden; nur einzelne Instrumente sind durch Holzschnitte wiedergegeben.

Ich muss Herrn Wenzel für seine grosse Mühewaltung und Liebe zur Sache hier meine vollste Anerkennung aussprechen. Von den 89 Abbildungen sind mit Ausnahme von zehn, welche ich dem Buche Zuckerkandl's entlehnt habe, alle Originalabbildungen. Wie weit dieselben zur Klärung des Gegenstandes beitragen, kann ich getrost meinen Lesern zur Beurtheilung überlassen.

In Bezug auf die Eintheilung des Materiales bin ich auf Widerspruch gefasst. Ich selbst hielte die Darstellung der normalen Anatomie und pathologischen Anatomie sämmtlicher Nebenhöhlen in einem Capitel für weniger complicirt, als die in meinem Buche zum Ausdrucke gelangte Darstellung derselben in getrennten Capiteln. Es war mir indes, wie immer, auch hier die Erwägung massgebend, dass die isolirte Darstellung der einzelnen Nebenhöhlen, wobei die normal anatomischen Verhältnisse sofort für die Pathologie und Therapie fructificirt werden, dem Unterrichte zweckdienlicher erscheint. Zugeben muss ich allerdings, dass dadurch der Stoff an Uebersichtlichkeit verliert.

Da über viele wichtige Punkte der vorliegenden Disciplin die Discussion noch nicht abgeschlossen ist, steht zu erwarten, dass meine zum Ausdrucke gebrachte Auffassung in vielen Punkten auf Gegnerschaft stossen dürfte. Ich halte das für selbstverständlich und bin durchaus nicht abgeneigt, in Zukunft einige meiner Ansichten auf Grund einer besseren Erkenntnis zu modificiren. Vorläufig habe ich es aber vorgezogen, in Allem denjenigen Standpunkt zu wahren, welcher meiner auf Grund eigener Erfahrungen gewonnenen Ueberzeugung entspricht.

Ich habe der Pathologie und Therapie der vier Nasennebenhöhlen noch drei Capitel angeschlossen, welche einer näheren Motivirung bedürfen. 1. Das Capitel der Ozaena. 2. Die Augen- und 3. die cerebralen Complicationen.

Was das Capitel der Ozaena betrifft, so muss ich schon hier auf das ausdrücklichste betonen, dass es mir ferne gelegen ist, die Pathogenese der Ozaena vollständig zu erörtern. Meine Absicht war nur, klarzulegen, in welcher Ausdehnung bei Ozaena auch die Nebenhöhlen an der Secretion betheiligt sind.

In Betreff der Augen- und cerebralen Complicationen muss ich anführen, dass ich diese Capitel nur der Vollständigkeit wegen angeschlossen habe.

Ich habe hierbei mangels eigener Erfahrungen die wichtigsten Publicationen auf diesem Gebiete: Kuhnt's Werk, über die entzündlichen Erkrankungen der Stirnhöhle und ihre Folgezustände (1895) und die Monographie von Dreyfuss: „Die Krankheiten des Gehirns und seiner Adnexa im Gefolge von Naseneiterungen" benützt.

Die Literatur über die Nebenhöhlenaffectionen ist in den letzten Jahren so mächtig angewachsen, dass ich von einer vollkommenen Benützung derselben absehen musste; zumal der Verlauf der Darstellung durch zahlreiche Citate erheblich gelitten hätte. Das Buch soll ja in erster Linie als Lehrbuch dienen und nicht als

Nachschlagebuch für die auf diesem Gebiete erschienene Literatur. Ich habe mich deshalb nur auf die Arbeiten derjenigen Autoren beschränkt, die in irgend einer Weise meine eigenen Anschauungen zu beeinflussen oder meine persönlichen Erfahrungen zu ergänzen vermochten.

Zum Schlusse drängt es mich noch, den Herren Professoren E. Zuckerkandl und Weichselbaum meinen innigsten Dank dafür auszusprechen, dass sie es mir ermöglichten, mich über anatomische, beziehungsweise pathologisch-anatomische Fragen in ihren Instituten zu orientiren. Herr Professor Zuckerkandl stellte mir ein grosses Material zur Verfügung, aus welchem ich im Laufe der Jahre eine ansehnliche Sammlung von Präparaten herstellte. Für einige Eigenthümlichkeiten in der Darstellung der Topographie des Siebbeinlabyrinthes, welche zum grossen Theile von mir selbst für praktische Zwecke zurecht gelegt wurden, trage ich allein die Verantwortung.

An dem Institute des Herrn Professor Weichselbaum bearbeitete ich die pathologisch-anatomischen Veränderungen der Siebbeinknochen. Das Resultat dieser Untersuchungen habe ich schon früher in B. Fränkel's Archiv für Laryngologie, IV. Band, 3. Heft, veröffentlicht.

INHALTS-VERZEICHNIS.

FIGUREN-VERZEICHNIS.

ALLGEMEINER THEIL.

I. Aetiologie.

Das Capitel der Aetiologie umfasst: *a)* Die Krankheitsursachen, *b)* den Mechanismus der Entwickelung der Nebenhöhlenerkrankungen.

a) Krankheitsursachen.

Erst die Untersuchungen der neueren Zeit haben über die bisher dunkle Aetiologie der entzündlichen Erkrankungen der Nasennebenhöhlen einiges Licht verbreitet. Wesentlich hat diesen Fortschritt die Angabe Harke's (1) über eine neue Sectionstechnik der Nase und ihrer Nebenhöhlen gefördert; denn erst durch diese ist es möglich geworden, besagte Organe ohne Verstümmelung der Gesichtstheile der Leiche eingehend zu besichtigen.

Wir wissen heute, dass die überwiegende Anzahl der entzündlichen Nebenhöhlenaffectionen im Gefolge von Infectionskrankheiten auftritt, während diejenigen entzündlichen Processe der Nebenhöhlen, welche durch Trauma oder durch Fortpflanzung pathologischer Processe der Umgebung entstehen, das seltenere Vorkommnis darstellen. Vom allgemein pathologischen Standpunkte aus betrachtet, lassen sich die entzündlichen Nebenhöhlenerkrankungen am zweckmässigsten eintheilen: 1. In genuine Schleimhautentzündungen, welche einer Erkrankung der Schleimhaut selbst ihre Entstehung verdanken. 2. In fortgeleitete Schleimhautentzündungen, welche durch Krankheiten der Umgebung bedingt werden.

Die genuinen Schleimhautentzündungen sind fast durchwegs das Product entweder von Infectionskrankheiten oder vom genuinen acuten Schnupfen, dessen nähere Ursache wir nicht kennen, wenn wir auch seinen infectiösen Ursprung mit Bestimmtheit voraussetzen.

Infectionskrankheiten. Von den Infectionskrankheiten ist in allererster Linie die Influenza zu nennen, in deren Verlaufe die entzündliche Betheiligung der Nasennebenhöhlen nach Weichselbaum [1890 (2)] zu den nahezu constanten Befunden gehört. Die Häufigkeit der Influenza als Ursache der Entstehung der Nebenhöhlenentzündung ist seither nicht nur durch Sectionsbefunde, sondern auch durch zahlreiche klinische Beobachtungen festgestellt worden.

Nebst der Influenza sind: croupöse Pneumonie, Typhus abdominalis, Gesichtserysipel, Scharlach, Masern, Diphtheritis, Variola, Cerebrospinalmeningitis als jene Infectionskrankheiten zu bezeichnen, in deren Gefolge die Nebenhöhlen der Nase des öfteren acut erkranken. Nach E. Fränkel's (3) Untersuchungen ist besonders die croupöse Pneumonie sehr häufig mit acuten Nebenhöhlenentzündungen complicirt.

Die nähere Beziehung der meisten der genannten Infectionskrankheiten zu der Nebenhöhlenaffection ist indessen noch durchaus nicht festgestellt worden. Nur bei der Influenza und Diphtheritis ist es bisher erwiesen, für das Gesichtserysipel wahrscheinlich, dass die in ihrem Gefolge auftretenden Nebenhöhlenentzündungen den Charakter der primären Infectionskrankheit tragen, während es mehr als wahrscheinlich ist, dass bei den übrigen genannten Infectionskrankheiten die Nebenhöhlenprocesse mehr die Folgen einer Secundärinfection darstellen.

Bei der Influenza ist es erst durch die neueren Untersuchungen O. Lindenthal's (4) festgestellt worden, dass der Influenzabacillus fast constant in dem Nebenhöhleneiter vorkommt, und dass er in einzelnen Fällen dort selbst ganz allein ohne jede Beimengung einer anderen Bakterienart vorzufinden ist. Letzterer Befund zeigt zweifellos, dass der Influenzabacillus allein schon im Stande ist, eine Eiterung in den Nebenhöhlen hervorzurufen, und dass alle anderen neben dem Influenzabacillus constatirten Bakterienarten, wenn auch nicht als belanglos, so doch nur als secundäre Beimengungen anzusehen sind. Nebst dem Influenzabacillus sind bei der Influenza im Nebenhöhleneiter am häufigsten der diplococcus pneumoniae, dann der staphylococcus-pyogenes aureus und albus, der streptococcus pyogenes und das bacterium coli constatirt worden.[*)]

Bei der Diphtherie ist das Vorkommen von echten diphtheritischen Membranen auf der Kieferhöhlenschleimhaut durch Sectionsbefunde [Weichselbaum (5), E. Fränkel (l. c.), Dmochowsky (6)] sichergestellt. Freilich geht daraus noch nicht hervor, dass alle im Gefolge von Nasen- und Rachendiphtheritis vorkommenden entzündlichen Nebenhöhlenaffectionen auf die diphtheritische Infection selbst zurückzuführen sind. Die Beobachtung Zuckerkandl's (7) von intensiv entzündlicher Affection in den Nebenhöhlen ohne diphtheritische Auflagerung, in Begleitung von Rachen- und Nasendiphtherie legt vielmehr die Vermuthung nahe, dass Nebenhöhlenentzündungen im Gefolge der Diphtherie zuweilen auf eine secundäre Infection zurückzuführen sind.

Es existiren zahlreiche anatomische und klinische Beobachtungen über Combination von Gesichtserysipel und eiteriger Nebenhöhlenaffection.[**)] In den meisten der beobachteten Fälle liess sich nicht mit Sicherheit entscheiden, ob das Gesichtserysipel oder die Nebenhöhlenaffection die primäre Erkrankung gewesen ist. Auch mangelt

---

*) Siehe Weichselbaum (l. c.), E. Fränkel (l. c.), O. Lindenthal (l. c.).
**) Zuccarini (8), Weichselbaum (5), Zuckerkandl (7), Killian (9), Grünwald (10) etc.

es noch an bakteriologischen Untersuchungen, welche die völlige ätiologische Identität des Gesichtserysipels und der Nebenhöhleneiterung beweisen, wenn dies auch, nach dem klinischen Verlaufe zu schliessen, im Ganzen als sehr wahrscheinlich angenommen werden kann.

Ich habe mehrere Fälle von Gesichtserysipel mit Nebenhöhleneiterung combinirt beobachtet. In den meisten Fällen war das Empyem sicherlich früher vorhanden, da das Empyem den Charakter des chronischen Empyems (Polypen und Hypertrophien) trug. Unter Anderen beobachtete ich einen alten Herrn, der bis zur Entdeckung seines chronischen Empyems der Kieferhöhle fünf Jahre hindurch alljährlich ein Erysipel überstanden hat. — Seitdem die Kieferhöhle eröffnet und das Empyem geheilt wurde (mehr als vier Jahre), haben die Erysipelanfälle aufgehört. Das Erysipel nahm seinen Ausgang stets vom Nasenflügel, wo zahlreiche Eiterborken angetrocknet waren. Zweifellos war hier das Empyem der primäre Infectionsherd, welcher das Erysipel herbeigeführt hat. Auch nach einem acuten Epyem der Kieferhöhle, das mit stürmischen Erscheinungen: hohem Fieber, starkem Schmerz und blutig-eiterigem Ausfluss aus der linken Nasenhälfte einsetzte, sah ich nach dem vierten Tage ein Gesichtserysipel vom linken Nasenflügel ausgehen. Aehnliche Fälle sind auch von anderen Beobachtern mitgetheilt worden.

Dass aber zuweilen das Gesichtserysipel den primären Infectionsherd darstellt, welcher in weiterer Folge zur Nebenhöhlenaffection führt, geht aus den Sectionsbefunden Weichselbaum's (5) mit Bestimmtheit hervor.

Anderweitige bakteriologische Befunde. E. Fränkel betrachtet den diplococcus pneumoniae, welchen zuerst Weichselbaum (2) als einen häufigen Befund im Eiter der Nebenhöhlen an Influenza Verstorbener constatirt hat, als den hauptsächlichsten Infectionsträger der Nebenhöhlenentzündungen. Er konnte denselben in 40 Fällen von Nebenhöhlenentzündungen 22mal aus dem Secret cultiviren, und zwar entweder isolirt (8mal) oder gleichzeitig mit anderen Bakterienarten. Nebst dem diplococcus pneumoniae fanden sich in einzelnen Fällen noch vor: Der staphylococcus pyogenes und der pseudodiphtheriebacillus. Ueber die pathogene Rolle des diplococcus pneumoniae geben des weiteren E. Fränkel's (l. c.) Untersuchungen über den Bakterieninhalt normaler Nebenhöhlen Aufschluss. Er fand in 28 völlig normalen Nebenhöhlen zumeist den Fränkel-Weichselbaum'schen diplococcus pneumoniae vor, so dass es den Anschein hat, als würde es sich unter pathologischen Verhältnissen nur um Vermehrung einer auch unter normalen Verhältnissen die Nebenhöhlen bewohnenden Bakterienart handeln. Wenn nun auch die Rolle des diplococcus pneumoniae bei der Nebenhöhlenentzündung nicht vollkommen klargestellt ist, so muss ihm doch bei den entzündlichen Veränderungen der Schleimhaut eine Rolle beigemessen werden, da er sich, wie dies E. Fränkel constatirt hat, auch in den tieferen Schichten des entzündeten Schleimhautgewebes vorfindet. Fraglich ist es allerdings, ob nicht neben dem diplococcus pneumoniae der Influenzabacillus übersehen worden ist. Noch schwieriger als bei dem diplococcus pneumoniae ist es zu bestimmen, welche Rolle den übrigen

eitererregenden und sonstigen Bakterienarten zukommt, welche in dem
Kieferhöhleneiter von Dmochowsky (l. c.), Herzfeld und Herrmann (11) vorgefunden worden sind. Diese Bakterien sind vorzugsweise der streptococcus pyogenes, staphylococcus pyogenes
aureus und flavus, bacillus pyocyaneus, bacterium coli,
bacillus Friedländeri. Erwähnt muss ferner werden der Befund
des meningococcus intracellularis [Weichselbaum (12)] in dem
Nebenhöhleneiter bei Cerebrospinalmeningitis, ein Befund, auf welchen
ich noch bei den cerebralen Complicationen der Nebenhöhlenaffectionen zurückkommen werde.

Eine wichtige, wenn auch bisher durchaus unaufgeklärte Rolle
spielt bei der genuinen Schleimhautentzündung der Nebenhöhlen der
acute, genuine Schnupfen, welcher für sich allein und nicht als Theil-
erscheinung einer Influenzaaffection auftritt. Ob derjenige acute
Schnupfen, welcher eine Nebenhöhlenentzündung im Gefolge hat, sich
durch eine besondere Acuität oder gar durch besonderen infectiösen
Charakter auszeichnet, ist ebenso wenig gekannt als die Ursache des
acuten Schnupfens überhaupt.

Die fortgeleiteten entzündlichen Affectionen entstehen im Wesentlichen durch zweierlei Vorgänge.

1. *Durch traumatische Einwirkung* auf die knöcherne Wandung,
welche von einem Bluterguss in die Schleimhaut und in die freie
Höhle begleitet wird. Die traumatischen Empyeme betreffen selbstverständlich vorzugsweise die äusseren Einwirkungen mehr ausge-
setzten Höhlen: Stirn und Kieferhöhlen. Die Entstehung der traumatischen Empyeme geht in der Weise vor sich, dass das in die Höhle
ergossene Blut inficirt wird. Die Infection kann entweder durch die
gleichzeitig mit der traumatischen Attaque in die Nebenhöhle gelangten
Infectionskeime erfolgen, oder das in die Höhle ergossene Blut wird
durch schon unter normalen Verhältnissen in den Nebenhöhlen an-
gesiedelte Bakterien zersetzt.

2. Durch *Fortleitung primärer Krankheitsprocesse von dem Knochen*
auf die Schleimhaut. In erster Linie sind periostale und subperio-
stale Abscesse des Alveolarfortsatzes in Folge von Zahncaries bei Entstehung der Kieferhöhlenempyeme zu berücksichtigen.
Des weiteren ist hier die syphilitische Destruction der knöchernen
Wandungen in Folge von Tertiäraffectionen anzuführen. In zwei
Fällen habe ich durch Zerfall eines Sarkoms der Kieferhöhle
ein Empyem daselbst entstehen gesehen. Ueber den näheren Vorgang
bei Entstehung der fortgeleiteten Empyeme wird im speciellen Theil
berichtet werden.

b) Mechanismus der Entstehung der Nebenhöhlenerkrankungen.

Der Mechanismus der Entstehung der entzündlichen Nebenhöhlenaffectionen ist nur bei den traumatischen und bei den von der Nachbarschaft per contiguitatem fortkriechenden Entzündungen (fortgeleitete Entzündungen) über jeden Zweifel sichergestellt. Da die
grosse Mehrzahl der Nebenhöhlenaffectionen einer directen Einwirkung des Infectionsstoffes auf die Schleimhaut selbst ihren Ursprung
verdankt (genuine Entzündungen), ist hier die Frage von Wichtig-

keit, ob diese Entzündungen der Nebenhöhlen durch die Nasenschleimhaut vermittelt werden oder ob sie von vornherein als Entzündungen der Nebenhöhlen auftreten.

Zuckerkandl (7) ist geneigt anzunehmen, dass die genuinen Nebenhöhlenentzündungen von der Nasenschleimhaut aus fortgepflanzten Entzündungen ihren Ursprung verdanken. Diese Theorie, die Theorie des nasalen Ursprunges wird durch folgende anatomische Thatsachen gestützt: 1. Durch den directen Zusammenhang der Schleimhaut der Nase und der Nebenhöhlen. 2. Durch den Umstand, dass die Schleimhaut der Nasenhöhle und der Nebenhöhlen ein und demselben Gefässbezirke angehören.

Andere Autoren sind dagegen auf Grund von klinischen [Siebenmann bei Kuchenbäcker (13)] und anatomischen [Harke (l. c.), E. Fränkel (l. c.)] Beobachtungen zur Aufstellung der Theorie der primären, selbstständigen Erkrankung der Nebenhöhlen gelangt.

Die Hauptstütze für die primäre Erkrankung der Nebenhöhlen wird durch den pathologisch-anatomischen Befund gegeben, dass oft bei sehr acuten, nur wenige Tage andauernden Entzündungen der Nebenhöhlen in der Nasenhöhle keinerlei pathologisch-anatomische Veränderungen vorliegen. Dies soll den Beweis erbringen dafür, dass die Nasenhöhle an der Entzündung gar nicht betheiligt war. Harke (l. c.) leugnet auf Grund obenerwähnter Sectionsbefunde die von Zuckerkandl (l. c.) aufgestellte Theorie der Fortleitung bei Erwachsenen,*) gibt aber zu, dass das Secret aus Nase und Nasenrachenraum durch heftiges Schnauben, Niesen etc. in die Nebenhöhlen gelangen und letztere inficiren kann. Es würde also bei Entstehung der Nebenhöhlenentzündungen derselbe Mechanismus wie bei Entstehung der Mittelohrerkrankungen in Frage kommen, wo Secret bei Ueberdruck durch die Tuba Eustachii in das Mittelohr geschleudert wird. So plausibel auch Harke's Ansicht für den ersten Moment erscheinen mag, müssen wir sie mangels weiterer Beweise vorläufig doch nur für rein hypothetisch erklären. Dass übrigens Secret aus dem Respirations- und Digestionstracte unter Umständen wirklich in die Nebenhöhlen der Nase gelangen kann, beweist der von Harke erhobene Befund von erbrochenen Massen in den Nebenhöhlen, ein Vorkommen, welches ich als ätiologischen Factor für das Entstehen von Entzündungen der Nebenhöhlen in zwei Fällen erheben konnte.

Nach meinen Beobachtungen am Lebenden muss ich die directe Fortleitung des Entzündungsprocesses von der Nasenschleimhaut auf die Nebenhöhlen als den gewöhnlich in Betracht kommenden Vorgang ansehen. Allerdings ist zu betonen, dass die entzündlichen Veränderungen der Nasenschleimhaut selbst häufig genug ganz unbeträchtliche sind und in relativ kurzer Zeit vollkommen verschwinden können.

Ein weiteres Verständnis für die Entstehung der Empyeme ergibt die Beobachtung des verschiedenen Ausganges derselben. Besonders förderlich ist hierbei die Analyse derjenigen Momente, welche in einer Reihe von Empyemen die spontane Heilung, in einer anderen Reihe dagegen die Stabilisirung der Eiterung herbeiführen.

---

*) Bei Kindern gibt er sie merkwürdigerweise zu.

Heiltendenz der Empyeme Dass eine ganze Anzahl acuter Nebenhöhlenentzündungen spontan heilt, kann nach der Beobachtung
mehrerer verlässlicher Autoren nicht mehr bezweifelt werden. Ich
selbst verfüge gleich Avellis (14) über eine ganze Anzahl von Beobachtungen, wo eine unter stürmischen Erscheinungen einsetzende
acute Kieferhöhleneiterung unter expectativem Verfahren ohne jeden
therapeutischen Eingriff geheilt ist. Die Diagnose von bestehender
Kieferhöhleneiterung wurde in mehreren dieser Fälle durch die
Probepunction sichergestellt, in anderen Fällen liess das prompte Erscheinen von grösseren Mengen Eiters im mittleren Nasengange nach
vorgenommener gründlicher Reinigung nebst dem intensiven Schmerz
und Oedem in der Oberkiefergegend mit Bestimmtheit das Vorhandensein einer Kieferhöhleneiterung annehmen.*) Der Zeitpunkt, innerhalb
welchem die genannten Eiterungen verschwunden sind, beträgt nach
meinen Beobachtungen im Durchschnitte zehn Tage bis sechs Wochen.
Viel öfters noch als echte Empyeme (rein eiterige Secretion) heilen
Katarrhe der Nebenhöhlen spontan. Ich habe wenigstens eine ganze
Anzahl Fälle von heftigem Stirnkopfschmerz bei acutem Schnupfen
zu sehen Gelegenheit gehabt, in welchem die rhinoskopische Untersuchung abundante schleimig-eiterige, nach Abtupfen in kurzer Zeit
wiederkehrende Secretion in der vordersten Partie des infundibulum
erkennen liess und wo in wenigen Tagen allem Anscheine nach eine
vollständige restitutio ad integrum erfolgte. Wenn es auch bei dem
angedeuteten expectativen Verfahren nicht immer möglich ist, in
einer jeden Zweifel ausschliessenden Weise zu erkennen, welche der
Nasennebenhöhlen erkrankt war, so tangirt dies durchaus nicht
die Berechtigung der Annahme, dass es sich um entzündliche Nebenhöhlenaffectionen gehandelt hat.**)

Stabilisirung der Empyeme. Wenn nun im Allgemeinen die Tendenz der Nebenhöhlenentzündungen zur spontanen Heilung anerkannt
werden muss, frägt es sich, wieso es komme und von welchen Momenten es abhängig sei, dass einzelne Fälle spontan heilen, andere
dagegen in den chronischen Zustand übergehen oder sich stabilisiren.
Die Beantwortung dieser Frage ist am ehesten geeignet, den näheren
Mechanismus der Entstehung der Empyeme zu beleuchten. Schon
Zuckerkandl (l. c.) hat die Wichtigkeit dieser Frage anerkannt und
sie auf Grund seiner anatomischen Erfahrung zu beantworten gesucht. Er wies darauf hin, dass bei der inconstanten Weite des infundibulum und der Mündungen der Nebenhöhlen nicht in allen Fällen
dieselben günstigen Bedingungen für den Abfluss des Secretes vorhanden sind. Denn dass ein rascher Abfluss des pathologischen Secretes aus einer erkrankten Höhle als Hauptbedingung für eine bald
zu erfolgende Heilung angesehen werden muss, ist ein allgemein gil-
tiger Grundsatz der Pathologie. Abgesehen von der erwähnten Enge
der Ausführungsgänge kann auch in einer starken Deviation des

---

*) Siehe Diagnose des Kieferhöhleneprems.
**) Die Annahme einer Nebenhöhlensecretion wird, wie wir später sehen werden,
in diesen Fällen dadurch begründet, dass nach vorsichtiger Entfernung jeden Secretes aus der vordersten Partie des hiatus innerhalb kurzen Zeitraumes wieder
grössere Secretmengen daselbst erscheinen.

Septum und Einrollung der mittleren Muschel ein Hindernis für den Abfluss des Secretes vorliegen.

Die Ansicht Zuckerkandl's (l. c.) ist seither durch zahlreiche Erfahrungen bestätigt worden. So weist schon das relativ häufigste Ergriffensein der Kieferhöhle auf die Berechtigung der Zuckerkandl'schen Annahme hin; denn in der Kieferhöhle sind die Abflussverhältnisse am ungünstigsten, indem das ostium maxillare in der aufrechten Haltung des Körpers an der höchsten Stelle der Höhle sich befindet, somit die Höhle bis zur Decke mit Secret gefüllt werden muss, ehe ein Abfluss stattfindet.*) Alle anderen Höhlen sind in Bezug auf den Abfluss günstiger situirt. Die Rolle der Stauung als eines stabilisirenden Momentes hat Dmochowsky (l.c.) für die Kieferhöhle am radicalsten ausgesprochen. Er meint, dass, wenn die Entzündung der Kieferhöhlenschleimhaut ihre Acme erreicht hat, sie wie jede andere entzündete Schleimhaut die Neigung zur Abschwellung und Heilung besitze. Träte letzteres nicht ein, so liege dies in einem störenden Momente, für die Kieferhöhle offenbar nur in der mangelhaften Entleerung des Secretes. Also nur das noch auf der entzündeten Schleimhaut lastende pathologische Secret sei die Schuld der andauernden und zum Uebergange in den chronischen Zustand neigenden Entzündung der Schleimhaut.**) Ceteris paribus lässt sich diese Anschauung auch unverändert auf die übrigen Nebenhöhlen übertragen.

Es unterliegt keinem Zweifel, dass in dem mangelhaften oder gänzlich verhinderten Abfluss eine sehr wesentliche Ursache der Stabilisirung oder des Chronischwerdens der Empyeme liegt. Es müssen die erwähnten Hindernisse keine absoluten sein. es genügen relative Hindernisse.

Die klinische Beobachtung doppelseitiger acuter Empyeme liefert für die angeführte Anschauung unzweifelhafte Beweise; ich will einige derselben hier durch Beispiele illustriren.

Caroline P., 25 Jahre alt, bekommt im Anschlusse an eine Influenza, Januar 1892. sehr heftige beiderseitige Kopfschmerzen. Die Schmerzen wurden anfangs vom behandelnden Arzte als Influenzaneuralgien gedeutet; später wurde die Kranke wegen der gleichzeitig bestehenden hochgradigen Secretion zu mir gewiesen. Die rhinoskopische Untersuchung ergab: Schleimhaut der Muscheln beiderseits hochgradig congestionirt; aus beiden mittleren Nasengängen quoll dicker, rahmiger Eiter hervor, welcher sich nach dem Abtupfen sofort wieder erneuerte. Die beiden vorderen Stirnhöhlenwände auf Beklopfen empfindlich, die innere, obere Wand der Orbita auf Druck ganz unerträglich schmerzhaft. Es handelte sich somit bestimmt um eine Nebenhöhleneiterung, höchst wahrscheinlich um eine Eiterung in den Stirnhöhlen. Ich sage nur „wahrscheinlich", da auch eine combinirte Eiterung des Siebbeinlabyrinthes und der Stirnhöhle vorliegen konnte; auch ein Kieferhöhlenempyem war nicht mit Sicherheit auszuschliessen (siehe Diagnostik). Das Wichtige ist hier, dass eine Nebenhöhleneiterung bestehen musste und diese war durch die rasche Erneuerung des Secretes ausser Zweifel gestellt. Die Schmerzen traten spontan in Anfällen auf, gewöhnlich nur gegen 9 und 11 Uhr Vormittags, hatten somit den neuralgischen Charakter. Der Process bestand zur Zeit meiner Untersuchung schon acht Tage. Bei expectativem Verfahren zeigte es sich, dass in den nächsten fünf Tagen der Ausfluss auf der rechten Seite vollkommen aufhörte, dagegen die Secretion links in ungeschwächter Intensität fortdauerte, die Schmerzen überdies links unerträglich wurden. Rechts heilte somit das Empyem spontan, während es links

---

*) Wie wir später sehen werden, hat der angeführte Satz keine allgemeine Giltigkeit.

**) Weil (16) sieht in dem stauenden oder ungenügend entleerten Secrete einen Fremdkörper, welcher zur weiteren Eiterung anregt.

blieb, und daselbst immer intensiver wurde. Die rhinoskopische Untersuchung ergab für diese Differenz im Verhalten beider Seiten einen bemerkenswerthen Aufschluss. Rechterseits, wo **Spontanheilung** erfolgte, ist die mittlere Muschel schlank, der mittlere Nasengang leicht zugänglich, die hintere Partie des hiatus semilunaris sichtbar. Links dagegen ist die mittlere Muschel stark seitwärts gerollt, so dass vom hiatus nichts sichtbar ist. Die Oberfläche der linken mittleren Muschel ödematös. Der Eiter drängt sich nur durch die vorderste Partie des mittleren Nasenganges, dicht unter dem Schnabel der mittleren Muschel hervor. Da die Kranke von ihren Schmerzen befreit werden wollte, suchte ich zuerst mit der Sonde den mittleren Nasengang zu lüften, was indessen nicht gelang. Da die eingerollte mittlere Muschel allem Anscheine nach das sichtbare Hindernis für den freien Abfluss war, entfernte ich dieselbe nach gehöriger Cocaïnisirung mit der kalten Stahlschlinge. Unmittelbar nach Entfernung des vordersten Theiles der mittleren Muschel quoll eine ansehnliche Menge dicken, rahmigen Eiters hervor. Fast in demselben Momente hörten die Kopfschmerzen vollkommen auf. Nach drei Tagen ist links noch erhebliche Secretmenge vorhanden. Die Sonde drang jetzt 2 Centimeter hoch nach oben gegen die Stirnhöhle zu, worauf abundanter Secretabfluss erfolgte. Es handelte sich somit um eine Stirnhöhlen-, respective Stirnhöhlen- und vordere Siebbeinzellen-Eiterung. (Siehe Diagnose der Siebbeinlabyrintherkrankungen.) Ohne weitere Therapie hörte in den nächsten vierzehn Tagen die Secretion vollkommen auf. Der Fall erwies sich nach mehr als dreijährigem Bestande vollkommen geheilt.

Es geht aus dem beobachteten Falle hervor, dass linkerseits in der Anlage der stark eingerollten mittleren Muschel ein bedeutendes Abflusshindernis für die Stirnhöhle gelegen war; Beweis hiefür ist, dass nach Entfernung der hindernden Partie der Process rapid der Heilung entgegenstrebte.

Nebst den erwähnten anatomischen Eigenthümlichkeiten spielt auch die Consistenz des Secretes eine beachtenswerthe Rolle. Ein dickflüssiges Secret stösst auch bei relativ genügend weitem Ausführungsgange auf Abflusshindernisse, so dass eine Stauung resultiren muss. Es ist manchmal wunderlich zu sehen, wie acute Empyeme mit eingedicktem Secret wenige Tage nach Ermöglichung des Abflusses der Heilung zustreben, wie dies besonders folgender Fall illustrirt.

Herr N. W., 45 Jahre alt, hatte vor 5 Wochen einen Influenzaanfall, welcher sich gleichzeitig mit sehr heftigem Schnupfen und **Schmerzen in der Infraorbitalgegend** einstellte. Der aus der Nase ausgeschnaubte Eiter wurde im Laufe der Zeit immer dickflüssiger und bekam einen penetranten Geruch. Trotzdem ursprünglich auf beiden Seiten die Secretion gleich intensiv gewesen, hörte sie auf der linken Seite unter Entleerung von eingedickten, käsig aussehenden Massen vollkommen auf, während auf der rechten Seite die Secretion in ungeschwächtem Masse fortdauerte. Rechts haben sich überdies in den letzten Tagen Schmerzen in den oberen Zahnreihen eingestellt.

Die rhinoskopische Untersuchung ergibt: linkerseits etwas Schleim im mittleren Nasengange, welcher sich leicht abtupfen lässt, wobei kein Secret weiter nachquillt. Links ist hinter und unter dem processus uncinatus eine grosse Oeffnung, ein ostium accessorium sichtbar, durch welches ich mit einer mehr als 4 Millimeter im Durchmesser haltenden Canüle in die Kieferhöhle gelangen konnte. Die Ausspülung förderte nebst spärlichem, grauem Schleim einige Partikelchen käsigen Eiters zu Tage, welche einen intensiven Foetor verbreiteten.

Rechterseits quillt aus dem mittleren Nasengang dicklicher, mit krümeligen Massen untermischter Eiter hervor, welcher einen fürchterlichen Gestank verbreitet. Der rechte mittlere Nasengang ist im Uebrigen enge und von einer Einführung der Canüle durch die natürliche Oeffnung konnte keine Rede sein. Da hier ein ostium accessorium nicht vorhanden war, führte ich die Probepunction durch den unteren Nasengang aus. Die Flüssigkeit staute sich anfangs ganz erheblich, dann wurde doch allmählich das ostium maxillare wegsam und es entleerte sich durch die Nase eine ganz erhebliche Menge von krümeligen, stinkenden, käsig eingedickten Eitermassen. Ich spülte mit mehreren Litern Borsäurelösung die Kieferhöhle durch, bis die Flüssigkeit vollkommen rein durch die Nase kam. Der Kranke fühlte eine grosse Erleichterung. Das Merkwürdige an dem Falle war, dass die Secretion nach dieser einen Ausspülung fast vollkommen aufhörte, so dass jeder weitere operative Eingriff überflüssig wurde.

Dieser Fall beweist wohl, dass nur die erhebliche Stauung in der rechten Kieferhöhle, hervorgerufen durch besonders consistentes Secret, die Spontanheilung gehindert hat; Beweis dafür ist, dass eine einzige gründliche Entleerung schon im Stande gewesen ist, die Erkrankung der rechten Seite in günstigem Sinne zu beenden, während auf der linken in Folge Vorhandenseins einer genügenden Abflussöffnung durch ein ostium accessorium die Heilung ganz spontan erfolgt ist.

Ich könnte noch eine ganze Anzahl von Fällen anführen, welche ähnliche Verhältnisse darstellen, insbesondere darauf hinweisen, dass es mir in drei Fällen ganz frischer Kieferhöhlenentzündungen gelungen ist, durch eine einzige Probeausspülung den Process zum Stillstande zu bringen.

Freilich gehören diese Fälle weitaus zu den Ausnahmen. In der überwiegenden Anzahl der Fälle gelingt es nicht durch eine einmalige Entlastung (Ausspülung) der Schleimhaut wieder normale Verhältnisse herzustellen. Immerhin zeigen alle frischen Fälle von Empyem eine Neigung zur raschen Heilung, wenn für genügenden, einige Zeit dauernden freien Abfluss gesorgt wird, ein weiterer Beweis dafür, dass das Hauptmoment für das Chronischwerden des Empyems in der fortdauernden Reizung der Schleimhaut durch gestautes Secret gegeben ist.

Die Stauung als hervorragende Ursache des Chronischwerdens der Empyeme gilt selbstverständlich nur für genuine Entzündungen der Schleimhautbekleidung und nicht auch für Erkrankungen fortgeleiteten Charakters, in welchen beispielsweise eine Knochenerkrankung oder ein in eine Nebenhöhle gelangter Fremdkörper die Schuld an dem entzündlichen Processe trägt.

Es darf zum Schlusse dieses Absatzes nicht unerwähnt bleiben, dass es zweifellos ausser den erwähnten, durch das Moment der Stauung disponirenden Ursachen noch andere Ursachen geben muss, welche das Chronischwerden der Empyeme fördern. Es kommen nämlich nicht selten Empyeme von längerer Dauer in unsere Beobachtung, in welchen von vornherein relativ günstige Abflussverhältnisse vorhanden gewesen sein mussten, und dennoch wurde das Empyem chronisch. Welche Factoren hierbei noch eine Rolle spielen, ob eine besondere Intensität der Infection oder eine individuell gesteigerte Empfindlichkeit der Nebenhöhlenbekleidung, steht dahin.

Die Entstehung der chronischen Empyeme in Attaquen. Es ist durch mehrfache Beobachtungen ausser Zweifel gestellt, dass manche chronisch gewordene Empyeme nicht einer einzigen sondern wiederholten Anfällen acuter Entzündung ihr Dasein verdanken. Diese einzelnen Attaquen zeichnen sich dadurch aus, dass sie nur für kurze Zeit heftige Symptome hervorrufen, welche dann entweder spontan oder durch Anwendung conservativer Mittel verschwinden. Nach Abklingen der acuten Anfälle können wieder völlig normale oder im Sinne des Kranken vollkommen beschwerdefreie Zeitintervalle auftreten, bis nach einiger Zeit, gewöhnlich schon nach wenigen Wochen oder Monaten eine neue Entzündung die früheren Beschwerden wachruft.

Mit jeder neuen Exacerbation werden indessen die Bedingungen zum Abklingen der Symptome ungünstiger, und zwar aus zwei Gründen. 1. Weil durch jede entzündliche Attaque die Schleimhaut eine entzündliche Infiltration erfährt, welche nach wiederholten Anfällen immer schwerer zur Norm zurückkehrt. 2. Werden durch das wiederholte Anfachen der Entzündnng auch die Ausführungsgänge der betreffenden Höhlen in Folge Verdickung ihres Weichtheilüberzuges unwegsamer, wodurch jenes disponirende Moment geschaffen wird, welches wir als das hauptsächliche Hindernis der spontanen Heilung erkannt haben. Besonders häufig wird das Entstehen des chronischen Empyems in Attaquen bei der Stirnhöhle beobachtet, und zwar aus dem Grunde, weil heftigere Entzündungen dieser Höhle von besonders manifesten Symptomen begleitet werden, daher seltener als bei anderen Höhlen übersehen werden dürften.

Ein Beispiel soll das Gesagte illustriren.

Eduard D.. 34 Jahre alt, hatte im Anschlusse an eine vor 14 Tagen acquirirte Influenza vermehrten Ausfluss aus der Nase und heftige Kopfschmerzen bekommen. Die Schmerzen treten seit acht Tagen fast regelmässig um 11 Uhr Vormittags auf, dauern beiläufig zwei Stunden an und sind, wie der Kranke sich ausdrückt, zum „Rasendwerden". Der Kranke gibt an, schon seit Jahren gelegentlich des Auftretens von acutem Schnupfen von heftigen Schmerzen in der linken Stirnhöhlengegend geplagt worden zu sein. Der Anfall dauerte selten länger als zwei Tage und wurde von heftiger Secretion aus der linken Nasenhöhle begleitet. Er wurde von seinem Hausarzte mit der wahrscheinlichen Diagnose einer Influenzaneuralgie zu einem bekannten hiesigen Neurologen gewiesen, der ihn wieder unter der wahrscheinlichen Diagnose einer Nebenhöhleneiterung mir übergab. Die Untersuchung des Kranken ergab äusserlich keine auffallende Veränderung. Nur die linke Stirnbeingegend zeigte auf Druck eine ausserordentliche Empfindlichkeit. Auf Druck im inneren linken Orbitalwinkel wurde der Kranke leicht ohnmächtig. Die rhinoskopische Untersuchung zeigte rechts nichts Abnormes, während auf der linken Seite nebst spärlichem eitrigen Secrete in der vorderen Partie des mittleren Nasenganges daselbst ein Polyp und ein hypertrophisches vorderes Ende der mittleren Muschel constatirbar waren. Nach Cocaïnisirung des vordersten Endes des mittleren Nasenganges und der mittleren Muschel entfernte ich letztere mit der kalten Schlinge, worauf sofort eine erhebliche Menge blutig rahmigen Eiters ausgeschneuzt wurde. Die Kopfschmerzen hörten hierauf fast vollkommen auf. Am nächsten Tage wurden noch zwei Polypen entfernt. Wegen der heftigen Blutung war in den ersten zwei Tagen eine nähere Bestimmung der Eiterquelle durch Sondeneinführung nicht möglich gewesen. Am dritten Tage jedoch konnte ich die Eiterquelle in der Stirnhöhle mit Bestimmtheit constatiren. Die Eiterung hielt noch 14 Tage in erheblicher Intensität an; das Secret ist von diesem Zeitpunkte an immer dünnflüssiger geworden, in welcher Qualität es noch nach sechs Monaten zu constatiren war. Nach einem Jahre hörte die Secretion vollkommen auf und als der Kranke nach einem weiteren halben Jahre abermals eine Attaque von acutem Schnupfen bekam, trat nur ein leichter Kopfschmerz auf. Eine Recidive des Empyems wurde nicht beobachtet.

Die Entstehung und der Verlauf des Empyems in vorliegendem Falle lassen nichts an Klarheit zu wünschen übrig. Die zunächst vor der schweren Attaque auftretenden Kopfschmerzen entsprechen ganz offenbar entzündlichen Stirnhöhlenaffectionen, welche, wenn sie auch rasch verliefen, deutliche Spuren ihrer Existenz zurückliessen. Auf diese Spuren weisen die Polypen im mittleren Nasengange und die ganz circumscripte Verdickung des vorderen Endes der mittleren Muschel hin. Es ist nun klar, dass durch die Entstehung der Polypen und der Hypertrophie die Bedingungen zur spontanen Heilung immer ungünstiger wurden, da der Abfluss des Secretes erschwert wurde. Bei einer in Folge der Influenza besonders heftigen Entzündung, wobei die Schwellung der Abflusswege auch eine relativ hochgradige gewesen sein mag, konnte das dickflüssige eitrige Secret nicht mehr so prompt entleert werden, als dies sonst der Fall war. Daher kam es diesmal zu unerträglichen Qualen des Kranken und zu den manifesten Erscheinungen eines Empyems der Stirnhöhle. Die rasche Entfernung der mittleren Muschel und der Polypen hat wieder günstige Abflussbedingungen geschaffen, wodurch die Stirnhöhlenerkrankung nach Monaten spontan ausheilte.

Ich habe ausser bei der Stirnhöhle noch bei der Kiefer- und Keilbeinhöhle das Auftreten der Entzündung in wiederholten Anfällen gesehen. Unter dem Symptome eines acuten Schnupfens mit mehr oder weniger ausgeprägten subjectiven Beschwerden stellt sich eine zweifellos nachweisbare Höhleneiterung ein, welche nach wenigen Tagen vollkommen verschwindet, bis in wenigen Wochen oder Monaten eine neue Attaque auftaucht, welche ebenfalls vorübergeht, um wieder von einem vollkommen freien Intervall abgelöst zu werden. Dies kann sich mehreremale wiederholen, um endlich in eine dauernde Höhlenerkrankung zu übergehen.

Nicht zu verwechseln ist mit der geschilderten Entstehung der Empyeme in Attaquen die ebenfalls in Intervallen auftretende Exacerbation chronischer Empyeme. Es gehört nämlich fast zur Regel, dass im Verlaufe einer jeden Nebenhöhlenentzündung zu gewissen Zeiten, gewöhnlich anschliessend an einen acuten Schnupfen eine Vermehrung der Secretion nebst erheblicher Steigerung der subjectiven Symptome auftritt. In den anfallsfreien Intervallen können die Beschwerden so geringfügig sein, dass sie von den Kranken oft ganz übersehen werden, während der Rhinolog ganz ausgeprägte Symptome der Höhlensecretion vorfindet. Die Angaben der Kranken, dass sie nur während der acuten Schnupfenanfälle Beschwerden haben, ist somit kein Beweis dafür, dass die Intervalle einen vollkommen normalen Zustand zu bedeuten haben.

II. Symptome.

Da die besonderen Symptome, welche durch die Erkrankungen der einzelnen Nebenhöhlen bedingt werden, im speciellen Theile eingehender besprochen werden, soll hier nur auf einzelne, allen entzündlichen Nebenhöhlenerkrankungen eigenthümliche Symptome eingegangen werden.

Das gesammte Symptomenbild lässt sich am besten in drei Kategorien zerlegen:

a) Locale Symptome.
b) Fernsymptome.
c) Die durch Complicationen bedingten Symptome.

a) Locale Symptome.

Unter diesen verstehen wir die durch Veränderungen der erkrankten Nebenhöhle selbst oder durch das Nebenhöhlensecret bedingten Symptome:

1. Der Kopfschmerz. Der Kopfschmerz ist ein häufiges, wenn auch nicht in allen Fällen von entzündlichen Nebenhöhlenerkrankungen vorhandenes Symptom. Aber auch in dem einzelnen Falle weist der Kopfschmerz grosse Unstetigkeit auf. Es können gänzlich kopfschmerzfreie Zeiten mit intensiven Schmerzanfällen alterniren. Das anfallsweise Auftreten der Schmerzen hat einen zweifachen Grund. Der erste Grund besteht in den von Zeit zu Zeit erfolgenden Exacerbationen der Entzündung bei den chronischen Empyemen, welche allein mit Kopfschmerz verbunden sind, oder in der von Zeit zu Zeit erfolgenden Stauung des Secretes durch vorübergehende Verlegung der Ausführungsgänge. Zweitens entstehen Kopfschmerzen im Verlaufe eines sonst fast ganz symptomenlos, wenigstens ohne Kopfschmerz verlaufenden Empyems einer Nebenhöhle durch allerlei physische und geistige Anstrengungen, insbesondere leicht durch unmässigen Genuss von Alkohol, Tabak etc. Viele derartige Fälle gehen ihr Lebelang unter der Diagnose des habituellen Kopfschmerzes einher und machen allerlei Curen: Elektro- und Hydrotherapie, Seebäder, allgemeine und specielle (Bauch-) Massage durch, ohne dass es jemandem eingefallen wäre, daran zu denken, dass der Kopfschmerz auch durch Erkrankung der unmittelbar benachbarten Organe (Nebenhöhle der Nase) bedingt sein könne. Laien und Praktiker huldigen noch immer der Ansicht, dass eine ernste Erkrankung der Nase und ihrer Nebenhöhlen in constanten, auffallend belästigenden Symptomen seitens der Nasenhöhle sich äussern müsse, was aber nicht der Fall ist. Allerdings ist es in den letzten Jahren etwas besser geworden; es beginnt allmählich zu dämmern. Man kann heute schon behaupten, dass die Diagnose des nervösen Kopfschmerzes durch die in weitere Schichten der Aerzte dringende Erkenntniss der Krankheiten der Nebenhöhlen allmählich die verdiente Einschränkung erleidet. Ferne liegt es mir indes, die Behauptung aufzustellen, dass alle unter der Flagge des nervösen Kopfschmerzes einhergehenden Krankheitsfälle nasalen Ursprunges seien; aber es ist die höchste Zeit, die Diagnose des nervösen Kopfschmerzes ein wenig misstrauischer zu behandeln und sie nicht früher zu acceptiren, ehe nicht eine eingehende Untersuchung der Nasenhöhle die Abwesenheit jeder Höhlenerkrankung oder sonstiger in Betracht kommender nasaler Veränderungen ergeben hat.

Der Kopfschmerz zeigt einen polymorphen Charakter, indem er bald die neuralgische Form, bald dagegen einen diffusen Charakter insofern annimmt, als er nicht dem Verbreitungsbezirke irgend eines Nerven entspricht.

Da nach dem Gesagten der Kopfschmerz keinerlei für die Erkrankung der Nebenhöhlen specifische Eigenthümlichkeiten zeigt, sondern alle möglichen auch bei allgemeinen und Organerkrankungen*) vorkommenden Arten des Kopfschmerzes nachahmen kann, ist bei Beurtheilung des causalen Zusammenhanges von Kopfschmerz und Nebenhöhlenaffection grosse Vorsicht geboten. Gerade in Bezug auf die Prognose ist es von grosser Wichtigkeit, zu bestimmen, ob nicht bei Entstehung des Kopfschmerzes mehrere Momente concurriren;

---

*) Plethora, Anämie, Nephritis Herzfehler oder gar Erkrankungen des Schädelinneren.

man kann hier nicht genug umsichtig sein. So erinnere ich mich, in früheren Jahren chronische Nephritiden eine Zeit lang übersehen zu haben, weil die constatirten Empyeme einen genügenden Untergrund für die Kopfschmerzen zu bilden schienen. Dieselben verharrten nach Heilung der Empyeme in gleicher Intensität.*)

Obwohl der Charakter des Kopfschmerzes durchaus nicht immer ein typischer ist, sondern vielmehr des öfteren Uebergangsformen zeigt, will ich hier dennoch einige der wichtigsten Typen mittheilen.

Neuralgischer Kopfschmerz. Derselbe tritt zumeist bei acuten Nebenhöhlenentzündungen oder bei acuten Exacerbationen chronischer Entzündungen auf. Wiederholt sah ich bei acuter Kieferhöhlenentzündung rasende Schmerzen im Bereiche des N. infraorbitalis oder in den N. N. supradentales, allein oder gleichzeitig in beiden.

Bei acuten Affectionen der Stirnhöhle ist das Auftreten von neuralgischen Schmerzen im Bereiche des N. supraorbitalis eine häufige Beobachtung. Die neuralgischen Schmerzen können während längerer Zeit, oft Tage lang, constant bleiben oder auch nur in regelmässigen Zeitintervallen auftreten. Diese letztere Form, die intermittirende Neuralgie des N. supraorbitalis habe ich bei acuten Stirnhöhlenaffectionen (und zwar nur bei acuten Empyemen) in grosser Anzahl gesehen, seltener sah ich sie bei acuten Empyemen der Kieferhöhle im Gebiete des N. infraorbitalis und der N. N. supradentales.

Es ist dies eine der merkwürdigsten und unerklärlichsten Erscheinungen. Wie kann man, um ein Beispiel anzuführen, es erklären, dass jemand, mit einem acuten Empyem der Stirnhöhle behaftet, täglich genau um 11 Uhr Vormittags im Gebiete des N. supraorbitalis rasende neuralgische Schmerzen bekommt, die bis gegen 1 Uhr Mittags andauern, um dann für den Rest des Tages und die ganze Nacht zu sistiren?

Solche Anfälle treten gewöhnlich in den Vormittagsstunden auf, ich habe sie niemals am Nachmittage oder gar in der Nacht eintreten sehen. Irradiationen von einem Trigeminusast auf seine übrigen Aeste finden auf der Höhe des Anfalles oft statt. Da Antipyrin und Phenacetin (trotz unverändert weiter bestehender Secretion) die Schmerzen oft erheblich zu lindern vermögen, glauben viele Praktiker immer wieder, dass die im Verlaufe der Influenza auftretenden Kopfschmerzen wirklichen Neuritiden im Bereiche des Trigeminus entsprechen, ein Glaube, den ich nach meiner Erfahrung als absolut unstichhältig bezeichnen muss. Ich habe bisher noch keine Influenzaneuralgie im Gebiete des Trigeminus gesehen, wo dahinter nicht eine acute Entzündung einer Nasennebenhöhle gesteckt hätte. Merkwürdig ist es andererseits, dass Anfälle von Tic douloureux bei Nebenhöhlenempyemen nicht vorzukommen pflegen. Wenigstens ist er bisher noch nicht beschrieben worden und auch ich habe ihn noch nicht gesehen, obwohl ich eine ganze Anzahl von Fällen daraufhin untersucht habe.

Diffuser Kopfschmerz. In der überwiegenden Anzahl der chronischen Nebenhöhlenempyeme trägt der Kopfschmerz einen unbestimmten

---

*) Fliess (17) hat auf diesen Umstand gleichfalls hingewiesen.

— 14 —

Charakter. Am häufigsten ist der Stirnkopfschmerz in Form eines
dumpfen Gefühles oder eines stetigen Benommenseins zu constatiren.
Schmerzen in der Scheitelgegend und im Hinterhaupt gehören aber
durchaus nicht zu den Seltenheiten. Am seltensten sind Schmerzen
im Oberkiefer zu beobachten.

Die diffusen Kopfschmerzen zeigen sowohl in Bezug auf Intensität als Dauer grosse Unregelmässigkeiten. Es können Tage oder
Wochen von relativ vollkommener Euphorie vorkommen, welchen
dann wieder Tage oder Wochen mit heftigen Schmerzen folgen. Gewöhnlich sind es physische oder psychische Erregungszustände, welche
als directer Anlass für die Steigerung der Kopfschmerzen anzusehen sind. Nach meiner Erfahrung ist die Obstipation par excellence diesen veranlassenden Momenten beizuzählen. Es kann hierbei
aber nicht genügend scharf betont werden, dass der Kopfschmerz
überhaupt kein unbedingt nothwendiges Glied in der Symptomen-
kette der entzündlichen Nebenhöhlenerkrankungen repräsentirt. Es
können Empyeme mit ganz abscheulicher Secretion Decennien lang
bestehen, ohne dass der geringste Kopfschmerz vorhanden gewesen
wäre. Ja, ich habe selbst bei schweren Stirnhöhlenerkrankungen den
vollständigen Mangel von Kopfschmerzen erheben können. Noch
während der Bearbeitung dieses Capitels hatte ich wieder Gelegenheit,
die Stirnhöhle eines meiner Kranken aufzumeisseln und mich von der
hochgradigen Degeneration ihrer Schleimhautauskleidung zu überzeugen. Dieselbe war in eine weiche, leicht zerreissliche, fungöse
Masse umgewandelt, deren Buchten von eingedicktem, käsigem Eiter
erfüllt waren. Der Process dauerte mindestens schon zehn Jahre, und
der Kranke betheuerte, niemals auch nur den geringsten Kopfschmerz
verspürt zu haben. Bei chronischen Siebbein- und Kieferhöhleneiterungen kann der Kopfschmerz während des ganzen Krankheits-
verlaufes fehlen, während bei Stirn- und Keilbeinhöhleneiterungen
dieser Mangel jeglicher Schmerzen doch seltener zu constatiren ist.

Die Localisation des Schmerzes in bestimmten Kopfgegenden ist
durchaus nicht typisch für die einzelnen Nebenhöhlenaffectionen, eine
Thatsache, auf welche nicht oft genug hingewiesen werden kann, umsomehr, als es noch immer Autoren gibt, welche aus der Localisation
des Schmerzes auf die Erkrankung bestimmter Nebenhöhlen zu
schliessen die Neigung haben. Es sei hier nur mit wenigen Bemerkungen darauf hingewiesen, dass der Kopfschmerz in der Stirngegend
überhaupt der häufigste ist und sowohl bei Stirnhöhlenerkrankungen
als auch bei Affectionen der Kiefer- und Siebbeinhöhle auftritt. Ja
sogar bei entzündlichen Erkrankungen der Keilbeinhöhle kann der
Schmerz in die Stirngegend projicirt werden; sonst ist bei den Keil-
beinhöhlenaffectionen der Schmerz in der Regel im Hinterhaupte oder
am Scheitel localisirt. Auf interessante Details der Schmerzlocalisation
werde ich im speciellen Theile noch zurückkommen. Es wäre höchste
Zeit, dass aus dem Gesagten auch allenthalben die nothwendigen
Consequenzen gezogen werden, damit die Aufmeisselung gesunder
Nebenhöhlen nicht mehr stattfinde.*)

*) Mir sind vier Fälle aus privater Mittheilung von Collegen bekannt, wo die Stirn-
höhle nach der Aufmeisselung gesund befunden wurde.

Die erwähnten diffusen Kopfschmerzen zeigen nur insofern eine gewisse Constanz, als sie bei den einzelnen Anfällen immer an denselben Stellen auftreten. Der Schmerz tritt in Stirn-, Scheitel- oder Hinterkopf immer nur an derselben Stelle auf. Diese Constanz gilt aber nur, so lange das Empyem seinen chronischen Charakter behält. Bei acuten Exacerbationen ändert sich gewöhnlich das Bild, indem statt der diffusen die neuralgischen Kopfschmerzen in den Vordergrund treten und überdies die Schmerzen sich fast constant im Bereiche der entzündlich afficirten Höhle manifestiren. Um ein Beispiel anzuführen, denke man sich einen Fall von chronischem, latentem Empyem der Kieferhöhle, wo nur von Zeit zu Zeit, gewöhnlich an irgend welche physische oder geistige Anstrengung sich anschliessende Kopfschmerzen in der Stirn- oder Schläfengegend auftreten, während im Gebiete des Oberkiefers keinerlei Schmerzanfälle zu constatiren sind. Wird nun der chronische Verlauf des Empyems durch eine einigermassen heftige Exacerbation complicirt, dann treten leicht im Gebiete des N. infraorbitalis oder der N. N. supradentales neuralgiforme Schmerzen auf. Das Gesagte ist zwar eine Regel, doch hat sie viele Ausnahmen, so dass man am besten thut, den Charakter und die Localisation der Schmerzen nur mit grosser Reserve diagnostisch zu verwerthen.

Hemikranischer Kopfschmerz. Ob ein typischer hemikranischer Kopfschmerz von einer entzündlichen Nebenhöhlenaffection abhängig sein kann, ist aus den bisherigen Beobachtungen nicht mit Sicherheit zu entscheiden. Grünwald (l. c.) gibt an, in vier Fällen typische Migräne beobachtet zu haben.

Dass die hemikranischen Anfälle durch Behebung der entzündlichen Nebenhöhlenaffection in der Intensität und Häufigkeit ihres Auftretens erheblich abgeschwächt werden, habe ich zu wiederholtenmalen gesehen; ein vollkommenes Verschwinden der Anfälle habe ich jedoch nicht beobachtet. Da zuweilen auch nach Entfernung von Hypertrophien bei chronischen, diffusen Rhinitiden ähnliche, auffallende Besserungen der hemikranischen Anfälle zu beobachten sind, erscheint mir der causale Zusammenhang zwischen Nebenhöhlenaffectionen und Hemikranie nicht genügend sichergestellt.

2. Störungen der Geruchsempfindung. Zumeist handelt es sich um Schwächung, respective vollkommene Aufhebung des Geruchsinnes in Folge der entzündlichen Veränderungen der Riechschleimhaut. welche als consecutive Erscheinung des Eiterausflusses auftritt. In sehr vielen Fällen ist die in der fissura olfactoria haftende Eiterschicht allein das Hindernis für die mangelhafte oder ganz fehlende Perception des Geruchsapparates. So habe ich schon des öfteren jahrelang fehlende Geruchsperception nach gehöriger Ableitung des Eiters wiederkehren sehen. In einzelnen Fällen ist der totale Abschluss der fissura olfactoria durch Anlagerung der hochgradig degenerirten mittleren Muschel an das Septum schuld an der aufgehobenen Geruchsempfindung. Auch hier kann die Behandlung noch eine Restitutio ad integrum herbeiführen. Allerdings ist in manchen Fällen die Degeneration der Riechschleimhaut so weit gediehen, dass auch nach Beseitigung des Grundübels eine vollständige Anosmie für das ganze Leben zurückbleibt.

Viel typischer sind bei Nebenhöhleneiterungen die mit Unrecht als „Geruchshallucination" bezeichneten Störungen des Geruchsinnes. Diese Störungen manifestiren sich darin, dass dem Kranken von Zeit zu Zeit, scheinbar ohne jede Veranlassung „ein Gestank in die Nase aufsteigt". Es gibt jahrelang andauernde latente Empyeme (besonders der Kieferhöhle und des Siebbeinlabyrinthes), wo ausser der erwähnten Geruchshallucination keine andere Störung vorhanden ist. Diese Störungen aber mit Geruchshallucinationen zu bezeichnen, ist vollkommen ungerechtfertigt, da der Ausdruck „Hallucination" eine centrale Störung voraussetzt, während bei Empyemen das plötzliche Aufsteigen des Gestankes mit dem Momente des Abfliessens des übelriechenden Eiters aus der Nebenhöhle in die Nasenhöhle zeitlich zusammenfällt und durch dieses bedingt ist. Mit Behebung des Grundübels schwindet auch unfehlbar das erwähnte Symptom. Bei der Kieferhöhle ist diese subjective Kakosmie häufig im Vordergrunde aller Erscheinungen.

Gustatorische Anosmie ist Folge der theilweisen oder gänzlichen Aufhebung des Geruchsinnes. Pappiger Geschmack im Munde (namentlich des Morgens auftretend) rührt von während der Nacht in den Nasenrachenraum herabfliessendem Secret her.

3. **Störungen in Folge secundärer Erkrankung der oberen Luftwege.** Die im Verlaufe der Nebenhöhlenentzündungen auftretenden Athembeschwerden resultiren zumeist aus den secundären Veränderungen der Nasenschleimhaut, aus den Hypertrophien und Polypen. Seltener ist das eingetrocknete Secret allein schuld an der gehinderten Athmung. Bei acuten Empyemen und Exacerbationen chronischer Empyeme tritt häufig auch Blutüberfüllung des Muschelschwellkörpers ein, welche vorübergehende Störungen der nasalen Athmung bedingen kann. Ueberdies habe ich in mehreren Fällen von chronischem Kieferhöhlenempyem das interessante Phänomen beobachtet, dass bei erheblicher Füllung der Kieferhöhle mit Eiter die Muschelüberzüge sehr stark gedunsen waren. Nach Entleerung der Kieferhöhle schwollen die Muscheln rapid ab. Sollte das nicht bei dem bekannten Zusammenhange des Gefässgebietes der Nasenschleimhaut und Kieferhöhle darauf beruhen, dass die durch Secretdruck in der Höhlenschleimhaut bedingte Stauung sich durch Gefässüberfüllung der nasalen Schleimhautbezirke äussert?

Eine andere Reihe von Athemstörungen ist reflectorischer Natur und tritt auf in der Form des typischen Bronchialasthmas oder asthmaähnlicher Zustände. Ob da mehr das Empyem oder die nebenbei einhergehenden Hypertrophien und Polypen die Hauptrolle spielen, lässt sich im einzelnen Falle nicht mit Sicherheit entscheiden. Obwohl es durch vielfache Erfahrungen festgestellt ist, dass Polypen und Hypertrophien auch ohne Empyeme Asthma bedingen können, so konnte ich doch in zwei Fällen erst mit der erfolgreichen Behandlung der Empyeme die asthmatischen Anfälle definitiv zum Stillstande bringen.

Eine dritte Reihe von krankhaften Symptomen der oberen Luftwege rührt von jenen consecutiven katarrhalischen Erkrankungen des Nasenrachenraumes, Kehlkopfes und der Luftröhre her, welche durch Rückwärtsfliessen des Secretes (in den Nasenrachenraum) bedingt werden. Es entstehen hier die verschiedensten Formen von diffuser

Secretion oder von Recessusciterungen im Nasenrachenraum mit deren
Consequenzen: Attaquen von Angina, trockener Pharyngitis und typischer Erkrankung der hinteren Wand des Larynx. Die Fälle, welche
an den genannten Erkrankungen jahrelang vergebens behandelt
werden, weil der Ursprungsherd all dieser Uebelstände (das Empyem)
unbeachtet bleibt, sind heute noch immer sehr verbreitet.

Auch wiederholte Attaquen von Angina sind häufig die Folge
der durch das herabfliessende Secret hervorgerufenen Infection der
Tonsillenlacunen. Bei veralteten Fällen beschränkt sich jedoch die
katarrhalische Affection nicht immer auf den Rachen und Kehlkopf,
sondern es participiren auch die Trachea und die Bronchien an derselben.
Solche Menschen sind sehr übel daran, da sich an jeden sogenannten
Schnupfen (Exacerbation eines latenten Empyemes) eine sehr erheb-
liche Verschlimmerung der Bronchitis anschliesst. Leider wird das
Grundübel, das chronische Empyem, zumeist spät entdeckt, in einem
Stadium, wo sich bereits irreparable Störungen: chronische Bronchitis
Emphysem mit ihren Folgeerscheinungen ausgebildet haben.

Was hatte ich schon mit Collegen zu kämpfen, um ihnen klar
zu machen, dass ein latentes Empyem einer Nebenhöhle der Ursprung
der ganzen Kette von katarrhalischen Veränderungen des Larynx,
der Trachea, der Bronchien und der Lungen bilde. Und wie schwer war
es mir mitunter, die Betheiligten zu überzeugen, dass es dem Kranken
besser thäte, vorerst den Eiter aus dem Gesichtsskelete zu entfernen
als alljährlich in Sommer- und Wintercurorte zu pilgern, die höchstens
ihre Symptome zu lindern, keineswegs aber das Leiden zu beeinflussen
vermögen.

4 **Magenbeschwerden** werden vorgetäuscht durch das öfters erfolgende Erbrechen in Folge abnormer Reizbarkeit des Rachens. Pappiger
Geschmack im Munde, Uebelkeit treten oft des Morgens auf. Die genannten
Symptome sind Folgen der Ueberschwemmung des Rachens mit eitrigem,
zuweilen übelriechendem Secrete der erkrankten Nebenhöhle. Kuhnt
beobachtete in einer Anzahl von Fällen Magendrücken und Aufstossen
nach festen Speisen, so dass die Kranken des öfteren zur Milchnahrung
griffen. Nach Behebung des Grundübels verloren sich auch diese Beschwerden.

b) Fernsymptome.

Als Fernsymptome bezeichnen wir diejenigen Erscheinungen,
welche nicht als directe Folgen der Nebenhöhlenerkrankung oder ihres
Secretes anzusehen sind, sondern vielmehr ausgesprochene secundäre
Reactionen des Gesammtorganismus darstellen. Als derartige Störungen
sind aufzufassen: 1. Die Congestionszustände; 2. Die Depressionszustände.

Beide verdienen eine eingehende Würdigung, da sie häufig allein
in den Vordergrund des Krankheitsbildes treten und letzteres in Form
von Gemüthsalterationen beherrschen.

1. **Congestionszustände** treten bei Nebenhöhlenerkrankungen
selten ganz spontan auf; gewöhnlich tritt ein disponirendes Moment
hinzu. Als das gewöhnlichste disponirende Moment muss ich die Ein-
nahme von Mahlzeiten (besonders üppigeren) bezeichnen. Nach diesen

tritt des öfteren heftige allgemeine Erregung, Röthung des Gesichtes, Flimmern vor den Augen und Beschleunigung der Pulsfrequenz auf. Die Intoleranz gegen Alkoholica und Tabak, welches Symptom Grünwald (15) in einer grossen Anzahl von Fällen constatiren konnte, kann ich ebenfalls bestätigen. Schon der relativ mässige Genuss von Tabak und Alkohol ruft leicht die erwähnten Congestionszustände hervor. Auch durch moralische und sonstige Aufregungen verlieren derlei Kranke leicht des Gleichgewicht ihres Gemüthes und tragen eine besondere Reizbarkeit zur Schau. Sie unterwerfen sich dann auch unter der Diagnose der „allgemeinen Neurasthenie" allen möglichen therapeutischen Proceduren, bis endlich durch Zufall bei einer eingehenden rhinoskopischen Untersuchung sich der Thatbestand einer Nebenhöhlenaffection ergibt. Die Kranken pflegen aber selbst dann sich gegen die Zumuthung zu sträuben, dass sie an einer Nasenkrankheit leiden, da sie niemals irgend welche Beschwerden von Seiten dieses Organes verspürt hatten.

Besonders lehrreich ist in dieser Beziehung folgender, meinem Protokolle entnommener Fall.

Heinrich N., 42 Jahre alt, wurde von einem hervorragenden Nervenarzte in meine Ordination behufs Untersuchung der Nase und der Nebenhöhlen geschickt, da für die Klagen des Kranken vom neurologischen Standpunkte kein ersichtlicher Grund vorlag. Meine Frage, ob irgendwelche Störungen von Seiten der Nase bestehen, verneinte Patient mit Entschiedenheit. Seine Klagen bestanden kurz in Folgendem: Allgemeine Reizbarkeit; auf den geringsten Anlass hin geräth Patient ausser sich, so dass er selbst gegen Personen, welche er verehrt, ungerecht und leicht aufbrausend ist. Der Schlaf ist schlecht, die Füsse sind meistens kalt, der Oberkörper, vornehmlich das Gesicht glühend. Besonders nach den Mahlzeiten starke Congestion, Herzklopfen, so dass er genöthigt ist, das Zimmer zu verlassen und ins Freie zu gehen. Das Gesicht soll nach jeder Mahlzeit stark congestionirt sein. Alkohol geniesst er schon über drei Jahre nicht, da ihm die geringste Quantität unerträgliche Congestionen bereitet. Der Kranke wurde zu wiederholtenmalen von verschiedenen, hervorragenden Aerzten untersucht; es konnten jedoch weder an seinen Athmungs- noch an seinen Circulationsorganen irgendwelche pathologische Veränderungen constatirt werden. Obstipation bestand nie.

Die rhinoskopische Untersuchung ergab auf den ersten Blick, dass in irgend einer der in den linken mittleren Nasengang mündenden Höhlen ein Eiterherd liegen müsse. Es quoll im mittleren Nasengang nach dem Abtupfen des hier befindlichen Eiters sofort wieder grüner, dicker Eiter nach. Ausspülung der Kieferhöhle durch die natürliche Oeffnung gelang nicht wegen ansehnlicher Hypertrophie der linken mittleren Muschel. Ich machte daher die Probepunction durch den unteren Nasengang und entfernte durch die Ausspülung eine grössere Menge foetiden, rahmigen Eiters, so dass mir durch den Gestank fast übel wurde. Und von dem Bestande einer solchen Eiterung hatte Patient gar keine Ahnung, er behauptete ja vor der Untersuchung steif und fest, dass er in der Nase nichts Abnormes haben könne! Und dieser Patient war ein gebildeter Mensch und consultirte seit Jahren eine grosse Anzahl bedeutender Aerzte.

Obwohl nun die Diagnose einer Kieferhöhleneiterung feststand, war ich weit davon entfernt, mich von der Causalität zwischen gefundener Kieferhöhleneiterung und den Beschwerden des Kranken für überzeugt zu halten. Vor Einleitung einer radicalen Therapie wollte ich doch zuerst den Kranken genau beobachten; insbesondere interessirte mich seine nach jeder Mahlzeit bis 130—140 gesteigerte Pulsfrequenz, welche mir doch zu eigenthümlich erschien. Als er das erstemal bei mir war, zählte ich 80 rhythmische Pulsschläge. Im Uebrigen lautete der Befund in Bezug auf Herz und Lunge negativ, abgegeben von gewiegten Vertretern der internen Medicin. Die Eiterung der Kieferhöhle erneuerte sich am nächsten Tage wieder und ich hatte Gelegenheit, den Kranken nach dem Mittagessen in hochcongestionirtem Zustande anzutreffen. Die Wangen waren intensiv geröthet, die Herzaction erheblich gesteigert. (Pulsfrequenz 130—134 regelmässig.) Gemüthszustand in Folge der heftigen Congestion sehr erregt

Ich habe mich viermal innerhalb 14 Tagen von dem Eintreffen der heftigen Congestionen überzeugen können. Erst nach 14 Tagen eröffnete ich die Kieferhöhle von dem Alveolarfortsatze aus und liess dieselbe dreimal täglich ausspülen. Diese Durchspülung der Kieferhöhle hatte für das Allgemeinbefinden einen geradezu glänzenden Erfolg. Vom ersten Tage ab verschwanden die Congestionen für immer und damit der ganze Complex der erwähnten Symptome. Der Kranke war wie „ausgewechselt". er war nicht mehr reizbar. er wurde seiner Umgebung wieder erträglich, wogegen er ihr früher das Leben verbittert hatte. Auch Alkohol und Tabak genoss er jetzt in mässigen Mengen, ohne darunter zu leiden.

Die Eiterung der Kieferhöhle erwies sich als eine ausserordentlich hartnäckige, wenn auch alle durch dieselben bedingten Beschwerden rasch nachliessen. Eine mässige Eiterung bestand auch noch nach halbjähriger Behandlung. Als ich gerade die Indicationen für eine radicale Eröffnung durch die fossa canina erwog, wurde meine Aufmerksamkeit durch eine ulcerirende Leukoplakie der linken Backenschleimhaut gefesselt, welche sich in späterer Folge als ein sehr rasch um sich greifendes Carcinom erwies, an dem der Kranke nach $1^1/_2$ Jahren zugrunde ging.

Ich habe noch in zwei Fällen Congestionszustände beobachtet, welche fast allein das Symptomenbild beherrschten. In beiden Fällen klagten die Kranken über hochgradige Congestion, welche sich nicht nur auf die Tageszeit beschränkte, sondern auch Abends beim Schlafengehen auftrat. Beide Kranke schliefen demzufolge schlecht und waren tagsüber müde, schläfrig und bar jeder Elasticität, welche sie nöthig gehabt hätten, um ihrem Berufe mit Erfolg nachzugehen. Der eine der Kranken hatte ein combinirtes Empyem (rechte Kieferhöhle und Siebbeinlabyrinth), der andere ein ausgebreitetes Empyem des linksseitigen Siebbeinlabyrinthes. In beiden Fällen gelang es, nachdem für regelrechten Abfluss des Eiters gesorgt wurde, die Congestionszustände vollständig zu beheben, ein Beweis, dass die entzündliche Erkrankung der Nebenhöhlen mit den congestiven Zuständen in ursächlichem Zusammenhange gestanden ist.

2. Depressionszustände. Es ist schon erwähnt worden, dass die im Verlaufe der entzündlichen Nebenhöhlenerkrankungen auftretende Congestion mit Herzpalpitationen einhergehen kann. Die Herzpalpitationen dauern meist nicht länger an, als der übrige Congestionszustand währt. In zwei Fällen von acutem Empyem habe ich aber eine bedeutende Pulsverlangsamung gesehen. Einmal handelte es sich um eine vorübergehende, aber hochgradige Stauung eines acuten Kieferhöhlenempyems, das zweitemal um ein acutes Empyem der Stirnhöhle und des vorderen Siebbeinlabyrinthes. Die Pulsfrequenz betrug im ersten Falle vorübergehend 60, im zweiten 56, gegenüber 90, beziehungsweise 84 im normalen Zustande. Mit Herstellung des Eiterabflusses stellten sich normale Verhältnisse her. In beiden Fällen war das subjective Gefühl der Herzpalpitation vorhanden. Die Verlangsamung der Herzaction kann noch am ehesten als reflectorische Vagusreizung gedeutet werden.

Im Allgemeinen lassen sich die Depressionszustände nicht scharf von den soeben erörterten Congestionszuständen trennen, da sie oft genug mit den Erregungszuständen abwechseln, ja theilweise von ihnen abhängen. Bei allen denjenigen Fällen, an denen ich Congestionszustände constatirt habe, waren auch zu gewissen Zeiten Depressionszustände zu beobachten. Den Kranken wird durch die öfters auftretende Congestion, die leichte Reizbarkeit etc. jede Arbeit erschwert, durch den mangelhaften Schlaf während der Nacht die Arbeitslust am

Tage erheblich herabgesetzt. Daher wird das Gemüth der Kranken oft stark deprimirt, und mit der Arbeitsunlust verbindet sich oft genug eine allgemeine Verdriesslichkeit, Launenhaftigkeit, Indolenz, ja selbst Lebensüberdruss. Im Ganzen tragen die Kranken mitunter einen höchst labilen psychischen Zustand zur Schau, in welchem Extreme übermässiger Reizbarkeit und starker Depression wechseln. Sehr erheblich wird das Hervortreten von Depressionszuständen gefördert, wenn gleichzeitig Kopfschmerzen vorhanden sind. Da letztere relativ am häufigsten bei Empyemen der Stirnhöhle vorkommen und auch hier die höchsten Grade erreichen, ist es begreiflich, dass man zumeist bei der Stirnhöhlenerkrankung den ausgesprochenen Depressionszuständen begegnet, wie dies auch Kuhnt bezüglich der schweren Stirnhöhlenaffectionen treffend hervorgehoben hat.

Dass die Intelligenz bei einem derartigen Verhalten des Allgemeinzustandes und des Gemüthes nicht intact bleiben kann, liegt auf der Hand. Die Unfähigkeit zu ausdauernder geistiger Arbeit, hervorgerufen durch die oft vorhandene Indolenz, Somnolenz und hypochondrische Trübung des Gemüthes lässt überhaupt grosse geistige Leistungen nicht aufkommen. Ganz besondere Einschränkung erleidet die geistige Thätigkeit, wenn gleichzeitig Kopfschmerz vorhanden ist, durch welchen jeder Versuch zu irgend einer ausgesprochenen Gehirnthätigkeit unmöglich wird. Treten diese Zustände in relativ frühem Alter auf, so bleiben die Kinder in der geistigen Entwickelung zurück, aber auch bei Erwachsenen gehören geistige Abspannung, mangelnde Lust zum Arbeiten, Zerstreutheit, sprunghafte Behandlung des Gespräches, ausgesprochene Aprosexia nasalis zu den häufigen Begleitern der entzündlichen Affectionen der Nebenhöhlen der Nase. Bei dem erwähnten Grade geistiger Zerrüttung kann auch zuweilen eine ausgesprochene Psychose, wie z. B. Melancholie auftreten. Manche Kranke werden durch den Anblick der entleerten Eitermassen sehr verstimmt. Ich hatte eine 72jährige Frau mit einer linksseitigen putriden Kieferhöhleneiterung in Behandlung, welche, seitdem sie gelegentlich einer Entleerung der Kieferhöhle den Eiter zu Gesicht bekam, den Gedanken nicht loswerden konnte, dass „ihr Körper sich in einer fortschreitenden Fäulnis" befinde. Sie stürzte sich eines Tages in die Donau und ertrank.

Es kann nicht genug davor gewarnt werden, in dem Zusammenhange zwischen Nebenhöhleneiterungen und erwähnten Symptomen etwas Mystisches erblicken zu wollen. Dass eine Organerkrankung, insbesondere, wenn sie mit erheblichen Schmerzen einhergeht, auf den Allgemeinzustand einen deprimirenden Eindruck ausüben kann, ist nichts seltenes. Das Sonderbare bei den Nebenhöhlenerkrankungen ist nur, dass die entzündlichen Processe in denselben sehr häufig so wenig manifeste Localerscheinungen hervorrufen, dass sowohl von dem Laien, als dem Arzt die Erkrankung dieser Organe nicht einmal in Erwägung gezogen, geschweige denn als Ursache der vorliegenden Symptome erkannt wird. Wie oft war ich nicht in der Lage, durch Probepunction aus einer Kieferhöhle eine Menge stinkenden Eiters zu entleeren zur Verblüffung des Kranken und des begleitenden Arztes, die jede Erkrankung der Nase von vornherein für unmöglich gehalten hatten und die bei mir nur deshalb erschienen waren, um auch einmal, wie sie sagten, „überflüssigerweise die Nase untersuchen zu lassen".

Welcher Art die Störungen der Gehirnthätigkeit bei den geschilderten Zuständen sind, vermögen wir nicht zu sagen. Sicher begründet dürfte nur die Annahme sein, dass es sich nicht um greifbare, anatomische Veränderungen handelt, denn die erwähnten psychischen Alterationen verschwinden zumeist rasch nach genügend hergestelltem Abfluss des Eiters. Einzelne Autoren nehmen Blutstauung, einzelne Lymphstauung in den Meningen an, andere wiederum schreiben dem resorbirten Eiter die schädliche Wirkung zu. Mangels beweisender Thatsachen liegt kein Grund vor, auf die erwähnten Hypothesen näher einzugehen.

c) Die durch Complicationen bedingten Symptome.

Eine ganze Anzahl schwerer Symptome bei der entzündlichen Erkrankung der Nebenhöhlen wird durch Fortschreiten des entzündlichen Processes auf die Orbita. beziehungsweise auf den Inhalt der Schädelhöhle hervorgerufen. Da aber das Verständnis dieser Symptome eine eingehende Kenntnis der Pathologie der einzelnen Nebenhöhlen erfordert, werde ich dieselben erst nach Abschluss des speciellen Theiles erörtern.

III. Diagnose.

Schon aus den Andeutungen in dem früheren Capitel geht hervor dass die subjectiven Symptome bei Erkrankungen der Nebenhöhlen so inconstanter Natur sind, dass wir dieselben nur in den seltensten Fällen für sich allein als genügend für eine verlässliche Diagnose erachten können. Da es, wie wir später sehen werden, bei der grösseren Anzahl von Nebenhöhlenaffectionen auch sonst keine genügend manifesten Anhaltspunkte für die Diagnose gibt, sei jetzt gleich der Grundsatz festgestellt, dass ohne genaue rhinoskopische Untersuchung nur selten eine Diagnose vollkommen verlässlich und schon gar nicht über jeden Zweifel erhaben ist. Es soll hiermit nicht geleugnet werden, dass in Ausnahmsfällen die Diagnose auch ohne rhinoskopische Untersuchung mit grosser Wahrscheinlichkeit gestellt werden kann. Es wird später erörtert werden, dass manche acute Empyeme der Kieferhöhle dentalen Ursprunges schon durch die anamnestischen Angaben nicht zu verkennen sind, ebenso sind die Syptome bereits nach aussen durchbrochener Empyeme der Stirnhöhle charakteristisch genug, um durch eine äussere Untersuchung allein erkannt zu werden. Immerhin sind die angeführten Ausnahmen so selten, dass die Nothwendigkeit einer exacten rhinoskopischen Untersuchung zur Sicherstellung einer Diagnose als oberstes Gesetz angeführt werden darf.

Da der Abfluss eines schleimigen oder mehr eitrigen Secretes zu den constantesten Symptomen der entzündlichen Nebenhöhlenaffectionen gehört (eine Ausnahme machen nur die relativ viel seltener vorkommenden geschlossenen Empyeme), so wird die rhinoskopische Untersuchung vor allem die Bestimmung der Secretionsquelle sich zum Ziele setzen müssen. Wie dieses Ziel am ehesten zu erreichen ist will ich an einem einzelnen Beispiele, an welchem der logische Aufbau der Diagnose am instructivsten ersichtlich ist, erörtern.

Denken wir uns einen Kranken, der in unsere Sprechstunde mit der typischen Klage kommt, dass er seit einiger Zeit aus dem einen Nasenloch sehr viel dickflüssiges, eitriges Secret entleert. Einseitige Naseneiterungen sind von vornherein verdächtig auf Nebenhöhlenempyeme, da die Erfahrung zeigt, dass dieselben in der grossen Mehrzahl der Fälle Nebenhöhleneiterungen ihren Ursprung verdanken. Mehr als ein Verdacht ist indes ohne weitere rhinoskopische Untersuchung nicht zulässig. Denn es gibt eine ganze Anzahl von Ausnahmen, bei welchen die einseitige Eiterung bestehen kann, ohne dass eine Nebenhöhlenaffection vorhanden wäre. So kann beispielsweise ein Fremdkörper, ein Nasenstein in der einen Nasenhälfte, ein syphilitischer Sequester etc. die Ursache für eine einseitige Naseneiterung abgeben. Das Secret kann auch aus dem Nasenrachenraum herstammen und nur deshalb durch die eine Nasenhälfte abfliessen, weil die andere Nasenhälfte durch irgend eine Ursache verschlossen ist. Alle diese Möglichkeiten können schliesslich doch nur durch die rhinoskopische Untersuchung bestätigt oder ausgeschlossen werden.

Wir greifen daher zum Nasenspiegel und blicken in die Nasenhälfte, aus der das Secret kommt. Häufig ist dann die Nasenschleimhaut allenthalben mit Secret so bedeckt, dass zuvörderst eine weitere Orientirung unmöglich wird, daher von einer Bestimmung der Quelle des Secretes ohneweiters keine Rede sein kann. Der nächste Schritt muss nun darin bestehen, dass wir das in der Nasenhöhle angesammelte Secret entweder mittelst Douche oder mit Hilfe von Wattetampons entfernen, um daraufhin zu sehen, an welcher Stelle das Secret wieder erscheint. Es dauert gewöhnlich selten länger als ein paar Minuten, bis an irgend einer Stelle wieder dickflüssiges Secret hervorquillt. Dieses Secret bis zu seinem Ursprung zu verfolgen bildet nun das punctum saliens der weiteren Untersuchung. Es braucht nicht sonderlich hervorgehoben zu werden, dass wir nach Reinigung der Nasenhöhle mittelst Zuhilfenahme der Sonde sofort darüber ins klare kommen, ob ein Nasenstein, Fremdkörper, nekrotischer Knochen etc. vorliegt. Die Sache liegt nun bei Vorhandensein von einer oder mehreren Nebenhöhlenerkrankungen so, dass nach Entfernung des Secretes letzteres sehr bald wieder an den Stellen, wo die Ausführungsgänge der Nebenhöhlen liegen, hervorquillt. Diese Stellen sind 1. der mittlere Nasengang, 2. die fissura olfactoria.

Was berechtigt uns aber zu sagen, dass ein Secret, welches im mittleren Nasengang oder in der fissura olfactoria erschienen ist, Secret von den Nebenhöhlen sein muss? Konnte denn nicht die Schleimhaut des mittleren Nasenganges oder der fissura olfactoria circumscript erkrankt sein? Gewiss ist das möglich. Es ist indes zu erwägen, dass, wenn wir die beiden angeführten Stellen reinigen und schon nach einigen Minuten, ja oft genug schon nach einigen Secunden Secret nachquillt, wir nicht gut annehmen können, dass die betreffenden Schleimhautstellen in so kurzer Zeit dickflüssiges Secret geliefert haben. Wir müssen vielmehr annehmen, dass das Secret schon früher secernirt und in einem Reservoir aufgespeichert war, von welchem aus die betreffenden Schleimhautbezirke, welche die Neben-

höhlenausgänge begrenzen, überschwemmt wurden. Das rasche
Wiedererscheinen des Secretes um die Ausführungsgänge
der Nebenhöhlen nach vorheriger, gründlicher Reinigung
gibt uns die sichere Handhabe dafür, dass das Secret aus
einer oder aus mehreren Nebenhöhlen herrühre.*)

Nachdem wir uns darüber klar geworden sind, dass das Secret
aus einer Nebenhöhle herrühren muss, drängt sich sofort die zweite
Frage auf: Aus welcher Nebenhöhle stammt der Eiter? ferner:
kommt der Eiter aus einer oder aus mehreren Nebenhöhlen und im
letzteren Falle: aus welchen? — Die Beantwortung all dieser Fragen
setzt in erster Linie die genaue
Kenntnis der Anatomie der lateralen Nasenwand voraus, weshalb
wir uns vorher mit derselben
befassen wollen.

a) Anatomie der lateralen Nasen- wand.

Die Grundlage der lateralen
Nasenwand wird von der Innenfläche des Oberkiefers gebildet.
Die Umrahmung der im skeletir-
ten Zustande grossen Oeffnung:
hiatus maxillaris (Fig. 1) im
Oberkiefer bildet den Ansatz für
diejenigen Knochen, welche die
laterale Nasenwand darstellen.
Wir gelangen am leichtesten zum
Verständnis des ziemlich complicirten Baues der lateralen Nasenwand, wenn wir die Frage
beantworten: In welcher Weise
wird die im macerirten Oberkiefer befindliche grosse Oeffnung
durch Anlagerung der übrigen
Knochen so verengt, dass nur
eine ganz kleine Oeffnung übrig
bleibt, durch welche am nicht

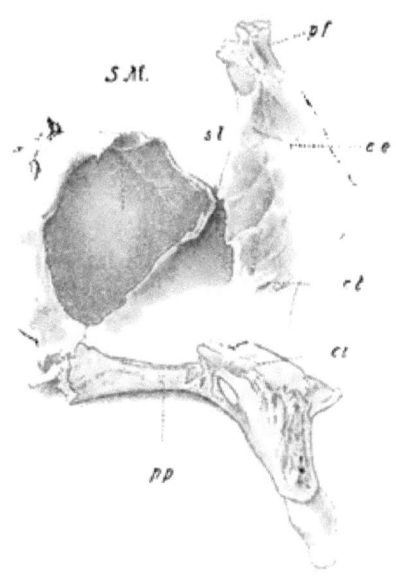

Fig. 1. Die nasale Fläche des linken
Oberkiefers.
S.M. = sinus maxillaris; *p.p.* = processus
palatinus; *p.f.* = processus frontalis; *c.i.* =
canalis incisivus; *c.t.* = crista turbinalis; *c.e.*
= crista ethmoidalis; *s.l.* = sulcus lacrimalis.

macerirten Schädel die Kieferhöhle mit der Nasenhöhle communicirt?

Wenn wir die nasale Fläche des Oberkiefers vor uns haben,
ist die Betrachtung folgender Theile von Wichtigkeit.

Der Oberkieferknochen = os maxillare (Fig. 1). Der Körper des
Oberkieferbeines zeigt an der Innenfläche die grosse Oeffnung, welche

---

*) Alle Regeln haben Ausnahmen; auch die genannte hat keine absolute Giltigkeit
Selbstverständlich gilt sie nicht für geschlossene Empyeme, und selbst bei offenen
Empyemen findet mitunter eine Ausnahme statt, da die Secretion zuweilen vorübergehend minimal sein kann. Ich begnüge mich damit, hier auf diese Ausnahmen hingewiesen zu haben, da ich bei der speciellen Diagnostik noch eingehend darauf zurückkommen werde. Meine Absicht ist es, in diesem allgemeinen Theile dem Anfänger die
Technik der Untersuchungsmethoden in möglichst uncomplicirter Weise beizubringen.

in das Antrum Highmori führt. Die Umrandung des foramen maxillare wird als Nasenfläche bezeichnet. Vom Oberkieferkörper geht nach oben der processus nasalis s. frontalis ab. Letzterer ist durch eine tiefe Furche von der nasalen Fläche des Oberkiefers abgesetzt; die Furche wird sulcus naso-lacrimalis genannt, weil, wie wir gleich sehen werden, die erwähnte Furche die Grundlage des ductus naso-lacrimalis bildet. Der obere Rand der Oeffnung wird durch den Rand des Orbitalfortsatzes (processus orbitalis) des Ober-kiefers gebildet, nach unten ragt der Alveolarfortsatz (processus alveolaris) und in mehr horizontaler Richtung der Gaumenfort-satz (processus palatinus) vor. An der Innenfläche des Nasen-fortsatzes des Oberkiefers fallen zwei horizontal verlaufende Leisten auf, von welchen die obere (inconstant) crista ethmoidalis (zur Verbindung mit der unteren Siebbeinmuschel), die untere crista turbinalis (zur Verbindung mit der unteren Muschel) genannt wird. Ich will jetzt noch nicht in die detaillirte Anatomie des Oberkiefers und der Kieferhöhle eingehen, da dies bei anderer Gelegenheit, nämlich bei der Lehre von den Kieferhöhlenerkrankungen thunlicher erscheint. Ich wollte nur so viel erwähnen, als zum Verständnis der Anlage-rung der übrigen Knochen erforderlich ist.

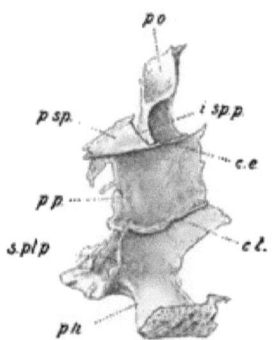

Fig. 2. Das linke Gaumen-bein von der nasalen Fläche gesehen.
p.h. = processus horizontalis; p.p. = processus perpendicu-laris; p.sp. = processus sphenoidalis; p.o. = processus orbitalis; s.pt.p. = sulcus pterygo - palatinus; c.t. = crista turbinalis; c.e. = crista ethmoidalis: i.sp p. = incisura spheno-palatina.

Das Gaumenbein = os palatinum (Fig. 2) besteht aus zwei Theilen: 1. Aus der horizontalen Platte, welche sich an den processus palatinus des Oberkiefers anlegt, und 2. aus der perpendiculären Platte, welche sich an die Innenfläche des Oberkiefers, an die hintere Begren-zung des foramen maxillare stützt und den Rand des Loches nach vorne erheblich überragt, wie dies aus Fig. 3 ersichtlich ist. Die Innenfläche der perpendiculären Gaumenbeinplatte zeigt ebenfalls zwei, den Leisten am Nasenfortsatze entsprechende Rauhigkeiten, von welchen die obere zum Ansatze der unteren Siebbeinmuschel. die untere zur Stütze des Muschelbeines (untere Nasenmuschel) dient. Die perpendiculäre Platte des Gaumenbeines übergeht nach oben in zwei Fortsätze: in den vorderen, orbitalen und in den hinteren, sphenoidalen Fortsatz. Der zwischen beiden befindliche Einschnitt ist die incisura spheno-orbitalis, welche durch Anlagerung des Keilbeinkörpers in das foramen sphenopalatinum umgewandelt wird. Das foramen sphenopalatinum führt von der Nasenhöhle in die fossa pterygo-maxillaris und dient zum Durchtritt der hinteren Nasengefässe und der hinteren Nasennerven.

Während die senkrechte Platte des Gaumenbeines einen erheb-lichen Theil der hinteren Partie des foramen maxillare deckt, erleidet die untere Partie des foramen maxillare eine weitere Ein-engung durch einen Theil des Muschelbeines.

Das Muschelbein = os turbinale (untere Nasenmuschel)
(Fig. 4 und 5) bildet eine leicht eingerollte Knochenplatte, welche mit

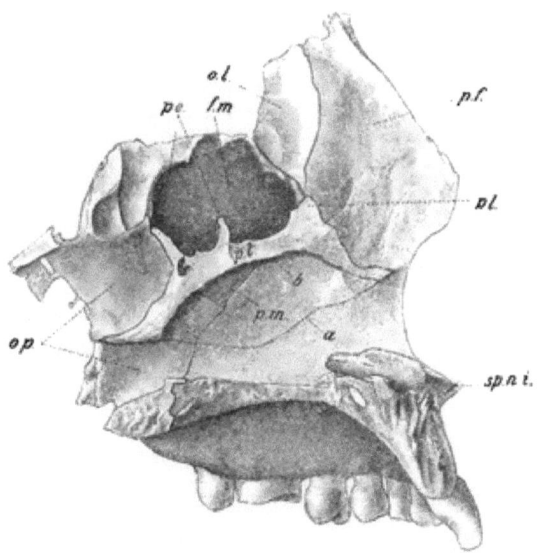

Fig. 3. Die Innenfläche des Oberkiefers nach Anlagerung des Gaum'en-
beines und der unteren Muschel.
sp.n.i. = spina nasalis inferior des Oberkiefers; *p.f.* = processus frontalis des Oberkiefers; *o.l.* = os lacrimale; *o.p.* = os palatium; *p t.* = der Saum des processus turbinalis der unteren Muschel; *p.e.* = processus ethmoidalis der unteren Muschel; *f.m.*
= foramen maxillare; *p.m.* = processus maxillaris der unteren Muschel; *a* = die
Grenze des unteren Muschelrandes; *p.l.* = processus lacrimalis der unteren Muschel

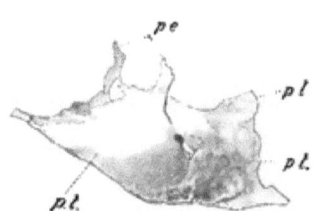

Fig. 4. Das Muschelbein der linken
Seite von der nasalen Fläche gesehen.
p.t. = processus turbinalis; *p.l.* = processus lacrimalis; *p.e.* = processus ethmoidalis.

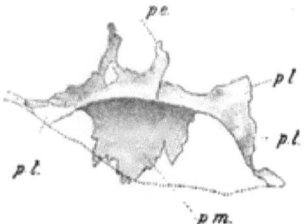

Fig. 5. Das Muschelbein der linken
Seite von der nasalen Fläche; der
grösste Theil des processus turbinalis ist abgetragen.

dem oberen Rand an den Oberkiefer und das Gaumenbein befestigt ist,
während es mit dem unteren Rand frei in die Nasenhöhle hineinragt.
Der vordere halbmondförmige Rand des Muschelbeines haftet an der
crista turbinalis des Stirnfortsatzes des Oberkiefers, während der

hintere, mehr langgestreckte Rand der entsprechenden crista des Gaumenbeines anliegt. Der obere Rand, Haftrand der unteren Muschel, ist rauh und hat mehrere Fortsätze, von welchen der processus maxillaris, der grösste, beiläufig von der Mitte des oberen Randes nach aussen unten biegt und sich an den unteren Rand des foramen maxillare anlegt, dessen Verschlussplatte er theilweise bildet. Die übrigen zwei Fortsätze gehen nach oben vom Haftrande aus. Der vordere, processus lacrimalis, ein viereckiges, sehr dünnes Knochenplättchen überbrückt den unteren Theil des sulcus naso-lacrimalis und wandelt daher den sulcus in einen canalis naso-lacrimalis um, wodurch die Mündung des letzteren in den unteren Nasengang zu liegen kommt. Der weitere Abschluss wird durch das an den processus lacrimalis sich anlegende os lacrimale erreicht.

Weniger constant ist ein hinterer, nach oben strebender Fortsatz, der processus ethmoidalis, von welchem noch später die Rede sein wird, dann nämlich, wenn die Verbindung zwischen Siebbein und unterer Muschel gezeigt werden wird.

In Fig. 3 ist die Einengung des foramen maxillare nach Anlagerung des Gaumenbeines und des Muschelbeines ersichtlich. Um den Verschluss der unteren Partie des foramen maxillare besser sehen zu können, ist ein grosser Theil des Muschelkörpers abgetragen, dessen Grenze indes durch die punktirte Linie kenntlich gemacht ist. Der noch übrig bleibende

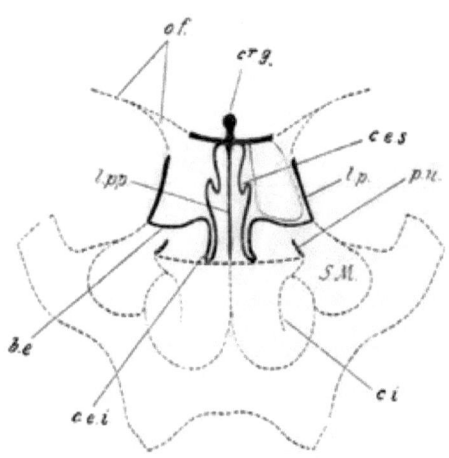

Fig. 6. Schema der Architektur des Siebbeines.
l.p. = lamina papyracea; *l.pp.* = lamina perpendicularis; *cr.g.* = crista galli; *c.e.i.* = concha ethmoidalis inferior; *c.e.s.* = concha ethmoidalis superior; *c.i.* = concha inferior; *b.e.* = bulla ethmoidalis; *p.u.* = processus uncinatus; *o.f.* = os frontale

Theil des foramen maxillare wird durch Theile des Siebbeines verlegt. Bevor wir indes diesen letzteren Umstand näher würdigen, ist es unbedingt nothwendig, das Siebbein in toto zu betrachten.

Das Siebbein = os ethmoidale. Um den complicirten Bau des Siebbeinknochens verständlicher zu machen, erscheint es mir zweckmässig, zuvörderst eine schematische Uebersicht über dessen Architektonik zu geben (Fig. 6).

Wenn wir uns eine horizontale, vielfach durchlöcherte Platte, durch welche die Fasern des nervus olfactorius von der Schädelhöhle in die Nase durchgehen, vorstellen, so haben wir die lamina cribrosa (l. cr.) des Siebbeines vor uns. Diese horizontale Platte ist genau in der Mitte von einer verticalen Knochenplatte durchsetzt, deren obere, in die Schädelhöhle reichende Partie verdickt erscheint

und crista galli (cr. g.) heisst, während der in die Nase herein-
ragende Theil der Platte einen erheblichen Theil der knöchernen
Nasenscheidewand bildet und als lamina perpendicularis ossis
ethmoidei (l. pp.) bezeichnet wird. Wenn wir uns noch weiter vorstellen, dass beiderseits auf der horizontalen Platte eine knöcherne
Kapsel angehängt ist, dann haben wir ein übersichtliches Bild
über das Grundskelet des Siebbeines. Bevor noch auf weitere Details
eingegangen wird, ist es von Wichtigkeit, sich zu vergegenwärtigen,
welch erheblicher Theil des Nasenskeletes durch das Siebbein geliefert wird. In Fig. 6 sind die dem Siebbeine angehörigen Partien
dunkel eingezeichnet, während die übrigen Theile punktirt gehalten
sind. Es ist an dem Schema ersichtlich, dass, wenn der untere Rand
der beiden sogenannten mittleren Nasenmuscheln mittelst einer horizontalen Linie verbunden
wird, alle über dieser Horizontalen sich befindenden
Partien der Nasenhöhle dem
Siebbeine angehören.

Die einzelnen Wände der
geschilderten Knochenkapsel
sind folgende:

Die Papierplatte =
lamina papyracea. Sie
bildet die äussere Wand der
Siebbeinkapsel, ist eben,
dünn, grenzt nach aussen an
die Augenhöhle, nach oben
an die pars orbitalis (p.o.)
des Stirnbeines und übergeht
nach unten in den Orbitalfortsatz des Oberkiefers.

Die Muschelwand bildet
die innere Begrenzung der
Siebbeinkapsel; sie erscheint

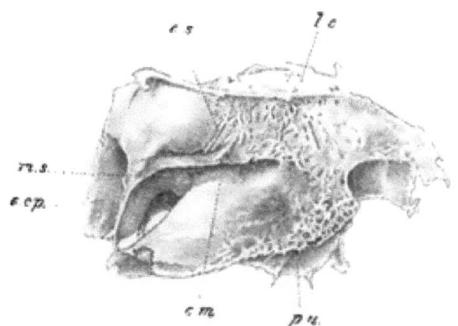

Fig. 7. Die mediale Wand der linken
Siebbeinkapsel.

l.c. = lamina cribrosa; *c.s.* = concha superior;
m.s. = meatus superior; *c.m.* = concha media;
p.u. = processus uncinatus; *c.e.p.* = cellula ethmoidalis posterior (zur Anlagerung an die vordere Fläche des Keilbeinkörpers).

gefaltet, und zwar können wir an dem Durchschnitte eine untere grössere
und eine obere kleinere Falte constatiren; die geschilderten Falten sind
nichts anderes als die untere Siebbeinmuschel = concha ethmoidalis inferior (c.e.i.) (mittlere Nasenmuschel) und die obere
Siebbeinmuschel = concha ethmoidalis superior (c.e.s.) (obere
Nasenmuschel). In einzelnen Fällen haben wir auch eine oberste
Siebbeinmuschel = concha ethmoidalis suprema zu unterscheiden.

Betrachten wir die geschilderten Muschelgebilde nicht am Durch-
schnitt, sondern von der medialen Fläche des macerirten Siebbeines aus
(Fig. 7) oder an der lateralen Nasenwand eines Sagittaldurchschnittes
des Schädels (Fig. 8), dann fällt sofort auf, dass die obere, als obere
Siebbeinmuschel bezeichnete Falte um vieles kürzer ist als die untere
Siebbeinmuschel. Ein Frontaldurchschnitt durch die vordere Kopfhälfte
wird somit an der medialen Wand der Siebbeinkapsel nur die untere
Falte zur Anschauung bringen (siehe Fig. 10).

An dem Siebbein des Erwachsenen haben wir es in der Mehrzahl der Fälle mit zwei Siebbeinmuscheln zu thun (Fig. 8). Seltener

ist das Vorkommen einer dritten Siebbeinmuschel (Fig. 20), welche wir als oberste Nasenmuschel bezeichnen.

Entwickelungsgeschichtlich finden sich ausser der unteren Siebbeinmuschel noch zwei, zuweilen sogar noch drei, also insgesammt vier Siebbeinmuscheln vor (Zuckerkandl). Diese Muscheln werden an der Nasenfläche des Siebbeines durch zwei, beziehungsweise drei Siebbeinspalten (fissurae ethmoidales) getrennt, die in der Reihe

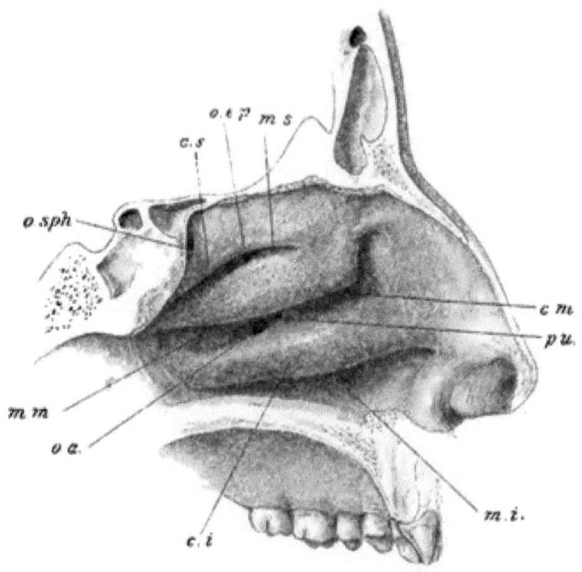

Fig. 8. Die laterale Nasenwand.

c.i. = concha inferior; = c.m. concha media; c.s. = concha superior; m.i. = meatus inferior; m.m. = meatus medius; m.s. = meatus superior; p.u. = processus uncinatus; o.a. = ostium accessorium; o.e.p. = ostium ethmoidale posterius; o.sph. = ostium sphenoidale.

nach oben gleich den Muscheln an Länge abnehmen. Die Siebbeinmuscheln werden genannt: untere (1), mittlere (2) und obere (3), in seltenen Fällen auch noch eine oberste (4).*)

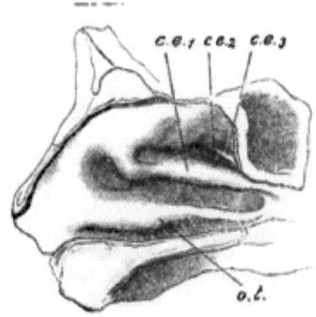

Fig. 9.

*) Die zweite Siebbeinmuschel, concha ethmoidalis media verkümmert in der Regel, so dass am Siebbein des Erwachsenen von ihr nichts, oder nur ein leistenförmiger Rest übrig bleibt (siehe Fig. 9). Die obere Siebbeinmuschel ist somit die dritte Siebbeinmuschel, da die zweite verkümmert. Die oberste, vierte Siebbeinmuschel ist ein späteres Gebilde und spaltet sich von der dritten, respective oberen Siebbeinmuschel ab. Es ist vielleicht nicht überflüssig, darauf hinzuweisen, dass die untere Nasenmuschel durch das Muschelbein gebildet wird und mit der Entwickelung der Siebbeinmuschel nichts zu thun hat.

Zwischen der Muschelwand und der Papierplatte ist ein durch mehrere Scheidewände unterbrochener Raum vorhanden, welcher in seiner Gesammtheit als Siebbeinlabyrinth bezeichnet wird (Fig. 6 und 10). Die Entstehung und Anordnung des Siebbeinlabyrinthes werde ich in einem späteren Capitel der Anatomie des Siebbeinlabyrinthes beleuchten. Gewöhnlich haben wir es mit einem zwei-, höchstens dreimuscheligen Siebbeine zu thun, und dementsprechend sehen wir an der lateralen Wand drei- oder vierfaltige Erhebungen.

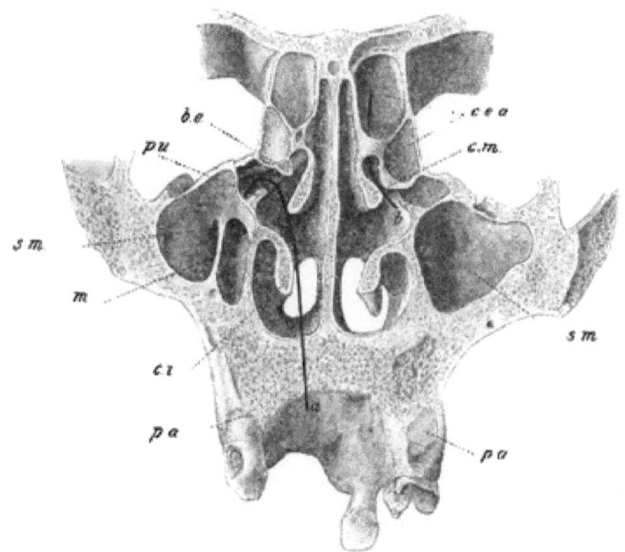

Fig. 10. Frontaldurchschnitt durch die Nasenhöhle; rechts vor, links hinter dem ostium maxillare. Kleine Kieferhöhlen mit dicken Knochenwandungen, erreichen nicht den Nasenboden infolge besonderer Dicke des Alveolarfortsatzes.

s.m. = sinus maxillaris; *m.* = unvollkommene membranöse Scheidewand in der rechten Kieferhöhle; *p.a.* = processus alveolaris; *b.e.* = bulla ethmoidalis; *p.u.* = processus uncinatus; *a.* = Sonde durch das ostium maxillare in die Kieferhöhle dringend; *c.i.* = concha inferior; *c.m.* = concha media; *b* = Sonde vom Dache des mittleren Nasenganges in die vorderen Siebbeinzellen dringend; *c.e.a.* = cellul. ethmoidales anteriores.

Der Boden der Siebbeinkapsel wird durch eine nach unten convex gewölbte Knochenplatte gebildet, welche, wie aus dem Durchschnitte zu ersehen ist, convex in den mittleren Nasengang hineinragt und von Zuckerkandl als bulla ethmoidalis bezeichnet wurde. Diese bulla ethmoidalis bildet die tiefste Zellwand der geschilderten Siebbeinkapsel und gleichzeitig das Dach und die oberste laterale Partie des mittleren Nasenganges (Fig. 6 und 10).

Das Dach der Siebbeinkapsel wird in dem medialen Theile von der lamina cribrosa, im lateralen Theile von der pars orbitalis des Stirnbeines gebildet. Dies kommt in folgender Weise zu Stande:

Während die erörterte Knochenkapsel des Siebbeines an einem Frontaldurchschnitt des Schädels (Fig. 10) geschlossen erscheint, ist dieselbe an dem aus seiner Verbindung mit den übrigen Kopfknochen gelösten Siebbeine (Fig. 11) nach oben und hinten geöffnet. Dies rührt daher, dass an dem macerirten Siebbeine der laterale Rand der lamina cribrosa den oberen Rand der lamina papyracea nicht erreicht. Diese nach oben offenen Lücken, d. i. Zellen, die in ihrer Zahl variiren, werden durch entsprechende Aushöhlungen in der Orbitalpartie des Stirnbeines (foveolae ethmoidales [Fig. 12]) gedeckt,

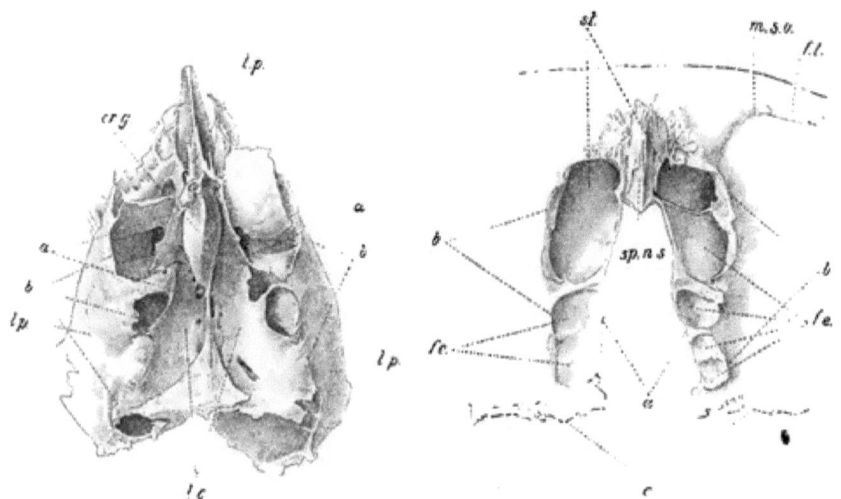

Fig. 11. Das Siebbein von oben. *l.c.* = lamina cribrosa; *cr.g.* = crista galli; *l.p.* = lamina perpendicularis; *a* = laterale Rand der lamina cribrosa; *b* = oberer Rand der lamina papyracea. Nach oben offene Siebbeinzellen sichtbar.

Fig. 12. Stirnbein von der incisura pyriformis aus gesehen. *sp.n.s.* = spina nasalis superior; *m.s.o.* = margo supraorbitalis; *a* = Ränder des processus orbitalis behufs Anlagerung an den lateralen Rand der lamina cribri formi, des Siebbeines; *b* = Ränder des processus orbitalis behufs Anlagerung an den oberen Rand der lamina papyracea; *f.e.* = foveolae ethmoidales zur Bedeckung der nach oben offenen Zellen am Siebbeinknochen.

kommen somit erst durch Hinzutreten des Stirnbeines zum Abschlusse (siehe Fig. 6).

Ebenso wird eine nach hinten offene Zelle des Siebbeinlabyrinthes (Fig. 11) häufig erst durch Anlagerung des Keilbeinkörpers zum Abschlusse gebracht.

Zu der eigenthümlichen Gestaltung der lateralen Nasenwand trägt sehr viel der Umstand bei, dass die untere Falte der inneren Wand der Siebbeinkapsel, d. i. die untere Siebbeinmuschel (mittlere Nasenmuschel) erheblich tiefer hinabreicht als die bulla ethmoidalis; daraus resultirt, dass von der Nasenhöhle aus betrachtet, die bulla ethmoidalis, sowie der grössere Theil des mittleren Nasenganges gedeckt, demzufolge unsichtbar ist (Fig. 8).

Die Verbindungen des Siebbeines mit dem Stirnbeine sind schon erwähnt worden; über diese, sowie über die Anlagerung an das Keilbein wird noch später ausführlicher die Rede sein.*)

Für unseren Gegenstand ist es jetzt von Wichtigkeit klarzustellen, in welcher Weise das Siebbein in das Gefüge der lateralen Nasenwand eintritt.

Um dies thun zu können, müssen wir noch eines Theiles des Siebbeines gedenken, welcher zur weiteren Constituirung der lateralen Nasenwand wesentlich beiträgt; dies ist der processus uncinatus. Um diesen in seinem Ursprung vom Siebbein und in seiner Beziehung zur lateralen Nasenwand ersichtlich zu machen, ist es nothwendig, einen Theil der tief herabreichenden unteren Siebbeinmuschel abzutragen, damit der mittlere Nasengang frei werde (Fig. 13).

Erst nach dieser Procedur kann wahrgenommen werden, dass von jenem Theile des vorderen Endes der mittleren Muschel, welcher sich mit dem Oberkiefer verbindet, ein schmaler, dünner Knochenfortsatz entspringt, welcher hinter der mittleren Nasenmuschel parallel zur bulla ethmoidalis von vorne oben nach hinten unten verläuft, und dessen hinteres, freies Ende in mehrere knöcherne Fortsätze ausläuft. Die Anzahl dieser Knochenfortsätze ist verschieden. Regelmässig verbindet sich einer dieser Fortsätze mit dem processus ethmoidalis der unteren Nasenmuschel, während ein anderer Fortsatz zur lamina perpendicularis des Gaumenbeines und ein dritter gegen das Dach der Oberkieferhöhlenöffnung geht, welches er aber nicht immer erreicht (Fig. 14).

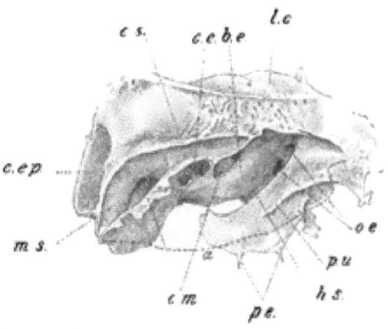

Fig. 13. Die mediale Wand der Siebbeinkapsel nach Entfernung des grössten Theiles der mittleren Muschel.

c.m. = der Rest der concha media; a. = freier, unterer Rand der mittleren Muschel; p.u. = processus uncinatus; p.e. = processus ethmoidalis processus uncinati; b.e. = bulla ethmoid; h.s. = hiatus semilunaris; o.e. = ostia ethmoidalia; c.e. = cellula ethmoidalis in der mittleren Muschel; l.c. = lamina cribrosa; c.s. = concha superior; m.s. = meatus superior; c.e.p. = cellula ethmoidalis posterior.

Betrachtet man nun den Siebbeinknochen in seiner Verbindung mit den übrigen Constituenten der lateralen Nasenwand, so sind folgende für die Topographie wichtige Verhältnisse zu constatiren.

Der untere Rand der Papierplatte lagert sich an den Rand der Orbitalplatte des Oberkiefers an, wodurch die bulla ethmoidalis, von oben her und nasalwärts beobachtet, ein wenig die oberste Partie des foramen maxillare einengt (Fig. 6 und 10).

Die untere Siebbein-, respective mittlere Nasenmuschel tritt mit zwei Knochen in Verbindung: vorne legt sich der vordere Rand an die crista ethmoidalis des Oberkiefers an und bildet eine Hervorragung, welche in verschiedenen Fällen verschieden stark ausgeprägt

*) Siehe Anatomie des Siebbeinlabyrinthes.

ist und Nasendamm = agger nasi genannt wird; das hintere Ende der mittleren Muschel tritt dagegen mit der crista ethmoidalis des perpendiculären Gaumenbeinfortsatzes in Verbindung.

Zwischen bulla ethmoidalis und processus uncinatus verbleibt ein Spalt, welcher seiner Lage nach in die Kieferhöhle führt; dieser Spalt wird wegen seiner Form hiatus semilunaris genannt. Ausser dem hiatus semilunaris existiren zwischen den Fortsätzen

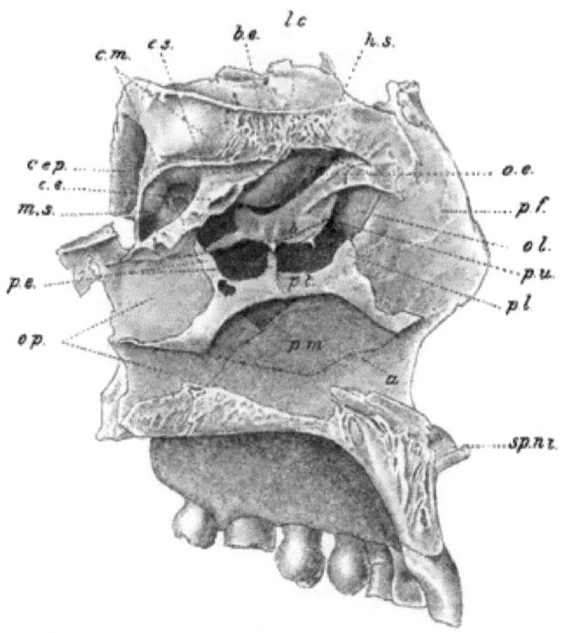

Fig. 14. Der knöcherne Aufbau der lateralen Nasenwand.

p.t. = processus turbinalis der unteren Muschel, von welcher der grösste Theil entfernt ist. Bei *a* ist mit punktirter Linie die frühere Grenze der unteren Muschel gekennzeichnet; *p.m.* = processus maxillaris der unteren Muschel; *o.p.* = os palatinum; *p.l.* = processus lacrimalis der unteren Muschel; *p.e.* = processus ethmoidalis der unteren Muschel; *p.u.* = processus uncinatus; *o.l.* = os lacrimale; *p.f.* = processus frontalis; *o.e.* = ostium ethmoidale; *h.s.* = hiatus semilunaris; *c.m.* = concha media, der grösste Theil entfernt; *b* = die Grenze der früheren mittleren Muschel; *b.e.* = bulla ethmoidalis; *l.c.* = lamina cribrosa; *c.s.* = concha superior; *c.e.* = cellula ethmoidalis in der mittleren Muschel eröffnet; *m.s.* = meatus superior; *c.e.p.* = cellula ethmoidalis posterior; *sp.n.i.* = spina nasalis inferior.

des processus uncinatus mehrere Lücken, welche insgesammt Communicationen zwischen Kieferhöhle und Nasenhöhle darstellen.

Von der ganzen grossen Oeffnung des foramen maxillare bleibt nun nach Anlagerung all der mit dem Oberkiefer in Verbindung stehenden Knochen nichts anderes als der hiatus semilunaris und die genannten Oeffnungen zwischen den Branchen des processus uncinatus übrig. Wenn ich jetzt noch hinzufüge, dass die genannten Communicationen durch den doppelten Schleimhautüberzug der Nasen- und Kieferhöhle theils verdeckt, theils erheblich eingeengt werden, dann ist es wohl verständlich, wie diese ursprünglich grosse Oeffnung bis auf ein kleines Loch verengt ist.

Was den hiatus semilunaris betrifft, so bleibt in der Regel nur seine hinterste Partie offen, während der grössere, vordere Theil durch Knochenbrücken und Schleimhautduplicaturen eingeengt wird. Ebenso werden die Zwischenräume zwischen den Fortsätzen des processus uncinatus durch die doppelte Schleimhautbekleidung gedeckt, somit zum Abschlusse gebracht. Für die Mehrzahl der Fälle gilt somit der Satz, dass ausser der Oeffnung in der hinteren Partie des hiatus semilunaris keine anderweitige Communication zwischen Kiefer- und Nasenhöhle besteht (Fig. 20 bei c).

Es ist indessen von grosser Wichtigkeit zu wissen, dass in vielen Fällen — nach der Statistik Zuckerkandl's in jedem zehnten Falle — der membranöse Verschluss zwischen den Fortsätzen des processus uncinatus defect ist. In diesen Fällen ist somit ausser der natürlichen Oeffnung im hiatus noch eine andere Communication vorhanden, und diese wird als ostium accessorium bezeichnet (Fig. 8 bei o.a.).

Der Umfang des ostium accessorium kann zwischen Steck- nadelkopf- und Bohnengrösse schwanken; es kommt vorzugsweise an zwei Stellen, entsprechend den Lücken des processus uncinatus, vor: die eine Stelle befindet sich unterhalb des processus uncinatus vor dem processus ethmoidalis der unteren Nasenmuschel, die andere, hintere, zwischen processus uncinatus und perpendiculärer Platte des Gaumenbeines. Es können gleichzeitig beide oder nur eine dieser Stellen defect sein

Im Gegensatze zu dem accessorischen ostium wird die stets vor- handene Oeffnung in der hintersten Partie des hiatus semilunaris als natürliche Oeffnung = ostium maxillare bezeichnet.

Nach der dargelegten Construction der lateralen Nasenwand ist es klar, dass wir in jedem Falle in der hinteren Partie des mittleren Nasenganges eine weniger widerstandsfähige Stelle haben, wo die knöcherne Scheidewand zwischen der Nasen- und Kieferhöhle defect ist, und im besten Falle nur eine doppelte Schleimhautmembran vor- handen ist. Diese Stelle wurde von Zuckerkandl als Nasenfonta- nelle bezeichnet. Man bezeichnet sie auch als membranöse Partie (pars membranacea) des mittleren Nasenganges.

Vor Abschluss der Besprechung der Anatomie des mittleren Nasenganges sei noch auf zwei eigenthümliche Bildungen, welche den rhinoskopischen Anblick beeinflussen können, hingewiesen: auf die besonders stark ausgebildete bulla ethmoidalis und die blasig vergrösserte mittlere Muschel.

Excessive Grösse der bulla ethmoidalis. In der Regel ist die bulla ethmoidalis bei der rhinoskopischen Untersuchung nicht sichtbar. In einzelnen Fällen jedoch, wo dieselbe geschwulstartig her- vorragt, kann sie die mittlere Muschel gegen das Septum drücken, wodurch der mittlere Nasengang ganz erheblich erweitert erscheint und die bulla den Anblick einer Geschwulst bietet. Ich habe eine solche bulla ethmoidalis schon oft mit einer Geschwulst verwechseln ge- sehen, was allerdings nur daher rührt, dass die Anfänger von der Sonde nicht oft genug Gebrauch machen. Es fühlt sich eine solche bulla wie eine Knochenplatte an, die mit einer dünnen Schleimhaut bedeckt ist.

Es kann übrigens eine grosse bulla bestehen, ohne dass sie deshalb sichtbar sein müsste; dies ist nämlich dann der Fall, wenn dieselbe durch eine stark lateralwärts gekrümmte mittlere Muschel maskirt ist.

Blasig erweiterte mittlere Muschel. Diese Entwickelungseigenthümlichkeit besteht darin, dass der freie Rand der mittleren Muschel so weit lateralwärts und nach oben gerollt ist, dass hierdurch ihre concave Seite eine Höhle einschliesst, die mit dem mittleren Nasengange communicirt. In solchem Falle ragt nun die mittlere Muschel wie eine Geschwulst in die Nasenhöhle herein, sie kann nicht nur den mittleren Nasengang vollständig verdecken, sondern sogar über der unteren Muschel in das vestibulum nasi hineinragen. Das hierdurch bedingte rhinoskopische Bild ist deshalb von grosser Wichtigkeit, weil unter Umständen bei entzündlichen Erkrankungen des Siebbeinlabyrinthes ein analoges Bild, wenn auch mit nicht unwesentlichen Modificationen, auftreten kann.[*])

Dass nach den geschilderten anatomischen Verhältnissen des mittleren Nasenganges die Diagnostik der Erkrankungen der drei in denselben mündenden Nebenhöhlen in dem hiatus semilunaris sich abspielen wird, brauche ich nicht weiter auseinanderzusetzen. Wird doch das Secret zuerst in dem mittleren Nasengange erscheinen, sobald eine oder mehrere dieser Nebenhöhlen ein pathologisches Secret liefern.

Obere Nasenmuschel. Oberer Nasengang. Mündung des hinteren Siebbeinlabyrinthes. Recessus spheno-ethmoidalis. Ostium sphenoidale. Die obere Falte der inneren Wand der Siebbeinkapsel ist die weitaus schmächtigere, sie ist nur an ihrem hinteren Ende frei, während ihr vorderes Ende sich in der glatten inneren Wand verliert. Dem entsprechend ist die obere Falte (obere Nasenmuschel) erheblich kürzer als die untere (mittlere Nasenmuschel). Selbstverständlich wird auch dadurch die Länge des Spaltes zwischen unterer und oberer Falte bestimmt. Die Länge des oberen Nasenganges beträgt kaum die Hälfte der Länge des unteren und mittleren Nasenganges. Bei Gegenwart einer obersten Siebbeinmuschel, beziehungsweise vierten Nasenmuschel, haben wir noch einen vierten, d. i. obersten Nasengang zu verzeichnen, der indes gewöhnlich nur angedeutet ist.

In den oberen oder obersten Nasengang münden die in ihrer Anzahl variablen Oeffnungen der hinteren Siebbeinzellen (ost. ethmoid. post.). — An der Anlagerungsstelle zwischen hinterer Siebbein- und vorderer Keilbeinhöhlenfläche ist eine senkrecht verlaufende Rinne, der recessus spheno-ethmoidalis vorhanden. Hier befindet sich die nach hinten führende Mündung der Keilbeinhöhle (ostium sphenoidale [siehe Fig. 8]).

Die *Anatomie* der Oeffnungen der hinteren Siebbeinzellen und der Keilbeinhöhle will ich hier nicht im Detail ausführen, sondern nur auf ihre Lage hinweisen.

Es wird schon bei oberflächlicher Betrachtung klar, dass sowohl Secret aus den hinteren Siebbeinzellen als aus der Keilbeinhöhle an einer ganz anderen Stelle in der Nasenhöhle erscheinen muss, als

---

*) Siehe Siebbeinlabyrinth.

das Secret der drei in den mittleren Nasengang einmündenden Nebenhöhlen, nämlich in der fissura olfactoria oder, falls der Weg nach
vorne verlegt ist, in der Choane oberhalb der mittleren Nasenmuschel.

b) Sondirung der Nebenhöhlen des mittleren Nasenganges.

(Nebenhöhlen I. Serie.)

Diese setzt vor allem die Kenntnis des hiatus semilunaris
voraus.

Topographie des hiatus semilunaris. Der zwischen bulla ethmoi-
idalis und processus uncinatus befindliche hiatus semilunaris ist
in topographischer Beziehung besonders wichtig, weil in ihm und
in seiner Umgebung die Ausführungsgänge dreier Nebenhöhlen
münden: der Kieferhöhle, Stirnhöhle und eines Theiles des Siebbeinlabyrinthes (vorderes Siebbeinlabyrinth). Da der wesentlichste Theil
der Diagnostik der Erkrankungen der drei genannten Nebenhöhlen
in dieser Gegend des mittleren Nasenganges sich abspielt, braucht
ein näheres Eingehen auf die Topographie dieser Gegend nicht weiter
motivirt zu werden.

Der hiatus semilunaris ist nur die oberflächliche Begrenzung
eines tiefen Spaltes, welcher in seiner Tiefe zuerst von den Franzosen
als **infundibulum** bezeichnet wurde. In der hinteren Partie dieses
Spaltes befindet sich, wie schon erwähnt, das ostium maxillare, welches
lateralwärts und nach unten in die Kieferhöhle führt; dagegen mündet
die Stirnhöhle genau in das vorderste Ende des **infundibulum** und
repräsentirt die directe Fortsetzung des letzeren nach vorne. Die
Lage und Anzahl der Mündungen des vorderen Siebbeinlabyrinthes
sind inconstant; bald befindet sich nur eine Hauptöffnung an der
Ansatzstelle zwischen mittlerer Muschel und bulla ethmoidalis, bald
münden daneben noch andere Oeffnungen in das infundibulum selbst
oder in seine unmittelbare Umgebung.[*]

In Fig. 15 ist die Lage der genannten drei Nebenhöhlen zum
hiatus semilunaris schematisch dargestellt. In praktischer Beziehung
concentrirt sich das Studium der Topographie des hiatus semilunaris
und der genannten Nebenhöhlen auf die Beantwortuug von den
Fragen: Auf welche Weise können wir am leichtesten 1. in den hiatus
selbst und 2. in die in ihn mündenden Nebenhöhlen gelangen?

In Bezug auf das Eindringen in den hiatus muss im Allgemeinen
auf die Schwierigkeit hingewiesen werden, welche die medialwärts
stark herabhängende mittlere Muschel bedingt, da dadurch in der Mehrzahl der Fälle weder vom hiatus noch von den ihn begrenzenden
Knochen: bulla ethmoidalis und processus uncinatus etwas sichtbar ist.

Dazu kommt noch in Betracht, dass die Schleimhaut in pathologischen Fällen um die genannten Gebilde herum erheblich geschwollen oder hypertrophisch ist, wodurch ein weiteres Hindernis
entsteht.

---

[*] Genaueres über die Varietäten dieser Oeffnungen wird im speciellen Theile
mitgetheilt werden.

3*

Um die Lage des grösstentheils durch die mittlere Muschel
gedeckten hiatus genauer zu fixiren, ist auf das Schema (Fig. 15)
hinzuweisen, wo die Lage des hiatus hinter der mittleren Muschel
punktirt eingezeichnet worden ist. Man ersieht aus demselben, dass die
vorderste Partie des hiatus durch die mittlere Muschel am meisten gedeckt ist, während der hintere Theil dem unteren Rande der mittleren
Muschel am nächsten kommt. Zuweilen ist sogar das hintere Ende
des processus uncinatus und damit das hintere Ende des hiatus selbst
sichtbar. Der Umfang der Sichtbarkeit hängt von der Configuration
der mittleren Muschel ab, welche in Bezug auf individuelle Formation
grossen Schwankungen
unterliegt.

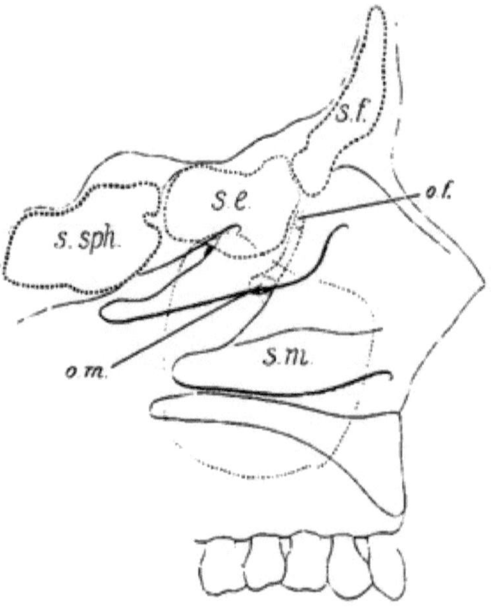

Reicht die Muschel
weniger tief herab, und
ist ihre Krümmung we-
niger lateralwärts ge-
richtet, dann ist vom hiatus ein guter Theil sichtbar und leicht zugäng-
lich; ist dagegen die mittlere Muschel stark herab-
hängend und überdies gar
auch erheblich lateral-
wärts gekrümmt, dann ist
der hiatus mit seiner ganzen Umgebung wie abge-
schlossen, der Sonde überhaupt nicht zugänglich.

Aus dem Gesagten
erhellt zur Genüge, dass
die Zugänglichkeit, somit
die Möglichkeit einer Sondirung des hiatus vor
allem von den individuel-
len Eigenthümlichkeiten
des Baues der mittleren
Muschel abhängig ist.

Will man mit der
Sonde in einen Theil des
hiatus gelangen, so dürfte

Fig. 15. Schematische Darstellung der Lage
der Nebenhöhlen in Bezug auf den hiatus
semilunaris.
s.m. = sinus maxillaris; s.f. = sinus frontalis; s.e. =
sinus ethmoidalis; s.sph. = sinus sphenoidalis; o.m.
= ostium maxillare; o.f. = ostium frontale.

dies am sichersten am hinteren Ende gelingen, wo wir an dem Hervorragen des processus uncinatus mitunter einen sichtbaren Anhaltspunkt besitzen.

Nach Erörterung der Vorfrage, der Sondirbarkeit des hiatus,
soll jetzt die Hauptfrage beantwortet werden: In welcher Weise
können wir a) die Kieferhöhle, b) die Stirnhöhle und c) das Siebbeinlabyrinth sondiren?

1. Sondirung der Kieferhöhle. *Topographie des ostium maxillare.* Die
Oeffnung der Kieferhöhle befindet sich, wie bereits erörtert wurde,
im hintersten Ende des hiatus in der Tiefe des infundibulum und
geht von hier gewöhnlich auswärts und mehr oder weniger nach

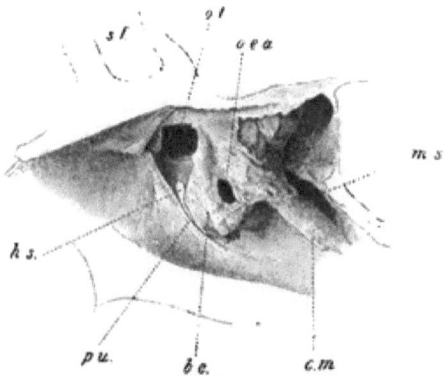

Fig 16. Circumscript geschwulstförmige Bildung der bulla ethmoidalis mit Verengerung des normalen ostium maxillare, dagegen starker Erweiterung des ostium frontale.

c.m. = Die Insertionsstelle der abgeschnittenen concha media; *m.s.* = meatus superior; *b.e.* = bulla ethmoidalis; *p.u.* = processus uncinatus; *h.s.* = hiatus semilunaris; *o.f.* = stark erweitertes ostium frontale (bedingt durch Zurücktreten der Grundlamelle der bulla); *o.e.a.* = ostium ethmoidale der vorderen Siebbeinzellen; *s.f.* = sinus frontalis.

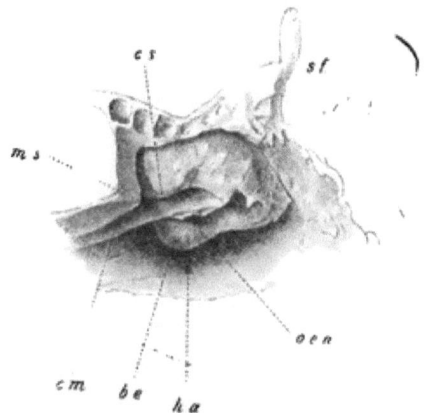

Fig. 17. Verschluss des hiatus durch excessive Ausbildung der bulla ethmoidalis.

c.m. = concha media; *c.s.* = concha superior; *m.s.* = meatus superior; *b.e.* = bulla ethmoidalis; *h.a.* = hiatus accessorius; *o.e.a.* = ostium ethmoidale der vorderen Siebbeinzellen; *s.f.* = sinus frontalis.

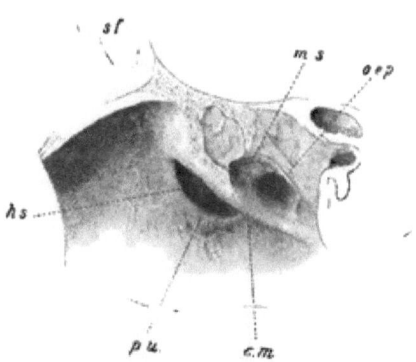

Fig. 18. Abnorm weiter hiatus in einer atrophischen Nase.

c.m. = concha media (atrophisch); *m.s.* = meatus superior; *p.u.* = processus uncinatus; *h.s.* = der abnorm weite hiatus semilunaris; *o.e.p.* = ostium ethmoidale in Folge der Atrophie ebenfalls stark erweitert; *s.f.* = sinus frontalis.

unten (siehe Fig. 10). Die Möglichkeit der Einführung einer Sonde hängt von der Weite des hiatus semilunaris ab, welche ausserordentliche individuelle Schwankungen aufweist.*) Ich habe in Folgendem einige extreme Varietäten in der Weite des hiatus abbilden lassen, aus welchen schon zur Genüge das Gesagte erhellt. Die Betrachtung derselben lehrt, dass die bulla ethmoidalis von dem processus uncinatus mehrere Millimeter entfernt sein kann, also genügend, um mit einer Sonde bequem das ostium maxillare passiren zu können (Fig. 20). In anderen Fällen (Fig. 16) ragt dagegen die bulla so weit über den processus uncinatus hinab, dass gerade der hinterste Theil des hiatus, wo die Mündung der Kieferhöhle liegt, vollkommen verschlossen ist. In Fig. 17 deckt die bulla den ganzen hiatus, so dass von einer Sondirung der Kieferhöhle überhaupt keine Rede sein kann. Nur in seltenen Fällen ist das infundibulum und das ostium maxillare so weit, dass man mit einer mehrere Millimeter dicken Sonde oder Canüle ohneweiters in die Kieferhöhle gelangt. Ich habe in Fig. 18 den hiatus einer atrophischen Nase abbilden lassen, wo derselbe seicht, breit, und wo das

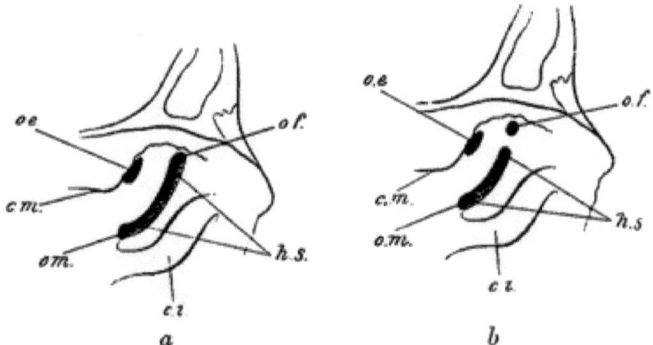

a   *b*

Fig. 19. Schema der Mündung des ostium frontale.

c.i. = concha inferior; *c.m.* = concha media; *h.s.* = hiatus semilunaris; *o.f.* = ostium frontale; *o.m.* = ostium maxillare; *o.e.* = ostium ethmoidale.

ostium maxillare spielend zu passiren ist. Da in diesem Falle auch eine Atrophie der mittleren Muschel vorlag, war die directe Sichtbarkeit des hiatus ebenfalls ein erleichterndes Moment bei der Auffindung der Kieferhöhlenöffnung.

Schon die angeführten Varietäten in der anatomischen Construction belehren uns darüber, dass es in einigen Fällen leicht möglich sein wird, durch das ostium maxillare in die Kieferhöhle zu gelangen, dass dies aber in anderen Fällen nur schwer, in wieder anderen vielleicht gar nicht gelingen kann.

2. **Sondirung der Stirnhöhle.** *Topographie des ostium frontale.* Die Stirnhöhle ist topographisch als die Fortsetzung des vordersten Endes des infundibulum aufzufassen. Die Oeffnung in der Stirnhöhle wird gewöhnlich dadurch gebildet, dass zwischen bulla und processus uncinatus eine kleine Knochenbrücke sich etablirt, die weiter hinten und

---

*) Das ostium maxillare selbst ist unter normalen Verhältnissen niemals so enge, dass es ein Hindernis für die Sondirung abgeben könnte. (Siehe Anatomie der Kieferhöhle.)

nach aussen mit einer zweiten Knochenbrücke eine Oeffnung bildet (Fig. 19 a bei *o.f.*).*)

Versuchen wir nun an Leichentheilen mit einer entsprechend gekrümmten Sonde von der Nasenhöhle in die Stirnhöhle zu gelangen, so finden wir in der Mehrzahl der Fälle die vordere Partie des infundibulum und des ostium frontale wohl genügend weit, um die Sondirung ohne Anstand zu vollführen.**) Und trotzdem gelingt die Sondirung an dem Lebenden nur in den seltensten Fällen. Die Ursache ist nicht schwer zu errathen, wenn wir überlegen, dass die

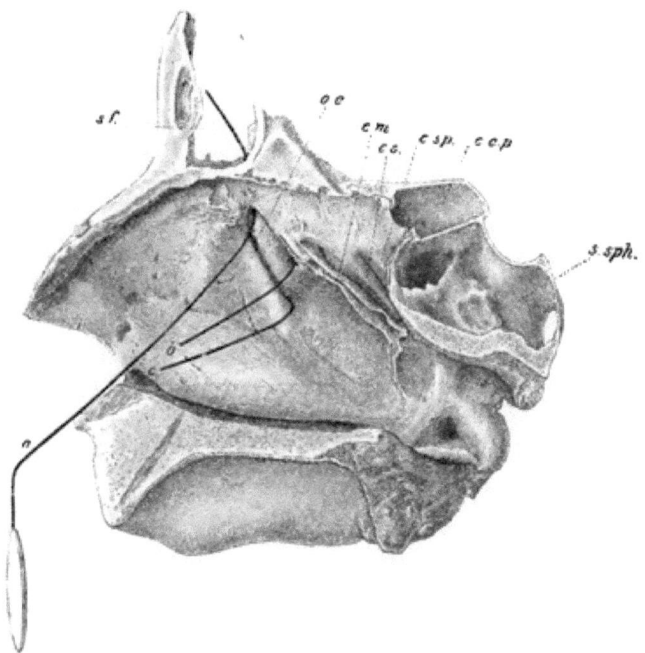

Fig. 20. Sondirung der Nebenhöhlen I. Serie.

s.f. == sinus frontalis; *o.e.* == ostium ethmoidale; *c.m.* == concha media; *s.c.* == concha superior; *c.sp.* == concha suprema; *c.e.p.* == cellula ethmoid. posterior (geöffnet); *s.sph.* == sinus sphenoidalis. Sonde: *a* in der Stirnhöhle; *b* in der typischen Oeffnung des vorderen Siebbeinlabyrinthes; *c* in dem ostium maxillare (Kieferhöhle).

Verhältnisse am Lebenden doch ein wenig anders als an den Leichenpräparaten liegen.

Am Präparate sind wir nämlich gewohnt, die mittlere Muschel zu entfernen oder zumindest zu luxiren, um uns mit der Sonde frei bewegen zu können. Lässt man die mittlere Muschel in situ, so wird durch dieselbe auch an der Leiche von vornherein der nöthigen

---

*) Abgesehen von den zahlreichen Anomalien, deren Kenntnis für den speciellen Theil vorbehalten bleibt.

**) Ueber die Technik siehe Näheres im speciellen Theile.

Freiheit in der Bewegung der Sonde ein Hindernis in den Weg gelegt. In dem Gesagten liegt ein Wink dafür, dass, um die Sondirung in vivo zu ermöglichen, des öfteren die Entfernung des vorderen Endes der mittleren Muschel unausweichlich sein wird.

Von den später zu erörternden Varietäten des ostium frontale abgesehen, sei hier nur erwähnt, dass die Knochenlücke, durch welche das infundibulum in die Stirnhöhle übergeht, eine sehr variable Grösse aufweist. Sie ist manchmal so eng, dass sie nur mit einer feinen Sonde passirt werden kann (Fig. 20), während ein andermal das vordere Ende des infundibulum sich allmählich erweitert und das ostium frontale mehrere Millimeter im Durchmesser hat (siehe Fig. 16).

Zuckerkandl hat gezeigt, dass die beschriebene directe Einmündung des infundibulum in die Stirnhöhle, welche als die typische bezeichnet werden muss, nur in einer gewissen, wenn auch grösseren Anzahl der Fälle vorhanden ist, während in einer geringen Anzahl ein ganz anderer Modus der Einmündung besteht, nämlich derart, dass das vordere Ende des infundibulum nicht in die Stirnhöhle mündet, sondern blind endigt oder in eine Siebbeinzelle übergeht. Vor dem verschlossenen vorderen Ende des infundibulum etablirt sich eine neue Oeffnung, welche dann für sich in die Stirnhöhle mündet (Fig. 19 b). Diese letztere Oeffnung kann nun ebenfalls grösser oder kleiner sein und ist bald nur für dünne, bald auch für dickere Sonden passirbar.

Auch die Methoden der Sondirung der Stirnhöhle sollen erst im speciellen Theile eingehender erörtert werden. Hier wollte ich nur im Allgemeinen darauf hinweisen, dass die Frage der Sondirbarkeit der zwei genannten Nebenhöhlen verschieden beantwortet werden muss, je nachdem besonders günstige oder ungünstige anatomische Verhältnisse obwalten.

3. **Sondirung der typischen Oeffnung des vorderen Siebbeinlabyrinthes.** *Topographie des typischen ostium ethmoidale.* Schliesslich sei hier noch einmal auf die in der Mehrzahl der Fälle vorhandene typische Oeffnung des vorderen Siebbeinlabyrinthes hingewiesen. Diese Oeffnung befindet sich regelmässig am Dache des mittleren Nasenganges zwischen mittlerer Muschel und bulla ethmoidalis (Fig. 20). Sie ist nur nach Entfernung der mittleren Muschel sichtbar und führt nach aussen und oben in das vordere Siebbeinlabyrinth. Topographisch liegt die Oeffnung beiläufig in der Mitte zwischen dem ostium maxillare und dem ostium frontale, jedoch mehrere Millimeter über dem Niveau des hiatus selbst.

In Fig. 20 habe ich die Sondirung der Kiefer- und Stirnhöhle, sowie der typischen Oeffnung des vorderen Siebbeinlabyrinthes dargestellt.

c) Aufbau der Diagnose und der Differentialdiagnose der entzündlichen Nebenhöhlenaffectionen I. Serie.

Nach der soeben erfolgten Excursion ist es einleuchtend, dass wir topographisch-anatomisch zwei Serien von Nebenhöhlen unterscheiden müssen: 1. Die Nebenhöhlen des mittleren Nasenganges, zu

welchen Kieferhöhle, Stirnhöhle und vorderes Siebbeinlabyrinth gehören; 2. die in die fissura olfactoria einmündenden Nebenhöhlen,
zu welchen die hinteren Siebbeinzellen und die Keilbeinhöhle gezählt
werden. Die sub 1 angeführten Nebenhöhlen sollen der Kürze halber
als Nebenhöhlen erster Serie, die sub 2 angeführten als Nebenhöhlen
zweiter Serie bezeichnet werden.

Hat nun unsere Vermuthung des Vorhandenseins einer Nebenhöhlenerkrankung durch das rasche Wiedererscheinen des Eiters
an Berechtigung gewonnen, so muss nach den geschilderten topo-
graphischen Verhältnissen vor allem die Frage gestellt werden:
Gehört die Eiterung der ersten oder der zweiten Serie von Nebenhöhlen an?

Wenn der Eiter in dem mittleren Nasengange wieder erscheint,
sei es vorne unterhalb der vorderen Hälfte der mittleren Muschel,
sei es bei einem vorne bestehenden Abflusshindernis rückwärts oberhalb der unteren Muschel, so kann es sich nur um eine Erkrankung
der Kiefer-, der Stirnhöhle oder des vorderen Siebbeinlabyrinthes
handeln oder um eine gleichzeitige Affection mehrerer der genannten
Höhlen der I. Serie.

Erscheint dagegen der Eiter vorne in der fissura olfactoria,
oder in der Choane oberhalb der mittleren Muschel, so kann unser
Augenmerk von vornherein nur auf eine oder beide Nebenhöhlen
der II. Serie gerichtet sein.

Um ein Beispiel dafür zu geben, wie selbst die complicirtesten
Eiterungen auf anatomischer Basis mit Zuhilfenahme der einfachsten
Untersuchungsmethoden zu lösen sind, will ich annehmen, dass
sämmtliche Nebenhöhlen der I. Serie krank sind, und dass nur ein
einziges, allen Erkrankungen derselben gemeinsames Symptom: die stets
sich erneuernde Eiterung in dem mittleren Nasengange vorhanden
ist. Um die Lösung des Falles noch schwieriger zu gestalten, will
ich von vornherein annehmen, dass keinerlei verlässliches subjectives
oder äusseres Symptom vorhanden ist, welches auf die Erkrankung
einer bestimmten Nebenhöhle hinweisen würde. Wie sind wir nun
im Stande, die complete Diagnose in unwiderleglicher Weise sicherzustellen?

Der diagnostische Vorgang soll hier nur in den gröberen Zügen
dargestellt werden, da ja die Details der Untersuchung dem speciellen
Theile vorbehalten bleiben; hier ist nur meine Absicht zu zeigen, dass
es bei einiger Kenntnis der anatomischen Verhältnisse nur sehr weniger
Kunstgriffe bedarf, um selbst in den complicirtesten Fällen Bescheid
zu wissen.

Der erste wichtigste Schritt der Diagnose war die Constatirung,
dass das Secret (Eiter oder Schleim) aus einem Reservoir (Nebenhöhle) kommen musste. Wir kommen jetzt naturgemäss zur zweiten
Frage: Aus welcher der Nebenhöhlen I. Serie stammt das Secret her?

Die geschilderte Topographie der Nebenhöhlen (siehe Fig. 15)
liefert uns sofort greifbare Anhaltspunkte zur Beantwortung letzterer
Frage. Gehen wir von der Lage des Schädels bei aufrechter Körperhaltung aus — denn diese ist es ja. in welcher wir unsere Patienten
zu untersuchen gewohnt sind — dann ist es ersichtlich, dass der
Ausführungsgang der Kieferhöhle den höchststehenden Punkt der-

selben einnimmt, **während** der Ausführungsgang der Stirnhöhle an
der tiefsten Stelle der letzteren sich befindet. Es ist schon von B. Fränkel (18) und später von Bayer (19) hervorgehoben worden, dass das
Kieferhöhlensecret bei Vornüberbeugen des Kopfes in grösserer Menge
entleert wird, während bei derselben Kopfhaltung das Stirnhöhlensecret im Abfliessen eher gehemmt wird. Dieses Phänomen hat darin
seinen Grund, dass durch das Vornüberbeugen des Kopfes die Kieferhöhlenöffnung tiefer zu liegen kommt, während der Ausführungsgang
der Stirnhöhle höher **gelagert** wird.

Dieses Symptom ist aber nur im positiven Falle von Werth.
Bei seiner Abwesenheit können wir eine Erkrankung der Kieferhöhle
nicht ausschliessen. Nehmen wir nun zur Erschwerung der Diagnose an, dass dieses Symptom fehlt. Was sollen **wir** nun weiter thun?

Wir gehen zunächst von dem Principe aus, **dass,** solange bei
nachgewiesener Eiterung **in den** Nebenhöhlen I. **Serie** nicht mit
Sicherheit auf die Erkrankung einer bestimmten Nebenhöhle hingewiesen werden kann, **wir** immer in erster Linie die Untersuchung
der Kieferhöhle in Angriff nehmen müssen, und zwar aus zwei Gründen:

1. Zeigt **die** Erfahrung, dass die Kieferhöhle unter **den** Nebenhöhlen der I. Serie am häufigsten erkrankt, und

2. kann ich schon jetzt anführen, dass, selbst wenn **alle** noch
anzuführenden diagnostischen Hilfsmittel uns im Stiche lassen, die
Diagnose der Kieferhöhleneiterung schliesslich durch die vorzunehmende
Punction immer sichergestellt werden kann.

Der nächste Schritt nach negativem Ausfall der Tieflagerung des
ost. maxillare wird darin bestehen, dass wir mit einer gebogenen Canüle
in den mittleren Nasengang eingehen und versuchen, ob wir nicht
durch eine accessorische Oeffnung in die Kieferhöhle gelangen **können.**
Ist dies der Fall, dann können wir durch eine Probeausspülung
sofort den Beweis dafür erbringen, ob sich in der Kieferhöhle Eiter
befindet oder nicht.

Wir wollen indes zur weiteren Erschwerung unseres supponirten
Falles annehmen, dass keine accessorische Oeffnung besteht, dass
somit diese im Uebrigen bequemste Art der Diagnosenstellung nicht
in Anwendung kommen kann.

Es bleibt uns dann noch eine weitere Methode übrig: wir versuchen mittelst einer Sonde oder Canüle durch das ostium maxillare
in die Kieferhöhle hinein zu gelangen. Spritzen wir auf **diesem** Wege
eine klare Flüssigkeit **in** die Kieferhöhle ein, so vermengt sie sich
mit dem daselbst **vorhandenen Eiter,** und es wird der Inhalt der
Kieferhöhle **neben der Canüle durch den** Druck **in den** mittleren
Nasengang hinausgedrängt.

Da wir bereits wissen, dass die Sondirung der Kieferhöhle nicht
in allen Fällen durchführbar ist, nehmen wir an, dass auch diese
Methode versagt. Was dann? Wie können wir uns weiterhin über den
Inhalt der Kieferhöhle Klarheit verschaffen?

Wenn alle die genannten Hilfsmittel im Stich lassen, **dann**
nehmen wir eine Punctionsnadel, wie sie von Lichtwitz[*]) angegeben
wurde und stechen sie in einer später noch **genau zu** erörternden

---

[*]) Siehe speciellen Theil bei der Diagnose des Kieferhöhlenempyems.

Weise[*]) durch die laterale Wand des unteren Nasenganges in die Kieferhöhle; wir spritzen sodann durch die Punctionsnadel den Inhalt der Kieferhöhle aus. Dieses Mittel muss zum Ziele führen. Selbstverständlich ist es conditio sine qua non, dass früher die Nasenhöhle von etwa vorhandenem Eiter gereinigt werde, da sonst die rein aus der Kieferhöhle herauskommende Flüssigkeit sich noch in der Nasenhöhle mit anderweitig herstammendem Eiter vermengen und somit eine Kieferhöhlenerkrankung vortäuschen könnte.

Ist nun diese Bedingung der vorherigen Reinigung der Nasenhöhle erfüllt, so hat die Probepunction einen absoluten Werth mit einer einzigen Ausnahme,[**]) von welcher später die Rede sein wird.

Nehmen wir an, wir hätten in unserem Falle durch die Probepunction Eiter aus der Kieferhöhle entleert, somit festgestellt, dass Eiter in der Kieferhöhle war. Ist damit die Diagnose schon fertig? Nein! Eiter war wohl in der Kieferhöhle, ob aber die bestehende Eiterung in toto nur aus der Kieferhöhlenerkrankung resultirt, oder ob zu der bestehenden Secretion noch die Erkrankung einer anderen Höhle erster Serie beiträgt, das ist damit noch nicht entschieden.

Eine der wichtigsten Etappen im weiteren Aufbaue der Diagnose bildet die Feststellung, ob ein combinirtes Empyem vorhanden ist. Wie gehen wir da vor?

Wenn wir die Diagnose einer Kieferhöhleneiterung sichergestellt haben, werden wir zuvörderst irgend eine Methode wählen müssen, mittelst welcher wir den Inhalt dieser Höhle entleeren. Nehmen wir an, wir hätten zu diesem Behufe eine künstliche Oeffnung durch den alveolus gemacht, durch welche wir dann die Kieferhöhle bequem und vollständig reinigen können. Nach erfolgter Reinigung der Kieferhöhle darf der Kranke nicht gleich entlassen werden, derselbe soll nach Ablauf von wenigen Minuten bis zu einer halben Stunde nochmals untersucht werden. Wenn nach dieser Zeit wieder Eiter im mittleren Nasengange sichtbar ist, dann wird sofort die Frage entstehen: Woher kommt denn dieser Eiter?

Es bedarf keines besonderen Scharfsinnes, um zu sagen, dass, wenn die Kieferhöhle in ihrer untersten Partie eine Abflussöffnung besitzt, und sie vor wenigen Minuten bis zu einer halben Stunde eiterfrei gemacht wurde, ein jetzt im mittleren Nasengange nachweisbarer Eiter nicht aus der Kieferhöhle herrühren könne. Dies wäre ja aus zwei Gründen unmöglich. Einerseits besitzt die Kieferhöhle eine Abflussöffnung nach unten; andererseits, wenn auch diese nicht vorhanden wäre, kann ja eine Kieferhöhle sich nicht innerhalb weniger Minuten bis zu einer halben Stunde wieder so mit Eiter füllen, dass dasselbe in den mittleren Nasengang abfliesst; folglich kann der nunmehr sichtbare Eiter von überallher, nur nicht aus der Kieferhöhle stammen, und nach Lage der Dinge ist es wohl über jeden Zweifel erhaben, dass dieser Eiter aus den übrigen Reservoirs (Nebenhöhlen) des mittleren Nasenganges herrühren muss.

---

[*]) Siehe Diagnose des Kieferhöhlenempyems.
[**]) Diese Ausnahme betrifft die zweigetheilte Kieferhöhle (siehe Kieferhöhle).

Das ist nun der Moment, wo der zweite, wichtigste Theil der Diagnose begründet wurde, wo wir sagen müssen, es handle sich um eine Eiterung aus mehr als aus einer Nebenhöhle, also um ein combinirtes Empyem.

Die weitere Untersuchung hat nunmehr die zweite Eiterquelle festzustellen. Diese kann nach Lage der Verhältnisse nur in der Stirnhöhle, im vorderen Siebbeinlabyrinth oder in beiden liegen. In welcher von beiden Höhlen? Wie werden wir diese Frage lösen?

Unsere Reflexion bewegt sich dann in folgenden Bahnen. So lange wir im Unklaren darüber waren, welche der drei Nebenhöhlen das Secret liefert, haben wir zuerst die Kieferhöhle attaquirt, welche erfahrungsgemäss am leichtesten zugänglich war, und jetzt, da es sich um die Entscheidung handelt, ob Eiterung aus der Stirnhöhle oder aus dem vorderen Siebbeinlabyrinth besteht, sagen wir, dass von diesen zwei Höhlen die Stirnhöhle diejenige ist, welche leichter zugänglich ist, somit günstigere Chancen für die Diagnosenstellung bietet.

Wir wenden uns also zur Untersuchung der Stirnhöhle. Wie können wir diese ausführen? Eine Probepunction ist hier nach den anatomischen Verhältnissen ausgeschlossen, es bleibt also nur die Sondirung oder die Einführung einer Canüle und die vorsichtig auszuführende Probeausspülung durch dieselbe übrig.*)

Wir versuchen somit mit einer Sonde durch den mittleren Nasengang in die Stirnhöhle zu gelangen. Das gelingt zumeist nicht. Die mittlere Nasenmuschel hindert unsere Versuche und überdies sind bei Eiterungen im mittleren Nasengange fast immer Hypertrophien der Schleimhaut und Polypen vorhanden, welche die Einführung eines Instrumentes in die Stirnhöhle unausführbar machen. Können wir nun nicht einmal eine dünne Sonde hinaufbringen, so ist das Einführen einer Canüle schon gewiss unmöglich. Was nun?

Erinnern wir uns nunmehr, dass in den meisten Fällen an den Leichenpräparaten das vordere Ende der mittleren Muschel entfernt werden musste, um des vorderen, oberen Endes des hiatus ansichtig zu werden, und dass in diesem letzteren Falle die Sondirung zumeist ohne erhebliche Hindernisse gelungen ist. Wir ahmen dies am Lebenden nach, indem wir mittelst einer Schlinge oder eines später zu beschreibenden sogenannten Conchotoms das vordere Ende der mittleren Muschel entfernen. Aber auch nach Entfernung eines grossen Stückes der mittleren Muschel wird eine Sondirung der Stirnhöhle oft noch aus zweierlei Gründen vereitelt: erstens hindert die nach der Operation auftretende, meist heftige Blutung die genaue Orientirung, zweitens stösst man nach Entfernung des vorderen Endes der mittleren Muschel an der Begrenzung des hiatus semilunaris häufig auf Polypen und Hypertrophien, welche noch an und für sich ein weiteres Vordringen mit der Sonde verhindern. Es bedarf daher gewöhnlich mehrerer Sitzungen, ehe der hiatus so weit freigelegt ist, dass es möglich wird, mit einem Instrumente ungehindert in die Stirnhöhle zu gelangen. Ist dann nach Ausräumung des mittleren Nasenganges

---

*) Dass es sich im vorliegenden Falle nur um latente Empyeme handelt ohne äussere Symptome: Schwellung der Lider, Orbitalabscess etc. ist selbstverständlich.

die Sonde in die Stirnhöhle eingeführt worden, und finden wir des weiteren, dass nach Entfernung oder Zurückziehung der Sonde Eiter in wohl constatirbarer Menge nachfliesst, dann ist die Diagnose, dass es sich um eine Eiterung in der Stirnhöhle handle, gesichert.*)

Schon aus der bisherigen Darlegung ist es ersichtlich, dass der Aufbau der Diagnose eines combinirten Empyems nicht so ohneweiters vor sich geht, dass dazu Zeit nöthig ist, oft ganz geraume Zeit (nicht nur Tage, sondern Wochen). Es muss dies gegenüber den in der Literatur nur zu häufig vorkommenden Angaben über ingeniöse complicirte Diagnosen nach einmaliger Untersuchung ganz besonders hervorgehoben werden, und ich glaube, dass die in Kürze angeführten Krankengeschichten, in denen es heisst, dass bei einer einzigen Untersuchung Kiefer- und Stirnhöhle, sowie vorderes Siebbeinlabyrinth krank gefunden wurden, im Interesse der Objectivität, die unserer jungen Disciplin entgegengebracht werden soll, cum grano salis aufzunehmen sind. Ich bin weit davon entfernt, zu behaupten, dass der geschilderte complicirte Weg immer und ausnahmslos eingeschlagen werden muss, ehe wir die bestimmte Diagnose der Erkrankung einer oder mehrerer Nebenhöhlen stellen können; mitunter kommen ja günstige Verhältnisse vor, wo die mittlere Nasenmuschel den hiatus gar nicht deckt, wo keine Hypertrophien und keine Polypen vorhanden, und sämmtliche Wege für die Sondirung sofort gangbar sind. Aber diese ganz leichten Fälle sind im Vergleiche zu den schwierigen doch in der Minderzahl, und wenn man Regeln aufstellen will, so soll man sich von der grösseren Zahl der Fälle und von den bei diesen obwaltenden Verhältnissen die Directive geben lassen.

Es ist nun sichergestellt worden, dass eine Erkrankung der Kieferhöhle und der Stirnhöhle besteht. Dieselben Vorsichtsmassregeln, die wir nach der Reinigung der Kieferhöhle beobachtet haben, müssen wir noch des weiteren auch bei der Behandlung der Stirnhöhle beobachten. Es muss der Kranke auch einige Zeit nach der Reinigung beider Höhlen wieder untersucht werden. Zeigt sich nach kurzer Zeit wiederum Eiter im mittleren Nasengange, so wird dieser Eiter kaum anderswoher kommen, als aus dem dritten, noch in den mittleren Nasengang mündenden Reservoir, dem vorderen Siebbeinlabyrinth.

Wie wir da nun weiter vorgehen, will ich in allgemeinen Zügen andeuten, da die Details der Untersuchung erst nach genauer Einsichtnahme in die complicirten anatomischen Verhältnisse des Siebbeinlabyrinthes verständlich sein werden.

Gewöhnlich stellt sich die Sache so dar, dass Eiter, abgesehen vom vordersten Ende des hiatus noch weiter rückwärts und oben unter dem Reste der mittleren Muschel erscheint. Es wird dann nothwendig, noch weitere Stücke der mittleren Nasenmuschel zu entfernen, ehe die Eiterquelle bis zu ihrem Ursprunge verfolgt werden kann. In einer Reihe von typischen Fällen ist die Abflussstelle des Eiters an der geschilderten Ansatzstelle zwischen bulla und mittlerer Muschel. Hat man diese Stelle nach genügender Resection der mitt-

---

*) Ueber die Schwierigkeiten der Sondirung und Ausnahmen von der genannten Regel ist im speciellen Theile (Stirnhöhle) nachzulesen.

leren Muschel und nach Entfernung aller im Wege stehenden Hypertrophien freigelegt, dann gelingt es auch mittelst der Sonde, welche hierbei in die Richtung nach aussen und ein wenig nach aufwärts zu liegen kommt, festzustellen, dass eine Eiterung in dem vorderen Siebbeinlabyrinthe besteht. In Fig. 20 ist die Lage dieser typischen Oeffnung mit der eingeführten Sonde illustrirt worden.

Ich habe im vorhergehenden Beispiele nur im Allgemeinen den diagnostischen Vorgang angedeutet, um darzuthun, dass scheinbar complicirte Verhältnisse auf anatomischer Basis leicht zu begreifen sind. Manches von dem Gesagten bedarf zwar später noch einer eingehenden Erörterung und Correctur; aber im Ganzen und Grossen repräsentirt die angegebene Methode jene Richtung, in welcher wir uns bei der Diagnose zu bewegen haben.

Folgerichtig sollte ich jetzt die Differenzialdiagnose der II. Serie von Nebenhöhlenerkrankungen erörtern, allein ich unterlasse dies aus dem Grunde, weil hiefür noch manche wichtige Kenntnisse der Anatomie des Siebbeinlabyrinthes unerlässlich sind. Ich ziehe es vor, dieses Capitel erst im speciellen Theile zu behandeln. Hier will ich nur mit wenigen Worten andeuten, dass das diagnostische Princip für die Nebenhöhlenerkrankungen II. Serie darin besteht, die Eiterung bis zu ihrer Quelle zu verfolgen und auf diesem Wege alles zu entfernen, was die Annäherung zur Eiterquelle hindern könnte. Gewöhnlich muss hier noch ein umfangreicherer Theil der mittleren Muschel resecirt werden, als dies schon bei der Diagnose des Empyems der Stirnhöhle- und des vorderen Siebbeinlabyrinthes der Fall ist.

Ueber die besonderen diagnostischen Hilfsmittel wird in dem speciellen Theile das Nöthige angeführt werden.

SPECIELLER THEIL.

I. Kieferhöhle.

Normale Anatomie der Kieferhöhle.

Die Kieferhöhle ist die geräumigste aller Nasennebenhöhlen, sie grenzt medianwärts an die Nasenhöhle, nach oben an die Orbita, nach unten an den Alveolarfortsatz des Oberkiefers. Die vordere Wand sieht in die fossa canina, die äussere Wand grenzt an die fossa pterygo-maxillaris, und nur der hintere obere Winkel grenzt an die Schädel-höhle.

a) Wände der Kieferhöhle.

Die Kieferhöhle zeigt die Gestalt einer dreikantigen Pyramide. Nimmt man die nasale Wand als Basis der Pyramide an, so liegt die Spitze der Pyramide im Jochfortsatze. Die orbitale Platte des Ober-kiefers bildet die eine, die faciale Wand die zweite, und die hintere Fläche des Oberkiefers, der tuberositas maxillaris entsprechend, die dritte Seite der Pyramide. Die Kanten, welche die einzelnen Flächen miteinander bilden, sind scharf, nur beim Uebergange der vorderen, facialen — in die innere, nasale Wand wird eine seichte Höhlung gebildet, welche als Kieferhöhlenboden wegen der Beziehung der Kieferhöhle zu den Zahn-alveolen des Oberkiefers eine besondere Wichtigkeit erlangt (siehe Fig. 24).

Nasale Wand. Die wichtigste von den Wänden der Kieferhöhle ist die mediale, an die Nasenhöhle angrenzende. Ihre Anatomie habe ich schon gelegentlich der Anatomie der lateralen Nasenwand, mit welcher sie identisch ist, erörtert. Hier sollen nur zwei Momente näher ins Auge gefasst werden: 1. die Dicke der Wandung an den verschiedenen Stellen und 2. die Topographie des ostium maxillare in der Kieferhöhle selbst.

Dicke der Wand. Es ist vor allem klar, dass die dünnste Stelle von derjenigen Partie des mittleren Nasenganges geliefert wird, wo

zwischen den Verzweigungen des processus uncinatus nur eine
membranöse Scheidewand vorhanden ist. Diese membranöse Partie besteht aus der Aneinanderlagerung der den mittleren Nasengang und
der die mediale Kieferhöhlenseite auskleidenden Schleimhaut; sie
befindet sich etwa in der Mitte der Höhe und in der Mitte des
anterio-posterioren Durchmessers der Kieferhöhle; selbstverständlich
ist diese Angabe nicht genau, die Lage dieser Stelle wechselt je
nach den später zu erörternden Verschiedenheiten in dem Umfange
der Kieferhöhle. Im Bereiche der membranösen Partie begegnen
wir des öfteren auch dem bei früherer Gelegenheit angeführten
ostium accessorium.

Die Kenntnis der erwähnten dünnsten Stelle der nasalen Wand
der Kieferhöhle ist in doppelter Hinsicht von praktischer Wichtigkeit.
1. Wenn ein künstliches Eindringen von der Nasenhöhle in die
Kieferhöhle wegen Unpassirbarkeit des ostium maxillare bei
Abwesenheit eines ostium accessorium indicirt ist, dann ist die
membranöse Partie des mittleren Nasenganges diejenige Stelle, welche
dem Eindringen in die Kieferhöhle am wenigsten Widerstand entgegensetzt. Man sollte daher glauben, dass aus dem erwähnten anatomischen
Grunde die pars membranacea des mittleren Nasenganges gewöhnlich
für die Probepunction (siehe Diagnose) in Anspruch genommen wird.
Dem ist jedoch nicht so. Denn wie noch später ausführlich erörtert
werden soll, ziehen wir als Punctionsstelle die äussere Wand des
unteren Nasenganges, welche um vieles dicker und von knöcherner
Consistenz ist, dennoch vor. Die Berechtigung hierzu wird durch eine
des öfteren vorkommende Anomalie: starke Ausbuchtung des mittleren Nasenganges und partielle Verschmelzung der pars membranacea mit der orbitalen Wand der Kieferhöhle, gegeben, wodurch die
Gefahr besteht, bei der Punction in die Orbita zu gelangen (Fig. 32).
2. Bei Flüssigkeitsansammlungen in der Kieferhöhle, wo durch
einen temporären oder mehr dauernden Verschluss das ostium maxillare
verschlossen ist, wird immer zuerst der der membranösen Partie entsprechende Theil der nasalen Kieferhöhlenwand gegen die Nasenhöhle vorgebuchtet [Zuckerkandl (7), Hartmann (20)].

Mit Ausnahme der membranösen Partie hat die ganze innere
Wand der Kieferhöhle knöcherne Consistenz. Allerdings zeigen die
verschiedenen Partien eine verschiedene Mächtigkeit. So weist die pars
infraturbinalis an der tiefsten Stelle, wo sie vom Nasenboden entspringt, eine ziemlich starke Consistenz auf, sie ist hier sogar spongiös
und die Dicke kann 3 Millimeter und auch darüber betragen. Höher
oben, gegen die Insertion der unteren Muschel zu oder gar am Dache
des unteren Nasenganges, wo der dünne processus maxillaris des
Muschelbeines die Wand bildet, ist die infraturbinale Partie am
dünnsten. Daraus geht hervor, dass in dem unteren Nasengang immer
die oberste Stelle der äusseren Wand auch die dünnste ist, ein
Umstand, welcher bei der Besprechung der Probepunction durch den
unteren Nasengang von Wichtigkeit sein wird.

Topographie des ostium maxillare in der Kieferhöhle. Die Lage
des ostium maxillare in dem mittleren Nasengang, beziehungsweise in
der hinteren Partie des infundibulum, ist schon bei früherer Gelegenheit erörtert worden. Hier erübrigt es noch, das ostium selbst, welches

von der Nasenhöhle aus wegen der tiefen Lage im infundibulum nicht gut zu überblicken ist, von der Kieferhöhlenseite aus näher zu beleuchten. Es zeigt sich hierbei, dass das ostium maxillare stets unmittelbar unter dem Orbitalboden an der höchsten Stelle der Kieferhöhle sich befindet*) (siehe Fig. 21 bei o.m.). Es geht aus dieser Lage hervor, dass bei aufrechter Körperhaltung das Secret die Kieferhöhle erst vollständig füllen muss, ehe ein Abfluss desselben in die Nasenhöhle zu gewärtigen ist. Nur wo ein oder mehrere ostia accessoria (Fig. 21 bei o.a.) vorhanden sind, kann das Secret wegen der gewöhnlich tieferen Lage letzterer früher in die Nasenhöhle abfliessen.

Form und Grösse des ostium maxillare sind verschieden. Zumeist bildet es einen elliptischen Spalt mit sagittal gerichteter Längsachse, seltener ist es kreis- oder nierenförmig. Die Grösse wechselt von 3 Millimeter im Durchmesser bis 19 Millimeter im Längen- und 6 Millimeter im Breitendurchmesser. Bei dem letzterwähnten Längendurchmesser mündet der ganze hiatus semilunaris in die Kieferhöhle (Zuckerkandl).

In Fig. 22 sind verschiedene Formen des ostium maxillare, von der Kieferhöhle aus gesehen, dargestellt.

Es geht aus den angeführten Grössenverhältnissen des ostium maxillare hervor, dass die Schwierigkeit der Sondirung in den häufigsten Fällen kaum je durch die Enge des ostium maxillare, als vielmehr durch die verborgene Lage desselben in der Tiefe des infundibulum (siehe Frontaldurchschnitt, Fig. 10) und durch die früher erwähnten anatomischen Bedingungen im mittleren Nasengang bestimmt wird.

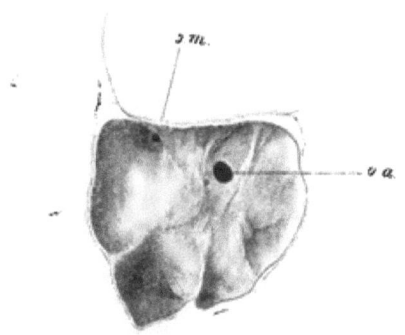

Fig. 21. Das ostium maxillare (o.m.) und ostium accessorium (o a.) von der Kieferhöhle aus betrachtet.

Der Boden der Kieferhöhle. Alveolarbucht. *Verhalten des Kieferhöhlenbodens gegenüber den Zahnalveolen.* Die untere Wand ist neben der nasalen die praktisch wichtigste wegen der Beziehungen der Zahnalveolen zur Kieferhöhle. Denn erstens können Erkrankungen der Zahnwurzeln und der sie begleitenden Processe der Zahnalveolen auf die Kieferhöhle sich fortpflanzen, und zweitens ist die Kenntnis der Beziehungen der einzelnen Alveolen zur Kieferhöhle wegen der häufig stattfindenden Eröffnung der Kieferhöhle von einer Zahnalveole aus wichtig. Bei keiner anderen Wand der Kieferhöhle zeigt sich die Verschiedenheit des Baues der Kieferhöhle in so ausgesprochener Weise wie hier, bei keiner anderen Wand ist aber die Kenntnis der Anomalien von so hervorragend praktischer Bedeutung wie bei dem Boden der Kieferhöhle.

---

*) Nur in dem Falle, wo ein sinus infraorbitalis vorhanden ist, befindet sich die Oeffnung nicht an der höchsten Stelle der Höhle.

Die Besichtigung der beiden Frontalschnitte (Fig. 23 und Fig. 24) ergibt, dass die räumlichen Verhältnisse des Kieferhöhlenbodens in beiden Kieferhöhlen sehr verschieden sind. Insbesondere fällt es auf, dass während in Fig. 23 der Boden der Kieferhöhle durch eine mächtige spongiöse Knochenschicht von den Zahnalveolen getrennt ist, in Fig. 24 der Kieferhöhlenboden tief in den Alveolarfortsatz des Ober-

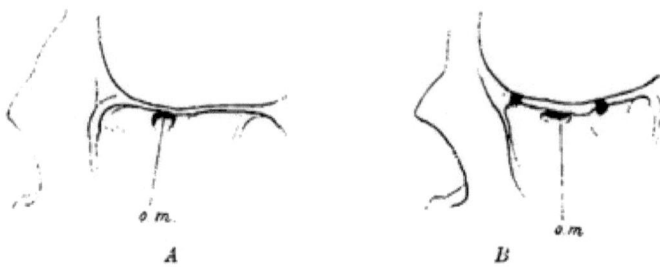

A   B

Fig. 22. Verschiedene Formen des ostium maxillare (o.m.). In A rund; in B elliptisch.

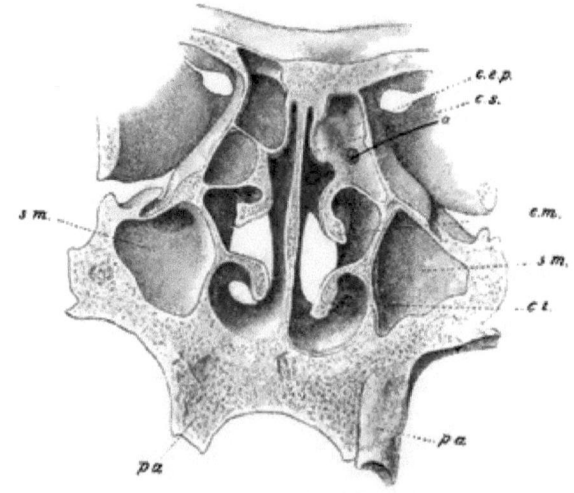

Fig. 23. Frontaldurchschnitt durch die hintere Hälfte der Nasenhöhle. Kleine Kieferhöhlen mit dicken Wandungen (mangelnde Resorption).
p.a. = processus alveolaris; s.m. = sinus maxillaris; c.i. = concha inferior; c.m. = concha media; c.s. = concha superior; c.e.p. = cellulae ethmoidales posteriores; a Sonde durch das ostium einer hinteren Siebbeinzelle in den oberen Nasengang gesteckt.

kiefers hinabreicht. In einzelnen Fällen kann die Dicke der spongiösen Substanz mehrere Centimeter betragen (Fig. 23), in anderen Fällen ragen wieder die Wurzelspitzen durch den dünnen Boden der Kieferhöhle in Form von Alveolarhöckern vor, wie dies aus Fig. 26 ersichtlich ist.

Bei Asymmetrie der Kieferhöhlen können auf beiden Seiten entgegengesetzte Extreme in der Ausbuchtung des Kieferhöhlenbodens vorhanden sein (siehe Fig. 25).

Diese Verschiedenheit in der Aushöhlung des Alveolarfortsatzes rührt von dem verschiedenen Grade der Resorption der Spongiosa her, welche bei der Entwickelung der Kieferhöhle statthat. Wird viel resorbirt, dann wird die Höhle auf Kosten des Knochens vergrössert, bei geringer Resorption dagegen wird die Höhle relativ klein und die begrenzenden Knochenwände compacter. In dieser Weise ist die enorme Verschiedenheit in der Dicke des Alveolarfortsatzes erklärlich.

Um die Uebersicht dieser praktisch wichtigen Varietäten zu vereinfachen, soll angenommen werden, dass, wenn der Boden der Kieferhöhle mit dem Nasenboden in einem Niveau liegt, ein Fall von mittlerer Grösse der Kieferhöhle vorliegt, welcher als Typus einer normal geräumigen Kieferhöhle angenommen werden kann. Thut man dies,

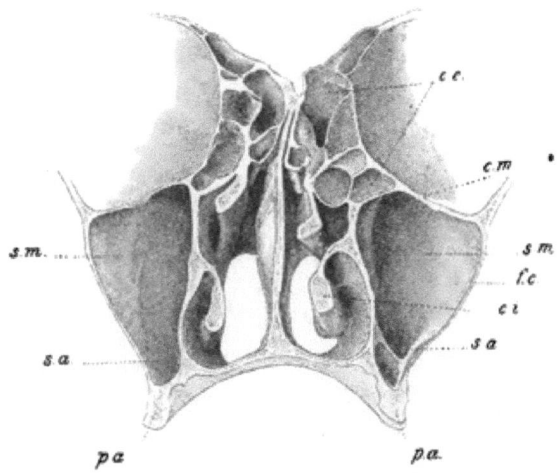

Fig. 24. **Frontaldurchschnitt durch die Nasenhöhle. Grosse Kieferhöhle mit dünnen Wänden und sinus alveolaris.**
s.m. = sinus maxillaris; *f.c.* = die papierdünne facies canina; *s.a.* = sinus alveolaris; *p.a.* = processus alveolaris; *c.i.* = concha inferior; *c.m.* = concha media; *c.e.* = cellulae ethmoidales.

dann kann man diejenigen Höhlen, in welchen die Resorption nicht das Niveau des Nasenbodens erreicht hat, als enge Kieferhöhlen, dagegen diejenigen Kieferhöhlen, bei denen die Resorption den Alveolarfortsatz erheblich ausgehöhlt hat, wie auf Fig. 24, wo demzufolge der Boden der Kieferhöhle erheblich tiefer als der Nasenboden liegt, als erweiterte Kieferhöhle ansprechen (Zuckerkandl). Man spricht im letzteren Falle von einer Alveolarbucht, von einem sinus alveolaris der Kieferhöhle.

Die trennende Schichte zwischen Zahnalveolen und Kieferhöhle besteht aus dem Alveolendach, aus der Kieferhöhlenplatte und einer verschieden dicken Schichte zwischengelagerter spongiöser Knochensubstanz. Je tiefer die Alveolenbucht hinabreicht, umsomehr schwindet die spongiöse Zwischenlage, und bei tiefer Ausbuchtung besteht nur

4*

eine dünne solide Knochenplatte von 2 bis 1 Millimeter Dicke oder noch darunter; bei circumscripter Resorption dieser dünnen Platte kann sogar ein vollkommener Defect des Kieferhöhlenbodens vorhanden sein.

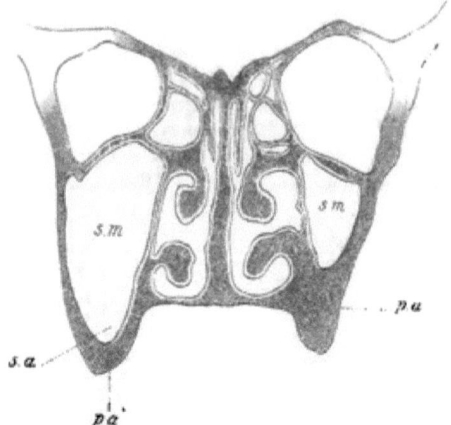

Fig. 25. Asymmetric der Kieferhöhlen. (Halbschematisch nach Zuckerkandl.)
s.m. = sinus maxillaris; *p.a.* = processus alveolaris; *s.a.* = sinus alveolaris.

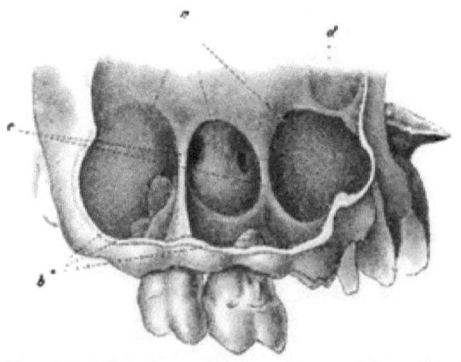

Fig. 26. Hochgradiger sinus alveolaris und palatinus der Kieferhöhle. (Nach Zuckerkandl.)
a = Alveolar- und Gaumenbucht; *b* = Vorsprünge von Zahnalveolen; *c* = Knochenkämme, durch welche die Bucht getheilt wird; *d* = Infraorbitalbucht.

Die Zahnalveolen präsentiren sich bei mässiger Dicke des Alveolarfortsatzes als flache, hügelige Erhabenheiten am Boden der Kieferhöhle. Es ragen diesfalls nur die Alveolen der Mahlzähne hervor, weil die Backenzähne und der Augenzahn, wie wir gleich sehen werden, sich immer in grösserer Entfernung vom Kieferhöhlenboden befinden. Ist eine tief hinabreichende Alveolarbucht vorhanden, dann ragen nebst den stärker sichtbaren Mahlzahnalveolen auch noch, wenn auch weniger hochgradig, die Alveolen der Backenzähne, eventuell auch noch des Augenzahnes am Kieferhöhlenboden vor (siehe Fig. 26.) An den hervorragenden Kuppen der Mahlzähne sind entweder mehrere feine Lücken (Gefäss- und Nervencanäle) oder nach Zusammenfliessen derselben ein grösserer Defect sichtbar; im letzteren Falle ragt die Wurzelspitze eines Zahnes frei in die Kieferhöhle hinein.

Betrachtet man die erwähnten grossen Unterschiede in der Dicke des Alveolarfortsatzes, so wird man wohl ohneweiters verstehen können, weshalb manche Menschen, die in beiden Oberkiefern nichts als cariöse Wurzeln haben und zahlreiche Periostitiden durchgemacht haben, niemals eine Affection der Kieferhöhle hatten, während andere bei nahezu intactem Gebiss, schon durch eine relativ geringfügige Periostitis einer Zahnwurzel eine eitrige Affection ihrer Kieferhöhle acquiriren. Kein Zweifel, ein dicker Alveolarfortsatz schützt, ein Alveolarsinus begünstigt die Propagation einer Entzündung auf die Kieferhöhle.

Verhalten des Bodens der Kieferhöhle in sagittaler Richtung. In der grossen Mehrzahl der Fälle ist anzunehmen, dass die Kieferhöhle in sagittaler Richtung vom ersten Backenzahn bis zum dritten Mahlzahn reicht. Doch kann es bei engen Kieferhöhlen vorkommen, dass auch die Backenzähne vor der Kieferhöhle liegen, so wie wir andererseits bei grossen Höhlen auch noch den Eckzahn im Bereiche der Kieferhöhle liegen sehen. Beistehende Abbildung von Zuckerkandl illustrirt in vorzüglicher Weise die Ausdehnung des Kieferhöhlenbodens in sagittaler Richtung und das Verhalten der Zahnwurzeln gegenüber dem Kieferhöhlenboden. Man ersieht aus derselben, dass die Stelle des ersten Mahlzahnes und des zweiten Backenzahnes die tiefste Stelle der Kieferhöhle repräsentirt; die Spitze des zweiten Backenzahnes und die Wangenwurzeln des ersten Mahlzahnes treten, wenn sie nicht verkümmert sind, für gewöhnlich mit der Bodenlamelle der Kieferhöhle in Berührung.

Der Boden der Kieferhöhle steigt, eine Kieferhöhle mittleren Umfanges vorausgesetzt, unmittelbar vor dem zweiten Backenzahn bogenförmig nach aufwärts. so dass der erste Backenzahn und der Augenzahn wohl noch im Bereiche der Kieferhöhle liegen, während die Schneidezähne schon vollkommen vor der Kieferhöhle liegen; ebenso steigt der Kieferhöhlenboden vom ersten Molaris nach rückwärts in die Höhe, wenn auch nicht in dem Masse, als dies vorne statthat.

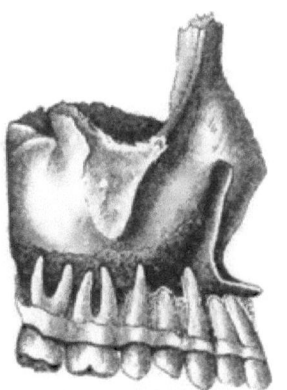

Fig. 27. Das Verhalten der Zahnwurzeln zu dem Kieferhöhlenboden. (Nach Zuckerkandl.)

Selbstverständlich bleiben neben diesem Typus die Varietäten, welche von einem relativ compacten oder relativ stark ausgehöhltem Kieferboden herrühren, bestehen. Immerhin kann aber als Regel angenommen werden, dass im Allgemeinen die Wurzeln der Backen- und Mahlzähne, speciell die Wurzeln des zweiten Backenzahnes und des ersten Mahlzahnes zur Kieferhöhle am nächsten stehen. Die Erfahrung lehrt auch dementsprechend, dass die Erkrankung der letztgenannten Zähne am häufigsten*) zur Fortpflanzung einer Entzündung auf die Kieferhöhle Veranlassung gibt, daher auch am häufigsten als Ursache für die dentale Erkrankung der Kieferhöhle zur Rechenschaft gezogen werden muss. Aus der erwähnten anatomischen Thatsache folgt aber auch, dass ceteris paribus eine Anbohrung der Kieferhöhle von der Alveole des zweiten Bicuspis und des ersten Molaris auf den geringsten Widerstand stossen wird.

b) Anomalien der Kieferhöhlenwände.

Buchten der Kieferhöhle. Ausser der beschriebenen Alveolarbucht, welche die Kieferhöhle nach unten zu auf Kosten der Spongiosa des

---

*) Natürlich handelt es sich hier nur um Empyeme der Kieferhöhle dentalen Ursprunges.

Alveolarfortsatzes erweitert, weist die Kieferhöhle gelegentlich auch nach anderen Richtungen hin, infolge vermehrter Resorption, Erweiterungen auf. Diese Erweiterung kann betreffen: den harten Gaumen, den Stirnfortsatz des Oberkiefers, den Jochbeinfortsatz und die pars orbitalis des Gaumenbeines. Man bezeichnet dementsprechend ein derartiges Vorkommen als: Gaumenbucht, Infraorbitalbucht, Jochbeinbucht und Gaumenbeinbucht.

Gaumenbucht. Wenn die Alveolarbucht nicht nur gegen den Alveolarfortsatz, sondern auch gegen den harten Gaumen zu sich ausbreitet, haben wir es mit einer Gaumenbucht zu thun. In Fig. 28 ist eine derartige Kieferhöhle dargestellt. Die Ausbuchtung in den Gaumen ist entweder nur geringgradig oder so hochgradig, dass der mediale Rand der Bucht von der Mittellinie des harten Gaumens nur wenige Millimeter entfernt ist und bis zur Eckzahnalveole reicht. In Folge der Ausbuchtung wird die Gaumenplatte in zwei Lamellen gespalten; die beiden Lamellen, besonders die gegen die Mundhöhle hervorragende, können papierdünn und durchscheinend werden. Das Vorhandensein einer Gaumenbucht ermöglicht es, dass in seltenen Fällen ein Exsudat in der Kieferhöhle vom harten Gaumen aus zu erreichen ist, oder dass bei Stauungen des Kieferhöhleninhaltes die gegen die Mundhöhle gekehrte Platte der Gaumenbucht in die Mundhöhle hervorgewölbt erscheint. Näheres über ein solches Vorkommnis wird bei den Symptomen des Kieferhöhlenempyems angeführt werden.

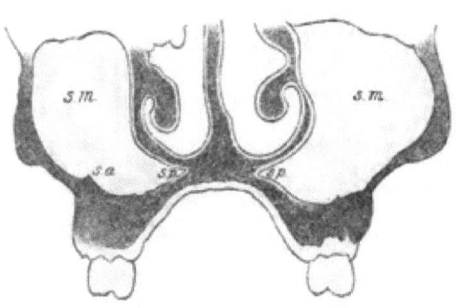

Fig. 28. Doppelte Alveolar- und Gaumenbucht der Kieferhöhle. (Halbschematische Zeichnung nach Zuckerkandl.)

s.m. = sinus maxillaris; *s.a.* = sinus alveolaris; *s.p.* = sinus palatinus.

Infraorbitalbucht. Diese steht in näherer Beziehung zu dem Infraorbitalcanal. Letzterer springt für gewöhnlich in Form einer Knochenleiste von der oberen Wand gegen das Innere der Kieferhöhle vor. Wenn von dem erwähnten Vorsprunge ein erheblicher Knochengrat zur Innenwand der Kieferhöhle zieht, dann entsteht eine in den Stirnfortsatz des Oberkiefers sich ausdehnende Bucht der Kieferhöhle. Des öfteren tritt an der inneren Peripherie der Bucht der Lacrimalwulst gegen die Höhle vor, welcher den Eingang in die Infraorbitalbucht bezeichnet (Zuckerkandl).

Jochbeinbucht. Sie entsteht durch Resorption der Spongiosa in dem Jochbeine, wodurch letzteres theilweise in die Kieferhöhle einbezogen erscheint.

Die *Gaumenbeinbucht* entsteht durch Aushöhlung des processus orbitalis der perpendiculären Platte des Gaumenbeines und erweitert die Kieferhöhle nach hinten und oben.

Wenn auch mit Ausnahme der Alveolar- und der Gaumenbucht eine grössere Bedeutung den Aushöhlungen der Kieferhöhle nicht zukommt, so zeigen doch diese Verhältnisse sehr deutlich, welchen Schwankungen die räumlichen Verhältnisse der Kieferhöhle ausgesetzt sind. Diese bedingen es, dass die Symptome, welche eine pathologische Flüssigkeitsansammlung in der Kieferhöhle hervorruft, so vielerlei Abänderungen unterliegen.

Verengerungen der Kieferhöhle. Die Verengerungen der Kieferhöhle sind von grosser praktischer Bedeutung. Ihre Erkenntnis am Lebenden verhindert das sonst unausweichliche Misslingen operativer Eingriffe, da bei gewissen Formen von Verengerung die Kieferhöhle von einzelnen Stellen aus, welche unter typischen Verhältnissen zum Eindringen in die Kieferhöhle die günstigsten sind, gar nicht zu erreichen ist.

Die Verengerungen der Kieferhöhle entstehen entweder in Folge **mangelnder Resorption** der Spongiosa oder in Folge abnormer **Annäherung ihrer Wände.**

Mangelnde Resorption. Diese hat zur Folge, dass die Wände der Kieferhöhle auf Kosten der Höhle compacter bleiben. Am meisten ausgeprägt erscheint die Verengerung gegen den Alveolarfortsatz zu, wo in hochgradigeren Fällen der Boden der Kieferhöhle vom Nasenboden 6 bis 9 Millimeter entfernt sein kann. Dass in derartigen Fällen alle Zähne, selbst die Mahlzähne, durch eine verhältnismässig dicke Knochenschichte vom Boden der Kieferhöhle getrennt werden, ist selbstverständlich. Nur selten ist die Resorption der Spongiosa so mangelhaft, dass die Kieferhöhle sich fast gar nicht entwickelt. Ein mässiger Grad von Verengerung durch mangelhafte Resorption ist in Fig. 10 dargestellt.

Aber auch die übrigen Wände der Kieferhöhle, die nasale und die vordere, der fossa canina zugewandte Wand können sich an der mangelnden Resorption betheiligen, wenn auch nicht in dem Maasse, wie die alveolare Wand; sie bleiben compacter und daher weniger leicht durchdringlich. In Bezug auf die fossa canina ist dieser Umstand von Bedeutung, da bei ihrer Eröffnung zuweilen ein ganz erheblicher Widerstand zu fühlen ist, während in anderen Fällen die Wand fast papierdünn ist. Man vergleiche hierbei nur die beiden Frontaldurchschnitte in Fig. 23 und 24. Auch die nasale Wand kann compacter bleiben und dem Eindringen von Instrumenten einen fast unüberwindlichen Widerstand entgegensetzen, obwohl dies zu den grössten Seltenheiten gehört. Selbstverständlich kommen Schwankungen in der Dicke der Wände der fossa canina und der lateralen Nasenwand auch ohne Verengerung der Kieferhöhle vor. Die hochgradigsten Verdickungen finden sich jedoch stets bei enger Höhle in Folge mangelnder Resorption. In Fig. 23 weist nicht nur der Alveolarfortsatz, sondern auch die der fossa canina zugekehrte Fläche der Kieferhöhle eine ungewöhnlich compacte Beschaffenheit auf.

Annäherung der Kieferhöhlenwände. Die Annäherung der Kieferhöhlenwände kann auf zweierlei Art zu Stande kommen. Entweder ist die faciale Wand eingesunken, oder die äussere Nasenwand ist stark nach aussen gewölbt; auch eine Combination beider Formen kommt vor.

a) **Eingesunkensein der facialen Wand.** Diese Anomalie kann verschiedene Grade erreichen. Entweder nähert sich die äussere Wand nur unerheblich der inneren, oder sie legt sich vollkommen an dieselbe an, in welchem Falle das Lumen der Kieferhöhle in der unteren Partie vollkommen aufgehoben wird. Diese Anomalie verleiht dem Kiefer ein äusserlich eigenthümliches Gepräge, indem oberhalb des Alveolarfortsatzes eine tiefe Einsenkung des Kiefers sichtbar ist. Ist die Anomalie nur einseitig vorhanden, dann ist eine Asymmetrie des Gesichtes zu constatiren.

Das Eingesunkensein der facialen Wand hat für die Topographie der Kieferhöhle eine grosse Wichtigkeit. Die Kieferhöhle liegt in diesem Falle vollkommen ausserhalb des Bereiches des Alveolarfortsatzes. Letzterer ist im Breitendurchmesser erheblich verringert, wie dies aus Fig. 29 (links) ersichtlich ist. In operativer Beziehung wird eine Anbohrung der Kieferhöhle vom Alveolus aus fast immer fehlschlagen müssen, indem man entweder in die fossa canina oder in die Nasenhöhle, jedenfalls in jede derselben leichter als in die Kieferhöhle

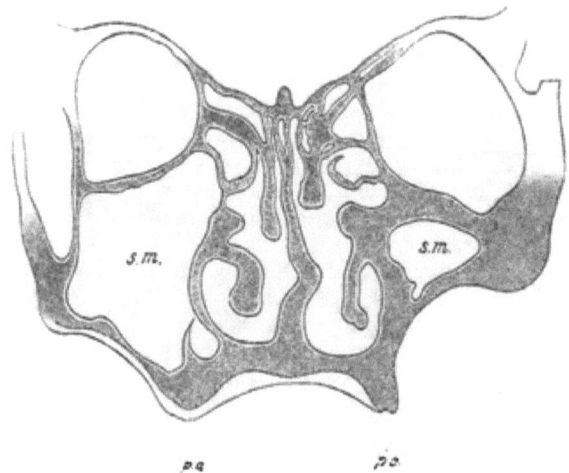

Fig. 29. Asymmetrie der Kieferhöhlen. (Halbschematisch nach Zuckerkandl.) Rechts geräumige Kieferhöhle mit einem sinus alveolaris und sinus palatinus. Links stark verengte Kieferhöhle in Folge Einsinkens der facialen Kieferhöhlenwand. *s.m.* = sinus maxillaris; *p.a.* = processus alveolaris.

gelangen wird. Auch eine Aufmeisselung von der fossa canina aus wird nur dann zur Eröffnung der Kieferhöhle führen, wenn sie unweit vom Infraorbitalrande und nicht tiefer unten unmittelbar oberhalb der Zahnalveole stattfindet, da man im letzteren Falle statt in die Kieferhöhle nach Durchbruch der verschmolzenen Lamellen der fossa canina und der lateralen Nasenwand in die Nasenhöhle gelangen muss.

Ganz circumscripte Einsenkungen der fossa canina oberhalb einzelner Alveolen der buccales und der molares kommen öfters vor, sie sind bei Operation durch die Alveole zu beobachten, da eine senkrechte Linie nach aufwärts in die fossa canina führt (siehe Fig. 30).

b) Ausbuchtung der lateralen Nasenwand. Diese betrifft entweder mehr die untere Partie, oder mehr die obere Partie der Kieferhöhle.

1. Bei der ersteren Form verschmilzt die äussere Nasenwand im Bereiche des unteren Nasenganges mit der normal gelagerten oder etwas eingesunkenen Wand der fossa canina. Die Kieferhöhle wird hier aus dem Bereiche der Zahnalveolen gerückt, so dass die senkrechte Projectionslinie von den Alveolen aus in die Nasenhöhle führt. Selbst bei erheblicher Verdünnung des Kieferhöhlenbodens auf nur einige Millimeter würde eine Anbohrung der Kieferhöhle von den Alveolen der Backen- und Mahlzähne misslingen müssen, da das Bohrinstrument wohl in die Nasenhöhle, nicht aber, wie erwünscht, in die Kieferhöhle gelangen würde (siehe Fig. 30 und 32).

2. Betrifft die Ausbuchtung mehr die Gegend des mittleren

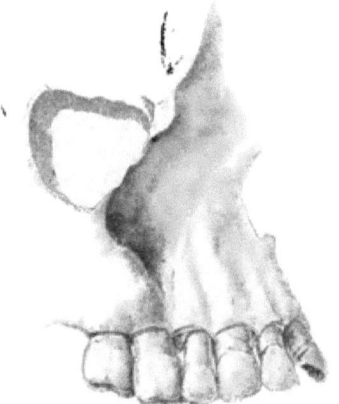

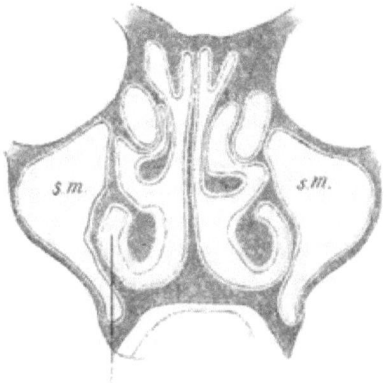

Fig. 30. Circumscriptes supraalveolares Einsinken der facialen Kieferwand.

Fig. 31. Verengerung der unteren Partie der Kieferhöhlen. (Halbschematisch nach Zuckerkandl.) s.m. = sinus maxillaris. Die schwarze Linie zeigt die Richtung des bohrenden Instrumentes.

Nasenganges, dann wird die obere Partie der Kieferhöhle verengt oder gar theilweise aufgehoben. Bei erheblichem Grade dieser Anomalie rückt die obere Partie der äusseren Nasenwand an die Orbitalplatte des Oberkiefers. Beide Theile können auch miteinander auf grössere Strecken verschmelzen. Die erwähnte Verschmelzung kann bis auf den canalis infraorbitalis vor sich gehen, wodurch ein Theil der Orbita in das Bereich der Nasenhöhle zu liegen kommt (siehe Fig. 32).

Die beiden letzterwähnten Anomalien sind bei operativen Eingriffen in die Kieferhöhle stets vor Augen zu halten. Die sub 1 angeführte verschuldet des öfteren, dass eine Anbohrung von der Alveole aus misslingt Die sub 2 angeführte Anomalie verbietet Punctionen oder operative Eingriffe von der hinteren Partie des mittleren

Nasenganges, also von einer Stelle aus, welche sonst wegen ihrer membranösen Beschaffenheit die geeignetste hierzu wäre.

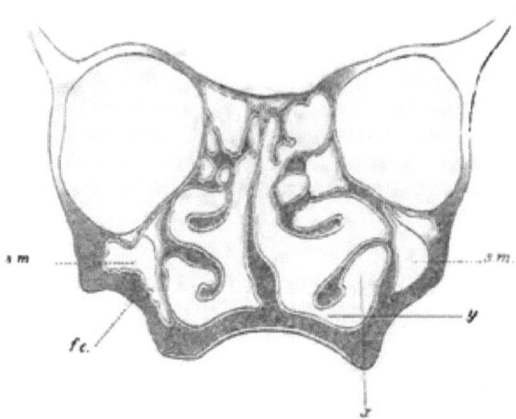

Fig. 32. Auswärtsbuchtung der lateralen Nasenwand. Partielle Verschmelzung der äusseren Wand des mittleren Nasenganges mit dem Orbitalfortsatz des Oberkiefers. (Halbschematisch nach Zuckerkandl.)
s.m. = sinus maxillaris; *f.c.* = facies canina; *x* der bei Durchbohrung des alveolus, *y* nach tiefer Aufmeisselung der fossa canina in die Nasenhöhle führende Weg.

Im Anschlusse soll der zuweilen constatirten Einengung der Kieferhöhle durch Zahnretention Erwähnung geschehen. Die Retention betrifft am häufigsten den Eckzahn und den dritten Mahlzahn.

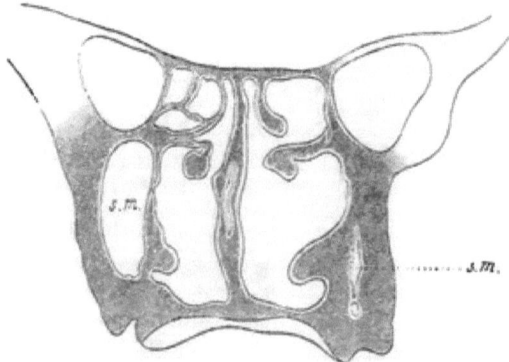

Fig. 33. Stark verengte Kieferhöhle der linken Seite in Folge starker Verdickung der Knochenwände und Ausbuchtung der oberen Partie der lateralen Nasenwand.
s.m. = sinus maxillaris.

Zweitheilung der Kieferhöhle durch eine Scheidewand. Stärker hervorspringenden Knochenkämmen und membranösen Leisten begegnet man des öfteren in der Kieferhöhle. Sie haben nur insofern Bedeutung, als durch Nischen- und Buchtenbildung der Stagnation des Secretes

Vorschub geleistet wird. — Wichtiger in praktischer Hinsicht ist die Zweitheilung der Kieferhöhle in eine vordere und in eine hintere Hälfte durch eine nahezu verticale Platte. Nach Zuckerkandl mündet in diesem Falle die vordere Hälfte durch das ostium maxillare, an der typischen Stelle des mittleren Nasenganges, während die hintere Hälfte in den oberen Nasengang mündet. Seltener münden beide Hälften in den mittleren Nasengang. Ich besitze zwei Präparate von vollkommener Zweitheilung der Kieferhöhle, welche den Zuckerkandlschen Typus zeigen. In Fig. 34 ist eines dieser Präparate abgebildet worden. Die praktische Wichtigkeit dieser Anomalie leuchtet sofort ein, da zu bedenken ist, dass die Erkrankung der hinteren Hälfte

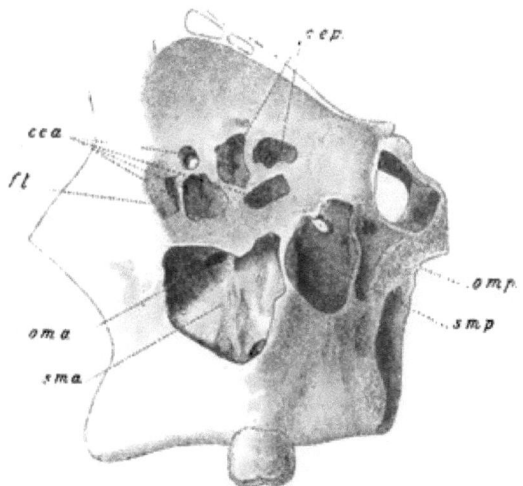

Fig. 34. Zweigetheilte Kieferhöhle in Folge einer senkrechten knöchernen Scheidewand (Ansicht von der fossa canina); Siebbeinzellen von der lamina papyracea aus eröffnet.

s.m.a. = sinus maxillaris anterior; *s.m.p.* = sinus maxillaris posterior; *o.m.a.* = ostium maxillare anterius; *o.m.p.* = ostium maxillare posterius; *f.l.* = fossa lacrimalis; *c.e.a.* = cellulae ethmoid. anterior; *c.e.p.* = cell. ethmoid. posterior.

einer Kieferhöhle bei der rhinoskopischen Untersuchung das Symptomenbild der Eiterung aus der fissura olfactoria aufweisen wird.

Seltener und minder wichtig ist die Zweitheilung der Kieferhöhle durch eine horizontale Scheidewand. Diesfalls verhält sich die obere Etage wie ein Theil des hinteren Siebbeinlabyrinthes. Ein derartiger Fall ist von Zuckerkandl beobachtet worden.

c) Die Schleimhaut der Kieferhöhle.

Die Schleimhaut der Kieferhöhle ist ausserordentlich zart und kann als Fortsetzung der die Vertiefungen und Spalten des mittleren Nasenganges bekleidenden Schleimhaut aufgefasst werden. Unter normalen Verhältnissen lässt sie sich mit Ausnahme derjenigen Stellen, wo sie an den defecten Stellen in der Knochenwand mit der Schleimhaut der Nase verwachsen ist, leicht von ihrer Knochenunterlage abziehen.

Wir unterscheiden in der Schleimhaut drei voneinander nicht vollkommen trennbare Schichten: 1. Die oberflächliche Schichte, welche einen zartfaserigen Bau zeigt und ein geschichtetes Flimmerepithel trägt. 2. Die mittlere oder Drüsenschichte. Die Drüsen sind in Gruppen angeordnet, zerstreut in der Schleimhaut, so dass es drüsenreiche und drüsenarme Stellen gibt. Die Drüsen haben den Charakter der acinösen Drüsen. 3. Die tiefste Schichte der Schleimhaut ist drüsenlos, dichter gefügt und ist reicher als die übrige Schleimhaut an Spindelzellen. Da diese Schichte gleichzeitig die Stelle des inneren Periostes vertritt, wird sie auch als periostale Schichte bezeichnet.

Entzündungen der Kieferhöhle.

Aetiologie.

Indem ich die im allgemeinen Theile gegebenen Erörterungen über die Aetiologie der entzündlichen Nebenhöhlenaffectionen als bekannt voraussetze, können wir die für die entzündliche Kieferhöhlenaffection in Betracht kommenden Ursachen zusammenfassen in:

a) Genuine Entzündungen; b) fortgeleitete Entzündungen. Letztere zerfallen: 1. in die Entzündungen, welche von pathologischen Processen des Oberkiefers auf die Kieferhöhle fortgepflanzt werden und 2. in Entzündungen, welche durch traumatische Verletzungen bedingt werden.

Das grösste Contingent der in der Praxis zur Beobachtung kommenden Kieferhöhlenempyeme bilden nach meiner Erfahrung die im Verlaufe der Infectionskrankheiten, besonders häufig im Verlaufe der Influenza, auftretenden Empyeme. Demnächst kommen die durch Erkrankung der Zahnwurzel bedingten Processe des Alveolarfortsatzes des Oberkiefers in Betracht. Nicht alle Autoren sind indes derselben Ansicht. Es besteht vielmehr eine grosse Meinungsverschiedenheit darüber, welcher von beiden Vorgängen häufiger stattfindet. Während manche Autoren fast immer den dentalen Ursprung constatirt haben wollen, erwähnen die Anderen, zu denen besonders die Anatomen gehören, dass der dentale Ursprung der seltenere ist, und dass die genuinen Formen die Regel bilden.

Tritt man an die Entscheidung dieser Frage vorurtheilslos heran, so findet man, dass beide Ursachen zweifellos vorkommen, nur begegnet ihre Feststellung in sehr vielen Fällen besonderen, zuweilen unüberwindlichen Schwierigkeiten.

a) Genuine Entzündungen.

Für diese gilt all das, was bereits im allgemeinen Theile auseinandergesetzt wurde. Dass die dort genannten Infectionskrankheiten, besonders die Influenza, für die meisten Fälle der Kieferhöhlen-eiterungen in Betracht kommen. ist in den letzten Jahren durch die eingangs genannten Obductionsbefunde und durch zahlreiche klinische Erfahrungen sichergestellt worden. Zweifelhaft ist nur, wie angeführt wurde, ob diese Kieferhöhlenentzündungen alle mit einer Entzündung der Nasenschleimhaut beginnen oder sofort als selbstständige Kiefer-höhlenentzündungen sich etabliren. Dass eine Entzündung von der Nasenschleimhaut auf die Kieferhöhle übergehen kann, beweisen Be-obachtungen über Fortpflanzung der Reaction nach galvanocaustischen Eingriffen, sowie nach lange dauernder Tamponade der Nasenhöhle. Solche Fälle führt Jeanty (21) an; und ich selbst habe schon vor mehr als sieben Jahren einmal nach Entfernung einer hypertrophischen mittleren Muschel acuten Schüttelfrost und Fieber und ein sehr acutes Empyem der Kieferhöhle der betreffenden Seite entstehen gesehen.

b) Fortgeleitete Entzündungen.

Hier spielen die Hauptrolle die durch Erkrankungen der Zahnwurzel bedingten Entzündungen des Alveolarfortsatzes (dentaler Ursprung); nur sehr selten kommen Traumen des Oberkiefers, sowie tubercu-löse und syphilitische Erkrankungen des Oberkiefers in Betracht.

1. **Dentaler Ursprung.** In denjenigen Fällen, in welchen die Kiefer-höhle mit einem sinus alveolaris versehen ist, und die Zahnalveolen entweder durch eine sehr dünne Knochenlamelle von der Kieferhöhle getrennt sind, oder gar die Zähne, wie es in selteneren Fällen vorkommt, mit der Wurzel in die Kieferhöhle hineinragen, werden die verschieden-artigen, um die Zahnwurzel herum sich etablirenden Entzündungs-processe leicht im Stande sein, jene, die Decke der Zahnalveole von der Kieferhöhle trennende, dünne Knochenplatte zu zerstören und eine Entzündung der Kieferhöhle per continuitatem hervorzurufen.

Die Art und Weise, wie eine Erkrankung der Zahnwurzel zur Entzündung der Kieferhöhle führt, kann verschieden sein. In einer Reihe von Fällen entsteht ein:

Wurzelabscess, welcher allmählich gegen die Kieferhöhle zu sich ausbreitet, die Schleimhaut der Kieferhöhle vorwölbt und schliesslich in die Kieferhöhle durchbricht, welche dann von der Entzündung ergriffen wird. Zweifellos gehören hierher diejenigen Fälle, wo nach vorausgegangener Zahnwurzelentzündung bei Extraction eines Zahnes oder dessen Wurzel sofort Eiter aus der Kieferhöhle hervorstürzt. Selbstverständlich setzt dieses Vorkommnis einen tief hinabreichenden sinus alveolaris mit papierdünner separirender Knochenplatte oder gar eine in die Kieferhöhle hineinragende Zahnwurzel voraus, wobei der Wurzelabscess keinen erheblichen Widerstand zu überwinden hat.

Eitrige Periostitis des Alveolarfortsatzes. In der Mehrzahl der Fälle handelt es sich bei Empyemen erwiesenen dentalen Ursprunges um einen von Zahncaries ausgehenden periostalen Abscess, welcher entweder in die Kieferhöhle allein oder gleichzeitig in die Kiefer-höhle und nach aussen durchbricht. In letzteren Fällen kann es zur Bildung einer Kieferhöhlenfistel kommen, wie dies Holländer (22) in einem Falle beobachtet hat und ich ebenfalls gesehen habe. Ganz besonders scheinen die nach Zahnextraction auftretenden Periostitiden die Neigung zu haben, ein Kieferhöhlenempyem dann zu bedingen, wenn bei der Zahnextraction die Kieferhöhle, sei es in Folge des Vorhandenseins einer tief hinabreichenden Alveolarbucht, sei es durch ungeschickte Zahnextraction, eröffnet wurde. Noch öfters scheint mir die Kieferhöhle durch Eröffnung nach Zahnextraction dann inficirt zu werden, wenn schon früher ein periostaler Abscess bestanden hat. Diesen letzteren, schon von Bordenave (23) erwähnten Vorgang habe ich in drei Fällen constatiren können.

Die alleinige Eröffnung der Kieferhöhle, wie sie manchmal nach Zahnextraction geschieht, ist durchaus kein genügender Grund für die Entstehung eines Kieferhöhlenempyems. Ich habe vier derartige Fälle ohne nachfolgendes Epyem beobachtet. Die Kranken suchten mich nach einer Zahnextraction auf, weil sie eine eigenthümliche Veränderung ihrer Stimme wahrgenommen haben. Die Sprache klang leicht nasal. Die Untersuchung zeigte in allen vier Fällen Eröffnung der Kieferhöhle, aber ohne jede Entzündung. Die Stimme wurde nach Verstopfung der Alveolaröffnung sofort wieder normal. Es unterliegt keinem Zweifel, dass die Abänderung der Stimme durch veränderte Resonanz bedingt wurde. In zwei Fällen wurde der erste Molaris, in dem dritten der zweite Prämolaris, im vierten der zweite Molaris entfernt. In den zwei Fällen des ersten Molaris sassen grosse Fungositäten an der Zahnwurzel, welche vor der Extraction in die Kieferhöhle geragt haben müssen. Auch Killian (9) berichtet über einen von ihm beobachteten derartigen Fall. Diese Fälle beweisen, dass die Kieferhöhlenschleimhaut keine sonderliche Empfindlichkeit besitzt und dass bei Entstehung der Empyeme von der Zahnwurzel aus ausgesprochene eitrige Entzündungen der Wurzelumgebung vorhanden sein müssen.

Wurzelcysten mit eitrigem Inhalt. Einige Autoren glauben, dass die nach Extraction von Zähnen oder ihrer Wurzeln ohne Eröffnung der Kieferhöhle auftretenden Empyeme daher rühren, dass gelegentlich der Zahnextraction eine mit entzündlichem Inhalt gefüllte Cyste einer benachbarten Zahnwurzel gesprengt wird, wodurch der Inhalt der Cyste sich in die Kieferhöhle entleert.

Scheff (24), Hartmann (9), Killian (25) erwähnen diese Möglichkeit, doch scheint sie mir bisher absolut nicht erwiesen. Insbesondere glaube ich nicht, dass die einmalige Entleerung eines Eiterherdes in die Kieferhöhle in letzterer ein Empyem zu bedingen im Stande wäre. Zu einem Empyem gehört eine Entzündung, welche die Schleimhaut der Kieferhöhle ergreift. Als Beweis für diese meine Behauptung möchte ich die später noch ausführlicher zu erwähnenden Fälle anführen, wo der von der Stirnhöhle und dem Siebbeinlabyrinth herrührende Eiter Monate hindurch in die Kieferhöhle hineinfloss, aber die Kieferhöhle selbst trotzdem nicht secernirte.

Da ich die erwähnten Formen des dentalen Empyems in mehreren Exemplaren gesehen und notirt habe, will ich einzelne dieser Beobachtungen im Folgenden kurz anführen.

1. Frau Anna B., 34 Jahre alt, stand im Februar 1890 wegen Hypertrophie der hinteren Muschelenden und Retronasalkatarrh in meiner Behandlung. Die Nase war im Uebrigen tadellos, von einer Secretion keine Spur. Die Kranke bekam während ich mit der Behandlung des Retronasalkatarrhes beschäftigt war, eine Periostitis des linken Alveolarfortsatzes in Folge eines cariösen I. Molaris. Der Zahn wurde extrahirt und zwei Tage nachher überraschte mich die Kranke nicht wenig, als

sie mit der Klage kam, dass sie aus der linken Nase viel foetiden Eiter entleere. Ich kam mit der Sonde vom Alveolus des extrahirten Molaris in die Kieferhöhle, erweiterte die Fistel und spülte ein paarmal die Kieferhöhle aus. In acht Tagen verschwand jede Secretion.

Ich lege auf die angeführte Krankengeschichte deshalb besonderen Werth, weil Dmochowsky das Recht der Kliniker bestreitet, über den dentalen Ursprung etwas auszusagen, da nach seiner Meinung, selbst wenn nach einem periostalen Abscesse ein Empyem manifest wird, dies nur beweise, dass es exacerbirte; der citirte Autor hält es nicht für ausgeschlossen, dass die Entzündung schon früher vorhanden gewesen ist. Es unterliegt keinem Zweifel, dass in dem angeführten Fall, vor der Periostitis, beziehungsweise Extraction des Zahnes kein Empyem der Kieferhöhle vorhanden war, und dass sich dasselbe in Folge der Periostitis alveolaris verbunden mit dem bei der Extraction ausgeübten Trauma entwickelt hatte. Denn es waren vor der Periostitis trotz wiederholt ausgeführter rhinoskopischer Untersuchung keinerlei auf eine Secretion der linken Kieferhöhle deutende Symptome vorhanden. Ferner heilte das Empyem innerhalb acht Tagen vollständig, ein Beweis, dass dasselbe ein acutes gewesen ist. Ebenso sah ich in einer Reihe anderer Fälle eine bis dahin vollkommen gesunde Kieferhöhle nach einem periostalen Abscess des Alveolarfortsatzes erkranken.

Eine dieser Beobachtungen, in welcher der Infectionsweg vom periostalen Abscess auf die Kieferhöhle besonders deutlich vorliegt, will ich hier kurz mittheilen.

2. Alice K., 22 Jahre alt, verheiratet, wird mir im Mai 1889 von einem Collegen mit folgenden kurzen Angaben zugesandt: „Um die cariöse Wurzel des I. linken Molaris entstand ein periostaler Abscess, der sich anfänglich an der labialen Seite des Oberkiefers vorwölbte. Am dritten Tage des Bestandes entleere Patientin plötzlich stinkenden Eiter durch die Nase." Die Kranke betheuerte, nie früher in der Nase krank gewesen zu sein. Die rhinoskopische Untersuchung ergab Eiterabfluss im linken mittleren Nasengange, welcher sich nach Bücken des Kopfes erheblich vermehrte. Nebst dem Eiterabfluss wurde die Kranke am meisten durch den abscheulichen Gestank belästigt. Der kranke Zahn (I. Molaris) wurde hierauf extrahirt; zwischen Alveole und Kieferhöhle wurde keine Communication vorgefunden. Eine solche wurde erst mittelst Trepans hergestellt, um die Kieferhöhle täglich mehreremale ausspülen zu können. — Nach acht Tagen war die artificielle Oeffnung plötzlich verlegt und die Untersuchung zeigte, dass daselbst eine necrotische Knochenplatte vorlag, welche extrahirt wurde und einen exquisiten Fäulnisgeruch aufwies. Der periostale Abscess brach noch über der Alveole nach der Wangenseite durch, und durch diese Fistelöffnung liess sich eine Sonde in die Kieferhöhle einführen, welche eine andere, durch die artificielle Oeffnung eingeführte Sonde tangirte.

Es handelte sich also hier um eine durch acute Periostitis entstandene Nekrose eines Stückchens der facialen Kieferwand. Der Abscess brach sowohl nach aussen als auch nach innen in die Kieferhöhle durch und es entstand vorübergehend eine Kieferfistel. Der Umstand, dass dieses Empyem in einigen Tagen abheilte, sowie dass in der Nase selbst keinerlei entzündliche Erscheinungen vorhanden waren, welche auf eine früher bestandene Eiterung hingewiesen hätten, beweist wohl am besten, dass es sich auch hier um ein Empyem rein dentalen Ursprunges gehandelt hat, wenn auch über die Beschaffenheit der Kieferhöhle vor Entstehung des periostalen Abscesses keine Untersuchungen haben vorliegen können. Endlich will ich noch einen dritten Fall anführen, welcher ebenfalls als Typus einer kleinen Serie von mir beobachteter Fälle aufgestellt werden kann.

3. Frl. Josephine Z. habe ich im Jahre 1892, April, die rechte Kieferhöhle nach Extraction des I. cariösen Molaris durch die Alveole angebohrt. Es war ein mindestens seit fünf Jahren bestehendes Kieferhöhlenempyem, über dessen Entstehung die Kranke nur die Vermuthung aussprach, dass es sich nach heftigen Zahnschmerzen entwickelt hatte. Weiter liess sich diese Vermuthung nicht stützen, höchstens dadurch, dass die Trepanation sehr leicht gelang, indem die Kieferhöhle tief hinabreichte. Die Kieferhöhleneiterung erwies sich, entsprechend ihrer langen Dauer, als sehr hartnäckig. In der linken Nasenhöhle bestanden vollkommen normale Verhältnisse. Bei wiederholter Untersuchung war daselbst nie Secret zu sehen, auch die Muschelüberzüge und besonders der mittlere Nasengang zeigten sich normal — während rechterseits eine mässige Hypertrophie der rechten mittleren Muschel und diffuse Verdickungen im mittleren Nasengange bestanden hatten. Ich war nicht wenig überrascht, als die Kranke eines Nachmittags zu mir kam — ich hatte sie einige Tage vorher das letztemal untersucht — mit der Angabe, dass sie gestern im linken Kieferbein klopfende Schmerzen bekam und des Morgens sich plötzlich übelriechender Eiter aus der Nase entleert hatte. Der erste Molaris war auf Beklopfen ausserordentlich empfindlich und hatte von früher her eine Plombe und wackelte ein wenig. Ich liess ihn extrahiren. Gleich nach der Extraction stürzte Eiter aus der Alveole hervor. Die Sondenuntersuchung ergab: Communication der Alveole mit der Kieferhöhle. Der Uebergang von der Alveole in die Höhle fühlte sich rauh an. Die Kieferhöhle heilte innerhalb der nächsten 14 Tage vollkommen aus, während die rechte noch nach einem halben Jahre später, wenn auch spärlich, secernirte.

Dass hier ein Wurzelabscess direct in die Kieferhöhle durchgebrochen ist, bedarf meines Erachtens keines weiteren Beweises.

Nur in 13 von beiläufig 200 Kieferhöhlenempyemen, die ich in den letzten acht Jahren beobachtet habe, konnte ich den Beweis für den dentalen Ursprung der Kieferhöhlenentzündung erbringen. Es ist für mich zweifellos, dass auch noch in vielen anderen Fällen der dentale Ursprung vorgelegen haben mag. Allein die Entzündungen des Alveolarfortsatzes waren zur Zeit der Beobachtung längst abgelaufen, so dass sich durch die Untersuchung nichts mehr constatiren liess. Die von mir angegebene Zahl ist allerdings sehr gering im Verhältnisse zu den von anderen Autoren angegebenen. Diese Verschiedenheit beruht darauf, dass viele Autoren es mit dem Beweise des dentalen Ursprunges weniger kritisch nehmen. Zwar geben die Autoren häufig an, dass an der Empyemseite die Backen-, sowie Mahlzähne oder beide zusammen cariös waren oder fehlten. Allein, diese Angabe ist auch alles; wie der cariöse Zahn mit der Kieferhöhlenerkrankung zusammenhing, darüber finden wir nur selten greifbare Angaben, denn auch die anamnestische Angabe der Kranken über früher bestandene Zahnschmerzen können unmöglich genügen, um den ätiologischen Zusammenhang zwischen erkranktem Zahn und der Kieferhöhlenentzündung als erwiesen zu betrachten.

Was die Betheiligung der einzelnen Zähne hierbei betrifft, so stimmen meine Erfahrungen gut mit den von Zuckerkandl erhobenen anatomischen Beziehungen zwischen Zahnwurzel und Kieferhöhle überein. Wie aus der Anatomie der Kieferhöhle ersichtlich ist, stehen die Wurzeln des ersten Molaris dem Kieferhöhlenboden am nächsten. Nachher kommen der zweite Prämolaris, der zweite Molaris und der Weisheitszahn. In meinen 13 Fällen von Kieferhöhlenempyem zweifellos dentalen Ursprunges betheiligte sich der erste Molaris viermal mit einer ausgedehnten Periostitis, zweimal mit einem Wurzelabscess; vom zweiten Prämolaris ging dreimal eine Periostitis aus. Vom zweiten Molaris entstand dreimal eine acute Periostitis des Alveolarfortsatzes, endlich sah ich einmal das Empyem bei einem

32jährigen Manne nach einer Periostitis vom Weisheitszahn ausgehend entstehen.

Die Anatomen sind zumeist der Annahme des dentalen Ursprunges nicht günstig gesinnt, da sie bei der Section keine Residuen irgend eines vorher stattgehabten Entzündungsprocesses zwischen Zahnwurzel und Kieferhöhle nachweisen konnten, so dass selbst meine spärlichen Beobachtungen über die Häufigkeit des dentalen Ursprunges noch relativ zahlreich gegenüber den negativen anatomischen Befunden erscheinen dürften. Es genüge hier anzuführen, dass Zuckerkandl bei beiläufig 300 Sectionen nur ein einzigesmal den dentalen Ursprung constatiren konnte, ebenso E. Fraenkel, während dies Dmochowsky überhaupt nie gelang. Sollte dieser auffallende Widerspruch zwischen den anatomischen und klinischen Beobachtungen nicht doch darin liegen, dass im Laufe der Zeit sich alle Residuen, welche auf die frühere Erkrankung des Alveolarfortsatzes hinweisen würden, verlieren? Für mich ist es überdies sehr naheliegend, daran zu denken, dass Infectionskeime von den Zahnalveolen auch den Knochen durchwandern können, wie dies für die hintere Stirnhöhlentafel und für das Dach der Keilbeinhöhle bereits erwiesen wurde. Es braucht in derartigen Fällen keinerlei sichtbare makroskopische Veränderung vorhanden zu sein, und nur die mikroskopische Untersuchung könnte über den Infectionsweg Aufschluss geben. Ich werde noch bei der Therapie der Kieferhöhlenentzündungen darauf zurückkommen, dass eine Beeinflussung der Kieferhöhle von den Zahnwurzeln im angedeuteten Sinne wahrscheinlich besteht.

2. **Traumatischer Ursprung.** Das Wesen der traumatischen Kieferhöhlenentzündungen besteht darin, dass nach Verletzung der die Kieferhöhle umgebenden Knochenbestandtheile ein Riss in der Schleimhaut der Oberkieferhöhle und eine Blutung in dieselbe erfolgt. Aus der Infection und folgender Zersetzung des Blutes in der Kieferhöhle resultirt sodann eine eitrige Entzündung der Schleimhaut. Die Entstehung dieser Empyeme ist analog derjenigen der Nasenscheidewandabcesse, wo zuerst durch Bruch des Knochens oder Knorpels der Nasenscheidewand eine Hämorrhagie entsteht und späterhin durch die Infection des Coagulums in Folge eines Schleimhautrisses die Eiterung erfolgt. Die traumatische Verletzung erfolgt gewöhnlich in Form eines heftigen Schlages oder Stosses.*) oder in Form irgend einer anderen Verwundung**) oder auch nach operativen Eingriffen.***)

Manche nach Zahnextractionen auftretende eitrige Entzündung der Kieferhöhle dürfte traumatischen Ursprunges sein, indem durch ungeschickte Extraction oder durch abnorme Lage der Zahnwurzel ein weit dringender Bruch des Alveolarfortsatzes bedingt wurde. Auch die in der Kieferhöhle nach Schussverletzung entstandenen Empyeme durch Blutung und durch steckengebliebene Projectile sind in den Bereich der traumatischen Empyeme zu zählen.

---

*) Fälle von Godlée (26), Bayer (27). .
**) Fall von D. Poel (28), betreffend das Eindringen einer explodirten Feuerwehrkapsel in die Kieferhöhle.
***) Langenbeck (29) sah zwei Fälle von Empyem nach Durchschneidung des nervus infraorbitalis.

3. Empyem bei Geschwülsten der Kieferhöhle. Ich habe in je einem Falle im Gefolge von Epitheliom und Sarkom der Kieferhöhle eine fötide Eiterung derselben entstehen gesehen. Im ersteren Falle kam es nach der von mir constatirten Eiterung zu einem periostalen Abscess und zu Fistelbildung in der rechten fossa canina. Durch die Fistelöffnung wucherte dann das Epitheliom in die Mundhöhle. Die Diagnose „Epitheliom" konnte erst in dem letzten Stadium gemacht werden. Im zweiten Falle handelte es sich um ein erweichtes Sarkom der linken Kieferhöhle, dessen Zerfall fötide Eiterung bedingt hatte, bevor noch ein äusserlich sichtbares Symptom vorlag, welches auf eine Geschwulstbildung in der Kieferhöhle hingewiesen hätte. Später wölbte die Geschwulstmasse den harten Gaumen vor und brach in die Mundhöhle durch. Es handelte sich um ein Rundzellensarkom bösester Art, welchem die Kranke in wenigen Monaten erlag.

4. Empyem im Gefolge von Syphilis und Tuberculose des Oberkiefers. Ich habe in zwei Fällen von tertiärer Syphilis der Nase Empyem der Kieferhöhle entstehen gesehen. In beiden Fällen handelte es sich um ausgedehnte Nekrose der lateralen Nasenwand; einmal mit einer grossen Defectbildung, das anderemal mit mehrfachen Fisteln, welche theils von dem unteren, theils von dem mittleren Nasengange in die Kieferhöhle führten. In beiden Fällen secernirte die Kieferhöhle noch monatelang nach Heilung der Geschwüre in der Nase; es erfolgte die Heilung durch Ausspülung, ohne dass nekrotische Knochen aus der Kieferhöhle abgegangen wären, woraus ich folgere, dass es sich mit Ausnahme der perforirten Stellen keineswegs um tiefere Erkrankungen (Knochenerkrankung) der Kieferhöhlenwände gehandelt haben dürfte. Jeanty (21) erwähnt mehrere Fälle aus der Literatur, wo Syphilis des Oberkiefers zu Antrumentzündung geführt hat.

Tuberculose des Oberkiefers muss eine sehr seltene Krankheit sein; mir ist nur der von Maydl (30) operirte Fall bekannt; in diesem war auch eine entzündliche Affection der Kieferhöhle vorhanden.

Pathologische Anatomie.

Zuckerkandl und Weichselbaum gebührt das Verdienst, auf dem Gebiete der Pathologie der Kieferhöhlenschleimhaut die ersten erfolgreichen Untersuchungen angestellt zu haben. Die Mittheilungen der genannten Autoren wurden durch die bereits angeführten Publicationen von Dmochowsky, Harke und in der neueren Zeit von E. Fränkel im Wesentlichen bestätigt und in mehrfacher Hinsicht ergänzt, so dass wir heute wenigstens über die groben pathologischen Veränderungen der Kieferhöhlenschleimhaut genügend orientirt sind. Leider sind die Angaben der Anatomen und Kliniker bezüglich mancher Punkte noch so widersprechend, dass eine vollkommene Klärung der Ansichten bisher nicht erfolgen konnte. Um die genannten pathologisch-anatomischen Veränderungen leicht überblicken zu können, soll folgende Eintheilung platzgreifen: *a)* Verschiedene Formen der entzündlichen Veränderungen der Schleimhaut. *b)* Die entzündlichen Kieferhöhlengeschwülste und der Hydrops antri Highmori und *c)* als Anhang die Kiefercysten.

a) Verschiedene Formen der entzündlichen Veränderungen der Schleimhaut.

Die entzündlichen Veränderungen der Kieferhöhlenschleimhaut zerfallen nach der Eintheilung Dmochowsky's in acut- und chronisch-katarrhalische, ferner in acut- und chronisch-eitrige, endlich in diphtheritische. Diese Eintheilung scheint mir die verschiedenartigen entzündlichen Zustände der Kieferhöhlenschleimhaut am treffendsten wiederzugeben.

Die acut-katarrhalische Entzündung ist zuerst von Zuckerkandl. wie folgt geschildert worden: „Die Secretion von schleimiger oder eitriger Flüssigkeit ist im Beginne der Erkrankung gering und tritt erst auf, wenn die Hyperämie einige Zeit bestanden hat. Die Schleimhaut des sinus maxillaris ist hierbei etwas geschwellt, aufgelockert, mit einer gelblichen Flüssigkeit infiltrirt und auch mit einigen Cysten versehen, die einen gelblichen, graulichen oder weissen Inhalt einschliessen."

Ganz ähnlich lauten die Angaben von Dmochowsky und E. Fränkel. Beide betonen die ausgesprochene ödematöse Beschaffenheit der aus lockerem Gewebe bestehenden Schleimhautschichte der Kieferhöhle; nur bezweifelt Ersterer die Möglichkeit der Entstehung der Cysten in Folge der acuten Entzündung und will dieselben stets nur als das Product chronischer Entzündung betrachtet wissen. Der acute Katarrh der Kieferhöhle kann entweder vorübergehen und mit einer restitutio ad integrum enden oder auch in den chronischen Zustand übergehen.

Mikroskopisch findet man bei der acut-katarrhalischen Entzündung eine zellige Infiltration der oberen Scheimhautschichten. Das Epithel ist gewöhnlich unverändert, die Bindegewebsinterstitien bilden weite Maschenräume, in welchen sich seröse Flüssigkeit befindet.

Die chronisch-katarrhalische Entzündung. Bei dieser erfolgt die Exsudation nach Zuckerkandl „vornehmlich in die Substanz der inneren Schichte der Kieferhöhlenschleimhaut. Nicht nur die den peripheren Schleimhautcharakter tragende, sondern auch die tiefere als Beinhaut fungirende Schichte erfährt eine Lockerung ihres Gefüges, so dass die gesammte Schleimhautmembran in den höheren Graden der Affection auf das 10- bis 15fache der normalen Dicke anschwillt, einer Sulz ähnlich ist und wie mit grossen, weingelben, hydropischen Höckern versehen ist".

Dmochowsky unterscheidet ausser dieser von Zuckerkandl erwähnten Form, welche er die ödematöse Form nennt, noch die hyperplastische Form der chronisch-katarrhalischen Entzündung. Nach ihm zeichnet sich die hyperplastische Form durch völlige Umwandlung der Schleimhaut in eine blasse und harte Membran aus. Besagte Hypertrophie kann in jedem Stadium Halt machen oder auch bis zur nahezu vollständigen Ausfüllung der Kieferhöhle fortschreiten. Dmochowsky hält es für wahrscheinlich, dass die hypertrophische Form aus der ersten, der ödematösen hervorgeht.

Mikroskopisch zeigt die ödematöse Form ein Auseinandergedrängtwerden der Bindegewebsgrundlage, ähnlich wie beim acuten Katarrh; die Zellinfiltration beschränkt sich nur auf die subepitheliale

5*

Schichte und auf die Umgebung der Drüsenausführungsgänge. Bei der hypertrophischen Form tritt die narbige Degeneration des Bindegewebes und die durch dieselbe bedingte Compression der Drüsenausführungsgänge, sowie die Bildung von Cysten in den Vordergrund. Durch Fortpflanzung der Entzündung auf die Beinhautschichte entwickeln sich die später zu besprechenden Osteophyten und Osteome.

Das acute Empyem.*) Die Kieferhöhlenschleimhaut zeigt Oedem, gleichmässige Hyperämie mit stellenweiser Hämorrhagie in das Gewebe und eitrigen Belag ihrer Oberfläche. Schon Zuckerkandl hat hervorgehoben und Dmochowsky bestätigt, dass bei der acut-eitrigen Entzündung für gewöhnlich eine so hochgradige Anschwellung der Schleimhaut, wie sie bei der acut-katarrhalischen Entzündung statthat, nicht zu finden ist. Der mikroskopische Befund ist auch hier ähnlich wie bei dem acuten Katarrh: Oedem des Bindegewebes und zellige Infiltration der oberflächlichen Schichten und der Drüsenumgebung. In den Fällen von Hämorrhagie in die Schleimhaut ist auch in einigen Maschenräumen des Bindegewebes Blut statt Serum enthalten.

Ueber den Ausgang des acuten Empyems ist man noch nicht ganz einig. Dmochowsky meint, dass bei demselben eine Rückbildung nicht möglich ist, eine Ansicht, welcher ich vom klinischen Standpunkte auf das entschiedenste entgegentreten muss, weil ich in zahlreichen Fällen acuten Empyems mit hämorrhagisch-eitrigem Secret völlige, und zwar dauernde Heilung nachgewiesen habe, welche doch ohne Rückgang des ursprünglich vorhandenen anatomischen Processes nicht gut möglich ist. Nach Dmochowsky kann das acute Empyem zu zweierlei Folgen führen: Entweder bilden sich Ulcerationen der Schleimhaut, und die Eiterung übergeht auf den Knochen, wonach Knochencaries, Berstung der Abscesse unter die Haut mit oder ohne Fistelbildungen**) entstehen können, oder es übergeht die Entzündung in den chronischen Zustand.

Das chronische Empyem. Man findet bei demselben die gleichen Veränderungen wie bei der chronisch-katarrhalischen Entzündung: Wucherung und Verdickung des Bindegewebes, ausserdem aber schleimig-eitrigen oder rein eitrigen Inhalt.

Nach Dmochowsky entstehen die chronischen Empyeme, welche reinen Eiter enthalten, aus den acuten Empyemen, während diejenigen chronischen Fälle, wo man einen schleimig-eitrigen Inhalt findet, sich aus chronisch-katarrhalischen Entzündungen derart entwickelt haben, dass der ursprünglich schleimige Inhalt offenbar in Folge einer neuerlichen Infection durch intensive Reizung der Schleimhaut in Eiter umgewandelt wurde. Die anatomischen Veränderungen der Schleim-

---

*) Synonym mit acut-eitriger Entzündung, ebenso im nächsten Absatz Chronisches Empyem = chronisch-eitrige Entzündung.

**) Diese Möglichkeit gehört jedenfalls zu den Seltenheiten. Zuckerkandl (l. c.) und E. Fränkel (l. c.) haben sie nicht gesehen. Ich habe sie am Lebenden nur zweimal, immer nur als Folge einer sehr acut verlaufenden Periostitis des Alveolarfortsatzes beobachtet. Jedenfalls steht die Seltenheit der pathologisch-anatomischen Beobachtung im auffallenden Widerspruch mit der Angabe mancher Rhinologen, welche die cariöse Beschaffenheit der Kieferhöhlenwand als ein häufiges Vorkommnis darstellen. So erwähnt z. B. Grünwald (l. c.) unter 33 Fällen 8mal Caries beobachtet zu haben.

haut sind in beiden Fällen identisch mit den Veränderungen bei chronisch-katarrhalischer Entzündung, indem die Schleimhaut sich allmählich in Narbengewebe umwandelt. Hierbei kann es zu Cysten und Polypenbildung etc. kommen.

Auch beim chronischen Empyem können in Folge neuerlicher Infectionen Ulcerationen der Schleimhaut entstehen. Dmochowsky (l. c.) führt einen Fall seiner Beobachtungen an, in welchem die Schleimhaut der Kieferhöhle degenerirt und mit Cysten besäet war, wo die Cysten vereiterten und die Schleimhaut stellenweise ulcerirt war. Diese Fälle dürften aber sehr selten sein.

Die gegebenen pathologisch-anatomischen Befunde lassen sich bislang mit den Beobachtungen am Lebenden nicht in vollen Einklang bringen, da es, wie später ersichtlich sein wird, in den meisten Fällen, abgesehen von der Bestimmung der Qualität des Secretes nicht möglich ist, auf die jeweilige Beschaffenheit der Kieferhöhlenschleimhaut Schlüsse zu ziehen.

Endlich wird noch die diphtheritische Entzündung der Kieferhöhlenschleimhaut unterschieden. Es kommt hierbei zu Hyperämie und Blutungen in die Kieferhöhlenschleimhaut mit diphtheritischem Belag auf derselben, wie dies Weichselbaum und Dmochowsky beobachtet haben. Zuckerkandl's (7) Vermuthung, dass es auf der Kieferhöhlenschleimhaut in Folge des zarten Baues nicht zur plastischen Exsudatbildung kommen könne, wird nach den angeführten Beobachtungen hinfällig.

b) Die entzündlichen Kieferhöhlengeschwülste.

Unter diesem Titel fassen wir zusammen: 1. die Kieferhöhlencysten, 2. Polypen, 3. Osteophyten und den sogenannten 4. Hydrops antri Highmori. Es ist mehr als wahrscheinlich, dass alle die genannten Veränderungen nur Resultate entzündlicher Schleimhautveränderungen darstellen.

1. Schleimhautcysten. In den meisten Fällen von chronisch entzündeter Kieferhöhlenschleimhaut, wo eine narbige Degeneration der letzteren statthat, findet man einzelne oder mehrere Cysten vor. Gewöhnlich sind sie miliar, zerstreut, seltener kommen einzelne grössere bis zu Haselnussgrösse vor. Sie entstehen durch narbige Verengerung der Drüsenausführungsgänge und sind mit Flimmerepithel ausgekleidet. Nur selten sieht man in grösseren Cysten, offenbar durch Compression des Inhaltes, das Flimmerepithel theilweise in Plattenepithel umgewandelt.

Nach Dmochowsky sollen nicht nur die Drüsenausführungsgänge, sondern auch die Drüsenalveolen zur Bildung der Cysten in der Weise beitragen, dass nach Ausdehnung der Alveolen und Schwund der Scheidewände mehrere miteinander communicirende Cystchen entstehen. Die Auskleidung dieser Cystchen mit cubischem und nicht mit Flimmerepithel soll den Beweis des Entstehens aus den Alveolen erbringen. Es gibt aber auch Cystchen, wie zuerst von Heymann (31) beschrieben wurde, welche mit Endothel ausgekleidet sind. Sie entstehen zweifellos aus verstopften und erweiterten Lymphgefässen.

Der Cysteninhalt kann, wie dies zuerst Wernher (32) und Virchow (33) mittheilten und auch durch Dmochowsky's Beobachtungen bestätigt wurde, vereitern, und der eitrige Inhalt kann die Cystenwand durchbrechen und zur weiteren Entzündung der Kieferhöhlenschleimhaut beitragen.

2. **Polypen** der Kieferhöhle sind im Allgemeinen selten; sie sind dünn oder breit gestielt und sitzen am häufigsten in der Umgebung der natürlichen Oeffnung der Kieferhöhle. Sie können klein, aber manchmal auch so gross sein, dass sie die ganze Kieferhöhle ausfüllen.

Ihre mikroskopische Structur ist vollkommen mit der der Nasenpolypen identisch. An der Oberfläche Flimmerepithel, darunter weite Maschen eines lockeren Bindegewebes, welche mit einer fein granulirten albuminösen Flüssigkeit erfüllt sind. In seltenen Fällen können die Polypen der Kieferhöhle durch ein vorhandenes ostium accessorium in die Nasenhöhle hineinwuchern. Solche Fälle haben Zuckerkandl (7) und Baginsky (34) veröffentlicht und ich selbst habe einen solchen Fall am Lebenden gesehen. Es handelte sich um einen über kirschengrossen Polypen, welcher in die hintere Hälfte des mittleren Nasenganges hineinragte und bei Berührung sofort in die Kieferhöhle zurückschlüpfte. Es bestand ein weites ostium accessorium. Nach vieler Mühe gelang es einmal den in die Nasenhöhle hervorgetretenen Theil des Polypen zu umschnüren, worauf durch Zug ein nahezu wallnussgrosser Polyp aus der Kieferhöhle hervorgezogen wurde. Es bestand nebstbei auch ein Empyem der Kieferhöhle und des Siebbeinlabyrinthes. In den Polypen können sich manchmal Cysten entwickeln; sie entstehen durch Dilatation eines in dem Polypen befindlichen Drüsenausführungsganges.

3. **Die Osteophyten** sind als ein weiteres pathologisches Product der Kieferhöhlenentzündung zu betrachten; sie sind theils mit dem Oberkieferknochen im Zusammenhange, theils von diesem getrennt in der tieferen (periostalen) Schichte der Schleimhaut eingebettet. Es liegt diese Eigenthümlichkeit, wie Zuckerkandl des Ausführlichen beschrieben, vor ihm aber schon Giraldés (35) hervorgehoben hatte in der grossen plastischen Fähigkeit der als Beinhaut bezeichneten Schichte der Kieferhöhlenauskleidung.

Sehr bald übergeht nämlich die Entzündung von der oberflächlichen Schichte der Kieferhöhlenschleimhaut auf die tiefere periostale Schichte, es kommt zuvörderst zu einer periostalen Verdickung, später entwickeln sich kleinere oder grössere Knochenschuppen, stab- oder netzförmige Knochenstücke, welche zur Unebenheit der inneren Knochenwände führen. In dieser Weise dürften auch die losen Knochenplättchen in der Schleimhaut entstehen; wahrscheinlich bilden diese Osteophyten die erste Anlage für jene grossen Osteome der inneren Kieferhöhlenwand, welche ohne mit dem Kieferknochen in Zusammenhang zu sein, die Kieferhöhle verengen (Zuckerkandl).

4. **Hydrops antri Highmori.** Unter dieser Bezeichnung verstehen wir die Ansammlung einer freien serösen Flüssigkeit entzündlichen Ursprunges in der Kieferhöhle, wobei durch Verschluss der Oeffnung in der Kieferhöhle eine Stauung und demzufolge Dilatation der Wände eintritt.

Diese Definition des Hydrops antri Highmori ist bis in die neueste Zeit von vielen Seiten angefochten worden. So behaupten ältere Autoren,*) dass es sich hierbei nicht um eine freie seröse Flüssigkeit in der Highmorshöhle selbst, sondern um eine solche in einer Cyste dieser Höhle handle. Zuckerkandl glaubt auch nicht an die Möglichkeit einer Ansammlung seröser Flüssigkeit im antrum Highmori, welche sich aus einer schleimigen Flüssigkeit, das heisst aus einem entzündlichen Secrete entwickelt haben soll, er meint vielmehr, dass es sich in derartigen Fällen um die schon erwähnte Ansammlung von seröser Flüssigkeit in der Schleimhaut selbst handle, welche die Higmorshöhle ausfüllen und die Wände ausdehnen könne. Dmochowsky hatte indes Gelegenheit, eine Section vorzunehmen, bei welcher die Oeffnung der Kieferhöhle in die Nasenhöhle verwachsen, die ganze Höhle erheblich erweitert und mit seröser Flüssigkeit erfüllt war. Die Knochenwände waren papierdünn. Er anerkennt also die Möglichkeit des Entstehens eines Hydrops inflammatorius und stellt diesen in Analogie zu den an anderen Körperstellen beobachteten ähnlichen Veränderungen, zu dem Hydrops des processus vermicularis und zu dem Hydrops der Gallenblase.**)

Die Beobachtungen am Lebenden scheinen dafür zu sprechen, dass es sich in den meisten Fällen, wo Ansammlung einer serösen Flüssigkeit in der Kieferhöhle statthat, um Cysten handelt. Dafür sprechen auch meine am Lebenden gemachten Beobachtungen. Es soll damit selbstverständlich die von Dmochowsky beschriebene Form des echten Hydrops nicht geleugnet werden. Dass die von Zuckerkandl beschriebene hydropische Beschaffenheit der Kieferhöhlenschleimhaut je als Hydrops imponiren könnte, ist mir schon deshalb nicht wahrscheinlich, weil ich bei acuten Entzündungen der Kieferhöhle, wo die genannte Beschaffenheit der Schleimhaut vorhanden ist, niemals seröse Flüssigkeit aspirirt habe.

An die Besprechung der wichtigsten entzündlichen Veränderungen der Kieferhöhle will ich auch kurz die Anatomie der Kiefercysten anschliessen, obwohl letztere streng genommen nicht zur Kieferhöhle gehören. Da dieselben aber, wie wir später sehen werden, von differential diagnostischer Bedeutung sind, ist ihre Kenntnis unerlässlich.

c) Kiefercysten.

Dieselben entwickeln sich in dem Alveolarfortsatze des Oberkiefers und sind entweder geschlossen, oder es ragt die Wurzelspitze eines Zahnes in die untere Partie der Cyste hinein. Im Bereiche jeder Zahnsorte können Cysten auftreten, entweder einzeln oder auch zu zweien. Die Cystenumgebung ist niemals normal, sondern zeigt die

---

*) Giraldés (l. c.), Virchow (l. c.). Wernher (l. c.).
**) Der Hydrops soll sich nach Dmochowsky's Anschauung in der Weise entwickeln, dass das entzündliche Secret in der Highmorshöhle in Folge Verschlusses des ost. maxillare sich staut, der ursprünglich schleimige Inhalt durch regressive Metamorphose verschwindet, und in Folge der durch Druck der angesammelten Flüssigkeit bedingten Atrophie der Schleimhaut sich kein neuer Schleim entwickeln kann. Indem die morphologischen Elemente des ursprünglichen Inhaltes fettig degeneriren und allmählich verschwinden, bleibt in der Flüssigkeit nur Fibrin als Beweis der stattgehabten Entzündung zurück. Hätte die Reizung im Laufe der Zeit ganz nachgelassen, so wäre eine vollkommen seröse, fibrinfreie Flüssigkeit zurückgeblieben.

Spuren abgelaufener Entzündungen. Die Kiefercysten wuchern je nach ihrer Grösse mehr oder weniger in die Highmorshöhle hinein und können dieselbe verengen. Sie können aber auch, in die Spongiosa des Oberkiefers eingebettet, gegen den Gaumen und gegen die Nasenhöhle hervorragen. Ihr Inhalt ist gewöhnlich eine schleimig-breiige oder käsige Masse. An der Innenfläche der Cystenwand sind in der Regel zahlreiche Osteophyten als Rest der vorhandenen chronischen Reizung zu constatiren.

Diese Cysten entstehen nach der übereinstimmenden Ansicht der meisten Autoren durch Störungen in der Dentition als: Retention von Zähnen, Zahnmissbildungen und Vereiterungen der Zahnkeime.

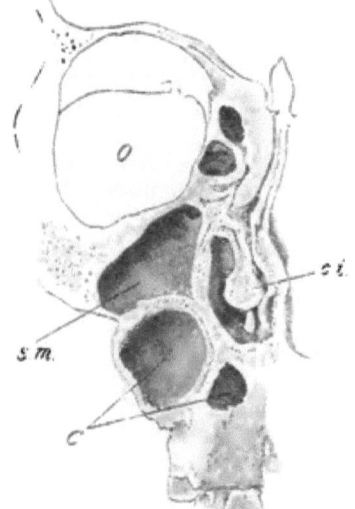

Nach Zuckerkandl, dessen Darstellung ich hier im Grossen und Ganzen gefolgt bin, entsteht aber zweifellos ein Theil der Zahncysten durch Erkrankung der Wurzelspitzen der Zähne. Es kommt durch Entzündung der Wurzelbeinhaut zur Bildung von Cystenbälgen, für deren Aufnahme sich im Alveolarfortsatze Hohlräume bilden. Da sich diese Abscesse gewöhnlich an der Wurzelspitze bilden, so findet man bei der Section die der cariösen Spitze entsprechende Alveole erweitert oder die rauhe Wurzelspitze in den Cystenraum hineinragen.

Wenn die Kiefercyste allseitig geschlossen erscheint, so ist dies darauf zurückzuführen, dass der kranke Zahn herausgefallen ist und die Lücke sich durch Narbengewebe verschlossen hat.

In Fig. 35 habe ich einen classischen Fall aus der Sammlung Zuckerkandl's abbilden lassen.

Fig. 35. Kieferhöhlencyste. Nach einem Präparate von Zuckerkandl.

O. = Orbita; *s.m.* = sinus maxillaris; *c.i.* = concha inferior; *C* = Kiefercysten (eine grössere und eine kleinere).

Symptome.

Das vielgestaltige Symptomenbild der Kieferhöhlenentzündung lässt sich am besten überblicken, wenn wir die subjectiven und objectiven Symptome einzeln analysiren.

1. Subjective Symptome.

Die subjectiven Symptome können entweder direct auf die erkrankte Kieferhöhle, respective auf ihre unmittelbare Umgebung hinweisen. oder sich durch Störungen entfernter Organe, zuweilen auch durch solche allgemeiner Natur kundgeben.

Wir können demnach von localen und entfernten Symptomen sprechen.

A. Locale Symptome.

a) Schmerz. Locale Schmerzempfindung gehört im Allgemeinen zu den seltener vorkommenden Symptomen der Kieferhöhleneiterung. Es sind fast nur die acuten Empyeme, welche des öfteren starke Schmerzen hervorrufen; aber auch bei diesen ist der Schmerz nicht constant, da in einer ganzen Anzahl von Fällen, wo z. B. ein heftiger Schnupfen oder ein leichterer Influenzaanfall von Kieferhöhlenempyem gefolgt sind, jede locale Schmerzhaftigkeit fehlt. Regelmässig tritt nur bei zweierlei Arten von acutem Kieferhöhlenempyem locale Schmerzhaftigkeit auf: 1. Bei acuten Empyemen dentalen Ursprunges, wo der Eiterung der Kieferhöhle heftige Periostitis des Alveolarfortsatzes und des Oberkiefers vorangeht, und 2. bei acuten Empyemen, welche sich an eine schwere Influenza oder, wie ich des öfteren gesehen, an eine erysipelatöse Infection anschliessen.*) Insbesondere in letzteren Fällen beobachtet man oft ein sehr schmerzhaftes Spannungsgefühl im Bereich des Oberkiefers, welches durch Druck erheblich erhöht werden kann. Am stärksten pflegt dieses Schmerzgefühl in der Gegend des processus frontalis des Oberkiefers aufzutreten. Dieser Schmerz kann sich entweder als ein constantes, dumpfes Druckgefühl äussern oder zu einzelnen Tageszeiten in wahre neuralgische Anfälle von grosser Intensität im Gebiete des n. infraorbitalis ausarten. Seltener als die Infraorbitalneuralgie treten anfallsweise Schmerzen in sämmtlichen Zahnnerven des Oberkiefers auf, eine Art von Neuralgie der nn. supradentales. Nicht immer ist indes der Zahnschmerz ein intensiver, zuweilen haben die Kranken nur ein dumpfes Gefühl in der oberen Zahnreihe, sie geben auch zuweilen an, das Gefühl zu haben, als hätten sich einzelne Zähne verlängert. Ich habe in je einem Falle von Kieferhöhlenempyem nach Influenza und erysipelatöser Infection Neuralgien im nervus infraorbitalis und in den nn. supradentales von ganz besonderer Heftigkeit gesehen. Es ist sehr wahrscheinlich, dass besagte Schmerzen als Druckerscheinungen in Folge Stauung von Secret und in Folge hochgradiger Schwellung der Schleimhaut der Kieferhöhle auftreten. Ausnahmslos ist es mir, sei es durch die künstliche Probepunctionsöffnung, sei es durch das ostium maxillare, gelungen, bei sehr heftigen Schmerzen durch eine einzige Ausspülung bedeutende Erleichterung herbeizuführen. Vollständig liess aber der Schmerz immer erst nach mehreren Tagen nach.

Dass bei intensiven neuralgischen Schmerzen im nervus infraorbitalis auf der Höhe der Anfälle auch intensiver Stirnkopfschmerz durch Irradiation auf den ersten Trigeminusast auftreten kann, ist nicht verwunderlich. Eigenthümlich ist es aber, dass in einzelnen Fällen von Kieferhöhlenempyem überhaupt nur Stirnkopfschmerzen, selbst mit zeitweise anschwellender neuralgischer Intensität vorkommen können, ohne dass eine wiederholte Untersuchung eine Betheiligung der Stirnhöhle oder des Siebbeinlabyrinthes ergeben würde. Hartman (20)

---

*) Ich habe drei Fälle gesehen, wo die Erkrankung mit einem sehr heftigen acuten Empyem der Kieferhöhle begonnen hat, an welche Erkrankung sich 3 bis 4 Tage später ein Gesichtserysipel anschloss. Alle drei Fälle genasen. Eine bakteriologische Untersuchung war ich leider nicht in der Lage auszuführen.

und Killian (9) haben schon auf diesen Umstand hingewiesen. Ich habe gleichfalls neuralgischen Kopfschmerz im Gebiete des nervus supraorbitalis in drei Fällen acuter Kieferhöhleneiterung beobachten können. Hartman führt dieses Vorkommnis auf Verlegung der Stirnhöhlenöffnung zurück, während Killian doch die Mitbetheiligung der Stirnhöhle als Ursache vermuthet. Beweise für beide Anschauungen mangeln vorläufig. Jedenfalls tritt des öfteren der Stirnkopfschmerz in den Vordergrund der Symptome der Kieferhöhlenentzündung, ohne dass eine Combination mit Stirn- oder Siebbeinlabyrintheiterung nachweisbar wäre. Es kann dieses Vorkommnis nicht genügend scharf betont werden, da daraus hervorgeht, wie trügerisch es ist, aus der Localisation der Schmerzen auf die erkrankte Höhle zu schliessen.

Bei den meisten Fällen chronischer Empyeme der Kieferhöhle ist ein ausgesprochener Kopfschmerz nicht vorhanden. Hier treten die schon im allgemeinen Theile hervorgehobenen Kopfschmerzen mehr diffuser und unbestimmter Natur auf, gefördert durch Erregungszustände allerlei Art. Nur wenn ein chronisches Empyem der Kieferhöhle exacerbirt, können vorübergehend Schmerzen ähnlichen Charakters, wie dies bei dem acuten Empyem geschildert wurde, auftreten, welche aber fast niemals jenen intensiven Grad erreichen und durchschnittlich in zwei bis drei Tagen vollkommen verschwinden. Ich habe auch bei Exacerbation chronischer, unzweifelhaft uncombinirter Kieferhöhlenempyeme Stirnkopfschmerz allein auftreten gesehen.

b) Eiterausfluss aus der Nase. Dieses Symptom tritt in sehr wechselnder Form auf und wird von den Kranken deshalb verschiedenartig gedeutet. In einer grossen Anzahl von Fällen tritt der Eiterausfluss entsprechend der häufigeren einseitigen Affection der Kieferhöhle einseitig auf. Am auffallendsten schildern die Kranken den Eiterausfluss, wenn ein periostaler Abscess in die Kieferhöhle durchgebrochen ist, und das bislang spärliche normale Secret der Nasenhöhle einem reichlichen, eitrigen Ausfluss Platz macht. Ebenso ist der eitrige Ausfluss bei acuten Influenzaempyemen, weil mehr oder weniger plötzlich auftretend, für die Kranken auffallend. In der Mehrzahl der chronischen Fälle, und dies muss hervorgehoben werden, klagen die Kranken nur über ein stetiges Verschnupftsein und stellen bei Anfrage nach einem eitrigen Ausfluss denselben sogar in Abrede; und doch überzeugt uns die Inspection der Nasenhöhle des öfteren von dem Vorhandensein einer ausgesprochen eitrigen Consistenz des Secretes. Die Kranken können sich eben nicht erinnern, dass sie jemals ein anderes Secret aus der Nase entleert hätten, halten es demzufolge auch nicht für etwas sonderlich abnormes und subsummiren ihr ganzes Nasenleiden unter dem Begriffe eines „geringfügigen chronischen Schnupfens". Nicht selten geben die Kranken an, nur im Anschluss an einen acuten Schnupfen mehrere Wochen hindurch Secret in erheblicher Menge und von eiterähnlicher Consistenz zu entleeren, in der Zwischenzeit indes durch keinerlei Beschwerden behelligt zu werden. Diese Thatsache wird dadurch bedingt, dass manche Empyeme der Kieferhöhle, ähnlich wie dies für die Stirnhöhle noch viel ausgesprochener zu constatiren sein wird, relativ lange Intervalle aufweisen, in welchen ein Secret mehr schleimigen als eitrigen Charakters abgesondert wird; nur bei der jeweiligen Attaque eines acuten Schnupfens wird die Secretion reichlicher und die Consistenz des Secretes eine mehr eitrige, so dass sie dem Kranken auch auffällt.*) Die Beobachtung während der von den Kranken als „normal" bezeichneten Zwischenzeit belehrt uns aber, dass der Ausfluss nur geringer und von mehr schleimiger Consistenz geworden ist, dass aber von einem Aufhören des Krankheitsprocesses keine Rede sein kann. Immerhin ist der Ausfluss während und nach den Schnupfenanfällen in Bezug auf Quantität und Qualität um so viel belästigender als in den relativ freien Intervallen, dass es begreiflich erscheint, wenn die Kranken letztere vollkommen ignoriren.

Oft genug, und dies vorzugsweise bei chronischen Fällen, besteht keinerlei Ausfluss aus der Nase. Die Kranken lehnen von vornherein jede Möglichkeit einer Erkrankung ihrer Nasenhöhlen ab. Die Klage concentrirt sich auf Symptome seitens des Rachens und des Kehlkopfes. Eine besondere Trockenheit des Rachens, das Würgen von mehr oder weniger consistenten Schleimmassen des Morgens oder auch während des ganzen Tages treten in den Vordergrund des Symptomenbildes. Die Kranken weisen unablässig auf ihren Rachen, Nasenrachenraum und Kehlkopf als den Ort der Erkrankung. Mehrere meiner Kranken mussten die enormen Mengen der im Nasenrachenraum angesammelten eitrigen Borken mit dem Finger täglich ausräumen. Sie hatten im Laufe der Zeit sich in dieser Manipulation eine Geschicklichkeit erworben, um welche sie der geübteste Specialist hätte beneiden können.

Dass das Secret sehr häufig seinen Weg statt nach vorne in den Nasenrachenraum nimmt, kann durch mehrfache Momente begründet sein. Erstens kann in Folge der häufig auftretenden Hypertrophien des vorderen Endes der mittleren Muschel, der Schleimhaut des mittleren Nasenganges, sowie durch zahlreiche Polypen der Weg nach vorne versperrt, und der Eiter gezwungen sein nach rückwärts zu fliessen. Bei Vorhandensein eines ostium accessorium hat der Eiter auch in der aufrechten Körperposition die Neigung eher nach rückwärts als nach vorne zu fliessen, da in Folge der gewöhnlich tieferen Lage des ostium accessorium, gegenüber der natürlichen Oeffnung der Kieferhöhle, der Eiter eher nach dem rückwärts abschüssigen mittleren Nasengange fliesst. Vollends hat der Eiter in liegender Position stets die Neigung in den Nasenrachenraum zu fliessen, daher nach dem Aufstehen am Morgen die stärkste Belästigung durch die angesammelten schleimig-eitrigen Massen empfunden wird. Der Abfluss des Eiters in den Nasenrachenraum ist auch bei den Empyemen der anderen Nasennebenhöhlen ein recht häufiges Vorkommnis. Ich habe es bei der Kieferhöhle eingehender geschildert, weil die diesbezüglichen Beschwerden bei dem Empyem der Kieferhöhle am intensivsten ausgeprägt sind. Letzteres rührt daher, dass die Kieferhöhle als die geräumigste der Nebenhöhlen die grössten Mengen Secretes liefert. Eigentlich ist bei keinem chronischen Empyem der Kieferhöhle der Nasenrachenraum vollkommen frei von Secret, mit Ausnahme derjenigen Fälle, wo der Abfluss nach rückwärts durch irgend ein Hindernis gehemmt wird.

---

*) Siehe allgemeiner Theil.

c) Störungen des Geruchsinnes: Subjectiver Fäulnisgeruch. Verlust des Geruchsinnes. Dass die Kranken ebenso wie ihre Umgebung den übelriechenden Ausfluss riechen, daran ist nichts Bemerkenswerthes. Merkwürdiger ist aber der Umstand, dass die Kranken oft einen subjectiven Fäulnisgeruch empfinden, ohne dass irgend jemand der Umgebung etwas davon merken könnte. In einzelnen Fällen besteht nur eine minimale Secretion, welche dem Kranken gar nicht auffällt, und trotzdem wird er von dem ekelerregenden Fäulnisgeruch gequält. Dieser Geruch verleidet den Kranken oft Speise und Trank, und bei etwas nervös disponirten Individuen wird er die Ursache hypochondrischer Verstimmung. Die Kranken schildern diesen Geruch als plötzlich sich einstellend, etwa ähnlich einem Cloakengeruch, manchmal empfinden sie ihn wie den Geruch von gebranntem Stroh. Was aber dieses Uebel zu einem noch leidigeren stempelt, ist der Umstand, dass sowohl die Kranken als die Aerzte des öfteren mangels ausgeprägter krankhafter Symptome seitens der Nase diesen subjectiven Fäulnisgeruch gar nicht auf die Nase selbst, sondern auf allgemein nervöse Störungen oder auf centrale Ursachen beziehen, wodurch die Sache nur noch schlimmer wird. Das plötzliche Auftreten der ekelerregenden Geruchsempfindung ist zweifellos auf den von Zeit zu Zeit erfolgenden Austritt des Kieferhöhleninhaltes in die Nasenhöhle zurückzuführen, wenn auch die Menge des austretenden Secretes eine minimale sein mag. Den besten Beweis für die Berechtigung dieser Annahme liefern die Kranken selbst gelegentlich der Probeausspülung mit der Punctionsnadel, indem sie beim Hervordringen der ersten Eitermengen in die Nase unaufgefordert angeben, dass sie jetzt denselben Fäulnisgeruch empfinden, von welchem sie so oft belästigt wurden. Die subjective Geruchsempfindung eines ekelerregenden Gestankes (kakosmia subjectiva), ist häufig die einzige Störung des Wohlbefindens, welche den Kranken im Verlaufe einer Kieferhöhleneiterung zum Bewusstsein kommt.

Nebst der subjectiven Geruchsempfindung ist es der partielle oder totale Verlust des Geruchsinnes, über welchen die Kranken mitunter klagen. Der Verlust des Geruchsinnes ist manchmal durch hypertrophische Wucherungen und Polypen, welche die fissura olfactoria verlegen, manchmal durch die Erkrankung der die fissura olfactoria begrenzenden Schleimhautpartien bedingt. Der Verlust des Geruches ist nicht für die Kieferhöhleneiterung charakteristisch, sondern ist nur ein Folgesymptom von etwa derselben Bedeutung wie die Erschwerung der Nasenathmung in Folge der Hypertrophien und der Polypen.*)

d) Verstopfung der Nase, Nasenblutung, Ekzem des Naseneinganges. Die Verstopfung der Nase ist ein häufiges Vorkommnis, sowohl im Verlaufe des acuten als des chronischen Kieferhöhlenempyems. Ihre Entstehung ist leicht begreiflich, wenn man die häufige Mitbetheiligung der Nasenschleimhaut bei acuter Kieferhöhlenentzündung und das Entstehen von Hypertrophien und Polypen bei den chronischen Fällen in Erwägung zieht. Dass abgesehen hiervon die Nase auch durch massenhafte Ansammlung des Eiters in der Nasenhöhle oder durch Eintrocknung des letzteren zu Krusten vorübergehend für das

---

*) Vgl. hiermit im allgemeinen Theil das Capitel der „Störungen des Geruchsinnes".

Athmen untauglich gemacht werden kann, ist selbstverständlich. Auffallender ist im ersten Moment die Beobachtung, welche ich in mehreren Fällen von acuter Eiterung der Kieferhöhle gemacht habe, dass nämlich die Kranken unmittelbar vor dem Ueberfliessen des Eiters aus der Kieferhöhle über starke Verstopfung der Nasenwege klagen, nach Entleerung der Kieferhöhle indes sofort tadellos athmen können. Dies ist so zu erklären: Es entsteht nach meinen Beobachtungen bei Füllung der Kieferhöhle mit Secret eine erhebliche Stauungshyperämie der Nasenschleimhaut, insbesondere wird das Schwellgewebe der Nasenmuschel und die Schleimhaut an der unteren Begrenzung des hiatus semilunaris sehr stark gedunsen. Alle diese Schwellungen erreichen unmittelbar vor dem Abfliessen des Eiters in die Nasenhöhle, bei vollständig mit Secret gefüllter Kieferhöhle, ihren höchsten Grad und schwinden sofort nach natürlicher oder künstlicher Entleerung der Kieferhöhle.*)

Das abfliessende Secret verursacht des öfteren ein Ekzem des Naseneinganges mit Rissen in der Cutis im Naseneingang. Dass solche Ekzeme in Folge dauernder Reizung den chronischen Charakter annehmen und trotz aller dagegen gerichteter Behandlung nicht heilen, ist nicht zu verwundern. Die Wunden am Naseneingange bilden auch des öfteren die Eingangspforte für eine Erysipelinfection. Ich habe drei Fälle von chronischer Kieferhöhleneiterung beobachtet, welche fünf Jahre hindurch alljährlich 1 bis 2 Gesichtserysipele durchgemacht haben. Nach künstlicher Ableitung des Kieferhöhleninhaltes blieben die Erysipele aus. Auch kommt es in Folge der Antrocknung des Secretes an die pars anterior des Septum zu Blutungen, welche trotz localer Behandlung immerfort zur Recidive neigen, da durch das Herabfliessen und durch das Antrocknen des Secretes immer wieder die Bedingungen geschaffen werden, welche zur Blutung führen. Alle die letztangeführten Symptome sind selbstverständlich ganz und gar nicht für die Kieferhöhlenempyeme charakteristisch, da sie ebenso gut bei anderen Nebenhöhlenerkrankungen vorkommen können. Bei der Kieferhöhlenerkrankung begegnen wir ihnen nur deshalb am häufigsten, weil erfahrungsgemäss die Kieferhöhle am öftesten erkrankt, und ihre Erkrankung in Folge der massenhaften Secretion am leichtesten zu Veränderungen führt, welche die unmittelbare Veranlassung für die besprochenen Symptome abgeben können.

Ebenso sind die katarrhalischen Affectionen der oberen Luftwege, sowie die Magensymptome, über welche ich schon im allgemeinen Theile Ausführliches mitgetheilt habe, Störungen, welche gelegentlich bei allen Nebenhöhlenerkrankungen, insofern nur Secret reichlich genug nach rückwärts fliesst, vorkommen können. Bei der Kieferhöhlenaffection kommt die reichlichere Eitermenge als besonders disponirend für die erwähnten secundären Störungen in Betracht.

B. Entfernte Symptome.

Als entfernte Symptome sind alle jene Störungen des Allgemeinbefindens zu nennen, deren directer Zusammenhang mit der Kiefer-

---

*) Siehe „Aetiologie" im allgemeinen Theil.

höhleneiterung nicht ohneweiters verständlich ist. Als solche sind insbesondere jene Erregungs- und Depressionszustände zu nennen, welche im Capitel der allgemeinen Symptomatologie ausführlicher erörtert worden sind und auf welche hier hingewiesen werden soll.

2. Objective Symptome.

a) **Befund eitriger Secretion in der Nase.** In dem wandelbaren Symptomenbilde der Kieferhöhlenentzündung ist die Constatirung eines eitrigen oder mehr eitrig-schleimigen Secretes in einer oder in beiden Nasenhälften der relativ constanteste Befund. Dass wir, conform der häufigeren einseitigen Erkrankung, auch häufig nur einseitige Eiterung finden werden, ist selbstverständlich. In vielen chronischen Fällen ist, wie bereits erwähnt, den Kranken die Absonderung einer abnormen Menge Secretes gar nicht auffallend, während ein einziger Blick in die Nasenhöhle zeigt, dass der mittlere Nasengang mit Eiter überschwemmt ist. Reinigt man den mittleren Nasengang, so findet man, dass die Eiterung nicht versiegt, sondern gewöhnlich sofort wieder erscheint. In veralteten Fällen erscheint das Secret zuweilen in Form von trockenen missfärbigen Borken, wohl auch zuweilen von fötidem Geruche. Manchmal vertrocknet nur die oberflächliche Schichte des Secretes, und nach Entfernung letzterer quillt rahmiger Eiter in grösserer Menge hervor; nur sehr selten vertrocknet die ganze Eitermasse zu grossen, den mittleren Nasengang ausfüllenden Borken.*) Relativ häufig ereignet es sich bei Erkrankung der Kieferhöhle, dass die in Folge der zeitweise unbedeutenden Absonderung nur geringe Menge Secretes übersehen wird. zu nicht geringem Schaden des Kranken, wenn der untersuchende Arzt aus dem einmaligen negativen Befunde sofort auf die Abwesenheit eines Empyems schliesst: ein Fehler, der leider auch bei Fachmännern noch oft vorkommt.

Sehr häufig wird von Anfängern oder nicht genügend erfahrenen Specialisten das Vorhandensein der Eiterung übersehen, wenn letztere nach rückwärts in den Nasenrachenraum stattfindet, wohl die häufigste Quelle aller Fehldiagnosen und schlechter Behandlung. Es kann daher nicht oft und scharf genug betont werden, dass der Eiter in einer grossen Anzahl von Fällen verhindert ist, nach vorne abzufliessen. Nur die fleissige Untersuchung per rhinoscopiam posteriorem kann vor Uebersehen schützen. Derjenige, der Erfahrung hat, wird durch den ersten Blick in die Nasenhöhle zur post-rhinoskopischen Untersuchung angeregt werden, dann nämlich, wenn er sieht, dass die mittlere Muschel vorne verdickt und so stark lateralwärts eingerollt ist. dass dadurch der mittlere Nasengang wie abgeschlossen erscheint. Besonderen Verdacht auf die Anwesenheit einer Eiterung wirft der Umstand, wenn neben der Hypertrophie des vorderen Muschelendes gleichzeitig Hypertrophien und Polypen, oder die im nächsten Absatz zu besprechenden „atypischen Hypertrophien" vorhanden sind.

---

*) Die Vertrocknung der gesammten Secretmassen zu Borken kommt am häufig sten bei Erkrankung des Siebbeinlabyrinthes und der Keilbeinhöhle vor.

Dieser Befund spricht im Allgemeinen für die Anwesenheit einer Eiterung der in den mittleren Nasengang mündenden Höhlen, somit auch für die Möglichkeit eines Empyems der Kieferhöhle und fordert gebieterisch die Suche nach einem Eiterherd.

Ein anderer Grund des Uebersehens einer Eiterung besteht darin, dass gerade zur Zeit der Untersuchung die Nase frei von Eiter sein kann. Es kommt dies bei keinem Empyem so häufig vor als gerade beim Empyem der Kieferhöhle. Da das ostium maxillare bei aufrechter Körperstellung an der höchsten Stelle der Kieferhöhle sich befindet, kann Eiter in der Kieferhöhle vorhanden sein und trotzdem nicht abfliessen, wenn die Kieferhöhle gerade nicht voll ist.

Erst dann, wenn der Eiter in der Kieferhöhle das Niveau der natürlichen Ausflussöffnung erreicht hat, überfliesst er in den mittleren Nasengang.

Der geschilderte Mechanismus wird nur wenig dadurch geändert, dass in einzelnen Fällen bei Vorhandensein eines ostium accessorium der Eiter schon früher abfliessen kann, weil das ostium accessorium tiefer als das ostium maxillare liegt. In diesem Falle wird zwar der Eiter früher abfliessen, aber da er auch hier vorerst bis zu einem gewissen Niveau steigen muss, kann die Nase vorübergehend eiterfrei sein.

Nun kann der Eiter durch zweierlei Bewegungen vor der vollkommenen Füllung der Kieferhöhle entleert werden: durch Beugen des Kopfes nach vorne oder nach rückwärts. Das ostium maxillare gelangt dadurch an eine tiefere Stelle, demzufolge der Inhalt der Höhle früher abfliesst. Deshalb die Angabe vieler Kranken, dass ihre Nase bei Vornüberbeugen des Kopfes von Eiter tropft und deshalb fliesst in der Rückenlage während der Nachtruhe der Eiter auch ohne vollkommene Anfüllung der Höhle mit Leichtigkeit in den Rachen, wo er, zu dicken Krusten angesammelt, des Morgens durch Würgen entleert wird.

Wir machen uns den erwähnten Vorgang behufs Entleerung des Kieferhöhlensecretes in der Weise zweckdienlich, dass wir bei Vermuthung eines Empyems der Kieferhöhle, falls wir keinen Eiter in der Nase constatiren können, den Kopf stark nach vorne beugen (B. Fränkel [l. c], Ziem [36]). Da gelingt es zuweilen, einen Theil des Höhleninhaltes in den mittleren Nasengang zu entleeren. Leider ist dies aber nicht immer möglich, da, wenn das Secret zu consistent ist, dasselbe nicht ohneweiters das ostium maxillare passiren kann.

Es geht aus dem Angeführten hervor, dass unter Umständen beim Kieferhöhlenempyem in der Nase kein Eiter zu finden ist, weil gerade zur Zeit der Untersuchung die Kieferhöhle nicht gefüllt ist. Nichts ist deshalb voreiliger, als nach einer einzigen Untersuchung durch den negativen Eiterbefund sich täuschen zu lassen. Schon das Vorzeigen des vom Kranken benützten Taschentuches, welches häufig durch wenige frühere Entleerungen grosse, steife, gelbe Eiterflecke enthält oder in Folge der Klebrigkeit des Eitersecretes zu einem klumpenförmigen Convolut zusammengeschrumpft erscheint, sollte zur Vorsicht mahnen. Diese erheischt eine wiederholte Untersuchung des Kranken, denn dadurch wird es oft gelingen, schwere Erkrankungen der Kieferhöhle zu entdecken, welche sonst übersehen worden wären.

b) **Atypische Hypertrophien im mittleren Nasengange.** Sehr häufig findet man im Gefolge des chronischen Empyems der Kieferhöhle Hypertrophien und Polypen im mittleren Nasengange. Beide entstehen zumeist dadurch, dass durch das aus dem ostium maxillare herabfliessende Secret zuvörderst die Umgebung des letzteren, dann auch die übrige Schleimhaut des mittleren Nasenganges in chronisch-hyperplastische Entzündung geräth (Kaufmann [37], Grünwald [l. c.]) und je nach der localen Beschaffenheit der ergriffenen Schleimhaut bald zur Bildung mehr diffuser, derber Hypertrophien, bald dagegen zur Entstehung weicher, ödematöser Polypen Veranlassung gibt.*)
Da die Entstehung dieser Bildungen den herabfliessenden Eiter als entzündlichen Reiz voraussetzt, so ist es klar, dass dieser nicht immer vom Secret der Kieferhöhle herrühren muss, sondern auch durch Secret aus den zwei übrigen in den mittleren Nasengang einmündenden Höhlen bedingt sein kann. Was somit hier für die Kieferhöhle gilt, gilt ebenso für die beiden anderen Nebenhöhlen erster Serie. Ich möchte die besagten Hypertrophien als „atypische" deshalb bezeichnen, weil sie gewissermassen einen Gegensatz zu denjenigen Hypertrophien bilden, welche als Folge einer genuinen, die Nasenschleimhaut selbst primär ergreifenden Entzündung auftreten, und welche, wie bekannt, einen anderen Charakter zeigen.

An einem Beispiele wird dies am besten verständlich sein. Nehmen wir an, es läge in einem Falle ein chronisches Kieferhöhlenempyem vor. In Folge der Reizung durch abfliessendes, eitriges Secret wird zuvörderst die Schleimhaut des mittleren Nasenganges: die concave Fläche der mittleren Muschel, die Schleimhautbekleidung des processus uncinatus, und der bulla ethmoidalis in einen entzündlichen Zustand versetzt, ohne dass die übrigen Partien der Nasenschleimhaut sich an der entzündlichen Hypertrophie sichtbar betheiligen würden. Das rhinoskopische Bild wird in einem derartigen Falle den auffallenden Befund ergeben, dass nur die Schleimhaut des mittleren Nasenganges, im äussersten Falle auch das vordere Ende der mittleren Muschel der einen Seite wesentlich hypertrophisch ist, während alle anderen Partien beider Nasenhöhlen keinerlei Zeichen einer Hypertrophie zeigen. Dieser Befund ist deshalb auffallend, weil eine durch primäre genuine Schleimhauterkrankung entstandene Hypertrophie kaum je eine derartig localisirte Hypertrophie bedingt. Denn die genuinen Katarrhe ergreifen zuvörderst die Convexitäten der Muschelüberzüge und übergehen erst dann auf die Nasengänge, in welchen sie ebenfalls zu Hypertrophien und Polypen führen können. Aber auch in letzterem Falle sind sie symmetrisch, oder zum mindesten ist die eine Seite nicht vollkommen frei. Wenn auch das Gesagte nicht als allgemein giltiges Gesetz statuirt werden kann, so ist doch nachdrücklichst zu betonen, dass einseitige, auf den mittleren Nasengang beschränkte, ausgesprochene entzündliche Hyperplasien der Schleimhaut in der grossen Mehrzahl der Fälle auf einen circumscripten Eiterherd im Gebiete des mittleren Nasenganges hinweisen.

Ein derartiger rhinoskopischer Befund ist von grosser Wichtigkeit, da seine Anwesenheit den Untersuchenden unablässig zur Auf-

---

*) Siehe Anatomie des Siebbeines.

deckung eines Eiterherdes anregen muss, auch dann, wenn die ersten
Untersuchungen aus irgend welchen früher erwähnten Gründen diesbezüglich einen negativen Befund ergeben haben.

Die atypischen Hypertrophien zeigen in der Mehrzahl der Fälle
charakteristische Formen. Abgesehen von Polypen, welche oft den
Einblick in den mittleren Nasengang verdecken, erscheint die mittlere
Muschel zuweilen in der Richtung gegen den Nasengang zu wie ge-
doppelt. Die Ursache dieser Erscheinung beruht gewöhnlich darauf,
dass die Schleimhauthypertrophie an der Concavität der mittleren
Muschel mit einer ähnlichen Hypertrophie an der bulla oder am

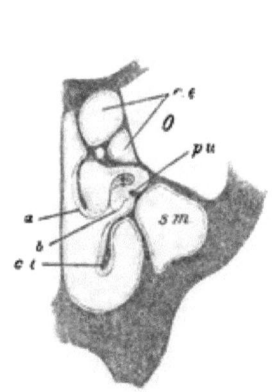

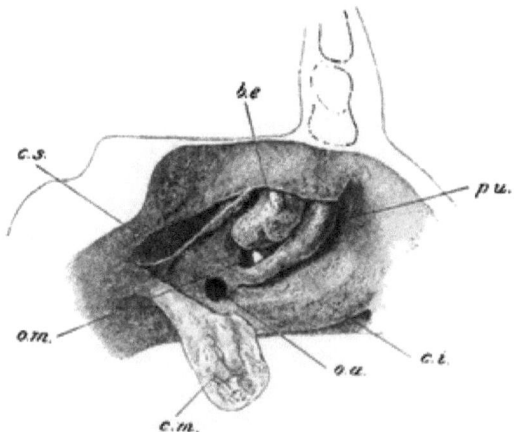

Fig. 36. Schematische Darstellung einer gedoppel-
ten mittleren Muschel.
$c.i.$ = concha inferior; $s.m.$ =
sinus maxillaris; $c.e.$ = cellul.
ethmoidales; O = Orbita; a =
Hypertrophie des freien
Randes der mittleren Mu-
schel; b = Hypertrophie der
Schleimhautbekleidung des
processus uncinatus $(p.u.)$.

Fig. 37. Atypische Schleimhautwülste an der
bulla und an dem processus uncinatus. Hypertrophie des vorderen Endes der mittleren
Muschel. (Die mittlere Muschel ist abgetrennt.) $c.i.$ =
concha inferior; $c.m.$ = concha media; $c.s.$ = concha
superior; $o.a.$ = ostium accessorium; $o.m.$ = ostium
maxillare; $b.e.$ = bulla ethmoidalis; $p.u.$ = processus
uncinatus.

processus uncinatus in Berührung kommt, und beide durch eine
sagittale Furche voneinander getrennt sind.

Fig. 36 zeigt eine schematische Zeichnung von einem meiner
beobachteten Fälle, wo eine derartige gedoppelte mittlere Muschel zu
sehen war.

Eine andere Form dieser atypischen Hypertrophie repräsentirt die zuerst von Kaufmann (37) beschriebene, von ihm als
„lateraler Schleimhautwulst" bezeichnete Hypertrophie am
processus uncinatus. Statt jeder Beschreibung habe ich ein
schönes Exemplar meiner Sammlung in Fig. 37 abbilden lassen.

Der Wulst beeinflusst den rhinoskopischen Befund insofern, als
bei einer ausgiebigen Entwickelung desselben unterhalb der mittleren
Muschel eine muschelähnliche Hervorragung sichtbar wird, welche

sich aber nach dem Befühlen mit der Sonde sofort als einfache Hypertrophie erweist.

c) **Schwellung der Wange. Schmerzhaftigkeit der Knochenwandungen.** Schwellung der Wange ist nur selten zu constatiren; am häufigsten begegnet man ihr in Begleitung einer Zahnperiostitis, welche einerseits zu einem Empyem der Kieferhöhle, andererseits zur Schwellung der Wange führt. Ueberdies habe ich Schwellung der Wange nur in ein paar Fällen sehr acuter Kieferhöhlenempyeme, bei Influenza und Erysipel gesehen. In diesen Fällen ist die Wangenschwellung als eine von der Kieferhöhle fortgeleitete Entzündung oder als collaterales Oedem anzusehen. Weniger verständlich ist das Auftreten von „fliegenden Schwellungen, Oedemen" beim chronischen Empyem der Kieferhöhle. Moldenhauer (38) sah in einem Falle vor der jeweiligen Entleerung des Eiters Schwellung der entsprechenden Wangenseite, welche nach Entleerung des Eiters wieder verschwand. Ich selbst sah an Kranken mit chronischen Empyemen der Kieferhöhle temporäre Röthung und nicht schmerzhafte Anschwellung der Wange, welche gewöhnlich nach Mahlzeiten, sowie nach Alkohol- und Tabakgenuss, auch nach psychischen Aufregungen, entstand und wieder rasch verschwand. Auch Avellis (14) erwähnt fliegendes Oedem der Wangenhaut und der Wangenschleimhaut. Es ist diese Art von Schwellung durchaus nicht entzündlicher Natur und eher als ein locales Congestionssymptom aufzufassen. Die in Folge operativer Eingriffe oder Missgriffe entstandenen Schwellungen der Wange, von welch letzteren noch später die Rede sein wird, stehen mit der entzündlichen Erkrankung der Kieferhöhle als solcher in keinem directen Zusammenhange.

Bei acuten Empyemen ist zuweilen die ganze Wand der fossa canina druckempfindlich. Am empfindlichsten fand ich, ähnlich wie Kuhnt (39) stets das Wurzelstück des processus frontalis des Oberkiefers. Das ist auch diejenige Stelle, welche nach Ablauf der acuten Symptome am längsten empfindlich bleibt. Bei chronischen Empyemen fehlt zumeist jede Druckempfindlichkeit der Knochenwand, nur gelegentlich der acuten Exacerbationen tritt immer wieder mit Vorliebe eine Druckempfindlichkeit an der erwähnten Stelle des processus frontalis auf. Dass bei Periostitis des Alveolarfortsatzes zuweilen hochgradige Druckempfindlichkeit der Knochenwand besteht, ist selbstverständlich.

d) **Ausdehnung der Kieferhöhlenwände.** Dieses Symptom hat einst als Cardinalsymptom des Kieferhöhlenempyems gegolten, bis Ziem (40) zum erstenmale durch seine berühmte Veröffentlichung genau das Gegentheil, nämlich die Abwesenheit einer Dilatation der Knochenwände beim Empyem als Regel hinstellte; diese Ansicht ist seither durch die meisten Publicationen bestätigt worden. Es gilt heute als ausgemacht, dass ein Empyem niemals zur Ausdehnung der knöchernen Kieferhöhlenwände führt, so dass, wenn wir einer äusserlich dilatirten Kieferhöhle begegnen, wir an alles andere, nur nicht an ein Empyem zu denken haben. Zahn- und Kiefercysten, besonders letztere, wenn sie gegen die Kieferhöhle wachsen, Neoplasmen der Kieferhöhle sind die gewöhnlichen Ursachen der Ausdehnung.

Eine Ausdehnung der facialen Kieferwand habe ich in Folge eines Empyems niemals mit Sicherheit constatiren können. Etwa vorhandene kleine Asymmetrien sind erstens nicht zu constatiren. zweitens beweisen sie nichts, weil, wie bekannt, Asymmetrien zwischen beiden Kieferhöhlen durchaus nichts Seltenes sind. Grössere Asymmetrien habe ich aber immer auf Schwellung des Periostes und der Weichtheile der facialen Kieferwand der erkrankten Seite zurückführen können. Um eine Ausdehnung erheblichen Grades als erwiesen zu betrachten, müsste man das bei stärkerer Dilatation der Höhle so charakteristische Pergamentknistern der facialen Wand constatiren, und dieses habe ich bei einem Empyem der Kieferhöhle nie gefunden.

Wenn somit die Ausdehnung der facialen Wand beim Empyem bislang zu den unerwiesenen Thatsachen gerechnet werden muss, kommt eine Ausdehnung der nasalen Wand zweifelsohne vor. Hartmann (41) hat zuerst die Hervorwölbung der membranösen Partie des mittleren Nasenganges constatirt. Er sah die Hervorwölbung nach Ausspülung der Kieferhöhle verschwinden. Zuckerkandl (7) hat an Leichen ebenfalls diese Hervorwölbung der membranösen Partie des mittleren Nasenganges constatirt, und ich verfüge gleichfalls über eine Anzahl von Fällen, in welchen die pars membranacea deutlich convex, wie eine Geschwulst in den mittleren Nasengang hervorragte. In einem Falle von sehr acutem Empyem habe ich durch Sondirung dieser Geschwulst die Kieferhöhle eröffnet. Es ist nicht immer leicht zu bestimmen, ob die laterale Nasenwand hervorgewölbt ist. Es ist in dieser Beziehung wieder in Erinnerung zu bringen, dass auch unter normalen Verhältnissen der mittlere Nasengang eine verschiedene Tiefe zeigt, und dass die Grenze zwischen normaler Wölbung der äusseren Nasenwand und geringfügiger Hervorbuchtung derselben gegen die Nasenhöhle schwer zu ziehen ist.

Die Vorwölbung der pars membranacea wird offenbar durch die temporäre Verlegung des ostium maxillare bedingt. Andere Theile der Kieferhöhlenwandung sind viel zu widerstandsfähig, um einem kurze Zeit andauernden Druck nachzugeben; die pars membranacea hingegen besteht zum grössten Theile aus Weichtheilen, welche dem Drucke leicht nachgeben können. In drei Fällen von Kieferhöhlenempyemen, welche mit Hypertrophien und Polypen im mittleren Nasengange combinirt waren, sah ich mit fortschreitender Heilung und nach Freilegung des ostium maxillare die unter und hinter dem processus uncinatus befindliche Partie des mittleren Nasenganges (pars membranacea), welche früher erheblich vorgewölbt erschien, zurückgehen. Es ist nicht ausgeschlossen, dass zur Dilatation der erwähnten Partie des mittleren Nasenganges nicht einmal der vollkommene Verschluss der Oeffnung nothwendig ist, es dürfte schon die relative Behinderung des Abflusses durch Schwellungen allerlei Art um das ostium maxillare herum genügen.

Des weiteren kann die Gaumenplatte der Kieferhöhlenwandung im Verlaufe des acuten und chronischen Kieferhöhlenempyems gegen die Mundhöhle zu hervorgewölbt werden. Es unterliegt keinem Zweifel, dass die Möglichkeit eines solchen Vorkommens immer nur in dazu schon anatomisch disponirten Kieferhöhlen vorhanden ist, nämlich nur in solchen Fällen, wo der grösste Theil des Alveolar- und des Gaumenfortsatzes des Oberkiefers ausgehöhlt ist, somit jene Varietät der Kieferhöhlenausbuchtung vorliegt, welche in der Anatomie der Kieferhöhle als „sinus palatinus" bezeichnet wurde. In zwei Fällen, in welchen ich die erwähnte Hervorwölbung beobachtete, handelte es sich um acute Empyeme, und zwar in dem einen Falle nach Influenza, in dem anderen nach einer Zahnperiostitis. Ich wage nicht zu behaupten, dass in letzterem Falle eine wirkliche Dilatation vorhanden war, da ein Theil der Schwellung füglich auf Grund der Periostitis des Gaumenfortsatzes des Oberkiefers entstehen konnte. In beiden Fällen war der rechte Theil des harten Gaumens in eine flach convexe, in die Mundhöhle gewölbte, fluctuirende Geschwulst umgewandelt. Nach Incision entleerte sich dickflüssiger, stinkender Eiter. Die eingespritzte Flüssigkeit ging durch die Kieferhöhle und erschien wieder im mittleren Nasengange in der Nase. Diese Procedur bewies unzweifelhaft, dass es sich thatsächlich um eine Dilatation der Kieferhöhlenwand und nicht etwa nur um eine eitrige Periostitis der Gaumenplatte, mit welcher übrigens die Dilatation grosse Aehnlichkeit zeigt, gehandelt haben konnte. Einen ähnlichen Fall, wie ich ihn gesehen, hat auch Chiari (42) in der Wiener laryngologischen Gesellschaft gezeigt, und es finden sich auch bei älteren französischen Chirurgen vereinzelte analoge Angaben. Für den Mechanismus der Entstehung der Vorwölbung dürften die früheren, in Bezug auf die nasale Wand erwähnten Umstände auch hier Geltung haben, da im Falle einer starken Aushöhlung des Gaumenfortsatzes des Oberkiefers die der Mundhöhle zugekehrte Wand von papierener Dünne sein kann.

Im Ganzen muss nochmals ausdrücklichst hervorgehoben werden, dass selbst die beschriebene Dilatation der nasalen Wand und der Gaumenplatte durchaus zu den seltenen Vorkommnissen gehört, und in der grossen Mehrzahl der Fälle von ihr nichts zu merken ist.

e) **Beschaffenheit des Alveolarfortsatzes des Oberkiefers.** Häufig begegnen wir periostalen Schwellungen des Alveolarfortsatzes; sie sind entweder als zufälliger Befund neben dem Empyem oder als dessen Ursache aufzufassen. Letzteres ist entschieden das seltenere. Der ursächliche Zusammenhang zwischen Empyem und vorhandener Periostitis muss, wie ich im ätiologischen Theile hervorgehoben habe, an bestimmten untrüglichen Merkmalen erwiesen werden. Man verfährt in dieser Beziehung leider von mancher Seite nicht genügend kritisch. Es genügt gewöhnlich das Vorhandensein einer schlechten Wurzel mit oder ohne geringfügige periostale Schwellung, um zwischen letzterer und vorhandenem Empyem einen ursächlichen Zusammenhang zu statuiren, obwohl in einzelnen Fällen schon die Anamnese, vielmehr aber noch die in der Nase vorhandenen Hypertrophien und Polypen das ältere Datum der Kieferhöhlenerkrankung anzeigen. Es ist eben daran festzuhalten, dass bei der enormen Häufigkeit schlechter Zähne, ein accidentelles Nebeneinander von Empyem und schlechten Zähnen nichts Ungewöhnliches sein kann. Manchmal begegnet man Fistelöffnungen, Zahnsteinen, einer Wucherung des Zahnfleisches, kurz allen möglichen chronischen Zahnerkrankungen, ohne dass wir ohneweiters berechtigt wären, dieselben für die Kieferhöhlenerkrankung verantwortlich zu machen. In denjenigen Fällen von acutem Kieferhöhlenempyem, wo thatsächlich ein dentaler Ursprung vorliegt, kann man noch die Reste einer acuten periostalen Schwellung wahrnehmen, vielleicht nebstbei eine Fistelöffnung, welche direct in die Kieferhöhle führt. In anderen Fällen ist eine ursächliche Be-

ziehung nur nach Extraction des Zahnes festzustellen. In einer auffallend grossen Anzahl der Fälle fehlen auf der erkrankten Seite einer
oder zwei von den Prämolar- oder Molarzähnen, die Alveolen sind
verödet, der Kiefer atrophisch. Es ist sehr schwer, ja zumeist unmöglich zu sagen, ob das Ausfallen der entsprechenden Zähne mit derartigen Periostitiden des Alveolarfortsatzes einhergegangen ist, welche
auch seinerzeit das Empyem hervorgerufen haben, oder ob nicht gar
die Erkrankung der Zähne secundär durch das Empyem bedingt
wurde (Zuckerkandl), oder ob nicht endlich beide Dinge doch nur
durch Zufall gleichzeitig vorhanden sind.

Bei acuten Empyemen, welche im Gefolge der Influenza aufgetreten sind, habe ich des öfteren eine Röthung und Auflockerung
des Zahnfleisches der betreffenden Seite wahrgenommen, welches
manchmal auch eine besondere Empfindlichkeit zeigte. Ich vermag
nicht zu sagen, in welchem Verhältnis das Empyem zu der Zahn-
fleischaffection gestanden hatte.

Diagnose.

Aus der dargelegten Mannigfaltigkeit und Inconstanz der subjectiven und objectiven Symptome geht hervor, dass es nur in einzelnen
Fällen von Kieferhöhleneiterung möglich sein wird, auch ohne eingehende rhinoskopische Untersuchung mit einiger Sicherheit die Diagnose zu stellen. Es sind eigentlich nur die acuten, unter stürmischen
Symptomen auftretenden Kieferhöhleneiterungen ausgesprochen infectiösen Ursprunges, bei welchen die Krankheit mit Schüttelfrost,
Fieber, Eiterausfluss, mit localer Schwellung und Schmerzhaftigkeit,
eventuell mit Neuralgie im nervus infraorbitalis einsetzt. Ebenso
typisch ist zuweilen das Auftreten des Kieferhöhlenempyems dentalen
Ursprunges, wo entweder nach einer Zahnperiostitis oder nach einer
Zahnextraction oder auch ohne letztere ein vorher nie dagewesener
eitriger Ausfluss aus der Nase eintritt.

Aber in der Mehrzahl der beobachteten Fälle, sowohl mit acutem
als chronischem Verlaufe, fehlen mit Ausnahme des Eiterflusses
charakteristische locale Erscheinungen, und die subjectiven Klagen
sind in Folge ihrer wechselnden Art ebenfalls nicht für die Diagnose
verwerthbar, weil sie nichts Beweisendes für ein Empyem, wenigstens
nicht für ein Empyem einer bestimmten Höhle enthalten. Es gibt also
nur ein Symptom, welches relativ am constantesten in allen Phasen
des Kieferhöhlenempyems vorkommt, und dieses ist die Eiterung, entweder nach vorne oder nach rückwärts in den Nasenrachenraum.

In der Constatirung des Eiters im mittleren Nasengange und in
der Beweisführung, dass der sichtbar gewordene Eiter aus der Kieferhöhle und nicht anderswoher stammt, bewegt sich der Gang der
Diagnostik.

Es muss noch einmal betont werden, dass die Angabe seitens
der Kranken, es bestehe eine einseitige Naseneiterung, nichts Charakteristisches für die Erkrankung der Kieferhöhle darstellt; denn einerseits können auch andere Nebenhöhlenerkrankungen, sowie krankhafte
Veränderungen des Naseninneren das einseitige eitrige Secret liefern;

andererseits kann auch aus dem Nasenrachenraum eine erhebliche
Menge eitrigen Secretes in die Nasenhöhle fliessen. Daraus geht aber
hervor, dass nur die rhinoskopische Untersuchung Sicherheit über
die Diagnose zu verschaffen vermag.

Wenn wir nach der rhinoskopischen Untersuchung zur Ueberzeugung gelangt sind, dass nach der Reinigung der Nase Eiter wieder
aus dem mittleren Nasengange nachquillt, dann ist die Diagnose, dass
der Eiter aus einer Nebenhöhle kommen muss, sichergestellt. Da aber
der mittlere Nasengang die Ausführungsgänge dreier Nebenhöhlen
(Kiefer-, Stirn- und vorderes Siebbeinlabyrinth) beherbergt, ist es
selbstverständlich, dass wir zunächst die Erkrankung der Kieferhöhle
von Erkrankungen der übrigen Nebenhöhlen nicht differenziren können.

Um Wiederholungen zu vermeiden, sei auf die bereits im
allgemeinen Theile erörterten diagnostischen Principien hingewiesen,
hier indes nur der nähere Vorgang der Diagnose des Kieferhöhlenempyems beleuchtet.

Wie gelangen wir nun zur definitiven Diagnose einer Kieferhöhleneiterung?

a) Periodicität der Eiterentleerung. Es ist von einzelnen Autoren die
Periodicität der Eiterentleerung bei dem Kieferhöhlenempyem gegenüber
der Eiterung in der Stirnhöhle und des vorderen Siebbeinlabyrinthes
hervorgehoben worden. Es ist ja unbestritten, dass in der aufrechten
Position des Körpers der Ausführungsgang der Kieferhöhle die höchste
Stelle einnimmt, während die Ausführungsgänge der Stirnhöhle und
des vorderen Siebbeinlabyrinthes nahezu die tiefste Stelle der Höhle
inne haben. Daraus geht hervor, dass aus der Stirnhöhle und aus
den Siebzeinzellen der Eiter continuirlich fliessen mag, während aus
der Kieferhöhle das Secret, durch irgend welche Bewegungen des
Kopfes unterstützt, sich nur periodisch entleeren kann. Allein die
Erfahrung belehrt uns, dass es von dieser Regel zahlreiche Ausnahmen gibt; denn in Folge der zumeist vorhandenen Schwellungen
(Hypertrophien, Polypen) im mittleren Nasengange und um die
Ausführungsgänge herum werden Verhältnisse geschaffen, welche
das erwähnte Gesetz erheblich modificiren, ja auch völlig um-
stossen können. So habe ich zu wiederholtenmalen das Secret der
Kieferhöhle auch in der aufrechten Körperstellung tropfenweise hervorquellen gesehen. Ebenso hatte die Tieflagerung des Kopfes auf die
Entleerung keinerlei Einfluss. Das genannte Verhalten des Secretes ist
leicht erklärlich, wenn man bedenkt, dass in Folge Einengung der
Abflussöffnung das Secret erst in Folge des steigenden Druckes durch
die vorhandene enge Oeffnung der Kieferhöhle hervorgetrieben wird.

Nicht besser verhält es sich mit der von einigen Autoren angegebenen diagnostischen Regel, nach welcher der aus der Kieferhöhle
austretende Eiter in der hinteren Partie des hiatus, der aus der
Stirnhöhle abfliessende Eiter dagegen in der vorderen Partie desselben erscheinen soll. Diese Regel ist leider hinfällig angesichts des
Umstandes, dass es erstens in Folge der weit herabreichenden mittleren
Muschel in den seltensten Fällen möglich ist, den hiatus zu sehen,
und zweitens, dass durch die consecutiven Hypertrophien der Eiter
häufig ganz erheblich von der ursprünglichen Austrittsstelle abgelenkt
wird. So beobachtet man gar nicht selten, dass das Secret der Stirn-

höhle in Folge der starken Hypertrophie des vorderen Endes der mittleren Muschel und der den hiatus begrenzenden Schleimhautbekleidung ganz nach rückwärts geleitet wird. Andererseits habe ich bei Kieferhöhlenempyemen öfters gesehen, dass der Eiter nach vorne aufsteigt und erst weiter vorne den hiatus verlässt. Letzteres dürfte daher rühren, dass ein enges und tiefes infundibulum wie ein Saugrohr auf den von der Kieferhöhle austretenden Eiter wirkt. Es soll ja nicht geleugnet werden, dass es in einzelnen Fällen, wenn die mittlere Muschel nur wenig tief hinabreicht und der mittlere Nasengang geräumig ist, möglich sein dürfte, den Eiter sofort nach seinem Austritt in den hiatus zu sehen und daraus sofort mit grosser Wahrscheinlichkeit zu schliessen, welche Höhle afficirt ist. Allein es ist jetzt schon anzuführen, worüber bei der Lehre von den Stirnhöhlen — und Siebbeinerkrankungen noch Näheres mitgetheilt werden soll, dass selbst bei Erscheinen des Eiters in der hinteren Partie des hiatus, wo bekanntermassen die Mündung der Kieferhöhle liegt, der Eiter sehr wohl auch aus einer abnorm tief und nach hinten liegenden Oeffnung des vorderen Siebbeinlabyrinthes herrühren kann. Ebenso ist bei Erscheinen des Eiters in der vorderen Partie des hiatus die Verwechslung mit einer hohen, nach vorne gelagerten Siebbeinzelle möglich.*)

b) **Tieflagerung des ostium maxillare.** Grössere Beweiskraft kommt den Methoden zu, welche das Secret der Kieferhöhle durch Tieferstellen des Ausführungsganges zu rascherem Abfluss zu bringen bestreben.

Bayer (19) legt seine Kranken auf den Bauch und lässt den Kopf nach vorne beugen. B. Fränkel (18) und Ziem (36) lassen den Kopf des Kranken in sitzender Stellung nach vorne und auf die entgegengesetzte Seite beugen.

Die genannten Methoden führen zweifellos manchmal zum Ziele, und zwar dann, wenn der Ausführungsgang nicht zu eng und der Inhalt der Kieferhöhle nicht zu dickflüssig ist. Ist aber letzteres der Fall, dann wird der Eiter trotz der tieferen Lage des Ausführungsganges nicht abfliessen. So beweisend es auch meines Erachtens für ein Empyem der Kieferhöhle sein mag, wenn nach Tieflagerung des Kopfes Eiter in abundanter Menge im mittleren Nasengange erscheint, so wenig schliesst ein negatives Resultat dieses Versuches das Vorhandensein eines Kieferhöhlenempyems aus.

Es gibt nur ein volkommen verlässliches Mittel, um die Diagnose des Kieferhöhlenempyems sicherzustellen, und dieses ist: in die Kieferhöhle einzudringen und den eventuell vorhandenen pathologischen Inhalt der Kieferhöhle entweder durch Ausspülung oder durch Aspiration herauszubefördern. Es gibt zwei Methoden, welche diesen Zweck erreichen. Die Probeausspülung durch das ostium maxillare oder durch ein ostium accessorium und die Probepunction, d. h. Eindringen in die Kieferhöhle durch eine künstliche Oeffnung mit nachfolgender Ausspülung oder Aspiration des Kieferhöhleninhaltes.

c) **Probeausspülung durch das ostium maxillare oder durch ein ostium accessorium.** Diese besteht 1. in der Einführung einer gebogenen, mit

---

*) Siehe: „Empyem der Stirnhöhle".

einem Gummischlauch versehenen Canüle durch die natürliche oder accessorische Oeffnung der Kieferhöhle. Beim Vorhandensein einer accessorischen Oeffnung ist diese immer vorzuziehen, da sie in Folge ihrer tieferen Lage im mittleren Nasengange leichter erreichbar ist als das ostium maxillare.

Gewöhnlich gebraucht man zu diesem Zwecke die von Hartman (13) angegebene Canüle, welche in Fig. 38 abgebildet wurde. Das Ende der Canüle ist mit einem Gummischlauch versehen. An den Gummischlauch wird dann entweder eine mit gekochtem Wasser oder mit irgend einer schwachen antiseptischen Lösung von lauer Temperatur gefüllte Spritze adaptirt und die Flüssigkeit in die Kieferhöhle eingespritzt, wodurch der Inhalt derselben, in der eingespritzten Flüssigkeit suspendirt, in die Nasenhöhle gepresst wird.

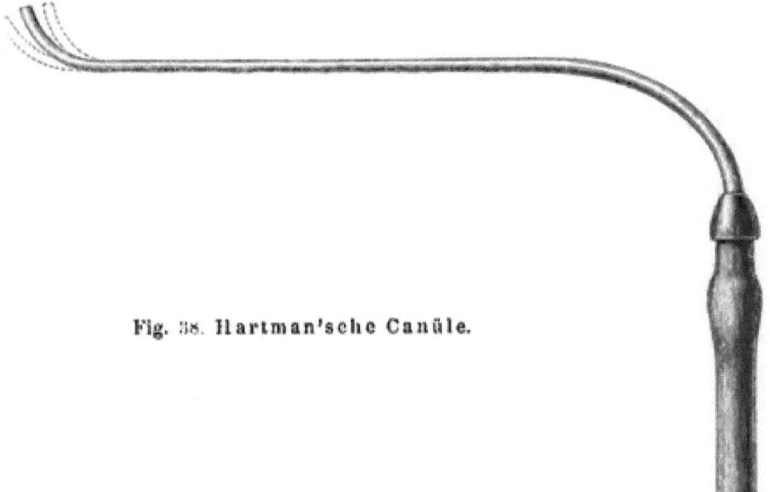

Fig. 38. Hartman'sche Canüle.

Die Anwendbarkeit dieser zweifellos schonendsten Methode hat aber natürliche Grenzen. Sie ist nur dann anwendbar, wenn die anatomischen Verhältnisse die Einführung der entsprechend gebogenen Canüle durch die natürliche oder accessorische Oeffnung gestatten. Die anatomischen Bedingungen für das Gelingen der Sondirung des ostium maxillare sind bereits in dem Capitel der Anatomie der lateralen Nasenwand erörtert worden. Hier sei in Bezug auf die Technik der Einführung der Canüle noch nachgetragen, dass es zweckmässig ist, früher mit einer sehr biegsamen Silbersonde den Eingang in die Kieferhöhle zu exploriren. Es stellt sich bei diesen Explorationen heraus, dass in verschiedenen Fällen eine verschiedenartige Krümmung des Sondenendes nöthig ist, um dieses Ziel zu erreichen. Dies rührt wohl von der verschiedenen Tiefe des infundibulum und von der Richtung desselben gegen das ostium maxillare her. Deshalb liebe ich es nicht, an einer starren Canüle von vornherein eine fixe Krümmung machen zu lassen, wodurch den erwähnten individuellen Verschiedenheiten keine Rechnung getragen wird. Besser ist es, eine Silbercanüle nach Art des Hartman'schen Röhrchens anfertigen zu lassen, deren nasales Ende nach der durch die Sonde ermittelten Krümmung nachgebildet wird. Die punktirten Linien in Fig. 38 illustriren beiläufig die verschiedenen, von der Norm abweichenden Krümmungen, die zuweilen nothwendig werden.

Die Einspritzung soll langsam und nicht unter starkem Drucke vor sich gehen, da sonst erstens Schmerz hervorgerufen, und zweitens das Canülenende leicht aus der Kieferhöhle in die Nasenhöhle zurückgepresst werden kann.

Wenn der Kieferhöhleninhalt klumpig ist, pflegt es vorzukommen, dass neben der Canüle nicht genügend Raum vorhanden ist, und in Folge Verlegung der Oeffnung der Inhalt der Kieferhöhle nicht herausbefördert werden kann. In den meisten Fällen genügt es dann die Lage der Canüle ein wenig zu verändern, um den Ausfluss des Eiters zu ermöglichen. In anderen Fällen muss der Inhalt durch die eingespritzte Flüssigkeit erst ein wenig aufgeweicht werden, ehe er aus der Kieferhöhle herausbefördert werden kann. Bei der Probeausspülung durch eine accessorische Kieferhöhlenöffnung geht die Ausspülung flotter von Statten, da die Oeffnung grösser ist und ihre Ränder nachgiebiger sind als die der in der Tiefe des infundibulum gelagerten natürlichen Oeffnung.

Fig. 39. Nadel von Lichtwitz.

Bresgen (44) hat durch die natürliche Oeffnung das Secret der Kieferhöhle zu aspiriren versucht, ein Verfahren, welches aus dem Grunde keine Nachahmung verdient, weil die eingeführte Canüle nicht immer das Niveau des Eiters erreicht, und daher ein negativer Befund nicht beweisend sein wird.

d) **Probepunction mit nachfolgender Ausspülung oder Aspiration.** Wenn die natürliche oder die accessorische Oeffnung für die Canüle nicht passirbar ist, dann tritt die Probepunction in ihre Rechte. Das zweckmässigste Instrument zu diesem Zwecke ist die Nadel von Lichtwitz (45) von 10 bis 12 Centimeter Länge und 1 bis 1·5 Millimeter Dicke (siehe Fig. 39). Die Probepunction wird in folgender Weise ausgeführt:

Man cocaïnisirt den unteren Nasengang in seiner vorderen grösseren Hälfte, besonders intensiv das Dach des unteren Nasenganges, d. i. diejenige Partie, welche durch den Ansatz der unteren Muschel an der lateralen Nasenwand gebildet wird. Die mit einem Drainrohr armirte Nadel wird nun unter Controle des Nasenspeculums in den unteren Nasengang eingeführt und beiläufig in einer Entfernung von 3 Centimeter vom vorderen Muschelende durch die laterale Nasenwand in die Kieferhöhle gestossen. Es ist angezeigt, um das Durchstossen leichter zu gestalten, die Punction an der höchsten Stelle des unteren Nasenganges vorzunehmen. Das extranasale Ende der Nadel ist hierbei von vornherein gegen das Septum gerichtet, wodurch

die Spitze der Nadel ein wenig quer die äussere Nasenwand trifft.
Wenn die Punction gelungen ist, fühlt man nach einigem Widerstand
ein plötzliches Hineingleiten der Nadel in die Höhle.

Die Kranken empfinden nach genügender Cocaïnisirung selten
einen wirklichen Schmerz; manchmal treten geringfügige Zahnschmerzen in der oberen Zahnreihe auf. Nach gelungener Punction
steht das extranasale Ende der Nadel an das Septum gedrückt und federt.

Nun wird an das Drainrohr eine Wundspritze adaptirt und die
Kieferhöhle ausgewaschen. Der Eiter vermengt sich oft innig mit der
eingespritzten Flüssigkeit, so dass die Spülflüssigkeit entweder gleichmässig milchig getrübt erscheint, oder kleine, coagulirte Eiterklümp-
chen suspendirt enthält; in anderen Fällen wieder erscheint anfangs
die Flüssigkeit klar, worauf dann grosse Klumpen zusammengeballten
schleimigen oder reinen Eiters folgen. Letzteres ist gewöhnlich, wenn
auch nicht durchwegs, bei chronischen Empyemen der Fall. Ist die
Spülflüssigkeit rein, dann ist selbstverständlich in der Kieferhöhle
kein schleimiges oder gar eitriges Secret vorhanden.

Die Probepunction ist fast immer ausführbar. Das einzige Hindernis kann in einer relativen Dicke der äusseren Nasenwand bestehen; man muss, falls dies vorkommen sollte, nachher an einer mehr
nach vorne oder nach hinten gelegenen Stelle einstechen, worauf
dann die Punction gewöhnlich gelingt.

Eine der häufigsten Ursachen, in Folge welcher Anfänger manchmal nicht in die Kieferhöhle gelangen, ist die, dass sie an einer unrich-
tigen Stelle, nämlich zu tief im unteren Nasengange, punctiren. Die
Punction soll womöglich ganz am Dach des unteren Nasenganges, wo
die Knochenwände immer dünn sind, vorgenommen werden. Bei Beobachtung dieser Regel dürften die Angaben über nicht ausführbare
Punctionen bald erheblich abnehmen. Ich kann mich von beiläufig
300 Probepunctionen nur an zwei Fälle erinnern, wo ich auch nach
wiederholten Versuchen nicht durch die laterale Wand hindurchkam.
Ich machte sodann die Probepunction im mittleren Nasengange unter
und ein wenig hinter dem processus uncinatus, wo die membranöse Partie des mittleren Nasenganges niemals erheblichen Widerstand entgegensetzt. Die Punction gelang in beiden Fällen. Der Grund,
warum wir nicht in der Regel die Probepunction im mittleren Nasengange, an der erwähnten, stets am wenigsten resistenten Stelle ausführen und lieber den unteren Nasengang wählen, wo stets ein
knöcherner Widerstand zu überwinden ist, beruht auf der in der
Anatomie bereits erwähnten, nicht seltenen Anomalie des mittleren
Nasenganges. Diese besteht darin, dass die äussere Nasenwand des
mittleren Nasenganges häufig stark convex nach aussen gewölbt und
theilweise mit der Orbitalplatte des Oberkiefers verschmolzen ist,
wodurch die Gefahr besteht, mit der Punctionsnadel in die Orbita
statt in die Kieferhöhle zu gelangen (siehe Fig. 32). Für den geübten
Rhinologen wird selbstverständlich in der Möglichkeit einer solchen
Anomalie kein absolutes Hindernis für diese Methode gegeben sein,
da ja früher die Tiefe des mittleren Nasenganges genau untersucht
werden kann. Für den Anfänger ist es indes rathsamer, sich stets
auf den unteren Nasengang zu beschränken.

M. Schmidt (46) hat die Probepunction mit nachfolgender Aspiration eingeführt. Die Methode besteht in Folgendem: Nach gehöriger Cocaïnisirung des unteren Nasenganges wird die Nadel einer Pravaz'schen Spritze (Fig. 40) vom unteren Nasengange aus nach aussen und oben, genau so, wie dies im früheren Absatze erörtert wurde, in die Kieferhöhle eingestochen. Durch Anziehen des Stempels der Spritze aspirirt man den Eiter aus der Kieferhöhle. Diese Methode führt ebenfalls häufig zum Ziele. Allein es ist mit Recht von mehreren Autoren darauf hingewiesen worden, dass bei zu dicker Consistenz des Eiters derselbe nicht in die Canüle dringen kann. — Auch muss bei dieser Methode vor Augen gehalten werden, dass, wenn der Eiter zufällig noch nicht das Niveau der Nadel erreicht hat, leicht ein negativer Befund vorgetäuscht wird.

Wenn nun auch diese Methode sich weder in Bezug auf Einfachheit und Eleganz, noch hinsichtlich der Verlässlichkeit mit der Probepunction mit nachfolgender Ausspülung messen kann, so ist doch zu betonen, dass die Probeaspiration Vortheile bietet, wegen welcher sie zuweilen der Punction mit nachfolgender Ausspülung vorzuziehen ist. Dies ist der Fall bei der im Folgenden zu besprechenden Er-

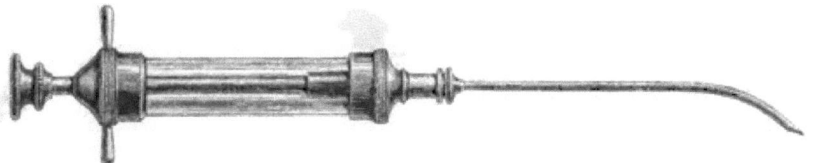

Fig. 40. Pravaz'sche Spritze zur Probeaspiration nach M. Schmidt.

krankung der Kieferhöhle mit Production eines serösen Inhaltes. Letzterer kann bei der Ausspülung leicht übersehen werden, was bei der Aspiration nicht der Fall ist.

Im Uebrigen ist die Probeausspülung nach vorhergehender Punction fast absolut beweisend, sowohl im positiven als im negativen Sinne. Conditio sine qua non ist es selbstverständlich, dass vor der Ausspülung das in der Nase vorhandene Secret auf das gewissenhafteste entfernt worden ist, da sonst die aus der Kieferhöhle in die Nase fliessende Spülflüssigkeit erst in der Nasenhöhle mit Eiter vermengt werden und ein positives Ergebnis vortäuschen könnte.

Von der angeführten absoluten Beweiskraft der Probeausspülung gibt es nur eine Ausnahme, und diese ist, wenn die Kieferhöhle eine complete senkrechte Scheidewand besitzt, wodurch dieselbe in eine vordere und in eine hintere Hälfte getheilt wird (siehe Fig. 34). Es kann nämlich in einem derartigen Falle die vordere Etage der Kieferhöhle krank sein und ihr Secret durch den mittleren Nasengang in die Nase entleert werden. Bei der Probeausspülung kann aber die Nadel zufällig in die hintere gesunde Kieferhöhlenhälfte gelangen, und daher die Spülflüssigkeit rein bleiben. Die diagnostische Lösung dieses complicirten Falles muss aber trotzdem erfolgen, wenn man die im allgemeinen Theile erörterte Methode des Aufbaues der

Diagnose gegenwärtig hat. Dies geschieht in folgender Weise: Wir nehmen nach dem negativen Ausfall der Probepunction der Kieferhöhle an, dass der im mittleren Nasengange erscheinende Eiter aus den anderen Nebenhöhlen erster Serie herrühren muss. Nach Amputation der mittleren Muschel und nach der eventuell nöthig gewordenen Ausräumung vorhandener Hypertrophien im mittleren Nasengange zeigt es sich dann, dass der Eiter constant in der hintersten Partie des hiatus semilunaris nachfliesst. Die Verfolgung dieses Eiterherdes mit der Sonde beweist nachträglich, dass der Eiter doch aus der Kieferhöhle herrührt.

Eine zweite Möglichkeit der Täuschung in der Diagnose ergibt sich bei Erkrankung der hinteren Etage einer zweigetheilten Kieferhöhle, insofern als bei der häufigen Ausmündung derselben in den oberen Nasengang der Eiter in der fissura olfactoria und nicht im mittleren Nasengange erscheinen wird. Da wird naturgemäss durch die rhinoskopische Untersuchung unsere Aufmerksamkeit von vornherein auf eine Nebenhöhlenaffection zweiter Serie gelenkt. Wie man trotz dieser misslichen Lage schliesslich doch zur richtigen Diagnose gelangen kann, wird bei den Eiterungen der fissura olfactoria (Keilbeinhöhlenempyem) des näheren angeführt werden.

e) Unangenehme Zufälle bei der Probepunction. Ausser der erwähnten besonderen Dicke der lateralen Wand des unteren Nasenganges gibt es noch recht unangenehme Zufälle bei der Probepunction, welche zumeist durch ungenügende Erfahrung bedingt werden. Eine der häufig vorkommenden Unannehmlichkeiten besteht darin, dass trotz erfolgten Eindringens der Nadel in die Kieferhöhle, keine Flüssigkeit durch die Nadel in die Kieferhöhle gespritzt werden kann. Gewöhnlich trägt an diesem Ereignis der Umstand schuld, dass die Nadel in die gegenüberliegende Wand der Kieferhöhle eingedrungen ist. Es ist daher angezeigt, bei Undurchgängigkeit der Nadel diese um ein weniges vorsichtig zurückzuziehen, nur ein wenig, denn bei stärkerem Zuge gleitet die Nadel ganz in die Nasenhöhle zurück, und dann müsste man von neuem punctiren. Auch kann die Nadel dadurch undurchgängig werden, dass beim Durchstossen Schleimhautstückchen oder Knochenpartikelchen in der Lichtung der Nadel haften geblieben sind. Im letzteren Falle empfindet der Kranke bei leise forcirtem Druck des Stempels der Spritze keinerlei Unbehagen, wogegen bei dem ersten Vorkommnis ein ganz erheblicher Schmerz aufzutreten pflegt.

Ist die Nadel nur verlegt, dann geht der Wasserstrahl bei ein wenig forcirtem Drucke dennoch durch. Sollte dies jedoch nicht gelingen, dann bleibt allerdings nichts übrig, als die Nadel wieder hervorzuziehen, die Lichtung derselben frei zu machen und die Punction noch einmal auszuführen.

Der unangenehmste Zufall indes, den ich schon öfters erlebt habe, tritt dann ein, wenn bei der Probepunction die Nadel durch beide Kieferhöhlenwände durchgeht, so dass die darauffolgende Injection in die Wangenschleimhaut und Wangenmuskulatur erfolgt. Der Kranke greift dann schmerzerfüllt nach seiner Wange, welche erheblich geschwollen erscheint. War in der Kieferhöhle kein Eiter, dann lässt sich dieses artificielle Oedem durch Massage zum grösseren Theile

sofort beseitigen, ein kleiner Rest resorbirt sich allenfalls in den
nächsten Tagen; der Kranke hat davon keinen weiteren Schaden. Hat
aber die Nadel eine eitrig inficirte Kieferhöhle passirt und dadurch
die Weichtheile der Wange inficirt, dann kann eine unangenehme
phlegmonöse Entzündung mit Schüttelfrost, Fieber und Ankylostoma
entstehen, welche zur Heilung 8 bis 14 Tage bedarf. Für den Arzt
und für den Kranken eine höchst peinliche Situation!

Es wäre unrichtig, wenn man bei einem derartigen Unfall immer
der Ungeschicklichkeit des Operateurs die Schuld beimessen wollte.
Es gibt Kieferhöhlen, die, wie schon in der Anatomie angeführt wurde,
in der unteren Partie bis auf einen Spalt verengt erscheinen; wenn die
Wände gleichzeitig dünn sind, gelangt man auch mit einem mässigen
Druck durch beide Kieferhöhlenwände durch. Lässt sich nun nach dem
Gesagten das Durchdringen beider Kieferhöhlenwände nicht immer
vermeiden, so muss doch wieder betont werden, dass die Injection
grosser Mengen Flüssigkeit in die Wangentheile mit einiger Vorsicht
hintangehalten werden kann, wenn man nur an die Möglichkeit eines
derartigen üblen Zufalles denkt. Man greife nach ausgeführter Probepunction in die fossa canina der betreffenden Seite und taste die
Fläche ab, ob nicht in der Tiefe die Nadel fühlbar ist; ist dies der
Fall, dann ziehe man die Nadel zurück. Es braucht aber die Nadel
nicht tastbar zu sein, da es offenbar genügt, wenn auch nur die Spitze
derselben die Knochenwand der fossa canina durchdrungen hat. Es
ist deshalb angezeigt, für jeden Fall im Beginne nur langsam und
vorsichtig einzuspritzen, und erst wenn man die ersten Tropfen der
Spülflüssigkeit durch die Nase fliessen sieht, kann man flotter drücken
und von dem vollkommenen Gelingen der Punction überzeugt sein.

Die im Vorstehenden erörterte systematische Methode der Diagnostik hatte zu ihrer Voraussetzung das Wiedererscheinen des Eiters
im mittleren Nasengange, also zuerst den begründeten Verdacht auf ein
vorhandenes Empyem, welchem sich erst nachher die specielle Untersuchung der Kieferhöhle anschloss. Es ist aber nicht zu vergessen, wie
schon in einem der vorigen Capitel erörtert wurde, dass zur Zeit der
Untersuchung wenig Secret in der Nase sichtbar sein kann, da die
Kieferhöhle vielleicht kurze Zeit vorher entleert wurde, und es möglicherweise mehrerer Stunden bedarf, ehe die Kieferhöhle wieder zum
Ueberfliessen voll ist. — Nichts ist also verfrühter, als nach der Er-
hebung eines negativen Befundes die weitere Investigation aufzugeben.

Ausser der bereits erwähnten Tieflagerung des ostium maxillare,
wodurch es zuweilen gelingt, den Eiter der Kieferhöhle in die Nase
zum Vorschein zu bringen, gibt es noch eine andere, ebenfalls oft
zum Ziele führende Methode. Diese ist zuerst von Hartmann (47) angegeben worden und besteht darin, dass man mit der Politzer'schen
Douche den Eiter aus den Nebenhöhlen, also auch aus der Kieferhöhle treibt. Etwas milder ist die Methode, welche ich seit längerer
Zeit übe. Der Kranke wird aufgefordert, sich durch stossweise erfolgende Exspirationsstösse zu schneuzen. Man beobachtet hierbei
des öfteren, dass der Eiter aus der Höhle hervorgetrieben wird.

Alle die genannten Versuche können aber versagen und es ist
zuweilen unmöglich, zur Zeit der Untersuchung Eiter zum Vorschein

zu bringen. Es bleibt dann nichts anderes übrig, als den Kranken zu wiederholtenmalen zu untersuchen und lieber vorläufig die Diagnose in suspenso zu lassen. Zuweilen ist es zweckmässig, den Kranken zu bestimmten Tageszeiten zu untersuchen, z. B. des Morgens, zu welcher Zeit nach Angabe des Kranken die reichlichste Secretion stattfindet. Nur derjenige, der wie ich, in zahlreichen Fällen nur nach wiederholten Untersuchungen im Stande war, den Eiter zu Gesicht zu bekommen, weiss, welche Vorsicht bei Verwerthung negativer Befunde zu üben ist, und wie viele Fehler aus der Nichtbeachtung dieser Vorschrift resultiren.

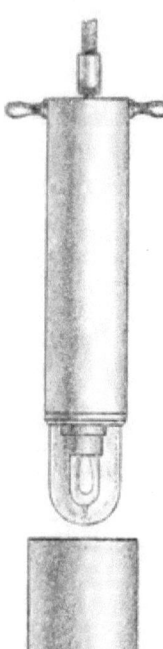

Fig. 41. Durchleuchtungsapparat von Vohsen.

Die grösste Schwierigkeit in der Diagnose bereiten aber diejenigen Fälle, in welchen die Kranken eine profuse Secretion ihrer Nasenhöhle ganz übersehen, weil das Secret seit jeher in den Nasenrachenraum floss, und die Beschwerden des Rachens und des Kehlkopfes im Vordergrunde ihrer Klagen stehen. Nichtsdestoweniger ist es ein überaus häufiges Vorkommnis, dass solche Beschwerden von einem, seitens der Kranken unbeachtet gebliebenen Empyem irgend einer Nebenhöhle (latentes Empyem) herrühren. Es kann selbst bei wiederholter Rhinoscopia anterior der Eiter übersehen werden.

Nicht selten wird das Vorhandensein von atypischen Hypertrophien im mittleren Nasengange den Erfahrenen zu weiterer Untersuchung anregen und wenn auch nicht gleich bei der ersten, so doch bei späteren Untersuchungen auf die Spur des Empyems führen. Nach Entfernung der Hypertrophien wird die häufig nach rückwärts abgeleitete, deshalb maskirte Eiterung wieder vorne im mittleren Nasengange sichtbar und dadurch die richtige Diagnose ermöglicht.

Es sollte überhaupt zur Regel gemacht werden, dass man, sobald der geringste Verdacht auf das Bestehen eines Kieferhöhlenempyems vorhanden ist, nicht zögern darf, sich durch Ausspülung der Kieferhöhle Sicherheit über deren Inhalt zu verschaffen. Je mehr Erfahrungen man in dieser Hinsicht sammelt, umsomehr gelangt man zur Ueberzeugung, dass in der Probepunction der Kieferhöhle mit nachfolgender Ausspülung eine Methode par excellence besteht, um auf bequeme, den Kranken wenig belästigende Art über den Inhalt der Kieferhöhle Aufschluss zu erhalten.

f) **Durchleuchtung der Kieferhöhle.** Dieses diagnostische Hilfsmittel hat zuerst Heryng (48) für die Diagnose des Kieferhöhlenempyems nutzbar gemacht. Die Methode besteht in Folgendem: In einem vollkommen verdunkelten Raume wird eine mit einem Glühlicht armirte Spatel oder Hülse in die Mundhöhle eingeführt, dann der Mund geschlossen. Man sieht hierbei, normale Verhältnisse vorausgesetzt, die beiden Wangen mehr oder weniger in einem röthlichen Scheine erglänzen, ähnlich wie dies an den Fingern sichtbar ist, wenn man sie vor eine genügend starke Lichtquelle hält. Am intensivsten pflegt der röthliche Schein an dem unteren Orbitalrande aufzutreten, auch die Pupille erweist sich schwach beleuchtet. Nach Heryng's Erfahrungen zeigt diejenige Kieferseite, welche Sitz eines Empyems ist, fast völlige Verdunkelung, während die gesunde Seite hell erleuchtet wird. — Am zweckmässigsten erscheint mir zu Durchleuchtungsversuchen der Apparat von Vohsen (49), welcher in Fig. 41 abgebildet wurde.

Wer sich über den diagnostischen Werth der Durchleuchtung eine eigene Ansicht bilden will, muss vor der Anwendung in pathologischen Fällen eine ganze Anzahl gesunder Kieferhöhlen durchleuchten. Man wird bei derlei Versuchen vor allem gewahr, dass der absolute Helligkeitsgrad, welcher durch gleiche Beleuchtungsintensität in den verschiedenen Fällen erzielt wird, ein ausserordentlich wechselnder ist. Während beide Kieferhöhlengegenden bei dem einen Menschen relativ gut beleuchtet erscheinen, zeigt sich bei einem anderen fast völlige Dunkelheit. Dies rührt selbstverständlich von der wechselnden Dicke der Knochenwandungen der Kieferhöhle in den einzelnen Fällen her. Aber auch Differenzen zwischen beiden Seiten finden sich unter normalen Verhältnissen, was ebenfalls erklärlich ist, wenn man die relative Häufigkeit der Asymmetrien im Knochenbau beider Kieferhöhlen erwägt. Ich muss allerdings zugestehen, dass ich solche erhebliche Differenzen zwischen beiden Seiten, wie sie sich manchmal bei Empyem der einen Kieferhöhle finden, in normalen Fällen niemals gesehen habe. Ich möchte deshalb auffallende Differenzen in dem Beleuchtungsgrade beider Seiten, wobei ganz besonders die Infraorbitalgegenden die Vergleichsstellen abzugeben haben, für die Diagnose des Empyems der Kieferhöhle für verwerthbar halten. Nicht auffallende Differenzen halte ich für werthlos, sie können, abgesehen von der erwähnten Asymmetrie im Knochenbau, auch durch Hypertrophien, Polypen in der einen Nasenhälfte bedingt sein.

Interessant ist die Erfahrung, welche bereits von Lichtwitz betont wurde, dass die erkrankte Kieferseite mitunter auch nach völliger Entleerung des Eiters aus der Kieferhöhle ebenso dunkel bleibt als vor der Entleerung. Ich habe diese Beobachtung ebenfalls des öfteren gemacht und bin daher geneigt zu glauben, dass für die geringere Durchlässigkeit des Lichtes weniger der flüssige Eiterinhalt als der entzündlich infiltrirte mucoperiostale Ueberzug des Kieferhöhleninneren in Betracht kommt. Ich sah nach Heilung acuter Empyeme wiederholt die Transparenz der erkrankten Seite zunehmen.

Die Durchleuchtung ist ein diagnostisches Hilfsmittel, welches die Diagnose unterstützt, sie aber nicht vollends sicherstellt. Wir können ohne dieselbe vollkommen auskommen, da wir ja in der Probepunction ein Mittel allerersten Ranges haben, mit welcher die Durchleuchtung in Bezug auf Verlässlichkeit sich nicht im entferntesten messen kann. Wenn aber bei Verdacht auf ein Empyem die Durchleuchtung ein derartiges positives Resultat, wie ich es früher geschildert habe, ergibt, dann wird unser Verdacht noch mehr bestärkt, und das wird uns umsomehr veranlassen, die Kieferhöhle auf ihren Inhalt zu untersuchen, sei es durch Ausspülen vom ostium maxillare oder durch die Probepunction vom unteren Nasengange her.

Anschliessend an die Diagnose des Kieferhöhlenempyems soll noch die Diagnose der Ansammlung seröser Flüssigkeit in der Kieferhöhle, ferner die Diagnose der Kiefercysten eine kurze Besprechung finden.

g) **Ansammlung von seröser Flüssigkeit in der Kieferhöhle.** Noltenius (50) hat zuerst über die stattliche Anzahl von 37 Fällen seröser Erkrankungen der Kieferhöhle berichtet. Auch andere Autoren: Körner (51) und Semon (52), haben ähnliche Fälle veröffentlicht, letzterer eine Beobachtung an sich selbst. Es ist nicht mit Sicherheit zu entscheiden, um was es sich in allen diesen Fällen gehandelt hat. Noltenius und Semon glauben an eine freie Flüssigkeit in der Kieferhöhle, also an eine „seröse Entzündung", während Alexander (53) auf Grund einer beachtenswerthen Arbeit die Ansicht vertheidigt hat, dass es sich wahrscheinlich immer um Cysten in der Kieferhöhle handle, eine Ansicht, welche mir glaubhafter zu sein scheint, und worin mich auch meine eigenen, wenn auch spärlichen Erfahrungen bestärken. So sah ich in den vier Fällen, welche ich beobachtete, überall Nasenpolypen. In zweien dieser Fälle entleerte die Probepunction einmal rechts, ein andermal links seröse Flüssigkeit. In dem einen Falle war es auffallend, dass vor der Probepunction das linke ostium maxillare von dem mittleren Nasengange her nicht passirbar war. Nach Einstechen der Punctionsnadel durch den unteren Nasengang flossen spontan mehrere Cubikcentimeter seröser Flüssigkeit ab, es musste somit die Flüssigkeit in der Kieferhöhle unter grossem Drucke gestanden haben, da sie ohne jede Aspiration spontan abfloss. Sofort hörten die den Patienten wochenlang belästigenden Kopfschmerzen auf. Das Merkwürdigste war aber, dass schon nach zwei Tagen Eiterung im mittleren Nasengange auftrat, welche sich als ein Kieferhöhlenempyem entpuppte. Und jetzt war es leicht möglich, durch das ostium maxillare die Ausspülung der Kieferhöhle, welche Eiter ergab, vorzunehmen. Der Zusammenhang lässt sich nur so deuten, dass auf Grund eines chronischen Empyems der Kieferhöhle eine Cyste sich entwickelt hatte, welche nach ihrer Füllung überall der Kieferhöhlenwandung innig anlag und das ostium maxillare verlegte. Nach Entleerung des Cysteninhaltes durch den unteren Nasengang fiel die Cyste zusammen, und das ostium maxillare wurde wieder frei, so dass das alte Empyem wieder zum Vorschein kam, und auch die Sondirung des ostium möglich ward. Noch beweisender dürfte aber folgender von mir beobachteter Fall sein:

Ein 18jähriger Commis Bernhard W. (Mai 1896), ist seit Wochen in ambulatorischer Behandlung. Rhinoskopischer Befund: Zahllose Polypen in beiden mittleren Nasengängen. Operative Entfernung derselben; es war nie Eiterung zu constatiren. Links musste ich einen Theil der mittleren Muschel reseciren, um zu den höher gelegenen Polypen des mittleren Nasenganges zu gelangen. Einer dieser Polypen schien tief im infundibulum zu entspringen. Es gelang mir, ihn zu umschnüren und durch Evulsion zu entfernen. Ich war nicht wenig überrascht zu sehen, dass bei der Evulsion eine Menge seröser Flüssigkeit (beiläufig 1½ Kaffeelöffel voll) hervorströmte, und dass an dem entfernten, ungefähr erbsengrossen Polypen ein lockerer, 2 Centimeter langer Gewebsfetzen hing, welcher sich nach genauer Untersuchung als eine collabirte Cyste erwies. Sie war innen mit Flimmerepithel bekleidet; an den meisten Stellen fehlte jedoch das Epithel. Die Cyste lag jedenfalls in der Kieferhöhle. Sie entsprang wahrscheinlich an derselben Stelle wie der Polyp: im infundibulum, weshalb es auch gelang, beide mit einem Ruck zu entfernen.

Natürlich liegt es mir ferne, auf Grund meiner spärlichen Beobachtungen die Behauptung aufzustellen, dass es sich bei Ansammlung seröser Flüssigkeit in der Kieferhöhle immer nur um Cysten handeln müsse. Es kann vielmehr vom pathologisch-anatomischen Standpunkte nicht geleugnet werden, dass ein hydrops inflammatorius, wie er in dem Falle von Dmochowsky vorgelegen ist, ebenfalls dasselbe Symptomenbild hervorrufen könnte. Ebenso halte ich es nicht für ausgeschlossen, dass zuweilen, nämlich in dem beginnenden Stadium einer sehr acuten Entzündung, wenn die Schleimhaut der Kieferhöhle hochgradig ödematös ist, die Punctionsnadel seröse Flüssigkeit aus den Maschen der ödematösen Schleimhaut entleeren könnte. Darüber, ob und wie häufig dies stattfindet, müssen die zukünftigen Beobachtungen Aufschluss geben.

Die Diagnose der serösen Kieferhöhlenentzündung dürfte unter Umständen deshalb auf Schwierigkeiten stossen, weil das seröse Secret viel leichter als der Eiter übersehen werden kann. Doch scheinen in einzelnen Fällen die Polypen im mittleren Nasengange, in anderen Fällen wieder ein heftigeres locales Spannungsgefühl, öfters noch der Zufall doch schliesslich die Diagnose ermöglicht zu haben. Natürlich muss bei einem Verdacht auf einen serösen Inhalt der Kieferhöhle die Punction mit nachfolgender Aspiration angewandt werden, da bei der Ausspülung der seröse Inhalt leicht übersehen werden könnte.

Kiefercysten. Ich will mich hier darauf beschränken, einige differential-diagnostische Momente zwischen Empyem der Kieferhöhle und Kiefercyste hervorzuheben.

Im Allgemeinen kann eine Verwechslung schwer stattfinden, da die Symptome vollkommen verschieden sind. Die gewöhnlichen, durch eine Kiefercyste hervorgerufenen Symptome sind: Aufblähung der Knochenwand gegen die fossa canina mit Pergamentknistern, ein Symptom, welches bei Kieferhöhlenempyem nie zu constatiren ist. Eine spontane Perforation der Kiefercyste findet meist gegen die fossa canina zu statt; gelangt man hierbei durch die Fistelöffnung in eine grössere, medianwärts gelegene Höhle, so könnte es im ersten Momente scheinen, dass man sich in der Kieferhöhle befindet. Allein es muss eine Fistelbildung an der fossa canina von vornherein eher für eine Kiefercyste, als für ein Empyem sprechen, da sie bei einem Empyem fast niemals vorkommt. Der von mir erwähnte Fall von einem periostalen Zahnabscess, welcher gleichzeitig nach aussen und nach innen durchbrach, dürfte als eine grosse Seltenheit dastehen. Aber auch hievon abgesehen, zeigt im Falle des Vorhandenseins einer Kiefercyste die von der Fistelöffnung her vorgenommene Ausspülung, dass das Wasser durch die Fistelöffnung zurückkehrt, dass somit die ausgespülte Höhle von der Kieferhöhle getrennt sein muss. Nur in denjenigen Fällen, in welchen die Ausdehnung und der Durchbruch einer Kiefercyste gegen die Kieferhöhle zu stattgefunden hat, dürfte die Differentialdiagnose grosse Schwierigkeiten darbieten. Nach Kunert (54) hat die Cyste einen mehr krümeligen, das Empyem einen mehr zähen, schleimigen oder citrigen Inhalt; eine Angabe, welche ich als nicht immer zutreffend bezeichnen muss. Entscheidend müsste jedenfalls die mikroskopische Untersuchung der

Cystenmembran sein (Kunert), was jedoch die Radicaloperation durch die fossa canina voraussetzt.

Ich habe mehrere Fälle von Kiefercysten gesehen und operirt, von welchen einige nach aussen in die fossa canina, andere in die Kieferhöhle durchgebrochen waren. Auch in letzteren Fällen habe ich aber immer gleichzeitig eine Ausdehnung gegen die fossa canina gesehen.

Therapie.

Bei der Therapie des Kieferhöhlenempyems ist zu berücksichtigen: 1. die Entfernung der Krankheitsursache, 2. der ungehinderte Abfluss des in der Kieferhöhle angesammelten pathologischen Secretes.

Der ersten Anforderung; Entfernung der Krankheitsursache können wir nur selten genügen, da die Ursachen, in deren Gefolge das Empyem auftritt zumeist unbekannt, daher einer Behandlung nicht zugänglich sind.

Es sind fast nur einzelne Fälle von Empyemen dentalen Ursprunges, in welchen wir wenigstens theilweise der causalen Indication genügen können. In diesen Fällen extrahiren wir die schuldtragende kranke Zahnwurzel, spalten den periostalen Abscess und entfernen das im Verlaufe einer intensiven periostalen Eiterung eventuell nekrotisch gewordene Knochenstück. Nur selten wird man Gelegenheit finden, durch Extraction eines in die Kieferhöhle eingedrungenen Fremdkörpers der causalen Indication zu genügen.

In den häufigsten Fällen kann die Therapie nur dem zweiten Postulat, der Herstellung eines regelmässigen, ungehinderten Secretabflusses genügen. Die Erfüllung dieses Postulates ist in vielen Fällen schon an und für sich geeignet die Heilung herbeizuführen, und sie bleibt in jedem Falle die conditio sine qua non einer einzuleitenden Therapie.

Um den Ueberblick über die recht zahlreichen diesbezüglichen Verfahren zu erleichtern, will ich vor allem die verschiedenen Methoden und erst nachher ihre speciellen Indicationen besprechen.

In principieller Hinsicht stehen sich zwei Methoden gegenüber· *a)* Die conservative Methode, *b)* die operative Methode.

a) Conservative Methode.

Diese besteht in der systematischen Ausspülung der Kieferhöhle durch das ostium maxillare oder durch ein vorhandenes ostium accessorium. Nur in seltenen Fällen kommt auch die Probepunction mit nachfolgender Ausspülung als Heilmethode in Betracht.

Ausspülung durch das ostium maxillare. In einer Reihe von Fällen ist das infundibulum und das in die Kieferhöhle führende ostium maxillare für eine Sonde, respective für einen dünnen, entsprechend (siehe Sondirung) gekrümmten Katheter zugänglich, und es lässt sich der Inhalt der Kieferhöhle mittelst der Canüle ausspülen. Viel bequemer noch als durch das ostium maxillare gelingt die Ausspülung durch ein vorhandenes ostium accessorium. An der Unmöglichkeit oder besonderen Schwierigkeit der Einführung der Canüle in einzelnen Fällen scheitert die allgemeine Anwendbarkeit dieser einfachen, jedenfalls am wenigsten eingreifenden Methode.

Gewöhnlich gelingt es noch am ehesten, in frischen, durch Polypen und Hypertrophien nicht complicirten Fällen die Canüle in das ostium maxillare einzuführen.*)

Erwähnenswerth ist es auch, dass in manchen mit zahlreichen Polypen und Hypertrophien complicirten Fällen, in welchen im Beginne der Behandlung der Einführung der Canüle unüberwindliche Schwierigkeiten sich in den Weg stellen, diese später nach Entfernung der Polypen sehr leicht gelingt.

Soll dieser Methode als therapeutischem Mittel einige Berechtigung zukommen, dann muss vor allem die Frage erörtert werden: Ist eine gründliche Entfernung des Secretes bei Ausspülung durch das ostium maxillare möglich oder nicht? Die Beantwortung dieser Frage hängt vollkommen von der in der Anatomie erörterten Weite des Ausführungsganges ab. Es ist zweifellos, dass in einer Anzahl von Fällen, falls neben der Canüle noch etwas Raum übrig bleibt, der Eiter, selbst wenn er klumpig ist, durch wiederholtes Ausspülen entfernt werden kann. Wenn dagegen bei engem Ausführungsgange die Canüle eingekeilt ist, bleibt der grössere Theil des Eiters bei klumpiger Beschaffenheit in der Kieferhöhle zurück. Die eingespritzte Flüssigkeit kann in letzterem Falle wieder rein zurückfliessen, während noch ein ansehnlicher Rest des Eiters in der Kieferhöhle zurückbleibt. Ich habe zu wiederholtenmalen Gelegenheit gehabt, mich davon zu überzeugen, dass eine unmittelbar nach der Ausspülung durch das ostium maxillare ausgeführte Eröffnung der Kieferhöhle durch eine Zahnalveole eine recht erhebliche Menge klumpigen Eiters zu Tage förderte.

Jedenfalls kann diese Methode in Folge der angeführten Gründe nicht auf eine allgemeine Anwendung Anspruch erheben. Der Kranke ist überdies täglich an den Arzt gebunden, denn nur in sehr seltenen Fällen erlernen es die Kranken [Weil (16)], die Canüle selbst in das ostium maxillare einzuführen.*)

Bequemer als durch die natürliche Oeffnung ist die Ausspülung der Kieferhöhle durch ein eventuell vorhandenes ostium accessorium zu bewerkstelligen. Auch ist die Ausspülung durch letzteres mit geringeren Beschwerden als die Ausspülung durch das ostium maxillare verknüpft. Dies rührt von der membranösen Beschaffenheit der Ränder des ostium accessorium her.

Die zum Zwecke der Ausspülung anzuwendende Biegung der Canüle ist beiläufig dieselbe wie die behufs Sondirung durch die natürliche Oeffnung angegebene; da wie dort muss die Biegung der Canüle, je nach den vorhandenen räumlichen Verhältnissen in dem mittleren Nasengange, eine wechselnde sein.

---

*) Ueber die Bedingungen der Sondirbarkeit des ostium maxillare siehe normale Anatomie

**) Ein Vorgehen, das mir durchaus unsympathisch ist, da ich es aus verschiedenen Gründen nicht richtig finde, dass die Patienten selbst mit einer Canüle in ihrer Nase manipuliren.

Ueber die Leistungsfähigkeit der Ausspülungen durch das ostium maxillare und accessorium sind die Autoren verschiedener Meinung. Während Hartmann (41), Störk (55), Weil (l. c.) diese Methode als die hauptsächlich in Betracht kommende ansehen, wollen die meisten anderen Autoren dieselbe nur ausnahmsweise gelten lassen und ihr bei chronischen Empyemen jede Heilwirkung in Abrede stellen. Wie fast immer bei extremen Ansichten, liegt meines Erachtens auch hier das Richtige in der Mitte. Vor allem muss betont werden, dass bei acuten Empyemen die Ausspülung, falls dieselbe anstandslos ausgeführt werden kann, nahezu immer genügt, um längstens innerhalb weniger Wochen die Heilung herbeizuführen. Ganz anders steht es mit den chronischen Empyemen, insbesondere mit solchen von längerer Dauer, von der Dauer weniger Monate bis zu mehreren Jahren. Hier versagt die Methode zumeist. Allerdings muss ich gestehen, dass diese Regel keine allgemeine Geltung hat; denn es gelingt zuweilen auch bei älteren Empyemen, mittelst relativ weniger Ausspülungen Heilung herbeizuführen.[*]) Es ist schwer, von vornherein die Fälle zu qualificiren, bei welchen voraussichtlich diese Methode zum Ziele führen wird. Da aber diese Ausspülung für die Kranken mit Ausnahme des Umstandes, dass sie täglich beim Arzt vorsprechen müssen, den geringsten Eingriff bedeutet, ist es angezeigt, überall dort, wo die Kranken operationsscheu sind, mindestens den Versuch zu machen, während einiger Zeit dieselbe anzuwenden; allerdings muss angedeutet werden, dass im Falle des Versagens ein operativer Eingriff zu gewärtigen ist.

Es ist wichtig zu wissen, dass die ersten Ausspülungen nach der Angabe der Kranken in der Regel von einem grossartigen Erfolge begleitet sind. Sehr oft nimmt die Secretion schon nach den ersten Ausspülungen rapid ab; aber ein Rest bleibt doch täglich zurück. Diesen Rest wegzubringen, gelingt eben in der Mehrzahl der chronischen Fälle nicht. Zuweilen kann sogar vollkommener Stillstand der Secretion eintreten. Wie man aber die Ausspülungen sistirt, fängt die Schleimhaut der Kieferhöhle wieder zu secerniren an oder thut dies nach wenigen Tagen, im besten Falle nach wenigen Wochen im Anschlusse an den nächsten acuten Schnupfen; dann ist nur nutzlos Zeit vergeudet worden. Es sind deshalb anfängliche oder bald eingetretene Besserungen mit Vorsicht zu beurtheilen. Ich habe eine ganze Anzahl derartiger Recidiven gesehen.

b) Operative Methoden.

Diese umfassen, je nach dem einzuschlagenden Wege, die Eröffnung 1. durch den processus alveolaris, 2. durch den unteren Nasengang, 3. durch die fossa canina.

1. **Die Eröffnung der Kieferhöhle durch den processus alveolaris.** (*Die Cooper'sche Methode.*) Die am meisten geeigneten Stellen für die

---

[*]) Alljährlich stellt sich bei mir aus Dankbarkeit ein Kranker vor, bei welchem ich ein putrides Empyem, und gleichzeitig zahlreiche Polypen im mittleren Nasengange vorgefunden hatte. Ich habe fünfmal die Kieferhöhle durch ein ostium accessorium ausgespült und der Kranke ist seit damals geheilt geblieben.

Eröffnung sind nach den früher dargelegten anatomischen Verhältnissen die Alveole des zweiten Backenzahnes und des ersten Mahlzahnes, da die Alveolen dieser Zähne am allernächsten der Kieferhöhle
sind. Auch durch die Alveole des ersten Backenzahnes lässt sich die
Kieferhöhle in vielen Fällen noch ganz gut erreichen. Weniger empfehlenswerth ist die Eröffnung von der Alveole des zweiten Mahlzahnes
oder gar des Weisheitszahnes; da dieselben zu weit nach rückwärts
gelegen sind, ist dabei die Nachbehandlung ganz erheblich erschwert.

Nur in besonderem Ausnahmsfalle kann die Alveole eines Eckzahnes zur Anlegung der Fistelöffnung benützt werden; nämlich nur
dann, wenn erstens alle anderen Zähne der betreffenden Seite gesund
sind, und es nicht angeht, einen gesunden Zahn zu extrahiren, und
zweitens, wenn keine allzu hohe Wölbung des harten Gaumens eine
grosse Dicke des Alveolarfortsatzes erwarten lässt. — Jedenfalls soll
aber die zu bohrende Oeffnung nicht senkrecht, sondern nach rückwärts verlaufen, da, wie bekannt, die senkrechte Projection von der
Alveole des Caninus in der grossen Mehrzahl der Fälle vor die vordere Begrenzung der Kieferhöhle fällt, daher die Gefahr besteht,
vor der Kieferhöhle in die fossa canina statt in die Kieferhöhle zu
gelangen.

Steht es aber dem Operateur frei, die Alveole zu wählen, was
dann der Fall ist, wenn gleichzeitig mehrere cariöse Zahnwurzeln vorhanden sind, dann muss er sich unbedingt entweder für den zweiten
Backenzahn oder für den ersten Mahlzahn entscheiden. Eine Wurzel,
welche noch in der Alveole steckt, muss selbstverständlich früher
gezogen werden, und es ist gut, wenn die Durchbohrung der Kieferhöhle gleich oder doch sehr bald der Zahnextraction folgt, bevor noch
die Alveole mit Granulationen ausgefüllt ist.

Vor der Operation vergesse man nicht zu untersuchen, ob nicht
irgend eine vorhandene abnorme Bildung in der Kieferhöhle oder im
Alveolarfortsatze, eine Contraindication für die Cooper'sche Operation
abgibt. Als solche abnorme Bildungen sind zu bezeichnen: 1. Abnorm
hohe Gaumenwölbung, 2. circumscriptes Einsinken der fossa canina
oberhalb der zu operirenden Zahnalveole, 3. eine zu gewärtigende
Verengerung der unteren Partie der Kieferhöhle in Folge abnorm
starker Ausbuchtung der lateralen Wand des unteren Nasenganges
(Fig. 31) oder in Folge Einsinkens der fossa canina (Fig. 30) oder
endlich in Folge Combination beider letzterwähnter Anomalien.

Bei Bestehen der ersten Anomalie ist der im Knochen verlaufende Canal zu lang, die Operation daher voraussichtlich zu schmerzhaft und das spätere Tragen eines Verschlussapparates sehr belästigend. Bei Bestand der zweiten Anomalie landet man mit dem
Bohrinstrumente unfehlbar in der fossa canina, während bei der
sub 3 angeführten Bildung der Kieferhöhle das Bohrinstrument
entweder in die Nasenhöhle oder in die fossa canina, keineswegs
aber in die Kieferhöhle gelangen wird. Dass bei den erwähnten Verengerungen der unteren Partie der Kieferhöhle ein anderes Resultat
gar nicht zu gewärtigen ist, muss nach den in der Anatomie gegebenen Erörterungen völlig einleuchten.

Die Anbohrung eines zahnlosen, atrophischen processus alveolaris
stösst nur dann auf Schwierigkeiten, wenn die Atrophie des Knochens

eine hochgradige ist, da in diesem Falle dem Trepan keine genügende Angriffsfläche dargeboten wird. Sonst ist das Vorhandensein eines atrophischen processus alveolaris keine Contraindication für die Anbohrung vom Alveolarfortsatze aus; man muss nur früher die Schleimhaut und das Periost am Rande des Alveolarfortsatzes ablösen, damit das anzulegende Instrument einen Halt hat und nicht sofort abgleitet.

Die Operation selbst wird mit Hilfe der Cocaïnanästhesie aus

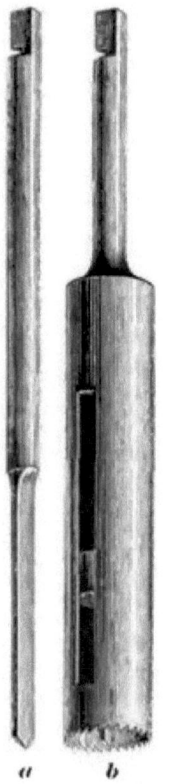
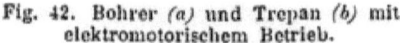

Fig. 42. Bohrer *(a)* und Trepan *(b)* mit elektromotorischem Betrieb.

Fig. 43. Canüle zum Ausspülen der Kieferhöhle von der Alveole aus.

geführt, entweder nach Einlegen eines mit 20procentiger Cocaïnlösung getränkten Wattebausches in die Alveole oder nach submucöser Injection einer 5procentigen Cocaïnlösung. Die Cocaïnanästhesie genügt, um in einer Sitzung den kranken Zahn oder die kranke Zahnwurzel zu extrahiren und die Perforation der Alveole vorzunehmen.

Für die Durchbohrung des Alveolarfortsatzes sind eine ganze Anzahl Instrumente angegeben worden, sie erfüllen alle den beabsichtigten Zweck. Am gebräuchlichsten sind der Pfriemen von Hartmann (29), der Handtrepan von Chiari (56) und der von mir (57) vor Jahren angegebene vierkantige Handbohrer.

Am bequemsten von allen Instrumenten ist indes zweifellos der durch Elektromotor getriebene Bohrer (Fig. 42 a), sowohl wegen der Schnelligkeit als auch wegen der Präcision des Operirens. Das Bohren mittelst des Elektromotors ist auch der am wenigsten schmerzhafte Eingriff. Der Durchmesser der Oeffnung soll mindestens 4 bis 5 Millimeter betragen. Engere Canäle genügen nicht für eine ordentliche Nachbehandlung.

Unmittelbar nach der Operation soll die Kieferhöhle ausgespült und nachher in den Wundcanal ein Jodoformgazestreifen eingeführt werden. Nach 3 bis 4 Tagen soll der Zahntechniker eine gut passende Verschlussplatte mit einem den Wundcanal ausfüllenden und überdies ein wenig in die Kieferhöhle ragenden Stifte anfertigen.

Der Zweck der Verschlussplatte ist: 1. Das Eindringen von Speisen aus der Mundhöhle in die Kieferhöhle zu verhindern, 2. durch das Hineinragen des Stiftes die Verengerung des Canales hintanzuhalten. Der Canal besitzt nämlich eine ausserordentliche Neigung zur raschen Verengerung, denn es genügt die Entfernung der Prothese für nur eine halbe Stunde, um sie nicht wieder einführen zu können. Der Kranke muss daher die Prothese bei Tag und bei Nacht tragen, und er darf sie nur gelegentlich der Reinigung der Kieferhöhle, allenfalls auch nach den Mahlzeiten behufs Reinigung von angelagerten Speiseresten entfernen. Wichtig ist es, darauf zu achten, dass der Stift der Prothese ein wenig in die Höhle hineinragt, da sonst sehr rasch der obere Theil des Canales mit Granulationen ausgefüllt, und das Einführen der Canüle erschwert, wenn nicht gar unmöglich wird.

In Fig. 43 ist die behufs Reinigung der Kieferhöhle anzuwendende Canüle angegeben.

Der Vorwurf, dass durch Schliessung des Canales der Hauptvortheil der Cooper'schen Operation: freier Abfluss des Secretes an der tiefsten Stelle der Höhle, verloren geht, ist berechtigt; allein die Erfahrung lehrt, dass bei mehrmaliger Spülung im Tage die Secretion bald rapid abnimmt, so dass von einer Stauung des Secretes zwischen den einzelnen Ausspülungen nicht die Rede sein kann. Ich halte das Tragen von offenen Canülen wegen des belästigenden, eckeligen Eitergeschmackes und wegen der Aspiration des Mundhöhleninhaltes in die Kieferhöhle bei forcirter Inspiration durch die Nase für ebenso unangenehm als schädlich.

2. Die Eröffnung der Kieferhöhle durch den unteren Nasengang. *[Methode von Mikulicz (58).]* Die Methode wird jetzt zumeist mittelst des von Krause (59) modificirten Instrumentes ausgeführt. Das Instrumentarium besteht aus einem gebogenen Troicart mit hölzernem oder metallenem Griff und aus einem am Ende knopfförmig angeschwollenen Conductor (Fig. 44 a und 44 b).

Vor der Operation wird die Schleimhaut des unteren Nasenganges mit 20procentiger Cocaïnlösung intensiv eingerieben, wobei insbesondere auf vollkommene Anästhesirung der oberen Partie der lateralen Nasenwand, wo die Operation auszuführen ist, geachtet werden soll. Bei Kranken, welche Cocaïn gut vertragen, kann man überdies noch einen in 20procentiges Cocaïn getauchten Wattebausch auf 5 bis 10 Minuten in den unteren Nasengang einlegen, worauf eine vollkommene Anästhesie einzutreten pflegt.

Behufs Eröffnung der Kieferhöhle wird nun der Troicart unter der Leitung des Speculums bis über die Mitte des unteren Nasenganges eingeführt. Die Spitze des Instrumentes soll nach aussen und, so weit es die räumlichen Verhältnisse gestatten, auch nach oben gerichtet sein, damit die äussere Nasenwand an der am wenigsten resistenten Stelle getroffen wird. Der Griff des Troicart wird dann, so weit es nur möglich ist, durch Verdrängung des mobilen Theiles des Septum auf die entgegengesetzte Seite gelenkt. Dieses Manöver bezweckt, die

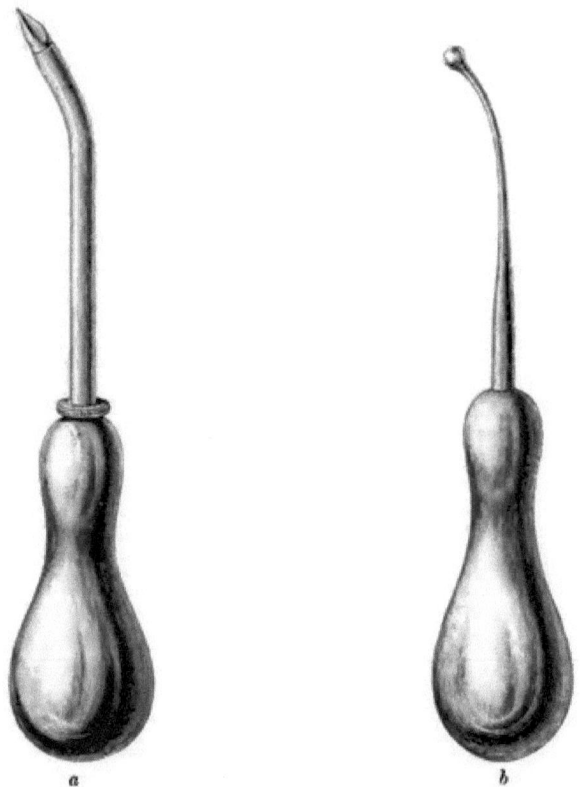

a   b

Fig. 44. Krause's Troicart *(a)* und Conductor *(b)*.

Spitze des Troicarts senkrecht zur lateralen Nasenwand zu stellen, um diese leichter durchstossen zu können. Der Kopf des Kranken muss durch einen Assistenten gut fixirt werden, da das Durchbrechen der Wand zuweilen die Anwendung grösserer Gewalt erfordert. Das Krachen von Knochenlamellen und die plötzlich auftretenden Zahnschmerzen signalisiren den stattgehabten Durchbruch. Der Griff des Troicart zeigt nach ausgeführter Operation eine von der sagittalen Richtung noch mehr abweichende Stellung. Das Septum mobile ist stark auf die entgegengesetzte Seite gedrängt, der Troicart sitzt fest und ist unbeweglich.

Nach stattgehabtem Durchbruch entfernt man nun den Stachel durch langsamen Zug mit der rechten Hand, indem man durch Gegendruck auf die Canüle mit der linken Hand die Canüle selbst am Ausgleiten verhindert. Es strömt dann durch die offene Canüle der Eiter aus der Kieferhöhle hervor. Mittelst einer an die Canüle applicirten Wundspritze oder Clysopompe lässt sich nun der Inhalt aus der Kieferhöhle ausspülen. Nach beendeter Ausspülung wird der Rest der Flüssigkeit durch wiederholtes Durchblasen von Luft zum Verdunsten gebracht und hierauf die Canüle entfernt.

Die Blutung ist gewöhnlich unbedeutend, so dass es genügt, in den unteren Nasengang ein wenig Jodol oder Jodoform einzublasen und durch Einlegen eines reinen Wattebausches in die vordere Nase die Wunde vor Staub zu schützen. Der Wattebausch muss von dem Kranken so oft als nothwendig erneuert werden.

Nicht immer geht aber die Operation so glatt von Statten, wie es in den Büchern geschrieben steht; es können verschiedene Unfälle, mit zwar nicht bedenklichen, aber immerhin belästigenden Folgen vorkommen.

Einer dieser Unfälle besteht darin, dass man nicht im Stande ist mit dem Troicart die laterale Wand durchzubrechen. Dieses Vorkommnis kann in einzelnen Fällen Schuld des Operateurs sein, in anderen ist es aber durch zufällig vorhandene anatomische Verhältnisse bedingt. Eine Schuld trifft den Operateur dann, wenn er die Spitze des Troicart nicht nach aussen und oben, sondern mehr nach unten dirigirt. Besteht nämlich in dem zu operirenden Falle ein hoher Alveolarfortsatz, und reicht die Kieferhöhle etwa nicht einmal bis zur Tiefe des Nasenbodens herab, dann drückt man den Troicart in den Alveolarfortsatz des Oberkiefers statt in die Kieferhöhle.

Es darf aber nicht übersehen werden, dass zuweilen eine tief hinabreichende und stark lateralwärts gekrümmte untere Muschel nur mangelhaft oder gar nicht das Einführen des Troicarts in die obere Partie des unteren Nasenganges gestattet. Auch Deviationen und Spinen des Septum an der zu operirenden Seite können das Einführen des Troicarts erschweren, sogar vollkommen unmöglich machen. Bei derartigen Verhältnissen ist es besser, von dieser Operationsmethode ganz abzustehen und eine der im Folgenden anzuführenden Methoden von der fossa canina aus vorzuziehen.

Ein noch beklagenswertherer Unfall ist dann zu verzeichnen, wenn der Troicart nach Eindrücken der Nasenwand die Kieferhöhle passirt und auch die faciale Wand durchbohrt. Es ist mir dies passirt, als ich bereits 15mal die Operation mit bestem Erfolge ausgeführt hatte, wo also Unerfahrenheit nicht mehr als genügender Grund gelten konnte. Tornwald berichtet über einen ähnlichen Unfall, welcher ihn veranlasste, an dem Troicart in kurzer Entfernung von der Spitze einen Ring zu befestigen, welcher ein tieferes Hineingleiten der Canüle in die Höhle verhindern soll.

Ich glaube aber, dass der Ring wenig nützen kann. Denn ragt er zu wenig hervor, dann erschwert er nicht das Hineingleiten, ist er aber zu massig, dann hindert er erheblich die Einführung in die obere Partie des unteren Nasenganges. Es ist vor Augen zu halten, dass wahrscheinlich häufiger nicht so sehr das plötzliche Hineingleiten des Troicarts, als vielmehr die spaltförmige Verengung der Kieferhöhle an dem Erscheinen des Troicarts in der fossa canina schuld trägt.

In einem Falle, wo der Unfall einem meiner Schüler passirte, konnte ich mittelst der Sonde nachweisen, dass von der lateralen Nasenwand bis in die fossa canina die Distanz kaum 7 Millimeter betrug. Der Unfall war also sehr erklärlich. Ich glaube, es wäre nicht überflüssig, einen Apparat zu construiren, mittelst dessen man die erwähnte Entfernung schon vor der Operation annähernd bestimmen könnte.

Jedenfalls soll man vor der Operation den Grad der Einsenkung der fossa canina und der Ausbuchtung des unteren Nasenganges der zu operirenden Seite genau untersuchen, ob nicht irgend eine Form der Verengerung der unteren Partie der Kieferhöhle vorliegt.

Nicht zu entschuldigen ist das Durchgehen des Troicarts in die fossa canina dann, wenn man zu weit vorne die laterale Wand des unteren Nasenganges durchbrochen und dadurch vor der Kieferhöhle operirt hat. Man muss in der Mitte des unteren Nasenganges, womöglich noch etwas weiter hinten, die Operation ausführen, weil die Ausdehnung der Kieferhöhle nach vorne sehr verschieden ist, wie dies schon bei der Probepunction durch den unteren Nasengang nachdrücklichst betont wurde.

Die weitere Behandlung besteht in der täglichen Einführung der Canüle in die Kieferhöhle. nur wird hierbei statt des Stachels der Conductor in die Canüle eingepasst. Das Einführen der Canüle ist in den der Operation folgenden Tagen immer schmerzhaft, daher der untere Nasengang immer vorher cocaïnisirt werden muss. Empfindliche Kranke müssen oft Wochen hindurch vor der Einführung der Canüle cocaïnisirt werden.*)

Da die Kranken selbst nur selten das Einführen der Canüle erlernen, sind sie genöthigt, täglich beim Arzt zu erscheinen, ein Umstand, welcher von vornherein die Anwendbarkeit der Methode bei Leuten mit angestrengter Berufsart sehr beeinträchtigt.

Die weitere Nachbehandlung besteht nun in täglicher Ausspülung der Kieferhöhle mit physiologischer Kochsalzlösung, oder einer schwachen Borsäurelösung.

Friedländer (60) hat statt der Ausspülung bei der Nachbehandlung die Trockenmethode: die Insufflation von Jodoform in die Kieferhöhle empfohlen. Er rühmt diese Methode als eine sehr wirksame. Man führt dieselbe in der Weise aus, dass der Kabierski'sche Pulverbläser an die Canüle adaptirt wird, worauf man das Pulver insufflirt.

---

*) Ich habe bei meinen Studenten öfters erlebt, dass sie die Operation prompt ausgeführt, bei der Nachbehandlung dagegen die Oeffnung nicht gefunden haben. Man soll bei der Operation, nachdem der Troicart eingestossen wurde, diejenige Stelle an letzterem, welche das Septum mobile berührt, markiren, um die Entfernung der Wunde von der Nasenspitze zu kennen. Man wird dadurch bei der Nachbehandlung die Oeffnung leichter finden und dem Kranken überflüssige Schmerzen ersparen. Hat man die Orientirung über den Ort der Durchbruchstelle verloren, dann ist es vor Einführung des Conductors immer angezeigt, mittelst einer an der Spitze stumpf abgebogenen Sonde die Oeffnung aufzusuchen, was am besten so geschieht, dass man von dem vorderen Ende des unteren Nasenganges langsam tastend, allmählich nach rückwärts dringt. Auf diese Weise findet man am leichtesten die Oeffnung und kann sich auch über ihre Weite eine beiläufige Vorstellung bilden.

Die Mikulicz'sche Methode ist von allen die künstliche Eröffnung der Kieferhöhle herbeiführenden Methoden die weitaus unbequemste. Sehr häufig entstehen in den ersten Tagen nach der Operation bei der Einführung des Conductors in Folge der unvermeidlichen Läsion der Wundränder Blutungen in die Nase oder in die Kieferhöhle, eine Quelle von grossem Unbehagen. Ueberdies ist hervorzuheben, dass eine Orientirung über das Innere der Kieferhöhle von dieser Oeffnung aus ausgeschlossen ist, während eine solche bei der Cooper'schen Methode bei genügender Weite der Oeffnung doch einigermassen erreichbar ist. Vor der Cooper'schen Methode hat die Methode von Mikulicz nur den einen Vortheil, dass bei letzterer das Tragen einer Prothese wegfällt.

3. Die Eröffnung der Kieferhöhle durch die fossa canina. *(Methode von Küster.)* Die beiden bisher angeführten Operationsmethoden konnten nur dem Zwecke dienen, durch systematische Ausspülungen, Injectionen von medicamentösen Flüssigkeiten, Gazetamponade (bei der Cooper'schen Methode) die Schleimhaut von dem Secrete zu entlasten und dieselbe im Allgemeinen günstig zu beeinflussen. Die Erfahrung zeigte indes bald, dass bei einer grossen Anzahl von älteren Empyemen, obwohl durch die systematische Entleerung des Eiters eine erhebliche subjective Besserung geschaffen wurde, die definitive Heilung sehr lange auf sich warten liess und häufig gar nicht erfolgte. Die Ursache dieses leider nur zu oft vorkommenden Ereignisses liegt in dem Umstande, dass bei älteren Empyemen häufig derartig hochgradige Veränderungen in der Schleimhaut platzgreifen, dass eine restitutio ad integrum nicht mehr möglich ist. Es muss demnach die Methode Küster's, die Kieferhöhle in weitem Umfange freizulegen, um das Innere derselben dem Gesichts- und dem Tastsinn direct zugänglich zu machen als ein grosser Fortschritt in der chirurgischen Behandlungsmethode des chronischen Kieferhöhlenempyems begrüsst werden. Küster wählte die für die breite Eröffnung der Kieferhöhle am meisten zweckdienliche faciale Wand, die fossa canina, weshalb die Operation auch als „Resection der facialen Wand" oder „breite Eröffnung der Kieferhöhle" bezeichnet wird.

Obwohl die genannte Operation schon im vorigen Jahrhundert von Lamorier (61) und später von Desault (62) geübt wurde, gebührt doch Küster (63) das Verdienst, die Methode von neuem hervorgesucht und ihre Anwendung mit den geltenden modernen Gesetzen der Chirurgie begründet zu haben. Küster führt die Operation unter Cocaïnanästhesie in der Weise aus, dass er an der facialen Wand der Kieferhöhle Schleimhaut und Periost abhebt und in den Knochen eine beiläufig kleinfingergrosse Oeffnung macht, durch welche er die Höhle, insbesondere den Boden der Höhle auf cariöse Zahnwurzeln untersuchen kann. — Die Methode Küster's hat seit ihrer Publication vielfache Aenderungen erfahren. Die Aenderungen beziehen sich hauptsächlich auf den Umfang der Oeffnung und auf diejenigen Massnahmen, welche zur Heilung der hochgradig veränderten Schleimhaut beitragen.

Ich werde im Folgenden nur diejenigen Varietäten der Methode genauer anführen, von welchen ich glaube, dass sie bestimmten Indicationen entsprechen.

Vor allem sei darauf hingewiesen, dass die Küster'sche Methode von allen operativen Eingriffen diejenige ist, welche die universellste Anwendung gestattet. Sie kann ausnahmslos Ersatz bieten für die Cooper'sche und Mikulicz'sche Methode, und sie leistet überdies um vieles mehr, da sie die Höhle breit zugänglich macht. Die Anwendung dieser Methode hat somit eine Berechtigung sowohl in relativ frühen, nur Wochen oder Monate lang andauernden, als auch in älteren, Jahre lang währenden Fällen. Je nachdem das Empyem relativ frischen oder älteren Datums ist, also nur eine kleine Oeffnung behufs Erzielung eines genügenden Eiterabflusses, beziehungsweise eine breite Eröffnung behufs genauer Orientirung in der Höhle angezeigt ist, führe ich die Operation in verschiedener Weise aus.

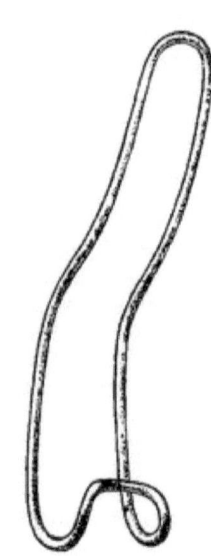

Fig. 45. Mundspiegel von M. Sternberg.

a) In ersteren Fällen wird, nachdem die Oberlippe mittelst des Sternberg'schen Mundspiegels (Fig. 45) stark aufwärts gezogen wurde, über dem zweiten Prämolaris nach einer submucösen und subperiostalen Cocaïninjection nahe der Uebergangsfalte ein horizontaler, beiläufig 2 bis 3 Centimeter langer Schnitt gemacht, welcher Schleimhaut, submucöses Gewebe und auch das Periost durchtrennt. Die Blutung steht gewöhnlich rasch nach Andrücken eines Tampons. Während ein Assistent die beiden Wundränder mittelst stumpfer Haken auseinander hält, wird das Periost mit Hilfe eines Raspatoriums gegen die Wundränder zu, also nach oben und nach unten geschoben. Ich lege hierauf meinen durch Wechselstromelektromotor betriebenen Trepan von 5 Millimeter Durchmesser auf die entblösste Knochenwand und in wenigen Secunden ist ein dem Umfange des Trepans entsprechendes Loch in die faciale Wand der Kieferhöhle gebohrt. Die Schmerzen, welche durch diese Operation hervorgerufen werden, sind immer erträglich. Selbst sehr empfindliche Kranke sind darüber erstaunt, wie wenig der Eingriff schmerzt. Nach vollendeter Operation spüle ich die Kieferhöhle aus, tamponire dann für die Dauer von 3 bis 5 Tagen die Oeffnung mit Jodoformgaze und lasse dann entweder eine dem Umfange des Bohrloches entsprechende Prothese aus vulcanisirtem Kautschuk oder irgend einen anderen Stöpsel aus Hartgummi einlegen,*) welchen der Kranke leicht einführen und entfernen lernt. Der Kranke spült sich mehrmals täglich mittelst einer Hartgummicanüle, welche der bei der Cooper'schen Methode angewandten vollkommen ähnlich ist, die Kieferhöhle aus; überdies hat er den Auftrag, sich inzwischen mehreremale am Tage nach Entfernung der Prothese oder des Stöpsels mit abgehobener Wange auf der erkrankten Seite zu schneuzen, wodurch das jeweilig angesammelte Secret leicht aus der Kieferhöhle ausgepresst wird.

---

*) Sehr empfehlenswerth sind die von Herzfeld angegebenen Gummistöpsel von verschiedenem Durchmesser, verfertigt von Eitelberg, Gummifabrik, Berlin, Kopernikerstrasse 114.

Das einzig Unbequeme bei der geschilderten Operation ist die mehrere Tage andauernde Schwellung der Weichtheile der Wangen, wodurch der Kranke genöthigt ist, ein paar Tage zu Hause zu bleiben. Im Uebrigen lässt die Methode nichts zu wünschen übrig. Wichtig ist es nur. bei der Nachbehandlung dem Kranken einzuschärfen, dass er die Prothese nach der Reinigung sofort wieder in die Oeffnung einlege, denn es genügt eine relativ kurze Zeit zur erheblichen Verengerung des Loches.

Die soeben geschilderte Operationsmethode weicht in einem Punkte von der ursprünglichen Küster'schen Methode ab, nämlich in der Grösse der Oeffnung. Das Bohrloch von 5 Millimeter gestattet durchaus keine Orientirung in Bezug auf die Beschaffenheit des Innern der Kieferhöhle. Ich betrachte deshalb auch die geschilderte Operation nur als ein Aequivalent für die Cooper'sche, eventuell Mikulicz'sche Operation, welche den Zweck haben soll, die Nachbehandlung bequem und unabhängig vom Arzte ausführen zu können. Eine Indication für diese Operation besteht demnach nur in relativ frischen, ein paar Wochen oder bestenfalls Monate lang dauernden Fällen, in welchen voraussichtlich noch keine irreparable Veränderungen in der Kieferhöhlenschleimhaut zu gewärtigen sind, und demnach begründete Aussicht vorhanden ist, dass Ausspülungen allein zum Ziele führen werden. Ich führe die Operation in derartigen Fällen mit grosser Vorliebe aus, es haften ihr keine der den beiden früheren Methoden innewohnenden Nachtheile an. Bei intactem Gebiss, wo die Extraction eines gesunden Zahnes nicht gestattet ist, oder bei einer eventuell vorhandenen Verengerung der unteren Kieferhöhlenpartie ist sie die einzig verlässliche Operationsmethode, welche in Betracht kommen kann.

b) Die zweite Methode besteht in einer breiten Eröffnung der fossa canina, in eventueller Wegschaffung des grössten Theiles oder gar der ganzen facialen Wand der Kieferhöhle.

Bei älteren Empyemen, insbesondere aber bei solchen, bei welchen schon früher die längere Zeit fortgesetzte Ausspülung durch eine engere Oeffnung im Stiche liess, ist zu erwarten, dass die Schleimhaut in Folge hochgradiger pathologischer Veränderungen nicht mehr zur Norm gebracht werden kann. In diesen Fällen wende ich einen Trepan von 12 Millimeter Durchmesser an (Fig. 42 b). Die Durchtrennung der Schleimhaut und des Periostes geht in derselben Weise, wie unter a) geschildert wurde, vor sich, nur wird der Schnitt entsprechend der grösseren Oeffnung, ein wenig weiter nach vorne bis zum Caninus und weiter nach rückwärts bis zum zweiten Molaris verlängert. Bei weniger empfindlichen Menschen genügt auch hier die Cocaïnanästhesie vollkommen. Bei ängstlichen oder gegen Cocaïn empfindlichen Individuen soll die Operation in der Chloroformnarkose ausgeführt werden. Nach Abhebung des Periostes wird die Krone des Trepans angelegt, welche indes in Folge der ungleichmässig gewölbten Fläche der fossa canina fast niemals vollkommen der vorderen Wand anliegt; hierdurch geschieht es, dass der Trepan fast niemals die ganze Knochenwand gleichzeitig durchschneidet. Man muss dann noch den Meissel zu Hilfe nehmen, um den vom Trepan umschnittenen Knochentheil vollkommen zu entfernen. Im Uebrigen kann die Knochenwand mittelst des Meissels allein auch ohne Trepan gut eröffnet werden. Die Blutung lässt sich gewöhnlich durch Compression mit Gaze in einigen Minuten stillen, man muss jedoch auch darauf gefasst sein, ein paar kleine spritzende Arterien fassen zu müssen.

Nach Eröffnung der Kieferhöhle soll dieselbe mittelst schwacher antiseptischer Lösung gereinigt werden, worauf die Besichtigung der Kieferhöhle folgt. Nach meiner Erfahrung gelingt dies bei der Operation selbst nur selten ganz tadellos. Es sickert doch immer etwas Blut in die Wundöffnung, wodurch der vollkommene Ueberblick gestört wird. Es genügt indes meiner Ansicht nach vollkommen, wenn man bei der Operation nur über grobe Verhältnisse orientirt wird. Man wird durch Einführung des kleinen Fingers ganz gut constatiren können, ob in der Höhle ausgiebige Schleimhautwucherungen oder gar Geschwülste (Polypen oder Cysten) vorhanden sind. Findet man dergleichen, dann

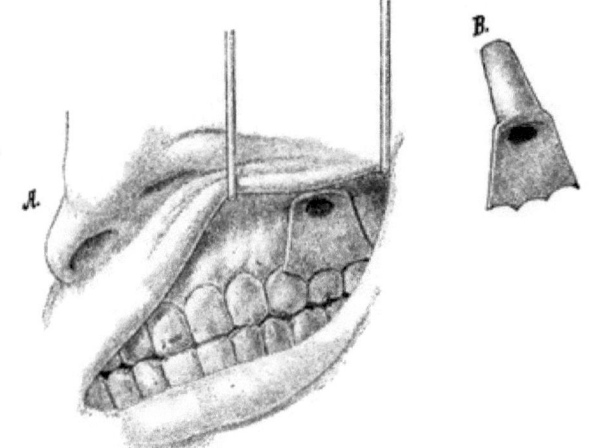

Fig. 46. Prothese nach der Küster'schen Operation. In *A* ist die Prothese eingepasst, in *B* im Ganzen sichtbar.

ist es zweckmässig, mittelst Knochenzange von der vorderen Wand noch mehr zu entfernen, um später die ganze Höhle bequem speculiren zu können. Ich tamponire hierauf die Kieferhöhle recht genau mit Jodoformgaze, setze diese Tamponade bis in die Schleimhautwunde fort, damit die äussere Oeffnung nicht kleiner werde. Erst nach 5 bis 6 Tagen entferne ich die Jodoformgaze vorsichtig, damit keine Blutung entsteht.

Die Jodoformgazetamponade wird nun so lange, gewöhnlich im Ganzen 14 Tage, fortgesetzt, bis die Wundränder granuliren. Ich lasse hierauf von einem Zahnarzte eine genau passende Prothese anfertigen. In Fig. 46 habe ich in *A* die Lage der Prothese in der Kieferhöhle, in *B* die Form der ganzen Prothese abbilden lassen. Der in die Höhle hineinragende Stöpsel ist central durchbohrt, so dass die Kieferhöhle stets ventilirt wird. Ich halte die Befestigung einer solchen Prothese an einem Zahne mittelst Klemme, wie dies Jansen (64) gethan hat, für gänzlich überflüssig, da die Prothese durch die anliegende Wange am Hinausgleiten aus der Oeffnung verhindert wird. Die Prothese muss natürlich Tag und Nacht getragen werden, da die Oeffnung eine ausserordentliche Tendenz zur Verengerung besitzt. Es vergehen, von dem Zeitpunkte der Operation an gerechnet, mindestens noch 14 Tage, ehe die Anpassung der Prothese perfect wird.

Die Eröffnung der fossa canina sammt Herstellung der Prothese bilden jedoch nur die Einleitung der ganzen Behandlung, da die weiteren detaillirten Massnahmen erst jetzt mit der vorzunehmenden Speculirung der Höhle anfangen. Zur Speculirung verwende ich kleine Trichter, welche sich von den Ohrentrichtern nur durch ihren, dem Loche in der fossa canina entsprechenden, grösseren Durchmesser unterscheiden. Auch kleine Spiegel von 6 bis 7 Millimeter bis 1 Centimeter Durchmesser lassen sich durch die Oeffnung in die Höhle bringen und so die verschiedenen Ecken und Buchten der Kieferhöhle überblicken. Die weiteren therapeutischen Eingriffe müssen nunmehr je nach dem vorgefundenen Befunde eingerichtet werden. Am constantesten finden sich erhebliche Wucherungen der Schleimhaut in der Gegend des ostium maxillare, welche Gegend, von der Oeffnung in der fossa canina aus gesehen nach innen und oben liegt. In drei Fällen fand ich auch an dieser Stelle Polypen. Doch kommen auch am Boden und an den übrigen Wänden der Kieferhöhle circumscripte Wulstungen der Schleimhaut vor. Diese Wucherungen haben zumeist den Charakter der oedematösen Hypertrophien, selten sind sie von derberer Consistenz. Die Schleimhautwucherungen lassen sich mittelst eines eingeführten scharfen Löffels oder mittelst Curette entfernen. In den Fällen, wo Polypen in der Gegend des ostium maxillare vorhanden waren, konnten dieselben mit der Schlinge leicht entfernt werden. Die nach Entfernung der Polypen und der Wucherungen zu übermässiger Granulationsbildung neigenden Stellen soll man nach 2 bis 3 Tagen mit Trichloressigsäure ätzen, worauf dann rasch eine Uebernarbung zu erfolgen pflegt. Sehr häufig findet man an der Innenwand der Kieferhöhle von Epithel entblösste und hämorrhagisch gefärbte Stellen. Diese pflege ich nach entsprechender Cocaïnisirung ebenfalls mit Trichloressigsäure zu ätzen, so dass bald eine Uebernarbung erfolgt.

Ich halte nunmehr nach mehrjährigem Hin- und Hertasten die geschilderte Methode für diejenige, welche relativ am meisten Garantien für die Ausheilung des Empyems verbürgt. Sie beruht auf folgendem Principe: Breite Eröffnung der Kieferhöhle, Inspection der Kieferhöhle und locale Behandlung letzterer.

Ich darf nicht unerwähnt lassen, dass nahezu in allen Fällen an dem der Kieferhöhle zugewandten Wundrande schon wenige Tage nach dem Tragen der Prothese üppige Granulationen aufschiessen, welche den Einblick in die Höhle stören. Ich entferne dieselben gründlichst mittelst des scharfen Löffels nach vorheriger Cocaïnisirung und verätze den Wundrand überdies energisch mit Lapis in Substanz oder noch besser mit Trichloressigsäure. Es überhäutet sich nachher der innere Wundrand von der Kieferhöhle aus, wodurch die weitere Nachbehandlung erheblich erleichtert wird.

Ich habe in dieser Weise bisher in 24 Fällen die Behandlung ausgeführt, in fünf Fällen in einer kaum ein Jahr lang dauernden Behandlung vollkommene Heilung erzielt. In vier der geheilten Fälle wurde Jahre lang vorher von der Oeffnung einer Alveole aus die Kieferhöhle erfolglos behandelt. In den übrigen Fällen ist der verflossene Zeitraum noch zu kurz, um von einer Dauerheilung sprechen zu können. Fünf Fälle haben sich der Behandlung entzogen, kommen somit nicht in Betracht.

Die sub 2 dargestellte Operationsmethode, welche sich noch am meisten mit der von Küster vorgeschlagenen in Bezug auf die Grösse der Oeffnung deckt, erleidet indes in gewissen Fällen einige Abänderungen. Finde ich schon nach der Eröffnung mit dem Trepan die der Oeffnung anliegende Schleimhaut hochgradig verdickt, eventuell in ein weiches Granulationspolster umgewandelt, dann begnüge ich mich nicht mit der vom Trepan gemachten Oeffnung, sondern entferne nach der Methode Jansen's (l. c.) so viel von der facialen Wand, als dies nur angeht, um die Höhle und ihre Buchten noch besser überblicken zu können. So weit ich aus der Darstellung Jansen's ersehe, schabt er dann die ganze Kieferhöhle aus, so dass gar keine Schleimhaut in der Kieferhöhle zurückbleibt.

Ich habe mich zu diesem letzteren Eingriffe bisher nicht bemüssigt gefühlt, da ich eine so hochgradige Veränderung in der Kieferhöhle. wie sie Jansen schildert: vollkommene Umwandlung der Mucosa in Granulationsgewebe,[*] Sequesterbildung etc. noch nie gesehen habe; sehr oft fand ich flache und hügelige Hypertrophien, epithellose Stellen, auch circumscripte Granulationen, aber immer nur an einzelnen Stellen; andere Stellen waren noch in relativ gutem Zustande und vom Epithel nicht entblösst. Solche epitheltragende Stellen sind aber meines Erachtens für eine Heilung von unschätzbarem Werthe, da von ihnen aus die Uebernarbung der curettirten und cauterisirten Stellen erfolgen soll. Diese Uebernarbung ist, wie mir scheint, in vielen Fällen, in welchen man die totale Ausräumung vornahm, selbst nach Jahren nicht erfolgt. Eine von Schleimhaut entblösste Kieferhöhle kann aber nur durch Uebernarbung von der gesunden Schleimhaut her zur Ausheilung gelangen. Eine Verödung der Kieferhöhle durch Granulationsbildung, wie sie bei der Stirnhöhle nach Radicaloperation zumeist erreichbar ist, scheint mir bei der Kieferhöhle bisher nicht erzielt worden zu sein.

Soll nun eine Uebernarbung von umfangreichen verwundeten und granulirenden Stellen der Kieferhöhle erfolgen, so ist die Erhaltung einzelner Inseln von epithelbedeckter Schleimhaut geradezu unbedingt nothwendig. Deshalb bin ich nicht für die sofortige totale Ausräumung der Schleimhaut. Zwar hat Jansen in seinen Fällen, indem er den Schnitt gleich über der Zahnreihe ausführte, einen umfangreichen Schleimhautperiostlappen mit der Basis nach oben gebildet und nachher diesen Lappen in die Kieferhöhle hineintamponirt, um die Ueberkleidung der Kieferhöhle von diesen Lappen aus

---

[*] Ich verstehe unter Granulationen unter allen Umständen nur epithelentblösste Stellen, also veritable Geschwürsflächen; wenn die Schleimhaut papillomatöse Wucherungen aufweist, so haben diese zumeist den Charakter von Hypertrophien und nicht von Granulationen.

leichter zu ermöglichen. Die Erfolge scheinen aber keine befriedigenden gewesen zu sein. Deshalb, und weil ich selbst noch nie so hochgradige totale Degenerationen der Schleimhaut, wie sie Andere schildern, gesehen habe, bin ich der Ansicht, dass man selbst nach breitester Eröffnung der Kieferhöhle die nur wenig veränderten Stellen der Schleimhaut übrig lassen soll, um die Uebernarbung anderer Stellen um so leichter zu ermöglichen. Auch bin ich dafür, dass, wenn die Nothwendigkeit sich ergeben sollte, mehrere umfangreiche Stellen der Kieferhöhlenauskleidung zu curettiren, dies nicht auf einmal, sondern mit Einhaltung von längeren Pausen erfolgen soll; denn curettirt man gleichzeitig umfangreiche Stellen, dann passirt es, wie Jaħsen vollkommen richtig bemerkt hat und ich ebenfalls bestätigen muss, dass man sich der üppigen Granulationsbildung nicht erwehren kann.')

Nachbehandlung.

Die Nachbehandlung des Kieferhöhlenempyems ist von grosser Wichtigkeit, ihre mangelhafte Ausführung trägt oft schuld an einer verzögerten oder gänzlich ausbleibenden Heilung. Die Nachbehandlung bezweckt hauptsächlich: 1. Die regelmässige und möglichst häufige Entleerung des Secretes, 2. die endonasale Controle über das Vorhandensein von die Heilung störenden Vorkommnissen.

---

*) *Methode von Boenninghaus.* Sollte die Entfernung der gesammten Kieferhöhlenschleimhaut wegen hochgradiger Degeneration nicht zu umgehen sein, dann dürfte die von Boenninghaus angegebene Methode geeignet sein, die ganze Wundfläche mit Schleimhaut, beziehungsweise mit Narbengewebe zu überziehen.

Das Wesen der Methode besteht darin, dass nach breitester Eröffnung von der fossa canina aus zuerst die total degenerirte, in Granulationsgewebe umgewandelte Schleimhaut ausgekratzt wird. Dieser erste Theil der Operation ist mit der von Jansen erweiterten Küster'schen Methode vollkommen identisch.

Sodann wird auch der untere Theil der medialen Kieferhöhlenwand, die nasale Wand, resecirt. Unter dem Ansatze der unteren Muschel meisselt man die nasale Wand besonders vorsichtig ab, um die nasalwärts liegende Schleimhautbekleidung nicht zu verletzen. Auch die übrigbleibende untere Muschel wird jetzt von der Schleimhautbekleidung isolirt und ausgebrochen.

Die Knochenplättchen in der oberen Hälfte der medialen Kieferhöhlenwand, welche in ihrem hinteren Abschnitte nur die dünnen Fortsätze des processus uncinatus enthält, werden mit einem scharfen Löffel ebenfalls leicht entfernt, worauf als einzige hemmende Schichte zwischen Kieferhöhle und Nasenhöhle, die durch die erwähnten Manipulationen zumeist vielfach lädirte nasale Schleimhaut übrig bleibt. Letztere wird nun von der Nasenhöhle aus mit einer Kornzange durchgestossen und hierauf die ganze Schleimhaut von der Nasenhöhle aus in die Kieferhöhle hineintamponirt. Diese Schleimhautfetzen wachsen nun an die ausgeschabte Innenfläche der Kieferhöhle an. Ebenso werden die Schleimhautlappen von den Wundrändern der fossa canina aus in die Kieferhöhle hineintamponirt und die Tampons erst nach 4 bis 5 Tagen herausgenommen. Die Nachbehandlung besteht in täglich zweimaligen Ausspülungen, ferner in Controle des Heilungsvorganges an der Innenfläche der Höhle. Bei überwuchernden Granulationen hilft man mit dem Lapisstifte nach.

Die Operation erfordert natürlich Chloroformnarkose, da der Eingriff ein erheblicher ist. Die Vortheile der Methode sind aber in Fällen hochgradiger und totaler Erkrankung der Kieferhöhlenschleimhaut offenkundig: Transplantation von gesunder Schleimhaut auf umfangreiche Stellen der Kieferhöhle, Schaffung einer grossen Angriffsfläche gesunden Epithels, von welcher aus die Vernarbung leichter erfolgen kann. Jansen hat in neuester Zeit Haut vom Oberschenkel mit Erfolg in die curettirte Kieferhöhle transplantirt.

1. Die regelmässige Entleerung des Secretes wird zumeist mittelst Ausspülung vorgenommen. Als Spülflüssigkeit dient am besten eine laue physiologische Kochsalzlösung oder schwache Borsäurelösung. Stärkere antiseptische Lösungen reizen die Schleimhaut zu stark, sind daher direct schädlich. Zur Ausspritzung eignet sich am besten die Wundspritze oder eine Druckpumpe, weniger der Irrigator, weil dieser die Flüssigkeit mit zu geringem Druck durch die Höhle treibt. Insbesondere wenn die Abflussöffnung durch die Nase, das ostium maxillare, zu enge ist, pflegt die Ausspülung mit dem Irrigator sehr mangelhaft vor sich zu gehen; sonst genügt der Irrigator in mässiger Höhe für die Ausspülung. Es ist dies bei manchen Kranken, welche fortwährend auf den Beinen, oder auf sich selbst angewiesen sind, von Wichtigkeit. In Fällen von subacutem oder chronischem Empyem mit sehr intensiver Secretion wende ich des öfteren die Massenausspülung an. Diese besteht in dem Durchfliessenlassen von mehreren Litern lauer Flüssigkeit von obiger Zusammensetzung. Ich fand nämlich, dass die Ausspülungen häufig deshalb mangelhaft sind, weil einzelne compactere Klümpchen von Schleim mit Eiter in der Höhle zurückbleiben, trotzdem die durch die Nase abfliessende Spülflüssigkeit vollkommen rein ist. Diese kleinen Klümpchen pflegen erst nach lang dauernder Spülung, wie dies bei Massenspülungen der Fall ist, entfernt zu werden. Die Anzahl der täglich nothwendigen Spülungen wechselt je nach der Intensität der Secretion. Es gibt Empyeme der Kieferhöhle von so profuser Secretion, dass die Kieferhöhle schon 2 bis 3 Stunden nach stattgehabter Reinigung wieder voll Secret ist. In anderen Fällen ist die Secretion nicht so reichlich, und es genügt eine zweimalige Ausspülung am Morgen und am Abend.

Die Secretion wird nach den Ausspülungen bald vermindert, ebenso wie ein eventuell vorhanden gewesener Fötor bald schwindet. Bei constanter Abnahme der Secretion soll die Zahl der täglichen Ausspülungen vermindert werden. Ich pflege folgenden Vorgang zu beobachten: In der ersten Zeit nach der Eröffnung der Kieferhöhle lasse ich letztere dreimal täglich ausspülen, so lange, bis es sich zeigt, dass das Spülwasser nur mehr sehr wenig Secret enthält. Dann lasse ich nur zweimal ausspülen und es zeigt sich gewöhnlich, dass jetzt im Spülwasser etwas mehr Secret erscheint, da die Zeitdauer, innerhalb welcher das Secret sich ansammelt, grösser ist. Die Verminderung der Ausspülungen hat den Zweck: 1. Nicht überflüssig die Kieferhöhle durchzuspülen, da ja der therapeutische Werth der Ausspülung einzig und allein darin besteht, das Secret nur mechanisch wegzuschaffen. 2. Ueber den Grad der bestehenden Secretion der Kieferhöhle nicht getäuscht zu werden. Je seltener man spült, um so deutlicher manifestirt sich die noch vorhandene Secretion, weil die Intervalle genügen, um neues Secret ansammeln zu lassen.

Vermindert sich endlich die Secretion in dem Masse, dass in dem Intervalle zwischen morgendlicher und abendlicher Ausspülung kein Secret sich ansammelt, dann soll nur einmal täglich, nämlich des Morgens nach dem Aufstehen ausgespült werden. Diese tägliche Ausspülung soll dann so lange fortgesetzt werden, bis jede Secretion völlig verschwunden ist und noch einige Zeit darüber.

Es ist aber ein grosser Fehler, wenn man wenige Tage, nachdem die Secretion aufgehört hat, es zulässt, dass die Fistelöffnung sich schliesse. Da wird man sehr unangenehme Erfahrungen machen. Baldige Recidiven nach ein paar Tagen, längstens nach einigen Wochen werden nicht ausbleiben. Wenn nämlich nach einmaliger täglicher Ausspülung kein Secret nachzuweisen ist, so ist das noch kein Beweis, dass die Schleimhaut der Kieferhöhle geheilt ist. Die geringste Schädlichkeit, ein milder Schnupfen genügt oft, um die Secretion neuerdings für mehrere Wochen anzufachen. Daher muss man, bevor die Heilung der Fistelöffnung eingeleitet wird, eine strenge Controle über die Kieferhöhle verfügen durch *a)* sistiren der Reinigung bei durch die jeweilige Prothese verschlossener Fistelöffnung; *b)* probeweise vorzunehmende einmalige Ausspülung oder Durchblasen der Kieferhöhle in Intervallen von 4 bis 5 Tagen. Zeigt sich auch nach dieser Controle die Kieferhöhle frei von Secret, so warte ich noch weitere 8 bis 14 Tage, und erst jetzt entferne ich die Prothese und lasse die Oeffnung sich rasch verengen und schliessen. Letzteres geht schnell vor sich, da die Oeffnung sich schon nach wenigen Tagen zu einer Haarfistel verengt, deren vollkommene Verödung aber erst nach 8 bis 14 Tagen einzutreten pflegt.

Die erwähnte Nachbehandlung lässt sich am besten bei der Cooper'schen Operation und bei der Eröffnung durch die fossa canina ausführen, während bei der Krause'schen Operation eine täglich mehrmalige Ausspülung fast unausführbar ist.

Wenn die Secretion durch Ausspülungen allein nicht zu bewältigen ist, dann greife ich zur Lapislösung. Ich beginne mit 2procentiger und steige allmählich bis zu 10procentiger Lösung. Ich habe durch Anwendung des Lapis in einer ganzen Reihe von derartigen Fällen die Heilung herbeiführen können. Ich erwärme die Lapislösung bis auf 35 Grad R. und giesse mehrere Cubikcentimeter in einen kleinen Glastrichter, welcher an ein beiläufig 20 Centimeter langes Drainrohr adaptirt ist, an dessen anderem Ende eine genau passende Hartgummicanüle für die Oeffnung in die Kieferhöhle angebracht ist. Das Eindringen der Lapislösung geschieht nach dem Gesetze des Communicationsrohres, nachdem man das Ende mit dem Trichter beiläufig bis zur Höhe der Stirne des Kranken emporgehoben hat. Die Lösung strömt dann in die Kieferhöhle und fliesst tropfenweise durch die Nase. Man soll dann den Trichter so weit senken, bis die Tropfen nur langsam aus der Nase hervortreten und etwa fünf Minuten lang durchfliessen lassen. Ich nehme die Procedur jeden zweiten Tag vor, setze aber immer nach 4- bis 5maliger Application für eine Woche aus, damit ich den Effect beurtheilen kann. Dazwischen kann die Kieferhöhle täglich 1- bis 2mal mit schwacher Borsäurelösung ausgespült werden.

2. Die endonasale Controle und Behandlung der die Heilung störenden Vorkommnisse. Die im früheren Capitel geschilderte Heilung geht nur in den günstigeren Fällen in der dargestellten Weise glatt vor sich. Zumeist geschieht dies nur bei Empyemen von kürzerer Dauer und bei nicht combinirten Empyemen. In der Mehrzahl der Fälle ist mit der täglichen Ausspülung der Kieferhöhle nur ein Theil der Arbeit gethan. Ich kann diesen Umstand nicht oft genug

wiederholen. Wenn die Ausspülung der Kieferhöhle vorgenommen wurde, ist es unbedingt nöthig, unmittelbar nach der Ausspülung oder kurze Zeit nachher eine eingehende rhinoskopische Untersuchung vorzunehmen. Die Hauptaufmerksamkeit muss hierbei auf zwei Punkte gerichtet sein: 1. ob im mittleren Nasengange Eiter vorhanden ist, ob somit eine Combination mit einer anderen Nebenhöhlenaffection vorliegt; 2. Ob in der Umgebung des hiatus semilunaris und des ostium maxillare Polypen oder anderweitige Verdickungen vorhanden sind.

Ad 1 muss es einleuchten, dass eine Kieferhöhlenerkrankung wenig Neigung zur Heilung haben wird, wenn die Höhle immer wieder von neuem inficirt wird. Es handelt sich in der grossen Mehrzahl dieser Fälle um Combination mit Siebbeineiterung, seltener mit Stirnhöhleneiterung. Es lässt sich in manchen dieser Fälle zwar schwer der Beweis führen, dass Eiter aus dem Siebbeinlabyrinth in die Kieferhöhle gelangt. Allein wenn man, wie ich, des öfteren gesehen hat, dass nach der Entdeckung und nach erfolgreicher Behandlung einer Siebbeinlabyrinthaffection, ein lange Zeit hindurch erfolglos behandeltes Kieferhöhlenempyem schliesslich doch der Heilung entgegengeführt wird, dann hat die Anschauung von der Beeinflussung des Kieferhöhlenprocesses durch die Siebbeineiterung einige Berechtigung. Im Uebrigen wird diese Abhängigkeit durch die zuweilen constatirte unmittelbare Nachbarschaft zwischen einem ostium ethmoidale und ostium maxillare erklärt, wie später bei der Besprechung der Anatomie des Siebbeinlabyrinthes noch näher gewürdigt werden soll.

Ad 2. Polypen und Verdickungen im mittleren Nasengange fördern indirect das Bestehen des Empyems, insofern als sie bei Schnupfenanfällen einen locus minoris resistentiae bilden und durch Entzündung die neuerliche Exacerbation der Entzündung in der Kieferhöhle fördern. Diese Hypertrophien müssen selbstverständlich gründlich entfernt werden, sei es mit Hilfe einer partiellen oder ausgiebigeren Resection der mittleren Muschel oder ohne dieselbe. Nach meiner Erfahrung sind diese Hypertrophien häufig daran schuld, dass ein der Heilung zustrebendes Empyem der Kieferhöhle des öfteren gelegentlich eines acuten Schnupfens neuerdings rückfällig wird, wodurch dann die Heilung um Wochen oder um noch längere Zeit verzögert wird.

Ueber die Technik der Entfernung erwähnter Hypertrophien wird bei der Therapie der Siebbeinerkrankungen das Nöthige mitgetheilt werden.

Die Indicationsstellung für die Wahl der Behandlung, respective der Operationsmethode der Kieferhöhlenempyeme.

Ich will behufs besserer Uebersicht hier versuchen, die Indicationen für die einzelnen, im vorigen Abschnitte erwähnten Operationsverfahren zusammenzufassen. Vor allem muss man zwischen acutem und chronischem Empyem der Kieferhöhle unterscheiden.

Acutes Empyem. Das acute Stadium dauert von dem ersten Beginne an beiläufig 4 bis 6 Wochen. Allerdings sind die Angaben der

Kranken über den Beginn der Erkrankung durchaus nicht immer verlässlich, da früher vorhandene chronische Empyeme, welche unter latenten Symptomen verlaufen sind, für den Kranken häufig nicht existiren. Für die meisten acuten Empyeme gilt als Gesetz, dass sie in hohem Grade zur spontanen Heilung neigen, weshalb bei ihnen zu- wartende, jedenfalls nur schonende Massnahmen Anwendung finden dürfen. Eine Ausnahme bilden in dieser Beziehung nur die in Folge einer acuten, eitrigen Periostitis der Zahnwurzel hervorgerufenen Eite- rungen der Kieferhöhle, bei welchen die Extraction des schuldigen Zahnes und die breite Eröffnung der Alveole stets ohne weiteren Auf- schub ausgeführt werden sollen. Ebenso würden die seltenen Fälle von traumatischen Empyemen, in welchen irgend ein Fremdkörper von aussen in die Kieferhöhle eingedrungen ist, ein rasches chirur- gisches Eingreifen: Erweiterung der Wunde und Extraction des Fremdkörpers rechtfertigen.

Die allergrösste Anzahl der acuten Kieferhöhlenempyeme entsteht aber bekanntlich im Anschluss an eine Influenza oder influenzaähnlichen Schnupfen. Die Schmerzen können in den ersten Tagen recht erhebliche sein; insbesondere neuralgische Schmerzen im Gebiete des zweiten und auch ersten Trigeminusastes sind fast die Regel, und diese Symptome drängen nach Erleichterung. Die Erfahrung zeigt, dass Phenacetin in halbgrammigen Dosen täglich 2- bis 3mal gereicht, die Schmerzen ganz erheblich zu stillen vermag, ohne dass deshalb zuvörderst die Eiterung nachlassen würde. Lassen die Schmerzen nicht nach, dann versuche ich Eiter durch die natür- liche Oeffnung auszuspülen, was mitunter gelingt. Gelingt dies nicht, so mache ich die Probepunction durch den unteren Nasengang und spüle die Kieferhöhle mit grossen Mengen einer lauwarmen, sehr schwachen Borsäurelösung aus.

Ich verfüge über sieben Fälle hochgradigen acuten Empyems der Kieferhöhle, in welchen ich nach einer einzigen Ausspülung den Entzündungsprocess abgeschnitten und über weitere fünf Fälle, in welchen ich nach 2- bis 3mal ausgeführter Probepunction Heilung erzielt habe. Die Beschwerden wichen in allen Fällen kurze Zeit nach der Ausspülung, die Secretion wurde spärlich und mehr schleimiger Natur, bis in ein paar Tagen vollkommene, dauernde Heilung erfolgte, welche bisher in allen Fällen mindestens $1\frac{1}{2}$ Jahre anhielt.

Sind keine besonderen Beschwerden bei den acuten Empyemen vorhanden, dann versuche ich nur die Ausspülung durch das ostium maxillare, und wenn diese nicht gelingt, thue ich gar nichts, sondern warte 8 bis 14 Tage zu, und ich kann sagen, dass eine grosse An- zahl der Fälle spontan heilt. Bei wohlhabenden Kranken soll man Ortswechsel empfehlen. Es ist geradezu staunenswerth zu sehen, wie dadurch selbst hochgradige, unter den stürmischesten Symptomen ein- setzende Empyeme der Kieferhöhle innerhalb relativ sehr kurzer Zeit zu verschwinden pflegen.

Ich halte für alle Fälle die Anwendung eingreifender operativer Massnahmen in den ersten Wochen eines acuten Empyems für ent- behrlich. Allerdings stellen sich in der Praxis die Indicationen mit- unter ganz anders. Nicht immer sind die Kranken in der Lage in unserer Beobachtung zu bleiben, und deshalb dringen sie bei einer profusen Eiterung auf irgend eine Massnahme, durch welche sie auch ohne ärztliche Ueberwachung eine baldige Heilung erwarten dürfen. In diesen Fällen muss man natürlich an irgend einer Stelle eine künstliche Oeffnung machen, damit der Kranke selbst sich die Höhle täglich 1- bis 2mal ausspülen kann. Ist eine cariöse Wurzel der Prämolares oder Molares vorhanden, und liegt nicht direct eine Contraindication gegen die Eröffnung von der Alveole aus vor, so ist es wohl am bequemsten. hier eine Oeffnung anzulegen und vom Zahntechniker eine passende Prothese anfertigen zu lassen. Der Kranke kann die Ausspülung selbst vornehmen. Ist dagegen das Gebiss intact, dann ist meiner Ansicht nach nur die sub 1 angeführte Form der Küster'schen Operation auszuführen, weil dieser Eingriff ein leichter, stets unter Cocaïnanästhesie ausführbarer ist und dem Patienten die Selbstbehandlung ebenfalls gestattet.

Eine der wichtigsten Fragen ist die: Wie lange soll man bei einem acuten Empyem der Kieferhöhle zuwarten, bis man sich zu einem Eingriff entschliesst? Das kommt jeweilig auf den Krankheitsfall an. Ich möchte im Allgemeinen drei Wochen als die Frist bezeichnen, innerhalb welcher ein acutes Empyem spontan zu heilen pflegt; ich muss allerdings gleich zufügen, dass ich Fälle gesehen habe, in denen das Empyem selbst nach sechs Wochen, ja zwei Fälle, in welchen es selbst nach drei Monaten ohne Operation vollkommen geheilt ist. Wer aber die Spontanheilung von Kieferhöhlenempyemen verfolgt hat, gewinnt alsbald ein Urtheil darüber, ob eine solche im Zuge ist oder nicht. Bei Empyemen, die eine spontane Heiltendenz zeigen, verliert das Secret spätestens am Ende der dritten Woche den eitrigen Charakter und zeigt ausschliesslich oder doch vorwiegend schleimige Consistenz, während bei einem chronisch werdenden Empyem die Secretion an Qualität und Quantität gleich bleibt oder gar noch schlimmer wird. Im letzteren Falle muss selbstverständlich eine Behandlung eingeleitet werden, deren Aufgabe zumindest in der systematischen Entleerung des Eiters aus der Kieferhöhle bestehen soll. Da entsteht nun zunächst die Frage: Sollen wir durch das ostium maxillare, beziehungsweise durch das ostium accessorium ausspülen oder irgend eine artificielle Oeffnung machen.

Es lohnt sich allenfalls, die Ausspülung durch das ostium maxillare zumindest zu versuchen. wenn dies ohne Anstand möglich ist. Ohne Anstand, d. h. ohne Resection der mittleren Muschel. Denn ist erst eine derartige vorbereitende Operation nöthig, dann ist es schon besser, gleich eine Fistelöffnung durch die Alveole oder durch die fossa canina anzulegen, welche der Sache doch noch directer vortheilhaft ist. Ist aber die Ausspülung möglich, dann soll sie täglich mindestens einmal ausgeführt werden.

Im Uebrigen kann, wie schon früher erwähnt wurde, die Ausspülung durch das ostium maxillare, wenn sie ohne Schwierigkeit gelingt, schon in der ersten Woche ausgeführt werden. Es unterliegt keinem Zweifel, dass dadurch die Heilung gefördert wird. Nur darf man aus derartigen Heilungen nicht auf den grossen Werth dieser Methode schliessen, denn in solchen Fällen wäre die Heilung sicherlich des öfteren auch spontan erfolgt.

Acute Fälle, die spontan nicht heilen, heilen öfters noch nach diesen Ausspülungen. Die Anzahl der Ausspülungen, welche nöthig ist, um die Heilung herbeizuführen, ist aber sehr verschieden. Ich habe schon nach 2 bis 3 Ausspülungen Heilung gesehen. Manchmal ist indes Wochen lang fortgesetzte tägliche Ausspülung nöthig. Kranke, die operationsscheu sind, unterwerfen sich gern einer selbst mehrere Wochen andauernden täglichen Behandlung, wenn sie nur Aussicht auf Heilung haben. Nützt aber die Ausspülung während vier Wochen nicht, dann soll man dem Kranken die Anlegung einer Fistelöffnung in der Alveole oder in der fossa canina anrathen. Denn der Kranke kann dann die Höhle täglich mehreremale, und was die Hauptsache ist, bei Bestand einer Gegenöffnung gründlicher als vom ostium maxillare her ausspülen. Fälle, die nach wochenlanger Ausspülung durch das ostium maxillare nicht heilen, heilen oft noch nach Anlegung einer künstlichen Oeffnung. Ich habe noch alle acuten Empyeme, welche nicht älter als 6 bis 8 Wochen waren, nach der Cooper'schen Operation oder nach Anlegung einer kleinen Oeffnung in der fossa canina heilen gesehen.

Chronisches Empyem. Mit dem dritten Monate seines Bestandes beginnt das Empyem chronisch zu werden. Das ist aber nur beiläufig gesagt, denn wir haben keinen verlässlichen Massstab, um das Uebergehen einer acuten Nebenhöhlenentzündung in den chronischen Zustand zeitlich genau zu fixiren. Jedenfalls befindet sich die grösste Anzahl der Empyeme, welche in unsere Behandlung kommen, mit Ausnahme der ganz acuten, unter foudroyanten subjectiven Störungen verlaufenden, bereits weit jenseits der Grenze, wo wir noch vom acuten Empyem sprechen könnten. Nicht selten besteht das Empyem schon Jahre hindurch; die Kranken wissen selbst nicht mehr wie lange. Diese Jahre lang dauernden Empyeme sind es, welche zuweilen jeder Behandlung spotten. Das Merkwürdige aber ist, dass allem Anscheine nach nicht in jedem Falle von veraltetem Empyem gleich schwere Veränderungen der Schleimhaut vorhanden sind. Die Erfahrung zeigt, dass man manchmal selbst bei mehrere Jahre alten Empyemen, sogar allein mit der Ausspülung durch das ostium maxillare, noch Erfolg haben kann. Ich habe bei zwei, mindestens sieben Jahre bestehenden Empyemen schon eine über zwei, respective über vier Jahre lang andauernde Heilung nach fünf, beziehungsweise zehn Ausspülungen constatiren können. In der Mehrzahl dieser Fälle (Weil) ist aber eine weit grössere Anzahl von Spülungen, monatelange tägliche Behandlung nöthig gewesen, und da muss ich sagen, dass in diesen Fällen die Anlegung einer künstlichen Oeffnung weit vortheilhafter und für den Kranken weniger belästigend gewesen wäre.

Ich will die Berechtigung einer versuchsweise einzuleitenden Therapie durch Ausspülung vom ostium maxillare her selbst bei chronischen Empyemen nicht vollkommen leugnen, besonders dann nicht, wenn es sich um hochgradig ängstliche Kranke handelt, und wenn die Ausspülung gut von Statten geht. Sieht man aber, dass nach einer mehrwöchentlichen Behandlung keine erhebliche Besserung eingetreten ist, dann sollte man mit der Anlegung einer künstlichen Oeffnung nicht zögern. Letztere kommt vom Anbeginn in

Frage wenn die Ausspülung durch das ostium maxillare auf ein Hindernis stösst. In Betracht kommen meiner Ansicht nach bei dem chronischen Empyem nur die Cooper'sche Operation oder die sub 2 angeführte Methode des Küster'schen Eingriffes. Ich plaidire bedingungslos für die Küster'sche Operation, weil sie eine Inspection und eine locale Behandlung der Kieferhöhlenschleimhaut gestattet und die Chancen einer definitiven Heilung nach ihr ungleich grösser sind als nach der Cooper'schen Operation. Bei letzterer ist, selbst eine relativ grosse Oeffnung vorausgesetzt, eine Uebersicht der Kieferhöhle, wie von der fossa canina aus, nicht zu erreichen. Ich verfüge über drei Fälle meiner Beobachtung, wo eine länger als zwei Jahre, dauernde, abwechselnd mittelst Ausspülung und Jodoformgazetamponade geleitete Behandlung durch eine Alveolaröffnung, die Heilung nicht herbeiführen konnte. Ich entschloss mich zu der sub 2 geschilderten Küster'schen Operation, und es zeigte sich die Schleimhaut besonders in zwei Fällen, um das ostium maxillare herum gewulstet und polypoid degenerirt. Nach partieller Curettage und Aetzung einzelner aufgelockerter Stellen mit Trichloressigsäure konnte ich in zwei Fällen nach acht Monaten, im dritten nach nicht ganz einem Jahre, die völlige Heilung constatiren. In allen drei Fällen dauerte der Process Jahre lang. Alles in allem kann ich die Cooper'sche Operation der Küster'schen durchaus nicht als ebenbürtig gegenüberstellen, wenn auch erstere bei subacuten und bei nicht zu alten chronischen Empyemen noch recht oft zum Ziele führt. Schon bei Schilderung der Küster'schen Methode wurde auseinandergesetzt, dass ich die Jansen'sche Modification und vollends die von Boenningshausen angegebene Methode nur für sehr verzweifelte Fälle, in welchen wirklich die Schleimhaut in toto entfernt werden muss, indicirt finden kann. Im Allgemeinen empfehle ich nur die partielle Curettage.

II. Stirnhöhle.

Normale Anatomie der Stirnhöhle.

Ausdehnung und Wände der Stirnhöhle. Die Stirnhöhle wird von dem grossen pneumatischen Raum in dem Schuppenantheile des Stirnbeines sammt dessen Fortsetzung in den Orbitaltheil des Stirnbeines gebildet. Es bestehen demzufolge folgende Begrenzungen der Stirnhöhle: Vorne die Stirne, unten die Augenhöhle und nach hinten die Schädelhöhle.

Die Ausdehnung der Stirnhöhle ist grossen Veränderungen unterworfen. Erklärlich wird dies durch die verschiedenen Grade der Knochenresorption, welche in einzelnen Fällen mit der Ausstülpung der Nasenschleimhaut in das Stirnbein einhergeht. In der Mehrzahl der Fälle überschreitet die obere Grenze der Stirnhöhle in dem Schuppentheile des Stirnbeines nur um ein Geringes den Augenbrauenbogen und reicht nur etwa in den vorderen Dritttheil des Orbitaldaches. Schläfenwärts ist die Grenze gewöhnlich um ein Geringes ausserhalb

der incisura supraorbitalis gelegen (Fig. 47 bei *l*). Nicht selten
nimmt jedoch die Stirnhöhle grössere Dimensionen an. Dann ragt
sie einerseits nach oben weit in die pars squamosa des Stirnbeines
empor (Fig. 47 bei *3*, Fig. 51, Fig. 54), andererseits erstreckt sie
sich im Orbitaldach weiter nach rückwärts, in exceptionellen Fällen
sogar bis zur Verbindung mit dem kleinen Keilbeinflügel, nach
aussen reicht sie bis in den Jochbeinfortsatz hinein. Seltener dehnt
sich die Stirnhöhle tief bis in die spina nasalis superior hinab, in
welchem Falle die Stirnhöhle theilweise von den Nasenbeinen gedeckt
wird. Die Stirnhöhle kann auch bis auf eine kleine Nische fehlen,
welche dann dem vorderen, etwas ausgebreiteten Ende des infundibulum entspricht. Das Fehlen der Stirnhöhlen ist genetisch voll-

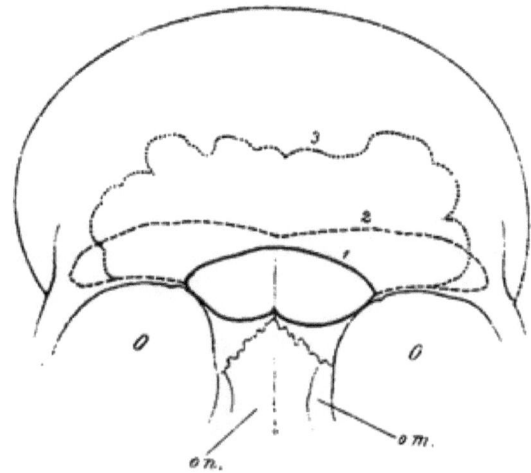

Fig. 47. Schematische Darstellung der Stirnhöhlen verschiedenen
Umfanges.

O = Orbita; *o.n.* = os nasale; *o.m.* = os maxillare. *1* = Grenze einer mittelgrossen Stirnhöhle; *2* = Grenze einer besonders schläfenwärts ausgedehnten Stirnhöhle; *3* = Grenze
einer besonders hoch in den Schuppenantheil des Stirnbeines reichenden Stirnhöhle.

kommen analog der durch mangelhafte Resorption bedingten gleich-
mässigen Verengerung der Kieferhöhlen. Die Ausdehnung der Stirnhöhle ist nicht immer eine nach jeder Richtung gleichmässige; sie
kann vielmehr nach verschiedenen Richtungen eine ungleiche sein.
Zwischen den extremen Fällen gibt es zahlreiche Uebergänge.

Weite Stirnhöhlen sind bei dem äusseren Aspectus in der starken
Verwölbung der Supraorbitalregion zu erkennen. während sonst nur
die Augenbrauenbogen stärker hervorragen. Bei Asymmetrie sind die
supraorbitalen Vorwölbungen nicht gleich gross (Zuckerkandl). Auch
der in das Orbitaldach sich erstreckende Theil der Stirnhöhle weist
Asymmetrien auf; diese manifestiren sich äusserlich durch keinerlei
Symptom.

Die Innenwand der Stirnhöhle zeigt ebenfalls eine verschiedenartige Beschaffenheit. Sie ist entweder glatt oder an einzelnen Stellen

mit Knochenkämmen versehen, welche zur Bildung bald grösserer, bald kleinerer Nischen führen (Fig. 48).

Beide Stirnhöhlen sind durch eine Scheidewand voneinander getrennt. Die Scheidewand kann genau in der Mittellinie oder auch nach der einen oder anderen Seite geneigt sein, wodurch eine erhebliche Asymmetrie der beiden Stirnhöhlenhälften zu Stande kommt. Die Asymmetrie kann so weit gehen, dass die eine Stirnhöhle erheblich über die Medianlinie sich ausdehnt, was bei Vornahme von operativen Eröffnungen der Stirnhöhle beachtet werden muss. Der Schiefstand betrifft immer nur den oberen Theil des Stirnhöhlenseptum (siehe Fig. 48).

Nebst den Grenzen der Stirnhöhle ist die Dicke der Wandungen von der grössten Wichtigkeit, da sich in Fällen von pathologischer Ausdehnung der Stirnhöhle die dünnsten Wandungen am frühesten und am intensivsten von der Hervorwölbung betroffen zeigen. Hält man ein macerirtes Stirnbein vor das Licht, so wird

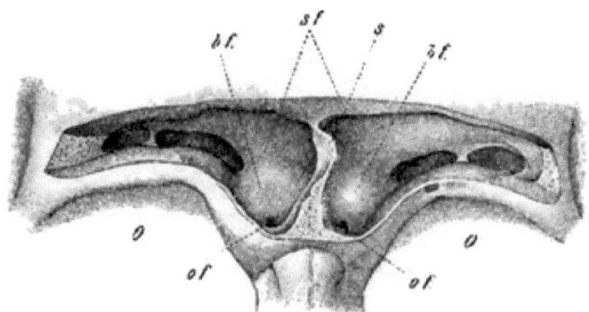

Fig. 48. Stirnhöhle, an der Vorderwand eröffnet (nach Zuckerkandl). = Orbita; $s_if.$ = sinus frontalis; s = septum frontale; $b_if.$ = bulla frontalis; $o_if.$ = ostium frontale.

man gewahr, dass die cerebrale und orbitale Wand wegen ihrer Dünne durchscheinen, während die vordere Wand, da sie an Dicke die beiden anderen erheblich übertrifft, undurchscheinend ist. Auch ein sagittaler Durchschnitt der Stirnhöhle, welcher die genannten Wände trifft, zeigt dieselben Verhältnisse. Am dünnsten ist die orbitale Wand und hier wieder die Stelle entsprechend dem inneren, oberen Augenwinkel, ein Umstand, welcher in pathologischen Fällen von typischen Folgen begleitet ist.

Defectbildungen in der Stirnhöhlenwand. In seltenen Fällen weisen die Wände der Stirnhöhle Defecte auf; am häufigsten sind sie in der unteren Wand der pars orbitalis beobachtet worden, wodurch eine Communication zwischen Stirn- und Augenhöhle entsteht. Zuckerkandl sah einmal in Folge Altersatrophie die obere Platte der pars orbitalis defect werden, wodurch die Stirnhöhle mit der Schädelhöhle communicirte. Am seltensten dürften die angeborenen Defecte im Gebiete des Augenbrauenbogens sein. Defecte im Septum der Stirnhöhlen sind wiederholt beobachtet worden.

Beziehungen der Stirnhöhle zum Siebbeinlabyrinth. Es wurde schon bei früherer Gelegenheit darauf hingewiesen, dass der Orbitaltheil des Stirnbeines zweierlei Hohlräume aufweist: erstens den pneumatischen Raum der Stirnhöhle, welcher vom Schuppentheile des Stirnbeines sich mehr oder weniger nach rückwärts zwischen beiden Lamellen des Orbitaldaches ausbreitet, und zweitens seichte Grübchen, welche gewöhnlich entlang der incisura ethmoidalis des Stirnbeines lagern und durch kurze Scheidewände voneinander getrennt sind (siehe Fig. 12). Diese kleinen Grübchen, foveolae ethmoidales genannt, sind, wie wir gesehen haben, nichts anderes, als das Dach von Siebbeinzellen, welche am macerirten Siebbein nach oben zu offen sind. Die in den foveolae ethmoidales sichtbaren, kurzen Scheidewände sind die oberen Fortsetzungen der Grundlamellen des Siebbeines, von welchen in der Anatomie des Siebbeinlabyrinthes ausführlich die Rede sein wird.

Nach Anlagerung der pars ethmoidalis des Stirnbeines an das Siebbeinlabyrinth sieht man, dass die einzelnen Grübchen vollkommen verschiedenen Siebbeinspalten entsprechen (Zuckerkandl) und miteinander unter normalen Verhältnissen nicht communiciren.

Der pneumatische Raum der Stirnhöhle läuft nach innen und unten in einen Trichter aus, dessen Oeffnung, das ostium frontale, die Communication mit der Nasenhöhle darstellt (Fig. 48). Die

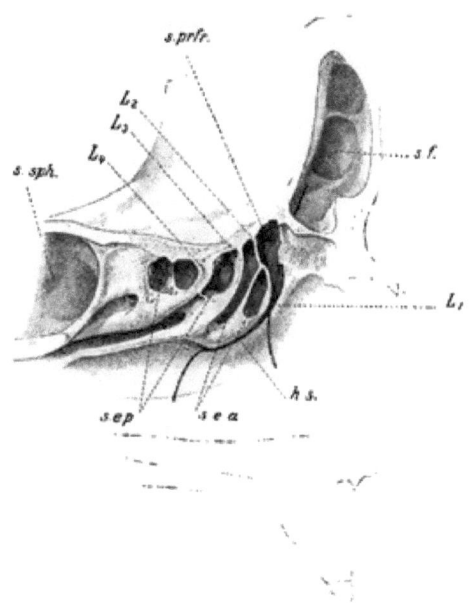

Fig. 49. Grosse Stirnhöhle, weites ostium frontale in Folge Zurücktretens der Bullalamelle.

s.f. = sinus frontalis; L_1 = Lamelle 1 (processus uncinatus); L_2 = Lamelle 2 (Grundlamelle der bulla ethmoid); L_3 = Lamelle 3 (Grundlamelle der mittleren Muschel); L_4 = Lamelle 4 (Grundlamelle der oberen Muschel); h.s. = hiatus semilunaris; s.e.a. = sinus (cellul.) ethmoid. anteriores; s.e.p. = sinus (cellul.) ethmoid. posteriores; s.prfr. = sinus präfrontalis (erheblich weites ostium frontale).

nasale Oeffnung der Stirnhöhle wird von Partien des Siebbeines, insbesondere von der bulla ethmoidalis, respective von ihrer Grundlamelle und vom processus uncinatus gebildet. Die Ausdehnung der Stirnhöhle nasalwärts zeigt verschiedene Varietäten, welche zum grossen Theile von der Architektur des vorderen Siebbeinlabyrinthes abhängen. Je nachdem nun die Grundlamelle der bulla stärker nach vorwärts ausgebaucht ist oder mehr zurücktritt, wird auch die pars nasalis der Stirnhöhle weiter vorne oder weiter rückwärts begrenzt sein. In Fig. 49 ist ein Präparat dargestellt, in welchem in Folge des

Zurücktretens der Grundlamelle der bulla die nasale Partie der Stirnhöhle stark nach rückwärts reicht, während in Fig. 50 durch die
erheblich vorgeschobene Lamelle der bulla der nasale Theil der Stirnhöhle eine Einschränkung erleidet. Daraus geht hervor, dass die
Grenze zwischen nasaler Partie der Stirnhöhle und Siebbeinlabyrinth
bald zu Gunsten der ersteren, bald zu Gunsten der letzteren eine Verschiebung erfährt.

Ausser diesen, als individuelle Varietäten zu bezeichnenden
Schwankungen sind jene excessiven Hervorbuchtungen einzelner

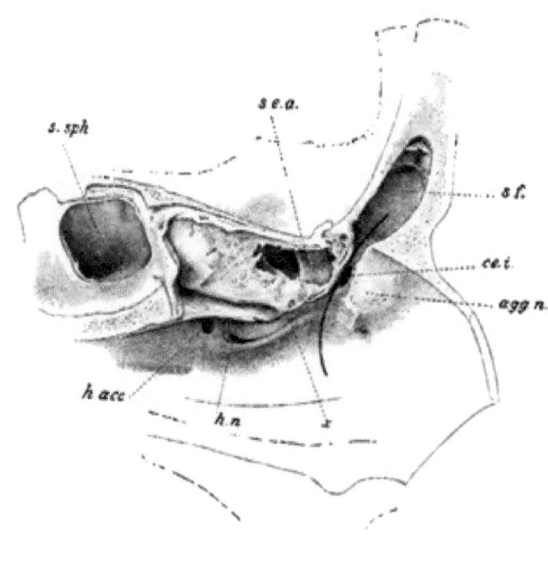

Fig. 50. Atypische Mündung der Stirnhöhle. Starkes Vorspringen der
Bullalamelle. Es ist hier die Länge und Enge des ductus naso-frontalis bemerkenswerth. Beides ist Folge der stark convex hervorragenden Bullalamelle.
s.f. = sinus frontalis; *s.sph.* = sinus sphenoidalis; *h.n.* (*o.m.*) = ostium maxillare;
x = Stelle, wo das infundibulum blind endigt; *h.acc.* = hiatus accessorius
(ostium accessorium); *s.e.a.* (*c.e.a.*) = cellul. enthm. anterior. Die Sonde steckt in
dem vor dem infundibulum gelagerten ductus naso-frontalis. *agg.n.* =
agger nasi; *ce.i.* = cellula infundibuli.

Zellen des vorderen Siebbeinlabyrinthes von hervorragendem Interesse, welche häufig nicht nur den nasalen Theil, sondern auch
den Schuppenantheil des Stirnbeinsinus einengen. Dies kann in
seltenen Fällen so weit gehen, dass die Wände einzelner Siebbeinzellen mit der Wandung der Stirnhöhle verschmelzen. Da, wie wir
bald sehen werden, solche vorgeschobene Siebbeinzellen auch in
der vorderten Partie des infundibulum, unmittelbar neben dem ostium
frontale, münden können, sind sie in diagnostischer Hinsicht deshalb
von grosser Wichtigkeit, weil sie häufig die endonasale Diagnostik
der Stirnhöhleneiterung erschweren, ja unter Umständen sogar illusorisch machen können (Fig. 51).

Zuckerkandl benennt eine in die Stirnhöhle vorgeschobene Siebbeinzelle mit dem Namen „bulla frontalis" und führt ihre Entstehung auf drei Umstände zurück:

1. Wenn die Grundlamelle der bulla ethmoidalis, welche gegen die hintere Sinuswand vorgeschoben ist, noch eine Strecke an letzterer hinaufkriecht, entsteht ein der hinteren Sinuswand aufsitzender Hohlraum (siehe Fig. 52 bei *s.e.a.*).

2. Kann das ausgeweitete Ende eines vorne blind endigenden hiatus blasenförmig gegen die Stirnhöhle vorspringen.

3. Das vordere Ende des processus uncinatus und des agger nasi können einen pneumatischen Hohlraum beherbergen, welcher ebenfalls gegen die Stirnhöhle stark vorspringt und letztere einengt (siehe Fig. 53).

Die Grösse der in die Stirnhöhle hineinragenden Siebbeinzelle kann verschieden sein. Von einer kaum merklichen Vorwölbung kann es zu einer in das Lumen der Stirnhöhle stark hervorragenden Blase kommen, so dass dann in die eigentliche Stirnhöhle eine zweite Höhle, welche dann dem Siebbeinlabyrinth angehört, eingeschaltet erscheint.

Es wird schon aus den angeführten anatomischen Thatsachen klar, dass das vordere Ende des Siebbeinlabyrinthes mit dem nasalen Theile der Stirnhöhle in nahe topographische Beziehungen tritt, derenthalben die Differentialdiagnose der Eiterungen der Stirnhöhle und der Siebbeinzellen oft genug auf ganz erhebliche Schwierigkeiten stösst.

Der Ausführungsgang der Stirnhöhle (ductus naso-frontalis).[*]) Das ostium frontale der Stirnhöhle wird erst durch Anlagerung des Stirnbeines an das Siebbein gebildet. Die unmittelbare Begrenzung des ostium

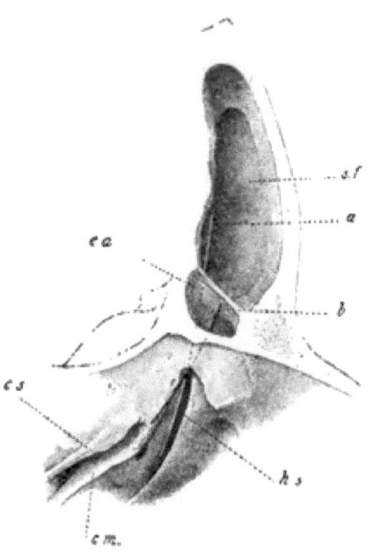

Fig. 51. Grosse Stirnhöhle mit einer stark gegen die Stirnhöhle vorgeschobenen Siebbeinzelle. Die Mündungen beider sind nebeneinander in der vordersten Partie des infundibulum.

s.f. = sinus frontalis; *c.a.* = cellul. ethemoidalis anterior; *c.m.* = concha media, bis auf die Ansatzstelle entfernt; *c.s.* = concha superior; *h.s.* = hiatus semilunaris. *a* = Sonde vom Infundibulum in die Stirnhöhle führend, liegt ausserhalb der vorgeschobenen Siebbeinzelle; *b* = Sonde vom infundibulum in die Siebbeinzelle führend.

frontale wird nur durch Theile des Siebbeines geliefert, ebenso wie dies bei dem ostium maxillare der Fall war. Wie bereits bei der Anatomie der lateralen Nasenwand hervorgehoben wurde, entsteht die typische Form der Mündung des ductus naso-frontalis dadurch,

---

[*]) Um sich über die Mündungsverhältnisse der Stirnhöhle ausreichend orientiren zu können, ist es angezeigt, das vordere Ende der mittleren Muschel möglichst hoch abzutragen und die Stirnhöhle an einer Wand ausgiebig zu eröffnen.

dass das vordere Ende des infundibulum sich ein wenig erweitert und mit dem ostium frontale gegen die Stirnhöhle zu abschliesst. Um in die Stirnhöhle gelangen zu können, muss man deshalb mit der Sonde gegen das vordere Ende des infundibulum und von hier durch das ostium frontale in die Stirnhöhle vordringen.

Die Weite des infundibulum und des ostium frontale ist in verschiedenen Fällen sehr ungleich. Wie bereits früher hervorgehoben rührt dies daher, dass der hiatus mitunter nur einen engen Spalt, ein andermal eine breite Rinne darstellt. Auch das ostium frontale zeigt erhebliche Differenzen. Einmal ist dasselbe breit, im Durchmesser 3 bis 4 Millimeter haltend, ein andermal dagegen viel enger als der vor ihm liegende Theil des infundibulum.

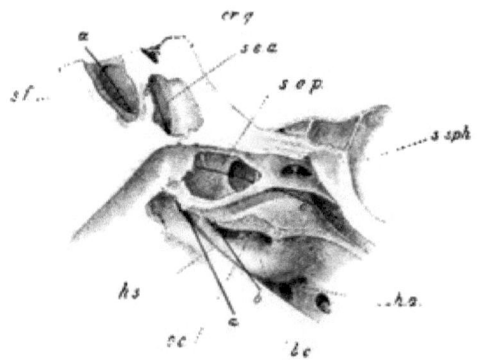

Fig. 52. Anomalie des Siebbeinlabyrinthes. An der hinteren Wand der Stirnhöhle weit hinaufreichende Siebbeinzelle. Einige Siebbeinzellen medianwärts künstlich eröffnet.

s.f. = sinus frontalis; *s.e.a.* = sinus (cellula) ethmoidalis anterior, die *cr.g.* = crista galli aushöhlend; *h.s.* = hiatus semilunaris; *b.e.* = bulla ethmoidalis; *o.e.* = ostium ethmoidale; *h.a.(o.a.)* = ostium accessorium. *a* = Sonde vom infundibulum in die Stirnhöhle; *b* = Sonde von einem ostium ethmoidale in die hoch hinaufreichende Siebbeinzelle *s.e.a.*; *c* = Sonde vom oberen Nasengange in *s.e.p.* = sinus (cellul.) ethmoid. posterior. dringend. Von letzterer Zelle ist bemerkenswerth, dass dieselbe einige vordere Siebbeinzellen überdachend nahezu bis zum agger nasi reicht. *s.sph.* = sinus sphenoidalis.

Die günstigste Bedingung für die Zugänglichkeit der Stirnhöhle kommt zu Stande, wenn das infundibulum an seinem vorderen Ende in eine Bucht übergeht, welche direct in die Stirnhöhle führt (siehe Fig. 49). Dass in derartigen Fällen eine mehrere Millimeter dicke Sonde leicht in die Stirnhöhle dringen kann, sofern nur ihrer Einführung in den mittleren Nasengang kein Hindernis entgegensteht, ist einleuchtend.

Die nächst häufige Abweichung von der erwähnten typischen Mündungsart des sinus frontalis besteht darin, dass der hiatus vorne blind endigt und die Mündung in die Stirnhöhle ein wenig weiter nach vorne sich befindet. In Fig. 46 und in Fig. 50 sind solche häufige Varietäten dargestellt.

Wenn wir die zwei verschiedenen Arten der Stirnhöhlenausmündung berücksichtigen ergibt sich Folgendes: In einer Anzahl von

Fällen (typisch) gelangt man von dem infundibulum in die Stirnhöhle, indem sich die Sondenspitze in Beziehung zum Hiatus ein wenig lateralwärts befindet. In einer anderen Anzahl von Fällen (atypisch) muss die Sondenspitze eher nach innen gerichtet werden, da die Mündungsstelle in die Stirnhöhle mit Beziehung zum hiatus nach innen liegt.

Das was man als ductus naso-frontalis bezeichnet, ist ein sehr variables Gebilde. Von einem wirklichen ductus kann nur dann die Rede sein, wenn ein Canal von einer gewissen Länge zwischen dem ostium frontale in der Stirnhöhle und dem ostium frontale in der vorderen Partie des infundibulum vorliegt. Ein ductus nasofrontalis kommt dadurch zu Stande, dass das infundibulum, statt sich vorne zu erweitern und zu verflachen, sich verlängert und vertieft. Ursache hiervon ist die excessive Annäherung und das scharfe

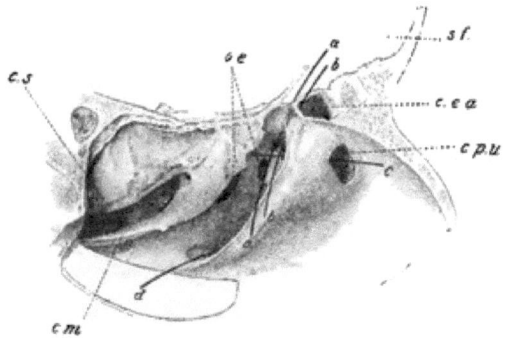

Fig. 53. Grosse Infundibularzelle des Siebbeinlabyrinthes, theilweise gegen den processus uncinatus vorgebuchtet.

s.f. = sinus frontalis; *c.m.* = concha media (der grössere Theil entfernt); *c.s.* = concha superior; *c.e.a.* = cellula ethmoidalis anterior, gegen die Stirnhöhle zu vorgebuchtet; *c.p.u.* = cellula im processus uncinatus, künstlich eröffnet, in das infundibulum einmündend; *o.e.* = ostia ethmoidalia. *a* = Sonde in die Stirnhöhle dringend; *b* = Sonde in eine gegen die Stirnhöhle vorspringende Infundibularzelle führend; *c* = Sonde vom infundibulum in die Zelle des procesus uncinatus dringend; *d* = Sonde in dem ostium maxillare der Kieferhöhle. *c.s.* = concha superior.

Hervorspringen der Bullalamelle, wie dies in Fig. 50 sehr anschaulich dargestellt ist. In diesem Falle ist in der That ein Canal von mehreren Millimeter Länge vorhanden, welcher zwischen der Stirnhöhle und dem nasalwärts liegenden ostium frontale liegt.

Ueberdies ist zu bedenken, dass die mediale Wand des ductus nasofrontalis von der am agger nasi anhaftenden Partie der mittleren Nasenmuschel gebildet wird, welche ebenfalls in ihrer Ausbildung Varietäten aufweist. In einzelnen Fällen bildet dieselbe eine solide, dünne Knochenplatte, welche bald inniger an die vordere Partie des infundibulum sich anschliesst, bald dagegen weiter von ihr absteht. Im ersteren Falle begünstigt sie die Bildung eines ductus naso-frontalis. Noch mehr ist dies der Fall, wenn besagte vordere Partie der mittleren Muschel an der Bildung weit nach vorne sich ausdehnender Siebbeinzellen participirt. In diesem Falle entsteht durch starke Einengung der vorderen

Hälfte des infundibulum ein mehrere Millimeter langer ductus naso-
frontalis, welcher medialwärts von Siebbeinzellen gedeckt ist und, wie
wir später sehen werden, zu den Ausführungsgängen des vorderen Siebbeinlabyrinthes in näherer Beziehung stehen kann. In Fig. 52, 67, 68
ist dieses Vorkommnis illustrirt.

Da gezeigt worden ist, dass häufig Siebbeinzellen gegen die
Stirnhöhle vorspringen. sei jetzt darauf hingewiesen, dass ihre
Mündung zumeist in der vordersten Partie des infundibulum neben der

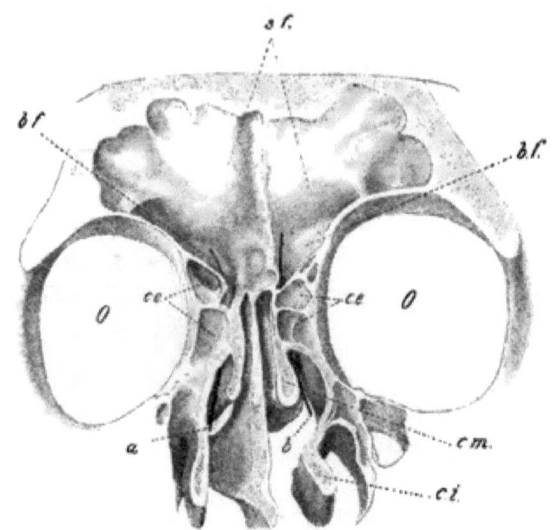

Fig 54. **Frontaldurchschnitt durch den vorderen Drittheil der Nasenhöhle. Grosse Stirnhöhlen. Links eine gegen die Stirnhöhle vorgebuchtete
Siebbeinzelle.**

O = Orbita; $c.i.$ = concha inferior; $c.m.$ = concha media; $c.e.$ = cellula ethmoidalis (anterior). a = **Sonde, links, durch das typische ostium ethmoidale
in die gegen die Stirnhöhle vorspringende Siebbeinzelle geschoben, die
Sonde schimmert durch die dünne Wand der Siebbeinzelle gegen die
Stirnhöhle durch;** b = **Sonde, rechts durch den ductus naso-frontalis in
die Stirnhöhle gesteckt.** $b.f.$ = **bulla frontalis, geschwulstförmige Er-
hebung an der äusseren unteren Partie der Stirnhöhle von der vorgeschobenen Siebbeinzelle herrührend.**

Mündung der Stirnhöhle liegt (siehe Fig. 51). Es kommt daher vor,
dass der Weg von der vordersten Partie des infundibulum in zwei
nach vorne und oben ausgeweitete Räume führt. Die eine
Oeffnung führt in die Stirnhöhle, die andere in eine vorgeschobene
Zelle des vorderen Siebbeinlabyrinthes. Gewöhnlich sind beide Oeffnungen nebeneinander in frontaler Richtung gelagert.

Manchmal entspricht die mehr medial liegende Oeffnung der
Stirnhöhle, die laterale dagegen der Siebbeinzelle. Aber auch das Umgekehrte kann stattfinden. In Fig. 51, 52, 53 sind neben der Mündung
der Stirnhöhle die Mündungen der vorgeschobenen Siebbeinzellen zu
ersehen.

Da das Vorhandensein mehrerer*) Oeffnungen im infundibulum zu erheblichen Schwierigkeiten hinsichtlich der Beurtheilung der Lage der Sonde führen kann. ist die Beantwortung folgender Frage von Wichtigkeit: In welcher Weise können wir uns vor Irrthümern in Bezug auf die stattgehabte Sondirung der Stirnhöhle schützen? Hier sei nur vom anatomischen Standpunkte Folgendes hervorgehoben:

1. Wenn von der vorderen Partie des infundibulum mehrere Oeffnungen in nach vorne ausgebuchtete Räume führen, ist von vornherein bei Beurtheilung der Lage der Sonde grosse Vorsicht geboten.

2. Wird man in der Mehrzahl der Fälle in die vorgeschobenen Siebbeinzellen nicht so weit vordringen können, als dies für Stirnhöhlen mittleren Umfanges als Regel aufgestellt werden wird. Allerdings wird man in vereinzelten Fällen, in welchen die Siebbeinzelle gross ist, die Lage der Sonde gar nicht genau bestimmen können. Gewöhnlich verhält es sich indes bei Vorhandensein mehrerer Oeffnungen so, dass nur die eine Oeffnung weit hinaufführt (Stirnhöhle) während die anderen Oeffnungen nur in flach hügelig vorspringende Buchten (Siebbeinzellen) einmünden.

Entzündungen der Stirnhöhle.
Aetiologie und pathologische Anatomie.

In Bezug auf die Aetiologie sei auf das im allgemeinen Theile Angeführte hingewiesen.

Die Erkrankungen der Stirnhöhlenschleimhaut sind in den wesentlichsten Punkten den Erkrankungen der Kieferhöhlenschleimhaut analog. Diese Analogie der pathologisch-anatomischen Veränderung ist begründet: 1. In dem gleichen anatomischen Verhalten der normalen Schleimhäute beider Höhlen. Dort wie da ist die Schleimhaut sehr dünn, und die tieferen Schichten vertreten gleichzeitig das Periost. 2. In den häufig gemeinschaftlichen Ursachen der Erkrankung.

Nur in einem Punkte weichen die Erkrankungen der Stirnhöhle von denen der Kieferhöhle ab, nämlich darin, dass bei der Stirnhöhle ungleich häufiger die Knochenbegrenzung in Mitleidenschaft gezogen wird, als dies bei der Kieferhöhle der Fall ist. Diese Eigenthümlichkeit ist wiederum durch die Lage und anatomische Construction der Stirnhöhle bedingt. Denn erstens ist die freie vordere Wand der Stirnhöhle ungleich häufiger traumatischen Insulten ausgesetzt als die durch Weichtheile viel geschütztere Kieferhöhle, und zweitens wird die knöcherne Umrahmung der Stirnhöhle deshalb viel öfter durch primäre Erkrankungen der Schleimhaut secundär in Mitleidenschaft

---

*) Wir werden später sehen, dass es sich nicht nur um ein, zwei. sondern auch um mehrere Oeffnungen in der vorderen Partie des hiatus handeln kann, welche in nicht abnorm vorgeschobene, sondern in normal gelagerte vordere Siebbeinzellen (Infundibularzellen) führen können. Ueber diese wird in der Anatomie des Siebbeinlabyrinthes Näheres berichtet werden. Es sei auf dieselben jedoch jetzt schon hingewiesen, damit die Bezeichnung „mehrere' nicht irrthümlich aufgefasst werde.

gezogen, weil vorübergehende Schwellungen des Ausführungsganges mit Stauung des Secretes bei den unnachgiebigen, starren Wänden der Stirnhöhle leicht tiefergehende Ernährungsstörungen des Knochens bedingen können. Bei der Kieferhöhle sind die Verhältnisse insofern günstiger, als bei vorübergehender Unwegsamkeit des ostium maxillare die Nachgiebigkeit der membranösen Partie des mittleren Nasenganges eine erhebliche Erhöhung des Druckes innerhalb der Kieferhöhle nicht zu Stande kommen lässt.

Den erwähnten Eigenthümlichkeiten der Stirnhöhle Rechnung tragend, soll in Folgendem die Erkrankung der Schleimhaut und des Knochens gesondert betrachtet werden.

a) Pathologische Veränderungen der Stirnhöhlenschleimhaut.

Analog den entzündlichen Erkrankungen der Kieferhöhlenschleimhaut unterscheiden wir auch bei der Schleimhaut der Stirnhöhle: acut-katarrhalische, chronisch-katarrhalische, ferner acut-eitrige und chronisch-eitrige Entzündung.

Die chronisch-katarrhalische Entzündung lässt sich aber bei der Stirnhöhle noch weniger als bei der Kieferhöhle von der chronisch-eitrigen Entzündung unterscheiden, da es zahlreiche Uebergänge gibt. Ich will deshalb beide Formen unter der Bezeichnung: „Chronisches Empyem" erörtern.*)

Diese Vereinigung wird sich schon deshalb empfehlen, weil die Erfahrung zeigt, dass ein und dieselbe entzündliche Erkrankung der Stirnhöhle während verschiedener Phasen bald ein mehr schleimiges, bald ein mehr eitriges Secret liefern kann. Ein während der Ruhepause nur schleimiges Secret der Stirnhöhle kann durch einen acuten Schnupfen schleimig eitrig oder rein eitrig werden; die rein eitrige Secretion kann Tage oder Wochen andauern und später wieder einer rein schleimigen Secretion weichen. Dieser Wechsel der Beschaffenheit des Secretes ist speciell bei dem Stirnhöhlenempyem sehr häufig zu beobachten.

Endlich muss erwähnt werden, dass die meisten bisher über die Erkrankungen der Stirnhöhle vorliegenden pathologisch-anatomischen Befunde weniger durch Obductionen als vielmehr bei der chirurgischen Eröffnung der Stirnhöhle erhoben worden sind.

Acute katarrhalische Entzündung. Diese wird von Zuckerkandl (7) in folgender Weise geschildert: „Bei der katarrhalischen Entzündung ist die Schleimhaut der Stirnhöhle im Anfangsstadium der Erkrankung nur injicirt oder von grösseren und kleineren hämorrhagischen Punkten durchsetzt; die Mucosa schwillt mächtig an, füllt die Höhle beinahe gänzlich aus und zeigt ein oedematöses Aussehen."

Acute eitrige Entzündung. Auch über diese haben wir von Zuckerkandl erhobene Befunde. Erwähnter Autor führt an: „Die Schleim-

---

*) Meines Ermessens wäre es der Darstellung der wechselvollen Bilder der Stirnhöhlenentzündung nur nachtheilig, wenn man die vom pathologisch-anatomischen Standpunkte vielleicht einigermassen berechtigte Eintheilung von Kuhnt acceptirte, nach welcher eine katarrhalische, blenorrhoische und pyorrhoische Entzündung der Stirnhöhlenschleimhaut zu unterscheiden wäre.

haut erscheint geschwellt, geröthet, von Extravasaten durchsetzt, und besonders wenn das Exsudat eine dickliche Beschaffenheit besitzt, mit einer eitrigen Flüssigkeit‑beschlagen." Es ist nicht überflüssig, wieder auf die vollständige Analogie mit den entsprechenden Entzündungsformen der Kieferhöhlenschleimhaut hinzuweisen.

Chronisches Empyem. Beim chronischen Empyem springt, wie dies Kuhnt (39) an zahlreichen, von ihm durch Radicaloperation eröffneten Stirnhöhlen constatiren konnte, gewöhnlich die wesentliche Verdickung, Lockerung und Wulstung der auskleidenden Schleimhaut in die Augen; oft zeigt die Schleimhaut eine schwammige, morsche Consistenz und hat ein verfärbtes Aussehen. Die Oberfläche ist glatt oder durch eine Art papillärer Hypertrophie uneben und höckerig. In einzelnen Fällen imponiren überdies oberflächliche Erosionen, eventuell ein geschwüriger Zerfall. Als Folge dieses letzteren Zustandes entsteht dann bedeutende Granulationsbildung, von festeren oder weicheren, gefässreichen, leicht zur Blutung neigenden Massen, welche bisweilen nur auf einzelne Abschnitte, z. B. auf das infundibulum beschränkt bleiben, manchmal aber so umfangreich werden, dass sie das ganze Cavum der Stirnhöhle ausfüllen.

Ganz ähnlich lauten die Angaben anderer Autoren, die Gelegenheit hatten, die Stirnhöhle bei chronischem Empyem des öfteren aufzumeisseln; ich selbst habe bei den aufgemeisselten Fällen ebenfalls eine wesentlich verdickte Schleimhaut mit sehr ausgebreiteten papillären Hypertrophien gesehen. Dieselben waren an einzelnen Stellen von mehr consistenter, an anderen dagegen von mehr morscher Beschaffenheit.

Ausser den erwähnten Formen der Schleimhautentzündung erwähnt Kuhnt noch die *gangränöse Entzündung* der Stirnhöhlenschleimhaut; er hatte einen Fall beobachtet, in welchem die Schleimhaut grauschwärzlich verfärbt lose auf dem Knochen auflag und mit jauchigem Exsudate bedeckt war.

Was die histologische Beschaffenheit der entzündlich veränderten Schleimhaut anlangt, so ist diese bei den acuten Entzündungsformen vollkommen identisch mit den gleichnamigen Entzündungsformen der Kieferhöhle, daher ich von einer neuerlichen Wiedergabe dieser Befunde hier absehen kann.

Bei den chronischen Empyemen sind die erhaltenen mikroskopischen Bilder äusserst verschieden. Während an einzelnen Stellen das Flimmerepithel und die Basalmembran intact sind, und das Bindegewebsstratum der Schleimhaut nur relativ wenig entzündliche Veränderungen aufweist, findet man an anderen Stellen das Flimmerepithel abgestossen und theilweise durch ein mehrschichtiges, cubisches Epithel ersetzt, dessen oberflächlichste Schichten nicht selten Mortificationserscheinungen zeigen (schlechte Färbbarkeit). Stellenweise sind zwischen den erwähnten cubischen Zellen zahlreiche Rundzellen eingelagert. Das Stroma kann stellenweise so dicht infiltrirt sein, dass es einem Granulationsgewebe völlig gleicht; an Stellen, wo das Epithel vollkommen abgestossen ist, entstehen von der oberflächlichen Schleimhautschichte ausgehende Granulationsgeschwülste. Nebst Stellen hochgradiger Infiltration sind wieder Stellen sichtbar, in welchen das wellige Bindegewebe durch Oedem auseinander gedrängt ist; wieder an anderen Stellen ist das Schleimhautstroma mehr bindegewebig entartet. Letztere Partien repräsentiren die ältesten Entzündungsherde, woselbst das Infiltrat bereits zu festem Bindegewebe umgewandelt wurde.

Beschaffenheit des ductus naso-frontalis. Die hierüber erhobenen Befunde sind verschieden. Ausgemacht ist nach den Beobachtungen der meisten Autoren, dass es sich fast niemals um eine völlige Obliteration des ductus, sondern vielmehr nur um Verlegtsein und um relative Unwegsamkeit desselben handelt. Die Befunde über vorhandene Stricturirung des ductus naso-frontalis sind zum allergrössten Theile am Lebenden, an gelegentlich der Radicaloperation eröffneten Stirnhöhlen erhoben worden; sie sind aber einseitig, weil der Zustand des ductus naso-frontalis fast überall nur während des Stadiums der Exacerbation geprüft wurde, während es wichtig ist, darauf hinzuweisen, dass in ein und demselben Falle der ductus einen verschiedenen Grad von Durchgängigkeit zeigt, je nachdem wir ihn in einem freien Intervall oder während einer Exacerbation untersuchen.

Während des Anfalles zeigt nämlich die rhinoskopische Untersuchung constant die Schleimhautbekleidung der vorderen Partie des mittleren Nasenganges oedematös geschwollen, wodurch der nasale Theil des Stirnhöhlenausführungsganges stark verlegt wird. Nach meiner Erfahrung liegt die Ursache der Stenose in Fällen acuter Entzündung am allerhäufigsten nur in der Nase und wird durch die erwähnte oedematöse Schwellung bedingt. Der beste Beweis für die periphere Lage der Stenose ist der Umstand, dass erstens durch intensives Cocaïnisiren des mittleren Nasenganges der Verschluss des ductus fast ausnahmslos temporär eröffnet wird, und dass zweitens durch Entfernung des vorderen Endes der mittleren Muschel fast immer das Secret frei in die Nasenhöhle abfliessen kann.

Ebenso häufig wird die Stenose im mittleren Nasengange in chronischen Fällen dadurch bedingt, dass in Folge des Secretabflusses in die vordere Partie des infundibulum daselbst Schleimhauthypertrophien und Polypen entstehen, welche anfangs den Abfluss des Secretes nur erschweren, gelegentlich einer acuten Exacerbation aber durch plötzliche Volumszunahme einen nahezu völligen Verschluss herbeiführen.

Die Frage der Wegsamkeit des ductus naso-frontalis kann meiner Ansicht nach durch die Mittheilung der gelungenen oder misslungenen Sondirung von der Stirnhöhle aus allein überhaupt nicht entschieden werden, denn es kann ein Polyp oder eine unbedeutende Hypertrophie im mittleren Nasengange, so lange die mittlere Muschel sich in situ befindet, der Einführung der Sonde in die Nasenhöhle unüberwindliche Schwierigkeiten bereiten, während der Eiter noch zwischen den Hypertrophien bequem seinen Abfluss zu finden vermag. Man wird von der Richtigkeit des Angeführten am besten überzeugt, wenn man, wie ich, in zahlreichen Fällen von chronischem Empyem der Stirnhöhle die mittlere Muschel entfernt hat. Immer finden sich an dem obersten Ende des hiatus Hypertrophien oder Polypen, nach deren Entfernung erst der ductus naso-frontalis in bequemer Weise für die Sonde durchgängig wird.

Ich habe 25 Fälle notirt, wo diese Verhältnisse vorlagen, weshalb ich glauben möchte, dass die Stenose des ductus naso-frontalis in der Mehrzahl der Fälle nur eine relative ist, und dass ihre Ursache zumeist peripheriewärts, d. i. im mittleren Nasengang zu suchen ist.

Es soll aber damit nicht gesagt sein, dass eine völlige Obliteration des ductus naso-frontalis nicht möglich ist. Es wird dies insbesondere nach ulcerativen Processen, wie z. B. nach Syphilis, oder nach dem unerlaubten Gebrauche des Galvanocauters in der Gegend des hiatus leicht vorkommen; überdies haben Panas (65) und Kuhnt (l. c.) in mehreren Fällen eine ventilartig wirkende Schleimhautfalte am Eingange der Stirnhöhle in den ductus constatiren können, welche gegen den ductus zu geschlossen war. Diese Schleimhautfalte entsteht nach Kuhnt, weil die Uebergangsstelle des ductus naso-frontalis in die freie Sinushöhle zur Stauung prädisponirt. Ihre Wirkung soll darin bestehen, dass weder Luft noch Secret vom Sinus in die Nase abfliessen kann, dass dagegen Luft von der Nase während der Exspiration in die Stirnhöhle und bei eventuellem Vorhandensein einer Fistel durch diese durchgetrieben wird. Das letztere Vorkommnis ist in der Literatur veröffentlicht.

An die entzündlichen Erkrankungen der Stirnhöhlenschleimhaut reihen sich an:

Die entzündlichen Stirnhöhlengeschwülste. Es gehören hierher: 1. die Cysten, 2. die Polypen und 3. der Hydrops der Stirnhöhle.

1. Cysten. Cysten sind in der Stirnhöhle selten. Es hängt dies nach Zuckerkandl mit der Drüsenarmuth der Schleimhaut zusammen; nach dem angeführten Autor sind die Cysten etwa linsengross und enthalten eine schmierige Substanz. Die Cystenwand kann sich manchmal erheblich verdicken, wie in dem Falle Langenbeck (66) und Barkhausen (66). Letzterer Autor fand die Cystenwand dick und fast cartilaginös. Die Cystenbildung ist stets eine Folgeerscheinung der Schleimhautentzündung; bezüglich der Details sei auf die Entwickelung der Schleimhautcysten der Kieferhöhle hingewiesen.

2. Polypen. Diese Geschwulstform kommt in der Stirnhöhle nur selten vor; es sind im Ganzen zwei Angaben über an Lebenden beobachtete Polypen von Knapp (67) und Cyrill H. Walker (68) anzuführen. Die Polypen traten in den genannten Fällen in grosser Anzahl auf. In einem Falle von Knapp war die Stirnhöhle mit einer grossen Masse von Schleimpolypen ausgefüllt.

3. Hydrops der Stirnhöhle (Mukokele). Unter Hydrops der Stirnhöhle versteht man die Ansammlung schleimigen Secretes in der Stirnhöhle, welche in Folge eines dauernden oder periodisch erfolgenden Abschlusses des ductus naso-frontalis die Wände der Stirnhöhle allmählich ausdehnt. Durch Druck des gestauten Secretes wird eine anfangs circumscripte, später mehr flächenhafte Verdünnung der Knochenwände bedingt, wodurch der Hydrops bedeutende Dimensionen annehmen kann.

Der Hydrops ist in einer Anzahl von Fällen auf Trauma zurückzuführen, in anderen ist jedoch eine solche Ursache nicht zu constatiren.

Was den traumatischen Hydrops der Stirnhöhle anlangt, so entsteht er offenbar in der Weise, dass die einem Schlage oder

Stoss auf die Stirnhöhlenwand folgende Zersplitterung oder auch nur Fissurirung des Knochens eine schleichende Periostitis hervorruft, in deren Gefolge die Schleimhaut katarrhalisch erkrankt. Tritt keine Infection des schleimigen Stirnhöhleninhaltes ein, so bleibt der schleimige Inhalt bestehen und staut sich in Folge des zeitweilig oder constant eingetretenen Verschlusses des ductus naso-frontalis. In Folge dieser Stauung verdünnt sich die knöcherne Wand, und zwar vorerst an der ursprünglich verletzten Stelle, später aber auch in der Umgebung, und es kommt zu stark hervorragenden Geschwülsten an der Stirne oder in der Orbitalgegend. Die ektatischen Wände bestehen dann aus einer sehr erweichten, mehr knorpelartigen Knochensubstanz, welche sich mit Messer und Schere schneiden lässt.

Der Zusammenhang des traumatischen Momentes mit dem nachfolgenden Hydrops ist aber nicht immer ganz klar. Eine Anzahl von Autoren hat nämlich Fälle beobachtet, in welchen das Trauma in der frühesten Jugend, bereits zwischen dem dritten und sechsten Lebensjahre eingewirkt und der Hydrops sich erst später zwischen dem 20. und 25. Jahre entwickelt hat.

Bei den nicht traumatischen Hydropsien handelt es sich gewöhnlich um cystische Degeneration der katarrhalisch entzündeten Schleimhaut.

Diese durch Ektasie bedingten Geschwülste erscheinen insgesammt zuerst im inneren, oberen Augenwinkel, und zwar deshalb, weil, wie Kuhnt (39) richtig bemerkt, die Druckatrophie sich naturgemäss zuerst an der dünnsten Stelle der knöchernen Wandung etabliren muss. Die dünnste Stelle ist aber die unterste Wand der Stirnhöhle, die innere und obere Partie des Orbitaldaches, gleich hinter der fossa trochlearis. Es kann hierbei allmählich zu ganz erheblicher Resorption der knöchernen Umgebung kommen. Nicht nur der Orbitalinhalt, der Bulbus kann erheblich verschoben, sondern es können auch das ganze Siebbeinlabyrinth und die Keilbeinhöhle verdrängt werden. In dem hochinteressanten Falle von Bellingham (69) war nicht nur die vordere Stirnbeintafel bis auf die Basis der Geschwulst resorbirt, sondern auch die hintere, an die Schädelhöhle grenzende Knochentafel, sowie die Orbitalplatte im ganzen Umfange, so dass man die Pulsation des Hirnes sehen und den Augapfel direct umtasten konnte. Aehnliche Fälle mit mehr oder weniger ausgedehnter Resorption der Knochen sind mehrfach in der Literatur beschrieben worden.

Die Hydropsien können in jedem Stadium eitrig inficirt werden. Die Infection erfolgt von der Nase aus während der Attaque einer Rhinitis; der Inhalt der Geschwulst kann dann eitrig werden und das Krankheitsbild von nun ab mehr dem Empyem ähneln. Man spricht in derartigen Fällen von einer Mischform zwischen Hydrops und Empyem.

b) **Pathologische Veränderungen der knöchernen Wandungen der Stirnhöhle.**

Die bei der entzündlichen Stirnhöhlenaffection constatirbaren Veränderungen der Knochenwand können primärer oder secundärer Natur sein.

1. Primäre Knochenveränderungen. Die primären Erkrankungen umfassen die wenigen bekannten Fälle von *tuberculöser* und *syphilitischer* Affection des Stirnbeinknochens, von welchen es aber noch nicht über jeden Zweifel sichergestellt ist, in welchem Verhältnisse der primär erkrankte Knochen zu der secundär erkrankten Schleimhaut steht.

Viel häufiger kommt schon die *traumatische Verletzung* des Knochens als primäre Ursache in Betracht. Es kann je nach der Intensität des Traumas nur eine circumscripte Osteo-Periostitis, eine Zersplitterung des Knochens, mit oder ohne Eröffnung der Höhle, oder nur eine Fissurirung des Knochens die Folge sein. Bleibt eine Infection von der Wunde und von der Nase her aus, dann kann die Sache bald ausheilen, wenn auch in einer Anzahl von Fällen, wie schon erörtert wurde, ein Hydrops aus der chronischen Reizung der Stirnhöhlenschleimhaut seine Entstehung nimmt. Kommt es dagegen zur Infection, so verwandelt sich der schleimige Inhalt bald in einen eitrigen, und wir haben es dann mit einem traumatischen Empyem zu thun.

2. Secundäre Knochenveränderungen. Diese sind viel häufiger und wichtiger als die primären Veränderungen der knöchernen Stirnhöhlenwände, und sind als Folge der Schleimhautentzündung aufzufassen. Sowohl im Verlaufe eines acuten als eines chronischen Empyems können sich Durchbruchstellen der knöchernen Wandungen etabliren, durch welche der Eiter in die Nachbarschaft vordringt. Bei Durchbruch der Orbitalwand kann es zu einem Orbitalabscess und zu dessen Consequenzen, bei Durchbruch der hinteren Stirnhöhlenwand zu Complicationen seitens des Cerebrum kommen. Die Perforation ist gewöhnlich klein und circumscript. Die Prädilectionsstellen dieses Durchbruches befinden sich an der unteren Wand der Stirnhöhle, und zwar zumeist im inneren, oberen Orbitalwinkel oder auch im Gebiete um und hinter der incisura supraorbitalis; nur ausnahmsweise liegt die Perforation bei umfangreichen Stirnhöhlen mehr schläfenwärts am Orbitaldach.

Relativ viel seltener als die untere, wird die hintere, an die Schädelhöhle angrenzende Wand von der Perforation betroffen, obwohl dieselbe an einzelnen Stellen keine grössere Resistenz als die untere Wand aufweist. Nach Kuhnt liegt die Ursache hiefür in der besseren Ernährung der hinteren Wand der Stirnhöhle, indem es hier an beiden Flächen eine relativ gut ausgebildete Periostlage gibt, während die untere Wand der Stirnhöhle, sowohl an der Stirnhöhlen- als auch an der Orbitalfläche nur ein sehr mangelhaft entwickeltes Periost aufweist. Ebenso besitzt die vordere Wand der Stirnhöhle an der Aussenfläche eine sehr gut ausgebildete Periostlage. An der vorderen Wand kommen die Perforationen am seltensten, gewöhnlich nur dann vor, wenn daselbst ein Trauma mit Zersplitterung den Anstoss zum Empyem gegeben hat. Killian (70) und Jansen (64) berichten über Perforation des Septum der Stirnhöhle, wodurch communicirende Stirnhöhlen zu Stande kommen. Nach Killian kann die Genese dieser Perforationen beruhen: 1. Auf angeborener Defectbildung, ähnlich wie dies beim ostium accessorium der Kieferhöhle der Fall ist. 2. auf pathologischer Zerstörung, 3. auf traumatischer Nekrose.

Ueber die directe Ursache der Perforationen herrscht noch nicht völlige Klarheit. Da die Perforationen sich immer während einer

acuten Exacerbation des Empyems ausbilden, ist folgende Erklärung
am wahrscheinlichsten. Durch den starken Druck des sich stauenden
Secretes etablirt sich eine kleine Nekrose der Schleimhaut, welche an
derjenigen Stelle, an welcher der Knochen am wenigsten Widerstand
entgegensetzt, zum Durchbruche tendirt. Nach Kuhnt soll in Folge
einer Thrombophlebitis der durchtretenden Venen infectiöses Material
auf die gegenüberliegende Periostlage verschleppt und durch die hierdurch entstandene Periostitis der gegenüberliegenden Seite die Ernährung des Knochens vollkommen ausgeschaltet werden. Kuhnt
sieht in dieser Verschleppung der Infectionserreger durch die durchtretenden Venen den hauptsächlichsten Grund für die Entstehung
der Perforationen. Die im Vorhergehenden bezeichneten Lieblingsstellen für die Perforation sollen nämlich den Durchtrittsstellen der
Stirnhöhlenvenen in die Orbita entsprechen. Wie dem aber auch immer
sei, eine Nekrose der Stirnhöhlenschleimhaut muss als primäre Veränderung angenommen werden, da es ja sonst unverständlich wäre,
wie die Infectionsträger in die Vene gelangen. Als weitere Folge ist die
Thrombophlebitis und die sich daran knüpfende Periostitis der gegenüberliegenden Seite aufzufassen.

Was nun die Anzahl der Perforationsstellen betrifft, so ist hervorzuheben, dass in der Mehrzahl der Fälle nur eine einzige, selten
deren zwei oder gar mehrere vorgelegen haben. Als Seltenheit ist der
Fall von Redtenbacher (71) zu bezeichnen, in welchem multiple Perforationen vorhanden waren.

Der Umfang der Nekrose kann verschieden sein. Es kann sich
nur um ganz kleine, circumscripte Nekrosen handeln, welche noch
eben die Durchführung einer stärkeren Sonde gestatten, oder es kann
auch zur Bildung erheblicher Sequester kommen, wie in dem Falle
von Spencer Watson (72), wo in der Stirnhöhle zwei lose Knochenstücke (das grössere von $^3/_4$ Zoll Dicke) lagen. Panas (l. c.) extrahirte
einen Knochen von 1 Centimeter Länge und 6 Centimeter Breite.

Das Schicksal der nekrotischen Splitter scheint verschieden zu
sein; in einzelnen Fällen werden dieselben durch die entstandene
Fistel entleert, in anderen anscheinend resorbirt.

An den Durchbruch durch das Orbitaldach schliesst sich eine
Phlegmone des Orbitalgewebes an. welche im weiteren Fortschreiten
in einen Lidabscess übergeht; dieser gelangt gewöhnlich in der Mitte
über dem convexen Rand des Tarsus zum Durchbruche und gibt
dann zu chronischer Fistelbildung Veranlassung.

Es muss noch zum Schlusse erwähnt werden, dass sich die Perforationen nicht immer in einer einzigen Attaque, sondern oft erst im
Verlaufe von zahlreichen Anfällen ausbilden. Es kann gelegentlich
einer acuten Exacerbation zu Periostitis des Orbitaldaches kommen,
welche nachher wieder zurückgeht, bis im Anschluss an einen der
nächsten Anfälle die Perforation perfect wird.

Die in der geschilderten Weise nunmehr entstandene Periostitis
und Nekrose kann nach stattgehabtem Durchbruch noch weiter fortschreiten. Es kann das Orbitaldach auf weite Strecken hin nekro-
siren; nur ausnahmsweise geht die Periostitis auch auf das Thränenbein über, wie das in dem Falle von Macnaughton Jones (73)
geschehen ist.

Als besondere Art der Knochenveränderung beschreibt Kuhnt noch die porotische Nekrose des Knochens, welche in einer besonderen Weichheit der Knochen während der Operation sich manifestirte. In beiden von dem citirten Autor angeführten Fällen war das Knochengewebe der Stirnhöhlen geschwunden und in eine Masse verwandelt, in welcher die Blutgefässe erheblich eingeengt erschienen.

Symptome.

Die Symptome der entzündlichen Stirnhöhlenerkrankung sind sehr wechselnder Natur, je nach der Intensität der Erkrankung und je nach dem Stadium, in welchem wir die Krankheit zu beobachten Gelegenheit haben. Im Allgemeinen muss bemerkt werden, dass die Stirnhöhlenentzündung viel seltener als die Kieferhöhlenentzündung latent verlauft. Während letztere sehr häufig Jahre lang bestehen kann, ohne dem Kranken bemerkenswerthe Beschwerden zu verursachen, pflegt die Stirnhöhlenerkrankung in der Mehrzahl der Fälle subjective Beschwerden intensiver Art zu bedingen. welche den Kranken bald zum Aufsuchen ärztlicher Hilfe drängen.

Conform der Darstellung der Symptome des Empyems der Kieferhöhle sollen auch hier zuerst die subjectiven Symptome und dann die objectiven Symptome besprochen werden.

I. Subjective Symptome.

Die subjectiven Symptome zerfallen wieder in locale und entfernte.

A. Locale Symptome.

a) Kopfschmerz. Der Kopfschmerz in der verschiedensten Form und Abstufung ist ein constanter Begleiter der entzündlichen Stirnhöhlenaffectionen. Abgesehen von individuellen Eigenthümlichkeiten und der wechselnden Intensität der Stirnhöhlenerkrankung ist aber in ein und demselben Falle der Schmerz in gewissen Phasen der Erkrankung ein ganz verschiedener. Dies hängt zumeist von dem Umstande ab, ob die Entzündung in der sogenannten Ruhepause oder im Zustande der Attaque sich befindet. Dies verhält sich nämlich so: Bei jedem acuten Schnupfen exacerbirt die Entzündung der Stirnhöhle, die Secretion vermehrt sich, und durch die Schwellung um den Ausführungsgang herum entsteht eine relative Stauung. Beide Momente zusammen verursachen eine ganz erhebliche Steigerung des Kopfschmerzes. Mit Abklingen des acuten Schnupfens nimmt die Secretion der Stirnhöhle ab, ferner wird der Abfluss des Secretes in Folge Abnahme der Schwellung um den Ausführungsgang wieder freier, wodurch der Kopfschmerz an Intensität erheblich abnehmen. sogar nahezu vollkommen verschwinden kann. Es gibt daher häufig Kranke mit einer entzündlichen Stirnhöhlenaffection, welche über periodischen Kopfschmerz klagen. Die Länge der freien Intervalle hängt von der Zeit ab, welche zwischen den einzelnen acuten Anfällen liegt. Bald betragen sie nur Wochen, bald dagegen Monate und nur sehr selten Jahre.

Es gibt Kranke, bei welchen die freien Intervalle lang, und die Schmerzanfälle nur kurz sind; es kommt aber auch das Umgekehrte vor. Nicht immer sind indes die Intervalle ganz schmerzfrei, die Schmerzen können geringfügig, erträglich oder nur mahnend sein, bei den Exacerbationen dagegen werden sie fast immer sehr intensiv, mitunter „zum Wahnsinnigwerden" unerträglich. Die Kranken localisiren den Schmerz genau in die Stirnhöhle, geben wenigstens immer an, dass er dort beginne, dort stets am intensivsten sei und erst bei längerer Dauer und grosser Intensität auf die ganze Kopfhälfte ausstrahle. Merkwürdigerweise sind auch einzelne Fälle beobachtet worden, bei denen der Kopfschmerz auf der gesunden Seite intensiver als auf der kranken empfunden wurde, eine bisher unerklärliche Wahrnehmung!

Was den Charakter des Schmerzes anlangt, so kann derselbe sehr verschieden sein. Bald wird er als „dumpfes Eingenommensein", bald als heftiger Druck, zuweilen als heftig klopfend angegeben. Als ein sehr häufiges Vorkommnis ist der neuralgiforme Charakter der Kopfschmerzen mit intermittirenden Anfällen anzuführen. Man kann nicht genug oft auf dieses merkwürdige Phänomen hinweisen, weil es leider nur zu oft zu Missdeutungen Anlass gibt. Seltener in den Intervallen, zumeist nur während der Attaque, beobachten wir, dass die Schmerzen sich mit einer unerschütterlichen Regelmässigkeit an gewisse Tagesstunden knüpfen. Nicht zu verwechseln mit dem Gesagten ist die häufige Klage der Kranken, dass die Zeit am Morgen unmittelbar nach dem Aufstehen von den heftigsten Schmerzen begleitet sei, der Schmerz dauere dann ein paar Stunden, selbst bis Mittag, selten länger, der Nachmittag und Abend, sowie die Nacht seien dagegen vollkommen frei. Diese Serie von Angaben kann noch gut erklärt werden, wenn man sich den Mechanismus des Secretabflusses aus der Stirnhöhle vergegenwärtigt. Beim Liegen nimmt der Ausführungsgang eine höhere Stelle ein, und der Eiter vertheilt sich auf eine relativ grössere Fläche der Stirnhöhlenwand. Bei der aufrechten Stellung dagegen nimmt der Ausführungsgang den tiefsten Punkt ein, und es drängt der während der ganzen Nacht angesammelte Eiter gegen den Ausführungsgang zu. Daher der intensivste Schmerz nach dem Aufstehen des Morgens und das Aufhören desselben nach einiger Zeit, bis der Eiter abgeflossen ist.

Wie soll man sich aber die zahlreichen Fälle erklären, in welchen gelegentlich der acuten Anfälle täglich für 1 bis 2 Stunden, und zwar um die Mittagsstunden, seltener am Nachmittage, die unerträglichsten Schmerzen im Gebiete des nervus supraorbitalis auftreten, welche die Kranken zu jedweder physischen und geistigen Arbeit untauglich machen, während die Kranken in der übrigen Zeit vollkommen oder nahezu vollkommen frei von Schmerzen sind? Ich will hier nicht auf müssige Speculationen über das erwähnte Symptom eingehen, sondern hervorheben, dass diese intermittirenden neuralgiformen Schmerzanfälle gewöhnlich nur bei der acuten Stirnhöhlenentzündung und bei den Exacerbationen der chronischen Entzündung auftreten.*)

---

*) Siehe allgemeinen Theil.

Endlich muss noch erwähnt werden, dass die Kranken mit Stirn-höhlenaffection selbst im Stadium der schmerzfreien Intervalle auf relativ leichte Anlässe hin von mehr oder weniger lange dauernden Kopfschmerzen unbestimmten Charakters befallen werden. So hören wir im Krankenberichte oft die Klage, dass jede geistige Arbeit: Lesen oder Schreiben, sowie die geringste psychische Aufregung von Kopfschmerz begleitet sei. Der Genuss von Alkohol und Tabak wird oft durch die nachfolgende Eingenommenheit des Kopfes vollkommen verleidet. Um so überraschender ist es, dass in sehr seltenen Fällen die Kranken trotz eines hochgradigen Empyems, welches Jahre lang in gleicher Weise andauerte, in Abrede stellen, je an Kopfschmerzen gelitten zu haben. Ich habe dies in zwei Fällen beobachtet. In einem Falle, bei dem ich wegen der massenhaften übelriechenden Secretion die Trepanation gemacht habe, fand sich eine grosse Stirnhöhle mit der denkbar hochgradigsten Degeneration der Schleimhaut vor.

b) Eiterausfluss aus der Nase. Zumeist bezeichnen die Kranken die vermehrte Secretion als einen intensiven Schnupfen, da die Menge des entleerten Secretes selten so gross und von so foetidem Geruche ist, wie bei dem Empyem der Kieferhöhle; der vermehrte Ausfluss aus der Nase ist somit selten derjenige Grund, welcher die Kranken ärztliche Hilfe zu suchen veranlasst. Auf Befragen geben die Kranken allerdings zumeist an, dass bei einem heftigen Schnupfen auf der erkrankten Seite der Ausfluss reichlicher und consistenter als auf der gesunden Seite sei, dass aber diese vermehrte Secretion nach Ab-klingen des acuten Schnupfens abnehme und nahezu ganz aufhöre. Die Angabe über das vollkommene Aufhören der Secretion ist indes cum grano salis aufzunehmen, da es sich bei näherer Prüfung zumeist nachweisen lässt, dass auch während der sogenannten Intervalle die Secretion nichts weniger als normal ist; das Secret hat noch immer eine gelbliche oder grünliche Farbe und zeigt zuweilen die Neigung, zu Krusten einzutrocknen. Die Kranken sehen aber darin nichts Ab-normes, sie nennen das einfach: „ein bischen Verschnupftsein" und können sich oft gar nicht erinnern, dass es jemals anders gewesen wäre. Relativ selten sind diejenigen Fälle, in welchen constant sehr abundanter Eiterausfluss besteht, welcher, wenn der Eiter auch übel riecht, zu sehr heftigen Klagen Veranlassung gibt. In diesen Fällen treten auch diejenigen Symptome des öfteren in den Vordergrund, welche in Folge reichlicher Eitersecretion in der Nasenhöhle aufzu-treten pflegen: Wundse in der vorderen Nase und Ueberschwemmung des Nasenrachenraumes mit Eiter, sammt allen hieran geknüpften Con-sequenzen. Durch temporäres Eintrocknen des Secretes im mittleren Nasengange entsteht leicht vorübergehende Eiterretention in der Stirnhöhle und vorübergehendes Nachlassen des Eiterausflusses. Manche Kranke erfassen durch Erfahrung die Bedeutung der wechselnden Menge des Ausflusses. Sie machen nämlich die Wahrnehmung, dass der Kopfschmerz jedesmal besonders intensiv wird, wenn der Aus-fluss aufhört oder an Quantität erheblich abnimmt, und dass er nachlässt, wenn der Ausfluss sich wieder einstellt. Diese Wahr-nehmung ist ganz richtig und entspricht der jeweiligen temporären, relativen Verlegung, respective dem Wiederfreiwerden des Aus-führungsganges.

c) Störungen des Geruchsinnes. Anosmie ist zuweilen die Folge der chronischen Stirnhöhleneiterung. Die Anosmie ist aber nicht auf die Stirnhöhlenerkrankung als solche, sondern auf die durch letztere verursachte secundäre Hypertrophie der die fissura olfactoria begrenzenden Schleimhautflächen zu setzen; die Anosmie hat somit hier dieselbe Ursache, wie bei Erkrankung der Kieferhöhle und wie bei Erkrankung der übrigen Nebenhöhlen. Durch die partielle oder totale Anosmie dürfte auch die von einigen Autoren bei Empyem der Stirnhöhle angeführte Veränderung des Geschmackes bedingt sein, wie z. B. die Angabe mancher Kranker: „es schmecke alles nach Stroh" (gustatorische Anosmie). Die subjective Kakosmie, welche bei den Empyemen der Kieferhöhle so häufig im Vordergrunde der Klagen steht. scheint bei den reinen Stirnhöhlenaffectionen nicht vorzukommen. Ich habe in zwei Fällen von uncomplicirter Stirnhöhleneiterung, in welchen die Kranken über schlechten Geruch klagten, den Ausfluss auch für die Umgebung äusserst foetid gefunden.

d) Verstopfung der Nase, Nasenbluten, Ekzem des Naseneinganges. Die Verstopfung der Nase und die gestörte Respiration ist neben dem Kopfschmerz und Eiterausfluss eine der häufigsten Klagen der mit Stirnhöhlenaffection Belasteten. Das Verlegtsein des nasalen Athemweges kann durch verschiedene Momente bedingt sein. Am seltensten verlegt der zu consistenten Borken eingetrocknete Eiter die Passage. Viel öfter wird die Athemstörung durch die in mehreren Fällen einen ganz excessiven Umfang erreichende Hypertrophie der vorderen Partie der mittleren Muschel bedingt. Neben besagter Hypertrophie können dann allenfalls auch die Hypertrophien des mittleren Nasenganges, Polypen etc. Ursache der gestörten nasalen Athmung sein. Diese Athemstörung kann des weiteren erhebliches Alpdrücken, asthmatische Zustände etc. zur Folge haben.

Das Nasenbluten wird in der Mehrzahl der Fälle durch secundäre Erosionen der Septumschleimhaut in Folge gewaltsamer Entfernung des angetrockneten Secretes bedingt. Während der acuten Attaquen entsteht jedoch auch ohne die angeführte Ursache Nasenbluten. So sah ich des öfteren die Schleimhaut der hochcongestionirten mittleren Muschel und des mittleren Nasenganges spontan, oder auf die geringste Berührung hin. bluten. Nur bei sehr heftigen acuten Entzündungen der Stirnhöhle in Folge der Influenza sah ich rostfarbenen Eiterausfluss, also Blut, das bereits in der Stirnhöhle dem Secrete beigemengt wurde. Wo die entzündliche Erkrankung der Stirnhöhle traumatischen Ursprunges ist, wird eine primäre Blutung in die Höhle das dem Secrete beigemengte Blut leicht erklärlich machen.

In Bezug auf den Rachenkatarrh, mögliche Erysipelinfection oder Magenbeschwerden sei auf das im allgemeinen Theile und auf das bei der Kieferhöhle Gesagte verwiesen.

B. Fernsymptome.

Die Fernsymptome sind in jeder Beziehung analog den bei der Kieferhöhle erörterten, nur muss betont werden, dass bei der Stirnhöhlenerkrankung die Störungen im Befinden des Gesammtorganismus gewöhnlich viel häufiger und ausgesprochener sind als bei der analogen Erkrankung der Kieferhöhle. Letztere bedingt zumeist keinerlei irgendwie in Betracht kommenden Störungen des Gesammt-organismus. Insbesondere die Unfähigkeit zu geistigen Arbeiten, die rasche geistige Ermüdung, die grosse Reizbarkeit sind bei den meisten Fällen chronischer Stirnhöhlenentzündung sehr ausgeprägt. Blässe der Schleimhaut, fahle Gesichtsfarbe geben den Trägern des in-veterirten Stirnhöhlenempyems oft das Gepräge des vollkommenen Herabgekommenseins. Die Intoleranz gegen Alkohol und Tabak ist oft eine ganz enorme, selbst in den Fällen, wo früher dem Alkohol und Tabak in ausgiebigem Masse gehuldigt wurde. (Im Uebrigen siehe allgemeinen Theil.)

2. Objective Symptome.

a) **Befund von Eiter in der Nase.** Der Eiter erscheint bei dem chronischen Stirnhöhlenempyem, entsprechend der anatomischen Lage des Stirnhöhlenausführungsganges, in der vorderen Partie des infundi-bulum. Es ist der verborgenen anatomischen Lage dieser erwähnten Stelle zuzuschreiben, dass der Eiter nicht gleich an der Ausflussstelle, an dem ostium frontale, sondern erst weiter rückwärts unterhalb des vorderen Endes des mittleren Nasenganges sichtbar wird.

Häufig vorhandene Hypertrophien und Polypen können den Ein-blick in die vorderste Partie des mittleren Nasenganges verhindern. In den Fällen aber, in welchen der Einblick frei ist, sieht man nach Abtupfen des herabfliessenden Eiters einen Eiterstreifen nach vorne oben ziehen, welcher sich immer von oben her erneuert, und welcher entsprechend dem Verlaufe des hiatus von oben nach unten und rück-wärts zieht. Je nach dem Stadium der entzündlichen Stirnhöhlen-erkrankung wird der Eiter in grossen Mengen oder nach Reinigung des mittleren Nasenganges nur allmählich in geringen Mengen herab-fliessen.

Als eine charakteristische Eigenschaft der Stirnhöhlensecretion wird bezeichnet, dass dieselbe in aufrechter Körperlage eine conti-nuirliche ist. In Fällen von abundanter Secretion ist das vordere Ende des mittleren Nasenganges immer mit Eiter überschwemmt, und nach dem Abtupfen erscheint derselbe wieder, während bei dem Kieferhöhlenempyem, wie erwähnt wurde, die periodische Entleerung grosser Eitermengen zur Regel gehört.

Das erwähnte Verhalten des Stirnhöhlensecretes — das conti-nuirliche Fliessen — kann niemanden überraschen, wenn man bedenkt, dass der Ausführungsgang der Stirnhöhle bei aufrechter Körper-stellung den tiefsten Punkt der Höhle einnimmt. Beim Liegen da-gegen wird das ostium frontale höher gelagert, während die Höhle selbst tiefer gestellt wird, daher des Nachts in der Rücken-lage der Eiter in der Stirnhöhle stagnirt, und am Morgen nach dem Aufstehen der intensivste Ausfluss besteht.

Daran sollte man niemals vergessen, wenn im latenten Sta-dium die Secretion vorübergehend auf ein minimales Mass gesunken ist, und deshalb die Constatirung des eitrigen Ausflusses in die Nase im Stiche lässt. Die Untersuchung in den Morgenstunden bietet die sicherste Gewähr, von der Stirnhöhle abfliessendes Secret zu constatiren. Nicht selten ist in solchen Fällen das Bild ein typisches. Es besteht in der vordersten Partie des mittleren Nasenganges eine kleine Borke, nach deren Entfernung ein Streifen schleimigen oder schleimig eitrigen Secretes sichtbar wird. Der Ausfluss des während der Nacht gestauten Secretes kann in 1 bis 2 Stunden, manchmal auch früher, beendet sein und tagsüber ist dann kein compactes Secret mehr zu constatiren.

Der continuirliche Eiterausfluss der Stirnhöhle wird indes nicht selten durch das Vorhandensein von Hypertrophien und Polypen in der vorderen Partie des infundibulum aufgehoben und zu einem periodischen umgewandelt. Die genannten Gebilde verursachen nämlich des öfteren eine relative Verengerung des nasalen Endes des Ausführungsganges, wodurch ein Widerstand entsteht, nach dessen Ueberwindung erst das Stirnhöhlensecret jeweilig zum Abflusse gelangen kann.

In den meisten Fällen von entzündlicher Stirnhöhlenerkrankung ist ein Secretabfluss vorhanden. Eine Ausnahme bilden nur diejenigen seltenen Fälle, bei welchen sich im ductus naso-frontalis an der Stirnhöhlenmündungsseite ein klappenartig functionirendes Ventil oder aus anderweitigen Gründen eine impermeable Strecke ausgebildet hat. Diese Fälle sind jedoch zweifellos sehr selten, und da es in ihrem Gefolge gewöhnlich zu eminenten Stauungen des Secretes mit Durchbruch in die Orbita, Verdrängung des Bulbus kommt, suchen derartige Kranke selten den Rhinologen auf, weshalb auch das Vorkommen derartiger Fälle von einzelnen derselben geleugnet wird [Grünwald (l. c.), Lichtwitz (73)]; ich habe solche auch noch nicht gesehen.

Nach meiner Erfahrung sind die Stenosen fast immer nur relativ und immer am nasalen Ende des ductus naso-frontalis gelegen; durch Cocaïnisiren, Entfernung der mittleren Muschel, der Hypertrophien und Polypen des mittleren Nasenganges ist der Abfluss, wenn er auch früher sistirte, zumeist wieder herzustellen. Dies ist ein Umstand, welcher, wie wir später sehen werden, für die Diagnose und conservative Therapie der Stirnhöhlenentzündungen von ganz erheblicher Bedeutung ist.

Die Qualität des Secretes ist verschieden; bald ist es fast rein schleimig (bei Katarrh der Stirnhöhle und im latenten Stadium mancher Empyeme), bald rein eitrig, zumeist aber schleimig eitrig. Der Geruch des Secretes ist viel seltener foetid als bei der Kieferhöhle, und zwar zumeist nur in Fällen, bei welchen der Eiter zu körnigen Bröckeln eindickt, welche dann einen ganz höllischen Gestank verbreiten können.

Auch die Farbe des Stirnhöhleneiters hat durchaus nichts Charakteristisches. Der Hinweis von Jurasz (74), dass der Eiter der Stirnhöhle häufiger eine grünlichere Farbe aufweise als das Secret der Kieferhöhle, dürfte doch nur als Zufall bei seinen Beobachtungen zu deuten sein. Mir ist ein derartiger Unterschied nicht aufgefallen.

b) **Atypische Schleimhauthypertrophie.** Die bei den entzündlichen Stirnhöhlenerkrankungen zu constatirenden secundären Veränderungen der Nasenschleimhaut sind im Ganzen und Grossen denjenigen bei den entzündlichen Kieferhöhlenerkrankungen analog. Auch hier handelt es sich zumeist entweder um mehr diffuse oder mehr circumscripte Hypertrophien oder um wirkliche Polypen in der Umgebung der

Ausmündungsstelle des ductus naso-frontalis, nebst einer Hypertrophie verschiedenen Grades am vorderen Ende der mittleren Muschel. Man kann gerade nicht sagen, dass bei der Stirnhöhlenerkrankung diese Hypertrophien sich auf eine bestimmte Stelle localisiren; es muss aber zugegeben werden, dass in reinen, uncomplicirten Fällen von Empyem der Stirnhöhle die Hypertrophien gewöhnlich auf die vordersten Partien des hiatus und des infundibulum sich erstrecken, während bei uncomplicirten Fällen von Kieferhöhlenentzündung die Hypertrophien oder eventuelle Polypen sich mehr auf den hintersten Theil des hiatus, das ist auf die unmittelbare Umgebung des ostium maxillare, beschränken. Von einer Gesetzmässigkeit kann jedoch bei diesen Dingen nicht die Rede sein, da die Hypertrophien und Polypen bei lange dauerndem Empyem, beim Empyem sowohl der Kiefer- als auch der Stirnhöhle, den ganzen mittleren Nasengang regellos ausfüllen können. Andererseits kann aber in nicht alten Fällen, oder nur bei geringer Secretion, jede Hypertrophie und Polypenbildung fehlen.

Eine gewisse Berühmtheit hat in der Literatur des Stirnhöhlenempyems der zuerst von Schäffer (75) beschriebene Schleimhautwulst erlangt. Dieser besteht in einer schräg vis-à-vis dem Vorderende der mittleren Muschel lagernden Schleimhautverdickung des Septum. Der Wulst entsteht stets nur bei langdauernden Empyemen, und zwar in den Fällen, bei welchen der Eiter gleich unter dem vordersten Ende der mittleren Muschel aus dem mittleren Nasengange ausfliessen kann, und wo das Septum an bezeichneter Stelle durch den lange Zeit hindurch fortgesetzten Contact mit dem Eiter in einen Zustand chronisch hyperplastischer Entzündung geräth. Der Wulst ist aber durchaus nicht charakteristisch für eine Stirnhöhlenaffection; er kann ebenso im Gefolge einer Keilbein- oder einer hinteren Siebbeinzelleneiterung auftreten, da der Eiter auch in diesen Fällen des öfteren an der bezeichneten Stelle des Septum sich anlagern kann.

Wichtiger, weil charakteristischer, scheint mir die Beschaffenheit der vorderen Partie des mittleren Nasenganges und der Lefzen des hiatus semilunaris bei einer acuten Stirnhöhlenentzündung. Oft fällt hier schon bei oberflächlicher Beobachtung und ohne Sondenuntersuchung auf, dass die vorderste Partie des mittleren Nasenganges an der erkrankten Seite eingeengt erscheint. Ich sehe hier natürlich von einer möglichen stärkeren seitlichen Einrollung der mittleren Muschel ab, da diese in das Bereich der auch unter normalen Verhältnissen constatirbaren Varietät gehört. Die Einengung wird vielmehr in diesen Fällen durch eine hellgraue, theilweise durchscheinende Masse herbeigeführt. Berührt man die genannten Partien mit der Sonde, dann lässt sich sofort constatiren, dass die Schleimhaut an der vorderen Partie der concaven Seite der mittleren Muschel und der Schleimhautüberzug am processus uncinatus oedematös sind und vollkommen das Aussehen einer diffusen, polypähnlichen Bildung zeigen. Mit Hilfe weniger Tropfen Cocaïn und Einführung einer sehr dünnen Sonde lässt sich leicht ein Spalt zwischen den sich berührenden Schleimhautflächen herstellen. Diese oedematöse Schleimhautfalte habe ich oft beim acuten Empyem und während der Attaquen des chronischen latenten Empyems beobachtet. Oft schwinden diese oedematösen Wülste mit dem Abklingen der acuten entzündlichen Symptome. Wird das

Empyem chronisch, dann werden diese Wülste consistenter und nehmen den Charakter von Hypertrophien an. Diese acuten oedematösen Wülste sind genetisch vollkommen der acut entzündeten Schleimhaut der Nebenhöhlen an die Seite zu stellen. Wie bei letzteren die bekannten oedematösen Höcker und Schwellungen auftreten, entstehen auch im mittleren Nasengange die oedematösen Wülste. Ich werde auf diese oedematösen Wülste bei der Histogenese der Polypen noch einmal ausführlich zurückkommen.

c) **Druckempfindlichkeit der Stirnhöhlenwandungen.** Als ein sehr häufig vorkommendes Symptom ist die Druckempfindlichkeit der knöchernen Stirnhöhlenwandungen aufzufassen. Ganz typisch ist die erhöhte Empfindlichkeit oder ein besonderes Schmerzgefühl auf Beklopfen der vorderen Wand der Stirnhöhle mit dem Zeigefinger oder gar mit dem Percussionshammer. Die Schmerzäusserung kann eine ganz gewaltige sein und rührt von der Erschütterung der Wandungen her. Mitunter erregt ein stärkeres Beklopfen der gesunden Seite auch Schmerzgefühle auf der kranken Seite durch Fortpflanzung der Erschütterung.

Ebenso lässt sich mittelst Fingerdruckes an der vorderen Wand eine erhöhte Empfindlichkeit der kranken Seite constatiren. Kuhnt ist es des öfteren gelungen, durch Abtasten des empfindlichen Gebietes die Contouren der Stirnhöhle an der vorderen Stirntafel abzugrenzen. Die von erwähntem Autor mittelst Copirstiftes in dieser Weise markirten Linien entsprachen vollkommen den nach der Trepanation vorgefundenen Grenzen der Stirnhöhle.

Gemeinhin findet man an der vorderen Stirnhöhlenwand keine besonderen Stellen, welche die erhöhte Druckempfindlichkeit in hervorragend gesteigertem Masse zeigen würden, mit Ausnahme einer Stelle gegen die Nasenwurzel zu, wo die Druckempfindlichkeit zuweilen, entsprechend den auch an dieser Stelle häufig auftretenden, spontanen Schmerzen, besonders intensiv hervortritt. Allerdings gibt es da Ausnahmen. So pflegt z. B. in denjenigen seltenen Fällen von Stirnhöhlenempyem, in welchen die Perforation sich an der vorderen Wand entwickelt, in der Umgebung der Perforation sich eine ganz besondere Druckempfindlichkeit zu zeigen. Dies rührt daher, dass der Perforation gewöhnlich eine circumscripte Periostitis mit Infiltration der Weichtheile vorangeht. Gewöhnlich betrifft dieses Vorkommnis die traumatischen Empyeme und Hydropsien der Stirnhöhle, in welchen die vordere Wand eine Läsion erfahren hat. Im Ganzen und Grossen muss aber daran festgehalten werden, dass es an der vorderen Wand keine besonders druckempfindliche Stelle gibt.

Ganz anders verhält sich die orbitale Fläche der Stirnhöhle in Bezug auf die Druckempfindlichkeit, da letztere erheblich dünner ist als die vordere Stirntafel, und überdies sich an ihr die Perforationen bei den Empyemen mit Vorliebe entwickeln. Hier sind es gewöhnlich zwei Stellen: der innere, obere Orbitalwinkel und die Stelle hinter der incisura supraorbitalis, welche eine ganz exquisite Empfindlichkeit zeigen. Ich will vorderhand von den gelegentlich der Perforation an dieser Stelle sich entwickelnden Gewebsverdickungen und entzündlichen Infiltraten absehen, in deren Umgebung die Schmerzhaftigkeit eine ganz hervorragende Intensität erreicht. Auch in Fällen, in welchen von einer Usurirung und Perforation der Orbitalplatte noch gar keine Spur ist, zeichnen sich die erwähnten zwei Stellen der Orbitalfläche durch ihre besondere Druckempfindlichkeit aus, selbst dann, wenn dieselbe an der vorderen Tafel eine relativ geringfügige ist.

Es kann nicht genug hervorgehoben werden, dass die erwähnte Druckempfindlichkeit der Stirnhöhlenwandungen in den verschiedenen Stadien der Krankheit einen sehr verschiedenen Grad zeigen kann. Während dieselbe im Stadium der Exacerbation der Schleimhautentzündung und im Stadium der bevorstehenden Perforation den höchsten Grad zu erreichen pflegt, kann die Druckempfindlichkeit der Vorderwand im Stadium der Intervalle auf ein Minimum sinken, nach meiner Erfahrung auch vollkommen aufhören, während es sicherlich zu den seltenen Ausnahmen gehören dürfte, dass die Druckempfindlichkeit auch an der orbitalen Fläche vollkommen schwindet. Ich habe letzteres nur selten beobachtet.

Schon die bisherige Darstellung der Symptome der entzündlichen Stirnhöhlenaffectionen ergibt, dass subjectiver Kopfschmerz, Druckempfindlichkeit der Wandungen der Stirnhöhle sehr häufig im Vordergrunde der Symptome bei der Stirnhöhlenentzündung stehen, während dieselben Symptome bei der Kieferhöhle relativ selten anzutreffen sind.

d) **Oedem der Vorderwand der Stirnhöhle und des oberen Augenlides.** In Fällen von acutem und chronischem Empyem der Stirnhöhle ist des öfteren ein leichtes Oedem der Weichtheile der vorderen Stirnhöhlenwand und des oberen Augenlides zu constatiren. Das Oedem ist an der Stirn durch Fingerdruck nachweisbar; am oberen Augenlid äussert es sich durch Verstrichensein der Einsenkung zwischen Orbitalwand und oberem Lide. Dieses leichte Oedem kann in dem wechselvollen Verlauf eines Stirnhöhlenempyems öfters verschwinden und wiederkehren, in anderen Fällen auch ganz fehlen. Mitunter geben die Kranken an, dass das Oedem des Morgens nach dem Aufstehen am intensivsten sei, und sich im Laufe des Tages verliere. Schwere Arbeit bei gebücktem Oberkörper ist des öfteren der unmittelbare Anlass des Erscheinens der Oedeme.

e) **Dilatation der Stirnhöhlenwandungen. Perforation. Fistelbildung.** Es ist im Allgemeinen daran festzuhalten, dass das Empyem der Stirnhöhle nur ausnahmsweise zu grösserer Geschwulstbildung führt, dass es vielmehr im Charakter der Empyeme liegt, circumscripte Perforationen in der Knochenwand zu setzen, ohne vorher eine Dilatation nennenswerthen Grades herbeigeführt zu haben

Um so bemerkenswerther erscheint ein von Herzog Carl Theodor in Bayern (76) publicirter Fall von Empyem der Stirnhöhle, bei welchem die untere Wand der Stirnhöhle, ohne wesentlich dünner zu werden, gegen die Orbita ausgebuchtet wurde und daselbst eine Exostose vortäuschte. Bei der Operation barst die Geschwulst an der dünnsten Stelle, und es entleerte sich eine gelblich-graue Masse.

Die flächenhafte Verdünnung mit Bildung grosser Tumoren wird regelmässig nur bei den Hydropsien der Stirnhöhle beobachtet. Die Geschwulstbildung kann hierbei eine ganz enorme sein. Die dilatirte Knochenwand knistert wie der „Deckel einer blechernen

Dose", später, wenn ein Theil der knöchernen Hülle vollkommen resorbirt wurde, ragt die Cystenwand wie eine Geschwulst hervor. Die classische Beobachtung von Langenbeck-Barkhausen (66) habe ich in Fig. 55 abbilden lassen.

Der Ort der stärksten Dilatation entspricht bei traumatischen Hydropsien jeweilig der Stelle, wo durch das Trauma ein locus minoris resistentiae geschaffen wurde.

Die nicht traumatischen Hydropsien beginnen typisch am inneren oberen Augenwinkel und drängen frühzeitig den Bulbus nach aussen und unten.

Eine Dilatation der vorderen Wand der Stirnhöhle bei reinem

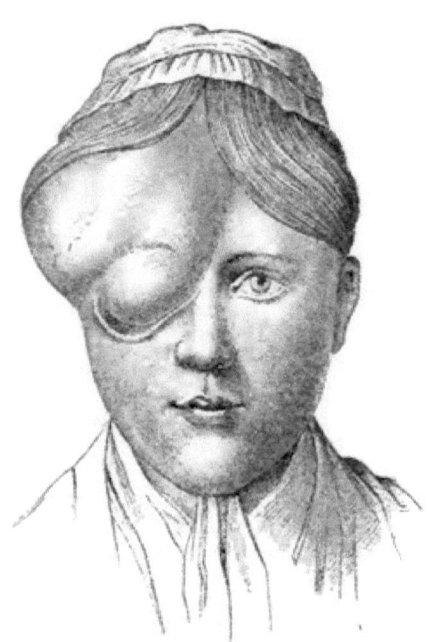

Fig 55. Hydrops der rechten Stirnhöhle. (Nach Langenbeck-Barkhausen.)

Empyem kommt fast gar nicht vor, mit Ausnahme der Fälle, bei welchen dem Empyem ein Trauma an der vorderen Stirnhöhlenwand vorausgegangen war, oder ein früher vorhanden gewesener Hydrops eitrig inficirt wurde. Einen schönen Fall von Dilatation der vorderen Stirnhöhlenwand bei Empyem hat Mason Warren (77) beschrieben; es kam nach einem Trauma zur Sequestirung des grössten Theiles der vorderen Stirnhöhlentafel. Der Abscess wölbte die Weichtheile geschwulstförmig vor. Der Fall war überdies noch dadurch interessant, dass bei jedesmaligem Schneuzen Luft in die Stirnhöhle getrieben wurde (*Pneumocele des sinus frontalis*).*)

In der überwiegenden Anzahl der Fälle entsteht bei dem Empyem aus früher (siehe pathologische Anatomie) dargelegten Gründen eine geschwulstförmige Hervorwölbung mässigen Grades an der orbitalen Fläche der Stirnhöhle, und zwar entweder hinter der incisura supraorbitalis in der Tiefe der Augenhöhle oder mehr am inneren Augenwinkel (Fig. 56).

Je nachdem der Durchbruch mehr acut oder mehr chronisch vor sich gegangen ist, wird der Symptomencomplex ein verschiedenartiger sein. Bildet sich die Periostitis des Augendaches mit der Perforation rasch aus, dann ergiesst sich der Eiter rasch in das periorbitale Gewebe. Dieser acute Verlauf ist zumeist bei den sehr

---

*) Ueber einen ähnlichen Fall berichtet Guttirie (commentaries on the surgery of mer). Nach Heilung einer Stirnhöhlenwunde erhoben sich nach jedesmaligem Schneuzen die Weichtheilbedeckungen des Hirnes zu einer elastischen, crepitirenden Geschwulst, so dass der Kranke eine Compressionsbandage tragen musste.

acut einsetzenden oder bei durch eine sehr heftige Exacerbation complicirten chronischen Empyemen die Regel. Die umgebenden Weichtheile,
besonders das obere Augenlid, erscheinen enorm geschwollen; letzteres ist bewegungslos. Entweder klingt dann die acute Schwellung
des Lides allmählich ab, und es bleibt nur eine mässige Infiltration
der Periorbita und des Augenlides zurück, oder es tendirt der
Abscess zum Aufbruch.

Die Aufbruchsstelle des Abscesses ist zumeist in der Mitte des
oberen Augenlides, seltener ein wenig nach aussen; mitunter wölbt
sich der Abscess oberhalb des inneren Lidbandes vor, wo es auch
zur Perforation und zur Fistelbildung kommt.

Sehr bemerkenswerth ist die öfters constatirte Thatsache, dass
die geschilderten acuten Anfälle mit enormer Schwellung des
Lides und Chemosis der Conjunctiva so weit abklingen können,
dass äusserlich kaum irgend welche wahrnehmbare Veränderungen
in den deckenden Weich-
theilen zu constatiren sind.
Befühlt man nachher mit dem
Finger das Orbitaldach bei
nach abwärts gesenkter Blickrichtung, so fällt manchmal
eine pralle elastische Geschwulst auf, zuweilen ·nur
eine mehr diffuse Infiltration.
Seltener ist eine leichter ein-
drückbare Stelle zu fühlen,
deren Umgebung, wie von
einem Knochenwall einge-
säumt zu sein scheint. Kommt
es im Laufe der Zeit zu
neuerlichen Exacerbationen
der Entzündung mit ähn-
lichen heftigen Anschwel-
lungen und darauffolgenden
Remissionen, dann bleibt nach

Fig. 56. Fall von chronischem Empyem
der linken Stirnhöhle mit Geschwulstbildung im inneren Augenwinkel.

jeder Remission eine stärkere Infiltration der Periorbita und des
Augenlides mit Dislocation des Bulbus und Bewegungsstörung desselben
zurück, bis endlich nach einem heftigen Anfall der Abscess am Augen-
lide oder über dem inneren Lidbande durchbricht oder künstlich eröffnet werden muss.

Durch Druck auf die elastische Geschwulst des Orbitaldaches liess
sich in einer Anzahl von Fällen Eiter durch die Nase entleeren, wodurch
erstens die Zusammengehörigkeit der Geschwulst mit der Stirnhöhle
bewiesen wird, und zweitens, dass bei Entwickelung einer Perforation
keine absolute Atresie des ductus naso-frontalis vorhanden war.

Die Anzahl der entzündlichen Anfälle bis zur erfolgten Perforation ist in den verschiedenen Fällen sehr verschieden. Manche sehr
heftig auftretende acute Influenzaempyeme können schon nach wenigen
Tagen eine Perforation bedingen, während es manche chronische Fälle
gibt, in welchen alljährlich zwei bis drei Attaquen auftreten, bis es
schliesslich nach mehreren Jahren zur Perforation kommt.

10 *

Ausser der Perforation des Orbitaldaches kann aber auch die unglückliche Consequenz eintreten. dass an der hinteren Stirnhöhlenfläche sich ein Defect ausbildet, wodurch cerebrale Complicationen mit letalem Ausgange bedingt werden.

Die Entstehung der periorbitalen Periostitis und des Durchbruches muss nicht immer die Folge wiederholter, sehr heftiger Anfälle acuter Entzündung sein. Es können auch milde, nicht sehr schmerzhafte Anfälle die Perforation allmählich vermitteln.

Merkwürdig ist in einzelnen mitgetheilten Fällen die Angabe, dass die Entwickelung des Orbitalabscesses mit der Fistelbildung geradezu schmerzlos vor sich gegangen sein soll, umsomehr, da nach der Operation eine sehr erhebliche Erkrankung der Stirnhöhle constatirt wurde. Sollte dies nicht durch die anatomische Thatsache zu erklären sein, dass in einzelnen Fällen an der orbitalen Wand der Stirnhöhle congenitale Defecte vorkommen?

Die Fistel entsteht conform den am häufigsten ergriffenen Stellen des Orbitaldaches hinter der incisura supraorbitalis, gewöhnlich in der Mitte des Augenlides, seltener oberhalb des inneren Lidbandes, noch seltener mehr temporalwärts im äusseren Dritttheil: letzteres dann, wenn die Abscedirung in der Temporalgegend aufgetreten ist. Dieses Vorkommnis hat aber die anatomische Varietät zur Voraussetzung, dass die Stirnhöhle bis in den processus zygomaticus sich ausbreitet, wo es dann an einer besonders dünnen Partie, wahrscheinlich an der Durchschrittstelle einer grösseren Vene, zu Periostitis und zum Durchbruche kommen kann (Kuhnt).

Diagnose.

Die Diagnostik des Stirnhöhlenempyems bewegt sich insofern in anderen Bahnen als jene des Kieferhöhlenempyems, als beim Stirnhöhlenempyem die classischen Symptome, wie Schmerz, Auftreibung der Wände und Eiterausfluss viel häufiger zu finden sind als bei Entzündung der Kieferhöhle. Es ist somit klar, dass unsere Aufmerksamkeit bei Vorhandensein des erwähnten Symptomcomplexes von vornherein auf die Erkrankung der Stirnhöhle gelenkt wird.

Eine besondere Darstellung erheischt die Diagnostik der Stirnhöhlenerkrankungen ferner in Folge der wechselnden Bilder, die sie in ihrem Verlaufe zeigen. Ein chronisches Stirnhöhlenempyem kann in den freien Intervallen fast vollkommen symptomenlos verlaufen, dagegen während einer Exacerbation der Schleimhautentzündung in Folge einer neuerlichen Infection durch Symptome der allerheftigsten Art sich kundgeben. Es werden somit Beschwerden verschiedener Art zu verschiedenen Zeiten in den Vordergrund treten, weshalb von vornherein das Hauptgewicht der Diagnose auf diejenige Untersuchungsmethode gestützt werden muss, welche in allen Stadien der Erkrankung die meiste Bürgschaft für die Möglichkeit einer positiven Diagnose abgeben.

In praktischer Beziehung ist es angezeigt, inmitten der so verschiedenartigen Krankheitsbilder, welche die chronische Stirnhöhlenempyem darbietet, eine künstliche Grenze zu schaffen, nämlich Fälle zu unterscheiden: 1. bei welchen keine der im Vorhergehenden erörterten äusserlich wahrnehmbaren, auf eine Affection der Stirnhöhle deutende Veränderungen zu finden sind (latente Entzündungen); 2. bei welchen in Folge secundärer Veränderungen des knöchernen Gehäuses der Stirnhöhle bereits von aussen constatirbare Veränderungen vorhanden sind, als: Schwellung, Dilatation, Abscess, Fistel (manifeste Entzündungen).

Da bei beiden Formen der Entzündung die Secretion der Stirnhöhle und die nasalen Veränderungen sowohl während des acuten Anfalles, als auch während der Ruhepause, die relativ constantesten Symptome sind, ist es begreiflich, dass die Constatirung erwähnter Symptome das wichtigste Erfordernis für die Diagnose ist.

Die Constatirung des citrigen Ausflusses aus der Stirnhöhle ist für die latenten Formen der Entzündung das einzige, für die manifesten Formen im Zusammenhange mit anderen der erwähnten äusserlich sichtbaren Symptome, das wichtigste diagnostische Merkmal.

a) **Sondirung und Ausspülung der Stirnhöhle.** Der im mittleren Nasengange erscheinende Eiter entstammt nur dann mit Sicherheit der Stirnhöle, wenn Eiter nach Einführung der Sonde in die Stirnhöhle in grösserer Menge hervorquillt, oder wenn es gelingt, durch eine entsprechend gebogene Canüle den Inhalt der Stirnhöhle auszuspritzen.

Wie schon Jurasz (78) hervorhebt, dem das Verdienst gebührt zum erstenmale die Sondirung der Stirnhöhle systematisch geübt zu haben, misslingt es in normalen Fällen leider sehr häufig, nach meinen Beobachtungen in weitaus mehr als in der Hälfte aller Fälle, die Stirnhöhle zu sondiren.*) Der Grund hiervon liegt zumeist in einer starken Einrollung des vorderen Endes der mittleren Muschel, welche manchmal schon an und für sich, viel mehr aber noch in Combination mit einer hochgradigen Deviation des Septum das Hindernis für die Sondirung abgibt. In anderen Fällen wieder ist die vordere Partie des hiatus durch excessive Grösse der bulla verengt, auch liegt zuweilen das ostium frontale in der Tiefe eines zu engen infundibulum (siehe Anatomie).

Zu den erwähnten Schwierigkeiten kommen unter pathologischen Verhältnissen noch andere. So bei acuten Entzündungen die oedematöse Schwellung der Schleimhautbekleidung des mittleren Nasenganges, in chronischen die diffuse und polypöse Hypertrophie des vorderen Endes der mittleren Nasenmuschel und der Umgebung des ductus naso-frontalis. Besonders ist es die zwischen Septum und lateraler Nasenwand eingeklemmte mittlere Muschel, welche die Vorwärtsbewegung der Sonde hindert.

Die Erfahrung zeigt, dass in der Mehrzahl der Fälle die Resection des vorderen Endes der mittleren Muschel unvermeidlich ist, um eine tadellose Sondirung der Stirnhöhle auszuführen. Aber auch die Resection allein garantirt durchaus nicht immer die Möglichkeit der Sondirung. Nur zu oft erscheinen nach Entfernung der mittleren Muschel in dem vor-

---

*) Siehe auch die Arbeiten von Hansberg (79). Choleva (80), Hartman (81). Herzfeld (82), Winkler (83) über die Sondirung der Stirnhöhle.

dersten Theile des infundibulum Polypen oder diffuse Hypertrophien, welche ganz dicht um die nasale Mündung des ductus lagern, und nach deren Entfernung erst die Sondirung einwurfsfrei ermöglicht wird. Ich lege auf diese vorbereitenden Operationen behufs Sondirung einen ganz besonderen Werth, nicht nur, weil die Sondirung und Ausspülung erst dadurch in einer jeden Zweifel ausschliessenden Weise ermöglicht werden, sondern auch deshalb, weil, wie des ferneren erörtert werden soll, die Resection der mittleren Muschel derzeit den Glanzpunkt unserer conservativen Methode bei Behandlung einer ganzen Serie acuter und chronischer Empyeme der Stirnhöhle bilden.

Mögen wir nun ohne oder erst nach Entfernung der mittleren Muschel und der hindernden Hypertrophien zum Ziele kommen, für die Sondirung hat nebst den bereits in der Anatomie angeführten Anhaltspunkten Folgendes als Richtschnur zu dienen:

Eine biegsame Silbersonde wird an ihrem nasalen Ende beiläufig in der Richtung eines abgestumpften rechten Winkels so aufwärts gebogen, dass der abgebogene Theil beiläufig 3 Centimeter beträgt. Ich kann nicht genug betonen, dass es oft nöthig wird, die Krümmung der Sonde ein wenig zu ändern und zuweilen auch der Sondenspitze eine kleine, in frontaler Richtung abweichende Krümmung zu geben. Diese Aenderungen in der Krümmung sind, abgesehen von der verschiedenen anatomischen Beschaffenheit des ostium frontale, oft genug durch Deviationen und Spinen an der zu sondirenden Seite bedingt. Es ist ferner zweckmässig, den Griff der Sonde nach unten abzubiegen, damit die Hand des Operateurs sich unter dem Niveau der Nasenöffnung befinde, um den Einblick in die Nasenhöhle nicht zu hindern. Nach vorhergegangener Cocaïnisirung der mittleren Muschel, vorzugsweise aber des mittleren Nasenganges, wird nun das nasale Ende der Sonde, ohne einen Druck auszuüben, im hiatus nach vorne und oben vorgeschoben. Dass jede Gewalt bei Einführung der Sonde vermieden werden muss, ist selbstverständlich.

Wird die Sondirung bei in situ befindlicher mittlerer Muschel ausgeführt, dann ist es gut, vorerst durch das hinterste Ende des processus uncinatus sich über den knapp darüber befindlichen hiatus zu orientiren, da man sich sonst leicht am Dache des mittleren Nasenganges verirrt, ohne mit der Sonde in die Stirnhöhle zu gelangen.

Viel einfacher und unverhältnismässig sicherer gelangt man aber in den ductus naso-frontalis nach Resection der mittleren Muschel und Ausräumung eventueller Hypertrophien und Polypen. Da ist die vorderste Partie des hiatus, welche, wie in der Anatomie gezeigt wurde, in der Mehrzahl der Fälle direct durch das ostium frontale in die Stirnhöhle führt, gut sichtbar, und wir sondiren dann ungleich sicherer, als dies gewöhnlich bei der in situ befindlichen mittleren Muschel geschieht.

Sehr erleichtert wird übrigens die Sondirung bei freigelegtem hiatus durch den Umstand, dass der herabfliessende Eiter daselbst den Weg vorzeichnet, welchen die Sonde einschlagen muss, um in die Stirnhöhle zu gelangen.

Wenn ich die Entfernung der mittleren Muschel zur Sicherung einer exacten Diagnose einer Stirnhöhlenerkrankung in den meisten

Fällen für unerlässlich halte,*) so möchte ich dennoch, um Missverständnissen vorzubeugen, gleich hervorheben, dass in seltenen Fällen eine tadellose Sondirung auch ohne die genannte Operation der Stirnhöhle gelingen kann. Das ist nämlich der Fall, wenn 1. durch Atrophie eine Verkürzung der mittleren Nasenmuschel und eine Erweiterung des mittleren Nasenganges eingetreten ist, und 2. wenn durch eine abnorm starke Krümmung der mittleren Muschel gegen das Septum zu der mittlere Nasengang von vornherein sich besonders geräumig zeigt. Diese Fälle sind indes durchaus in der Minderzahl.

Ist man einmal mit der Sonde in die vorderste Partie des infundibulum eingedrungen, dann wird die weitere Einführung der Sonde durch die geschilderten anatomischen Verhältnisse bedingt. Man trifft zumeist das Richtige, wenn man die Sondenspitze etwas medialwärts gegen das Septum zu richtet. Diese Richtung lässt sich jeweilig durch die Platte des Sondengriffes auf das genaueste controliren.

Da in der vordersten Partie des infundibulum ausser dem ostium frontale noch häufig Oeffnungen vorhanden sind, welche in die vorderen Siebbeinzellen einmünden (Infundibularzellen), so ist hier der Ort, darauf hinzuweisen, dass das ostium frontale in der Mehrzahl der Fälle die am meisten medialwärts liegende Oeffnung darstellt. Seltener liegt die Sache umgekehrt, indem das infundibulum mehr medialwärts in eine Siebbeinzelle und erst weiter nach aussen in die Stirnhöhle führt, wie dies aus Fig. 50 ersichtlich ist. Der Anfänger hat immer die Neigung, die Sondenspitze in die Tiefe des infundibulum nach aussen vorzuschieben; er wird hierzu durch den Umstand verleitet, dass er, um zu dem mittleren Nasengang zu gelangen, von vornherein über der nach innen hineinragenden unteren Muschel nach aussen gehen muss.

Es soll daher zur Regel gemacht werden, dass beim weiteren Vorwärtsschreiten die Sonde allmählich nach innen zu dirigirt werden muss. Gerade das Verschieben der Sondenspitze in der angedeuteten Richtung nach innen wird aber zumeist durch die mittlere Muschel vereitelt, somit die Sondirung überhaupt in Frage gestellt. Bleibt die Sonde mit der Spitze nach aussen gerichtet, dann gelangt man häufig in eine in der Tiefe des infundibulum gelagerte Siebbeinzelle und nur ausnahmsweise in die Stirnhöhle.

Dass alle diese Details der Sondirung früher an dem Präparate geübt werden müssen, ehe man am Lebenden Sicherheit gewinnt, ist einleuchtend.

Wann ist die Sonde in der Stirnhöhle? Wenn das aufgekrümmte Sondenende in der angedeuteten Richtung von dem vorderen Ansatze der mittleren Muschel an unsichtbar wird, somit $2^1{}_2$ Centimeter und darüber nach aufwärts gedrungen ist; dann ist es nahezu ganz sicher, dass die Sonde in der Stirnhöhle sich befindet.**) Fig. 20 veranschaulicht die Lage der Sonde in der Stirnhöhle.

---

*) Wie später gezeigt werden soll, gilt dasselbe für die Diagnose der Entzündung des Siebbeinlabyrinthes.

**) Eine absolute Sicherheit zu erreichen, ist unmöglich, da, wie bekannt (siehe Anatomie), in seltenen Fällen die vorderste Partie des infundibulum in eine grosse, in die Stirnhöhle vorgestülpte Siebbeinzelle übergeht, in welche zuweilen auch noch eine Sonde von 3 Centimeter Länge eindringen kann.

Im übrigen hat Scheier (84) in neuerer Zeit sehr gelungene Durchleuchtungen mittelst Röntgenstrahlen ausgeführt, durch welche die Lage der Sonde in der Stirnhöhle sehr schön festgestellt werden kann. In zweifelhaften Fällen wird diese Untersuchungsmethode als ein ausschlaggebender Behelf bei Beurtheilung der Lage der Sonde anzusehen sein.

Wird die Sondirung unter den im Vorhergehenden erwähnten Cautelen zart und unter Leitung des Spiegels vorgenommen, dann

Fig. 57. Canüle zum Ausspritzen der Stirnhöhle.

ist dieselbe als eine durchaus ungefährliche und für diagnostische Zwecke unentbehrliche Methode zu betrachten. Freilich wenn es Autoren gibt, die an sich selbst die Sondirung vornehmen (Mermaux) oder dem Patienten Canülen mitgeben, damit die Kranken selbst ihre Stirnhöhle ausspritzen, und eine solche Manipulation dann schlecht endet, so ist dies .nicht der Sondirung, sondern dem betreffenden Arzte zuzuschreiben.

Ist nun einmal die Sondirung gelungen, so kann man entweder gleich nach Entfernung der Sonde Eiter hervorquellen sehen, oder es lässt sich nach vollzogener Sondirung eine der Sonde conform gekrümmte feine dünne Silbercanüle (Fig. 57) in die Stirnhöhle einführen und unter sehr geringem Druck die Stirnhöhle auswaschen.

Bei letzterer Methode wird zuweilen auch ein consistenter Inhalt erweicht und zum Vorschein gebracht. Killian (70), hat in drei Fällen bei Ausspülung der Stirnhöhle die Spülflüssigkeit durch den mittleren Nasengang der anderen Seite herausfliessen gesehen. In diesen Fällen bestand ein Defect des Septum der Stirnhöhle.

Ich kann indes nicht verhehlen, dass nach meiner Erfahrung der Sondirung und Auswaschung der Stirnhöhle durchaus nicht jene absolute diagnostische Beweiskraft zukommt, wie dies bei der Kieferhöhle der Fall ist. Dies ist für denjenigen, welcher die zahlreichen Ausbuchtungen des vordersten Endes des infundibulum in eine oder mehrere Siebbeinzellen kennt, von vornherein einleuchtend. Denn wenn wir die Sonde in die Stirnhöhle einführen, dann lüften wir des öfteren eben auch die verschwollenen Ausflussöffnungen solcher in die vorderste Partie des infundibulum einmündenden Siebbeinzellen, so dass das Erscheinen des eitrigen Secretes nicht unbedingt für die Diagnose einer Eiterung in der Stirnhöhle in Anspruch genommen werden kann. Noch mehr ist das Gesagte bei den eigenthümlichen Anomalien der vorderen Siebbeinzellen der Fall, wo der ductus naso-frontalis nicht nur durch enge Ausmündungsstellen sondern breit mit den vorgelagerten Siebbeinzellen communicirt.*)

Dieselbe Betrachtung, wie für die Sondirung, gilt auch für die Ausspülung der Stirnhöhle, wobei die Spülflüssigkeit beim Abfluss aus der Stirnhöhle in die Nebenausbuchtungen gelangen und deren eitrigen Inhalt zum Vorschein bringen kann. Einzelne Autoren pflegen hierbei allenfalls auch die Menge des entleerten Secretes in Erwägung zu ziehen, indem sie annehmen, dass bei Entleerung einer grösseren Eitermenge die Stirnhöhle secerniren müsse. Allein auch dieses Symptom erleidet zu viele Ausnahmen, als dass man sich darauf sicher verlassen könnte. So kann es u. a. vorkommen, dass in der Stirnhöhle zur Zeit der Sondirung gerade wenig Eiter vorhanden ist; die Stirnhöhle kann dabei trotzdem schwer krank sein und zu anderer Zeit viel secerniren.

Es muss somit daran festgehalten werden, dass der nach Sondirung oder Ausspülung der Stirnhöhle zum Vorschein kommende Eiter vom topographisch-anatomischen Standpunkte: 1. aus der Stirnhöhle allein, 2. aus den vordersten in das infundibulum einmündenden Siebbeinzellen, 3. aus beiden zusammen kommen kann.

Vom praktisch-diagnostischen Standpunkte ist die Sache um vieles einfacher, denn die Erfahrung zeigt, dass die Erkrankung der Stirnhöhle und der Infundibularzellen miteinander Hand in Hand gehen, was sehr begreiflich erscheint, wenn man erwägt, dass sich Stirnhöhle und vorderste Siebbeinzellen zu dem ductus naso-frontalis, oder in Abwesenheit eines ductus zu der vordersten Partie des infundibulum wie Ausstülpungen desselben Canales verhalten. Ich will indes schon hier bemerken, dass nach Resection der mittleren Muschel zuweilen die Combination einer Erkrankung der Stirnhöhle mit der der Infundibularzellen diagnostisch festzustellen ist, und zwar dann, wenn letztere nicht in die vorderste Partie des infundibulum, sondern ein wenig weiter abwärts in den hiatus münden.

b) Kopfschmerz und Druckempfindlichkeit der Stirnhöhlenwandungen. Vollständiger Mangel an Kopfschmerzen ist bei dem Empyem der Stirnhöhle eine Seltenheit und zumeist nur im Ruhestadium zu constatiren. Viel verlässlicher als der spontane Kopfschmerz ist für die Diagnose die Constatirung der im Capitel der objectiven Symptome eingehend gewürdigten Druckempfindlichkeit der knöchernen Wandungen, da, wie wir bereits gesehen haben, spontaner Stirnkopfschmerz auch bei anderen Nebenhöhlenaffectionen zu den häufigeren Symptomen gehört. Ein gewisser Grad von Druckempfindlichkeit einzelner Knochenstellen ist, wie ebenfalls bereits ausführlich erörtert

---

*) Siehe Anatomie des Siebbeines.

wurde, bei dem Stirnhöhlenempyem selbst im latenten Stadium fast nie zu vermissen, so dass diese Empfindlichkeit nebst dem erwähnten rhinoskopischen Untersuchungsresultate den wichtigsten Factor für die Diagnose der latenten Stirnhöhlenerkrankung abgibt.

In jenen manifesten Fällen von Stirnhöhlenempyem, wo sich an der vorderen oder an der orbitalen Wand ein Durchbruch des Eiters vorbereitet, oder bereits eine Fistel vorhanden ist, wird man erhebliche Schwellung der Weichtheile, periostale Verdickung der oberen Orbitalwand, oder gar einen fluctuirenden Abscess fühlen können. Da ist die Diagnose natürlich eine sehr leichte; in solchen Fällen wird es nicht einmal einer tadellosen rhinoskopischen Untersuchung bedürfen, um die Diagnose einer Stirnhöhlenaffection mit einiger Sicherheit zu stellen. Die diagnostischen Schwierigkeiten betreffen vielmehr die Frühformen, dasjenige Stadium, in welchem die Beschwerden relativ gering und der Process in der Stirnhöhle noch nicht so weit fortgeschritten ist, dass es zu äusserlich constatirbaren, manifesten Symptomen gekommen wäre.

So sehr nun auch einerseits die Schmerzhaftigkeit der Wandungen auf Druck oder auf Beklopfen als eines der frühesten oder constantesten Symptome anzuerkennen ist, so ist doch andererseits vor einer alleinigen Verwerthung dieses Symptoms zu warnen. Bei Hysterischen ist nämlich eine diesbezügliche Täuschung leicht möglich. Bei diesen Patienten, welche gelegentlich angeben, von heftigem Stirnkopfschmerz geplagt zu werden, kann man zuweilen eine ganz typische, eclatante Druckempfindlichkeit der Knochenwandungen constatiren. Die rhinoskopische Untersuchung und Sondirung zeigt dagegen eine völlig normale Beschaffenheit der mittleren Muschel und des mittleren Nasenganges, einen freien ductus naso-frontalis und keine Spur eines Secretes. Freilich muss ich aber hier gleich hinzufügen, dass andererseits wieder bei einiger Unvorsichtigkeit Irrthümer in der Diagnose unvermeidlich sind. Es ist nämlich nicht zu vergessen, dass bei mehr katarrhalischen Affectionen der Stirnhöhle von kurzem Bestande noch durchaus nicht jene charakteristischen hypertrophischen Verdickungen des vorderen Endes der mittleren Muschel und atypische Hypertrophien des mittleren Nasenganges vorhanden sein müssen, welche zu den gewöhnlichen Attributen der älteren, chronischen Empyeme gehören. Auch jener schrägen Leiste hypertrophischer Schleimhaut, auf welche Schäffer (l. c.) ein grosses Gewicht legt, begegnet man in der Regel nur bei vorgeschrittenen Fällen von Stirnhöhlenempyem, und kann dieselbe bei kurz dauernden Fällen vollkommen mangeln. Auch die vorne am Septum angetrocknete Secretborke, entsprechend dem vordersten Ende der mittleren Muschel, kann fehlen. Ist dann überdies zur Zeit der Untersuchung auch zufällig kein Secret im mittleren Nasengange sichtbar, dann wird ein ganz normaler Zustand vorgetäuscht, und es kann den Anschein haben, als läge bestimmt keine entzündliche Erkrankung der Stirnhöhle vor. — Da ist grosse Vorsicht geboten, und es sollte hierbei niemals ausser Acht gelassen werden, dass einem negativen Befunde niemals dieselbe Beweiskraft zukommt, wie einem positiven. Vor einer Fehldiagnose kann nur eine wiederholte Untersuchung schützen.

Ich habe es mir wenigstens zum Principe gemacht, nie nach einer einzigen Untersuchung eine Erkrankung der Stirnhöhle auszuschliessen. Ich kann sagen, dass ich dies nicht bereut habe, da ich in einzelnen Fällen nach wiederholten Untersuchungen doch noch eine entzündliche Affection der Stirnhöhle als Ursache der vorhandenen Kopfschmerzen feststellen konnte, während die erste rhinoskopische Untersuchung nur negativen Befund ergab. Meiner Ansicht nach werden viele latente Stirnhöhlenaffectionen aus demselben Grunde übersehen, wie latente Kieferhöhlenempyeme, in Folge nicht genügend eingehender oder in Folge nicht genügend oft wiederholter Untersuchung.

Häufig wird die Aufmerksamkeit der Aerzte von vornherein von der Möglichkeit einer Stirnhöhlenaffection wegen des intermittirenden neuralgischen Charakters der Stirnkopfschmerzen abgelenkt. Wie oft habe ich nicht sagen hören, dass ein Kopfschmerz, welcher in Anfällen regelmässig um dieselbe Tageszeit auftritt, eine typische Neuralgie des nervus supraorbitalis sei. Und welche typischen Empyeme der Stirnhöhle habe ich zu wiederholtenmalen hinter diesen typischen intermittirenden Neuralgien des n. supraorbitalis stecken sehen! Insbesondere entpuppen sich die sogenannten Influenzaneuralgien des Trigeminus regelmässig als typische Empyeme der Nasennebenhöhlen, speciell der Stirnhöhle. Wie leicht wären manchmal derartige Empyeme in kurzer Zeit zu heilen, wenn die Aerzte nur an die Möglichkeit einer Stirnhöhlenaffection dächten und nicht erst nach Monaten den Kranken an den Rhinologen weisen würden. Freilich heilen viele derartige acute Stirnhöhlenaffectionen glücklicherweise spontan, was die Praktiker noch überdies in der Meinung bestärkt, dass das angewandte Chinin, Antipyrin oder Phenacetin die Neuralgie geheilt habe.

c) **Diagnose des Hydrops der Stirnhöhle.** Eine ausgedehnte, flächenhafte Verdünnung des Knochens mit der Bildung eines elastisch anzufühlenden Tumors ist charakteristisch für den Hydrops der Stirnhöhle. Fühlt man die Geschwulst an, so hat man das Gefühl einer „eindrückbaren Blechbüchse" (Kuhnt). Entsprechend der Lage und der Grösse der Geschwulst wird eine Verdrängung des Augapfels stattfinden. So lange es sich um einen reinen Hydrops handelt, fehlt der Schmerz und jede entzündliche Reizung. Wird aber der Inhalt eines Hydrops inficirt, dann treten selbstverständlich auch Schmerzhaftigkeit und entzündliche Erscheinungen auf.

Therapie.

Die bei den entzündlichen Erkrankungen der Stirnhöhle in Anwendung kommenden therapeutischen Massnahmen sind verschieden, je nach dem Charakter und der Dauer des Krankheitsprocesses und je nach dem Prävaliren einzelner Symptome. Eine einheitliche Methode gibt es hier noch weniger als bei dem Empyem der Kieferhöhle. Die Zerfahrenheit in dem Urtheile über den Werth der einzelnen Methoden beruht wesentlich auf dem Umstande, dass die Anwendung der bei einzelnen Erkrankungsformen nützlichen Proceduren verallgemeinert wird.

Um den Ueberblick über den Werth und die Indication der einzelnen Massnahmen leichter zu ermöglichen. ist es zweckmässig, von vornherein die Erkrankungen der Stirnhöhle in zwei Gruppen zu theilen: 1. Fälle ohne heftige subjective Beschwerden, ohne drohende Symptome, wo keinerlei secundäre, auf einen Durchbruch des Empyems deutende Veränderungen zu constatiren sind (latente Empyeme). 2. Fälle mit heftigen subjectiven Störungen, bei welchen ein Durchbruch entweder droht oder bereits vollzogen ist (manifeste Empyeme). Im Grossen und Ganzen lässt sich der Satz formuliren, dass in ersteren Fällen die conservative, endonasale Therapie, in den letzteren dagegen die chirurgische Eröffnung der Stirnhöhle von aussen, die Trepanation angezeigt ist. Eine absolute Giltigkeit hat indes diese Indication nicht; die Ausnahmen sollen an geeigneter Stelle erwähnt werden.

a) Conservative Methode (endonasale Therapie).

Diese besteht: *a)* In Lüftung des mittleren Nasenganges und Scarification der mittleren Muschel; *b)* in Sondirung und Ausspülung der Stirnhöhle; *c)* in der Entfernung der mittleren Muschel und eventueller Hypertrophien um die Ausmündungsstelle des ductus naso-frontalis; *d)* in medicamentösen Einspritzungen in die Stirnhöhle. Welche der erwähnten Methoden zur Anwendung kommt, hängt ganz und gar von den individuellen Eigenthümlichkeiten des Falles ab.

1. **Lüftung des mittleren Nasenganges, Scarification der mittleren Muschel.** Die hier angeführten Methoden repräsentiren zweifellos die geringsten Eingriffe und finden vor allem bei jenen häufig vorkommenden katarrhalischen Erkrankungen der Stirnhöhle Anwendung, welche eine besondere Neigung zur Spontanheilung zeigen. Es gibt Individuen, die bei jedem acuten Schnupfen eine Mitaffection der Stirnhöhle: Benommenheit des Kopfes und leichte Empfindlichkeit der vorderen und unteren Wand der Stirnhöhle zeigen, welche Symptome nach einigen Tagen schwinden. Eine rhinoskopische Untersuchung belehrt uns, dass in der vorderen Partie des mittleren Nasenganges trübes, schleimiges Secret vorhanden ist, welches sich nach dem Abtupfen bald wieder erneuert. Wie ich in zahlreichen Fällen gesehen, besteht auch in diesen leichten Fällen eine oedematöse Schwellung der concaven Fläche der mittleren Muschel und der lateralen Wand des mittleren Nasenganges. Die Application eines mit 20 Procent Cocaïn getränkten Wattebäuschchens in den mittleren Nasengang bewirkt zumeist reichlicheren Abfluss eines glasigen, nur leicht getrübten Secretes, worauf die Schmerzen rasch schwinden. Obwohl in einigen Tagen die erwähnte Schwellung häufig auch spontan zurückgeht, so wird doch zumeist durch das Cocaïnisiren der Anfall abgekürzt.

Aber nicht nur bei katarrhalischer, sondern auch bei der acuten eitrigen Form genügt die erwähnte Lüftung des mittleren Nasenganges mittelst Cocaïn oft noch. um den Abfluss des Eiters aus der Stirnhöhle zu ermöglichen. Sehr vortheilhaft wird überdies die Schwellung der mittleren Muschel durch ein paar Scarificationen in das vordere Ende für längere Zeit vermindert. Je mehr acute Fälle man zu behandeln Gelegenheit hatte, umsomehr gelangt man zur Ueberzeugung, dass das Hindernis für den Abfluss des Secretes immer durch die Schwellung der Theile im vordersten Ende des mittleren Nasenganges bedingt wird. Gelingt es, diese Schwellung, wenn auch nur vorübergehend, rückgängig zu machen, dann entleert sich das eitrige Secret sehr bald, und der Process hat grosse Neigung zu heilen. Mitunter macht man die Wahrnehmung, dass nach einiger Zeit die Kopfschmerzen für wenige Stunden, auch für einen Tag wiederkehren. Der Grund hiefür kann in verschiedenen Umständen liegen: 1. Kann die Schwellung nach Aufhören der Cocaïnwirkung wieder auftreten; 2. kann das Secret in dem mittleren Nasengange eintrocknen und zur abermaligen Stauung in der Stirnhöhle Veranlassung geben. Das Einführen eines Cocaïnbausches an einigen aufeinander folgenden Tagen kann dann noch immer zu definitiver Heilung führen. Hat das Secret die Neigung einzutrocknen, dann können allfällige Ausspülungen der Nasenhöhle mit nicht irritirenden Lösungen von Kochsalz, Borsäure etc., indem sie die erwähnte Eintrocknung verhindern, von gutem Erfolge begleitet sein.

Sehr zweckmässig kann man bei diesen Fällen auch die zuerst von Hartman (47) empfohlene Luftdouche nach Politzer anwenden. Ich wende die Luftdouche immer nach dem Cocaïnisiren an, es dringt dann die Luft viel leichter in die Stirnhöhle und entfernt nicht selten erhebliche Mengen consistenter Schleim- und Eitermassen auf einmal.

Die Anwendung von ätzenden Substanzen halte ich für schädlich, da durch dieselben die Schwellung in dem Gebiete des Ausführungsganges der Stirnhöhle noch mehr erhöht wird.

Ich will gern zugestehen, dass die erwähnten Massnahmen zumeist nur bei acuten und hierbei nur bei denjenigen Fällen von Erfolg sind, welche auch spontan die Tendenz zur Heilung besitzen; ihre Anwendung ist indes mit Rücksicht auf die sofortige Erleichterung der subjectiven Beschwerden der Kranken berechtigt.

2. **Sondirung und Ausspülung der Stirnhöhle.** Die angegebene Lüftung und Scarification führen indes nicht immer zum Ziele; häufig gelingt es nicht, bei intensiven acuten Eiterungen einen genügenden Abfluss aus der Stirnhöhle zu bewerkstelligen. Der Grund hiefür kann in verschiedenen Momenten liegen. Erstens kann die Schwellung um den Ausführungsgang herum hochgradig sein, vielleicht auch weiter hinaufreichen; möglicherweise besteht auch an der frontalen Mündung der früher erwähnte klappenartige Verschluss des Ausführungsganges, welcher das Ausfliessen des Eiters hindert. In seltenen Fällen dickt das Secret in der Stirnhöhle zu klumpiger Consistenz ein, wodurch der Ausführungsgang verlegt und dem flüssigen Eiter den Abfluss unmöglich gemacht wird. Es widerspricht dieser Annahme durchaus nicht der Umstand, dass es fast immer gelingt, nach Cocaïnisiren eitriges Secret zum Vorschein zu bringen; die Stenose ist eben nie eine absolute, sondern nur eine relative. Letztere genügt vollkommen, um bei einer acuten Entzündung mit reichlicher Secretion die hochgradigste Stauung hervorzurufen.

Eine weitere Procedur nun, um dem Eiter einen besseren Abfluss zu sichern, ist die Sondirung und Ausspülung der Stirnhöhle.

Ueber die Technik der Sondirung und über die Möglichkeit ihrer Ausführung ist an anderer Stelle ausführlich berichtet worden. Hier sei nur angeführt, dass die Sondirung selbst nach gehörigem Cocaïnisiren nur selten gelingt. Zu den unter normalen Verhältnissen vorhandenen Schwierigkeiten kommt hier noch die erhebliche Schwellung des mittleren Nasenganges hinzu. Gelingt indes die Sondirung, dann ist gewöhnlich ein Abfluss des Eiters in grösserer Menge die Folge. Der Einführung der Sonde kann eine vorsichtige Ausspülung mit einem entsprechend gebogenen Röhrchen nachfolgen, womit dann gewöhnlich eine ausgiebige Entleerung des Secretes erreicht wird.

So wenig auch die Sondirung und die Ausspülung der Stirnhöhle in vorgeschritteneren Fällen den Stirnhöhlenprocess zu beeinflussen vermögen, so sind die genannten Proceduren dennoch in Fällen, bei welchen das eingedickte Secret der Stirnhöhle den Abfluss verhindert, von wesentlichem Erfolge begleitet, wie dies die aus meinen Beobachtungen hier angeführten zwei Fälle beweisen.

Fall 1. Herr Johann B., Kapellmeister, präsentirt sich am 15. Januar 1894 in meiner Sprechstunde mit der Klage über rechtseitige Stirnkopfschmerzen, welche besonders in den Vormittagsstunden von 9 bis 11 Uhr mit kaum zu ertragender Heftigkeit auftreten. Die Krankheit begann mit einem einseitigen Schnupfen, anfangs mit wässerigem, später mit eitrigem Ausfluss, welcher seit den letzten acht Tagen einen höllischen Gestank verbreitet. Die Nachmittagsstunden sind schmerzfrei; nur muss sich der Kranke hüten, rasch zu gehen, um eine Erschütterung seines Kopfes zu vermeiden, da dieselbe von den heftigsten Schmerzen begleitet wird. Der Kranke gibt an, in den letzten Jahren wiederholt an Schnupfenanfällen gelitten zu haben, welche stets intensive Kopfschmerzen in der rechten Stirnhälfte zur Folge hatten, nach wenigen Tagen indes spontan zu schwinden pflegten. Des Morgens will der Kranke vor dem Anfalle leichte Schwellung des rechten oberen Augenlides constatirt haben.

Status. Der Kranke ist auffallend scheu und ängstlich; eine Schwellung des Augenlides ist nicht zu constatiren. Das Beklopfen der rechten vorderen Stirntafel äusserst schmerzhaft, ebenso die innere, obere Partie des Orbitaldaches. Bei der rhinoskopischen Untersuchung der rechten Nasenhöhle nimmt man einen furchtbaren Gestank wahr. Es liegen eingedickte, käsige Eitermassen im mittleren Nasengange, welcher weit ist und einen ziemlich guten Einblick in die vordere Partie des hiatus gewährt; die den hiatus begrenzenden Schleimhautpartien sind leicht oedematös und geschwollen. Nach Application von 10percentiger Cocaïnlösung gelingt es, eine Sonde in das infundibulum einzuführen und von hier in die Stirnhöhle vorzudringen. Die Länge des in die Stirnhöhle eingedrungenen, abgebogenen Sondenendes beträgt etwas über 3 Centimeter. Durch ein hierauf eingeführtes, entsprechend gebogenes Röhrchen wird die Stirnhöhle ausgespritzt, anfangs kommt das Wasser ganz klar hervor, doch bald mengen sich zahlreiche kleine, erweichte, käsige Bröckel, welche einen höllischen Gestank verbreiten, dem Spülwasser bei; später wird das Spülwasser immer mehr und mehr von dem aufgeschwemmten eitrigen Inhalt getrübt.

Die Ausspülung hatte für den Kranken eine ausserordentliche Erleichterung zur Folge. Der Kopfschmerz verschwand vollständig, und des Kranken bemächtigte sich eine geradezu lustige Stimmung. Am nächsten Mittag kam der Kranke und berichtete, dass er bis vor zwei Stunden vollkommene Ruhe hatte. Jetzt habe er wieder Kopfschmerzen, wenn auch lange nicht in dem Masse, wie an den vorhergehenden Tagen. Eine neuerliche Ausspülung der Stirnhöhle beseitigte sofort die Schmerzen; es waren wieder eingedickte Massen in der Spülflüssigkeit enthalten. Nach weiteren zwei Ausspülungen hörten sowohl die Schmerzen, als die Secretion vollkommen auf. Ich hatte Gelegenheit den Kranken nach sieben Monaten zu sehen; er war vollkommen geheilt, eine Secretion bestand nicht.

Fall 2. Am 25. März 1894 erscheint Edmund M., 33 Jahre alt; er hatte vor 14 Tagen einen Influenzaanfall. Seit dieser Zeit bestehen rechtsseitige, rasende Kopfschmerzen welche besonders am Vormittag überaus heftig auftreten. Die Anwendung von Anti pyrin und Phenacetin, wenn auch ohne Erfolg. Die obere Orbitalwand ist auf Druck sehr empfindlich; Patient zuckt dabei zusammen. Das obere Augenlid ist gegen den inneren Augenwinkel zu leicht oedematös. Die rhinoskopische Untersuchung der rechten Seite ergibt: stark geschwollene mittlere Muschel; der Einblick in den mittleren Nasengang ist unmöglich. Erst nach Cocaïnisiren der mittleren Muschel ist ein Eiterstreifen am unteren Rande der mittleren Muschel sichtbar. Nach Abtupfen des Eiterstreifens erneuert sich derselbe bald wieder. Die Sondirung der Stirnhöhle ist zwar mühevoll, sie gelingt indes. An der Spitze der zurückgezogenen Sonde haftet ein Stück Eiter von käsig-bröckeliger Consistenz und sehr üblem Geruche; flüssiger Eiter kommt nicht hervor. Auch die wiederholte Sondirung förderte keinen Eiter zu Tage. Ich spülte hierauf mit einer feinen Silbercanüle die Stirnhöhle aus, es kam ein halber Theelöffel voll eingedickten, mit consistenten Bröckeln untermischten Eiters zum Vorscheine. Sofortiger Nachlass der Kopfschmerzen war die unmittelbare Folge. Das entleerte Secret erfüllte das Zimmer mit entsetzlichem Gestank.

Am nächsten Tage hatte der Kranke nur mehr Mahnungen von Kopfschmerz; auch die Empfindlichkeit der Knochenwände war erheblich herabgesetzt, dagegen kam flüssiger Eiter in reichlicher Menge zum Vorschein. Nachdem die Ausspülung der Stirnhöhle in den nächsten drei Tagen ausgeführt wurde, hörten sowohl die Schmerzen als die Secretion vollständig auf. Der Kranke hatte bisher keine Recidive. Es ist in diesem Falle zweifellos, dass nach Entfernung des consistenten Secretes das Haupthindernis für die Entleerung des Eiters behoben wurde. Die Verflüssigung des Secretes war schon für sich allein im Stande, in kürzester Zeit die Heilung zu ermöglichen.

Wenn die Ausspülung gelingt, kann sie an ein paar folgenden Tagen durchgeführt werden, bis die Secretion ganz aufgehört oder einen dünnflüssigen katarrhalischen Charakter angenommen hat.

In vielen Fällen von acutem und chronischem Empyem ist indes in Folge eigenthümlicher anatomischer Verhältnisse der ductus nasofrontalis nicht durchgängig. Eine stark lateralwärts gerollte mittlere Muschel und Deviation des Septum können öfters in so unglücklicher Combination auftreten, dass weder die Lüftung noch die Sondirung der Stirnhöhle gelingen. Wenn in diesen Fällen aber die Symptome der Stauung: Kopfschmerz, Druckempfindlichkeit der Stirnhöhlenwandung, Schwellung des Augenlides im Zunehmen begriffen sind, dann gibt es kein Zuwarten, es muss dem Eiter Abfluss verschafft werden. Es concurriren in diesen Fällen zwei Methoden miteinander, nämlich 1. die operative Entfernung der mittleren Muschel; 2. die Eröffnung der Stirnhöhle von aussen.

3. **Resection der mittleren Muschel und Entfernung eventueller Hypertrophien und Polypen im mittleren Nasengange.** Die operative Entfernung der mittleren Muschel ist die letzte Instanz der endonasalen, conservativen Methoden, an welche noch appellirt werden soll, bevor man zur chirurgischen Eröffnung der Stirnhöhle von aussen seine Zuflucht nimmt. Um Missverständnissen vorzubeugen, sei betont, dass sie nur dann in Betracht kommt, wenn noch kein Durchbruch stattgefunden hat. Ist aber ein solcher nachweisbar oder auch nur wahrscheinlich, dann reicht die Resection der mittleren Muschel nicht mehr aus. Sonst aber ist letztere als eine therapeutische Massnahme anzusehen, durch welche es fast ausnahmslos gelingt, die Stauung, wenigstens in den ganz acuten Fällen, zu beheben.

Bei chronischen Empyemen wird es allerdings öfter noch nöthig, eventuelle hochlagernde Polypen und Hypertrophien in der Umgebung der nasalen Oeffnung des ductus naso-frontalis zu entfernen. Aber auch hier wird zumeist schon durch Entfernung der knöchernen mittleren Muschel ein ausgiebiger Secretabfluss gesichert. Dieser Effect wird dadurch bedingt, dass nach Entfernung der knöchernen mittleren Muschel die im vorderen Ende des mittleren Nasenganges befindlichen Hypertrophien sich frei gegen die Nasenhöhle zu entfalten können, während sie vor der Entfernung der mittleren Muschel durch letztere gegen das infundibulum gedrängt wurden.

Zur Resection der mittleren Muschel bedient man sich der Conchotome von Hartmann und Grünwald. Ich ziehe immer die kalte Stahlschlinge von Krause vor, mittelst welcher in der bequemsten Weise mit einem einzigen Eingriff ein grosses Stück der Muschel entfernt werden kann. Selbst bei sehr enger fissura olfactoria und deviirtem Septum ist es leicht möglich, die Schlinge um die Muschel zu legen, während für das Conchotom immer mehr Raum nöthig ist. Zuweilen mache ich am unteren Rand der mittleren Muschel mittelst eines schmalen Messers noch eine Einkerbung, damit nicht die Schlinge abgleite. Den vorderen Theil der Muschel früher mittelst Schere abzutrennen, wie dies Grünwald thut, halte ich für überflüssig und bei engen Raumverhältnissen auch für nicht aus-

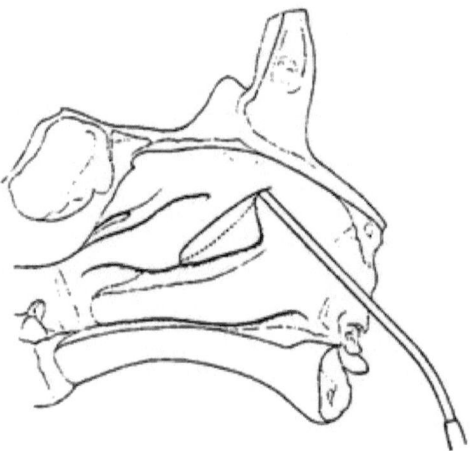

Fig. 58. Schematische Darstellung der Resection der mittleren Muschel mittelst der Schlinge.

führbar. In Fig. 58 habe ich die Lage der Schlinge bei Resection der mittleren Muschel bildlich dargestellt.

Durch Entfernung der Polypen und Hypertrophien aus dem infundibulum wird der Abfluss noch freier, als dies unmittelbar nach Resection des vorderen Endes der mittleren Muschel der Fall war.

Nach Herstellung des Secretabflusses hört der Kopfschmerz in den meisten Fällen nach wenigen Stunden auf; eine Erleichterung folgt schon sofort nach dem Abflusse des Eiters. Sollte der Eiter in Folge seiner zähen Consistenz nicht genügend flott abfliessen können, so lässt sich nach Entfernung der Muschel der ductus naso-frontalis leicht sondiren und nach Einführung einer entsprechend gekrümmten Canüle ausspritzen; letztere Proceduren werden allerdings zuweilen durch eine stärkere Blutung nach der Operation vorläufig unmöglich gemacht.

Dass die Entfernung der mittleren Muschel nur durch die Blut-
entziehung wirken sollte, wie dies Kuhnt behauptet, möchte ich
ganz entschieden in Abrede stellen. Wer, wie ich, in mehr als
25 Fällen sich überzeugt hat, dass der Entfernung der mittleren
Muschel die Entleerung einer ganz erheblichen Menge theils dicken
rahmigen, theils stinkenden Eiters folgte, womit die Kopfschmerzen,
die Druckempfindlichkeit und die Schwellung der Lider nach relativ
kurzer Zeit vollkommen verschwanden, und dass der ganze Krankheitsprocess in frischen Fällen oft schon nach wenigen Tagen, und zwar
definitiv heilte, der wird über den hohen Werth besagter Operation
nicht im Unklaren bleiben können. Ich will das Gesagte an einem
typischen Falle aus meiner Beobachtung beleuchten:

Marianne O., Graveursgattin, stellt sich am 17. Mai 1894 zum erstenmale in
meiner Sprechstunde vor Sie gibt an, seit 14 Tagen heftige linksseitige Kopfschmerzen
zu haben. Vor 14 Tagen erkrankte sie unter Fieber, allgemeiner Abgeschlagenheit des
Körpers, und gleich zu Beginn zeigte sich ein sehr intensiver Schnupfen mit beider-
seitigem Kopfschmerz. Der herbeigeholte Arzt soll die Krankheit für Influenza erklärt
haben. Die Nasensecretion nahm am dritten Krankheitstage einen eitrigen Charakter an.
Der Kopfschmerz blieb nach wenigen Tagen auf der rechten Seite aus, nahm aber linkerseits in verstärktem Masse zu. Seit zwei Tagen ist der Schmerz geradezu unerträglich.
Die Kranke bezeichnet ihn als heftiges Klopfen an der linken Stirnseite.

Schon bei der äusseren Inspection fiel ein leichtes Oedem des linken oberen
Augenlides auf, die plica tarso-orbitalis war verstrichen. Das Beklopfen der vorderen
linken Stirnwand äusserst schmerzhaft; selbst das Beklopfen der rechten Stirnseite
erzeugt in Folge der fortgepflanzten Erschütterung linkerseits heftige Schmerzen. Den
Druck im linken inneren Orbitalwinkel hält die Kranke nicht aus sie wehrt sich so
energisch, dass es mir unmöglich ist, die obere Orbitalwand abzutasten, welche ich gern
daraufhin untersucht hätte, ob keine vermehrte Resistenz oder Fluctuation daselbst
vorhanden sei.

Die rhinoskopische Untersuchung ergab rechterseits fast völlig normale
Verhältnisse; links dagegen war sofort eine diffus oedematöse Beschaffenheit der
Schleimhaut des mittleren Nasenganges auffällig. Secret war nicht zu sehen.
Ich presste hierauf einen kleinen, in 20procentige Cocaïnlösung getauchten Wattebausch in den mittleren Nasengang und wartete fünf Minuten. Nach Entfernung des
Wattebausches war das Oedem im mittleren Nasengange etwas zurückgegangen, und
ich konnte mit der Sonde zwischen den oedematösen Wülsten ein wenig nach oben
dringen. Es wurde nur ein dünner Streifen schleimig-eitrigen Secretes sichtbar. Auch
die Luftdouche förderte keine grössere Menge Secretes zu Tage.

Da die Kranke enorm litt, und das Oedem des oberen Augenlides, sowie die
hochgradige Druckempfindlichkeit der Knochenwand ein längeres Zuwarten nicht
rathsam erscheinen liessen, entfernte ich mit der kalten Schlinge sogleich das vordere
Drittel der mittleren Muschel. Unmittelbar darauf schoss circa ½ Theelöffel voll
dicken, rahmigen Eiters hervor, und in der ersten halben Stunde folgten beim
Schneuzen erhebliche Eitermengen nach.

Der Schmerz nahm sofort an Intensität erheblich ab, wenn er auch nicht vollkommen verschwand. Da ich vorläufig nicht tamponiren wollte, hielt ich die
Kranke in meinem Wartezimmer zwei Stunden zurück. Die mässige Blutung sistirte
nach einer Stunde. Als das merkwürdigste Symptom erschien es mir, dass bereits
eine Stunde nach vollzogener Operation das Oedem des oberen Augenlides erheblich
zurückgegangen war, und die Furche zwischen Tarsus und Orbitalwand wieder zum
Vorscheine kam. In die linke Nasenöffnung legte ich einen lockeren Wattetampon
ein und bestellte die Kranke für den folgenden Tag.

Am 18. erschien Pat. wieder. Das Oedem des oberen Augenlides war vollkommen
geschwunden. Das Beklopfen der vorderen Stirntafel war jedoch noch schmerzhaft.
Die obere Orbitalwand liess sich diesmal abtasten, und ich konnte keine Differenz
gegenüber der rechten Seite mit Sicherheit constatiren. Es schien mir zuweilen, als
wäre die linke innere orbitale Wand ein wenig prominenter.

Aus dem l. mittleren Nasengange floss continuirlich Eiter; auffallend war die
hochgradig oedematöse Schleimhautbekleidung in der Begrenzung der vorderen Partie
des hiatus; das Oedem sah vollkommen dem Gewebe eines oedematösen Nasenpolypen

gleich, nur dass es diffus war. Dass besagte Schwellung ein acutes entzündliches
Oedem und nicht eine chronische Hypertrophie darstellte, geht aus dem Umstande
hervor, dass sie innerhalb dreier Tage spontan vollkommen zurückging.

In den ersten drei Tagen habe ich von einer Sondirung der Stirnhöhle abgesehen, da ja der Eiter ohnehin leicht abfloss, die Kopfschmerzen von Tag zu Tag ab-
nahmen, und es überdies meiner Erfahrung nach zweckmässig ist, nach Entfernung
der mittleren Muschel ein paar Tage mit der Sondirung zu warten, bis die Wunde
zu granuliren anfängt. Am sechsten Tage nach der Operation waren die Kopfschmerzen
vollkommen verschwunden, die vordere Stirnhöhlenwand zeigte keine deutliche Druckempfindlichkeit, und nur auf Druck an der inneren und oberen Partie des Orbitaldaches äusserte die Kranke noch lebhafte Schmerzen. Die nunmehr versuchte Sondirung gelang anstandslos; ich konnte das Sondenende 3 Centimeter weit von dem
vorderen Hiatusende nach oben vorschieben. Die Ausspülung mittelst Canüle förderte
mehrere Eiterflocken zu Tage. Die Druckempfindlichkeit der inneren, oberen Partie
des Orbitaldaches, sowie der eitrige Ausfluss dauerten noch 16 Tage nach der Resection
der mittleren Muschel. Von diesem Tage ab nahm die Secretion einen dünnflüssigen, schleimigen Charakter an. Nach vier Wochen war die Kranke vollkommen
geheilt und blieb bisher ohne Recidive.

In ähnlicher Weise ist es mir gelungen, in sieben anderen
Fällen acuten Empyems durch Entfernung der mittleren Muschel
eine sofortige Entleerung des Eiters und vollständige Ausheilung
herbeizuführen. Die Bedenken Kuhnt's, welcher die Verletzung der
Nasenschleimhaut bei der grossen Anzahl von Mikroorganismen im
Höhleneiter perhorrescirt, sind theoretischer Natur, denn jeder Rhino-
loge von einiger Erfahrung weiss, dass endonasale Operationen mit
schneidenden Instrumenten, selbst bei reichlicher eitriger Secretion
in der Nasenhöhle, fast niemals zum Ausgangspunkt fieberhafter Zustände oder gar intensiver Infection werden, falls nur die alltäglichsten
Gebote der Reinlickkeit beobachtet werden, und dem angesammelten
Eiter in der Nasenhöhle nicht durch zu starke und lange dauernde
Tamponade der Abfluss verwehrt wird.

Nicht nur bei dem ganz frischen acuten Empyem, oder bei
einem acuten Anfall im Verlaufe eines chronischen Empyems, sondern
auch bei dem chronischen Empyem der Stirnhöhle ist die erwähnte
Freilegung des nasalen Endes des ductus naso-frontalis mittelst
Resection der mittleren Muschel ein therapeutischer Vorgang allerersten Ranges, insolange nicht eine hochgradige Degeneration des muco-
periostalen Ueberzuges des Stirnhöhleninneren und eine tiefere Destruction der Knochenwände bestehen.

Ich bin mir wohl bewusst, dass ich mit dieser Lehre in intensiver
Opposition zu den Chirurgen, zu den Ophthalmologen und auch zu
einem grossen Theile der zeitgenössischen Rhinologen mich befinde.
Was nun die Chirurgen und Ophthalmologen betrifft, so ist für mich
ihre Opposition nur eine scheinbare, indem ihr Krankenmaterial
durchaus nur solche Fälle umfasst, bei welchen es bereits zu partieller
oder hochgradiger Destruction der Knochenwände, zu Abscedirung
und Fistelbildung in der Orbita gekommen ist. Selbstverständlich
wird man bei derartigen Empyemen mittelst der Resection der mittleren
Muschel nicht viel ausrichten können. Es wird aber in Zukunft eben
Sache der Aerzte sein, das Entstehen derartiger Fälle zu verhindern.
Denn die Fälle mit Durchbruch und Fistelbildung entstehen mit
Ausnahme der sehr acuten Influenza-Empyeme doch zumeist nur
im Gefolge der chronischen Empyeme, auf Grund wiederholter
Anfälle: Exacerbation der Entzündung und Vermehrung der Stauung

durch relativen Verschluss des Ausführungsganges. Gerade das angeführte Beispiel eines acuten Empyems der Stirnhöhle, in welchem bereits eine erhebliche Schwellung des oberen Augenlides und enorme Druckempfindlichkeit bestanden hatten, ist der beste Beweis dafür, dass selbst noch dort, wo erfahrungsgemäss ein Durchbruch bald zu gewärtigen ist, unter Umständen durch Entfernung der mittleren Muschel ein vollkommener Eiterabfluss mit Heilung erzielt werden kann.

Auch bei chronischen Empyemen ausserhalb des Anfalles, bei welchen der Abfluss scheinbar ungestört vor sich geht, ist meiner Meinung nach die Entfernung des vordersten Endes der mittleren Muschel nicht zu umgehen; denn es ist fast zweifellos, dass in jedem Falle von chronischem Empyem theils mehr acute, theils mehr chronische Schwellungen in der obersten Partie des infundibilum sich befinden. Eine relative Behinderung des Abflusses besteht daher fast immer. Diese chronischen Hypertrophien schwellen auf relativ kleine Reize hin leicht an, und führen vorübergehend zu starken Stauungen des Stirnhöhleninhaltes, befördern das Entstehen der Anfälle, wodurch dann der Process jedenfalls, wenn auch mehrere dieser Anfälle ohne Gefahr ablaufen können, eine neuerliche Anregung zum Chronischwerden erhält. Je mehr ich in Fällen von chronischer Eiterung der Stirnhöhle die Entfernung der mittleren Muschel geübt, desto mehr habe ich mich überzeugen können, dass dies nicht überflüssig gewesen. In fast allen chronischen Empyemen sind nach Entfernung der mittleren Muschel hochsitzende Hypertrophien oder Polypen sichtbar geworden, von deren Anwesenheit man keine Ahnung hatte, so lange die mittlere Muschel sich in situ befand.

Was leistet nun die Entfernung der mittleren Muschel bei chronischen Empyemen? Kann man mit dieser allein auch eine definitive Heilung verbürgen? In einer gewissen Anzahl von Fällen, in solchen von nicht allzu langer Dauer, dort, wo noch keine hochgradige Degeneration der Schleimhaut oder Nekrose der knöchernen Wandungen eingetreten ist, heilt manchmal der ganze Krankheitsprocess in Wochen, manchmal allerdings erst nach Monaten. Man beobachtet hierbei folgenden Vorgang:

Unmittelbar nach Entfernung der mittleren Muschel und aller irgendwie sichtbaren Hypertrophien ist die Secretion stark vermehrt, der Ausfluss in der aufrechten Körperstellung continuirlich. Die Kranken geben durchwegs an, dass sie jetzt mehr Taschentücher als je zuvor benöthigen. Schon nach 8 bis 14 Tagen ist aber deutlich zu merken, dass das Secret seine Consistenz und Farbe erheblich verändert hat, es ist dünnflüssiger und mehr schleimig geworden. Nach mehreren Wochen wird das Secret ganz schleimig und spärlich; in diesem Stadium kann die Secretion noch ein paar Monate fortbestehen, bis sie gänzlich verschwindet.

Ich habe 27 Fälle chronischer Empyeme der Stirnhöhle, welche ich in der angeführten Weise behandelt habe, Jahre hindurch verfolgen können. Von diesen sind 9 Fälle vollkommen geheilt, in 11 Fällen ist ein Ausfluss in schleimig-eitrigem Zustande zurückgeblieben, und in 7 Fällen blieb der eitrige Ausfluss in erheblicher Intensität bestehen. Die Kopfschmerzen verschwanden jedoch bis auf geringfügige Mahnungen während eines acuten Schnupfens, mit

Ausnahme von 3 Fällen, in allen übrigen vollkommen. Also 9 Fälle geheilt, 18 Fälle nicht geheilt. Das ist kein grossartiger Erfolg, wird man sagen, da wäre es doch besser, gleich einen radicalen chirurgischen Eingriff auszuführen und die ganze Stirnhöhle zur Verödung zu bringen! — Ist denn da nicht die conservative Behandlung überflüssig und zeitraubend gewesen? Dies sind zwei berechtigte Vorwürfe gegen die erörterte conservative Therapie, welche einer eingehenden Prüfung werth sind.

In Betreff des ersten Punktes ist hervorzuheben, dass eine Methode, welche eine definitive Heilung verbürgt, sicherlich vorzuziehen ist. So lange aber der Kranke die Möglichkeit der Heilung auf conservativem Wege erhoffen kann, will er von einer Radicaloperation, welche, wenn auch nicht mit directer Gefahr des Lebens verknüpft ist, so doch immerhin eine Berufsstörung für längere Zeit erheischt, nichts wissen. Ich habe in dieser Beziehung die eigenthümliche Erfahrung gemacht, dass meine Kranken selbst dann nicht zu der Radicaloperation sich entschliessen wollten, als nach Monate langer Dauer die Secretion noch immer ziemlich reichlich bestand. Sie sagten, dass sie nunmehr vom Kopfschmerz befreit seien, und dass sie keine Lust hätten wegen des vermehrten Ausflusses allein sich einer Operation in Chloroformnarkose zu unterziehen. Sie würden sich nur dann entschliessen, wenn sie durch ernste Symptome dazu gedrängt würden. Allerdings ist das kein Standpunkt, auf welchen wir uns stellen sollen, da, wenn die Eiterung trotz freien Abflusses ungeschwächt fortdauert, offenbar tiefere Veränderungen in Schleimhaut und Knochen zu gewärtigen sind, welche an und für sich zu ernsteren Folgen führen können, und ist diesfalls die Indication zur Trepanation von aussen mit Verödung der Schleimhaut vollkommen gerechtfertigt.

Was den Vorwurf betrifft, dass die conservative Behandlung (Entfernung der mittleren Muschel) überflüssig gewesen, so ist derselbe meiner Meinung nach vollkommen unberechtigt. Denn schon deshalb, um die Diagnose auch in solchen Fällen über jeden Zweifel sicher zu stellen, in welchen es noch keine manifesten Symptome gibt, ist es nothwendig, die mittlere Muschel an ihrem vordersten Ende zu reseciren. Nur dann werden wir im Stande sein mit einiger Sicherheit festzustellen, ob eine Eiterung in der Stirnhöhle überhaupt, ferner ob eine solche Eiterung allein oder auch in einem Theile des Siebbeinlabyrinthes statthat. Die Wahl der Methode des äusseren chirurgischen Eingriffes wird aber von dem Resultate einer genauen Diagnose abhängig gemacht werden müssen.

Nur flüchtig will ich noch erwähnen, dass von mancher Seite (Voltolini, Hartman, Kuhnt) der Gebrauch des Galvanocauters als Mittel zur Förderung des Eiterabflusses angeführt wurde. Ich kann vor dem Galvanocauter nicht ernstlich genug warnen. Die reactive Schwellung kann nach dem Gebrauch des Galvanocauters unberechenbare Dimensionen annehmen und gerade den gegentheiligen Effect, als erwünscht war, herbeiführen, nämlich vollkommene Verlegung des Ausführungsganges. Auch ist die Gefahr sehr naheliegend, dass bei Cauterisirung um das ostium frontale herum durch Verwundung einander gegenüberliegender Schleimhautflächen später leicht Verwachsungen eintreten.

Die Methode Schäffer's. Schäffer (l. c.) hat die Stirnhöhle endo-
nasal zwischen mittlerer Muschel und Septum eröffnet. Er bediente
sich einer 2 Millimeter dicken, festen aber biegsamen Sonde. Seine
Methode wird wohl am besten durch seine eigenen Worte wiedergegeben.

Schäffer sagt: „Will ich den sinus frontalis sondiren, respective suche den
Sitz des Leidens in ihm, so gehe ich mit einer festen aber biegsamen Messingsonde
von 2 Millimeter Dicke nach vorheriger Cocaïnisirung der Weichtheile entlang dem
Nasenrücken zwischen Septum und mittlerer Muschel direct nach der Stirn zu in die
Höhle. Bald hört man ein leises Knistern, wie vom Zerbrechen feiner Knochenplättchen, fühlt ab und zu einen stärkeren Widerstand, schiebt aber die Sonde weiter
vor und hat zuletzt das Gefühl, in einen Hohlraum gelangt zu sein, dadurch, dass
die Sonde plötzlich rascher vorwärts schlüpft. Es erfolgt eine Blutentleerung von
2 bis 4 Esslöffel Blut."

Bei älteren Empyemen oder bei solchen, wo die Sonde das Gefühl
des rauhen Knochens ergibt, geht Schäffer mit seiner Löffelsonde in
der oben angegegebenen Weise vor, schabt und kratzt den kranken
Knochen und die allenfalls vorhandene Granulation gehörig aus.

Ich halte diese Methode trotz der versuchten anatomischen
Begründung Winkler's (85) für eine in jeder Beziehung verwerfliche.
Erstens kommt man häufig nicht durch die dicke Knochenwand durch,
zweitens kann man in einzelnen Fällen um so leichter in die Schädelhöhle gelangen; drittens halte ich die Angabe Schäffer's, dass man
durch eine solche Oeffnung die Schleimhaut der Stirnhöhle entfernen
könne, für eine Unmöglichkeit. Meine Ansicht des Näheren zu motiviren,
halte ich für entbehrlich, da sie schon nach Einsicht in die groben
anatomischen Verhältnisse der Stirnhöhle jedermann einleuchten muss.

4. **Die Einspritzung medicamentöser Flüssigkeiten in die Stirnhöhle.**
Selbstverständlich kommt diese Methode nur in Betracht, wenn der
ductus naso-frontalis von vornherein frei war oder nachträglich
durch die Resection der mittleren Muschel wegsam gemacht wurde.
Es ist schon angeführt worden, dass die Aufweichung eines consistenten Secretes mittelst Ausspritzung vortheilhaft auf die Entleerung
der Stirnhöhle wirken kann. Gewöhnlich wendet man eine schwache
Borsäurelösung oder auch sterilisirtes Wasser an. Die Injection soll
immer unter geringem Druck ausgeführt werden.

Bei acuten Empyemen sehe ich von Injectionen ab, da
die Eiterung nach hergestelltem Abfluss in die Nase bald auf-
zuhören pflegt. Bei chronischen Empyemen dagegen wende ich
des öfteren 2- bis 5procentige Lapislösungen an, wenn die Secretion
hartnäckig bleibt. Ich befestige dann an meine Silbercanüle eine
Pravaz'sche Spritze, mittelst welcher ich beiläufig 1½ Cubikcentimeter
gewärmter Lapislösung in die Stirnhöhle spritze. Ich lege dann sofort
den Kranken rücklings, damit die Lapislösung nicht wieder in die Nase
zurückfliesse.

Ich habe von diesen Lapisinjectionen nur dann Nutzen gesehen,
wenn die Secretion bereits den schleimigen Charakter angenommen
hat. In diesen Fällen heilt der Lapis den restirenden Katarrh. Hat
aber die eiterige Secretion trotz seit mehreren Wochen hergestellten
Abflusses ihren Charakter nicht geändert, dann nützt der Lapis auch
nichts, da eben in der Schleimhaut hochgradige Veränderungen vorhanden sind, welche diesem Mittel nicht mehr weichen.

b) Die chirurgische Eröffnung der Stirnhöhle.

Wir unterscheiden: *a)* Die einfache Trepanation der Stirnhöhle und *b)* die Radicaloperation des Stirnhöhlenempyems.
1. Die einfache Trepanation. Diese Methode der Eröffnung der Stirnhöhle ist die einzige, welche für die Autoren vorrhinoskopischer Zeit in Betracht kam. Sie besteht in der Eröffnung der Stirnhöhle an einer circumscripten Stelle mit Drainage nach aussen allein, oder auch gleichzeitig gegen die Nase zu, und wurde nur bei manifesten Empyemen, also wo eine Geschwulst, ein Abscess oder eine Fistel vorgelegen hatten, überdies auch bei Mukokelen, in Anwendung gezogen. Die Behandlung bestand in der Eröffnung des vorliegenden Abscesses, Erweiterung einer bereits bestehenden Fistel und circumscripter Aufmeisselung der dilatirten Höhle an der prominenten Stelle. Weiters suchte man das Secret der erkrankten Höhle durch Drainage gleichzeitig nach aussen und gegen die Nasenhöhle abzuleiten. Bestand eine Strictur des ductus naso-frontalis, dann erweiterte man ihn mittelst Sonden oder durch Ausbrechen eines Theiles der medialen und unteren Knochenwand und durch nachheriges Einführen von Drains. Die Nachbehandlung bestand in Auswaschung der Höhle theils mit antiseptischen, theils mit ätzenden Medicamenten, bis die Secretion versiegte.*)

Es lag in der Natur der behandelten Fälle, dass diese Operationsmethoden keinen typischen Charakter annahmen, da nach der jeweiligen Lage des Abscesses, der Fistel und der am meisten hervorragenden Stelle der Ektasie die Eröffnung der Stirnhöhle an verschiedenen Punkten vorgenommen wurde. Es mangelte hierbei zuweilen nicht an gescheiten Einfällen, wie z. B. bei Beer,**) der in einem seiner Fälle, in welchem ein Loch in der Vorderwand der Stirnhöhle bestand, und wo die untere Wand ebenfalls erweicht war, behufs besserer Ableitung des Secretes eine Gegenöffnung an der Bindehaut über dem Augapfel anlegte. Ebenso bemerkenswerth ist die Methode Riberis,***) welcher, um dem Eiter einen breiteren Abfluss zu sichern, mit Meissel und Hammer die Papierplatte des Siebbeines durchschlug, wobei die Oeffnung so gross wurde, dass der Ringfinger eindringen konnte.

Es dauerte lange, ehe die Rhinologen und Chirurgen sich dazu entschlossen, die Indication zur Eröffnung der Stirnhöhle auch für solche Fälle aufzustellen, wo noch kein manifestes Empyem vorlag. Die Ursache hiefür lag noch zum grossen Theile in der Unvollkommenheit der Diagnostik, in dem mangelnden Vertrauen auf die vielfach variirenden Symptome des nicht manifesten Empyems. Die Unsicherheit in der Diagnostik war bis zum Ende der Achtzigerjahre fast eine allgemeine. Haben sich doch noch im Jahre 1887 am Berliner medicinischen Congress die Referenten Schech und M. Bride dahin einigen können, dass die Stirnhöhle nur dann eröffnet werden möge, wenn Auftreibung der Höhle, Verdrängung des Bulbus und Hirndruck bestehen.

---

*) Siehe die von Steiner (86) gesammelte Literatur.
**) Citirt nach Kuhnt.
***) Citirt nach Steiner (l. c.).

Heute hingegen wird von niemandem mehr bestritten, dass die chirurgische Eröffnung der Stirnhöhle sofort indicirt ist, wenn es im Stadium der Attaque nicht gelingt, durch eine der früher erörterten conservativen Methoden die Beschwerden des Kranken zu beseitigen, und wenn man, um weiteren Complicationen vorzubeugen, dem Eiter freien Abfluss verschaffen muss. Aber auch bei chronischen Empyemen ausserhalb des Anfalles kann die Berechtigung eines derartigen Eingriffes nicht in Abrede gestellt werden, wenn durch die bereits häufig aufgetretenen Attaquen, sowie durch die Beständigkeit des eitrigen Ausflusses, eine definitive Heilung aussichtslos ist.

Es muss aber festgestellt werden, dass obwohl die einfache chirurgische Eröffnung der Stirnhöhle in vielen Fällen als eine segensreiche Operation zu betrachten ist, indem dieselbe zur rechten Zeit ausgeführt, zuvörderst ernste secundäre Complicationen (Lid-Orbital Phlegmone, Thrombose der vena ophthalmica, Durchbruch in die Schädelhöhle) verhütet, sie dennoch nur in einer beschränkten Anzahl von Fällen zur definitiven Heilung führt. Das haben die Chirurgen seit jeher betont. Hat nämlich die Krankheit bereits lange vor der Eröffnung bestanden, dann ist eine so hochgradige Degeneration der Schleimhaut, eventuell von circumscripten und auch ausgedehnten Knochennekrosen begleitet, zu gewärtigen, dass die Secretion entweder gar nicht aufhört oder nach Verschluss der einige Zeit offengehaltenen Fistel sich wieder einstellt. Bei nur kurze Zeit währenden Empyemen, in welchen noch nicht zahlreiche Attaquen vorausgegangen sind, ist anzunehmen, dass die einfache Trepanation auch ohne weitere Massnahmen genügen dürfte; in älteren Fällen dagegen ist dies zumeist nicht der Fall. Leider lässt sich der Zeitpunkt, von welchem ab die einfache Trepanation nicht mehr genügt, nicht mit Verlässlichkeit fixiren, da bei manchen Fällen in relativ kurzer Zeit hochgradige Ernährungsstörungen der Schleimhaut und der Knochenwand sich ausbilden, während in anderen Fällen selbst bei längerer Dauer noch keine irreparablen Störungen bestehen.

Um in dieser heiklen Situation das Richtige zu treffen, hat meines Erachtens Kuhnt (l. c.) den besten Weg eingeschlagen. Er misst der einfachen Trepanation nur eine provisorische Bedeutung bei und macht es erst von dem Ergebnisse der Untersuchung des Stirnhöhleninneren nach der Trepanation abhängig, ob die einfache Eröffnung genügt, oder ob an dieselbe sogleich die Radicaloperation anzuschliessen ist.

Methode der Trepanation. Im Allgemeinen wird die Stelle unmittelbar unter dem Augenbrauenkopfe an der vorderen Stirnhöhlenwand zur Trepanation gewählt, weil die spätere Narbe und Einsenkung an dieser Stelle, von den Augenbrauen überwachsen, die geringste Entstellung verursacht, und von hier aus auch ein relativ guter Einblick in die Höhle möglich ist. Der Schnitt beginnt an der sutura naso-frontalis, führt mitten im Augenbrauenbogen genau an dem margo supraorbitalis circa 3 bis 4 Centimeter entlang und dringt in die Tiefe bis auf den Knochen. Nach gehöriger Blutstillung wird das Periost gegen die Glabella zu zurückgeschoben. Diese letztere Procedur ist mitunter eine sehr schwierige, da das Periost zuweilen sehr innig an der vorderen Stirnhöhlentafel haftet. Hierauf wird unmittelbar unter dem

Brauenkopfe mittelst Meissel, eventuell mit dem elektrischen Trepan eine beiläufig $^1/_2$ bis 1 Centimeter im Durchmesser haltende Oeffnung angelegt. Um nach Verschiebung der Haut und des Periostes sicher zu sein, dass die anzulegende Oeffnung unter das mediale Ende der Augenbraue zu liegen kommt, räth Kuhnt (l. c.) zu folgendem Mittel: „Denkt man sich die beiden incisurae supraorbitales durch eine gerade Linie verbunden (bei der Operation durch Auflegen einer geraden Messsonde zu erreichen) und nun von der crista lacrimalis anterior (etwa in der Gegend des inneren Lidbandes) eine Senkrechte errichtet, dann muss der Schnittpunkt beider Linien die gesuchte Stelle sein."

Nach der Eröffnung wird die Stirnhöhle gereinigt, die Schleimhaut, so weit sie der directen Besichtigung zugänglich ist, inspicirt, so weit sie aber nicht sichtbar ist, mittelst einer biegsamen Sonde abgetastet, und ebenso der Ausführungsgang auf seine Durchgängigkeit geprüft. Ergibt die Inspection und die Sondenuntersuchung nur eine Schleimhautschwellung mässigen Grades, keine granulirende Fläche, keine von Schleimhaut entblösste Knochenpartie, dann wird die Wunde mit Ausnahme ihres medialen Endes, wo die Knochenöffnung liegt, vernäht, und die Stirnhöhle von der restirenden Oeffnung her nach aussen allein oder auch nach der Nase zu drainirt. Durch tägliche Ausspülungen mit antiseptischen Lösungen, ferner durch Einstauben von Jodoformpulver, oder Einlegen von Jodoformgaze wird dann die Heilung angestrebt.

Die geschilderte Operationsmethode in der Augenbrauenlinie am margo supraorbitalis ist eine fast allgemein geübte. Grünwald (l. c.) räth den Schnitt in der durch den corrugator supercilii gebildeten Falte zu führen, da hier die Narbe weniger sichtbar sein soll; ferner empfiehlt er, nach der Aufmeisselung sterilisirtes Wasser in die Höhle zu injiciren, um sich davon zu überzeugen, ob auch die erkrankte Höhle eröffnet ist. Da nämlich erhebliche Deviationen der Stirnhöhlenscheidewand ziemlich häufig vorkommen, wäre es möglich, die Höhle der anderen Seite zu eröffnen. Dies kann aber meiner Ansicht nach nur dann geschehen, wenn man in grösserer Entfernung von dem margo supraorbitalis die vordere Stirnhöhlenwand aufmeisselt. Eröffnet man dagegen am margo supraorbitalis, unter dem Augenbrauenkopfe, dann dürfte das von Grünwald gefürchtete Ereignis kaum je eintreten, da die Verkrümmung der Scheidewand in ihrer unteren Partie nie eine erhebliche ist.

2. Radicaloperation mit Verödung der Schleimhaut. Die Erfahrung, dass trotz Aufmeisselung des Knochens und tadelloser Herstellung des Abflusses die Heilung in einzelnen Fällen manchmal jahrelang auf sich warten liess, in anderen gar nicht erfolgte, oder, wenn dieselbe scheinbar erfolgt war, nach Verheilung der Operationswunde sehr bald eine neue Recidive auftrat, war für einige Autoren Veranlassung, die erkrankte Stirnhöhlenschleimhaut vollkommen zu entfernen und die Stirnhöhle veröden zu lassen.

Steiner (86) führt in seiner bereits citirten Monographie Runge als denjenigen an, welcher in der Mitte des 18. Jahrhunderts (1750) als Erster die Idee hatte, die ganze Stirnhöhlenschleimhaut zum Veröden zu bringen. Er bewerkstelligte die Verödung in einem Falle mit

Erfolg, indem er ein „Bourdonet", mit einem Gemisch von zerriebenem Lapis infernalis und Balsam. arc. bestrichen, in den Grund des sinus einführte. Die Methode schien aber vollkommen in Vergessenheit gerathen zu sein, bis dieselbe von Kocher (87) wieder eingeführt wurde. Dieser empfahl die Schleimhaut der erkrankten Stirnhöhle zu curettiren und die Höhle durch Granulationen veröden zu lassen.

Wir haben heute bereits mehrere ausgebildete Methoden von Radicaloperation des Stirnhöhlenempyems, welche insgesammt die breite Eröffnung der Stirnhöhle mit vollständiger Entfernung der Schleimhaut zum Ziele haben. Die einzelnen Methoden unterscheiden sich nur in Bezug auf Schnittführung und in Bezug auf die Wahl der Knochenwand. Solche Methoden sind angegeben worden von: Nebinger-Praun (88), Jansen (l. c.), Luc-Ogston (89), Killian (90) Czerny (91) und Kuhnt (l. c.) Ich will das Wesen der ersteren nur kurz skizziren, dagegen die Methode Kuhnt's eingehender würdigen, weil wie mir nach meinen allerdings spärlichen Erfahrungen über Radicaloperationen der Stirnhöhle scheint, diese Methode die beste Uebersicht über die eröffnete Stirnhöhle gestattet und zufriedenstellende Heilresultate nebst kosmetisch erträglicher Verunstaltung gibt.

Methode von Nebinger-Praun (breite chirurgische Eröffnung der vorderen Stirnhöhlenwand):

Schnitt von der sutura nasofrontalis am Orbitalrande bis über die incisura supraorbitalis. Freilegung der vorderen Knochenwand. Aufmeisselung am os nasale, dann am os frontale. Hierauf Verticalschnitt von 4 bis 6 Centimeter Länge, dem Rande der Vena frontalis folgend. Der Knochen wird nun der Breite des sinus entsprechend aufgemeisselt. Nach Freilegung des horizontalen Theiles Austupfen des eitrigen Inhaltes, Ausschabung der Stirnhöhlenschleimhaut, Erweiterung und Ausschabung des ductus naso-frontalis.

Nebinger empfiehlt die Drainage der Höhle an der Vereinigungsstelle des horizontalen und verticalen Schnittes.

Methode von Jansen (Entfernung der unteren Stirnhöhlenwand, nur bei grossen Höhlen partielle Resection der vorderen Wand):

Bogenförmiger Schnitt unterhalb und parallel der Augenbraue vom lateralen Orbitalrande bis auf die Seitenwand der Nasenwurzel. Freilegung der oberen Orbitalwand nach Ablösung des Periostes. Entfernung der unteren Wand der Stirnhöhle; nur bei grossen Höhlen Resection des unteren Saumes der Vorderwand, Entfernung der Abscessmembran und des Granulationsgewebes mittelst scharfen Löffels.

Die Jansen'sche Methode hat den grossen Vortheil, dass an die Eröffnung der unteren Stirnhöhlenwand sich bequem die Eröffnung und Ausschabung des Siebbeinlabyrinthes anschliessen lässt, ein Vorgehen, welches bei denjenigen Methoden, bei welchen die vordere Stirnhöhlenwand eröffnet wird, nicht leicht möglich ist; dagegen ist die Methode Jansen's zweifellos minderwerthig in Bezug auf die Ausräumung der Stirnhöhle, für welch letztere die Methode Kuhnt's fast nichts zu wünschen übrig lässt. Jansen sagt selbst:

„Bei grossen Höhlen war ich einigemale genöthigt, aus entlegenen Winkeln, besonders von oben her eiternde und missfarbig gewordene Granulationen bei der Nachbehandlung auszuschaben; auch sah ich mich gewöhnlich veranlasst, von der vorderen Wand nachträglich noch mehr fortzunehmen, weil sich immer wieder Fisteln bildeten und aufs neue Ausschabungen nöthig machten. Dadurch sind stark entstellende Narben entstanden."

Methode von Killian (Aufmeisselung und Curettement der Stirnhöhle, temporäre Resection des Nasenbeines):

Hautschnitt in der Mittellinie 2 bis 3 Centimeter, über der Nasenwurzel beginnend bis zur Mitte des Nasenrückens. Zurückschieben der Weichtheile und des Periostes im Gebiete der erkrankten Stirnhöhle. Temporäre Luxation des Nasenbeines nach aussen; Entfernung aller Knochenbälkchen bis auf die von der eröffneten Stirnhöhle in die Nasenhöhle eingeführte Sonde. Es werden hierbei die Infundibularzellen eröffnet und eine breite Communication mit der Nase hergestellt. Reposition des Nasenbeines und Schluss der Wunde in ihrem unteren Theile. Tamponade der Stirnhöhle mit Jodoformgaze. Die Nachbehandlung hat die glatte Vernarbung des breiten, nach der Nase zu führenden Canales zu überwachen.

Methode von Luc-Ogston (Eröffnung der Stirnhöhle und der Siebbeinzellen):

Schnitt am inneren Drittel des Orbitalrandes, verlängert um 1 Centimeter bis gegen die Nasenwurzel. Zurückschieben des Periostes einerseits gegen die Stirn, andererseits gegen die Orbita. Eröffnung der Stirnhöhle ein wenig nach aussen von der Medianlinie. An die Eröffnung der Stirnhöhle wird auch eine Eröffnung der Siebbeinzellen angeschlossen. Nach Schaffung einer breiten Communication zwischen Stirnhöhle und Nase wird ein Drain vom Stirnhöhlenboden in die Nase gelegt und die äussere Wunde gleich geschlossen. Luc rühmt die Vortheile dieser Methode.

Methode von Czerny (Osteoplastische Eröffnung der Stirnhöhle): *Czerny hat bei einem jungen Manne, welcher nach vergeblicher Behandlung von der Nase aus der chirurgischen Klinik zugewiesen wurde, die Stirnhöhle mit einem nach unten concaven halbrunden Hautknochenlappen osteoplastisch aufgemeisselt, und die Stirnhöhle von Eiter und Granulationen befreit. Die Oeffnung nach der Nase wurde erweitert und ein Drainrohr durchgezogen. Die Wunde wurde durch Jodoformgaze einige Zeit offen gehalten; der Knochenlappen wie das Empyem heilten dann nach vier Wochen solid und fast ohne jede Entstellung ein. Die Heilung wurde noch ein halbes Jahr später als dauerhaft festgestellt.*

Methode von Kuhnt (Wegnahme der ganzen vorderen Stirnhöhlenwand und der gesammten kranken Schleimhaut, einschlieslich des oberen Theiles des canalis naso-frontalis): Die Schnittführung ist folgende: Zuerst ein horizontaler Schnitt auf dem margo supraorbitalis, vom Augenbrauenkopf bis zum äusseren Drittel des oberen Orbitalrandes. Darauf folgt vom inneren Wundwinkel her ein mehrere Centimeter langer senkrechter Schnitt durch die Weichtheile und das Periost. Nach Zurückschieben der Weichtheile und des Periostes wird die ganze vordere Wand der Stirnhöhle mit Meissel und Knochenzange abgetragen, die Knochenränder werden gut geglättet; auch die leistenförmig vorspringenden Septa der Höhle werden vollkommen entfernt. Hierauf wird die Schleimhaut genauestens aus der Höhle und aus dem oberen Theile des ductus entfernt, des weiteren die verticale Wunde ganz, die horizontale bis auf einen zur Aufnahme eines stärkeren Drainrohres ausreichenden Rest vernäht.

Die Nachbehandlung besteht in täglicher Ausspülung der Höhle mit Sublimatlösung. Entwickelt sich die Granulirung nicht in genügendem Masse, so kann man auch Irrigationen mit Lösungen von Argentum nitricum oder Chlorzink vornehmen lassen. Am sechsten oder siebenten Tage werden die Nähte entfernt. Längstens in der sechsten Woche erfolgt nach den Angaben Kuhnt's definitive Heilung ohne irgend eine Zellenbildung. Ergibt sich bei der Inspection der Höhle ein Defect im Septum der Stirnhöhle, dann wird der Schnitt auch auf die andere Seite verlängert und auch die vordere Knochenwand der anderen Seite sammt dem Septum vollständig abgetragen.

Nach dem übereinstimmenden Urtheile zahlreicher Autoren gebührt der Methode Kuhnt's die Palme unter den Radicaloperationen. Wie mir scheint, ist nur ein einziger berechtigter Vorwurf gegen dieselbe erhoben worden, nämlich dass sie die Erkrankung der Infundibularzellen des Siebbeines, mit welcher die Erkrankung der Stirnhöhle so häufig, ja fast regelmässig combinirt ist, unberücksichtigt lässt. Es steht nämlich, wie dies bereits in der Anatomie der Stirnhöhle ausgeführt wurde, der ductus naso-frontalis zu einzelnen Siebbeinzellen in so inniger Beziehung, dass deren regelmässige Miterkrankung bei Affectionen der Stirnhöhle mit sehr grosser Wahrscheinlichkeit anzunehmen ist. Ich halte indes die Ansicht Röpke's (92), nach welcher bei Eröffnung nach Kuhnt vom Stirnhöhlenboden aus auch eine Reihe von Siebbeinzellen sich gut ausräumen lassen, für sehr annehmbar, wenn, wie dies der citirte Autor gethan hat, auch Theile der medialen Stirnhöhlenwand entfernt werden.

Im Uebrigen ist die Eröffnung der vorderen Siebbeinzellen von der Stirnhöhle aus zuweilen sehr leicht. Das ist dann der Fall, wenn Zellen des Vorderlabyrinthes mehr oder weniger stark in die Stirnhöhle vorspringen, und die Siebbeinzellen eine sogenannte bulla frontalis bilden. (Siehe Anatomie.)

Ich glaube, dass Kuhnt in einem Irrthum befangen ist, wenn er bei der Abtastung der Stirnhöhle einen sinus posterior oder mehrere geschlossene Zellräume, aus welchen die Stirnhöhle bestehen soll, constatirt hat. Es gibt keine abgeschlossenen Räume innerhalb der Stirnhöhle; es gibt nur Buchten, die aber nie ganz abgeschlossen sind, dann gibt es in die Stirnhöhle hineinragende Siebbeinzellen, die sich, wie auch Kuhnt richtig beobachtet hat, gewöhnlich an der Verbindung der hinteren und unteren Stirnhöhlenwand vorfinden. Es ist leicht, derartige Zellen von der Stirnhöhle aus zu eröffnen, ihren Inhalt zu entleeren und die muco-periostale Auskleidung zu curettiren.

Mir ist es bereits in zwei Fällen gelungen, von der nach Kuhnt's Methode eröffneten Stirnhöhle aus, durch Vermittlung der erwähnten bulla frontalis des Siebbeinlabyrinthes letzteres auszuräumen.

III. Siebbeinlabyrinth.

Normale Anatomie des Siebbeinlabyrinthes.

In diesem Capitel soll zuerst der Aufbau und dann die Topographie des Siebbeinlabyrinthes erörtert werden.

a) Aufbau des Siebbeinlabyrinthes.

Entwickelung des Siebbeinlabyrinthes aus Grundlamellen und inter-turbinalen Gängen. Die im allgemeinen Theile angeführten anatomischen Verhältnisse über die grobe Architektur des Siebbeines als bekannt vorausgesetzt, erscheint es am zweckmässigsten, dasselbe nach seiner Entstehung aus den Grundlamellen und aus den interturbinalen Gängen, wie dies zuerst Seydel (93) ausgeführt hat, zur Anschauung zu bringen.*)

Es stellt sich bei dieser Auffassung heraus, dass die an der medialen Wand des Siebbeines hervorragenden, als Muscheln bezeichneten Gebilde nichts anderes als die in die Nasenhöhle hervorragenden Enden von Lamellen sind, welche das ganze Siebbein durchsetzen, sich lateralwärts bis zur Papierplatte, nach oben bis an die lamina cribriformis, respective durch die foveolae ethmoidales bis an das Stirnbein fortsetzen.

In Fig. 59 habe ich das Siebbeinlabyrinth nach Präparation der Grundlamellen in der Weise dargestellt, dass die Innenwand der Siebbeinkapsel zwischen den Ansätzen der als Muscheln bezeichneten Gebilde vorsichtig entfernt wurde, um den Verlauf derselben im Labyrinthe darzustellen. Es zeigt sich hierbei, dass das Labyrinth des Erwachsenen durch vier, respective fünf Etagen gebildet wird.

Die erste, unterste, nur unvollkommene Etage (L_1) bildet der processus uncinatus.

Die zweite, schon vollkommene Etage bildet die Fortsetzung der bulla ethmoidalis (L_2), welche unter typischen Verhältnissen einerseits bis zur lamina cribrosa, andererseits bis zur lamina papyracea reicht. Vergleicht man diese Grundlamelle mit der vom processus uncinatus gebildeten, so ist es sofort ersichtlich, dass letztere sich von der ersteren wesentlich dadurch unterscheidet, dass bei ihr nur der untere Theil ausgebildet, während der obere Theil defect ist, indem sie nicht wie die Bullalamelle das Siebbeinlabyrinth durchsetzt. Die Zelle der bulla ethmoidalis liegt in der Fortsetzung der Bullalamelle. In Fig. 49 ist die Bildung der Bullazelle durch Spaltung der L. 2 ersichtlich.

Die Bullalamelle ist es, welche die Grenze zwischen dem nasalen Theile der Stirnhöhle und dem Siebbeinlabyrinthe abgibt. Rückt dieselbe weiter nach hinten, wie dies in Fig. 49 bei der Stirnhöhle stattfindet, dann wird die Stirnhöhle auf Kosten des Siebbeinlabyrinthes vergrössert. Rückt dagegen die bulla weiter nach

---

*) Siehe auch die Arbeiten von Zuckerkandl (94) und Killian (95).

vorne, so ist das Gegentheil der Fall, nämlich die Vergrösserung des Siebbeinlabyrinthes auf Kosten der Stirnhöhle (Fig. 50).

In dem excessiven Vorrücken der Bullalamelle (Fig. 52) haben wir eine jener Bildungen kennen gelernt, die zur Bildung einer gegen die Stirnhöhle vorgeschobenen Siebbeinzelle (nach Zuckerkandl bulla frontalis genannt) führen. Die Bedeutung der bulla frontalis ist bei der Anatomie der Stirnhöhle eingehend gewürdigt worden. Ebendort ist auch der Einfluss gekennzeichnet worden, den die Distanz zwischen L. 1 (processus uncinatus) und L. 2 (Bullalamelle) auf die Architektur des ductus naso-frontalis ausübt.

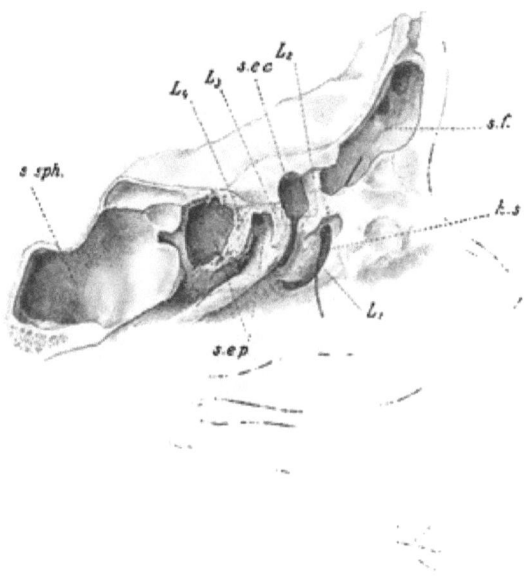

Fig. 59. Die nasale Fläche des Siebbeinlabyrinthes eines Erwachsenen nach den Grundlamellen dargestellt.

s.f. = sinus frontalis; *s.sph.* = sinus sphenoidalis; L_1 = Lamelle 1, der processus uncinatus; L_2 = Lamelle 2, die erste vollkommene Lamelle, von der bulla herrührend; *h.s.* = hiatus semilunaris; L_3 = Lamelle 3, die Grundlamelle der mittleren Muschel; *s.e.a.* = sinus ethmoidalis anterior; L_4 = Lamelle 4, die Grundlamelle der oberen Muschel; *s.e.p. (c e.p.)* = cellul. ethmoidales posteriores.

Als die dritte Grundlamelle ist die mittlere Nasenmuschel (Fig 59 bei L_3) zu betrachten. Sie ist in typischen Verhältnissen ebenfalls vollkommen, dringt somit lateralwärts bis zur Papierplatte und nach oben bis zur Siebplatte. Zwischen dieser Lamelle und der Grenzlamelle der bulla ethmoidalis ist das vordere Siebbeinlabyrinth. Der Umfang desselben hängt somit von der Lage, respective Distanz der beiden erwähnten Grundlamellen ab. Ist der nasale Theil der Stirnhöhle sehr geräumig, somit die Bullalamelle weit nach rückwärts gedrängt, wie in Fig. 49, so kann hierdurch ebenso eine Verengerung des vorderen Siebbeinlabyrinthes resultiren als durch die zuweilen zu stark vorgedrängte, durch die mittlere Muschel gebildete Grundlamelle. Die vor der Grundlamelle der mittleren Muschel liegenden Siebbeinzellen münden in den mittleren Nasengang.

Die vierte Grundlamelle (Fig. 59, L_4) wird von der oberen Muschel, eine eventuell vorhandene fünfte Grundlamelle durch die oberste Muschel gebildet.

Die zwischen der Grundlamelle der mittleren und oberen eventuell obersten Muschel gebildeten Gänge münden alle in den oberen Nasengang, gehören somit dem hinteren Siebbeinlabyrinthe an.

Die zwischen den Grundlamellen liegenden Gänge werden als interturbinale Gänge (Seydel) bezeichnet.

Der grobe architektonische Bau des Siebbeinlabyrinthes ist durch

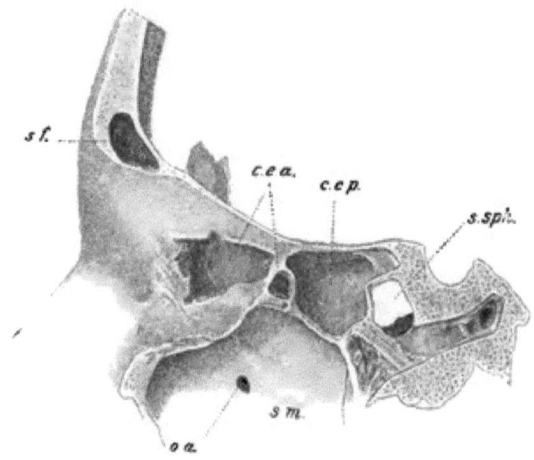

Fig. 60. Siebbeinlabyrinth aus drei Zellen bestehend.

s.m. = sinus maxillaris; *o.a.* ostium accessorium; *c.e.a.* = cellulae ethmoidales anteriores; *c.e.p.* = cellulae ethmoidales posteriores; *s.sph.* = sinus sphenoidalis.

die Grundlamellen vollständig klargestellt. Anomalien ergeben sich erstens durch zu starkes Vor- oder Rückwärtstreten einzelner Grundlamellen, zweitens aus den mitunter zu beobachtenden Defecten der Lamellen.

Entstehung der Siebbeinzellen. Die weiteren Unterabtheilungen: Zellen des Siebbeinlabyrinthes kommen dadurch zu Stande, dass sich in den interturbinalen Gängen quere Scheidewände entwickeln. Letztere erlangen einen verschiedenen Entwickelungsgrad. Bald erheben sie sich nur in Form von schmalen Leisten am Grunde der Gänge, bald springen sie aber weit vor und begrenzen Buchten, die nur durch schmale Oeffnungen mit den interturbinalen Gängen communiciren.

Da der hiatus semilunaris seiner ganzen Anlage nach nur einen interturbinalen Gang von minder hoher Entwickelungsstufe repräsentirt, kann es nicht überraschen, wenn auch in ihm zuweilen Andeutungen schmaler Scheidewände vorkommen. Diese sind insbesondere in seiner vordersten Partie nicht selten, wo sie zur Nischenbildung führen. Ihr Vorhandensein erschwert auch bei sonst günstiger Weite des hiatus die Sondirung der Stirnhöhle. Zumeist werden die erwähnten Nischen dadurch bedingt, dass einzelne Siebbeinzellen in das infundibulum münden (Infundibularzellen). Ist die Mündung einer solchen Zelle nahe der Mündung der Stirnhöhle, oder sind die Mündungen mehrerer Infundibularzellen nahe aneinander, so sind diese Oeffnungen gewöhnlich durch stark vorspringende Leisten voneinander getrennt (Fig. 53).

Die Anzahl der Zellen, die jedes (das vordere und das hintere) Siebbeinlabyrinth beherbergt, ist ausserordentlich verschieden. Bei mangelnder Entwickelung der secundären Scheidewände kann ein Siebbeinlabyrinth aus einer einzigen Höhle aus der ursprünglichen Anlage des interturbinalen Ganges bestehen.*) Es ist dieses Vorkommnis allerdings die Ausnahme. Aber es gibt Fälle von normalem Siebbeinlabyrinth, wo das vordere und hintere Labyrinth aus je einem Hohlraume bestehen. In Fig. 60 ist ein Siebbeinlabyrinth von der orbitalen Fläche her präparirt, und es ist ersichtlich, dass das ganze Labyrinth nur aus drei Zellen besteht. Zwei gehören dem vorderen Labyrinthe an, da sie in den mittleren Nasengang münden, und nur die letzte mündet in den oberen Nasengang, repräsentirt somit das hintere Labyrinth. Dagegen besteht in den Fig. 61,

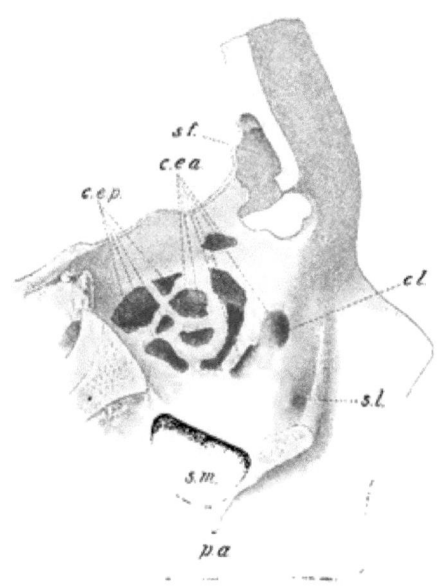

Fig. 61. Die Siebbeinzellen von der lamina papyracea aus eröffnet.

$s.f.$ = sinus frontalis; $s.m.$ = sinus maxillaris; $p.a.$ = processus alveolaris; $s.l.$ = saccus lacrimalis; $c.l.$ = celulla lacrimalis; $c.e.a.$ = cellulae ethmoidales anteriores (6); $c.e.p.$ = cellulae ethmoidales posteriores (4).

Fig. 62 und Fig. 63 jedes Labyrinth aus 3 bis 5 und auch aus mehr Zellen.

Grössenverhältnis zwischen vorderem und hinterem Siebbeinlabyrinthe. In Bezug auf das Grössenverhältnis zwischen vorderem und hinterem Siebbeinlabyrinthe ist es von Wichtigkeit, dass es eine constante Grenze nicht gibt. Anatomisch hängt diese Grenze von der Grundlamelle der mittleren Nasenmuschel ab. Allein diese kann manchmal, wie erwähnt, stark nach vorne, manchmal stark nach rückwärts

---

*) Es hat diese Varietät nichts mit der unter pathologischen Verhältnissen zu beobachtenden Verschmelzung mehrerer Zellen zu schaffen, wobei unter Umständen das ganze Siebbeinlabyrinth in Folge Nekrose oder Resorption der Scheidewände zu einer einzigen Höhle umgewandelt werden kann.

geschoben erscheinen, wodurch bald das hintere, bald das vordere Labyrinth an Raum gewinnt.

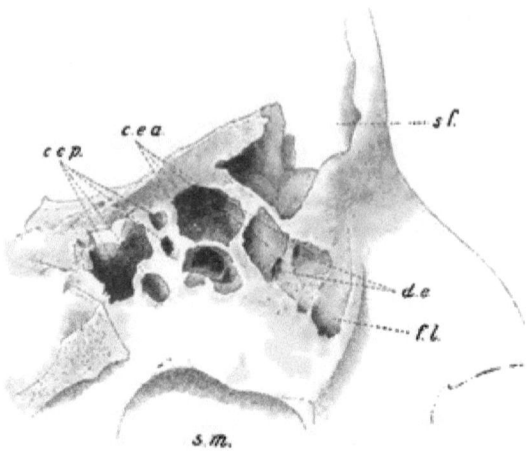

Fig. 62. Stirnhöhle von grosser sagittaler Ausdehnung (grosser orbitaler Theil der Stirnhöhle). Das Siebbeinlabyrinth von der lamina papyracea aus eröffnet.

s.f. = sinus frontalis; *f.l.* = fossa lacrimalis; *s.m.* = sinus maxillaris; *c.e.a.* = cellulae ethmoidales anteriores (4); *c.e.p.* = cellulae ethmoidales posteriores (4); *d.e.* = ductus ethmoidales.

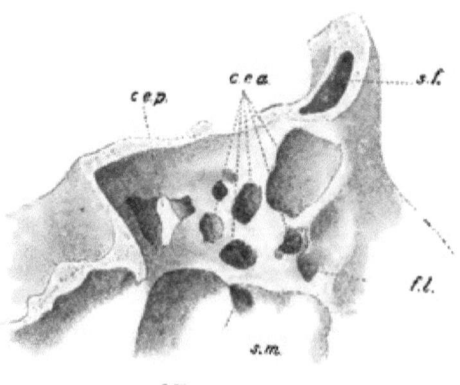

Fig. 63. Siebbeinlabyrinth von der lamina papyracea aus eröffnet.

s.f. = sinus frontalis; *s.m.* = sinus maxillaris; *o.m.* = ostium maxillare; *f.l.* = fossa lacrimalis; *c.e.a.* = cellulae ethmoidales anteriores (5); *c.e.p.* = cellula ethmoidalis posterior (1).

Auch die Anzahl der Zellen im vorderen Siebbeinlabyrinthe ist variabel gegenüber der Zahl der Zellen im hinteren Labyrinthe; bald birgt das vordere Labyrinth 4 bis 5 und auch mehr Zellen, während das hintere Labyrinth nur eine oder wenige Zellen enthält; bald ist das Gegentheil der Fall. Dies lehrt die Betrachtung der Fig. 61, 62 und 63. Präparirt man die Siebbeinzellen von der Orbita her, dann lässt sich ohneweiters gar nicht sagen, wo die Grenze zwischen vorderem und hinterem Siebbeinlabyrinth ist. Vergegenwärtigt man sich somit den Längendurchmesser des Siebbeinlabyrinthes, als welchen man gemeiniglich in typischen Fällen die Verbindungslinie zwischen der obersten Partie des hiatus und der vorderen Keilbeinhöhlenwand sich zu denken hat, so geht es durchaus nicht an, an der Halbirungsstelle dieser Linie auch die Grenze zwischen vorderem und hinterem Labyrinth anzunehmen. Der einzige verlässliche Massstab für die räumliche Bezeichnung einer Siebbeinzelle ist ihr Ausführungsgang. Mündet letzterer in den mittleren Nasengang, so gehört die Zelle dem vorderen. mündet er in den oberen, so gehört die Zelle dem hinteren Labyrinthe an.

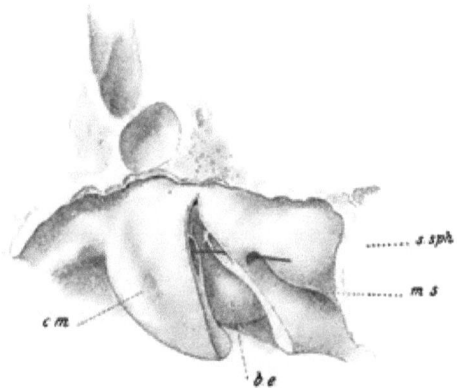

Fig. 64. Siebbeinzelle des oberen Nasenganges (hintere Siebbeinzelle) in das vordere Ende der mittleren Muschel hineinreichend (durch die Richtung der Sonde gekennzeichnet).

c.m. = concha media; m.s. = meatus superior; s.sph. = sinus sphenoidalis; b.e. = bulla ethmoidalis.

Die Bezeichnung: „Siebbeinzellen des mittleren Nasenganges" und „Siebbeinzellen des oberen Nasenganges" ist sowohl entwickelungsgeschichtlich als auch für klinische Zwecke richtiger als die Bezeichnung: „vorderes und hinteres Siebbeinlabyrinth". Denn es kann mitunter eine Zelle des vorderen Labyrinthes bis nahe an die Keilbeinhöhle reichen, während eine in den oberen Nasengang mündende Zelle bis in die vorderste Partie der mittleren Muschel vordringen kann. Sehr belehrend in Bezug auf das soeben Gesagte sind die Fig. 64 und 52. In ersterer reicht eine in den oberen Nasengang mündende Zelle bis in die vorderste Partie der mittleren Muschel, in letzterer ist eine Zelle des hinteren Labyrinthes an der medialen Seite des vorderen Labyrinthes bis über den hiatus vorgeschoben. Diese Zellen entsprechen somit anatomisch dem hinteren Labyrinthe, obzwar sie topographisch nahezu die vordersten Siebbeinzellen repräsentiren.

b) Topographie des Siebbeinlabyrinthes.

Ich halte eine eingehende Besprechung dieses Capitels für besonders wichtig. Denn wie in dem Capitel der Diagnose und Therapie
der Erkrankungen des Siebbeinlabyrinthes gezeigt werden soll, hängt
das Mass unseres Könnens auf diagnostischem und therapeutischem
Gebiete von unserem Orientirungsvermögen über die anatomischen
Verhältnisse ab.

Da die Grenzen und Ausmündungsstellen des Siebbeinlabyrinthes
grosse individuelle Varietäten aufweisen, letztere aber unter Umständen
von grosser praktischer Wichtigkeit
sein können, ist es angezeigt, diese
Varietäten näher ins Auge zu fassen.

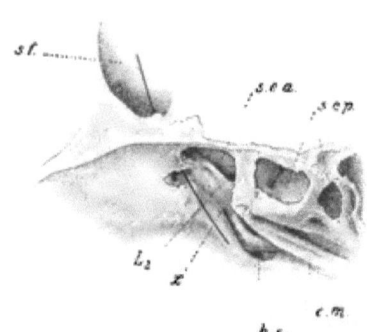

**Varietäten der Grenzen des vorderen
Siebbeinlabyrinthes.** Das vordere Siebbeinlabyrinth grenzt nach aussen an
die lamina papyracea, nach oben an
die lamina cribrosa und durch die
foveolae ethmoidales an das Stirnbein.
Diese Grenzen wären leicht zu fassen.
Viel verwickelter sind aber die nasalen Grenzen. Hier kommen in Betracht: 1. Die Grenze nach vorne
gegen die Stirnhöhle, 2. die Beziehungen des vorderen Siebbeinlabyrinthes zum hiatus, 3. die
Ausdehnung der vorderen Siebbeinzellen in die mittlere Muschel,
4. die Infundibularzellen.

Fig. 65. Anomalie des Ausführungsganges der Stirnhöhle.
Anomalie des vorderen Siebbeinlabyrinthes durch Defectbildung der zweiten Siebbein-
lamelle (Bullalamelle).

$s.f.$ = sinus frontalis; L_2 = Lamelle
2, defect, indem sie nicht die mediale
Wand der Siebbeinkapsel erreicht.
mit dem vorderen Ende des processus uncinatus verwachsen; $s.e.a.$ =
sinus (cellula) ethmoidalis anterior;
$h.s.$ = hiatus semilunaris; $c.m.$ = concha media; $s.e.p.$ = sinus (cellula)
ethmoidalis posterior; x = Sonde
durch ein typisches ostium frontale
in die Stirnhöhle dringend.

*1. Die Grenze des Siebbeinlabyrinthes
nach vorne gegen die Stirnhöhle zu.* Ich
will das in Fig. 59 abgebildete Präparat
mit den Grundlamellen als Ausgangspunkt wählen und hieran anschliessen
die wichtigsten Varietäten der Grenzen
erörtern. In diesem Präparate bildet
die Grundlamelle der bulla die in
sagittaler Richtung gekennzeichnete
Grenze zwischen Stirnhöhle und Sieb-
beinlabyrinth. Vor der Grenzlamelle liegt der hiatus mit dem ductus
naso-frontalis und der Stirnhöhle, hinter der Lamelle das Siebbeinlabyrinth.

Anomalien und Defecte in der Bullalamelle. Nun zeigt
aber die Grundlamelle der bulla in Bezug auf ihre Lage grosse
Verschiedenheiten; sie kann weiter nach rückwärts oder weiter nach
vorne geschoben sein. Wenn ersteres der Fall ist, dann erweitert
sich die vorderste Partie des infundibulum zu einem weiteren Raume,
in den die Stirnhöhle einmündet, eine Art Vorraum zur Stirnhöhle, die
nicht mehr spaltförmig ist, sondern Aehnlichkeit mit einer Siebbeinzelle hat. Man kann dies am besten ausdrücken, wenn man sagt:
Die vorderste Partie des infundibulum erweitert sich zu

einer Siebbeinzelle, da ja der hiatus seinem Ursprunge nach einen interturbinalen Gang repräsentirt. Ueber das Vorgeschobenwerden der Bullalamelle und dessen Folgen (Bildung einer bulla frontalis, Fig. 52) ist schon früher gesprochen worden. Dass durch diese starke Verschiebung der Siebbeinzellen nach vorne das Labyrinth auf Kosten der Stirnhöhle zunimmt, ist ebenfalls schon früher hervorgehoben worden.

Die Bullalamelle erfährt oft eine Entwickelungsstörung, welche eigenthümliche Beziehungen zwischen hiatus und vorderem Siebbein-

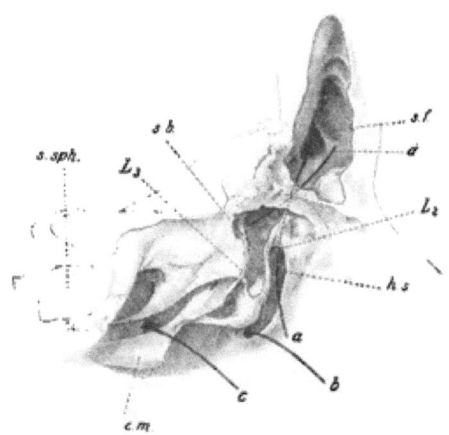

Fig. 66. Die Ausmündungen der zweigetheilten Kieferhöhle von der nasalen Seite. Anomalie des vorderen Siebbeinlabyrinthes in Folge Defectes des oberen Theiles der zweiten, sogenannten Bullalamelle.

$h.s.$ = hiatus semilunaris; L_2 = Lamelle 2, der bulla gehörig, ist defect, da sie sich mit dem vorderen Ende des processus uncinatus vereinigt, statt nach oben bis zur lamina cribrosa, nach aussen bis zur lamina papyracea zu dringen; $s.f.$ = sinus frontalis; $s.b.$ = sinus der bulla, künstlich eröffnet; $c.m.$ = concha media, die vorderen Zweidritttheile abgeschnitten; $s.sph.$ = sinus sphenoidalis.
a = Sonde vom infundibulum in die Stirnhöhle: d = Sonde von der Stirnhöhle in die Höhlung der bulla führend; b = Sonde durch das ostium maxillare in den vorderen Abschnitt einer zweigetheilten Kieferhöhle gesteckt; c = Sonde durch ein ostium des oberen Nasenganges in den hinteren Abschnitt der zweigetheilten Kieferhöhle geschoben.

labyrinthe bedingt. Man muss sich vor Augen halten, dass die vollkommen zur Ausbildung gelangte Bullalamelle einerseits nach oben an der lamina cribrosa, andererseits lateralwärts an der lamina papyracea festhaftet und medialwärts die nasale Wand des Siebbeinlabyrinthes erreicht (Fig. 59). Es kann nun vorkommen, dass die Bullalamelle die mediale Wand nicht erreicht, woraus folgt, dass die ganze Siebbeinpartie, die zwischen der Grundlamelle der bulla und der mittleren Nasenmuschel liegt (vorderes Labyrinth), in den Bereich der vorderen Partie des hiatus einbezogen wird (Fig. 65). Der hiatus steht in diesem Falle mit dem grösseren Theil des vorderen Siebbeinlabyrinthes in Communication.

Noch mehr ist dies der Fall, wenn die Bullalamelle auch die lamina cribrosa nicht erreicht. Es ist dann eigentlich das ganze vordere Siebbeinlabyrinth, oder mindestens der grössere Theil desselben in den Bereich des hiatus gerückt. Eine interessante Anomalie ist in Fig. 66 abgebildet. Der Ausführungsgang der Stirnhöhle mündet nicht nur in das infundibulum des hiatus, sondern auch in die Zelle der bulla ethmoidalis. Das Zustandekommen dieser Anomalie ist leicht zu erklären, wenn man die typische Fig. 49 mit Fig. 66 vergleicht. Augenscheinlich ist es dann, dass in Fig. 66 die vordere und die hintere Wand der bulla sich nicht wie in Fig. 49 zu einer Grundlamelle vereinigt haben, sondern dass die vordere Wand die hintere nicht erreicht hat, und überdies die hintere Wand weit nach rückwärts geschoben und mit der Grundlamelle der mittleren Muschel verschmolzen ist.

Die praktische Wichtigkeit der erwähnten Defecte der Bullalamelle ist in die Augen springend. Denn es stellt sich mit Ausnahme der letzterwähnten Anomalie heraus, dass die Sonde bei ihrem Vordringen in die Stirnhöhle in diesen Fällen weit offene Zellen des vorderen Labyrinthes passirt. Es wird hierdurch der diagnostische Werth der Sondirung der Stirnhöhle beim Abfliessen des Secretes nach der Sondirung erheblich eingeschränkt.

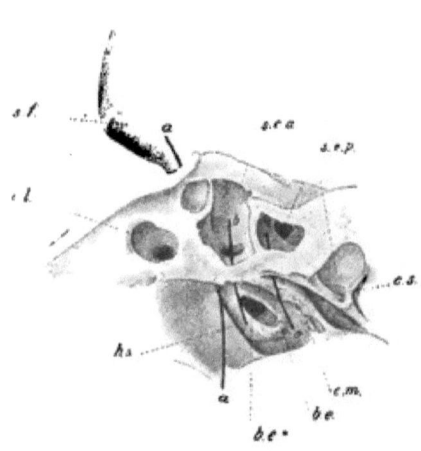

Fig. 67. Hochgradige Ausdehnung des Siebbeinlabyrinthes nach vorne. Der ductus naso-frontalis vorne, hinten, aussen und innen von Siebbeinzellen umgeben.
a = Sonde im ductus naso-frontalis; s.f. = sinus frontalis; h.s. = hiatus semilunaris; b = Sonde im s.e.a. = sinus (celulla) ethmoidalis anterior; c = Sonde in einer hinteren Siebbeinzelle; c.l. = cellula lacrimalis; b.e. = bulla ethmoidalis; b.e.* = artificielle Oeffnung in der bulla ethmoidalis; s.e.p. = sinus (cellula) ethmoidalis posterior; c.m. = concha media; c.s. = concha superior.

2. *Beziehungen des Siebbeinlabyrinthes zu dem ductus naso-frontalis.* In typischen Fällen wird die mediale Wand des hiatus bloss durch den soliden Ansatz des vorderen Endes der mittleren Nasenmuschel gedeckt. Es gibt aber viele Fälle, wo das vordere Siebbeinlabyrinth sich vor die Grundlamelle der bulla vorschiebt und den hiatus medialwärts überdacht. Es kann dadurch der ganze ductus naso-frontalis mitten in Siebbeinzellen zu liegen kommen. In Fig. 67 und 68 sind die Abbildungen solcher Präparate gegeben, in welchen es auffallend ist, dass das Labyrinth sich erheblich vor den hiatus erstreckt Zur Bildung der vordersten Zellen trägt auch der Stirnfortsatz des Oberkiefers und das Thränenbein durch Bildung einer sogenannten cellula lacrimalis bei, welche an der Orbitalseite knapp hinter die Thränensackgrube zu liegen kommt. Bei dieser Ueberlagerung des hiatus von der medialen Seite her sind nun wieder zwei Varietäten von Interesse. Die Wände der medial lagernden Zellen sind mit Ausnahme von

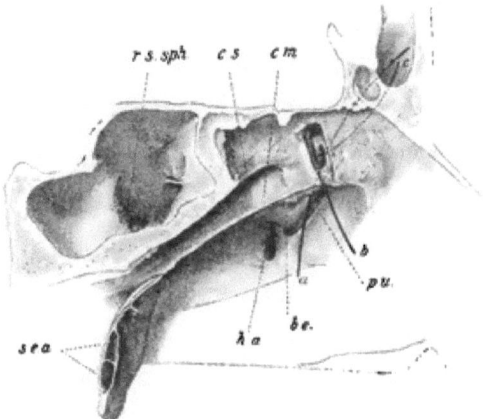

Fig. 68. Breite Communication des ductus naso-frontalis mit medialwärts
vom hiatus gelagerten Siebbeinzellen.

c.m. = concha media mit Schnittrand; der abgeschnittene Theil der mittleren Muschel
ist nach hinten gezogen mit *s.e.a.* = sinus (cellulae) ethmoidales anteriores, welche
sich tief in den freien Theil der mittleren Muschel hinabsenken; *p.u.* = processus
uncinatus; *b.e.* = bulla ethmoidalis; *h.a.* = *o.a.* = ostium accessorium; *c.s.* = concha
superior; *r.s.sph.* = recessus im sinus sphenoidalis gegen die Flügelgaumengrube.

a = Sonde vom infundibulum in die Stirnhöhle gesteckt, passirt einzelne vordere Siebbeinzellen; *b* = Sonde vom infundibulum in eine weite
vordere Siebbeinzelle dringend; die mediale Wand der Siebbeinzelle
ist künstlich entfernt; *c* = Sonde von der Stirnhöhle durch den ductus
naso-frontalis in eine weite Siebbeinzelle gehend.

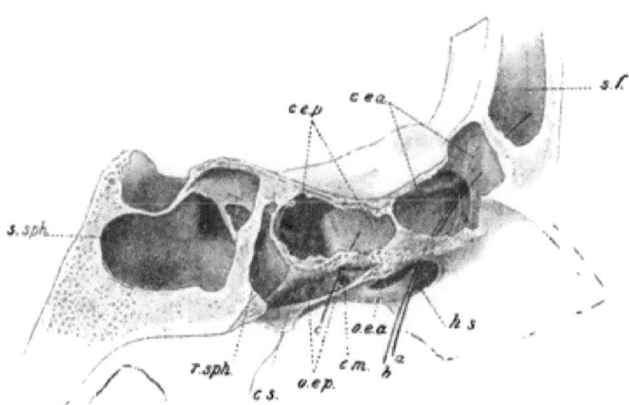

Fig. 69. Defect in der Bullalamelle. Weite Communication des ductus
naso-frontalis mit dem vorderen Siebbeinlabyrinthe.

c.m. = concha media; *c.s.* = concha superior; *h.s.* = hiatus semilunaris; *c.e.a.* =
cellula ethmoidalis anterior; *c.e.p.* = cellula ethmoidalis posterior; *o.e.a.* = ostium
ethmoidale anterius; *o.e.p.* = ostium ethmoidale posterius.

a = Sonde führt vom infundibulum in eine weite, vordere Siebbeinzelle; *b* = Sonde
führt vom infundibulum durch die weite Siebbeinzelle in die Stirnhöhle; *c* = Sonde
führt vom oberen Nasengange in eine hintere Siebbeinzelle.

kleinen in den hiatus mündenden Oeffnungen nirgends defect, wie z. B. in Fig. 67. Manchmal dehiscirt jedoch die dem hiatus zugekehrte Fläche der medialwärts liegenden Siebbeinzellen, und dann tritt wieder der hiatus im weitesten Umfange mit einer oder mehreren Zellen in Beziehung. Ein solches Vorkommnis ist in Fig. 68 abgebildet.

Combinirt sich diese Varietät überdies mit einem Defecte der Bullalamelle, dann kommen Verhältnisse, wie in Fig. 69 ersichtlich, zu Stande, wo die in die Stirnhöhle eingeführte Sonde vor dem Eintritte in das ostium frontale ein gutes Stück mitten durch das vordere Siebbeinlabyrinth zieht. Abermals ein Wink dafür, dass die Diagnostik der Stirnhöhlen- und vorderen Siebbeinzelleneiterung unter gemeinschaftlichen Gesichtspunkten erfolgen muss

3. *Ausdehnung der vorderen Siebbeinzellen in die mittlere Muschel.* Ebenso inconstant wie die Ausdehnung des Siebbeinlabyrinthes nach vorne über den hiatus, ist dieselbe gegenüber dem frei hervorragenden Theile der mittleren Muschel. In einzelnen Fällen erreicht das Labyrinth kaum den Ursprung des Ansatzes der mittleren Muschel, wie in Fig. 59, in anderen ist der Ansatz der mittleren Muschel schon durch die Siebbeinzellen ausgehöhlt (siehe Fig. 64), in anderen wieder reichen eine oder mehrere Siebbeinzellen tief in die mittlere Muschel hinein, so dass die mittlere Muschel keine solide Knochenplatte, sondern eine Knochenblase repräsentirt, welche eine oder mehrere Siebbeinzellen enthält. In Fig. 68 ist ein derartiges Präparat zu sehen.

4. *Die Infundibularzellen.* Es ist schon früher erwähnt worden, dass das infundibulum seiner Anlage nach einen interturbinalen Gang repräsentirt. Dementsprechend sehen wir manchmal, dass das infundibulum Ausstülpungen hat, welche ihrer Lage nach den vorderen Siebbeinzellen entsprechen. Es sind hier mehrere Möglichkeiten vorhanden:

1. Kann das infundibulum, statt wie in typischen Fällen in die Stirnhöhle zu übergehen, in einer Siebbeinzelle endigen. Diesfalls erhält die Stirnhöhle, wie aus Fig. 50 ersichtlich, eine separate Oeffnung. Diese Zelle kann im Umfange gering bleiben, kann aber auch gegen die Stirnhöhle zu vorragen und zur Bildung einer bulla frontalis beitragen.

2. Hat das infundibulum zwei Ausstülpungen. Die eine führt in die Stirnhöhle, die andere in eine vorgeschobene Siebbeinzelle. Letztere kann in diesem Falle gegenüber der Stirnhöhle eine verschiedene Lagerung erhalten. Entweder ist die Siebbeinzelle medial (Fig. 51) oder lateral (Fig. 62, die vorderste Siebbeinzelle) oder nach hinten von der Stirnhöhle gelagert. Ragt in derartigen Fällen die Siebbeinzelle stark gegen die Stirnhöhle zu, so ist es sehr schwer zu sagen, welche Oeffnung der Stirnhöhle, und welche der Siebbeinzelle entspricht.

3. Ferner kann es vom infundibulum aus zur Aushöhlung des agger nasi und des processus uncinatus kommen, so dass der agger und processus uncinatus geschwulstförmig gegen die Nasenhöhle zu hervorragen. In Fig. 53 ist ein solches Präparat abgebildet worden.

4. Ueberdies können einzelne Zellen des vorderen Siebbeinlabyrinthes in irgend einen Theil das infundibulum hineinmünden.

Alle erwähnten Möglichkeiten können einzeln oder mehrere zusammen in einem Falle vorkommen, und es wird dann nicht über-

raschen, wenn in manchen Fällen das infundibulum eine ganze Anzahl von Oeffnungen besitzt, von welchen eine in die Stirnhöhle, die
anderen in die erwähnten Infundibularzellen führen.

In welch unangenehmer Weise das Vorhandensein von umfangreichen, in sagittaler Richtung gegen die Stirnhöhle sich ausdehnenden
Infundibularzellen das Resultat der Sondenuntersuchung erschwert,
beziehungsweise unmöglich macht, wurde bereits im Capitel des Stirnhöhlenempyems besprochen.

Die Ausführungsgänge des **vorderen Siebbeinlabyrinthes.** Im Allgemeinen
mündet jede Siebbeinzelle, entsprechend ihrer Entstehung aus einer
interturbinalen Spalte, in einen Nasengang, und zwar entweder direct
mittelst eines eigenen Ausführungsganges oder durch Einmündung in
eine andere Zelle, welche wiederum in den Nasengang sich öffnet. Die
Anzahl der Ausführungsgänge wechselt je nach der Anzahl der Zellen
des Labyrinthes, aber auch sonst, da in manchen Fällen die Zellen ihre
separaten Ausführungsgänge haben und an verschiedenen Stellen in
den Nasengang einmünden. In anderen Fällen dagegen vereinigen
sich mehrere Ausführungsgänge vor ihrer Mündung in den Nasengang
zu einem gemeinschaftlichen Ausführungsgange.

Es sind gewöhnlich drei Stellen im mittleren Nasengange, in welche
die Zellen des v o r d e r e n Siebbeinlabyrinthes ausmünden. Am constantesten ist die Oeffnung im Winkel zwischen der bulla ethmoidalis und der
mittleren Muschel. Hier befindet sich in den meisten Fällen ein mitunter
mehr rundlicher, zuweilen ovaler, zuweilen auch spaltförmig klaffender
Ausführungsgang des vorderen Siebbeinlabyrinthes (siehe Fig. 20 bei b).

Selten entspricht diese Oeffnung nur dem Ausführungsgange einer
Zelle, zumeist bildet sie den Ausführungsgang mehrerer Zellen, deren
einzelne Ausführungsgänge sich schon früher vereinigt haben und in
die erwähnte gemeinschaftliche Oeffnung einmünden. Diese Oeffnung
bietet topographisch keinerlei Schwierigkeiten, sie liegt so sehr ausserhalb des Bereiches des hiatus, dass eine Verwechslung mit den
Oeffnungen der Kiefer- und Stirnhöhle ausgeschlossen ist.

Viel inconstanter ist die Lage der Oeffnungen der Infundibularzellen. Am häufigsten befinden sich dieselben in der vordersten
Partie des infundibulum, aber es können einzelne Ausführungsgänge
auch weiter rückwärts, ja sogar unter Umständen in die hinterste
Partie des infundibulum münden, wo auch die Oeffnung der Kieferhöhle sich befindet. So schwer auch die Sondirung der vorderen
Infundibularzellen unter Umständen von der Sondirung der Stirnhöhle zu differenziren ist, so dürfte es doch kaum vorkommen, dass
die weiter rückwärts oder ganz hinten in das infundibulum einmündenden Ausführungsgänge der Siebbeinzellen mit der Kieferhöhlen-
mündung verwechselt werden, da die Sonde, wenn eine Siebbeinzelle
vorliegt, nach oben und aussen eindringt, während das ostium
maxillare stets nach unten und aussen führt. Instructiv ist in
dieser Hinsicht die Betrachtung der Fig. 66, wo in der hinteren
Partie des hiatus, genau gegenüber dem ostium maxillare, auch eine
Oeffnung des Siebbeinlabyrinthes vorhanden ist.

Sehr naheliegend ist bei Betrachtung eines derartigen Präparates
der Gedanke, dass unter Umständen Secret aus den Siebbeinzellen in
die Kieferhöhle fliessen könnte.

Varietäten der Grenzen des hinteren Siebbeinlabyrinthes. Für praktische Zwecke ist es am angezeigtesten, alle Siebbeinzellen, welche hinter der Basallamelle der unteren Siebbeinmuschel (mittleren Nasenmuschel) liegen, als hintere Siebbeinzellen, besser noch als Siebbeinzellen des oberen Nasenganges zu bezeichnen. Diese Bezeichnung entspringt der Erwägung, dass jeder Secretabfluss aus Siebbeinzellen, welche hinter der Basallamelle der unteren Siebbeinmuschel gelagert sind, in die fissura olfactoria, und zwar entweder nach vorne oder über das hintere Ende der mittleren Muschel nach hinten in die Choane erfolgen muss. Eine genaue entwickelungsgeschichtliche Differenzirung dieser Zellen hat praktisch wenig Zweck, weshalb nur auf diejenigen Momente Rücksicht genommen werden soll, welche auffallendere Veränderungen bedingen.

Das, was wir als hinteres Siebbeinlabyrinth bezeichnen, ist, in Berücksichtigung des Aufbaues durch Grundlamellen, die Summe von drei, beziehungsweise vier interturbinalen Gängen, nämlich: dem Gange zwischen der Lamelle der ersten und der zuweilen persistent gebliebenen Lamelle der zweiten Siebbeinmuschel, ferner dem Gange zwischen Lamelle der zweiten und dritten Siebbeinmuschel, eventuell noch dem Gange zwischen den Grundlamellen der dritten und der vierten Siebbeinmuschel.

Diese Lamellen sind jedoch mit Bezug auf ihre Ausbildung sehr inconstant.

Wichtigkeit für rhinologische Studien hat nur die hintere Siebbeinzelle. Diese wird vorne von der Basallamelle der concha ethmoidalis media, hinten von der hinteren Wand des Siebbeinlabyrinthes begrenzt; letztere wird in diesem Falle als Grundlamelle der dritten Siebbeinmuschel aufgefasst (Zuckerkandl).

Die Grundlamelle der dritten Siebbeinmuschel muss aber nicht immer das Siebbeinlabyrinth nach hinten abschliessen, sie kann, wenn sie weiter nach vorne auftritt, die erwähnte hintere Siebbeinzelle in zwei Hälften theilen, von welchen die hintere am macerirten Siebbein offen erscheint; sie legt sich direct an die Vorderfläche des Keilbeines an, weshalb dieselbe von Zuckerkandl „sphenoidale Siebbeinzelle" genannt wird.

Wenn die Grundlamelle der concha superior statt vertical horizontal läuft, dann erscheint gewöhnlich nur die obere, geräumigere Etage als Sphenoidalzelle, während die untere kleinere nach hinten abgeschlossen ist.

Es kommt nicht selten vor, dass diese obere Etage der hinteren Siebbeinzelle, welche offen ist (Sphenoidalzelle), zum Keilbein in nähere Beziehungen tritt. Es ist in diesem Falle auch die Höhle im Keilbeinkörper durch eine horizontale Wand in eine untere und obere Etage getheilt, von welchen nur die untere die eigentliche Keilbeinhöhle repräsentirt, die obere dagegen nichts anderes als das in das Keilbein vorgeschobene Ende der sphenoidalen Siebbeinzelle darstellt. Es ist diese Bildung deshalb von grossem Interesse, weil diesfalls nicht die obere Wand der Keilbeinhöhle, sondern das durch den kleinen Keilbeinflügel gebildete Dach der sphenoidalen Siebbeinzelle an die Schädelbasis angrenzt.

Die sphenoidale Siebbeinzelle öffnet sich entweder in den obersten oder neben den Oeffnungen der übrigen hinteren Siebbeinzellen in den oberen Nasengang. Fig. 70 zeigt eine weit in das Keilbein sich erstreckende sphenoidale Siebbeinzelle, deren Ausmündungsstelle im obersten Nasengange liegt.

Aus dem Gesagten geht hervor, dass der Umfang des sogenannten hinteren Siebbeinlabyrinthes sehr grossen Schwankungen unterliegt; abgesehen von dem erörterten räumlichen Zuwachs, welchen das hintere Siebbeinlabyrinth durch eine weit in den kleinen Keilbeinflügel vorgeschobene Siebbeinzelle erfährt, ist auch die vordere Grenze sehr variabel. Die vordere Grenze wird nämlich durch die Basallamelle der ersten (unteren) Siebbeinmuschel gebildet, welche bald weiter vorne, bald mehr hinten das Siebbeinlabyrinth durchkreuzt. Ueberdies ist vor Augen zu halten, dass einzelne dem hinteren Siebbeinlabyrinthe an-

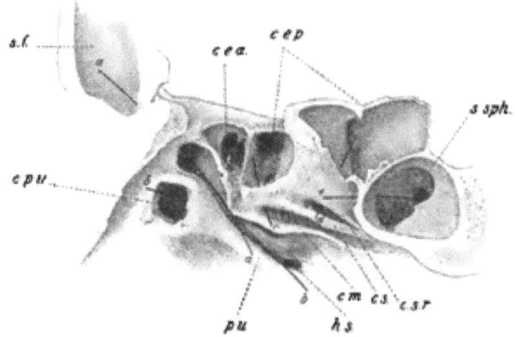

Fig. 70. **Sphenoidale Siebbeinzelle.** Die mittlere Muschel zum grössten Theile entfernt. Die Siebbeinzellen an der nasalen Fläche eröffnet.

s.f. = sinus frontalis; *s.sph.* = sinus sphenoidalis; *c.e.a.* = cellula ethmoidalis anterior; *c.e.p.* = cellula ethmoidalis posterior; *c.p.u.* = cellula im processus uncinatus; *p.u.* = processus uncinatus; *h.s.* = hiatus semilunaris; *c.m.* = concha media; *c.s.* = concha superior; *c.spr.* = concha suprema.

a = Sonde führt von dem hiatus semilunaris in die Stirnhöhle; das infundibulum sehr weit; *b* = Sonde führt vom hiatus in eine Infundibularzelle des processus uncinatus; *c* = Sonde führt vom oberen Nasengange in hintere Ethmoidalzellen. *d* = Sonde führt in die Keilbeinhöhle; *e* = Sonde führt vom obersten Nasengange in eine grosse, die Keilbeinhöhle überlagernde sphenoidale Siebbeinzelle.

gehörige Zellen medialwärts über die Basallamelle nach vorne ausgebuchtet werden können, wodurch die vordere Grenze noch mehr nach vorne verschoben wird. Auch die Anzahl der in dem hinteren Siebbeinlabyrinthe vorhandenen Zellen kann sehr wechseln, da erstens die Grundlamellen der zweiten, dritten und auch vierten Siebbeinmuschel defect sein können, zweitens auch die Bildung secundärer Scheidewände ausbleiben kann. In dem Falle besteht das ganze hintere Siebbeinlabyrinth aus einer einzigen Zelle, wie dies an dem Präparate (Fig. 60) ersichtlich ist.

Die Ausführungsgänge des hinteren Siebbeinlabyrinthes. Der obere Nasengang, entwickelungsgeschichtlich als fissura ethmoidalis inferior anzusehen, enthält für gewöhnlich drei ostien: ein oberes ostium für den lateralen Theil der Siebbeinzellen, ein vorderes für einen im vorderen Ende des Ganges steckenden, lateral bis an die lamina papyracea reichenden, von Zuckerkandl als vordere Nebenzelle bezeichneten Hohlraum und ein hinteres ostium für einen im hinteren Theile des Ganges, als hintere Nebenzelle bezeichneten Hohlraum. Doch wechselt die Zahl der zwischen den Grundlamellen ausgespannten Knochenbrücken so sehr, dass in vielen Fällen einzelne der angedeuteten Hohlräume nur kümmerlich entwickelt sind, andere dagegen miteinander verschmelzen.

Der oberste Nasengang, fissura ethmoidalis superior, enthält nur beiläufig in der Hälfte der Fälle eine Oeffnung, welche in die hintere Siebbeinzelle oder in die Sphenoidalzelle hineinmündet, wenn letztere vorhanden ist (siehe Fig. 70). Wenn indes kein oberster Nasengang besteht oder derselbe keine Oeffnung besitzt, dann münden alle die genannten Siebbeinzellen in den oberen Nasengang ein.

Entzündungen des Siebbeinlabyrinthes.

Aetiologie und pathologische Anatomie.

In Bezug auf die Aetiologie der Siebbeinlabyrinthentzündungen sei auf das im allgemeinen Theile Angeführte hingewiesen.

Unsere Kenntnisse über die pathologisch-anatomischen Vorgänge bei den entzündlichen Erkrankungen des Siebbeines sind bislang nur mangelhaft. Die durch Nekropsie erhobenen Befunde sind sehr spärlich; die am Lebenden constatirten anatomischen Veränderungen sind widersprechend und beziehen sich zumeist nur auf die mehr in die Nase hervorragenden Partien des Siebbeines. Die Literatur der letzten Jahre liefert den besten Beweis dafür, wie leicht eine ungenügende pathologisch-anatomische Grundlage abenteuerliche Auswüchse einer Disciplin verursachen kann.

Die bei den entzündlichen Erkrankungen des Siebbeinlabyrinthes zu constatirenden pathologischen Veränderungen zerfallen in: *a)* pathologische Veränderungen der Schleimhaut, *b)* pathologische Veränderungen des Knochens.

a) Pathologische Veränderungen der Schleimhaut.

Es ist bei der Analogie im Baue der Schleimhaut des Siebbeines mit der anderer Nebenhöhlen von vornherein zu erwarten, dass hier sich dieselben Vorgänge wie in letzteren abspielen werden. Nur soll jetzt gleich betont werden, dass mit Ausnahme der convexen Partie und des freien Randes der mittleren Muschel die ganze übrige Schleimhaut des Siebbeines noch viel zarter ist, und das Stroma ein noch lockereres Gefüge zeigt, als dies bei der Schleimhaut der Kiefer- und der Stirnhöhle der Fall ist. Aus der erwähnten Beschaffenheit der Siebbeinschleimhaut resultirt, dass eine entzündliche Veränderung derselben leicht und relativ frühzeitig auf die tiefere, als Periost fungirende Schichte der Schleimhaut übergreift, ferner, dass in Folge des locker gefügten Stromas sehr leicht eine intensivere, oedematöse Durchtränkung der Schleimhaut stattfinden kann.

Die verhältnismässig hochgradige, oedematöse Durchtränkung des Siebbeinschleimhautüberzuges bei relativ mässigen, entzündlichen Anfällen ist eine specifische Eigenschaft des Siebbeinschleimhautüberzuges und der die Siebbeinzellen auskleidenden Schleimhautmembran. Ich theile die entzündlichen Veränderungen der Schleimhaut 1. in acute, 2. in chronische ein.

1. **Acute** Entzündung. Acute Entzündungen des Siebbeinlabyrinthüberzuges und der Auskleidung der Zellen sind pathologisch-anatomisch nur von Harke studirt worden. Derselbe fand in sieben Fällen sulzige Schwellung der Schleimhautbekleidung, ein Befund, welcher die Analogie mit der Entzündung der Kieferhöhlenschleimhaut vor Augen führt.

Am Lebenden hatte ich wiederholt Gelegenheit, an dem Ueberzuge der in die Nasenhöhle hineinragenden Partie des Siebbeinlabyrinthes acute Schwellungen zu beobachten. Diese charakterisiren sich insgesammt durch hochgradig oedematöse, sulzige Infiltration der Schleimhaut an der concaven Partie der mittleren Muschel, an der bulla ethmoidalis und am Ueberzuge des processus uncinatus. Die erwähnten Schwellungen habe ich nicht nur im Gefolge einer acuten Siebbeinentzündung, sondern auch im Gefolge des acuten Stirn- und Kieferhöhlenempyems gesehen, indem bei beiden letzteren auch sehr oft der nasale Theil des Siebbeinüberzuges in Mitleidenschaft gezogen wird, da ja, wie aus der Anatomie ersichtlich ist, die Ausführungsgänge der Kiefer- und Stirnhöhle durch Bestandtheile des Siebbeines gebildet werden. Schon in diesem acuten, also sehr frühen Stadium der Entzündung sind die genannten Schwellungen, in Bezug auf Aussehen und Consistenz, fast vollkommen den späteren, chronisch entzündlichen Producten des Siebbeinüberzuges: den Nasenpolypen ähnlich. Der Unterschied besteht nur darin, dass die acuten Schwellungen weniger derb und mehr diffus als die Nasenpolypen sind, und dass erstere sehr häufig einer spontanen Rückbildung fähig sind, während dies bei den Nasenpolypen meines Wissens bisher niemand beobachtet hat.

Ganz ähnliche Schwellungen acuter Provenienz beobachtet man nach operativen Eingriffen oder nach Cauterisationen am Siebbeinüberzuge. Wenn man das vordere Ende einer mittleren Muschel mit der Schlinge entfernt — eine häufig auszuführende diagnostische und therapeutische Massnahme — so beobachtet man des öfteren, dass nach wenigen Tagen an dem restlichen Theile der mittleren Muschel, in der Umgebung der Resectionswunde eine reactive Entzündung sich etablirt. Es ist hierbei interessant zu sehen, dass die Schleimhaut an dem concaven Theile der mittleren Muschel eine hochgradig oedematöse, sulzige Beschaffenheit zeigt, während der Ueberzug des convexen Theiles immer eine mehr derbe Consistenz bewahrt. Das beweist wohl auf das eclatanteste, dass die oedematöse, sulzige Beschaffenheit des Siebbeinüberzuges nur von der eigenthümlich-lockeren Beschaffenheit des muco-periostalen Siebbeinüberzuges abhängt und durchaus nicht als das Product eines eigenthümlichen Krankheitsprocesses aufzufassen ist.

2. Chronische Entzündung. Das typische Product der chronischen Entzündung des Siebbeinüberzuges bilden die Nasenpolypen. Was ihre Entstehung, d. i. die Bildung von herabhängenden, mehr oder weniger breit gestielten Geschwülsten fördert, sind die zahlreichen, kantigen Vorsprünge an der Oberfläche des Siebbeines. Die oedematös durchtränkten Schleimhautpartien werden in Folge der Schwere herabhängend, wodurch eine Knickung der Blutgefässe entsteht. Letztere führt zu Stauung, welche der weiteren Volumszunahme der Polypen förderlich ist.

Der Polyp ist daher nichts anderes als das Product einer chronischen Entzündung des Siebbeinüberzuges, welch letzterer in Folge seiner anatomischen Beschaffenheit zur Bildung von oedematösen Wülsten sich besonders eignet.*)

Ueber den chronisch entzündlichen Charakter der Nasenpolypen kann kein Zweifel obwalten. Discutirt wird aber heute noch vielfach die Ursache, welche zur polypösen Degeneration der Siebbeinschleimhaut führt.

Eine ganze Anzahl von Autoren hält die Polypen stets, oder nahezu immer für die Folge von entzündlicher Nebenhöhlenaffection, d. i. für die Folge der entzündlichen Reizung des Siebbeinschleimhautüberzuges durch das herabfliessende pathologische Secret der Nebenhöhlen. Somit wären für eine Anzahl von Autoren die Nasenpolypen geradezu pathognomonisch (Grünwald) für die Gegenwart von Nebenhöhlenaffectionen nach dem Wahlspruch: Kein Nasenpolyp ohne Nebenhöhlenaffection.

Dieser Satz lässt sich in seiner Allgemeinheit sicher nicht aufrecht erhalten. Es ist ja zweifellos, dass eine ganze Anzahl von Nasenpolypen in Folge Reizung des Siebbeinschleimhautüberzuges durch das abfliessende Secret einer Nebenhöhle bedingt wird; ebenso kann es keinem Zweifel mehr unterliegen, dass in sehr vielen Fällen die unaufhörliche Recidive der Nasenpolypen ihre Ursache in der dauernden Reizung des Siebbeinüberzuges ihre Erklärung findet. Es ist dies an zahlreichen Beispielen erhärtet worden, an Fällen, wo es sich um Decennien lang andauernde Recidiven der Polypen gehandelt hat, und wo mit Entdeckung und Behandlung des schuldtragenden Eiterherdes die weitere Recidive aufgehört hat. Mit der fortschreitenden Erkenntnis der Nebenhöhlenerkrankungen in den letzten Decennien sind wir ja in den Stand gesetzt worden, auch die verborgensten Eiterherde in den Nebenhöhlen zu entdecken und ihre Betheiligung an der Polypenbildung kennen zu lernen.

Auch pathologisch-anatomisch ist die Erklärung des Zusammenhanges zwischen Polypen und Nebenhöhleneiterung nicht schwer. Dass eine Schleimhaut, welche fort und fort mit pathologischem Secret berieselt wird, sich entzündet, oedematös wird, ist eigentlich selbstverständlich. Auffallend konnte dies nur so lange sein, als man die

---

*) Anatomisch ist daher jede Polypenbildung an der lateralen Nasenwand als ethmoiditis superficialis zu betrachten.

Polypen für etwas Specifisches hielt, insolange man nicht wusste, was heute über jeden Zweifel erhaben steht: dass die oedematösen, herabhängenden Nasenpolypen nichts anderes als einfache entzündliche Hypertrophien sind.

Sowie es nun einerseits richtig ist, dass ein circumscripter Eiterherd oft die primäre entzündliche Ursache für das Wachsthum der Polypen abgibt, ebenso unrichtig ist es andererseits, zu behaupten, dass Polypen immer das Resultat einer Nebenhöhlenerkrankung darstellen. Es gibt eine ganz stattliche Anzahl von Fällen von Nasenpolypen, in welchen von einer Nebenhöhlenerkrankung absolut nichts zu finden ist, und wo die Nasenpolypen nur die Folge einer diffusen, mehr oder weniger die ganze Nasenschleimhaut betreffenden chronischen Entzündung darstellen.

Was an den Muschelconvexitäten als derbe, diffuse oder lappige Hypertrophie erscheint, manifestirt sich in dem mittleren Nasengang als oedematöse Hypertrophie, d. i. als Nasenpolyp. Der ganze Unterschied ist eigentlich selbstverständlich, wenn man die Verschiedenheit des histologischen Baues der Nasenmuscheln und des Siebbeinüberzuges kennt.

Die in der Nasenhöhle sichtbar werdenden Polypen repräsentiren nur die entzündlichen Vorgänge an der nasalen Fläche der Schleimhautbekleidung des Siebbeines. Bei Erkrankung des Schleimhautüberzuges der Ethmoidalzellen, also des eigentlichen Labyrinthes, unterliegt auch die die Zellen auskleidende Schleimhaut derselben oedematösen Durchtränkung, wie dies an der nasalen Fläche des Siebbeines der Fall ist. Man kann dies sehr oft an von der Nase aus eröffneten Siebbeinzellen sehen, wo dann die oedematös durchtränkten, einem Polypen auffallend ähnlich sehenden Schleimhautwülste sich durch die künstliche Oeffnung hervordrängen. Diese Bilder waren es offenbar, welche Bosworth (96) veranlassten, von einer „myxomatosis intracellularis" zu sprechen, im Gegensatze zu der „myxomatosis extracellularis", mit welch letzterem Ausdrucke er die Polypenbildung an der nasalen Oberfläche des Siebbeines bezeichnet hat.

Gegen diese Terminologie von Bosworth muss indes zweierlei ins Feld geführt werden. Erstens ist der Polyp keine myxomatöse Entartung, sondern eine chronische entzündliche Veränderung der Schleimhaut. Zweitens haftet der extra- und intracellularen Unterscheidung der Nachtheil jeder schematischen Classification an, indem sehr häufig beide Entzündungsformen in verschiedenem Grade miteinander combinirt erscheinen. Dass auch die Zellenauskleidung des Siebbeinlabyrinthes zu wirklichen Polypen degeneriren kann, habe ich an dem von der Nasenhöhle aus eröffneten Siebbeinlabyrinthe oft gesehen. Am häufigsten scheinen Polypen dieser Art an der Innenfläche der blasig entarteten mittleren Muschel aufzutreten. Ich habe in einem Falle nach Eröffnung des vorderen Siebbeinlabyrinthes ein Convolut von kleinen Polypen hervorfallen gesehen. Es waren deren fünf vorhanden.

Im Uebrigen mangelt es uns an verlässlichen anatomischen Befunden über Vorgänge an dem Schleimhautüberzuge des Siebbeinlabyrinthes. Jansen (64) und Grünwald (l. c.) sprechen von Granulationen, welche das Siebbeinlabyrinth erfüllen. Macdonald (97) sah solche im Inneren einer eröffneten mittleren Muschel. Nähere Angaben über die Beschaffenheit der Granulationen sind indes nicht mitgetheilt.

Ulcerationen der Schleimhaut in Folge der Flächeneiterung sind nicht bekannt. Nur in den Fällen von gestautem Empyem, in welchen der Eiter durch Drucknekrose zur Fistelbildung führt, wird auch die Schleimhaut an einer circumscripten Stelle durchlöchert.*)

3. **Hydrops des Siebbeinlabyrinthes (Mukokele).** Ein dem Hydrops der Stirnhöhle vielfach ähnlicher Process ist die Schleimansammlung im Siebbeinlabyrinthe und die Dilatation der Wände der letzteren. Es wird dabei die lamina papyracea am inneren Orbitalwinkel vorgewölbt, wohl auch rareficirt. In dem Falle von Evetzky (98) fehlte die lamina papyracea. Es entsteht dann eine längliche Geschwulst am inneren Orbitalwinkel, welche zumeist fluctuirt, es sei denn, dass die knöcherne Begrenzung noch ganz erhalten ist. Der Bulbus wird dabei nach aussen und nach vorne gedrängt.

Der Inhalt bestand in einzelnen Fällen aus einer schleimigen, fadenziehenden, in anderen dagegen aus einer mehr milchähnlichen, mitunter auch aus einer chocoladefarbenen Masse. Nach der Eröffnung gelangte man in eine Höhle, welche durch Confluenz der einzelnen Zellen in Folge Rarefaction der Zellscheidewände entstanden war.

Ob es sich bei den genannten Mukokelen um Secretretention mit Dilatation der Wände oder um Ektasie durch Schleimcysten handelt, ist noch nicht sichergestellt. Thatsache ist, dass in einigen Fällen die Höhle anscheinend von normaler Schleimhaut,**) in anderen dagegen von einer vascularisirten Membran bekleidet war,***) welcher Umstand beweist, dass offenbar beiderlei Arten der Entstehung vorkommen können.

Leider wurde in den meisten beobachteten Fällen der Befund in der Nase nicht erhoben. Es ist aber die Annahme nicht ganz unberechtigt, dass eine Dilatation auch gegen die nasale Seite zu stattgefunden hat, worauf die Angaben über erschwerte Respiration durch die Nase hinzudeuten scheinen.

Während es bisher noch nicht sichergestellt ist, ob eine Dilatation des Siebbeinlabyrinthes durch schleimigen Inhalt gegen die Orbita zu allein vorkommt, ist das Entgegengesetzte, nämlich Dilatation gegen die Nasenhöhle zu, allein beobachtet worden.

Hieher gehören die Fälle von blasiger Vergrösserung der mittleren Muschel mit schleimigem Inhalt,†) welche als eine circumscripte Mukokele des Siebbeinlabyrinthes aufzufassen sind; sie sind

---

*) Grünwald (l. c. S. 29) behauptet zwar das Gegentheil, indem er sagt: „In einem Falle von Kieferhöhleneiterung war ich so glücklich, ein Weichtheilgeschwür an der Medialseite der exstirpirten mittleren Muschel auffinden zu können." Das Geschwür war rein decubitaler Natur und entstand dadurch, „dass der von lateralwärts herfliessende Eiter sich zwischen Septum und die dicht anliegende Muschel hineingedrängt hatte". Das ist mir durchaus nicht einleuchtend, wenn ich mir die vorhandenen anatomischen Verhältnisse vergegenwärtige.

**) Fälle von Brainard, Evetzky und Knapp — citirt nach Berger (8), Tyrmann (98).

***) Fälle von Hulke, Schuh, Langenbeck.

†) M. Mackenzie (99), Glasemacher (100), Schäffer, Scheech (101) etc.

vollkommen ähnlich den später in dem Capitel „der geschlossenen Empyeme" angeführten Empyemen der mittleren Muschel, von welchen sie sich nur durch den schleimigen Inhalt unterscheiden.

b) Pathologische Veränderungen im Knochengerüste des Siebbeinlabyrinthes.

Die Knochenveränderungen bei Erkrankungen des Siebbeines haben bis in die jüngste Zeit zu dem verworrensten Capitel der Pathologie des Siebbeines gehört. Namentlich war es Woakes (102), der durch die Aufstellung des Krankheitsbegriffes „necrosing ethmoiditis" einen mystischen Zug in die Aetiologie der Nasenpolypen eingeführt hat. Die Nasenpolypen sollen nach dem genannten Autor durch eine primäre nekrosirende Siebbeinentzündung bedingt sein.

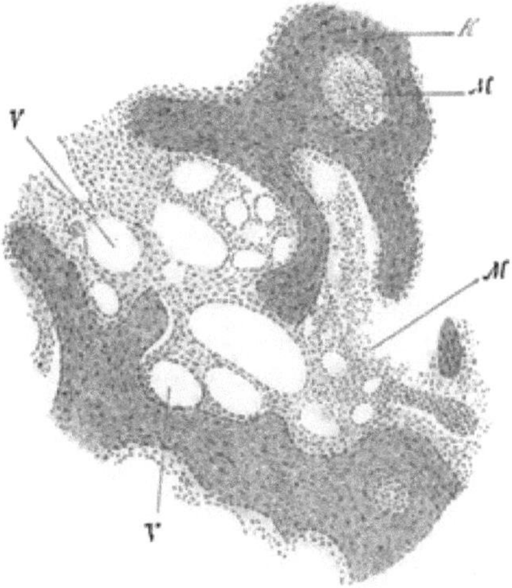

Obwohl schon Martin (103) nach mikroskopischer Untersuchung der von Woakes gesammelten Objecte und auch Zuckerkandl auf Grund seiner Erfahrungen gegen eine derartige Lehre Protest erhoben hatten, habe doch erst ich auf Grundlage mikroskopischer Untersuchungen die Unhaltbarkeit der Woakes'schen Ansicht definitiv festgestellt (104).

Die Knochenveränderungen am Siebbein sind, insofern sie nicht auf constitutioneller Grundlage (Tuberculose, Syphilis) beruhen, im Wesentlichen auf zwei Vorgänge zurückzuführen: 1. auf Hyperplasie, 2. auf Atrophie des Knochens. Beide Vorgänge resultiren aus dem Uebergreifen der entzündlichen Infiltration der Schleimhaut und des Periostes auf den Knochen und auf die Markräume desselben.

Fig. 71. Tiefe Entzündung einer hypertrophischen mittleren Muschel. Die Markräume sind mit einem dichten Zellinfiltrat erfüllt. Knochen normal.
K = Knochen; M = Markräume, zellig infiltrirt; V = Venen.

1. **Hypertrophische Vorgänge im Siebbeinknochen.** Die Hyperplasie des Knochens ist zuerst von Zuckerkandl (113) an macerirten Schädeln, welche früher mit Polypen behaftet waren, gezeigt worden. Die Partien des Knochens, wo früher die Polypen und Hypertrophien sassen, zeigten sich erheblich verdickt, gewulstet, stellenweise ragten grätenförmige Exostosen hervor. Zuckerkandl führt die hyperplastischen Vorgänge auf vermehrte Congestion des Periostes und hierdurch bedingte Anregung zur Knochenbildung zurück.

Ich selbst habe den Vorgang mikroskopisch an vom Lebenden entfernten, stark hypertrophischen Muscheln studirt und den Zusammenhang zwischen Schleimhautentzündung und hyperplastischer Ostitis auch in den Details festgestellt. Ich will das Resultat dieser Untersuchungen hier nur kurz resumiren.

Die chronisch-hyperplastische Entzündung des Muschelüberzuges beginnt zuvörderst mit einer zelligen Infiltration der oberflächlichen, unmittelbar unter der Basalmembran liegenden Schleimhautschichte. Je nach der Intensität und Dauer der Entzündung breitet sich das Zellinfiltrat bald nur auf eine schmale Zone unterhalb der Basalmembran aus (oberflächliche Entzündung), bald dringt es durch die ganze Dicke des Schleimhautgewebes und geht allenthalben in die offenen Markräume des spongiösen Siebbeinknochens über (tiefe Entzündung) (siehe Fig. 71).

Im vorgeschrittenen Stadium der tiefen Entzündung bildet das entzündliche Infiltrat der Schleimhaut mit dem der Markräume ein Continuum.

Auf diesem Wege erreicht die Entzündung auch allenthalben die unmittelbar den Knochen einsäumende periostale Schichte, welche durch Bildung einer oder mehrerer Osteoblastenschichten ihre Theilnahme an der Entzündung manifestirt. Aus den neu gebildeten Osteoblastenschichten entwickelt sich, in einer hier nicht näher auszuführenden Weise, junges Knochengewebe, ein Vorgang, welcher in der Pathologie der Knochen zu den regelmässigsten Vorkommnissen gehört. Je nachdem die Proliferation jungen Knochengewebes mehr diffus oder mehr circumscript einhergeht, entstehen mehr flächenhaft ausgebreitete Verdickungen des Knochens oder spitzige Vorsprünge von geringer Resistenz, welche auf leichten Druck hin brechen, ein Umstand, welcher, wenn am Lebenden wahrgenommen, leicht zu Trugschlüssen führen kann. In Fig. 72 habe ich ein Stück einer mittleren Muschel, welches die tiefe Entzündung und Proliferation des Periostes zeigt, abbilden lassen.

2. Atrophische **Vorgänge** im **Siebbeinknochen. (Rareficirende Ostitis.)** Die rareficirende Ostitis ist stets die Folge einer lange Zeit anhaltenden tiefen Entzündung der Schleimhaut und der Markräume, wobei das zellige Infiltrat sklerosirt und durch Druck auf die Blutgefässe die Ernährung des Periostes, beziehungsweise des Knochens beeinträchtigt. Es ist wahrscheinlich, dass der rareficirenden Ostitis in den häufigsten Fällen eine hyperplastische Ostitis, wenn auch geringen Grades, vorangeht; jedenfalls findet man neben der höchstgradigen Rarefaction fast immer noch Spuren einer stattgehabten Knochenapposition. Die rareficirende Ostitis äussert sich in dem Auftreten von Howship'schen Lacunen mit zahlreichen Osteoklasten, durch welche die Knochenbalken immer mehr und mehr verdünnt werden, bis sie theilweise oder ganz zerfallen und im Markgewebe aufgehen. In Fig. 73 habe ich einen hochgradig rareficirten Knochen aus der Wurzel eines Polypen abbilden lassen.

Das Resultat der rareficirenden Ostitis ist ein Schwinden oder eine hochgradige Verdünnung, daher mangelnde Resistenz der Knochenbalken, so dass ein unbedeutender Druck auf die den rareficirten Knochen bedeckende Schleimhaut von einem Knistern gefolgt ist. Dass dieser Process mit einer Caries oder Nekrose nichts zu thun hat, ist selbst-

verständlich; es fehlt der ulceröse Zerfall im Knochen, welcher
für die Annahme einer Caries unerlässlich ist; aber auch von
Nekrose kann keine Rede sein, da von einer Sequesterbildung nirgends eine Spur ist. Da der Knochen zum grössten Theile resorbirt
wird, handelt es sich nur um eine Atrophie der Knochenbestandtheile des Siebbeines, also um jenen Process, welcher auch bei der
Atrophie der Nasenmuscheln den wesentlichsten pathologischen Vorgang bildet.

Die geschilderten Veränderungen der Siebbeinknochen können
sowohl im Gefolge der mehr diffusen Entzündungsformen des Siebbeinüberzuges, als auch der Polypen auftreten, was bei der erwiesenen

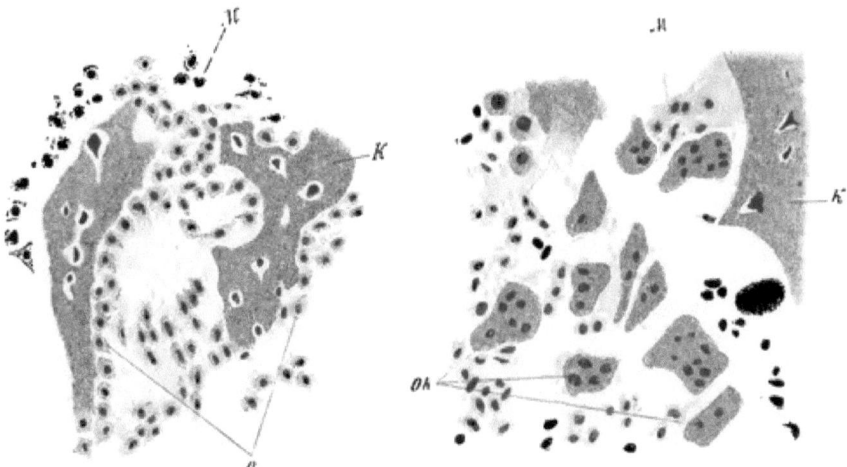

Fig 72. Hyperplasie des Knochens
und stark wucherndes Periost
aus einer stark hypertrophirten,
tief entzündeten mittleren Muschel.

O = Osteoblasten; K = junger Knochen; M = Markgewebe.

Fig. 73. Hochgradige Resorption von
Knochenbalken aus dem Ansatz eines
Nasenpolypen.

K = Knochen; M = Markraum; Ok =
Osteoklasten.

Identität der Polypen und der diffusen Schleimhauthypertrophien
selbstverständlich ist.

Es kann somit von einer „necrosing ethmoiditis" im Sinne Woake's
keine Rede sein, von einer Nekrose des Knochens, welche als primäre
Krankheit auftreten und die Polypen hervorrufen sollte. Im Gegentheile: die Polypenbildung ist das Vorangehende, das Product der
von der Oberfläche beginnenden Schleimhautentzündung, welche erst
in späterer Folge durch Stauung und Ernährungsstörung im Perioste
zu Resorptionserscheinungen des Knochens Veranlassung gibt. Aber
selbst in diesem Falle ist die rareficirende Ostitis durchaus nur als
eine Veränderung von nebensächlicher Bedeutung anzusehen, welche
vorhanden sein kann, aber nicht sein muss und das Wesen der Polypenbildung absolut nicht tangirt.

3. Geschwürsbildung im Siebbeinknochen. Es sind zahlreiche Beobachtungen über ulceröse Zerstörung des Knochengerüstes des Siebbeinlabyrinthes veröffentlicht worden. Die Natur der beobachteten Knochenzerstörung ist nicht vollkommen klargestellt.

Dass in Folge der tertiären Syphilis umfangreiche Zerstörungen
des Nasenskeletes, somit auch des Siebbeinlabyrinthes möglich sind,
ist durch die Erfahrung sichergestellt.

In einer Anzahl von Fällen, in welchen für Syphilis keinerlei Anhaltspunkt vorlag, scheint ein anderer Vorgang in Betracht zu kommen.
So scheint es fast zweifellos, dass durch temporäre oder längere Zeit
anhaltende Stauung des Secretes, analog dem Vorgange bei dem
gestauten Stirnhöhlenempyem, in Folge des Secretdruckes eine circumscripte Nekrose der Schleimhaut und der darunter liegenden Knochen
mit Fistelbildung entstehen kann. Letztere führt einerseits zu Communicationen einzelner Siebbeinzellen untereinander, andererseits des Siebbeinlabyrinthes mit der Nasenhöhle. Verhängnisvoller als die angeführten Fistelbildungen ist eine Nekrose der lamina papyracea mit
Durchbruch in die Orbita und Entwickelung eines Orbitalabscesses.
Am gefährlichsten sind jedoch die Durchbrüche der lamina cribrosa,
welche von tödtlicher cerebraler Complication gefolgt sind (siehe
cerebrale Complicationen).

In Bezug auf den Durchbruch in die Orbita ist es wahrscheinlich,
dass derselbe durch die in der lamina papyracea vorkommenden
Defecte (Zuckerkandl) begünstigt wird, da in diesen Fällen die
zarte Schleimhautbekleidung des Labyrinthes unmittelbar an das
periorbitale Gewebe grenzt.

Nach den bisherigen Erfahrungen scheint keine der Wände
des Siebbeinlabyrinthes von der Perforation sonderlich bevorzugt
zu werden. Ob etwa die Perforationsstellen auch hier den Durchtrittsstellen der grösseren Venen entsprechen, wie dies bei der
Stirnhöhle der Fall zu sein scheint, ist bisher nicht berücksichtigt
worden.

Auf Grund der durch Obduction und durch breite Aufmeisselung
festgestellten Befunde handelt es sich zumeist entweder um eine mehr
circumscripte oder um eine ausgedehntere Nekrose der lamina cribrosa,
ferner der lamina papyracea und der Zellenscheidewände, oder auch
um eine combinirte Betheiligung derselben.*) Allerdings kommen letztere
öfters bei den combinirten Empyemen der Stirnhöhle und des Siebbeinlabyrinthes als bei isolirter Erkrankung des Siebbeinlabyrinthes
vor. In Folge Nekrose der Grundlamelle zwischen Stirnhöhle und vorderem Siebbeinlabyrinth kann letzteres direct mit der Stirnhöhle
communiciren.**)

Werden die Scheidewände des Siebbeinlabyrinthes nekrotisch,
dann fliessen mehrere Zellen in eine grosse Höhle zusammen. An der
Innenwand der unregelmässigen Höhle ragen dann die Scheidewand-
reste wie scharfe, zackige Kanten hervor.***)

---

*) Fälle von Otto (105), Knapp (106), Baasner (107), Stewart (108),
Schütz (109), Begbie (110), Browne (111).
**) Kuhnt.
***) Fälle von Knapp (l. c.).

Interessant ist eine Beobachtung von Hipp (112), in welcher die Stirnhöhle, das Siebbeinlabyrinth und die Keilbeinhöhle derselben Seite in eine einzige Höhle umgewandelt waren.

Symptome.

Häufiger als das Empyem irgend einer Nebenhöhle der Nase zeigt die entzündliche Affection des Siebbeinlabyrinthes einen latenten Verlauf, so dass die Beschwerden, welche die Kranken angeben, sich zumeist auf die secundären Folgen: Katarrh der oberen Luftwege, Polypen etc. beziehen. Da ferner das Empyem des Siebbeinlabyrinthes in einer grossen Anzahl der Fälle mit Empyemen anderer Nebenhöhlen combinirt ist, ist es in den einzelnen Fällen schwer zu sagen, wie viel von den vorhandenen Symptomen auf Rechnung der Siebbeinlabyrinthaffection zu setzen ist.

Ich muss daher im Grossen und Ganzen auf die im allgemeinen Theile erörterte Symptomatologie hinweisen, und will hier nur einige der wichtigsten Symptome nochmals streifen.

a) **Kopfschmerz.** Nach meiner Erfahrung kann der Kopfschmerz alle möglichen, bereits bei der Stirnhöhlenerkrankung erwähnten Arten zeigen. Von dem Gefühle des dumpfen Druckes angefangen bis zu den intensivsten, nach dem Ausspruche der Kranken bis zum Wahnsinnigwerden gesteigerten, Kopfschmerzen.

Grünwald gibt an, dass man nur bei entzündlicher Affection des Siebbeinlabyrinthes durch Druck auf das Thränenbein Schmerz erwecken könne. Nach meiner Erfahrung ist dieses Symptom in der Mehrzahl der Fälle nicht vorhanden. Viel häufiger ist die Klage über ein dumpfes Gefühl am Nasenrücken, welches zuweilen bis ins Unerträgliche sich steigert. Constant ist der Kopfschmerz nur bei acuten Empyemen des Siebbeinlabyrinthes und bei der acuten Exacerbation eines chronischen Empyems. Die Intervalle können vollkommen schmerzlos sein. Vollkommener Mangel an Kopfschmerzen kommt nach meiner Erfahrung bei chronischer Eiterung des Siebbeinlabyrinthes weit häufiger als bei der gleichen Erkrankung der Stirnhöhle vor.

b) Eiterausfluss, **Störung des Geruchsinnes, Verstopfung der Nase. Secundäre Rachen- und Kehlkopfaffectionen.** Die Angaben über diese subjectiven Störungen decken sich vollständig mit dem, was in der allgemeinen Symptomatologie erörtert wurde. Nur einige bei der entzündlichen Affection des Siebbeinlabyrinthes hervorragende Eigenthümlichkeiten sollen Erwähnung finden. So z. B. zeigt das Secret des Siebbeinlabyrinthes besonders häufig die Neigung zu festen Borken einzutrocknen, schalenförmige Abgüsse des mittleren Nasenganges zu bilden, obgleich es feststeht, dass auch das Secret der anderen Nebenhöhlen des öfteren diese Neigung aufweist. In Bezug auf die Quantität des Secretes sei hervorgehoben, dass dieselbe sehr grossen Schwankungen unterliegt. Ich habe reine Empyeme des Siebbeinlabyrinthes gesehen, bei welchen die Secretion eine enorme war. Es ist aber nicht zu vergessen, dass gerade im Verlaufe der entzündlichen Affection des Labyrinthes Zeiten vorkommen können, wo die

Secretion fast ganz versiegt, wogegen dieselbe nach einer acuten Exacerbation wieder Wochen oder Monate lang sehr profus werden kann.

Der Geruchsinn zeigt in vielen Fällen entschiedene Störungen, besonders bei Betheiligung der hinteren Siebbeinzellen, da der Eiter dann einerseits fast constant die Riechmembran bedeckt, andererseits letztere durch entzündliche Reizung im Laufe der Zeit zur Degeneration bringt. Subjectiver Fäulnisgeruch, welches Symptom bei der Kieferhöhleneiterung zu den häufigsten Symptomen gezählt werden muss, wird bei alleiniger Affection des Siebbeinlabyrinthes nur selten beobachtet.

Die chronisch-latenten Erkrankungen des Siebbeinlabyrinthes liefern ein erhebliches Contingent zu denjenigen Fällen, bei welchen mangels ausgesprochener localer, nasaler Störungen, die vorhandene allgemeine Reizbarkeit des Nervensystems, ferner die auf unbedeutenden Anlass hin auftretenden Kopfschmerzen, Schlaflosigkeit, geistige Depression etc. unter der Flagge der Neurasthenie in der ärztlichen Praxis segeln. Selbst auf directes Befragen geben die Kranken oft an, nur zeitweilig an Schnupfen zu leiden, verweigern sogar die Untersuchung ihrer Nasenhöhle. Nützt ihnen aber keinerlei Behandlung, dann entschliessen sie sich endlich, sogar gegen ihre Ueberzeugung eine rhinoskopische Untersuchung vornehmen zu lassen, wobei dann oft genug derbe, für den Kenner nicht misszuverstehende Veränderungen zu constatiren sind. Diese Vorkommnisse beweisen am eclatantesten, wie leicht ein locales Leiden sich nur in Störungen allgemeiner Natur manifestiren kann.

Da in Folge der Inconstanz der subjectiven Symptome die Diagnose der entzündlichen Affection des Siebbeinlabyrinthes direct auf die durch rhinoskopische Untersuchung ermittelten Anhaltspunkte angewiesen ist, will ich die objectiven Symptome, um mich nicht wiederholen zu müssen, in dem Capitel der Diagnose abhandeln.

Diagnose.

Das chronische Empyem des Siebbeinlabyrinthes ist ein häufiges Vorkommnis. Dasselbe umfasst einen grossen Theil der früher als recidivirende Polypenbildung und als foetide Blenorrhoe (Ozaena) beschriebenen Krankheitsfälle. Bei letzteren Erkrankungsformen bildet relativ häufig die Erkrankung des Siebbeinlabyrinthes für sich, oder nebst der Erkrankung anderer Nebenhöhlen, das wesentlichste Substrat, wenn es auch nicht möglich ist, den einwandfreien Beweis zu liefern, dass die Erkrankung des Siebbeinlabyrinthes in der Kette der krankhaften Veränderungen das erste Glied darstellt.

Circumscriptes und ausgedehntes Empyem des Siebbeinlabyrinthes. Abgesehen von der isolirten Erkrankung des vorderen und hinteren Siebbeinlabyrinthes ist bemerkenswerth, dass auch einzelne Zellen des einen oder anderen Labyrinthes erkranken können, während der grössere Theil des Labyrinthes intact bleibt. Nach den vorliegenden klinischen Erfahrungen scheint sogar das circumscripte Siebbeinempyem zur Regel zu gehören, während die ausgedehnteren oder gar totalen Eiterungen die Ausnahme bilden. Zumeist handelt es sich um Erkrankung einer einzigen oder doch nur einiger der in den mittleren Nasengang (vorderes Labyrinth) mündenden Zellen. Im Ganzen scheint die Eiterung der in den oberen Nasengang (hinteres Labyrinth) einmündenden Zellen seltener zu sein. Allerdings darf nicht verschwiegen werden, dass die Erkrankung letzterer viel leichter als die der für Gesichts- und Tastsinn zugänglicheren Siebbeinzellen des mittleren Nasenganges übersehen wird. Ganz verlässliche Daten über die Häufigkeit, sowie über die Lage der zumeist betheiligten Zellen, können schliesslich doch nur zahlreiche, systematisch ausgeführte Sectionen liefern, die bislang fehlen.

Offenes und geschlossenes Siebbeinempyem. Wichtig ist die Unterscheidung, ob die Eiterung offen oder geschlossen ist. Bei offenen Empyemen des Siebbeinlabyrinthes fliesst der Eiter in die Nasenhöhle, während er bei geschlossenem Empyem abgesperrt ist und durch Druck auf die Wände bald zur Dilatation derselben führt. Es gibt relativ und absolut, temporär und constant geschlossene Empyeme des Siebbeinlabyrinthes. Relativ geschlossen ist das Empyem, wenn der Eiterausfluss durch Wucherungen und Schwellungen um die Ausmündungen erschwert ist; absolut geschlossen, wenn der Secretabfluss in Folge Verlegung des Ausführungsganges vollkommen aufgehoben ist. Temporär geschlossene Empyeme nennt man solche, wo der Abfluss für gewöhnlich frei ist, gelegentlich einer exacerbirenden Entzündung aber durch Vermehrung der Schwellung vorübergehend ein vollkommener Verschluss stattfindet. Es ist mehr als wahrscheinlich, dass eine ganze Anzahl der chronischen, Jahre lang andauernden Empyeme des Siebbeinlabyrinthes, bei welchen es schliesslich zu hochgradiger Dilatation des Siebbeinlabyrinthes mit Durchbruch in die Orbita kommt, vom Beginne an offene Empyeme waren und erst im Laufe der Zeit sich in geschlossene umwandelten.

Die klinische Beobachtung spricht des weiteren dafür, dass bei der Entwickelung des chronischen Siebbeinlabyrinthempyems ähnliche Verhältnisse wie bei der Stirnhöhle obwalten, indem das ausgesprochene Empyem in Folge von mehreren intensiven Anfällen entsteht. Jeder Anfall vermehrt die Secretion und steigert die entzündlichen Erscheinungen des Schleimhautüberzuges, bis schliesslich im Gefolge einer vorübergehenden intensiven Stauung eine Dilatation der am wenigsten nachgiebigen Wand, gewöhnlich der Papierplatte entsteht, welche auch durch Nekrose durchgebrochen werden kann.

Die Dilatation des Siebbeinlabyrinthes in Folge Stauung des Secretes kann entweder circumscript oder diffus sein. Leider sind wir in Ermangelung genügender pathologisch-anatomischer Befunde hier fast ausschliesslich auf die Beobachtungen am Lebenden angewiesen. Diese Beobachtungen zeigen naturgemäss, dass die Dilatation gegen die Nasenhöhle zu am häufigsten vorkommt, da ja eine Dilatation geringeren Grades nach anderen Richtungen im besten Falle zu vermuthen, fast nie indes mit Sicherheit nachzuweisen ist.

Die Diagnostik der mannigfaltigen Formen der Siebbeinlabyrinthentzündung lässt sich am besten überblicken, wenn wir die latenten Entzündungen den manifesten gegenüberstellen.

A. Das latente Empyem des Siebbeinlabyrinthes.

Aehnlich wie das latente Epyem der Kiefer- und Stirnhöhle zeichnet sich auch das latente Empyem des Siebbeinlabyrinthes dadurch aus, dass weder äusserlich sicht- und fühlbare Veränderungen, noch ausgesprochene subjective Störungen auf eine Erkrankung des Siebbeinlabyrinthes direct hinweisen. Dass somit die rhinoskopische Untersuchung allein die Diagnose sicherstellen kann, ist selbstverständlich.

Das latente Empyem kann: 1. als geschlossenes, 2. als offenes Empyem auftreten.

a) Geschlossenes Empyem. Hieher gehören die zahlreichen Fälle von geschwulstförmiger Hervorragung der mittleren Muschel selbst oder in der Gegend derselben. Diese Geschwülste sind von den Autoren bereits des öfteren als Mukokele oder Empyem der mittleren Muschel beschrieben worden.

Je nachdem der Inhalt der blasenförmig erweiterten mittleren Muschel Schleim oder Eiter war, sprach man von Mukokele oder Empyem der mittleren Muschel. Die als Mukokele und Empyem der mittleren Muschel aufgefassten Gebilde zeigen aber doch in einzelnen Fällen verschiedene Verhältnisse, wie dies aus den folgenden Erörterungen hervorgehen wird.

Nach meiner Erfahrung kann es sich handeln:

1. Um eine Eiterung in einer bullös geformten mittleren Muschel, 2. um eine Eiterung im Labyrinthe, welche in die mittlere Muschel sich ausdehnt und 3. um eine Eiterung in der bulla ethmoidalis.

1. Ektasie einer bullös geformten mittleren Muschel. Die rhinoskopische Untersuchung ergibt: An Stelle der mittleren Muschel eine Geschwulst. welche einerseits am Septum anliegt, andererseits den grössten Theil des mittleren Nasenganges ausfüllt. Sie kann in Fällen excessiver Grösse sogar theilweise die untere Muschel bedecken.

Die Geschwulst kann im ersten Moment, wenn die Oberfläche der Schleimhaut glänzend aussieht, auch als Polyp imponiren, aber nur insolange, als man von der Sonde keinen Gebrauch macht.

Bei Anwendung der Sonde fühlt man alsbald, dass die Grundlage der Geschwulst aus Knochen besteht. Zuweilen knistert der Knochen auf leichten Druck, welcher Umstand entweder auf die Bildung von Osteophyten oder auf Rarefaction einzelner Knochenbalken zurückzuführen ist. Es kann diese knöcherne Geschwulst für sich bestehen, oder es können noch wirkliche Polypen vor derselben oder um dieselbe sich befinden.

Bei geringerer Grösse der knöchernen Geschwulst kann dieselbe durch eine grössere Anzahl von Polypen zuvörderst gedeckt sein und erst später nach Entfernung letzterer zum Vorscheine kommen.

Um nun über den Inhalt der knöchernen Geschwulst Aufschluss zu erhalten, muss man dieselbe entweder mit einer starken Stahlschlinge abkappen, oder noch besser, vorerst mit einem Haken anreissen, oder mit der elektrischen Trephine anbohren. Es fliesst dann der Inhalt der Blase: Schleim oder Eiter hervor.

Eröffnet man mittelst der Knochenzange noch ausgiebiger die Blase, dann kann man die Innenfläche der Höhle überblicken.

Zumeist fand ich eine mässig verdickte hyperämische Schleimhaut vor. an deren Oberfläche einige Venen durchschimmerten; zuweilen sah ich wirkliche Polypen, welche sich zumeist nach aussen gegen den Nasengang inserirten.

Hat man genügend viel von der knöchernen Wandung entfernt, so kann man mittelst einer Sonde von der Höhle aus in den mittleren Nasengang gelangen.

Erst nach Entfernung des grössten Theiles der knöchernen Blase wird es klar, dass der eigentliche Hohlraum nichts anderes als eine durch abnorme Krümmung der mittleren Nasenmuschel abge-

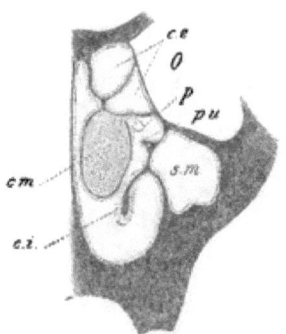 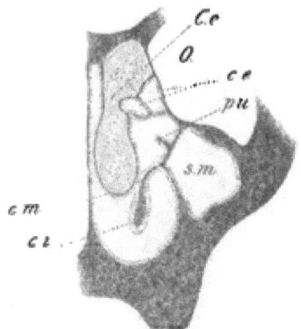

Fig. 74. Eiterretention in einer blasig entwickelten mittleren Muschel. (Schematische Zeichnung nach einer Beobachtung am Lebenden.)

c.i. = concha inferior; *c.m.* = die mit Eiter erfüllte mittlere Muschel; *c.e.* = cellul. ethmoid; *p.u.* = processus uncinatus; *P.* = Polyp im mittleren Nasengang; *O.* = Orbita; *s.m.* = sinus maxillaris.

Fig. 75. Circumscriptes Empyem des Siebbeinlabyrinthes mit Dilatation gegen die Nasenhöhle zu. (Schematische Zeichnung nach einer Beobachtung am Lebenden.)

c.i. = concha inferior; *c.m.* = das gegen die mittlere Muschel zu ektasirte partielle Empyem des vorderen Labyrinthes *(C. e.)*; *c.e* = cellul. ethmoid. (nicht erkrankt): *s.m.* = sinus maxillaris; *p.u.* = processus uncinatus; *O.* = Orbita.

schlossene Partie des mittleren Nasenganges darstellt. Das eigentliche Siebbeinlabyrinth kann hierbei vom Krankheitsprocesse ganz verschont geblieben sein.

Die beigefügte Skizze (Fig. 74) illustrirt die erörterten Verhältnisse.

2. *Circumscripte Ausdehnung des Siebbeinlabyrinthes in den freien Theil der mittleren Muschel.* Der rhinoskopische Anblick ist derselbe wie bei 1. Nur bei der Sondenuntersuchung ist vielleicht noch öfters in Folge stärkerer Rarefaction der Wände auf leichten Druck ein Knistern des Knochens wahrzunehmen. Hier. wie dort, kann man erst nach Eröffnung der Knochenblase Aufschluss über den Inhalt erhalten, selbstverständlich aber nur in dem Falle, wenn das Empyem ganz geschlossen ist, so dass gar kein Secret in der Nasenhöhle erscheint.

In älteren Fällen jedoch kann das geschlossene Empyem durch circumscripte Nekrose wieder geöffnet werden; in diesem Falle erscheinen an der Convexität der hervorragenden Knochenblase schwammige Granulationszapfen, welche die in die Knochenhöhle führenden Fistelgänge umgeben. Erweitert man die Fistelöffnungen, so ist die Höhle weit offen; man sieht hierbei die Schleimhaut hyperämisch und an einzelnen Stellen gewulstet. Nur selten sah ich in diesen Fällen Polypen.

In einem Falle fiel nach Eröffnung der Höhle ein hydropischer Polyp hervor. Führt man die Sonde in die erweiterte Höhle, dann gelangt man in das eröffnete Siebbeinlabyrinth und kann nach aussen an der lamina papyracea anschlagen, wie dies ebenfalls durch beigefügte Skizze (Fig. 75) erläutert erscheint.

3. *Pathologische Ektasie der bulla ethmoidalis*. Die dritte Form partieller Ektasie des Siebbeinlabyrinthes betrifft die Ansammlung von Schleim und Eiter in der bulla ethmoidalis und die Dilatation der letzteren. Es ist hier zu betonen, dass der rhinoskopische Befund sich nur dann mit den früheren zwei Formen deckt, wenn die bulla eine ganz erhebliche Grösse erreicht hat. Denn nur in diesem letzteren Falle ragt an Stelle der mittleren Muschel eine einzige Geschwulst hervor, welche das Gesichtsfeld beherrscht, da die mittlere Muschel über der Geschwulst an das Septum angedrückt erscheint und vor Entfernung des grössten Theiles der knöchernen bulla nicht sichtbar wird, wie dies in beifolgender Skizze (Fig. 76) dargestellt ist. Erreicht dagegen die Dilatation der bulla keinen erheblichen Grad, dann schützt die medianwärts an das Septum angedrückte mittlere Muschel vor Verwechslung zwischen letzterer und der bulla ethmoidalis.

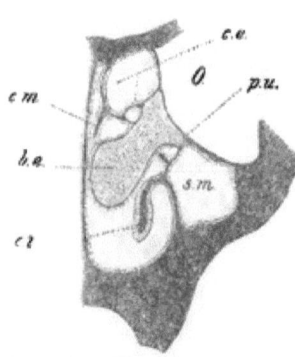

Fig. 76. Circumscriptes Empyem des Siebbeinlabyrinthes. Empyem der bulla ethmoidalis (schematische Zeichnung nach eigener Beobachtung am Lebenden). c.i. = concha inferior; c.m. = concha media; p.u. = processus uncinatus; s.m. = sinus maxillaris; b.e. = die durch eitriges Secret ektasirte bulla ethmoidalis.

Da eine excessiv grosse bulla ethmoidalis auch innerhalb der Grenzen der normalen Entwickelungsvarietäten vorkommen kann, so liegt der Gedanke nahe, dass eine Verwechslung zwischen einer derartig normalen und einer durch Secret ektasirten bulla leicht möglich wäre, insbesondere dann, wenn es sich um ein völlig geschlossenes Empyem handelt, indem mangels einer pathologischen Secretion jedweder Anhaltspunkt für die Diagnose fehlt. Die leichte Möglichkeit einer derartigen Verwechslung ist aber nur eine scheinbare, denn:

1. Gibt es keine pathologisch ektasirte bulla, in deren Umgebung die Schleimhaut von normaler Beschaffenheit wäre; es sind immer Hypertrophien oder Polypen vorhanden, und 2. ist die normale, aber excessiv ausgebildete bulla zumeist doppelseitig, während die durch Secret ausgedehnte bulla doch nur einseitig auftritt. Nicht in letzter Instanz ist das Gefühl bei der Sondirung zu verwerthen, welche manchmal ein dem Papierknistern ähnliches Geräusch ergibt, ein Symptom, welches bei normaler Beschaffenheit nicht leicht zu consta-

tiren ist, es sei denn, dass eine zu scharfe Sonde in roher Weise an-
gewendet wird.

Man ersieht aus dem Geschilderten, dass alle drei Formen von
partieller Ektasie bei höherem Grade ihrer Ausbildung dasselbe
rhinoskopische Bild darbieten. Ueberall handelt es sich um eine
knochenharte, wenn auch stellenweise weniger resistente Geschwulst
an der mittleren Muschel oder an deren Stelle.

Die Geschwulst kann in Ausnahmsfällen einen derartigen Umfang
erreichen, dass nicht nur die Passage für die Athmung verlegt,
sondern auch das Septum (untere Partie der lamina perpendicularis
und cartilago quadrangularis) auf die entgegengesetzte Seite verschoben wird. Wir haben es dann mit einer sogenannten pathologischen Deviation des Septum zu thun.

In all diesen Fällen lässt sich aber erst nach Eröffnung der
Geschwulst und Abtragung der Wände eine präcise Diagnose stellen.

Sollte überhaupt jemals ein Zweifel darüber bestehen, ob die
knöcherne Geschwulst pathologisches Secret im Inneren birgt oder
nicht, dann lässt sich nach Cocaïnisirung der Oberfläche leicht
durch eine der früher angeführten Methoden eine probatorische Eröffnung der Knochenblase vornehmen, welche dann unbedingt Aufschluss über den Inhalt der Blase geben wird.

Ich habe überdies zwei eigenthümliche Fälle von partieller Ektasie
von Siebbeinzellen beobachtet. Es handelte sich um eine geschwulstförmige Hervorragung im processus uncinatus. Der eine Fall war
mit einer Erkrankung der Stirnhöhle combinirt; im anderen Falle
bestand eine circumscripte geschwulstförmige Hervorragung im processus uncinatus, wie aus einer der später anzuführenden Krankengeschichten hervorgehen wird.

Um das rhinoskopische Bild, welches in den erwähnten Fällen
partieller Ektasie des Labyrinthes zu beobachten ist, würdigen zu
können, ist es nothwendig in Erinnerung zu bringen, dass die aller-
meisten der genannten Erkrankungsformen entzündlichen Veränderungen der Nasenschleimhaut, insbesondere solchen in der Gegend
des Siebbeines ihre Entstehung verdanken. Erwägt man überdies, dass
durch den Secretabfluss die Schleimhaut des Siebbeines lange Zeit
fortwährenden Reizungen unterworfen ist, so wird man begreifen, dass
die Bildung von Polypen im mittleren Nasengange und das Entstehen
von Hypertrophien verschiedener Form an der mittleren Muschel
zur Regel gehören wird.

Ueberdies ist vor Augen zu halten, dass, je nach dem Grade der
Secretion, einmal mehr, ein andermal weniger flüssiger, oder zu Borken
eingetrockneter Eiter in der Gegend des mittleren Nasenganges, respective in der betreffenden Nasenhälfte, oder im Nasenrachenraume zu
finden sein wird.

Andererseits kann aber auch die Secretmenge minimal sein
oder auch ganz fehlen. Gerade in den zur Ektasie führenden Fällen
ist dies des öfteren der Fall, da ja die Ektasie zumeist dem temporären,
oder dauerndem Verschluss des Ausführungsganges einzelner oder
mehrerer Siebbeinzellen ihren Ursprung verdankt; die Secretion von
flüssigem Eiter, oder die Bildung von Borken gehört somit nicht zu
den wesentlichen Attributen des rhinoskopischen Befundes.

Während nun eine an Stelle der mittleren Muschel auftretende knochenharte Geschwulst mit hypertrophischem Schleimhautüberzug und mit hyperplastischer und polypöser Umgebung als das wesentlichste Merkmal des geschlossenen Siebbeinlabyrinthempyemes anzusehen ist, kann die untere Muschel ein verschiedenartiges Aussehen darbieten. Sie kann sich im Zustande der glatten oder papillomatösen Hypertrophie befinden, aber auch hochgradig atrophisch sein.

Besonders in den Fällen, in welchen das Secret dickflüssig ist und zu Borken eintrocknet, pflegt die untere Muschel einen hohen Grad von Atrophie darzubieten; es erscheint dann die geschwulstförmige Hervorragung in der Gegend der mittleren Muschel um so auffallender.

Dass diese letzteren Fälle gemeiniglich als Ozaena, somit als rhinitis atrophicans foetida aufgefasst werden, ändert nichts an der Thatsache, dass, wie zweifellos nachgewiesen werden kann, das Secret nur von der Schleimhautbekleidung des Siebbeinlabyrinthes und nicht von der gesammten Nasenschleimhaut geliefert wird.

Die Diagnose des latenten Siebbeinempyems mit oder ohne Verschluss kann demjenigen, der die Untersuchungsmethoden beherrscht und dieselben auch mit Geduld und Beharrlichkeit ausführt, keinerlei Schwierigkeiten bereiten, wie dies aus den im Folgenden anzuführenden Beispielen erhellen wird:

Fälle von circumscriptem geschlossenen Empyem des Siebbeinlabyrinthes.

1. Eiterretention in einer blasig erweiterten mittleren Muschel.

Frau G., 35 Jahre alt, von kräftigem Baue, jedoch von blasser Hautfarbe, stand schon früher wegen gestörter Nasenathmung in ärztlicher Behandlung. Vor acht Tagen soll sie galvanokaustisch geätzt worden sein, worauf sie unter Schüttelfrost an unerträglichen Kopfschmerzen der betreffenden Seite erkrankte.

Rhinoskopischer Befund: Die Untersuchung der Nase ergibt oberhalb der linken unteren Muschel eine grosse, sich knochenhart anfühlende Geschwulst, auf welcher ein galvanokaustischer Schorf haftet. Auf dieser knochenharten Geschwulst erscheint indes die Schleimhaut stellenweise verdickt zu sein. Eiter ist nirgends sichtbar. Das knorpelige Septum ist auf die entgegengesetzte Seite verschoben.

Nach entsprechender Cocaïnisirung entfernte ich mittelst einer starken Stahlschlinge ein Stückchen von der Knochenwand der Geschwulst, worauf sich ein dicker, rahmiger Eiter entleerte. Die Sonde drang in eine Höhle. Jetzt erweiterte ich die so gebildete Oeffnung von ihren Rändern aus, so dass die Innenfläche der Höhle gut zu übersehen war. Die Schleimhaut erschien hyperämisch, gewulstet; nach aussen und oben ragte ein Polyp in die Höhle. Der Polyp wurde in der nächsten Sitzung entfernt, und man konnte mit einer feinen Sonde von der Knochenhöhle in den mittleren Nasengang gelangen. In zwei Sitzungen wurde dann die ganze Höhlenwand mit der Knochenzange abgetragen; der mittlere Nasengang erschien frei und hatte das Aussehen, als wenn das vordere Ende der mittleren Muschel abgetragen worden wäre.

Mit der Entleerung der Knochenhöhle hörte der Kopfschmerz auf, nach Abtragung ihrer Wände wurde die Respiration tadellos. Die Patientin war nach kaum vierwöchentlicher Behandlung geheilt.

2. Circumscriptes Empyem der bulla ethmoidalis

Die 21jährige Martha L. aus Wien kam am 13. April 1891 wegen Verstopfung der Nase und Borkenbildung in der linken Nasenseite in meine Sprechstunde. Auch klagte sie über dumpfe Eingenommenheit des ganzen Kopfes und zeitweilige intensive

Schmerzen in dem linken Augenwinkel und in der linken Stirngegend. Sie litt ferner an Appetitlosigkeit, pappigen Geschmack im Munde und Austrocknung des Rachens, welche Beschwerden besonders des Morgens in sehr intensivem Masse einzutreten pflegten. Die Kranke hatte eine fahle Gesichtsfarbe und war schlecht genährt.

Rhinoskopischer Befund: Die rechte Nasenhöhle ist völlig normal: auf der linken Seite fällt vor allem der trockene Glanz der gesammten Schleimhaut auf, ferner die stark vergrösserte mittlere Muschel, welche wie ein kugeliger Tumor über der unteren Muschel liegt. Die untere Muschel leicht atrophisch. An einzelnen Stellen der kugeligen Geschwulst sind eingetrocknete Borken sichtbar. Auch ist die Schleimhaut des Nasenrachenraumes trocken. glänzend, über dem hinteren Ende der linken unteren Muschel eine Borke sichtbar, welche in den Nasenrachenraum hineinragt. Die linke Seite des Nasenrachenraumes um vieles trockener als die rechte Seite.

Allem Anscheine nach fliesst somit das Secret aus der linken Nasenhöhle in den Nasenrachenraum. Bei der Abtastung der linken mittleren Muschel (?) mittelst Sonde findet man die Schleimhaut stellenweise leicht hypertrophirt, im Uebrigen zeigt die Geschwulst allenthalben knöcherne Resistenz. wenn auch einzelne Stellen ihre geringere Widerstandsfähigkeit durch Knistern bekunden. Eine Oeffnung in der Umgebung der Geschwulst, woher das Secret nach rückwärts fliessen könnte, lässt sich nicht ermitteln. Allerdings liegt dis Geschwulst mit ihrer ganzen medialen Fläche am Septum, mit der lateralen Fläche an der äusseren Nasenwand an, so dass man nur die unterste, in die Nasenhöhle frei hineinragende Partie mit der Sonde abtasten kann.

Ich öffnete die Geschwulst mit dem Haken, und es entleerte sich $^1/_2$ Fingerhut voll foetid riechenden Eiters. Die Innenfläche der Geschwulst zeigte ein oedematöses Polster, stellenweise mit granulationsähnlichen Excrescenzen versehen. Jetzt trug ich mittelst Schlinge und Knochenzange den grössten Theil der knöchernen Wand ab. Da die Blutung gering war, tamponirte ich nicht, insufflirte etwas Jodoform und hiess die Kranke nach vier Tagen wiederkommen. Die Heilung ging rapid von Statten. Die Eiterung hörte vollkommen auf. Der nunmehr sich darbietende Befund der linken Nasenhöhle überraschte mich einigermassen, da ich erst jetzt nach vollkommener Abtragung der knöchernen Wand des Tumors bemerkte, dass medialwärts und weiter oben die mittlere Muschel an das Septum gedrängt war. Die abgetragene knöcherne Geschwulst konnte somit nicht der mittleren Muschel angehört haben, sondern musste ein anderes Gebilde sein. Dies war nunmehr nicht schwer zu entscheiden. da der äussere Rand der abgetragenen Geschwulst in die obere Begrenzung des hiatus semilunaris überging, also der bulla ethmoidalis angehören musste. Die äussere Wand der nach der Nase zu eröffneten Höhle der bulla wurde durch die lamina papyracea selbst gebildet. Die anfangs weit offene Höhle schrumpfte im Verlaufe der nächsten Jahre zu einem linearen Spalt zusammen, secernirte aber nicht mehr.

Einen Theil der entfernten Wand untersuchte ich mikroskopisch, nachdem ich vorher den Knochen entkalkt hatte. Die Untersuchung ergab eine tiefe Entzündung des muco-periostalen Ueberzuges mit intensiver Betheiligung der interspongiösen Räume an der entzündlichen Infiltration. Die Knochenbalken zeigten hyperplastische Vorgänge, zahlreiche Auflagerungen von osteoblasten- und osteophytenähnlichen Bildungen, wie dies in Fig. 71 abgebildet wurde.

3. Empyem in einer Zelle des processus uncinatus.

Heinrich K., 28 Jahre alt. ist am 14. Juni 1892 zum erstenmale in meiner Sprechstunde erschienen, leidet seit Jahren an verstopfter Nase und Eiterausfluss. Ueberdies besteht ein krampfhaftes Schnüffeln, welches zu verschiedenen Zeiten in verschiedener Intensität auftritt. Im warmen Zimmer tritt das Schnüffeln heftiger als an der kalten Luft auf, weshalb der Kranke jede Gesellschaft meiden musste; die Stimmung des Kranken ist demzufolge sehr gedrückt. Die verschiedenartigsten Curen, welche er wegen seiner Nervosität — denn auf diese wurde das krampfhafte Schnüffeln zurückgeführt — unterworfen wurde, hatten keinerlei Erfolg. machten ihn nur noch gedrückter.

Rhinoskopischer Befund. Dieser ergab: Untere und mittlere Muschel der linken Nasenseite erheblich geschwollen, im mittleren Nasengange dicker Eiter; rechts nichts vom normalen Zustande Abweichendes zu constatiren. Nach der Reinigung und Cocaïnisirung der linken Nasenhälfte wurde es klar, dass die linke mittlere Muschel hypertrophisch war. Sie war stark lateralwärts gerollt, so dass sowohl der Einblick in den mittleren Nasengang, als auch die Untersuchung mittelst der Sonde unmöglich waren. Oberhalb der unteren Muschel wölbte sich die laterale Nasenwand ein wenig convex gegen die Nasenhöhle vor. Es erweckte dieser letztere Befund den Eindruck, dass es sich vielleicht um eine Ektasie der pars membranacea des mittleren Nasenganges in Folge Stauung in der Kieferhöhle handle. Die Probepunction der Kieferhöhle ergab indes ein negatives Resultat. Drückte ich auf die erwähnte Convexität, so hatte ich den Eindruck einer elastischen Grundlage, und es erschien Eiter in erheblicher Menge im mittleren Nasengange.

Um eine bessere Orientirung zu ermöglichen, entfernte ich in zwei Sitzungen die vordere Hälfte der mittleren Muschel. Sobald der mittlere Nasengang frei war, quollen eine grössere Anzahl kleiner Polypen hervor, welche wie in Eiter gebadet erschienen. Auch die Polypen wurden entfernt, und nun merkte man deutlich, dass bei Druck auf die elastische Geschwulst oberhalb der unteren Muschel der Eiter beiläufig in der Mitte des hiatus erschien. Allmählich liess sich durch forgesetzten Druck die Hervorwölbung ganz zusammenpressen, worauf der Eiterausfluss aufhörte. Es war somit klar, dass es sich hier um eine der Innenwand der Kieferhöhle anliegende Geschwulst handeln müsse, welche indes mit der Kieferhöhle nicht communicirte. Ohne eigentlich recht zu wissen, um was es sich handle, riss ich mit meinem Haken die elastische Geschwulst an, worauf sich noch etwa ein halber Fingerhut voll Eiter entleerte. Die durch die weite Rissöffnung eingeführte Sonde kam in der Mitte des hiatus wieder zum Vorscheine. Ich erweiterte nun die Rissöffnung bis in den hiatus, trug die lose gewordenen fetzigen Membranen ab, und da zeigte es sich, dass der Hohlraum durch die Dilatation einer im processus uncinatus gelegenen Zelle entstanden war. Nachdem ich noch das hintere Ende der unteren Muschel amputirt hatte, verschwanden alle krankhaften Symptome, insbesondere das lästige Schnüffeln; und das alles war Jahre hindurch als nervöse Störung behandelt worden.

Alle die angeführten Formen von Dilatationen sind partielle gewesen, indem nur eine oder wenige Zellen erkrankt waren.

Nur selten ist bei den latenten Siebbeinempyemen der grösste Theil des Labyrinthes an der Eiterretention betheiligt. Dass aber dies dennoch vorkommen kann, beweist folgender wichtiger Fall aus meiner Beobachtung, welcher neben dem Mangel an hervorragenden subjectiven Symptomen auch noch durch Hervorrufung einer pathologischen Deviation des oberen Theiles des Septum merkwürdig wurde.

Fall von Empyem des ganzen Siebbeinlabyrinthes.

(Combinirt mit Empyem der Kiefer- und der Stirnhöhle.)

Herr E. Ignaz, Kaufmann aus Ungarn, 30 Jahre alt, im Januar 1892 zum erstenmale in meiner Ordinationsstunde erschienen, gibt an, seit ungefähr drei Jahren an üblem Geruche und massenhafter eitriger Secretion aus der linken Nasenhälfte zu leiden. Seit 1½ Jahren sei die Secretion besonders übelriechend und die entleerten Borken von fester Consistenz. Kopfschmerz hat nie bestanden.*) Patient gibt im Uebrigen an, nie krank gewesen zu sein; nur im Jahre 1889 hatte er Influenza überstanden.

Der Kranke hat ein blasses Aussehen, macht den Eindruck eines Menschen von ausgesprochener Hypochondrie, ist wegen der ekelerregenden Ausscheidung aus der Nase seines Lebens überdrüssig, appetitlos und schläft schlecht. Die Untersuchung des Körpers ergibt kein manifestes Leiden, insbesondere ist weder für Tuberculose, noch für Syphilis ein Anhaltspunkt vorhanden.

Rhinoskopischer Befund: Die rechte Seite ist vollkommen normal, nur ist die Schleimhaut entsprechend der allgemeinen Anämie blass; die linke untere Muschel hochgradig atrophisch bis auf einen kleinen, kaum vorspringenden Rand an der lateralen Wand. Oberhalb der unteren Muschel ist die übrige Nasenhöhle durch ein

---

*) Diese Angabe des Kranken ist eine der merkwürdigsten, da, wie es sich im Verlaufe der Krankengeschichte herausstellen wird, derselbe auch mit einem abscheulichen Empyem der linken Stirnhöhle behaftet war, weshalb an ihm die Kuhnt'sche Radicaloperation ausgeführt werden musste.

grosses tumorartiges Gebilde verlegt, welches die Scheidewand ein wenig nach rechts drückend, nach aussen an der lateralen Wand des mittleren Nasenganges anliegt. An der Oberfläche dieses Tumors, welcher eine knöcherne Unterlage aufweist, sind zahlreiche, theils diffuse, theils mehr circumscripte Hypertrophien wahrnehmbar. Zwischen unterer Muschel und der unteren Begrenzung des tumorartigen Gebildes ist ein der unteren Muschel parallel laufender Schleimhautwulst sichtbar, welcher, wie es sich später zeigte, vom processus uncinatus seinen Ursprung nimmt und nach unten gedrängt wird. Die Stirn- und Kieferhöhlengegend auf Druck nicht empfindlich. Die linke Nasenhöhle, insbesondere der untere Nasengang und der Nasenrachenraum sind mit massenhaften, übelriechenden Borken austapezirt, nach deren Entfernung erst der erwähnte Befund constatirt werden konnte. Das tumorartige Gebilde füllt auch den grössten Theil der linken Choane aus; von einem Muschelgebilde ist daselbst nichts zu sehen. Bei energischerem Drucke auf den Tumor mittelst Sonde crepitirte die knöcherne Grundlage an mehreren Stellen, weshalb ich cocaïnisirte und mittelst meines Hakens die Wand des Tumors anriss; sofort entleerten sich circa 3 Cubikcentimeter eines abscheulich stinkenden Eiters. Ich erweiterte die jetzt gebildete Oeffnung des Hohlraumes in einer einzigen Sitzung, spülte sodann den Rest des daselbst zurückgebliebenen Eiters aus und tamponirte die Höhle wegen der ziemlich heftigen Blutung mit Jodoformgaze.

Nach 24 Stunden entfernte ich die Gaze und konnte einen Einblick in den Hohlraum gewinnen. Die Höhle war mit schwammigen Schleimhautwucherungen erfüllt. Mittelst der Sonde konnte ich durch diesen Hohlraum noch weiter rückwärts, vorne und oben vordringen, worauf aus allen Richtungen der beschriebene abscheuliche Eiter in die Höhle hineinquoll und dieselbe in kurzer Zeit erfüllte.

Es war somit klar, dass der eröffnete Hohlraum mit anderen ebenfalls erkrankten Hohlräumen communicirte, welche insgesammt nach der anatomischen Lage nur dem gegen die Nasenhöhle zu dilatirten Siebbeinlabyrinthe entsprechen konnten.

Da der Kranke das Cocaïn bei der ersten Application nicht gut vertragen hatte, spülte ich einen Tage hindurch die erwähnte Höhle täglich aus, um bis zum nächsten Eingriffe die Zeit nicht unbenützt zu lassen. Es folgten nunmehr in grösseren Zwischenräumen fünf Sitzungen, in welchen ich die Höhle nach den durch die Sonde vorgezeichneten Richtungen erweiterte. Immer wieder zeigte es sich nach vollzogener Blutstillung und weiterer Sondirung, dass die Eiterung in alle Nischen des Siebbeinlabyrinthes eingedrungen war. Dieselben wurden allmählich mittelst Hakens und Knochenzange weit eröffnet, und der degenerirte Schleimhautüberzug entfernt. Gelegentlich der dritten Sitzung, als schon der hiatus freigelegt war, entdeckte ich nach Ausspülung der Kieferhöhle durch die natürliche Oeffnung, dass auch ein stinkendes Empyem der linken Kieferhöhle bestand. Es wurde die Kieferhöhle vom Alveolarfortsatz aus, an Stelle des früheren 2. Prämolaris, mittelst Trepans angebohrt und systematische Spülungen der Kieferhöhle verordnet. Der Kranke musste nach dreieinhalbwöchentlicher Behandlung die Heimreise antreten und kam im Herbste desselben Jahres zur weiteren Behandlung, da sein Zustand sich nur wenig gebessert hatte.

Die Untersuchung zeigte jetzt:

Von einer Heilung des Kieferhöhlenempyems war trotz monatelanger Ausspülung keine Rede, und auch das Siebbeinlabyrinth eiterte an allen Ecken und Enden. Eine genaue Sondirung von der früher weit eröffneten, gegenwärtig stark verengten Oeffnung des Siebbeinlabyrinthes ergab auch nach vorne und hinten liegende Siebbeinzellen, welche eiterten. Die Siebbeinzellen mussten auch nach vorne stark ausgedehnt sein, denn die Sonde drang nach vorne über den hiatus bis zum Stirnfortsatze des Oberkiefers. Zweifellos bestand hier jene Ausbildung von Siebbeinzellen, wie sie in der Anatomie in Fig. 67 abgebildet wurde, wo die Siebbeinzellen auch die mediale Begrenzung des hiatus bilden.

Die weitere Behandlung bestand nun neben fortgesetzten Spülungen der Kieferhöhle in Eröffnung sämmtlicher Siebbeinzellen, nachdem von der zuerst eröffneten Höhle aus früher mittelst der Sonde die Richtung, nach welcher der Eiter quoll, bestimmt worden war. Mit Rücksicht auf die Nähe des Daches der Siebbeinzellen wurde nur langsam vorgegangen. Von Zeit zu Zeit musste eine Pause von 8 bis 14 Tagen eintreten, damit einzelne Theile der Höhle, aus welchen die hochgradig degenerirte Schleimhaut entfernt wurde, zur Uebernarbung gelangen konnten.

Nach mehr als viermonatlicher neuerlicher Behandlung gelang es, sämmtliche Siebbeinzellen auszuräumen und dieselben durch wiederholte leichte Aetzungen mit 2- bis 10procentiger Lapislösung von der nasalen Schleimhaut her zur Uebernarbung zu bringen. Erst nach Ausräumung der vordersten Siebbeinzellen, welche, wie schon erwähnt, die mediale Wand der vordersten Partie des hiatus bildeten, entdeckte ich eine kolossale Eiterung der Stirnhöhle; diese liess sich nach Freilegung des hiatus sehr leicht sondiren und ausspülen. Diese Eiterung war vollkommen latent gewesen, so lange der Eiter nicht ganz vorne abfliessen konnte. Das Merkwürdigste war, wie ebenfalls schon eingangs bemerkt wurde, dass der Patient trotz der hochgradigen Erkrankung der Stirnhöhle niemals Kopfschmerzen hatte.

Der Kranke hatte nunmehr zwei Eiterherde, welche unablässig secernirten und nicht heilen wollten: die Kieferhöhle, die vom alveolus her bereits $1^1/_2$ Jahre lang ausgespült wurde, und die Stirnhöhle, welche trotz der durch Monate täglich wiederholten Ausspülung von der Nase aus weiter secernirte. Die weitaus belästigendere Secretion rührte von der Stirnhöhle her, da die Kieferhöhle vom Patienten selbst täglich zweimal ausgespült werden konnte und dies genügte, um die Höhle rein zu erhalten. Schlimmer verhielt es sich mit der Stirnhöhle, aus welcher das Secret unablässig in die Nasenhöhle tröpfte und einen foetiden Geruch verbreitete.

Obwohl ausser der erwähnten foetiden Secretion seitens der Stirnhöhle keinerlei sonstigen subjectiven Beschwerden vorhanden waren, drängte der Kranke nach einer radicalen Behandlung. Es wurde die Operation in der Chloroformnarkose nach der Angabe Kuhnt's (Entfernung der ganzen vorderen Knochenwand und vollständige Auskratzung der Schleimhaut aus der Höhle und aus dem ductus naso-frontalis) ausgeführt, die Wunde bis auf eine Stelle am Augenbrauenkopfe wieder vernäht und die Höhle mit Jodoformgaze tamponirt. Die Stirnhöhle war sehr gross; der obere Rand reichte $1^1/_2$ Centimeter über den arcus superciliaris, der äussere Rand, schläfenwärts gut 2 Centimeter nach aussen von der incisura supraorbitalis. Die Schleimhaut war hochgradig degenerirt; überall zottige Auswüchse und Buchten, in denen käsiger, eingedickter Eiter eingeschlossen war, welcher durch die monatelange Ausspülung von der Nase her nicht hatte entfernt werden können. Die Heilung ging leider nicht anstandslos von Statten. Patient bekam am fünften Tage Fieber, und nach Entfernung der Jodoformgaze eiterte die Höhle. Nach täglichen Ausspülungen mit Chlorzinklösung sistirte nachher die Eiterung nahezu vollkommen, und die Höhle füllte sich allmählich mit Granulationen. Der Kranke reiste noch vor definitiver Zuheilung der Fistelöffnung in seine Heimat zurück.

Es muss noch nachgetragen werden, dass ich 14 Tage vor der Radicaloperation der Stirnhöhle die Kieferhöhle unter Cocaïnanästhesie nach Küster weit eröffnete und mit einer Prothese versehen liess, um später die Höhle genau zu inspiciren und einer energischen Behandlung entgegenzuführen. Ich wurde damit wegen der Abreise des Kranken nicht fertig.

Der beschriebene Krankheitsfall war vielleicht der allerschwierigste, den zu beobachten ich Gelegenheit hatte. In diagnostischer Hinsicht erfordert er hier unser besonderes Interesse wegen des totalen Empyems des Siebbeinlabyrinthes, welches eine pathologische Deviation des Septum zur Folge hatte.

Erwähnenswerth scheint mir noch der mikroskopische Befund der brüchigen Wand des Siebbeinlabyrinthes. Nebst der hochgradigen Infiltration der Schleimhaut war eine vorgeschrittene rareficirende Ostitis mit zahlreichen Howshipp'schen Lacunen und Osteoklasten zu sehen; die Knochenbalken zeigten sich äusserst verdünnt, woher auch die leichte Brüchigkeit auf Sondendruck herrührte.

Nach den bisher publicirten Fällen von Dilatation des Siebbeinlabyrinthes gegen die Nasenhöhle scheinen die in der Nase beobachteten Veränderungen den in obigen Krankengeschichten angeführten analog zu sein.

Es ist schon erwähnt worden, dass die meisten Empyeme mit endonasaler Dilatation geschlossene Empyeme sind, bei welchen die Secretion vollkommen fehlen kann, jedenfalls aber nicht im Vordergrunde der Symptome zu stehen braucht.

Der Anhaltspunkt für die Diagnose ist somit nur in der rhinoskopisch constatirbaren Dilatation circumscripter oder mehr ausgedehnter Theile des Siebbeinlabyrinthes gegeben Diese ist aber nur dann wahrzunehmen, wenn die das pathologische Secret bergende Zelle gerade gegen die Nasenhöhle zu, oder, wie wir später sehen werden, bis zu einem gewissen Grade gegen die Orbita zu sich vorwölbt. Ist keines von beiden der Fall, dann ist selbstverständlich für eine Diagnose keinerlei Anhaltspunkt vorhanden. Ob dies häufig vorkommt, lässt sich nicht sagen. Nur durch Zufall entdecken wir mitunter das Empyem einzelner Siebbeinzellen.

Da die Verhältnisse fast überall die gleichen sind, will ich die mir zu Gebote stehenden Beobachtungen zusammenfassen und in Kürze wiedergeben. Es handelt sich in der grösseren Mehrzahl der Fälle um hypertrophische Rhinitis mit zahlreichen Polypen, wobei weder eine Eiterung, noch eine irgendwie bemerkbare Dilatation des Siebbeinlabyrinthes auffällt. Seltener ist das Bild der atrophischen Rhinitis von jener Form vorhanden, bei welcher ausgesprochene Polypen oder diffuse Hypertrophien an der Schleimhautbekleidung des mittleren Nasenganges zu constatiren sind. Es mögen nun Polypen oder diffuse Hypertrophien vorhanden sein, für die einzuleitende Behandlung ist dies gleichgiltig, da dieselben mit der Schlinge oder einem anderen, jeweilig als zweckentsprechend erkannten Instrumente entfernt werden müssen.

Nehmen wir an, es hätte sich um Polypen gehandelt, wobei vorher, kein abnormes Secret vorhanden war, dann stellt sich die Sache gewöhnlich so dar, dass in einer Sitzung bei Extraction eines oder mehrerer Polypen, dickflüssiger Eiter oder Eiter in einer compacten Ballenform, zuweilen von einem intensiven Foetor begleitet, nachstürzt. Hindert die mittlere Muschel nicht erheblich den Einblick in den mittleren Nasengang, dann lässt sich wohl des öfteren mittelst der Sonde constatiren, dass die Stelle, wo der Eiter abfliesst, irgend einem Ausführungsgange des Siebbeinlabyrinthes entspricht. Es sind dann zweierlei Consequenzen möglich. Entweder hört die Eiterung nach einmaligem Ausfluss des Eiters gänzlich auf, oder die Eiterung dauert an, so dass augenscheinlich durch Extraction des Polypen das geschlossene Empyem des Siebbeinlabyrinthes in ein offenes umgewandelt wurde.

Es beweisen derartige Fälle immer wieder, welche Ueberraschungen bei der Diagnose der Polypen und Hypertrophien vorkommen können, und wie vorsichtig man in der Aeusserung der Prognose in Bezug auf Heilung und Dauer der Krankheit, nach einer oder nach wenigen Untersuchungen des Kranken, sein muss.

b) **Das offene Empyem.** Diese Gruppe umfasst zum grössten Theile diejenigen chronischen Eiterungen einzelner oder mehrerer Zellen des Siebbeinlabyrinthes, bei welchen die Secretion eines schleimigen oder reinen Eiters und die durch Ablagerung letzterer entstandenen Borken das rhinoskopische Bild beherrschen.

Die ganze diagnostische Schwierigkeit concentrirt sich hier in der Frage nach der Herkunft des Secretes. Ich muss hierbei auf das im allgemeinen diagnostischen Theile entwickelte Schema hinweisen, um die Methode der Diagnostik zu kennzeichnen. Ich will hier nur zwei Punkte besonders hervorheben.

1. Aus der Qualität und Menge des Eiters im mittleren Nasengange lässt sich niemals im voraus ein Urtheil darüber abgeben,

aus welcher oder aus wie vielen Nebenhöhlen das Secret herrührt, obzwar die Erfahrung zeigt, dass das zu Borken eintrocknende Secret im mittleren Nasengange in der überwiegenden Mehrzahl der Fälle im Siebbeinlabyrinthe seinen Ursprung hat. Füge ich dann noch hinzu, dass die pathologische Secretion aus dem Siebbeinlabyrinthe in einer grossen Anzahl, nach meiner Statistik etwa in 50 Procent der Fälle, nicht allein für sich, sondern in Combination mit Kieferhöhlen- und Stirnhöhlenerkrankungen vorkommt, so geht daraus schon hervor, dass die Diagnose des offenen Siebbeinlabyrinthempyems fast nie a priori gestellt werden kann, sondern erst nach Ausschaltung eines gleichzeitig vorhandenen Kiefer- und Stirnhöhlenempyems.

2. In der Mehrzahl der Fälle ist, selbst nach Ausräumung der gewöhnlich vorhandenen Polypen oder der diffusen Schleimhauthypertrophien, noch die Resection der mittleren Muschel nothwendig, um den Eiter bis an den Punkt seines Austrittes selbst zu verfolgen. Dieser Punkt entspricht den in der normalen Anatomie beschriebenen Ausführungsgängen. Es handelt sich hierbei zumeist um die typische Oeffnung zwischen bulla und Ansatz der mittleren Muschel, eine Oeffnung, welche nach Resection der mittleren Muschel leicht zu sehen und zu sondiren ist. Die Sonde dringt nach aussen und oben, beiläufig in der Länge von 1 Centimeter, durch das Siebbeinlabyrinth bis zur Papierplatte des Siebbeines. Die Sondirung des typischen Ausführungsganges ist eine für die Diagnose des Siebbeinlabyrinthempyems sehr werthvolle Methode, da diese Oeffnung, stets ausserhalb und oberhalb des hiatus liegend, mit den Oeffnungen der Kiefer- und Stirnhöhle nicht verwechselt werden kann.

Schwieriger ist es schon, die Eiterung der direct in das infundibulum mündenden Siebbeinzellen von einer Eiterung der Kiefer- und Stirnhöhle auseinander zu halten. Bei einiger Mühe ist jedoch auch diese Schwierigkeit zumeist zu überwinden.

Eine Erkrankung der Kieferhöhle kann jedenfalls durch Ausspülung des Kieferhöhleninhaltes ausgeschaltet werden.

Von der Secretion aus der Stirnhöhle lässt sich die Differenzirung ebenfalls durch Sondirung vornehmen, indem die Sonde bei der Erkrankung einer Siebbeinzelle nach aussen und oben geht und höchstens bei 1 Centimeter Tiefe auf Widerstand stösst. Nur die Erkrankung der in die vorderste Partie des infundibulum einmündenden Infundibularzellen lässt sich schwer, mitunter gar nicht, von der Erkrankung der Stirnhöhle auseinander halten. Ueber letzteres ist in dem Capitel des Stirnhöhlenempyems das Nothwendige bereits mitgetheilt worden.

Die Eiterung der Siebbeinzellen wird häufig übersehen; nur daraus kann es sich erklären, dass die Ansichten der Autoren über deren Häufigkeit sich so sehr widersprechen. Zumeist werden jene Fälle verkannt, in welchen der Eiter zu Borken eintrocknet, und die unter dem Symptomenbilde der „Ozaena" einhergehen.

Die Ursache des Uebersehens ist fast ausnahmslos in der leichtfertigen und oberflächlichen Untersuchung gelegen. Es besteht leider noch immer vielfach die Methode, dass man Nasenhöhlen, in welchen viele faule Borken zu erblicken sind, sofort durch massenhafte Irrigationen reinigt und ohne weitere Untersuchung eine locale Behandlung einleitet.

Das ist aber ein grosser Fehler, welcher schon an und für sich eine richtige Diagnose vereitelt. Entfernt man nämlich einzelne Borken mit der Pincette, so wird man nicht selten gewahr, dass nach Entfernung einer im mittleren Nasengange oder am Rande der mittleren Muschel liegenden Borke etwas flüssiger Eiter nachquillt. Dieser flüssige Eiter bezeichnet oft die Richtung, respective die Quelle, aus welcher die Secretion stammt; durch reichliche Spülung vor einer eingehenden Untersuchung beraubt man sich des wichtigsten rhinoskopischen Anhaltspunktes.

Die grösste Schwierigkeit in der Diagnostik der Siebbeinlabyrintherkrankung wird jedoch dann entstehen, wenn der mittlere Nasengang in Folge einer zu starken Einrollung der mittleren Muschel abgeschlossen ist. Es gestaltet sich die Diagnose hierdurch aus zwei Gründen schwieriger:

Erstens werden jene charakteristischen Verdickungen an den Partien des mittleren Nasenganges, welche theils als Wulst am processus uncinatus, theils als gedoppelte mittlere Muschel oder als diffuse Wucherungen auftreten, und durch ihre Anwesenheit einen Eiterherd in dieser Gegend vermuthen lassen, in diesem Falle übersehen. Es kann dabei der convexe, in der Nase sichtbare Theil der mittleren Muschel vollkommen normal aussehen, so dass nichts auf einen localen Eiterherd schliessen lässt.

Zweitens kann durch die besagte Formation der mittleren Muschel das Secret nach rückwärts in den Nasenrachenraum abgeleitet werden. Täglich erscheint dann eine Borke am Rachendach oder an der hinteren Rachenwand und wird von dem Kranken zuweilen unter unsäglichen Schwierigkeiten ausgeräuspert. Leider werden diese Fälle noch zu oft durch Pinselungen und Aetzungen des Nasenrachenraumes (wenn auch ohne Erfolg) behandelt. — Grünwald ist der Ansicht, dass die in den mittleren Nasengang eingeführte Sonde in derartigen Fällen immer Aufschluss gibt, da die gesteigerte locale Schmerzhaftigkeit, ferner die Brüchigkeit und Rauhigkeit der Knochen, die in der Tiefe vorliegende Caries constatiren lässt.

Ich gebe zu, dass die leichte Brüchigkeit aus den bereits in der pathologischen Anatomie angeführten Gründen die Vermuthung eines chronischen, tiefer liegenden Entzündungsprocesses nahe legt; allein ich kann doch nicht zugeben, dass das erwähnte Symptom häufig vorhanden ist, und überdies möchte ich den Gebrauch einer stumpfen Sonde, welche sicherlich kein Artefact setzt, als Hauptbedingung bei der Untersuchung hinstellen. Ich empfehle mit einer leicht biegsamen Sonde, an irgend einer Stelle in den mittleren Nasengang einzudringen. In Folge der Lüftung des mittleren Nasenganges sickert oft etwas Secret hervor, was an und für sich die Freilegung des mittleren Nasenganges durch Entfernung der mittleren Muschel fordert, und wodurch die Möglichkeit einer weiteren exacten Diagnose in Aussicht gestellt wird. Dass hierbei Geduld und wiederholte genaue Untersuchung unerlässlich sind, liegt in der Natur der Sache.

Ich möchte bei dieser Gelegenheit nicht unerwähnt lassen, dass die letzten angeführten Fälle von ihrer Schwierigkeit viel verlieren, wenn man Gelegenheit hat, den Krankheitsprocess während einer acuten Exacerbation zu beobachten, denn während dieser ist die Secretion profuser, flüssiger und hat nicht die Neigung so rasch zu Borken einzutrocknen, als dies in chronischem Zustande der Fall ist.

Man wird also während der acuten Exacerbation eher als sonst bei der Rhinoscopia posterior Gelegenheit haben, das durch den Nasengang in den Rachen abfliessende Secret direct zu sehen; ebenso wird man selbst nach erschwerter Sondirung des mittleren Nasenganges in der vorderen Nasenhälfte flüssiges, eitriges Secret erblicken können. Was aber nach meiner Erfahrung während der Exacerbation am meisten ins Auge fällt, ist die erhebliche Röthung, Schwellung und Druckempfindlichkeit der betreffenden mittleren Muschel, welch letztere Eigenthümlichkeit insbesondere durch Vergleich der Empfindlichkeit mit der Muschel der gesunden Seite auffällig wird. Dieses Aufflackern der Symptome während des acuten Schnupfens ist in diagnostischer Beziehung sehr wichtig, denn es gibt Fälle, deren Symptome in den Intervallen zwischen den Schnupfenanfällen minimal sind, dagegen durch jeden Schnupfenanfall für längere Zeit angefacht werden. Nicht selten ignoriren die Kranken die Intervalle fast völlig, klagen aber umsomehr über sehr häufig recidivirenden, stark belästigenden Schnupfen. Nur nebstbei will ich hier daran erinnern, dass die genannten Verhältnisse auch beim Kiefer- und Stirnhöhlenempyem des öfteren zu constatiren waren.

Die Diagnose der offenen Eiterung der hinteren, d. i. der in den oberen Nasengang mündenden Siebbeinzellen werde ich gemeinschaftlich mit der Diagnose des Keilbeinhöhlenempyems besprechen, und zwar aus dem Grunde, weil die hinteren Siebbeinzellen, gleich wie die Keilbeinhöhle, ihr Secret in die fissura olfactoria oder in den Nasenrachenraum oberhalb der mittleren Muschel entleeren.

Fälle von offenem Siebbeinempyem.

Fall 1. Frau G. Malvine, 55 Jahre alt, hat im Mai 1891 zum erstenmale bei mir vorgesprochen und liess sich nur nebenbei die Nase untersuchen, weil sie auch seit Jahren an rechtsseitigen Kopfschmerzen litt, und man ihr sagte, dies könne auch von der Nase herrühren; sie selbst sei jedoch überzeugt, dass in der Nase nichts Pathologisches sein könne, da sie stets genügend Luft und niemals irgend welche Beschwerden von Seiten der Nase verspürt habe. Der Kopfschmerz hat nach der Schilderung der Kranken keinen ausgesprochenen Charakter; er wird bald als dumpfer Druck, bald als halbseitiger, die rechte Kopfseite einnehmender Schmerz geschildert. Nur eine lästige Trockenheit des Rachens, wegen welcher sie übrigens schon seit Jahren erfolglos gepinselt wird, gibt die Patientin zu.

Die rhinoskopische Untersuchung ergibt eine auffallende Atrophie und glänzendes Aussehen der rechten unteren Muschel. Auch die übrige Schleimhaut der rechten Nasenhöhle ist trocken. Im Gegensatze hierzu erscheint die Schleimhaut linkerseits succulent und die untere Muschel von normaler Grösse. Die Schleimhaut des Nasenrachenraumes ist gleichfalls trocken und glänzend. Es besteht somit eine sogenannte Rhinopharyngitis sicca unilateralis.

Die erste Frage, welche nach Beantwortung drängte, war die: Warum ist die rechte Nasenseite trocken, ihre untere Muschel atrophisch, während die linke Nasenhöhle vollkommen normal ist? Der Name: „Einseitige rhinitis atrophica" besagt gar nichts; im Gegentheile er bemäntelt nur unsere Unkenntnis. Selbst bei wiederholter, genauer Beobachtung ist in der rechten Nasenseite sonst nichts Auffälliges bemerkbar.

Erst nachdem in der Gegend des mittleren Nasenganges und der mittleren Muschel Cocaïn applicirt und die Sonde zu Hilfe genommen wurde, fand sich in der rechten Nasenhälfte doch noch etwas „Auffälliges". Dass die rechte mittlere Muschel stark lateralwärts gerollt war, konnte einer individuellen „Varietät" zugute gehalten werden; dass aber die in den mittleren Nasengang eindringende Sonde auf Hypertrophien, auf bewegliche Schleimhautwülste stiess, war hier um so auffallender, als die untere Muschel derselben Seite sich atrophisch zeigte. Bei der Lüftung der Hypertrophien quollen gleich einige Tropfen dickflüssigen, gelben Eiters hervor. Nach gründlichem Abtupfen und nochmaliger Lüftung der Schleimhaut-wucherungen zeigten sich wieder einige dicke Eitertropfen. Es war somit höchst wahrscheinlich, dass in dem mittleren Nasengange, respective in einer oder mehreren in den mittleren Nasengang mündenden Nebenhöhlen eine Eitersecretion stattgefunden hatte. Da bei der erwähnten Beschaffenheit des mittleren Nasenganges von einer Sondirung der Nebenhöhlen keine Rede sein konnte, wurde durch den unteren Nasengang die Probepunction der Highmorshöhle ausgeführt, und nachdem die Spül-flüssigkeit eine grössere Menge geballten, klumpigen Eiters ergeben hatte, war die Diagnose eines Kieferhöhlenempyems sichergestellt. Die Höhle wurde von der ver-ödeten Alveole aus, beiläufig an der Stelle des zweiten Backenzahnes, angebohrt und täglich zwei- bis dreimal mit 3procentiger Borsäurelösung ausgespült. Nach einiger Zeit wurde die Kranke angewiesen, sich selbst die Höhle auszuspülen und erst nach 14 Tagen wieder zu kommen.

Die rhinoskopische Untersuchung ergab nach dieser Zeit, abgesehen von den eingangs erwähnten Verhältnissen im mittleren Nasengange, dass trotz gründlicher Reinigung der Kieferhöhle, die bald darauffolgende Lüftung der Hypertrophien wieder einige Eitertropfen hervorquellen liess. Da dieses Symptom den Verdacht einer com-binirten Höhlenerkrankung erweckte, entfernte ich mittelst der kalten Schlinge die vordere Partie der mittleren Muschel. Wegen starker Blutung war die Tamponade der Nase nothwendig.

Es sei hier nunmehr summarisch angeführt, dass nach Entfernung der mittleren Muschel zahlreiche Hypertrophien und kleine Polypen aus dem mittleren Nasengange hervorquollen und sich entfalteten. Die Entfernung aller dieser Wucherungen sammt Heilung nahm beiläufig vier Wochen in Anspruch.

Da erhob ich eines Tages folgenden Befund: Die vordere Hälfte der mittleren Muschel fehlt, der Wundrand ist vernarbt. Nach Ausspülung der Kieferhöhle ist noch eine im mittleren Nasengange haftende Kruste sichtbar, nach deren Entfernung Eiter nachquillt. Da nun der hiatus semilunaris in seiner ganzen Länge freigelegt ist, lässt sich mit Bestimmtheit darthun, dass die Oeffnung, aus welcher der Eiter hervorquillt, sich beiläufig über der Mitte des hiatus befindet, und zwar in dem Winkel, welchen der Rest der mittleren Muschel mit der bulla ethmoidalis bildet. Die in dieser Richtung einge-führte Sonde dringt nach auswärts und oben etwas über 1 Centimeter tief in eine Höhle, welche der Lage nach als das vordere Siebbeinlabyrinth angesprochen werden muss. Ich ging nun an die Erweiterung der Oeffnung, indem ich nach vorheriger Cocaïni-sirung mittelst meines Hakens die Oeffnung des Siebbeinlabyrinthes ausbrach und die hängenden Knochenpartikel mit der Pincette entfernte. Es entleerten sich nun nebst dem bereits früher constatirten flüssigen Eiter zwei halbcompacte schmutzig-graue Klumpen, bestehend aus Eiterdetritus, Schleim und Blutgerinnsel. Die Blutung war gering; ich insufflirte etwas Jodoform und tamponirte die Höhle mit Jodoformgaze. Nach 24 Stunden wurde der Tampon entfernt, und jetzt liess sich die Höhle leicht überblicken. Es kam aus ihr kein Secret hervor, aber vor der Höhle sah man Eiter herausfliessen; die Sonde führt nach oben und auswärts gegen die Orbita 1 Centimeter tief in eine Siebbeinzelle, welche mit der früher eröffneten Zelle nicht communicirte. Beifolgende Skizze (Fig. 77) veranschaulicht halbschematisch den in diesem Stadium aufgenommenen Befund. Nach wenigen Tagen wurde nun die Scheidewand zwischen der schon vorher eröffneten und der nachträglich constatirten Höhle mittelst meines Hakens ausgebrochen und beide Höhlen in eine verwandelt. Die nunmehr folgende Jodoformgazetamponade setzte die Secretion des Siebbeinlabyrinthes auf ein Minimum herab. Die Innenfläche des Siebbeinlabyrinthes überzog sich mit Narbengewebe und blieb gegen die Nasenhöhle zu offen, wenn auch die Höhle durch Schrumpfung etwas enger geworden ist. Alle acht Tage bildete sich eine kleine Kruste, welche von der Patientin ausgeschnaubt wurde. Das Empyem der Kieferhöhle, welche täglich ausgespült wurde, besserte sich auffallend, ist aber nach einer halbjährigen Behandlung noch nicht geheilt. Da die Kranke von ihrem Kopfschmerze befreit war, die täglichen Ausspülungen der Kieferhöhle durch die Alveolarfistel, welche sie während der Mahlzeit mit einem künstlichen Zahnstift verstopfte, ihr keine sonderlichen Unbequemlichkeiten verursachten, reiste sie in ihre Heimat.

Fall 2. P. Franz (Juli 1893), klagt über eitrigen Nasenausfluss, welcher seit 1½ Jahren bestehen soll. Seit einem Jahre leidet Patient an sehr heftigen Kopf-schmerzen, derentwegen er in ärztlicher Behandlung stand. Es wurden zweimal Wuche-rungen (Polypen) aus der linken Nasenseite entfernt, worauf jedesmal der Kopfschmerz nachliess, ohne jedoch gänzlich zu verschwinden.

Die rhinoskopische Untersuchung ergibt rechterseits normalen Befund. linkerseits dagegen starke Vergrösserung der mittleren Muschel, welche einerseits dem Septum anliegt, andererseits mit dem freien hypertrophischen Rande das Niveau der unteren Muschel erreicht. Die untere Muschel ist von normaler Beschaffenheit. Im linken mittleren Nasengange ist überdies eine Kruste zu sehen, nach deren Entfernung flüssiger Eiter sichtbar wird. der sich jedoch nach dem Abtupfen nicht erneuert. Nach Cocaïnisirung des mittleren Nasenganges lässt sich mittelst der Sonde constatiren. dass sowohl an der concaven Fläche der mittleren Muschel als auch an der lateralen Nasenwand derbe Hypertrophien entspringen, welche den mittleren Nasengang ausfüllen, so dass daselbst das Eindringen der Sonde bis zum Dache des mittleren Nasenganges unmöglich ist.

Die täglich an derselben Stelle erscheinende citrige Kruste, sowie die gleichzeitige Hypertrophie der Schleimhaut im mittleren Nasengange weisen also ausdrücklich

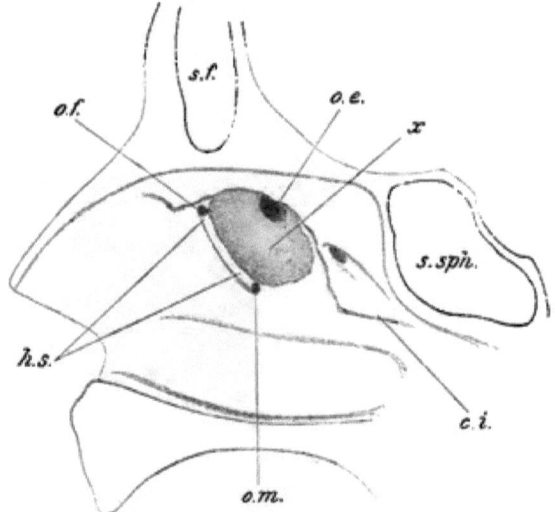

Fig. 77. Künstlich eröffnetes vorderes Siebbeinlabyrinth.
s.f. = sinus frontalis; *s.sph.* = sinus sphenoidalis; *h.s.* = hiatus semilunaris; *c.m.* = concha media; *o.m.* = ostium maxillare; *o.f.* = ostium frontale; *o.e.* = ostium ethmoidale; *x* = eröffnetes Siebbeinlabyrinth.

auf einen krankhaften Process im mittleren Nasengange, respective auf eine Erkrankung der in den letzteren einmündenden Höhlen.

Um den Krankheitsherd freizulegen. wurde vorerst das vorderste Dritttheil der stark hypertrophischen mittleren Muschel sammt knöcherner Grundlage mittelst der kalten Schlinge entfernt. Jetzt erst entfalteten sich die Hypertrophien des mittleren Nasenganges, da sie vom Drucke der mittleren Muschel befreit wurden, in staunenerregender Weise. Während früher nur derbe Hypertrophien zu fühlen waren, ragten drei Tage nach der Amputation der mittleren Muschel zahlreiche oedematöse Wülste (Polypen) bis an die untere Muschel heran. Ihr Umfang überwog beiweitem die Grösse der früher vorhanden hypertrophischen mittleren Muschel. Die Erklärung für dieses Phänomen ist einleuchtend: So lange die Hypertrophien und Polypen durch die lateralwärts gekrümmte mittlere Muschel an der Entfaltung gehindert wurden, lagen sie in einem relativ kleinen Raume zusammengepresst; in dem Momente aber, als ein erheblicher Theil der knöchernen mittleren Muschel entfernt wurde, hörte der auf den Hypertrophien und Polypen lastende Druck auf, und es mussten letztere durch die ausgleichende Wirkung des Druckes oedematös werden. Es bedurfte dreier Sitzungen, ehe alle Hypertrophien aus dem mittleren Nasengange entfernt waren. Zwischen all diesen einzelnen Eingriffen entstand immer wieder die

Borke an derselben Stelle wie früher, nur war sie noch massiger, da jetzt zu der früheren Eiterung noch die Secretion von der künstlich erzeugten Wunde dazu kam. Es dauerte noch weitere vier Wochen vom Momente der Entfernung der mittleren Muschel, ehe alle Wunden vernarbt waren, und ehe man, ohne Blutung zu erzeugen, wieder die Sonde zu Hilfe nehmen konnte.

Täglich fand sich der mittlere Nasengang durch eine festhaftende, schmutziggraue Borke erfüllt, unter welcher eine flüssige Eiterschichte lag. Nach dem Abtupfen des Secretes ist ein Nachfliessen des Eiters zuvörderst nicht bemerkbar gewesen. Eines Tages gelangte ich aber in den Winkel, welchen der Rest der mittleren Muschel mit der bulla ethmoidalis bildete (Dach des mittleren Nasenganges), durch eine lateralwärts oben führende Oeffnung in eine Höhle und konnte mit der Sonde circa 1 Centimeter weit vordringen. Es floss dicker, rahmiger Eiter hervor. Aus den bekannten anatomischen Verhältnissen ergibt sich, dass jene Höhle nur das Siebbeinlabyrinth des mittleren Nasenganges sein konnte. Da besagte Oeffnung nur für eine sehr dünne Sonde passirbar, der Eiter dagegen von dicker Consistenz war, führte ich nach entsprechender Cocaïnisirung meinen Haken in die Oeffnung ein und brach nach unten gegen die bulla zu ein grosses Loch in dem Siebbeinlabyrinth aus, worauf sich sofort eine grosse Menge eingedickten, mit zähen Schleimballen untermengten Eiters entleerte. Da die Blutung minimal war, wurde auf die Wunde nur ein wenig Jodolpulver gestreut. Der Kopfschmerz liess sofort bedeutend nach, nahm jedoch nach zwei Tagen wieder zu. Die Ursache des neu erwachten Kopfschmerzes beruhte auf eingetretener Retention des Secretes unter der Jodolborke. Nach Entfernung derselben stürzte sofort Eiter hervor, und der Kopfschmerz hörte von nun ab dauernd auf.

Die Secretion nahm in der Folge der weiteren Behandlung, welche hauptsächlich in der Application von 2- bis 5procentiger Lapislösung in die eröffnete Höhle bestand, ab; es gelang jedoch nicht, dieselbe zu vollkommenem Stillstande zu bringen. Allerdings wurden keine weiteren radicalen Eingriffe, besonders keine Auskratzung oder breite Eröffnung des Siebbeinlabyrinthes vorgenommen, und zwar aus dem Grunde, weil 1. der Kopfschmerz vollständig nachgelassen hatte und 2. die ganze Secretion in der täglichen Entleerung einer dünnen kleinen Borke bestand. Letztere war so wenig belästigend, dass ihretwegen allein keine Indication zu weiteren, den Kranken in seinem Berufe irgendwie störenden Eingriffen gestellt werden konnte.

Diagnose der Hydrops des Siebbeinlabyrinthes. Die Ansammlung von Schleim in der mittleren Muschel und die Ausdehnung einzelner Siebbeinzellen gegen die Nasenhöhle zu ist schon im früheren Capitel erwähnt worden. Die Dilatation kann sich indes auch gegen die Orbita zu entwickeln und zur Geschwulstbildung, sowie zur Verschiebung des Augapfels nach aussen unten oder nach vorne führen. Der nach aussen sich vorwölbende Hydrops des Siebbeinlabyrinthes verhält sich genau so zu dem nach aussen durchbrechenden Empyem der Siebbeinzellen, wie der Hydrops der Stirnhöhle zu dem durchbrechenden Empyem der letzteren.

Analog dem Hydrops des sinus frontalis entwickelt sich die Mukokele des Siebbeinlabyrinthes langsam, schmerzlos zu einer fluctuirenden Geschwulst am inneren Augenwinkel. So lange die vorgewölbte Papierplatte des Siebbeines noch nicht erheblich rareficirt oder resorbirt ist, besteht keine Fluctuation; somit scheint eine Verwechslung mit einem von der inneren Orbitalwand ausgehenden Osteom möglich. Nur die Probepunction oder Incision des Tumors kann in diesem Stadium über den Inhalt der Geschwulst Aufschluss geben. Der Inhalt besteht entweder aus einer klebrigen,[*] oder aus einer mehr schleimigen,[**] in einzelnen Fällen[***] aus einer mehr milchig aussehenden Flüssigkeit.

---

[*] So in den Fällen von Hulke und Evetzky.
[**] Fälle von Brainard, Knapp.
[***] Fälle von Schuh, Langenbeck etc.
Den ausführlichsten Ueberblick über die hier citirte Literatur siehe bei Berger und Tyrmann (98).

Die Mukokele des Siebbeinlabyrinthes kann sich mit einer Mukokele der Stirnhöhle combiniren. Einen derartigen classischen Fall traumatischen Ursprunges aus der Beobachtung von Langenbeck habe ich schon beim Capitel des Hydrops des sinus frontalis abgebildet. Die meisten der beobachteten Fälle von Mukokele des Siebbeinlabyrinthes scheinen entzündlichen Ursprunges gewesen zu sein.

Bedauerlich ist es, dass in keinem der publicirten Fälle ein verlässlicher rhinoskopischer Befund vorliegt. In einzelnen Fällen ist allerdings eine gleichzeitig vorhandene Unwegsamkeit der Nase notirt worden. Es erscheint für mich fast zweifellos, dass es sich auch hier, ähnlich wie in den nach aussen durchbrechenden Empyemen des Siebbeinlabyrinthes, durchwegs um recht ausgesprochene entzündliche Veränderungen in der Nasenhöhle handeln dürfte. Da es sich ferner bei der Eröffnung fast immer um eine Höhle gehandelt hat, wobei die Zellenscheidewände rareficirt und resorbirt waren, so steht zu erwarten, dass eine Entleerung und Heilung derartiger Mukokelen auch von der Nasenhöhle aus durch eine einzige Oeffnung herbeigeführt werden könnte.

Zur Illustrirung einer Mukokele des Siebbeinlabyrinthes führe ich einen Fall von Hulke (98) an, in welchem eine Mukokele des linksseitigen Siebbeinlabyrinthes mit einem Empyem des rechten sinus frontalis combinirt war.

„Bei einem 22jährigen Knechte ist am linken inneren Augenwinkel eine elastische, fluctuirende, oblonge Geschwulst wahrzunehmen, welche zwischen dem nach auswärts und vorne dislocirten Bulbus und der inneren Orbitalwand liegt und durch das innere Lidband eine seichte Rinne auf seiner Oberfläche erhält; der obere Theil der Geschwulst schien mit dem Stirnbeine zusammenzuhängen; nach rückwärts war er in die Tiefe der Orbita zu verfolgen. Das rechte Auge ist durch einen von der inneren und oberen Orbitalwand ausgehenden Tumor nach vorne und aussen dislocirt. Aus einer Fistel des rechten sinus frontalis entleert sich dünner, flüssiger Eiter. Nachdem der Abscess des rechten Stirnsinus gespalten war, wurde in den Tumor der linken inneren Orbitalwand eingestochen. Es entleerte sich eine Menge klebriger Flüssigkeit, worauf man eine mit einer glatten, vascularisirten Membran ausgekleidete Höhlung vorfand, die sich jedenfalls im Siebbeinlabyrinthe gebildet hatte. Eine Communication mit dem Stirnsinus bestand nicht. Die Höhle wurde täglich mit übermangansaurem Kali ausgespritzt. Durch zwei Wochen entleerten sich täglich 2 Unzen einer visciden Flüssigkeit. Ein Sequester löste sich nicht los. Nach vier Monaten war von der ursprünglichen Entstellung nichts mehr zu bemerken."

B. Das manifeste Empyem des Siebbeinlabyrinthes mit Durchbruch nach aussen.

Das nach aussen durchbrechende Empyem ist von allen entzündlichen Erkrankungen des Siebbeinlabyrinthes am längsten gekannt, da es sich durch äusserlich wahrnehmbare Symptome verräth. Gewöhnlich handelte es sich um abscedirende Infiltrate im inneren Augenwinkel, die entweder mehr acut oder chronisch zum Durchbruche kamen, oder um Orbitalphlegmonen. Die Diagnose wurde zumeist durch den Umstand gestellt, dass man nach Sondirung des eröffneten Abscesses auf eine defecte Stelle der lamina papyracea stiess, oder indem das durch die Abscessöffnung injicirte Spülwasser durch die Nase abfloss.

Je nachdem der Durchbruch sich in chronischer Weise vorbereitet oder acut auftritt, sind die Symptome verschieden. Bei dem acuten Durchbruche entsteht unter Schüttelfrost, heftigem Fieber und Kopfschmerz bedeutende Schwellung der Augenlider, Exophthalmus. oder Verschiebung des Augapfels nach aussen und unten. In weiterer Folge kann vollkommene Immobilität des Augapfels und Amaurose auftreten (Orbitalabscess). Entleert sich der Abscess spontan nach aussen oder wird dem Eiter noch rechtzeitig künstlich Abfluss nach aussen geschaffen, dann können noch alle Symptome zurückgehen. Gelingt dies jedoch nicht, dann dringt der Abscess entweder durch das Orbitaldach oder durch das foramen opticum in die Schädelhöhle und bedingt eine letal verlaufende Meningitis.*)

Bei dem chronisch erfolgenden Durchbruche entwickelt sich im inneren Augenwinkel ein bretthartes Infiltrat ohne besondere locale Schmerzen und ohne heftige entzündliche Erscheinungen. Auch die Dislocation des Augapfels entwickelt sich nur allmählich. Es gibt auch Fälle, in welchen ein chronisch sich vorbereitender Durchbruch durch eine acute entzündliche Attaque plötzlich den Charakter eines acuten Durchbruches annimmt.

Ueber die Details in der Entstehung der Orbitalabscesse in Folge durchbrechender Siebbeinempyeme sind wir leider nicht vollkommen orientirt, da den meisten Beobachtungen der älteren Autoren der rhinoskopische Befund fehlt.**) Der nasale Ursprung wurde immer erst nach Eröffnung des Abscesses durch Abfliessen des Spülwassers aus der Nasenhöhle oder durch Constatirung einer rauhen Stelle an der medialen Orbitalwand (an der lamina papyracea) wahrscheinlich gemacht.***) Nur in wenigen Fällen ist bei der Obduction die Gegenwart von Polypen und Hypertrophien in der Nase notirt worden.

Ich habe fünf Fälle von nach aussen durchbrechenden Empyemen des Siebbeinlabyrinthes gesehen; nur einer dieser Fälle war acut. Er betraf ein 12jähriges Mädchen, welches im Verlaufe einer Scarlatina ein Empyem des rechtsseitigen Siebbeinlabyrinthes acquirirt hatte. Es kam spontan zum Durchbruche im inneren Augenwinkel, nachdem daselbst unter Frost und Fieber eine phlegmonöse Anschwellung entstanden war. Die Sonde gelangte durch die vordere Partie der lamina papyracea in die Nasenhöhle. Der Fall heilte von selbst innerhalb einiger Wochen ohne Zurückbleiben einer Fistel. Zur Zeit meiner Beobachtung war in der Nasenhöhle der betreffenden Seite nichts Abnormes gewesen. Die übrigen vier Fälle waren chronisch. In zweien entwickelte sich ein bretthartes Infiltrat im inneren Augenwinkel; die Fistelbildung erfolgte ohne erhebliche Entzündungserscheinungen. In zwei anderen Fällen entstand indes in Folge einer Exacerbation unter sehr heftigen Fiebererscheinungen ein acuter Orbitalabscess. Diese beiden letzten Fälle werde ich später ausführlich mittheilen.

Nach meinen Beobachtungen in diesen letzten vier Fällen glaube ich, dass bei den chronischen Empyemen, welche zum Durchbruche nach aussen tendiren, folgender Vorgang als die Regel aufgestellt werden kann:

Aus den in der allgemeinen Aetiologie dargelegten Gründen entwickelt sich zuvörderst entweder aus einer acuten oder aus mehreren

---

*) Fall von Schäffer (113).
**) Fälle von Sonnenburg (114), Bull (115), Jeaffreson (116).
***) Fälle von Schäffer (75) und Baasner (107).

wiederholten Entzündungen ein offenes Siebbeinempyem. Im Laufe der Zeit entwickeln sich in Folge der Secretreizung Polypen oder gleichwerthige diffuse Hypertrophien um die Ausführungsgänge der Siebbeinzellen, wodurch ein relatives oder absolutes Hindernis für den Abfluss des Secretes bedingt wird. Höchst wahrscheinlich entsteht dann in ähnlicher Weise, wie dies bei der Stirnhöhle geschildert wurde, unter dem Einflusse einer acuten Exacerbation eine circumscripte Periostitis an der orbitalen Seite der Papierplatte des Siebbeines, welche zuvörderst ein Infiltrat des periostalen Gewebes erzeugt, das allmählich in Eiterung übergeht. Lässt die acute Exacerbation gleich nach, dann nimmt das Infiltrat den chronischen Charakter an, war dagegen der Anfall heftig, dann entsteht unter den oben angeführten Symptomen ein acuter Orbitalabscess.

Das plötzliche Auftreten des Orbitalabscesses unter heftigem Schüttelfrost und Fieber gibt im Augenblick der Vermuthung Raum, dass es sich um einen sogenannten idiopathischen Orbitalabscess handeln könnte, umsomehr als die meisten Kranken ein Nasenübel in Abrede stellen und höchstens gelegentlich der acuten Schnupfenanfälle auftretende, heftigere Kopfschmerzen zugeben. Die Kranken sind eben mit einem latenten Empyem des Siebbeines behaftet. Nimmt man jedoch die rhinoskopische Untersuchung vor, dann sieht man sofort, dass in der Nase Veränderungen vorhanden sind, welche auf einen chronischen, zuweilen Jahre lang andauernden Process hinweisen. Der gewöhnliche Befund besteht in Polypen und Hypertrophien im mittleren Nasengange. In den von mir beobachteten vier Fällen waren ebenfalls Polypen und zahlreiche Hypertrophien im mittleren Nasengange vorhanden; in einem Falle sah ich gleichzeitig ein geschlossenes Empyem der mittleren Nasenmuschel, in einem anderen eine leichte Dilatation des gesammten Labyrinthes gegen die Nasenhöhle. Es braucht dabei das Empyem nicht einmal geschlossen zu sein. Von den dreien meiner erwähnten vier Fälle war zur Zeit des constatirten Durchbruches nach aussen nur in einem das Empyem des Siebbeinlabyrinthes geschlossen, und zwar in dem Falle, in welchem das geschlossene Empyem der mittleren Muschel vorlag. In allen übrigen hat es auch in die Nasenhöhle geeitert. In einem Falle, in welchem der Durchbruch nur bevorstehend war, bestand ebenfalls Eiterabfluss in die Nasenhöhle.

Es muss nun hervorgehoben werden, dass der Befund von Hypertrophien und Eiterung im mittleren Nasengange, ohne constatirbare Dilatation des Siebbeinlabyrinthes nasalwärts, nicht ohneweiters den causalen Zusammenhang zwischen bestehendem Nasenleiden und Orbitalabscess erbringt, denn Eiterung und Polypenbildung im mittleren Nasengange können auch der Ausdruck eines Empyems einer anderen Nebenhöhle sein. Doch wird man meiner Ansicht nach gut daran thun, den erwähnten nasalen Befund zuvörderst doch in positivem Sinne zu deuten, indem man einen Zusammenhang mit dem vorliegenden Orbitalabscess als wahrscheinlich annimmt. Diese Annahme bedingt nämlich die Nothwendigkeit einer raschen Ausräumung, wodurch der Eiterung freier Weg gebahnt wird. Geht man hierbei energisch vor und räumt in einer Sitzung Hypertrophien und Polypen gründlich aus, resecirt auch die mittlere Muschel, falls dieselbe den mittleren

Nasengang einengt, so wird man gewöhnlich das Empyem gegen die Nasenhöhle zu frei machen und der Erguss von Eiter oder von krümeligen, foetiden Massen bereitet jedem Zweifel über das Vorhandensein eines gestauten Empyems ein Ende. Durch das vollkommene Freilegen des Eiterherdes nasalwärts wird nicht nur die Diagnose mittelst Sondenuntersuchung über jeden Zweifel sichergestellt, sondern, was die Hauptsache ist, die Entwickelung des Orbitalabscesses, wenn derselbe noch nicht weit gediehen ist, gewöhnlich*) zum Stillstande gebracht.

Ich will hier zwei Fälle aus meiner Beobachtung zur Illustrirung der wichtigsten Etappen im Verlaufe des nach aussen durchbrechenden Siebbeinempyems anführen. Den ersten Fall verdanke ich Professor Bergmeister, dessen auf die Orbita und den Augapfel bezüglichen Befund ich hier zuerst wiedergeben will.

Empyeme des Siebbeinlabyrinthes mit Durchbruch in die Orbita Orbitalabscess.

Fall I. Okr. Florian, 30 Jahre alt, Taglöhner, aufgenommen am 28. Februar 1895 J.-Nr. 1881, S.-Nr. 16.

Anamnese: Patient erlitt im 10. Lebensjahre eine Verletzung des rechten Auges durch ein Ochsenhorn. Vor 10 Jahren erkrankte Patient an beiden Augen ohne bekannte Ursache (conjunctivitis catarrhalis). Die gegenwärtige Erkrankung begann am 24. Februar angeblich in Folge seiner staubigen Beschäftigung (Mistführer), mit heftigem Schüttelfrost und Schmerzen im linken Auge.

Stat. praes. L. A. Exophthalmus, oberes und unteres Lid geschwellt und geröthet, die Conjunctiva Bulbi chemotisch, die Cornea von oben und unten her als Wall überragend, der Bulbus nach aussen und vorne verdrängt, bei Berührung sehr schmerzhaft. Am geschwellten unteren Lide ist nach aussen zu eine gegen Druck sehr empfindliche Stelle. Cornea, Iris, Pupille normal. Es besteht Doppelsehen, doch kann Patient die Doppelbilder nicht localisiren. Die Pupille ist etwas enger als rechts und zeigt normale Beweglichkeit. Kammerwasser und Linse normal.

Patient zählt noch unmittelbar vor dem Auge Finger. Der tastende Finger spürt vermehrte Resistenz in der Nähe des unteren inneren Orbitalrandes. Am äusseren unteren Orbitalrande ist die Betastung sehr schmerzhaft; hier ist die Resistenz teigig weich, ohne deutliche Fluctuation; ebenso ist die Geschwulst am inneren oberen Orbitalrande teigig weich.

Spiegelbefund: Gegend der Papille bildet einen grossen Hügel mit verwaschenen Grenzen, Stauungsneuritis, Hämorrhagien nicht sichtbar. Am linken Oberkiefer eine vom dritten cariösen Backenzahn ausgehende Periostitis. Der Bulbus erscheint in leicht divergenter Stellung sehr stark nach vorne aussen verdrängt, so dass der Abstand des inneren Cornealrandes von der inneren Commissur circa 3½ Centimeter und derjenige des äusseren Cornealrandes von der äusseren Commissur circa 1 Centimeter beträgt; die Protrusion ist derart, dass der Corneascheitel die Verbindungslinie des oberen und unteren Orbitalrandes circa um 1½ Centimeter überragt. Die Beweglichkeit ist nach allen Richtungen nahezu aufgehoben.

S. ⅓, M.-1·0 D., S. ½.

Therapie: Feuchtwarme Umschläge, Schwitzcur, Stirnsalbe, Bettruhe.

1. März. Subfebrile Temperatur.

2. März. Temp. 37·3. R. A. An Stelle der inneren Commissur eine breite Hautbrücke, welche die freien Lidränder direct am punct. lacrim. verbindet Die Lidspalte erscheint dadurch nach innen wesentlich verkürzt. Von der Carunkel, plica semilunaris ist nichts

---

*) Ich sage „gewöhnlich", weil es mir in drei Fällen von drohendem Durchbruche eines Siebbeinempyems gelungen ist, den Process durch die rasche nasale Behandlung zum Stillstande zu bringen. Auch Grünwald berichtet, dass er bisher bei drohendem Durchbruche mit der endonasalen Behandlung ausgekommen ist. Fraglich ist es allerdings, ob bei bereits stattgehabtem Durchbruche die endonasale Methode genügen dürfte. (Siehe Therapie: Die Eröffnung des Siebbeinlabyrinthes von aussen.)

zu sehen. Die Hautbrücke an der inneren Commissur reicht so weit nach vorne, dass beim Blicke nach vorne nur ein 3 bis 4 Millimeter breiter Rand der Sclera erscheint; wenn man die Lider abzieht, so sieht man eine Tasche zwischen Bulbus und Hautbrücke. Die puncti lacrimales sind eben noch kenntlich. Die entsprechende Partie des Lides ist leicht evertirt, am unteren Lide mehr als am oberen. Der Bulbus ist intact.

L. A. Beide Lider, besonders das obere livid, geschwellt, die Lider können bis auf $\frac{1}{2}$ Centimeter geöffnet werden.

Eine durch den inneren Theil des Oberlides des L. A. circa 3 Centimeter tief geführte Incision ergibt keinen Eiter.

7. März. Nasenbluten.

8. März. An der Innenseite des linken Unterlides eine derb sich anfühlende, stark schmerzhafte Stelle, jedoch freie Beweglichkeit des Bulbus.

9. März. Tiefe Incision am Unterlide des linken Auges ergibt die Entleerung schaumigen Blutes, keinen Eiter — Jodoform, Compressionsverband. Abends Nasenbluten.

11. März. Aus der unteren Incisionsöffnung lässt sich Eiter entleeren. — Bulbus zurückgesunken; durch Ausspritzen der Nase bringt man Eiter zu Tage.

12. März. Kein Eiter beim Ausspritzen der Nase. In die untere Incisionsöffnung wurde ein Drainrohr eingeführt.

13. März. Drainrohr entfernt, Jodoformstreifen eingeführt.

14. März. Die durch die untere Incisionsöffnung injicirte Flüssigkeit strömt durch das linke Nasenloch aus.

Am 16. März kam ich über Einladung des Herrn Professor Bergmeister in das Rudolfspital, um den Kranken zu rhinoskopiren. Auf Befragen gab der Kranke an, niemals seitens der Nase irgend welche Beschwerden verspürt zu haben. Die rhinoskopische Untersuchung ergab: Schon beim Erheben der Nasenspitze sieht man in der linken Nasenöffnung eine grauweisse Geschwulst (Nasenpolyp). Daneben fast gar kein Secret. Ich cocaïnisirte und entfernte sofort mittelst Stahlschlinge durch Evulsion mehrere Polypen. Nach Entfernung eines dieser Polypen stürzt eine grosse Menge stinkenden, krümeligen Secretes nach.

Nach Injection einer schwachen Lösung von hypermangansaurem Kali durch die untere Incisionsöffnung sehe ich die rothe Flüssigkeit durch den mittleren Nasengang dringen und eine Menge krümliger Reste ausspülen. Blutung gering.

Am 18. März habe ich abermals den Kranken untersucht und noch einige Polypen aus dem mittleren Nasengange entfernt. Jetzt konnte ich mit der Sonde in das bereits durch die Evulsion weit eröffnete Siebbeinlabyrinth eindringen. Die Sonde drang nach aussen und oben gegen die lamina papyracea. Es sickerte nur wenig flüssiger Eiter nach.

22. März. Secretion von Eiter geringer, täglich Ausspülung mit 5procentiger Borsäurelösung.

27. März. Exophthalmus bedeutend geringer, Beweglichkeit des Bulbus im Zunehmen.

4. April. Schwellung abgenommen, ebenso die eitrige Secretion.

10. April. L. A. starker Katarrh: Lapis.

23. April. Aus der Nasenöffnung kein Eiter mehr.

Exophthalmus und Lidschwellung ganz zurückgegangen. Excursionsfähigkeit des Bulbus nach allen Richtungen frei. Katarrh der Bindehaut sehr gering, am Bulbus selbst keine Veränderung nachweisbar, dagegen findet man einen 6 Centimeter langen Fistelgang, der mit der linken Nasenhöhle communicirt.

Der Kranke wurde behufs weiterer Nachbehandlung an mich gewiesen.

Es bestand noch schleimig-eitrige Secretion des linken vorderen Siebbeinlabyrinthes. Um das Labyrinth noch weiter zugänglich zu machen, entfernte ich ein Stück des vorderen Endes der hypertrophischen mittleren Muschel und räumte überdies einige diffuse Hypertrophien aus dem mittleren Nasengange heraus. Nach Erweiterung des Labyrinthes und Vernarbung der Wundränder erfolgte vollkommene Heilung.

Den zweiten Fall will ich hier nur in Kürze anführen, da er sich in vielen Punkten dem ersten Falle analog verhält.

Fall II. Stefan M., am 13. Mai 1896 an mich gewiesen, gibt an, seit zwei Jahren an zeitweiser Verstopfung der rechten Nasenseite zu leiden; ungefähr seit demselben Zeitpunkte bemerkt er einen gelblichen, eitrigen Ausfluss aus der rechten Nasenseite; dabei hatte er in den letzten Monaten heftige Kopfschmerzen, welche die ganze rechte Stirngegend einnehmen. Vollkommene Intoleranz gegen Alkohol und Tabak seit dem letzten Jahre. Patient ist arbeitsunfähig, sein Schlaf elend. In den letzten Monaten treten überdies häufig spontane Blutungen aus der rechten Nasenhälfte auf, welche ihn erheblich schwächten. Vor drei Tagen entstand unter heftigen Kopfschmerzen und Fieber eine Röthung und Schwellung der Augenlider rechterseits, weshalb er zum Augenarzte ging, der ihn wegen wahrscheinlichen Zusammenhanges des Augenübels mit der Nase an mich wies. Der Augenbefund war mit Ausnahme der Schwellung beider Augenlider und erheblicher Druckempfindlichkeit des inneren Augenwinkels auf der rechten Seite normal.

Als der Kranke zu mir kam, gab er an, dass die Schwellung noch zugenommen hatte; auch war jetzt eine geringe Chemosis conjunctivae bulbi vorhanden.

Rhinoskopischer Befund: Die rechte Nasenseite durch Nasenpolypen, zwischen welchen dickflüssiger, übelriechender Eiter hervorquillt, vollständig verlegt. Nach gehöriger Cocaïnisirung ging ich daran, womöglich in einer Sitzung den grössten Theil der Polypen zu entfernen. Durch Evulsion gelang es mir, mit den Polypen von ihren Insertionsstellen einige Knochenblättchen mitzureissen. Da nach Entfernung der grösseren Polypen die stark hypertrophische und eingerollte mittlere Muschel den Zugang zu den hoch oben sitzenden Hypertrophien verlegte, resecirte ich noch in derselben Sitzung ein gutes Stück der mittleren Muschel, worauf sich noch einige Polypen entfalteten. Jetzt quoll auch eingedickter Eiter in ganz ausgiebiger Menge hervor.

Die Blutung, welche anfangs sehr heftig auftrat, hörte allmählich auf und sistirte nach einer halben Stunde. In die Nase wurde nur ein lockerer Wattetampon eingeführt und der Kranke angewiesen, äusserlich auf Auge und Nase Umschläge mit sechsfach verdünnter Burow'scher Lösung zu machen. Ich war nicht wenig erstaunt, am nächsten Tage die Schwellung der Augenlider erheblich vermindert zu sehen. Kopfschmerz und sonstige Störungen des Allgemeinbefindens waren verschwunden und der Eiter floss ununterbrochen aus der rechten Nasenhälfte. Ich habe noch in den darauffolgenden Tagen die restlichen Polypen und Hypertrophien aus dem mittleren Nasengange entfernt und durch Sondirung constatiren können, dass aus mehreren vom mittleren Nasengange in das Siebbeinlabyrinth führenden Oeffnungen Eiter floss. Eine dieser Oeffnungen entsprach der „typischen Oeffnung" der Insertionsstelle zwischen bulla und mittlerer Muschel. Ich erweiterte die nunmehr leicht zugängliche typische Oeffnung mittelst meines Hakens und spülte einige krümelige, eingedickte, käsige Massen aus dem Labyrinthe aus.

Die Schwellung der Augenlider ging indes vollkommen zurück, nur vermehrte Resistenz auf Druck vom inneren Augenwinkel aus gegen die Papierplatte blieb noch bestehen. Die Secretion hat einen schleimigen Charakter angenommen. Der Patient wurde, nachdem seine Beschwerden vollkommen geschwunden waren, aus der Behandlung entlassen.

Therapie.

Es kommen im Wesentlichen zwei Methoden in Betracht: 1. Die intranasale Eröffnung des Siebbeinlabyrinthes, 2. die Eröffnung des Siebbeinlabyrinthes von aussen. Die Indicationen sind beiläufig folgende:

Die intranasale Methode ist indicirt:

a) In allen Fällen des chronischen, latenten Empyemes des Siebbeinlabyrinthes, mit oder ohne Ausdehnung desselben gegen die Nasenhöhle zu, gleichgiltig, ob das Empyem geschlossen oder offen ist.

b) Bei acuten Empyemen des Labyrinthes, selbst dann, wenn bereits Erscheinungen eines drohenden Durchbruches gegen die Orbita vorhanden sind. Sollte aber in letzterem Falle nicht sofortiger Abfluss des Eiters mit Nachlassen der Erscheinungen eintreten, dann muss die intranasale Methode sofort von der äusseren abgelöst werden.

Die äussere Methode ist von vornherein indicirt:

a) In all den Fällen von Empyem des Siebbeinlabyrinthes, welche schon den Weg nach aussen gefunden haben: so bei bereits bestehendem Orbitalabscess, mit oder ohne Fistelbildung, ferner bei meningitischen Symptomen.

b) Bei jenen chronischen Empyemen, bei welchen eine intranasale Behandlung nicht ausreicht und die persistirende hochgradige Eiterung nach Abhilfe drängt.

Eine strenge Begrenzung der Indicationen ist indes heute noch unmöglich, und fällt zweifellos die individuelle Vorliebe für die eine oder andere Methode in die Wagschale.

a) Die intranasale Methode.

Wie bei jeder mit pathologischer Secretion einsetzenden Schleim-hautentzündung der Nebenhöhle die oberste Bedingung für die Heilung in dem freien, unbehinderten Abfluss des Secretes gegeben ist, muss auch bei einer Eiterung des Siebbeinlabyrinthes in erster Linie dahin gestrebt werden, den Abfluss in die Nasenhöhle freizulegen. Mit der Lösung dieser Aufgabe ist in vielen Fällen schon alles gethan, was für eine Heilung erforderlich ist.

Die Eingriffe, welche diese Bedingung erfüllen, sind in den verschiedenen Fällen verschiedene und sind durchaus von der individuellen Beschaffenheit des speciell in Rede stehenden Falles abhängig.

Als einfachstes Mittel erscheint in einer Reihe von Fällen von Polypenbildung in dem mittleren Nasengange vorerst die radicale Entfernung aller Polypen und sonstiger derber und oedematöser Hypertrophien im mittleren Nasengange; freilich gelingt dies oft genug erst nach vorangegangener Resection der mittleren Muschel. Die Polypen selbst, obwohl sie zum grössten Theile das secundäre Product der Eiterung bilden. sind wieder durch Verlegung der Ausflussöffnungen des Labyrinthes Ursache von Stauung oder von mangelndem Abfluss. Ich habe eine ganze Anzahl von Fällen schleimig-eitriger Secretion des Siebbeinlabyrinthes gesehen, bei welchen nach Entfernung aller Polypen eine ziemlich abundante, nachgewiesenermassen aus den Zellen des Labyrinthes stammende Secretion, ohne weitere Massnahmen innerhalb weniger Wochen spontan versiegte.

Am klarsten aber manifestirt sich die Wichtigkeit des freien Abflusses bei geschlossenen Empyemen circumscripter oder ausgedehnter Theile des Labyrinthes. Wie oft habe ich nicht gesehen, dass nach Evulsion eines Polypen eine ganze Masse stinkenden Eiters aus dem Labyrinthe nachstürzte, wonach die Heilung spontan erfolgte. Das waren Empyeme einzelner Zellen, ohne ausgesprochene Dilatation gegen die Nasenhöhle zu, welche erst durch die vollzogene Polypen-extraction manifest wurden.

In Bezug auf die Entfernung der Polypen kann nicht genügend auf den Werth der Evulsionsmethode hingewiesen werden. Durch diese werden oft mit dem Ansatzstücke der Polypen kleine Knochen-blättchen der Siebbeinöffnungen mitentfernt, und dies trägt in günstigster Weise dazu bei, um verlegt gewesene Ausführungsgänge des Siebbeinlabyrinthes wieder wegsam zu machen.

Nur selten genügt die Schlinge, um alle Hypertrophien und oedematösen Schwellungen zu entfernen. Insbesondere sind es die flachen und mehr diffusen, oedematösen Hypertrophien, welche erst nach der Resection der mittleren Muschel in ihrer ganzen Ausdehnung sichtbar

werden, und die der Schlinge nicht gehorchen. Sowohl an der Schleimhautbekleidung des processus uncinatus und der bulla ethmoidalis als
auch im Winkel, welchen die bulla mit der mittleren Muschel bildet,
kommen diese oedematösen Schwellungen fast ausnahmslos vor. Sie
müssen alle schon der Diagnose wegen gründlich entfernt werden,
damit die Stellen, wo der Eiter hervortritt, vollkommen freigelegt
werden. Erst nach ihrer Entfernung wird das Bild klar und der Umfang
der Erkrankung mittelst der Sonde bestimmbar.

Zur Entfernung der diffusen Hypertrophien verwende ich in den
letzten Jahren zu meiner allergrössten Zufriedenheit sehr schlanke
gerade Messer, ganz ähnlich wie sie Jurasz (74) für die Operation
der Nasenscheidewanddeviation angegeben hat. Ich schneide die flachen
Wülste einfach weg. Sollte das Stück doch noch an der einen oder
anderen Stelle haften bleiben, dann lässt es sich mit der Schlinge
ohneweiters fassen, da es durch die partielle Ablösung mittelst des
Messers gestielt wurde. Hypertrophien, welche sich im Winkel
zwischen bulla und mittlerer Muschel befinden, entfernt man am
besten mit schneidenden Zangen, wie dieselben von Hartman und
von Grünwald angegeben wurden. Die schneidenden Zangen des
letzteren Autors habe ich in Fig. 78 (b und c) abbilden lassen.

Im Uebrigen ist die Wahl des Instrumentes Nebensache, da in
jedem Falle, je nach Ausdehnung und Erreichbarkeit der Hypertrophien, einmal dieses, andermal jenes Instrument am zweckmässigsten erscheinen dürfte. Dies bleibt zumeist der Erfahrung und
Gewohnheit des Operateurs überlassen. Ich pflege hoch oben im Winkel
sitzende Hypertrophien zuerst mit meinem Haken abzulösen und dann
erst mit der Zange zu entfernen, da ich bei Benützung des zarten
Hakens alles, was ich thue, mit den Augen controliren kann, während
die schneidenden Zangen einen grossen Theil vom Gesichtsfelde
bedecken.

Warnen muss ich aber ausdrücklich vor der Methode, die erwähnten diffusen Hypertrophien mit dem Galvanokauter zerstören
zu wollen.*) Es ist diese Methode ebenso unpraktisch wie schädlich.
Unpraktisch ist sie, da man mit dem Galvanokauter unzähligemale
brennen müsste, ehe man soviel zerstören könnte als mit schneidenden Instrumenten in einer oder nur wenigen Sitzungen möglich
ist. Schädlich ist die Methode, weil der Galvanokauter in dieser
Gegend ganz unberechenbare Reactionen setzen kann. Der galvano-
kaustische Schorf bedingt hier ganz enorme Schwellungen, und dies
in einem Gebiete, wo unser Hauptaugenmerk auf den freien Abfluss
des Secretes aus dem Siebbeinlabyrinthe gerichtet sein soll. Die Reaction dauert nicht selten bis zwei Wochen, und vor Ablauf
derselben kann von einer neuerlichen Application des Galvanokauters
keine Rede sein. Man verlängert somit ganz unnütz die Dauer der
Behandlung; denn, was man mit dem Galvanokauter in Wochen aus-
richtet. erreicht man mittelst schneidender Instrumente in wenigen
Tagen. Ich habe den Galvanokauter für diese Zwecke schon nach
meinen ersten Versuchen aufgegeben, da ich gleich anfangs in zwei
Fällen eine ganz exorbitante Reaction gesehen habe. Der Ausfluss

---

*) Alexander (110) hat diese Methode empfohlen.

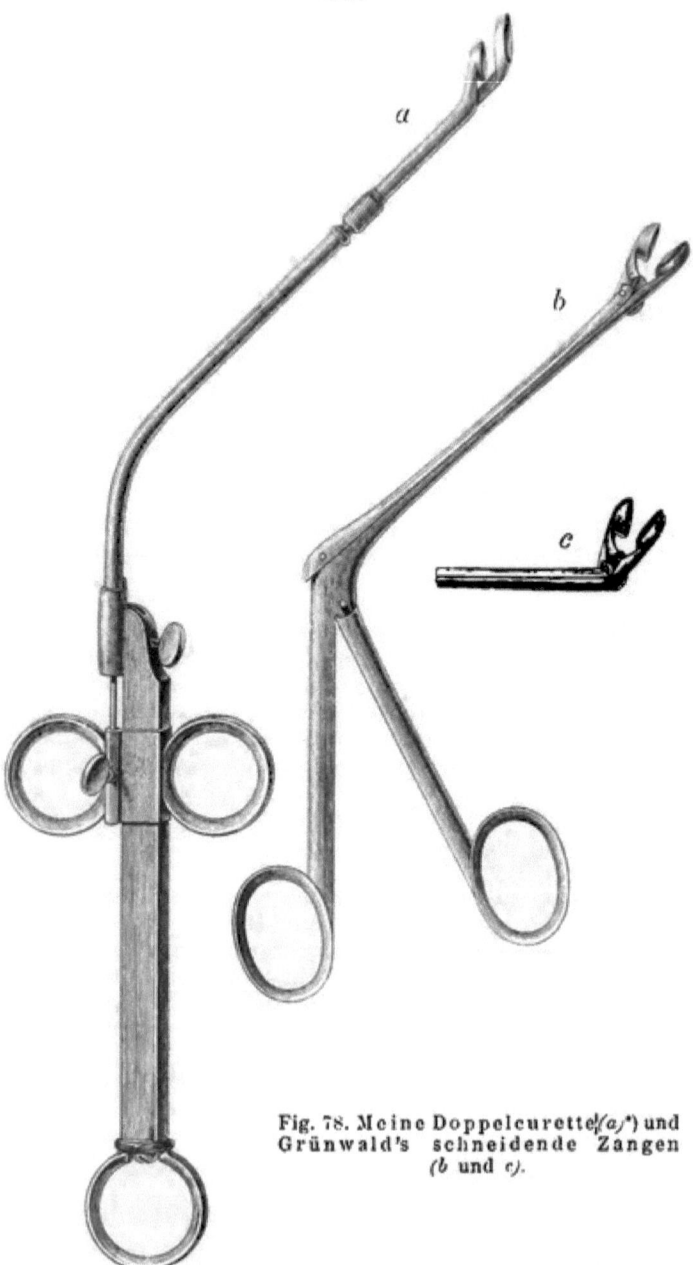

Fig. 78. Meine Doppelcurette (a/*) und
Grünwald's schneidende Zangen
(b und c).

des Secretes hörte in zwei Tagen nach der Application des Galvanokauters auf, und es enstanden rasende Kopfschmerzen; in einem Falle
war leichtes Oedem beider Augenlider vorhanden, jedenfalls Symptome,

*) Zu haben bei Reiner, Instrumentenmacher, Wien, I. Franzensring Nr. 22.

welche auf eine eingetretene Stauung des Secretes im Labyrinthe hinwiesen. Das kommt nach der Operation mit schneidenden Instrumenten nicht vor, obwohl die Wunde vom abfliessenden Eiter fortwährend bespült wird.

Nachdem sämmtliche gestielte und diffuse Polypen entfernt wurden, ist es angezeigt in der Behandlung eine Pause eintreten zu lassen, bis die durch die operativen Eingriffe gesetzten Wunden wenigstens zum grössten Theile vernarbt sind. Wie aus dem Capitel der Diagnose bekannt ist, ist dies der Zeitpunkt, in welchem die Diagnose, d. i. die Localisation der einzelnen Eiterherde durch Freilegung letzterer erst ermöglicht wurde.

Die Einhaltung der Pause hat einen doppelten Zweck. Erstens, um den Kranken von den verschiedenen, bis dahin ausgeführten Eingriffen Ruhe zu gönnen, und zweitens, um sich über das Verhalten der Secretion aus dem Siebbeinlabyrinthe nach vollendeter Vernarbung an seiner Oberfläche besser orientiren zu können.

Die Sache verhält sich nämlich folgendermassen: In einer ganzen Anzahl von Fällen — offenbar sind das Fälle von nicht allzu langer Dauer — hört die Secretion, nachdem für den Abfluss des Secretes durch die Entfernung der Polypen und Hypertrophien gesorgt wurde, spontan auf. Es sind dies die mehr schleimigen, wohl auch die schleimigeitrigen Secretionen, während die rein eitrigen Secretionen auch dann gewöhnlich noch fortbestehen. Auch ist die Secretion aus dem Labyrinthe unmittelbar nach den erwähnten operativen Eingriffen immer reichlicher als einige Zeit nachher. Sei die der Operationswunde folgende Reaction eine noch so leichte, es reagirt dennoch immer das Labyrinth mit vermehrter Secretion. Man hat somit erst nach erfolgter Wundheilung einen richtigen Ueberblick über den Grad der Secretionsanomalie.

Nicht selten verringert sich die Secretion bis auf eine minimale Menge: sie kommt dann in der Bildung einer täglich sich erneuernden Borke um die Ausführungsgänge des Labyrinthes zum Ausdrucke, welche dem Kranken kaum zum Bewusstsein gelangt. Es ist mir des öfteren gelungen, auch derartige Ueberbleibsel pathologischer Secretion noch durch Injection von 2- bis 5procentiger Lapislösung in die erkrankten Hohlräume zum Schwinden zu bringen. Die Injectionen führe ich jeden dritten Tag aus; die injicirte Quantität soll nur wenige Tropfen betragen. Selbstverständlich muss unter geringem Druck injicirt werden.*) Ich wende hierbei eine Pravaz'sche Spritze mit Silbercanüle an, dieselbe, welche ich auch zu Injectionen von Lapislösungen in die Stirnhöhle benütze. Die Canüle muss aus reinem Silber verfertigt und leicht biegsam sein.

Ist jedoch der Process alt und die Secretion eine ausgesprochen eitrige, dann ist nicht daran zu denken, dass der Process durch Herstellung günstiger Abflussverhältnisse allein heilt. Man kann ja auch .

---

*) Man muss darauf achten, dass die Canüle nirgends an die Wand des Hohlraumes angedrückt wird, da hierdurch ein grösserer Widerstand für die Injection entsteht. Forcirt man letztere, dann kann man die lamina papyracea leicht durchbrechen und zu unangenehmen Folgen Veranlassung geben. In einem derartigen, von mir behandelten Falle sah ich am nächsten Tage eine intensive Schwellung des Augenlides, von intensivem Kopfschmerze begleitet, auftreten. Die genannten Beschwerden liessen auf Application von Kälte bald nach.

dann nach Entfernung besagter Polypen und Wucherungen eine
8- bis 14tägige Pause eintreten lassen, um nicht Wunde auf Wunde
zu häufen und um nicht den Kranken durch das rasch aufeinander
folgende Cocaïnisiren und die unvermeidlichen Blutverluste herunter
zu bringen. Dann muss aber um so sicherer mit dem Siebbeinlabyrinthe
aufgeräumt werden. Dies besteht in der künstlichen Erweiterung der
Ausflussöffnung des Labyrinthes. Hierzu benütze ich seit Jahren
meine Haken (Fig. 79), und ich bin damit sehr zufrieden.

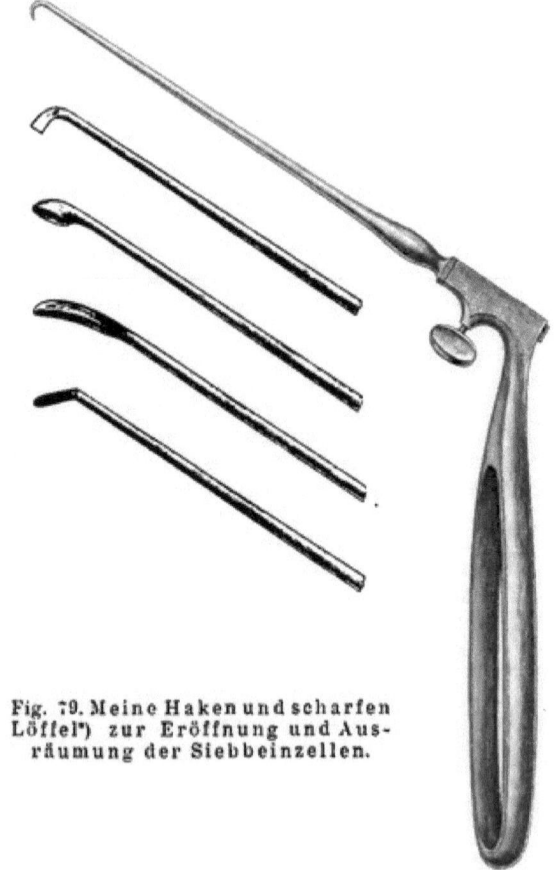

Fig. 79. Meine Haken und scharfen
Löffel*) zur Eröffnung und Ausräumung der Siebbeinzellen.

Vor der Erweiterung der Oeffnung wird cocaïnisirt, dann mittelst
Sonde noch einmal die Lage des Eiterherdes festgestellt. Hierauf gehe
ich in der Richtung ein, nach welcher die Erweiterung des Siebbeinlabyrinthes stattfinden soll, und indem ich mich dem Instrumente
in die Randpartien der zu erweiternden Oeffnung einhake, breche ich
durch Zug die knöchernen Ränder der Oeffnung aus. Das Ausbrechen
der Knochenöffnungen gelingt zuweilen sehr leicht, weil der Knochen

---

*) Zu haben bei Reiner, Instrumentenmacher, Wien, I. Franzensring Nr. 22.

in Folge der mitunter vorhandenen rareficirenden Ostitis nur wenig
Widerstand leistet; in anderen Fällen ist aber der Knochen besonders
resistent, so dass man Angst hat, der zarte Haken könnte abbrechen.
In diesen Fällen nehme ich den zweiten resistenteren Haken. Zuweilen
bricht der Knochen aus, bleibt aber noch mittelst einer Brücke mit den
übrigen Theilen des Labyrinthes im Zusammenhange. Er lässt sich dann
mit einer Pincette ohneweiters entfernen. Ist einmal die Knochenöffnung
weit genug, um eine Branche einer schneidenden Zange aufzunehmen,
so lässt sich auch mittelst dieser die Höhle noch stark erweitern. Bei
der Ausräumung des Siebbeinlabyrinthes verwende ich seit Jahren meine
Doppelcurette (Fig. 78 bei a) mit ausgezeichnetem Erfolge. Das Instrument
ist genau nach dem Modell des von Landgraf modificirten Türk'schen
Locheisens construirt, nur ein wenig schlanker gebaut. Ist einmal das
Labyrinth so weit eröffnet, dass man mit den Branchen des Instrumentes eindringen kann, dann lassen sich die Scheidewände der Siebbeinzellen und eventuelle hypertrophische Wucherungen sehr leicht
entfernen. Da man den Branchen jede beliebige Richtung geben
kann, ist das Innere des Siebbeinlabyrinthes in allen Winkeln erreichbar.

Die Blutung ist gewöhnlich gering, kann aber in Ausnahmsfällen
sehr intensiv werden. Ist ersteres der Fall, dann soll man nach gehörigem
Abtupfen der Wundränder mit sterilisirter Watte in das Innere der
weit geöffneten Siebbeinzellen hineinblicken und eventuell dort befindliche Polypen oder wulstige Schleimhautwucherungen entfernen.
Am besten gelingt dies mit Hilfe einer gut fassenden Hakenpincette,
da die gewucherte Schleimhaut, wenn man sie an einer Stelle gut fasst,
in der Regel in grösseren Stücken abgelöst wird. Aber auch ein zarter
scharfer Löffel, wie er in der Abbildung ersichtlich ist, ist hierzu
gut verwendbar. Hindert eine stärkere Blutung den Einblick in die
geöffnete Zelle, so muss die Entfernung der kranken Schleimhaut für
die nächste Sitzung verschoben werden.

Die Frage, ob man nach Eröffnung des Siebbeinlabyrinthes die
Schleimhaut erhalten oder entfernen soll, hängt in erster Linie von
ihrer Beschaffenheit ab. Die kranke Schleimhaut ist morsch, vom
darüber stagnirenden Eiter theilweise des Epithels beraubt und
wulstig. Die normale oder nur wenig veränderte, also noch der Erhaltung
würdige, Schleimhaut ist im normalen Zustande ganz blass und
äusserst zart, in Fällen von Entzündung geringerer Intensität rosa
gefärbt und leicht oedematös. Besteht ein Zweifel über den Grad der
Schleimhautveränderungen. dann ist es das Beste zu warten. Eine
nur wenig veränderte Schleimhaut erholt sich nach Herstellung des
Abflusses bald, eine hochgradig veränderte dagegen fast gar nicht.

Ich muss hier einen Umstand besprechen, welcher zu einem Irrthum
führen könnte. Das ist das starke Anschwellen der Siebbeinzellen-
auskleidung wenige Tage nach einem grösseren Eingriffe. Es kommt
nämlich vor, dass der mucoperiostale Ueberzug einer Siebbeinzelle
unmittelbar nach der Eröffnung der Zelle nicht sonderlich geschwellt
erscheint; umsomehr überrascht es, nach wenigen Tagen zu sehen,
dass die Zellen von einem oedematösen Polster ausgekleidet erscheinen.
Das ist die Reaction nach dem Eingriffe, welche indes nach einigem
Zuwarten bald vollkommen verschwindet. Interessant ist diese
Beobachtung überdies in pathologisch-anatomischer Hinsicht; sie

zeigt immer wieder, dass die eigenthümliche Art der Anschwellung der dünnen Schleimhaut auch durch acute Processe hervorgerufen werden kann. Der Schleimhautüberzug des Siebbeines zeigt schon wenige Tage nach einer entzündlichen Alteration eine vollkommen polypenähnliche Beschaffenheit.

Die endonasalen Eingriffe in das Siebbeinlabyrinth haben natürlich eine Grenze. Diese ist durch die Nähe der Schädelhöhle bedingt, von welcher die Nasenhöhle nur durch die wenig widerstandsfähige lamina cribrosa getrennt ist. Jede Sondirung oder Eingriff am Dach der fissura olfactoria muss daher untersagt bleiben, so sehr uns auch zuweilen die Neugierde zur Untersuchung dieser Partie anregt. Nur die Einführung einer leicht biegsamen, stumpfen Sonde mag ausnahmsweise gestattet sein, wenn es sich darum handelt, bei ausgedehnter Eröffnung des Siebbeinlabyrinthes über die Grenze, bis zu welcher wir nach oben vordringen dürfen, genau orientirt zu sein. Im Allgemeinen muss aber bemerkt werden, dass diese Grenze in der Praxis von den meisten Fachärzten eher zu klein als zu gross angenommen wird. Die Ansatzstelle der mittleren Muschel scheint die obere Grenze zu sein, bis zu welcher man eine chirurgische Eröffnung des Siebbeinlabyrinthes wagt. Nach meiner Erfahrung ist diese Grenze zu niedrig gegriffen, da bei ausgedehnten Eiterungen des Labyrinthes, dieses sehr wohl noch höher, gut 1 Centimeter über der Ansatzstelle der mittleren Muschel, erweitert werden kann. Ebenso finde ich das zaghafte Vordringen an dem vordersten Ansatze der mittleren Muschel für nicht gerechtfertigt. Schon ein flüchtiger Blick auf die laterale Nasenwand (Fig. 8) lehrt, dass die Insertionsstelle des Vorderendes der mittleren Muschel eine verhältnismässig tiefe Stelle der Innenwand des Siebbeinlabyrinthes repräsentirt, welche von der lamina cribrosa noch beträchtlich entfernt ist. Gerade hier ist aber eine gründliche Ausräumung öfters indicirt, insbesondere bei combinirter Eiterung der vorderen Infundibularzellen und der Stirnhöhle. Bedenkt man ferner, dass der ductus naso-frontalis auch medialwärts zuweilen von Siebbeinzellen (Fig. 51) gedeckt ist, so ist es von vornherein klar, dass bei Freilegung des ductus naso-frontalis diese mediale Wand aus dem Wege geräumt werden muss. Man kann nach Entfernung des vorderen Muschelendes mit der Schlinge mittelst eines Hakens mehrere Millimeter nach aufwärts an der medialen Wand des ductus naso-frontalis liegende eiternde Infundibularzellen eröffnen. Conditio sine qua non ist es nur, dass keine erhebliche Deviation des Septum auf der zu operirenden Seite vorhanden sei, da eine solche operative Eingriffe in dieser Gegend unausführbar macht.

Was ist nun die Folge der breiten Eröffnung der Siebbeinzellen mit oder ohne Schleimhautentfernung?

Wenn ich nach der grossen Anzahl der von mir behandelten Fälle vorerst ein allgemeines Urtheil abgeben soll, so lautet es: In einer erheblichen Anzahl der Fälle eitert es weiter. Es wird an dieser Thatsache wenig dadurch geändert, dass in einzelnen, recht früh zur Behandlung gelangten Fällen thatsächlich bald die Secretion vollständig aufhört, und auch eine ideale Heilung resultirt. Die Ursache des Nichtsistirens der Eiterung liegt in Folgendem: erstens in der oft grossen Ausdehnung der Erkrankung, insofern zahlreiche, vielleicht sogar die meisten Siebbeinzellen an der Eiterung betheiligt sind, zweitens in dem traurigen Umstande. dass, wenn wir noch so radical vorgehen, also vorspringende Scheidewände zwischen den Siebbeinzellen mit der Zange wegkneipen, und die Schleimhaut in toto entfernen wollen, letzteres fast niemals tadellos gelingt. Trotz der Würdigung unseres in dem letzten Decennium gesteigerten Könnens auf rhinologischem Gebiete halte ich es somit für eine Anmassung, behaupten zu wollen, dass es auf endonasalem Wege auch nur mit einiger Zuverlässigkeit gelingen könnte, die ganze Siebbeinlabyrinthbekleidung zu entfernen. So lange aber kranke Schleimhautpartien zurückbleiben, kann die Eiterung nicht aufhören. Ich habe mir in vielen Fällen grosse Mühe gegeben, eine ideale Heilung zu erreichen, aber leider häufig erfolglos. Man kann ja rastlos in der Verfolgung des Eiters von einer Zelle in die andere vorgehen, allmählich Zelle nach Zelle breit eröffnen. die Schleimhaut allmählich, und vielleicht mitunter auch zufällig, ganz entfernen. Aber wenn ich bedenke, dass ich von 15 hartnäckigen Fällen, die ich behandelt habe, nur in drei Fällen ideale Heilung erreicht habe, so wird mit Recht die Frage aufgeworfen werden können: Ist denn das Resultat der grossen Opfer und der Mühe werth gewesen? Zwei der erwähnten Fälle behandelte ich über ein Jahr, den dritten über ein halbes Jahr. Allerdings hat mich einer der Fälle mit grossem Stolz erfüllt, als ich im rhinoskopischen Bilde meinen Schülern zeigen konnte, wie allmählich das ganze vordere und hintere Siebbeinlabyrinth, Zelle nach Zelle, wie an einem Präparat eröffnet und eine ideale Ausheilung erfolgt war. Diese innerliche Befriedigung wiegt aber lange nicht die gebrachten Opfer auf, welche wir den Kranken, vor allem solchen mit einem Berufe, zumuthen dürfen.

Es steht somit fest: Eine gewisse Anzahl von Siebbeinlabyrintheiterungen — besonders jene von grosser Ausdehnung und besonders langer Dauer — sind durch die endonasale Methode nicht mit Sicherheit vollständig zu beseitigen.

Welche zu diesen Fällen gehören, lässt sich im voraus niemals mit Bestimmtheit sagen, höchstens vermuthen.

Zieht sich aber eine derartige Behandlung erheblich in die Länge, so verlieren die Kranken die Geduld und entziehen sich der Behandlung. Sie sagen oft: „Die Kopfschmerzen und übrigen Beschwerden habe ich verloren; dass ich täglich um ein paar Taschentücher mehr brauche, ist kein Unglück, und ich habe keine Lust, mich weiter behandeln zu lassen.''

Für uns steht indes die Frage so: Welche Nachtheile können aus der nicht ganz behobenen schleimig-eitrigen Secretion resultiren? So weit meine Erfahrung reicht, ist die einzige missliche Folge der überbleibenden Secretion der Uebelstand. dass innerhalb eines mehr oder weniger langen Zeitraumes neuerdings ein paar Hypertrophien oder polypenähnliche Excrescenzen auftreten, welche dann entfernt werden müssen, und dass gelegentlich eines Schnupfenanfalles die Secretion für einige Zeit profuser wird.

Was kann man nun, nachdem die endonasale Methode sich als unzureichend herausgestellt hatte, weiter thun? Da könnte nur noch die Operation von aussen, die Eröffnung des Siebbeinlabyrinthes von der Orbita aus mit Verödung der Höhle, in Betracht kommen.

Das ist vom wissenschaftlichen Standpunkte das einzig richtige Vorgehen. Aber was lehrt die Praxis? Man denke sich ein Mädchen von 16 bis 20 Jahren mit einer chronischen Siebbeineiterung, bei welcher es gelungen ist, durch die endonasale Methode alle Störungen, mit Ausnahme der übrigbleibenden Secretion, zu besiegen. Man stelle derselben nun den Antrag, sich äusserlich operiren zu lassen, wonach voraussichtlich eine mehr oder weniger störende, vielleicht gar entstellende Narbe um das Auge herum übrig bleibt. Man wird doch über die Antwort nicht im Unklaren sein!

So kommt es nun, dass man in einer Anzahl von ausgedehnten chronischen Eiterungen des Siebbeinlabyrinthes sich mit einem halben Erfolge begnügen muss; es müssen in diesem Falle die Kranken von Zeit zu Zeit zur Untersuchung bestellt werden, behufs Controle, ob neuerdings Wucherungen vorhanden, oder ob wieder Stauungen eingetreten sind, und sie kommen auch sehr gerne, wenn nur eine äussere Operation vermieden werden kann.

Ich habe im Vorhergehenden auseinandergesetzt, dass man bei Eröffnung des Siebbeinlabyrinthes nach einigen Eingriffen eine Pause eintreten lassen müsse, damit die Wunden heilen, und damit sich nicht die Reactionen summiren. Von dieser Regel muss in jenen Fällen eine Ausnahme gemacht werden, in welchen stürmische Erscheinungen: wie rasender Kopfschmerz, Schwellung der Augenlider, Fieber, also Symptome vorhanden sind, welche einen Durchbruch des Eiters in die Orbita und vielleicht auch gleichzeitig in die Schädelhöhle anzeigen.

Wenn in derartigen Fällen die endonasale Methode noch etwas leisten soll, dann muss sie rasch und in ausgiebigster Weise gehandhabt werden. Es muss da nach gründlicher Cocaïnisirung in einer einzigen Sitzung die Entfernung der mittleren Muschel, die Extraction der Polypen durch Evulsion und die ausgiebige Eröffnung des Siebbeinlabyrinthes vorgenommen werden. So weit meine Erfahrung reicht, und sie ist in diesem Punkte gleichlautend mit der Grünwald's, ist es mir bisher noch immer gelungen, sowohl den Eiter zu entleeren, als auch die genannten stürmischen Erscheinungen verschwinden zu machen. Ich habe in diesen Fällen die sofortige Trepanation von aussen in Aussicht genommen, falls die endonasale Behandlung nicht von Erfolg begleitet sein sollte, aber nur in Aussicht genommen, da durch die Eröffnung des Siebbeinlabyrinthes der Eiterabfluss auf endonasalem Wege immer hergestellt wurde. Ich zweifle aber nicht daran, dass es auch Fälle geben könnte, in welchen die Eiterherde nicht sofort getroffen werden, so dass die Trepanation doch nicht umgangen werden könnte.

Mit dem Verschwinden der stürmischen Erscheinungen nach gelungener endonasaler Ableitung des Eiters ist selbstverständlich nur die Gefahr des Durchbruches des Eiters in die Orbita und in die Schädelhöhle eliminirt; die weitere Behandlung ist nach den im Vorhergehenden geschilderten Principien auszuführen. Nur bei acuten Empyemen pflegt mit Herstellung des Abflusses in die Nasenhöhle auch der ganze Krankheitsprocess beendet zu sein.

Die Behandlung derjenigen Fälle, in welchen eine circumscripte oder ausgedehntere Ektasie des Siebbeinlabyrinthes nasalwärts statthat, ist von selbst gegeben: Eröffnung der Knochenblase mit Entfernung der knöchernen Wände und mit eventueller Ausrottung von Polypen oder sonstigen Schleimhautwucherungen aus der kranken Höhle. Die Details der erwähnten Eingriffe sind in den angeführten Krankengeschichten mitgetheilt worden.

Erwähnen will ich nur noch die dem operativen Eingriffe folgende Nachbehandlung.

Wenn irgend möglich, soll nicht tamponirt werden. Es lässt sich auch in den meisten Fällen die Tamponade umgehen, wenn die Kranken die nöthige Ruhe beachten. Ich bin im Laufe der Zeit von der Application irgend eines Mittels nach der Operation abgekommen.

Ich schiebe in die äussere Nasenöffnung ein Stück sterilisirte Watte, welche der Kranke, so oft als nöthig, wechselt. Ist die Tamponade nicht zu umgehen, dann soll die hierzu verwendete Jodoform- oder irgend eine andere Gaze niemals länger als 24 Stunden in der Nase verweilen, da infolge Retention des Eiters störende Symptome entstehen könnten.

b) Die Eröffnung des Siebbeinlabyrinthes von aussen.

Wenn wir von den früheren, gelegentlich von Chirurgen vorgenommenen Eröffnungen des Siebbeinlabyrinthes absehen, muss das Verdienst Kuhnt (l. c.) zugeschrieben werden, zuerst den Versuch gemacht zu haben, diese Operation methodisch auszuarbeiten. Zwar hat schon vor ihm Grünwald (l. c.) am Cadaver eine Operationsmethode ersonnen und bildlich dargestellt, allein am Lebenden hat er dieselbe nicht ausgeführt, weil er niemals Gelegenheit hatte, dieselbe zu üben.[*)]

Die Methode Kuhnt's besteht in Folgendem: Es wird der Hautschnitt vom oberen Rande des ligamentum palpebrae internum, auf der crista lacrymalis anterior begonnen und gegen den margo supraorbitalis fortgeführt. Die Lösung des Periostes erfolgt nach beiden Seiten, jedoch nur in unbedeutender Ausdehnung gegen die Stirn, in ausgedehntem Masse jedoch nach der Orbita zu. Die Ablösung in letzterer Richtung muss möglichst schonend vorgenommen werden, insbesondere im Bereiche der fossa trochlearis. Um eine grössere Operationsbasis für das Siebbeinlabyrinth zu gewinnen, erscheint es wünschenswerth, den Schnitt über das innere Lidband nach unten zu verlängern und den Thränensack sammt seiner Kapsel provisorisch aus seiner Grube zu lösen. Letzteres pflegt später keinerlei Störung in der Thränenableitung zu bedingen. Dieser Eingriff gestattet

---

*) Es hat nur geschichtliches Interesse, dass Riberi[*)] im Jahre 1838, auf die Erfahrung gestützt, dass Orbitalabscesse sich mitunter durch das Siebbeinlabyrinth in die Nase eröffnen, den Vorschlag machte, alle Orbitalabscesse durch das Siebbeinlabyrinth zu entleeren, somit auch Orbitalabscesse, welche in Folge Durchbruches eines Stirnhöhlenempyems entstanden sind, sowie auch die „sogenannten" primären Orbitalabscesse. Selbstverständlich kann ein solcher Vorschlag bezüglich des Stirnhöhlenabscesses nicht acceptirt werden, und was die „primären Orbitalabscesse" anlangt, so besteht die Frage, ob sie überhaupt existiren, da nach den bisher vorgenommenen Nekropsien die Orbitalabscesse immer secundärer Natur waren.

*) Citirt nach Steiner (86).

einen bequemen Zugang selbst bis zu den hinteren Siebbeinzellen, ohne einen Insult für das Sehorgan befürchten zu lassen. Selbst die Entfernung grösserer Theile der Papierplatte ist unbedenklich.[*])

Grünwald's Methode weicht von der Kuhnt'schen in mehreren Punkten ab: Ein bogenförmiger Schnitt läuft unmittelbar unterhalb der Augenbraue und zu ihr parallel, von der Mitte derselben beginnend bis zur Nasenwurzel, wo er umbiegend, bis etwa zur Mitte des Nasenbeines abwärts geführt wird und am inneren Augenwinkel endigt. Der senkrechte Theil des Schnittes, welcher Haut und Periost zugleich durchtrennt, liegt genau an der Umbiegungsstelle der Orbita gegen die Nase. Mit einem Elevatorium wird der ganze Lappen sammt Periost nach unten abgehoben.

Die Nachbehandlung geschieht ganz in derselben Weise, wie sie schon gelegentlich der Radicaloperation der Stirnhöhle, nach der Methode von Kuhnt, angegeben wurde.

An der eingangs erörterten Indicationsstellung festhaltend, soll nur noch bemerkt werden, dass die operative Eröffnung des Siebbeinlabyrinthes von aussen im Falle bereits stattgehabten Durchbruches in die Orbita zuvörderst ohne Rücksicht auf die Verhältnisse in der Nase indicirt ist.

In Fällen, wo man zuwarten kann, und bei drohendem Durchbruche wird früher eine endonasale Behandlung platzgreifen, und nur bei Fehlschlagen derselben die äussere Methode gewählt werden.

Die Diagnose und Behandlung der Affectionen des hinteren Siebbeinlabyrinthes werden erst bei der Besprechung der Eiterung aus der Keilbeinhöhle, mit welcher das hintere Siebbeinlabyrinth die zweite Serie der Nebenhöhlen repräsentirt, Berücksichtigung finden.

Anschliessend an das Siebbeinlabyrinth sollen berücksichtigt werden die:

Combinirte Empyeme der Nebenhöhlen erster Serie.

Nach Abhandlung der Erkrankungen des vorderen Siebbeinlabyrinthes ist es nöthig, darauf hinzuweisen, dass combinirte Erkrankungen mehrerer Nebenhöhlen erster Serie recht oft vorkommen. Die Combination des Stirnhöhlenempyems mit Empyem der vorderen Siebbeinzellen ist die häufigste, wohl wegen der nahen Beziehungen zwischen ductus naso-frontalis und Infundibularzellen. Seltener ist schon die Combination zwischen Kieferhöhle und Stirnhöhle einerseits und zwischen Kieferhöhle und Siebbeinlabyrinth andererseits, obwohl diese Combinationen auch noch zu den häufigeren gehören. Combinirte Erkrankungen aller drei Nebenhöhlen sind schon selten; ich habe sie bisher nur sechsmal gesehen.

---

[*]) Indem ich der Methode Kuhnt's den Vorrang gebe, bin ich weit davon entfernt, seine Indicationen gutzuheissen. Er will seine Operationsmethode überhaupt an Stelle der endonasalen Methode setzen, welch letztere er für nicht gut practicabel hält. Ich kann dem verdienstvollen Autor darob keinen Vorwurf machen, vermuthe indes, dass er der neueren rhinologischen Technik einigermassen fremd gegenübersteht.

Isolirt erkrankt am häufigsten die Kieferhöhle, am seltensten die Stirnhöhle.

Das Wichtigste über die Differentialdiagnose zwischen den Erkrankungen der einzelnen Nebenhöhlen erster Serie ist bereits im allgemeinen Theile erörtert worden. Ich habe schon dort den allmählichen Aufbau der Diagnose betont und hervorgehoben, in welcher Weise bei Abwesenheit manifester, auf die Erkrankung einer bestimmten Nebenhöhle hinweisender Symptome unsere Aufmerksamkeit zuvörderst auf die Kieferhöhle gelenkt werden muss. Von diesem Schema gibt es selbstverständlich zahlreiche Ausnahmen, wie dies bereits aus den bisher angeführten Krankengeschichten über combinirte Empyeme hervorgeht. So gehört es fast zur Regel, dass, wenn von mehreren erkrankten Nebenhöhlen erster Serie eine Nebenhöhle manifeste Symptome zeigt, immer diese zuerst das Ziel unseres Eingriffes bilden wird. Wenn beispielsweise das Secret in der Stirnhöhle stagnirt, und die Infiltration des Orbitaldaches, sowie die Schwellung des Augenlides einen nicht zu verkennenden Anhaltspunkt für die Annahme einer Erkrankung der Stirnhöhle liefern, wird die Diagnose einer Erkrankung der Stirnhöhle die erste Stufe bilden. In Fällen, in welchen das Siebbeinlabyrinth nach aussen oder gegen die Nasenhöhle zu dilatirt ist, wird man naturgemäss zuerst die Erkrankung dieser Höhle am leichtesten erkennen. Das Wichtigste für die Diagnose der combinirten Empyeme ist aber nicht der Umstand, ob unser Augenmerk zuerst auf diese oder auf jene Höhle gelenkt wird, sondern die Constatirung, dass nach Ausschaltung einer bereits erwiesenen Nebenhöhleneiterung, Eiter noch in einer anderen Nebenhöhle vorhanden sein muss.

Dass nach dem Gesagten die Diagnose eines Falles von combinirtem Empyem der Nebenhöhlen nur allmählich aufgebaut werden kann, liegt in der Natur der Sache.

Ueber den ursächlichen Zusammenhang mehrerer gleichzeitig vorhandener Empyeme ist nichts Sicheres bekannt. Killian (9) hat zuerst die Idee ausgesprochen, dass der von der Stirnhöhle in den hiatus fliessende Eiter unter gewissen Umständen durch das ostium maxillare in die Highmorshöhle fliessen und sie inficiren könne. Ich habe bereits im Jahre 1898 einen Fall veröffentlicht, in welchem der Eiter aus der Stirnhöhle in die Kieferhöhle floss und eine Eiteransammlung in der Kieferhöhle bedingte. Die Krankengeschichte lautet, ein wenig verkürzt, folgendermassen:

F. W., 30 Jahre alt, Rechnungsunterofficier, kam am 28. Januar 1891 zum erstenmale auf die Poliklinik mit der Angabe, dass er aus der rechten Nasenhälfte seit mehreren Jahren grosse Mengen Eiter entleere. Die Anamnese ergab Folgendes:

Im Jahre 1881 hat der Kranke seinen zweiten cariösen Prämolaris der rechten Seite extrahiren lassen; eine Anschwellung des Kiefers war nicht vorhanden gewesen Nach der Extraction hörten die Schmerzen auf. Erst zwei Jahre später, also 1883, bekam der Kranke einen Ausfluss aus der rechten Nase, welcher bis 1888 nur schleimig, von dieser Zeit an aber so übelriechend war, dass er seiner Umgebung lästig wurde; Patient hatte nie Kopfschmerzen, den Eiter entleerte er theilweise durch die Nase, theilweise durch den Rachen.

Rhinoskopischer Befund: Enge Nase, die rechte überdies durch eine Biegung der cartilago septi der mittleren Muschel gegenüber stark verengt. An die Convexität der Scheidewand ist ein Wulst angedrückt, welcher aber nicht der mittleren Muschel, sondern einer aus dem mittleren Nasengange hervorragenden hypertrophischen Schleimhautfalte entspricht, da er sich mit der Sonde verschieben lässt und keine knöcherne Grundlage hat. Nach Lüftung der erwähnten Spalte zwischen Wulst und

Scheidewand strömt eine grosse Menge eines dicken, etwas übelriechenden Eiters hervor. In der linken Nase sind die Verhältnisse normal; die Rhinoscopia posterior zeigt ausser einem diffusen Katarrhe nichts Bemerkenswerthes. Es besteht Caries der Krone des ersten Molaris rechts. Wegen vorgerückter Zeit wird der Patient auf den nächsten Tag bestellt.

29. Januar: Die Durchleuchtung zeigt eine geringgradige Verfinsterung des rechten unteren Augenhöhlenrandes, welche indes von mehreren der anwesenden Beobachter in Zweifel gestellt wird. Auch die Durchleuchtung der beiden Stirnhöhlen ergibt keine wesentliche Differenz. Da von einer Sondirung der Nebenhöhlen bei den geschilderten Verhältnissen in der rechten Nase keine Rede sein kann, wird nach vorausgegangener gründlicher Reinigung der Nase die Probeaspiration der rechten Highmorshöhle durch den unteren Nasengang ausgeführt. Da die Canüle nicht aspirirte, wurde die Höhle durch die Canüle ausgespült; das Spülwasser enthielt zahlreiche Flocken und roch übel. Es war somit die Gegenwart von Eiter in der Highmorshöhle erwiesen.

30. Januar: Extraction des cariösen ersten Molaris. Die Wurzel ist allem Anscheine nach gesund. Anbohrung des Alveolarfortsatzes. Der Alveolarfortsatz ist dick, die Länge des Canales beträgt, von der Alveolarkuppe aus gerechnet, mindestens 1 Centimeter. Ausspülung mit 3procentiger Borsäure, Adaptirung einer Canüle in den Wundcanal. Es wird der vom mittleren Nasengange hervorragende Wulst mit der Schlinge entfernt; als Ausgangspunkt desselben erscheint der processus uncinatus. Die hierauf erfolgende Blutung wird durch locale Tamponade mit Jodoformgaze gestillt.

1. Februar: Nach Entfernung des Stöpsels aus der Canüle fliessen nur wenige Tropfen, die Nase ist jedoch voll Eiter. Nach erfolgter Reinigung der Nase wird die Highmorshöhle mit 3procentiger Borsäure ausgespritzt; das Spülwasser ist fast rein. Dieser Umstand, wie auch der, dass einige Minuten nach Ausspritzung der Highmorshöhle abermals Eiter im mittleren Nasengange erscheint, beweisen, dass die Quelle der Naseneiterung zum grössten Theile anderswo als in der Highmorshöhle liegen muss. Da wegen der eingangs beschriebenen Verhältnisse ein Einblick in den mittleren Nasengang und die Sondirung der Stirnhöhle unmöglich sind, wird die Entfernung der mittleren Muschel für den nächsten Tag in Aussicht genommen.

2. Februar: Die Nasenhöhle voll Eiter; nach erfolgter Reinigung der Nase Ausspülung der Highmorshöhle. Spülflüssigkeit rein, enthält nur einige faserförmige Flocken. Da die Schleimhautwunde (processus uncinatus) vom vorherigen Tage noch leicht blutet, wird die Entfernung der mittleren Muschel aufgeschoben. Eine in den mittleren Nasengang eingeführte Sonde kann mit einiger Mühe durch das ostium maxillare in die Highmorshöhle eingeführt werden. Dagegen ist die Sondirung der Stirnhöhle unmöglich.

3. Februar: In der vorderen Nase viel Eiter. Patient gibt an, dass seit gestern der Eiterabfluss zugenommen habe. Die Spülflüssigkeit der Higmohrshöhle ist fast ganz rein. Das vordere Ende der mittleren Muschel wird mit der kalten Schlinge abgetragen. In dem vorderen Ende des mittleren Nasenganges, welcher früher wegen der zu starken Krümmung der Muschel unsichtbar gewesen, grauweisse, bewegliche Geschwülste sichtbar. Zwei dieser Geschwülste werden mit der Schlinge abgetragen. Da die Blutung von selbst steht, keine Tamponade.

4. Februar: Nach Reinigung der Nase sind vorne, hoch oben im mittleren Nasengange, vor der Eingangsstelle in die Stirnhöhle, grauweisse Geschwülste sichtbar. Nach Entfernung derselben intensive Blutung, weshalb die Tamponade des mittleren Nasenganges mit Jodoformgaze nothwendig ist.

5. Februar: Aus der Highmorshöhle fliessen durch die Canüle nach Entfernung des Stöpsels einige Tropfen Eiter. Reinigung der vorderen Nase, Wechsel der Jodoformgaze.

6. Februar: Durch die Canüle tropft abermals Eiter. Gaze entfernt, jedoch wegen Blutung von neuem applicirt.

7. Februar: Entfernung der Jodoformgaze aus dem mittleren Nasengange, keine Blutung, es strömt eine Menge Eiter hinter den Tampons hervor. Auch aus der Highmorshöhle fliesst es tropfenweise. Keine Tamponade.

8. bis 10. Februar: Die vordere Nase voll Eiter, dagegen hat die Eiterung aus der Highmorshöhle vollkommen aufgehört. Therapie: Tägliche Reinigung der vorderen Nase und Einstreuung von Jodoformpulver auf die Wunde der mittleren Muschel und des mittleren Nasenganges.

11. Februar: Eiter in der vorderen Nase, aus der Highmorshöhle kommt kein Eiter. Vorne hoch oben im mittleren Nasengange wieder ein ganz kleiner Polyp sichtbar, welcher mit der Schlinge entfernt wird.

12. bis 17. Februar: Tägliche Reinigung der vorderen Nase und Einstreuung von Jodoformpulver. Aus der Highmorshöhle kommt kein Eiter.

18. Februar: Die Wunde der mittleren Muschel ganz geheilt. Nach Reinigung der Nase ist die vordere Partie des hiatus gut zu überblicken. An der bulla ist noch circumscripte hypertrophische Schleimhaut sichtbar, welche mit der Schlinge entfernt wird. Wegen Blutung Tamponade mit Jodoformgaze.

19. bis 21. Februar: Täglicher Wechsel der Jodoformgaze, aus der Highmorshöhle tropft wieder Eiter.

22. Februar: Die Sondirung der Stirnhöhle gelingt ohneweiters. Es fliesst der Sonde Eiter nach.

23. Februar: Am vorhergehenden Tage wurde der mittlere Nasengang nicht tamponirt, aus der Highmorshöhle fliesst kein Eiter. Es gelingt mit einer Canüle von 2 Millimeter Durchmesser in die Stirnhöhle einzudringen und dicken Eiter zu aspiriren. Auswaschung der Stirnhöhle mit 3procentiger Borsäure.

24. bis 29. Februar: Der Eiter fliesst täglich in grosser Menge von der Stirnhöhle ab. Die Highmorshöhle rein.

1. bis 8. März: Da bisher keine merkliche Abnahme der Eiterung aus der Stirnhöhle eingetreten ist, Injection von 5procentiger Lapislösung jeden zweiten Tag. Nach der dritten Injection gibt der Kranke an, dass die Eitersecretion geringer sei. Die directe Beobachtung zeigt, dass der in die Nasenhöhle entleerte Eiter dünnflüssiger ist und eine mehr schleimige Consistenz hat.

9. bis 12. März: Einmalige Injection von 10procentiger Lapislösung in die Stirnhöhle. Aus der Highmorshöhle fortdauernd keine Secretion.

15. März: Der Ausfluss aus der Stirnhöhle sehr gering, rein schleimig. Mit der Behandlung wird pausirt. Da aus der Highmorshöhle keinerlei Secret entleert wird, wird die Canüle entfernt und in die Oeffnung des Alveolarfortsatzes ein Streifen Jodoformgaze eingeschoben.

25. März: Das aus der Stirnhöhle entleerte Secret ist rein schleimig. Der Canal im Alveolarfortsatze stark verengt, wird freigelassen. Noch eine Injection von 10procentiger Lapislösung in die Stirnhöhle.

5. April: Patient hat wenig schleimigen Ausfluss aus der Nase. Die in die Stirnhöhle eingeführte Sonde lässt keinen Eiter nachfolgen. Patient wird auf eigenen Wunsch als geheilt entlassen.

Dieser Fall beweist ganz eclatant: 1. Dass ein Empyem der Stirnhöhle bestehen kann, ohne die geringsten subjectiven Symptome hervorzurufen. 2. Dass die Highmorshöhle selbst nur als Reservoir für den partiell durch den hiatus hineingeflossenen Eiter gedient hat. Durch die Hypertrophie am processus uncinatus, sowie im mittleren Nasengange, und durch die stark gekrümmte Muschel wurde der hiatus zu einem Canal abgeschlossen, wodurch der Eiter nur zum Theile von dem mittleren Nasengange in die vordere Nase abfliessen konnte. Daher kam es, dass, sobald der mittlere Nasengang nach Entfernung der Schleimhauthypertrophien und Polypen nicht tamponirt wurde, d. h. frei war, der Eiter in den mittleren Nasengang floss, wogegen nach jeder Tamponade des mittleren Nasenganges der Eiter zum Theile in die Highmorshöhle geleitet wurde.

Im Uebrigen lehrt auch die Betrachtung in Fig. 37, dass durch Hypertrophie an dem processus uncinatus und an der bulla der ganze hiatus in einen förmlichen Canal umgewandelt werden kann, wodurch Eiter von der Stirnhöhle leicht in die Kieferhöhle geleitet wird.

Es ist die Annahme gerechtfertigt, wenn auch bisher unerwiesen, dass auch eine Eiterung aus dem Siebbeinlabyrinthe unter Umständen eine solche in der Kieferhöhle unterhalten kann. Ich habe in vereinzelnten Fällen von chronischem Empyem der Kieferhöhle den Eindruck gewonnen, als ob die Verzögerung der Heilung durch eine gleichzeitig vorhandene, aber unerkannt gebliebene Eiterung im Siebbeinlabyrinthe verursacht worden wäre. In zwei Fällen habe ich selbst die Siebbeineiterung lange Zeit hindurch übersehen, da die mittlere Muschel seitlich stark eingerollt, und die im mittleren Nasengange vorhandenen Hypertrophien nicht ohneweiters sichtbar waren. Nach Freilegung des mittleren Nasenganges und Blosslegung circumscripter Eiterherde im Siebbeinlabyrinthe heilten beide Empyeme schon nach wenigen Wochen, wogegen dieselben früher über ein halbes Jahr in Behandlung gestanden, ohne wesentliche Besserung zu zeigen.

IV. Keilbeinhöhle.

Normale Anatomie der Keilbeinhöhle.

Die Keilbeinhöhlen liegen in dem Mittelstücke des Keilbeines. Beide Höhlen sind voneinander durch eine Scheidewand getrennt, welche erheblich die Vorderfläche des Keilbeines überragt und dort den Namen „rostrum sphenoidale" führt. Letzteres legt sich vorne an die hintere Partie der perpendiculären Platte des Siebbeines an und bildet die hinterste und oberste Partie der knöchernen Nasenscheidewand; der untere Rand des rostrum ist mit dem vomer in Verbindung. Die Scheidewand der Keilbeinhöhle steht häufig asymmetrisch und kann so stark nach der Seite geneigt sein, dass die eine Keilbeinhöhle die andere an Ausdehnung um das Drei- bis Vierfache übertrifft. Die Asymmetrie betrifft immer nur die obere Partie der Scheidewand. Defectbildung in der Scheidewand ist von mehreren Autoren hervorgehoben worden.

Von besonderem praktischen Interesse sind: a) Die Beschaffenheit der Keilbeinhöhlenwände. b) die Topographie des Ausführungsganges, c) die Sondirung der Keilbeinhöhle und d) die Grössenverschiedenheiten der Keilbeinhöhle.

a) Wände der Keilbeinhöhle. Wir unterscheiden nach Zuckerkandl: Die obere, seitliche, untere, hintere und vordere Wand, welch letztere das ostium sphenoidale enthält.

Die obere Wand sieht in die Schädelhöhle, und man kann an ihr, von vorne nach rückwärts schreitend, folgende Theile unterscheiden: Die Wurzeltheile der kleinen Keilbeinflügel und das planum sphenoidale mit dem foramen opticum in jeder Seitenecke, ferner die sella turcica. Auf der genannten oberen Fläche der Keilbeinhöhle liegen ein Theil der Stirnlappen mit den Riechlappen, das chiasma nervorum opticorum und die hypophysis cerebri.

Die obere Wand des sinus sphenoidalis ist gewöhnlich dünn, wenn auch hier Schwankungen vorkommen. Wichtig ist es, dass bei besonderer Dünnheit der oberen Wand sowohl die sella turcica als auch die Wand der canales optici in die Keilbeinhöhle vorspringen. Letzteres ist für die Pathologie der Keilbeinhöhle insofern von grosser Bedeutung, als es sich zeigt, dass in Folge der verschiedenen Krankheitsprocesse der Keilbeinhöhle Sehstörungen, ja auch vollkommene ein- oder doppelseitige Erblindung auftreten können.

Berger und Tyrmann (98) haben die Scheidewand, welche den canalis opticus von der Keilbeinhöhle trennt, an in der Ebene des foramen opticum ausgeführten Frontaldurchschnitten studirt und sind zu folgendem Resultate gelangt: Am häufigsten ist, wie dies schon früher von Zuckerkandl constatirt wurde, eine auffallend dünne knöcherne Scheidewand anzutreffen. Das zweite, aber seltenere Extrem bilden Fälle, in denen eine Knochenschichte von ansehnlicher Dicke den Sehnervencanal von der Keilbeinhöhle trennt. Die Dicke der

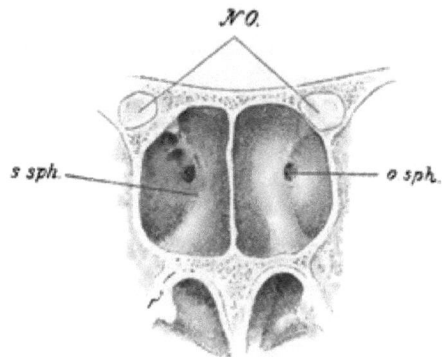

Fig. 80. Frontaler Durchschnitt durch die Keilbeinhöhle. Beide Sehnerven in dem canalis opticus getroffen.

s.sph. = sinus sphenoidalis; *o.sph.* = ostium sphonoidale; *N.O.* = nervi optici.

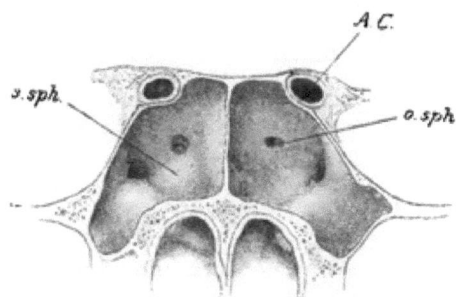

Fig. 81. Frontaldurchschnitt durch die Keilbeinhöhle. Die beiden A. carotides getroffen.

s.sph. = sinus sphenoidalis; *o.sph.* = ostium sphonoidale; *A.C.* = arteria carotis.

Wand kann diesfalls 4 bis 6 Millimeter, ausnahmsweise sogar 7 Millimeter betragen. Es kommen auch deutliche Asymmetrien vor, so dass auf der einen Seite die Scheidewand papierdünn sein kann, während sie auf der anderen das angeführte höchste Mass der Dicke erreicht. In Fig. 80 sind an einem Frontaldurchschnitte in der Ebene der canales nervi optici, auf beiden Seiten die extremen Unterschiede in der Dicke der Scheidewand illustrirt.

Die seitliche Wand der Keilbeinhöhle grenzt, wie die obere, ebenfalls an die Schädelhöhle und wird von der knöchernen Partie des canalis caroticus gebildet. Der Halbcanal springt bei besonderer

Zartheit der Knochenwand als Wulst in die Keilbeinhöhle vor; auf ihm liegt die arteria carotis interna. In unmittelbarer Nähe liegt an der Seitenfläche auch der sinus cavernosus; die Lage beider Blutbehälter ist wegen eines möglichen Ueberganges von Destructionsprocessen der Keilbeinhöhle auf die Schädelhöhle besonders wichtig. In Fig. 81 habe ich die Beziehung des canalis caroticus zur Keilbeinhöhle an einem Frontaldurchschnitte dargestellt.

Die untere Wand bildet theilweise das Nasendach, theilweise auch das Rachendach; doch hängt ihr Antheil an der Bildung des letzteren von der Ausdehnung der Keilbeinhöhle in sagittaler Richtung ab, welche, wie wir später sehen werden, grosse Verschiedenheiten aufweist. Die untere Wand ist, von der hinteren, an die dicke spongiöse Partie des os basilare angrenzenden Wand abgesehen, die relativ dickste. Sie kann aber in Fällen von besonders starker Aushöhlung des Keilbeines ebenfalls papierdünn werden. Bei besonderer Ausbuchtung gegen den grossen Keilbeinflügel hin springt nach Zuckerkandl an der Uebergangsecke des Bodens in die seitlichen Wände der canalis Vidianus in Form einer Leiste vor.

Die hintere Wand der Keilbeinhöhle steht frontal und ist für gewöhnlich leicht gehöhlt.

Die vordere Wand der Keilbeinhöhle ist die wichtigste, weil wegen ihrer verhältnismässig leichteren Zugänglichkeit sowohl unsere Untersuchungsmethoden als auch die therapeutischen Eingriffe hier am bequemsten auszuführen sind.

Die vordere Wand steht frontal und ist, zumindest in ihrer oberen Partie, die dünnste von allen; sie ist die Trägerin der normalen Oeffnung des ostium sphenoidale. Die an macerirten Knochen sichtbare grosse Oeffnung in der Vorderwand der Keilbeinhöhle wird von dem Schleimhautüberzuge erheblich eingeengt, indem die Schleimhautduplicatur sich wie ein Diaphragma gegen die Oeffnung im Knochen vorschiebt. Je nach dem Grade der Einengung des Loches seitens der Schleimhaut bleibt dann eine Oeffnung von verschiedenem Umfange zurück; bald ist sie nur stecknadelkopfgross, bald hat sie einen Durchmesser von mehreren Millimetern. Diese Ungleichheit erklärt theilweise den verschiedenen Grad von Schwierigkeit, welcher die Sondirung der Keilbeinhöhle in den einzelnen Fällen begegnet.

b) **Topographie des ostium sphenoidale.** Das ostium sphenoidale mündet in den recessus spheno-ethmoidalis (siehe Fig. 8). Letzterer entsteht dadurch, dass das hintere Ende des Siebbeines bei seiner Anlagerung an die vordere Fläche des Keilbeines eine senkrechte Furche bildet, welche oben vom Nasenhöhlendache begrenzt ist, nach unten zu über den hinteren Enden der oberen und mittleren Muschel an der unteren Keilbeinhöhlenfläche in die Choanen mündet. Diese Lage des ostium sphenoidale erklärt es, warum pathologisches Secret der Keilbeinhöhle so häufig in den Nasenrachenraum geleitet wird.

Constant ist die Lage des ostium sphenoidale nur insofern, als es immer an der vorderen Wand der Keilbeinhöhle und im recessus spheno-ethmoidalis liegt. Es wechselt aber die Höhe des ostium sphenoidale im Vergleich zum Boden der Keilbeinhöhle. In der Mehrzahl der Fälle befindet sich die Oeffnung oberhalb der

Mitte der vorderen Keilbeinhöhlenwand, nur wenige Millimeter vom Nasendache entfernt. In Fig. 82 ist die Ansicht der vorderen Keilbeinhöhlenfläche mit dem recessus spheno-ethmoidalis und der Choanenbegrenzung ersichtlich.

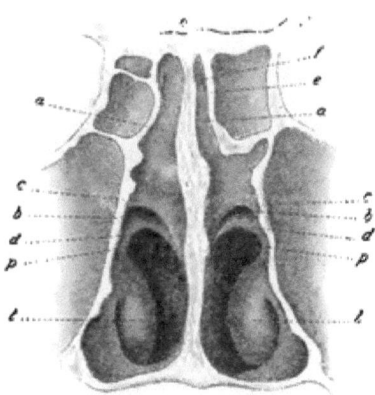

Fig. 82. Frontaldurchschnitt durch den hinteren Theil der Nasenhöhle mit der Ansicht der fissura olfactoria und der Choane. (Nach Zuckerkandl.)

O = obere Nasenwand; a = vordere Fläche des Keilbeines; b = Grübchen zwischen der vorderen und hinteren Hälfte der oberen Nasenwand; c = vordere Falte der oberen Nasenwand; d = hintere Falte der oberen Nasenwand; e = recessus spheno-ethmoidalis; f = ostium sphenoidale; t = Tubenwulst; p = Pharynxtonsille.

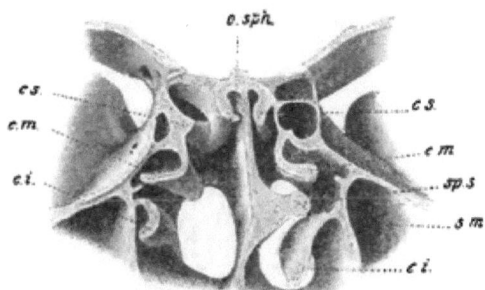

Fig. 83. Sichtbares ostium sphenoidale der rechten Seite in Folge leichter Concavität des oberen Septumtheiles und starker lateraler Einrollung der mittleren Muschel.

$c.i.$ = concha inferior; $c.m.$ = concha media; $c.s.$ = concha superior; $sp.s.$ = spina septi; $s.m.$ = sinus maxillaris; $o.sph.$ = ostium sphenoidale.

Am Lebenden ist das ostium sphenoidale gewöhnlich nicht sichtbar, und zwar aus folgenden Gründen: Der recessus sphenoethmoidalis befindet sich an der lateralen Hälfte der Vorderwand der Keilbeinhöhle, während unsere Blickrichtung durch den Spalt der fissura olfactoria auf die mediale Partie der vorderen Keilbeinhöhlenwand fällt. Die mediale Wand der Siebbeinkapsel, die

Muschelwand ragt aber für gewöhnlich viel mehr nach innen, als eine sagittale Ebene durch das ostium sphenoidale, weshalb dasselbe nur in Ausnahmsfällen sichtbar werden kann. Diese Ausnahme tritt unter zwei Umständen ein: 1. Wenn die mittlere Muschel der betreffenden Seite stark lateralwärts gerollt ist, wodurch sie weniger gegen das Septum vorspringt und 2. wenn die obere Partie des Septum stark nach der entgegengesetzten Seite ausgebaucht ist. In beiden Fällen wird die fissura olfactoria der betreffenden Seite erheblich erweitert. Diese Erweiterung erreicht einen noch höheren Grad, wenn beide angeführten Varietäten sich miteinander combiniren, wie dies in Fig. 83 vorliegt. Kommt zu den erwähnten anatomischen Varietäten noch ein weites ostium sphenoidale hinzu, dann kann letzteres bei der vorderen Rhinoskopie gut sichtbar und für die Sonde leicht zugänglich sein.

c) **Sondirung der Keilbeinhöhle.** Da, wie eben ausgeführt wurde, das ostium sphenoidale nur in Ausnahmsfällen am Lebenden durch die Rhinoscopia anterior sichtbar wird, frägt es sich, in welcher Richtung und in welcher Distanz von der äusseren Nasenöffnung dasselbe zu suchen ist. Zuckerkandl hat zuerst angegeben, dass eine Linie, welche die spina nasalis inferior mit der Mitte des freien Randes der mittleren Muschel verbindet, in ihrer weiteren Fortsetzung die vordere Keilbeinhöhlenwand, eventuell auch das ostium sphenoidale, trifft. Diese Richtungslinie hat sich seit der Angabe Zuckerkandl's als in jeder Beziehung zuverlässig erwiesen. Sie repräsentirt den einzigen Weg, auf welchem wir zur und in die Keilbeinhöhle vordringen können. In Fig. 84 ist an einem Sagittaldurchschnitte des Schädels die erwähnte Richtung der Sonde dargestellt. Für das praktische Bedürfnis des Rhinologen kommen noch einige Momente in Betracht. Die nach der angegebenen Regel in die fissura olfactoria vorgeschobene Sonde trifft mit Sicherheit die vordere Wand der Keilbeinhöhle, aber durchaus nicht mit gleicher Sicherheit die Oeffnung der Keilbeinhöhle. Dies ist auch selbstverständlich, wenn man bedenkt, 1. dass das ostium sphenoidale sich nicht immer in derselben Höhe befindet, und 2. dass die eingeführte Sonde nicht immer genau die geometrische Mitte, sondern einmal vor, ein andermal hinter derselben passiren wird. Die Stelle aber, an welcher die Sonde den Rand der mittleren Muschel kreuzt, ist bestimmend für die Höhe, in welcher die Sonde die vordere Keilbeinhöhlenwand trifft. Es ist in Fig. 84 an den punktirten Linien zu ersehen, wie die in der vorderen Hälfte der Riechspalte eindringende Sonde nur die höchsten Partien der Vorderwand der Keilbeinhöhle trifft. Geschieht die Kreuzung mit der mittleren Muschel, in dem vordersten Theil des Riechspaltes, so gelangt die Sonde zur lamina cribrosa und bei forcirtem Druck durch diese in die Schädelhöhle. Kreuzt man den Rand der mittleren Muschel dagegen in der hinteren Hälfte, so wird die Sondenspitze umsomehr die tieferen Partien der vorderen Keilbeinhöhlenwand treffen, je mehr nach hinten die mittlere Muschel gekreuzt wurde. Geschieht die Kreuzung ganz am hinteren Ende oder nahezu am hinteren Ende der mittleren Muschel, dann gleitet die Sondenspitze an der Basis der Keilbeinhöhle in die Choanen.

Es geht aus dem Gesagten hervor, dass nur die Kreuzung der mittleren Muschel in der vordersten Partie der fissura olfac-

toria gefährlich werden kann, dass aber die Kreuzung in der
Nähe der Muschelmitte unbedingt an die vordere Keilbeinhöhlenwand führt.

Für das praktische Bedürfnis genügt aber vollauf, wenn wir mit
Sicherheit die vordere Keilbeinhöhlenwand erreichen. Durch vorsich-
tiges Herumtasten an ihr gelingt es des öfteren, in das ostium sphenoidale einzudringen, somit die Keilbeinhöhle, auch wenn die Oeffnung
nicht sichtbar ist, zu sondiren.

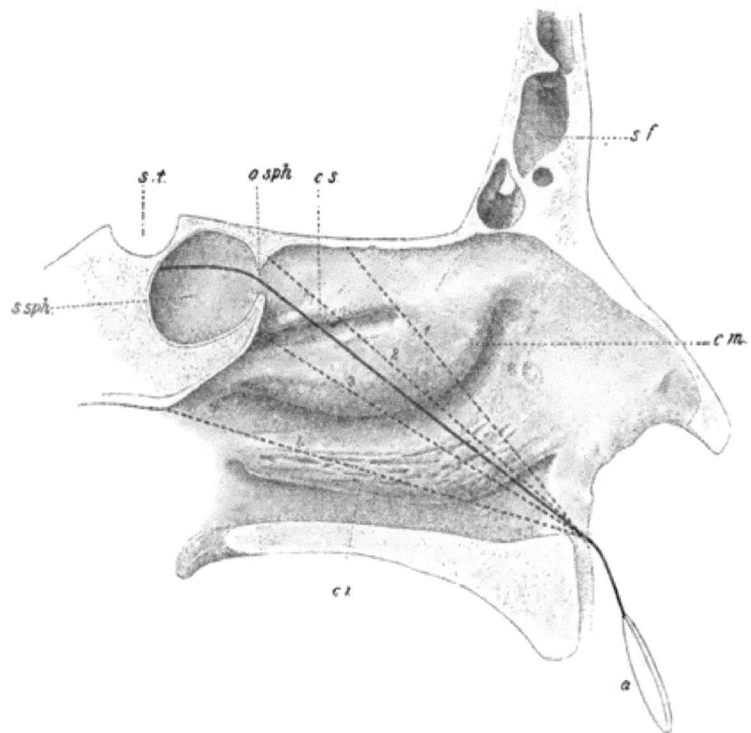

Fig. 84. Die Lage der vorderen Keilbeinhöhlenwand gegenüber der spina
nasalis inferior. Sondirung des ostium sphenoidale.

c.i. = concha inferior; c.m. = concha media; c.s. = concha superior; o.sph. = ostium
sphenoidale; s.t. = sella turcica. Die schwarze Sondenlinie zeigt die Richtung in die
Keilbeinhöhle. Die punktirten Linien: 1, 2, 3, 4 die abweichende Sondenrichtung.

In Bezug auf die Krümmung der Sonde muss aber zweierlei
hervorgehoben werden: 1. Soll die Spitze der Sonde, falls wir nicht
nur die vordere Keilbeinhöhlenwand zu betasten, sondern auch in
das ostium der Keilbeinhöhle einzudringen trachten, ein wenig nach
aussen gekrümmt werden (siehe Fig. 8). Diese Krümmung in frontaler Richtung ist nothwendig, weil, wie schon aus der anatomischen
Darstellung hervorgeht, das ostium der Keilbeinhöhle nach aussen
von der sagittalen Ebene der fissura olfactoria liegt. Die Biegung

der Sonde soll aber nur eine minimale sein, da sonst die fissura olfactoria bei ihrer gewöhnlichen Enge nicht zu passiren ist. 2. Wird es des öfteren nothwendig, das Ende der Sonde auch in der sagittalen Richtung ein wenig nach unten abzubiegen, namentlich dann, wenn das ostium der Keilbeinhöhle sich an der höchsten Stelle der vorderen Wand befindet. In diesem Falle stösst nämlich die Spitze einer geraden Sonde sofort an das Dach der Keilbeinhöhle. Biegt man dagegen die Sondenspitze ein wenig nach abwärts, dann lässt sich die Sonde noch ein gutes Stück, eventuell sogar bis zur hinteren Wand der Keilbeinhöhle vorschieben. In Fig. 84 sind diese Verhältnisse dargestellt worden.

Hat man die Sonde nun regelrecht in die fissura olfactoria eingeführt und weiter gegen die Keilbeinhöhle vorgeschoben, so ist die nächste Frage: Wodurch ist der Beweis geliefert, dass die Sonde in die Keilbeinhöhle eingedrungen ist? Es unterliegt ja keinem Zweifel, dass mitunter das Gefühl, durch eine relativ enge Oeffnung in eine Höhle hineinzuschlüpfen, ein sehr deutliches ist. Allein das Gefühl ist doch nicht so untrüglich, dass man sich darauf mit Sicherheit verlassen könnte. Man muss also nach weiteren Beweisen suchen, und einen solchen liefert die Kenntnis des Abstandes zwischen spina nasalis inferior und vorderer Keilbeinhöhlenwand. Diese Distanz wechselt zwar je nach dem Alter des Individuums und nach der Schädelbildung, immerhin aber nur innerhalb geringer Grenzen. Nach meinen Messungen beträgt die erwähnte Distanz bei Erwachsenen 6 bis 8 Centimeter. Nur bei Kindern unter 15 Jahren habe ich weniger als 6 Centimeter gemessen, und nur zweimal bei Erwachsenen 8·3 Centimeter. Diese Maasse entsprechen ungefähr den von Hansberg (79) an der Leiche und von Grünwald (l. c.) am Lebenden gewonnenen Maassen. Dringt die Sonde daher in der angegebenen Richtung bei kleineren Köpfen $7^1/_2$ bis 8, bei grösseren Köpfen $8^1/_2$ Centimeter oder darüber vor, so kann man sicher sein, dass man in die Höhle eingedrungen ist. Es ist aber nichts Seltenes, dass die Sonde $9^1/_2$ bis 10 Centimeter vordringt, besonders dann, wenn das nasale Ende der Sonde die oben erwähnte Krümmung nach unten erhalten hat. Dies ist nämlich bei solchen Keilbeinhöhlen der Fall, deren Längsdurchmesser ein grosser ist und 2 bis $3^1/_2$ Centimeter beträgt.

d) **Die Grössenverschiedenheiten der Keilbeinhöhle.** Man kann hier ebenso wie bei der Kieferhöhle von mangelnder und übermässiger Resorption des Keilbeinkörpers sprechen. Ceteris paribus steht die Räumlichkeit der Höhle in umgekehrtem Verhältnisse zur Dicke der Knochenwandungen.

Ist die Keilbeinhöhle klein, dann sind die Knochenwände der Keilbeinhöhle dick. Ist dagegen die Höhle geräumig, dann können das Dach und die Wände der Höhle papierdünn werden. Diese Unterschiede in der Dicke der Wandung spielen zweifellos eine wichtige Rolle beim Fortschreiten des Entzündungsprocesses von der Keilbeinhöhle auf die Schädelhöhle, da in Fällen von hochgradiger Resorption der Keilbeinhöhle die obere, an die Schädelhöhle angrenzende Wand sehr dünn werden kann. Bei mangelnder Resorption des Keilbein-

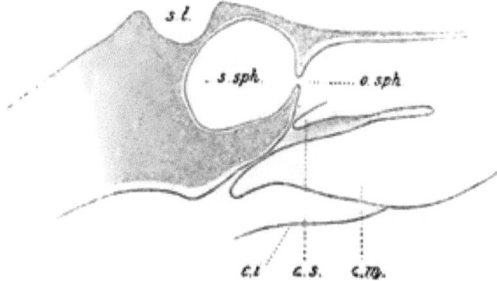

Fig. 85. Kleine Keilbeinhöhle mit dicken Wandungen (halbschematisch).

s.t. = sella turcica; *s.sph.* = sinus sphenoidalis; *o.sph.* = ostium sphenoidale; *c.i.* = concha inferior; *c.m.* = concha media; *c.s.* = concha superior.

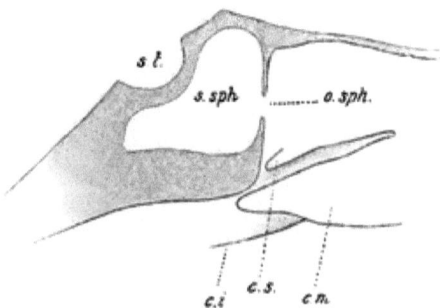

Fig. 86. Unregelmässige Keilbeinhöhle mit grösserem sagittalen Durch-messer.

s.t. = sella turcica; *s.sph.* = sinus sphenoidalis; *o.sph.* = ostium sphenoidale; *c.s.* = concha superior; *c.m.* = concha media; *c.i.* = concha inferior.

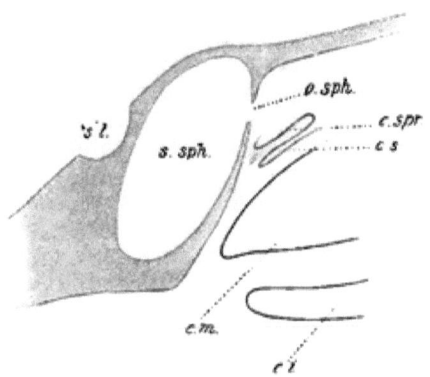

Fig. 87. Tief hinabreichende Keilbeinhöhle mit kurzem sagittalen Durchmesser.

s.t. = sella turcica; *s.sph.* = sinus sphenoidalis; *o.sph.* = ostium sphenoidale; *c.spr.* = concha suprema; *c.s.* = concha superior; *c.m.* = concha media; *c.i.* = concha inferior.

körpers kann die Keilbeinhöhle auch vollkommen fehlen. In diesem Falle findet sich an der vorderen Wand des Keilbeinkörpers statt des ostium sphenoidale ein Grübchen, in welchem eine Ausbuchtung der Nasenschleimhaut steckt. Im Gegensatze zu der mangelnden steht die excessive Ausbildung der Keilbeinhöhle. Die Höhle überschreitet hierbei die Grenzen des Keilbeinkörpers und sendet Ausbuchtungen: nach rückwärts in die pars basilaris ossis occipitis, nach aussen in die kleinen und in die grossen Keilbeinflügel, nach unten in die Flügelfortsätze und sogar zuweilen nach vorne in das rostrum sphenoidale. In Fig. 85 bis 87 sind einige Varietäten von Keilbeinhöhlen von wechselnder Dimension, mit verschiedener Dicke der Wandungen dargestellt, des besonderen in Fig. 68 eine abnorm weite Keilbeinhöhle mit Ausbreitung gegen den grossen Keilbeinflügel und in die flügelförmigen Fortsätze.

Knochenkämme und circumscripte Knochenvorsprünge werden in der Keilbeinhöhle öfters als in anderen Nebenhöhlen beobachtet.

Ueber die Beziehungen der Keilbeinhöhle zum hinteren Siebbeinlabyrinthe ist schon gelegentlich der Besprechung der Anatomie des letzteren das Nöthige mitgetheilt worden. Ich will hier nur deshalb noch einmal auf dieselben aufmerksam machen, weil im Falle der Ausdehnung einer hinteren Siebbeinzelle in die obere Etage einer Keilbeinhöhle (Fig. 70) die Eiterung einer hinteren Siebbeinzelle leicht mit einer Eiterung der Keilbeinhöhle verwechselt werden könnte.

Auch ist erwähnenswerth, dass bei der letztangeführten Anomalie die canales nervi optici in dem Bereich der oberen Etage, also der hinteren Siebbeinzelle, und nicht wie sonst, in der Decke der Keilbeinhöhle zu liegen kommen.

Entzündungen der Keilbeinhöhle.

Aetiologie.

In Bezug auf die Aetiologie der Keilbeinhöhlenempyeme muss auf den allgemeinen Theil verwiesen werden; hier sollen nur einige wenige Punkte hervorgehoben werden.

Die anamnestischen Angaben der Kranken lassen bei den chronischen Erkrankungen gewöhnlich in Stich, da die Kranken zumeist nicht einmal angeben können, seit wann sie an der Krankheit leiden. geschweige denn die Veranlassung kennen, welche zu ihrem Leiden geführt hat. Nur bei acuten Entzündungen lässt sich manchmal feststellen, dass eine acute Rhinitis von besonderer Heftigkeit vorangegangen war. Ob die Rhinitis einen besonderen infectiösen Charakter haben muss, lässt sich mangels bestimmter Anhaltspunkte nicht entscheiden. In einigen acuten Fällen, die ich zu sehen Gelegenheit hatte, ging ein Influenzaanfall voran.

Die bei acuten Infectionskrankheiten vorliegenden Obductionsbefunde berichten von sehr häufiger Erkrankung der Keilbeinhöhlen. Es gilt somit für die Keilbeinhöhle wie für die übrigen Nebenhöhlen, dass Influenza, Scharlach, Masern, Pneumonie, Typhus, Erysipel, Variola etc. direct, oder, wie dies im allgemeinen Theile erörtert wurde, indirect Ursachen einer Keilbeinhöhlenentzündung sein können.*) Dass durch die Fortpflanzung einer im Anfange auf die Nasenschleimhaut beschränkten katarrhalischen Erkrankung ein Keilbeinhöhlenprocess entstehen kann, lässt sich nicht in Abrede stellen, jedoch auch nicht beweisen. Ebenso wenig lässt sich ohneweiters behaupten, dass die Keilbeinhöhle von anderen eitrig erkrankten Höhlen inficirt werden könne, obwohl eine Combination der Keilbeinhöhleneiterung mit anderen Nebenhöhleneiterungen nicht selten ist. Ueber den Mechanismus einer derartigen Infection lässt sich ebenfalls nichts Bestimmtes aussagen. Vielleicht besteht in einzelnen Fällen Harke's Vermuthung aufrecht, wonach der im Nasenrachenraume oder in der Nasenhöhle angesammelte Eiter bei unzweckmässigem Schneuzen oder Niessen in Folge Ueberdruckes in die Keilbeinhöhle getrieben wird.

In einzelnen Fällen muss die Eiterung der Keilbeinhöhle als ein secundärer Process, hervorgerufen durch tertiäre Syphilis, aufgefasst werden. Ich habe sechs derartige Fälle gesehen, in welchen nach eingeleiteter antiluetischer Behandlung und Entfernung von nekrotischen Knochenstücken die Heilung mit Hinterlassung eines grossen Defectes in der vorderen Wand erfolgte.

Pathologische Anatomie.

Die pathologisch-anatomischen Veränderungen bestehen in: *a)* entzündlichen Veränderungen der Schleimhaut, *b)* in Knochenveränderungen.

a) Pathologische Schleimhautveränderungen.

So weit die vorliegenden Sectionsbefunde und Beobachtungen am Lebenden zeigen, verhält sich die Schleimhaut der Keilbeinhöhle ganz analog der Schleimhaut der anderen Nebenhöhlen. Der äusserst zarte und dünne periostale Ueberzug der Keilbeinhöhle ist drüsenarm; nur die Stellen um den Ausführungsgang weisen eine grössere Anzahl von Drüsen auf. Im Ganzen scheint die Keilbeinhöhlenauskleidung weniger zu erheblichen Anschwellungen und Hypertrophien zu neigen als jene der anderen Nebenhöhlen.

Acute Entzündung. Bei der acuten Entzündung der Keilbeinhöhlenschleimhaut begegnet man je nach der Intensität des Processes verschiedenen Bildern. Bei geringeren Graden der Entzündung erscheint die Schleimhaut injicirt. zunächst nur ein wenig oedematös. Bei intensiveren Graden der Entzündung nimmt jedoch die oedematöse Durchtränkung erheblich zu, und es erscheint die Mucosa nach den übereinstimmenden Berichten der Anatomen sulzig geschwollen.**) Relativ oft ist in den Sectionsprotokollen der Befund von punktförmigen Hämorrhagien, und demzufolge von mit Blut untermengtem Secrete,

---

*) Siehe Literatur im allgemeinen Theile.
**) Weichselbaum (l. c.), Zuckerkandl (7), Suchanek (117), Harke (l. c.), Fränkel (l. c).

in der Keilbeinhöhle verzeichnet. Ich selbst sah in einigen Fällen von chronischem Keilbeinhöhlenempyem am Lebenden bei acuter Exacerbation die Schleimhaut der Höhle oedematös und von sulziger Consistenz. Hydropische Höcker, ähnlich wie sie Zuckerkandl für die Kieferhöhlenschleimhaut beschrieben hat, sind in der Keilbeinhöhle nur von Weichselbaum (5) beobachtet worden. welcher hydropische Plaques der Schleimhaut der Keilbeinhöhle neben solchen der anderen Nebenhöhlen schildert. Es ist aber bisher nicht über jeden Zweifel klargestellt, ob die phlegmonöse Entzündung Weichselbaum's sich vollkommen mit der acuten Entzündung der Nebenhöhlen anderer Autoren deckt.

Die meisten pathologischen Anatomen betonen die nahezu völlig normale Beschaffenheit der Nasenschleimhaut, selbst bei der hochgradigen acuten Entzündung des Inneren der Keilbeinhöhle. Wie bekannt, wird dies von Manchen als Beweis angesehen, dass die constatirten Entzündungen des Keilbeinhöhlenüberzuges selbstständige und nicht von der Nasenschleimhaut fortgeleitete sind.

Chronische Entzündung. Ueber die chronische Entzündung der Keilbeinhöhlenschleimhaut sind nur sehr spärliche anatomische Befunde veröffentlicht. Wir können aber ohneweiters annehmen, dass diese Veränderungen vollständig analog den chronischen entzündlichen Producten der anderen Nebenhöhlen sein müssen. Insbesondere scheint der Ausgang in die hypertrophische, sklerosirende Form des öfteren vorzukommen, wie dies von Hartmann (118) an der Leiche und von anderen Autoren*) am Lebenden beobachtet wurde. Ich selbst habe bei breiter Eröffnung der Keilbeinhöhle die Schleimhaut letzterer einigemale wulstig verdickt gefunden, besonders in der Nähe des ostium sphenoidale. Einige Autoren sprechen von Granulationen, was besagen soll, dass geschwürige, von Epithel entblösste Flächen vorhanden sind, ein Befund, den ich bisher nur bei mit Knochenzerstörung (Syphilis) complicirten Fällen erheben konnte. Die Frage, ob eine Keilbeinhöhle von mässiger Ausdehnung durch Sklerosiren der Schleimhaut zur Verödung kommen kann, lässt sich vorläufig mangels beweisender anatomischer Befunde nicht beantworten.

Als entzündliche Schleimhautgeschwülste der Keilbeinhöhle sind zu bezeichnen:

Polypen und Cysten. Solche sind nur in wenigen Fällen beobachtet worden.**) Ich selbst habe nie einen Polypen in der Keilbeinhöhle gesehen, dagegen entfernte ich einmal eine beiläufig haselnussgrosse Cyste, welche nach künstlicher Erweiterung des ostium sphenoidale aus der Oeffnung herausfiel. Der Ansatz der Cyste befand sich, so weit eine Bestimmung am Lebenden auf Genauigkeit Anspruch erheben kann, nahe der inneren Umrandung des ostium sphenoidale.

b) Pathologische Veränderungen der knöchernen Keilbeinhöhlenwände.

Wenn wir von den im Verlaufe der Syphilis vorkommenden Destructionen absehen. so müssen wir analog den Knochenveränderungen

*) Flatau (119), Grünwald (l. c.).
**) Zuckerkandl (l. c.).

im Siebbeine auch hier zuvörderst an die hyperplastische und rareficirende Ostitis denken. Dies ist selbstverständlich, wenn man bedenkt,
dass die Schleimhaut der Keilbeinhöhle gleichzeitig die Bedeutung
eines inneren Periostes hat. Da specielle Untersuchungen hierüber nicht
vorliegen, müssen wir ein weiteres Eingehen auf die möglichen Folgen
dieser Veränderungen versagen. Ebenso schwer ist es, darüber eine Ansicht zu äussern, worauf es beruhen mag, wenn eine ganze Anzahl von Autoren*) am Lebenden durch Sondenuntersuchung eine „Caries" der Keilbeinhöhlenwand constatirt hat, ohne dass Syphilis als Ursache dieser
Veränderungen angegeben worden wäre. Ich habe eine solche, ausser
bei Syphilis, nie constatiren können und möchte daher glauben, dass
bei den mitgetheilten Wahrnehmungen Irrthümer nicht ausgeschlossen
sind. Durch Obduction constatirte Knochenzerstörungen der Keilbeinhöhlenwände nicht syphilitischen Ursprunges sind nicht zahlreich.
Ob hierbei eine directe Drucknekrose allein in Folge der Eiterstauung
oder durch Vermittlung einer Thrombophlebitis, ähnlich wie dies
für die Stirnhöhlennekrosen angeführt wurde, stattfindet, muss als
bisher nicht entschieden betrachtet werden. In den wenigen durch
Obduction festgestellten Fällen handelte es sich bald um eine Er-
weichung der sella turcica und consecutive Meningitis,**) bald erschien
das ganze os sphenoideum brüchig und eiterdurchtränkt.***) In einzelnen Fällen war die mediale, an die Keilbeinhöhle angrenzende
Wand des canalis opticus nekrosirt, so dass der nervus opticus gedrückt wurde und Erblindung erfolgte. Bei derartig erfolgtem Durchbruche der Keilbeinhöhlenwandung kann durch Vermittlung des
canalis opticus einerseits Entzündung des Orbitalinhaltes, mit Bildung
einer retrobulbären Phlegmone, andererseits durch Fortleitung in die
Schädelhöhle Meningitis auftreten. (Siehe cerebrale Affectionen.)

Symptome.

a) Subjective Symptome.

Diese sind bei den entzündlichen Keilbeinhöhlenprocessen sehr
inconstanter Natur, so dass dieselben für die Diagnose noch weniger
verwerthbar sind als bei den Erkrankungen der anderen Nebenhöhlen.
Die wesentlichsten Symptome bestehen *a)* in Kopfschmerz, *b)* in
den durch die abnormen Secrete bedingten Störungen und *c)* in
Störungen des Geruchsinnes.
Kopfschmerz. Nach den Beobachtungen Schäffers (l. c.) soll bei
acuten Entzündungen der Keilbeinhöhle constant Kopfschmerz bestehen.
eine Behauptung, welcher ich nach meinen Erfahrungen nicht bei-
pflichten kann, da ich mehrere Fälle von im Gefolge einer heftigen
Influenzarhinitis auftretenden Keilbeinhöhlenempyemen gesehen habe.
bei welchen jeder Kopfschmerz fehlte. Mitunter begegnet man aber
bei acuten Entzündungen der Keilbeinhöhle sehr intensiven Kopf-

---

*) Schäffer (75), Schech (120), Demarquay (121), Quénu (122), Grün-
wald (l. c.), Baumgarten (123), Bresgen (124).
**) Pekostawsky (125).
***) Demarquay (l. c.), Panas (126), Scholz (127).

schmerzen, von welchen besonders das Druckgefühl im Hinterkopfe, in der Tiefe des Kopfes oder, wie Schäffer richtig sagt, hinter dem Bulbus, von den Kranken öfters angeführt wird. Ich habe auch einen Fall gesehen, in welchem der Schmerz genau in die linke Supraorbital-gegend verlegt wurde, trotzdem nur eine linksseitige Entzündung der Keilbeinhöhle bestand. Zuweilen geben die Kranken an, schon bei früheren acuten Schnupfenanfällen von ähnlichen Kopfschmerzen geplagt worden zu sein, welche indes nach wenigen Tagen nachliessen. Diese Angaben legen den Gedanken nahe, dass es sich auch bei den früheren Anfällen um eine ähnliche Affection der Keilbeinhöhle, wenn auch leichteren Grades, gehandelt haben dürfte. Diese Vermuthung gewinnt an Wahrscheinlichkeit, wenn ich anführe, dass die Kranken mitunter auch bei exquisit chronischen Erkrankungen der Keilbein-höhle die Krankheit von dem letzten, wenige Tage oder wenige Wochen früher stattgehabten Schnupfen ableiten. Wahrscheinlich bildet sich auch hier, wie bei der Stirnhöhle, das chronische Empyem in mehreren Anfällen aus.

Die Localisation der bei chronischem Empyem vorhandenen Kopfschmerzen ist äusserst inconstant. Bald ist ein diffuses Druck-gefühl im Hinterkopfe mit oder ohne Nackensteife vorhanden, bald wird der Schmerz anderswohin an die Schädeloberfläche, zumeist in die Schläfen-, seltener in die Stirnhöhlengegend projicirt. Bald besteht nur eine allgemeine Benommenheit des Kopfes mit mehr constantem oder nur zeitweilig auftretendem Schwindelgefühl. Viele Kranke klagen insbesondere über Schwindel beim Bücken. Ich beobachtete einen Kranken, welchen beim Bücken ein derartiges Schwindelgefühl er-fasste, dass er fast bewusstlos wurde und von seiner Umgebung aufgehoben werden musste. Ein anderer Kranker (siehe Krankenge-schichte), ein Maschinenschlosser, wurde arbeitsunfähig, weil er bei der geringsten körperlichen Anstrengung, insbesondere beim Hämmern eine derartige Erschütterung und ein stechendes Gefühl in der Schläfe empfand, dass er sich wie betäubt und von Uebelkeit erfasst fühlte. Es ist schwer zu sagen, auf welche besondere Veränderungen in jedem einzelnen Falle der Kopfschmerz zurückzuführen ist. Wirkliche Neu-ralgien oder neuralgiforme Schmerzen sind nur in wenigen Fällen beobachtet worden. Ich habe sie in keinem Falle gesehen. Es ist aber von Schäffer (l. c.) und von Rouge (128) je ein Fall von Infraorbital-neuralgie berichtet worden.

Da in einer ganzen Anzahl von Fällen das Empyem der Keilbein-höhle mit dem anderer Nebenhöhlen, besonders mit Eiterung im hinteren Siebbeinlabyrinthe combinirt auftritt, ist es unmöglich zu sagen, wie weit die Affection der Keilbeinhöhle an den Schmerzen schuld trägt. Auch kann die Affection der Keilbeinhöhle mit anderen Erkrankungen combinirt sein, von welchen die Schmerzen hervor-gerufen werden.

So erwähnt Grünwald (l. c.) einen Fall von einer entzündlichen Keilbeinhöhlenaffection, bei welchem die Kopfschmerzen durch Urämie bedingt waren. Ich selbst verfüge über einen Fall von Empyem der Keilbeinhöhle, bei welchem eine ganz erhebliche Aortensufficienz nachzuweisen war. Die Schmerzen blieben auch nach Eröffnung der Keilbeinhöhle in unvermindertem Masse bestehen. Diese Beobachtungen sind ein Fingerzeig dafür, wie nothwendig es ist, stets eine Untersuchung des ganzen Körpers einzuleiten, um die Verhältnisse richtig beurtheilen zu können.

Zum Schlusse muss ich aber hervorheben, dass eine ganze Anzahl mit chronischer Entzündung der Keilbeinhöhle behafteter Individuen niemals über Kopfschmerzen klagt, dass somit, so merkwürdig dies klingen mag, der Kopfschmerz überhaupt nicht zu den constanten Symptomen der chronischen Keilbeinhöhlenaffection gehört.

Secretion. Die durch die abnorme Secretion bedingten Störungen treten öfters in den Vordergrund der subjectiven Symptome. Der Reiz, welchen das in den Nasenrachenraum abfliessende Secret hervorruft, bedingt eine Serie von Klagen, welche sich durchwegs mit den bekannten Symptomen des Nasenrachenraumkatarrhs und der Recessuseiterungen decken. Ja, dieses Symptom kann überhaupt das einzige sein, welches Jahre lang den Krankheitsprocess beherrscht, und dessentwegen die Kranken Jahre lang in Behandlung stehen. Die Behandlung ist gewöhnlich, da man die wahre Ursache übersieht, und sich nur gegen den Katarrh des Nasenrachenraumes richtet, erfolglos.

Die Secretion ist zumeist nicht sehr reichlich und äussert sich häufig nur im täglichen Antrocknen einer Secretborke am Rachendache, welche durch Würgen entfernt wird, doch gibt es Fälle mit ausserordentlich abundanter Secretion, wobei sowohl Nase als Nasenrachenraum täglich mit foetiden Borken erfüllt werden.

Die anderweitigen Symptome allgemeiner Natur, wie Congestions- und Depressionszustände, Gedächtnissschwäche, Unlust zum Arbeiten, Neigung zu hypochondrischer Stimmung etc. compliciren des öftern das Krankheitsbild, und ist darüber im allgemeinen Theile das Wesentlichste mitgetheilt worden.

b) Objective Symptome.

Als solche führt Schäffer ein Aufgetriebensein des Nasenrückens und teigige Schwellung daselbst an, ein Befund, welchen ich niemals constatiren konnte und auch bei anderen Autoren nicht angeführt finde. Die wichtigsten objectiven Symptome beziehen sich auf die Localisation des Secretes in der Nase und im Nasenrachenraume, ferner auf die secundären Veränderungen der Schleimhaut und auf den Sondenbefund.

Rhinoskopischer Befund. Localisation des Secretes. Das Secret erscheint bei uncomplicirter Erkrankung der Keilbeinhöhle entweder vorne in der fissura olfactoria oder, was viel häufiger vorkommt, rückwärts im Nasenrachenraume an den nächst der Choane liegenden Theilen des Rachendaches. Im Schlafe kann jedoch dieses Secret in Folge der mehr horizontalen Lage des Kopfes auch weiter nach abwärts fliessen und die hintere Partie des Rachendaches sammt einem grösseren Theile der hinteren Rachenwand bedecken. In den Löchern und Spalten der Rachenmandel sammelt sich in Folge der stärkeren Adhäsion immer eine grössere Menge Secretes an, welches hier auch fester haftet als an den übrigen, mehr glatten Theilen des Nasenrachenraumes. Es macht dieses rhinoskopische Bild ganz und gar den Eindruck einer Eiterung der Rachenmandel und des recessus. Bei genauer Untersuchung wird indes des öfteren eine Fortsetzung des Secretbelages am Rachendache gegen die Choane, im Besonderen gegen das hintere Ende der mittleren Muschel zu auffallen, welch letztere dann auch eine Secretborke tragen kann. Dieser Befund muss einen aufmerksamen Beobachter sofort mit der Idee vertraut machen, dass das Secret möglicherweise aus der Nasenhöhle, respective aus einer Nasennebenhöhle herrührt. Allerdings kann auch mitunter die das Rachendach mit der Nasenhöhle verbindende Secretborke fehlen, da die Kranken häufig zeitlich Morgens den grössten Theil des Secretes mit Ausnahme der im recessus fester haftenden Borken durch Würgen entleeren. Nur selten ist das Secret am Rachendache flüssig, zumeist trocknet es zu Borken ein. In einzelnen Fällen, wenn eine abundante Secretion statthat, lässt sich deutlich constatiren, dass, während das Secret am Rachendache Borken bildet, dasselbe gegen die Nasenhöhle zu als flüssiger Eiter erscheint — ein Symptom von grosser Bedeutung — da es sofort die Quelle der Secretion in der Nasenhöhle andeutet.

In der Nasenhöhle erscheint sowohl in acuten wie in chronischen Fällen das Secret in der fissura olfactoria. In chronischen Fällen verlegt eine schmale Borke den vorderen Theil der Fissur, nach deren Entfernung gewöhnlich schleimiger oder reiner Eiter hervorquillt. Nur bei abundanter Secretion ist die vordere Nasenhälfte ganz mit Secret ausgefüllt; aber auch in diesem Falle findet man es an der fissura olfactoria besonders fest haftend; oder es quillt nach Entfernung der Borken sofort flüssiges Secret aus der fissura olfactoria nach. Ich habe aber zwei Fälle gesehen, in welchen trotz uncomplicirter Keilbeinhöhleneiterung das Secret immer nur im mittleren Nasengange der betreffenden Seite sichtbar wurde. In beiden Fällen war dies durch eine hochgradige Hypertrophie der mittleren Muschel bedingt; diese verlegte die fissura olfactoria mit Ausnahme einer einzigen Stelle, welche beiläufig der Mitte entsprach. Beide Kranke hatten die Gewohnheit, des Nachts auf der Seite zu liegen, an welcher die Eiterung bestand. In Folge dieser Lage floss der Eiter, dem Gesetze der Schwere folgend, an der einzigen, noch wegsamen Stelle des Riechspaltes über den Rand der mittleren Muschel nach dem mittleren Nasengange, wo er sich ansammelte und zu Borken eintrocknete.

Im Uebrigen muss noch hervorgehoben werden, dass die Menge des Secretes bei der Keilbeinhöhle je nach dem Stadium, in welchem der Entzündungsprocess sich befindet, ebensolchen Schwankungen unterliegt, wie bei den übrigen Nebenhöhlenerkrankungen. In manchen Fällen gibt jeder acute Schnupfen Veranlassung zu wochenlang andauernder, profuser Secretion; andererseits kann in den Intervallen die Quantität des Secretes bis auf ein Minimum sinken.

Ebenso muss angeführt werden, dass in einer Reihe von chronischen Fällen der Eiter grosse Neigung zeigt, sofort zu Borken einzutrocknen, welche einen ozaenaartigen Gestank liefern. Will man diese Beobachtung beim richtigen Namen nennen, so muss man sagen, dass es sich in derartigen Fällen um denjenigen Krankheitsprocess handelt, bei welchen wir vor einem Decennium die Diagnose der „rhinitis atrophicans foetida" gemacht haben. Im nächsten Capitel wird über diese Frage Näheres mitgetheilt werden.

Anderweitige rhinoskopische Befunde. Diese umfassen jene secundären Veränderungen der Nasenschleimhaut, welche als Folge der fortdauernden Reizung durch das irritirende Keilbeinhöhlensecret anzusehen sind. Was zunächst die acuten Fälle anlangt, so ist hier ausser einer starken Anschwellung der convexen, dem Septum zugekehrten Fläche der mittleren Muschel keine auffallende Veränderung zu constatiren. In Folge besagter Anschwellung verstreicht oft die fissura olfactoria vollkommen. Schäffer schreibt dieses Verstreichen der Spalte zwischen mittlerer Muschel und Septum der Hervorwölbung der vorderen Keilbeinhöhlenwand zu, eine Ansicht, welche auf eigenthümlich geartete anatomische Vorstellungen dieses Autors schliessen lässt. Dass diese Anschwellung dem Secretabfluss nach vorne hindernd im Wege steht, ist selbstverständlich. Drängt man einen kleinen, mit 10- bis 20procentiger Cocaïnlösung getränkten Wattebausch in die fissura olfactoria, dann lässt sich der Spalt zum Theile wieder herstellen und ein vorübergehender, reichlicher Abfluss des Secretes erzielen.

Viel ausgeprägter sind die secundären Veränderungen der Nasenschleimhaut in Fällen von chronischer Entzündung der Keilbeinhöhle. Die die fissura olfactoria begrenzenden Schleimhautflächen werden wulstig und zeigen hypertrophische Umwandlungen. Die Hypertrophie der Schleimhaut erstreckt sich indes in den uncomplicirten Fällen nicht über den freien Rand der mittleren Muschel in den mittleren Nasengang. Oft habe ich auch die von Schäffer erwähnte Hyperplasie der Septumschleimhaut gegenüber dem vordersten Ende der mittleren Muschel gesehen. Das ist diejenige Stelle, an der das aus der Keilbeinhöhle nach vorne abfliessende Secret am Septum antrocknet. Im Uebrigen ist der erwähnte Wulst häufig nur das vordere Ende einer entlang der ganzen fissura olfactoria auftretenden hypertrophischen Veränderung der Septumschleimhaut, welche in hochgradigen Fällen vollkommene Unwegsamkeit des Riechspaltes bedingen kann. In zwei Fällen von chronischem Empyem der Keilbeinhöhle sah ich nach Lüftung der fissura olfactoria grauweisse, von Eiter umspülte Polypen hervorragen, welche erst nach partieller Resection der mittleren Muschel entfernt werden konnten. Noch öfters fand ich kleine Polypen in den Choanen, welche den Raum oberhalb der mittleren Muschel ausfüllten und daneben das hintere Ende der Muschel hypertrophisch. Diese Polypen sind in den meisten Fällen zweifellos Folgen der Eiterung und compliciren den in der Keilbeinhöhle bestehenden Process in sehr ungünstiger Weise, da sie den Abfluss des Secretes hindern. Massenhafte Polypenbildung habe ich aber niemals bei isolirter Keilbeinhöhlenerkrankung vorgefunden, was nicht Wunder nehmen kann, wenn wir bedenken, dass die räumlichen Verhältnisse in der fissura olfactoria und um den recessus spheno-ethmoidalis herum wenig geeignet sind, die Entwickelung herabhängender oedematöser Geschwülste zu fördern.

Auf das Vorkommen von secundären Affectionen der oberen Luftwege soll nur hingewiesen werden, da es nichts für die Keilbeinhöhle Eigenthümliches darstellt. Allerdings treten hier die katarrhalischen Affectionen des Rachens, Kehlkopfes und der Luftröhre verhältnismässig öfters in den Vordergrund als bei den übrigen Nebenhöhlen, da bei keiner anderen Nebenhöhle das Secret so sehr die Neigung hat, gegen den Nasenrachenraum hin abzufliessen.

c) Sehstörungen, cerebrale Complicationen.

Wenn die Entzündung der Keilbeinhöhle sich nicht auf den muco-periostalen Ueberzug beschränkt, sondern mit Zerstörungen in den knöchernen Wandungen einhergeht, so kann sie zu sehr ernsten Consequenzen führen. So ist zu wiederholtenmalen plötzliche, einseitige Erblindung beobachtet worden.*) Ursache der Erblindung ist entweder Compression der Sehnerven im foramen opticum oder Perineuritis. Beides setzt die Zerstörung der das foramen opticum von der Keilbeinhöhle trennenden Wand voraus. Gleichzeitig kann es in Folge seröser oder eitriger Durchtränkung des retrobulbären Gewebes zu Exophthalmus und durch Fortpflanzung der Entzündung durch den canalis opticus zu Meningitis kommen. Der Symptomen-complex: Exophthalmus, plötzliche Erblindung sind somit bei bestehender Keilbeinhöhleneiterung typisch für den Uebergang des Processes auf die Orbita. Es muss aber darauf hingewiesen werden, dass auch Tumoren der Keilbeinhöhle denselben Symptomencomplex zeigen können.

Findet der Durchbruch der Keilbeinhöhle durch die obere Wand statt, dann treten ohne jedwede Störung des Sehorganes cerebrale Complicationen mit letalem Ende auf. Ueber letztere wird später Genaueres mitgetheilt werden. Absolut tödtlich wirkt auch der Durchbruch der äusseren oberen Wand der Keilbeinhöhle gegen den sinus cavernosus zu, da eine tödtliche Blutung eintritt. Ein derartiger Fall wurde von Scholz (127) mitgetheilt, und wird derselbe ebenfalls später unter den cerebralen Complicationen der Keilbeinhöhleneiterung angeführt werden.

Zerstörungen der unteren und vorderen Keilbeinhöhlenwand bedingen keine gefährlichen Symptome. Durchbruch der unteren Wand dürfte wegen der relativen Dicke des Knochens an dieser Stelle sehr selten sein. Bekannt ist der Fall von Störk (129), in welchem eine eiternde Fistel gegen den Nasenrachenraum zu entstand. Ich selbst habe in mehreren Fällen erhebliche syphilitische Zerstörungen der vorderen Wand der Keilbeinhöhle ohne besondere Symptome ver-laufen gesehen.

Bekannt ist der Fall von Baratoux (130), bei dem ein grosser Theil des Keilbeinkörpers, ohne irgend eine erhebliche Störung zu bedingen, durch die Nase abgestossen wurde.

Es geht aus dem Gesagten hervor, dass die Gefährlichkeit der Zerstörung der knöchernen Wände der Keilbeinhöhle und die Art der sie begleitenden Symptome ganz und gar von der Localisation der Zerstörung abhängt. Die Frage, warum in dem einen Falle der Durchbruch in den canalis opticus, im anderen durch die obere Wand in die Schädelhöhle oder seitwärts in den sinus cavernosus erfolgt, hängt augenscheinlich mit den bereits bei Besprechung der Anatomie angeführten Varietäten im Baue der betreffenden Wände zusammen.

---

*) Fälle von Horner (98), Panas (l. c.), Rouge (l. c.). Im Falle von Post (98) entstand auf traumatischem Wege eine Nekrose des kleinen Keilbeinflügels; letzterer Fall heilte, die ersteren Fälle endeten letal.

Diagnose.

a) Der directe Nachweis der Secretion der Keilbeinhöhle.

Bei der Vielfältigkeit und bei dem grossen Wechsel der subjectiven Symptome der Keilbeinhöhleneiterung ist nicht daran zu denken, auf Grund dieser Symptome allein verlässliche Anhaltspunkte für die Diagnose zu gewinnen. Da ferner bei den entzündlichen Keilbeinhöhlenprocessen noch viel seltener als bei den übrigen Nebenhöhlen äusserlich manifeste Erscheinungen auftreten, wird die Diagnostik nur auf die durch die rhinoskopische Untersuchung gewonnenen Befunde gegründet werden können. Für die Diagnostik des Keilbeinhöhlenempyems gilt somit ganz uneingeschränkt die Regel, dass nur der Nachweis der Provenienz des Secretes aus der Keilbeinhöhle die Diagnose sicherzustellen vermag. Dieser Nachweis besteht: 1. In directer Beobachtung des Abflusses des Secretes aus dem Keilbeinhöhlenostium und 2. in Constatirung der Secretion aus der Keilbeinhöhle mittelst Sondirung und Probeausspülung. Allerdings ist dieser Beweis nicht in allen Fällen gleich leicht zu führen. Während manchmal die Diagnose schon nach einer einzigen Untersuchung gestellt werden kann, brauchen wir hierzu in anderen Fällen eine längere Beobachtungszeit und wiederholte Untersuchungen.

In Bezug auf die genannte diagnostische Schwierigkeit sind im Wesentlichen zweierlei Möglichkeiten zu unterscheiden: 1. Fälle, in welchen bei genügender Weite der fissura olfactoria der directen Besichtigung der vorderen Keilbeinhöhlenwand, eventuell auch des ostium sphenoidale keinerlei Hindernis im Wege steht. 2. Fälle, in welchen die fissura olfactoria enge ist, die vordere Keilbeinhöhlenwand und das ostium sphenoidale daher nicht sichtbar sind.

Ad 1. Eine erhebliche Weite der fissura olfactoria ist, selbst normale Verhältnisse vorausgesetzt, nur bei der bereits in der Anatomie erwähnten combinirten Anomalie in der oberen Nasenhälfte anzutreffen, nämlich dann, wenn eine Deviation der oberen Partie des Septum mit starker seitlicher Einrollung der mittleren Muschel derselben Seite combinirt ist. Die fissura olfactoria kann hierbei eine Breite von über 1 Centimeter erreichen, so dass die vordere Keilbeinhöhlenwand sammt dem ostium sphenoidale gut sichtbar werden (siehe Fig. 83). Oefters begegnen wir aber einer abnormen Weite der fissura olfactoria in Folge von hochgradiger Atrophie der mittleren Muschel oder syphilitischer Zerstörung derselben. In beiden Fällen besteht eine pathologische Erweiterung der fissura olfactoria. In Fig. 88 ist die hintere Hälfte einer mit hochgradiger Atrophie behafteten Nase abgebildet. Die Breite der fissura olfactoria beträgt beiderseits $1\frac{1}{2}$ Centimeter, und die Keilbeinöffnungen sind bei der Rhinoskopia anterior, sichtbar.

Bei allen diesen Fällen stösst die Diagnose auf keine besonderen Schwierigkeiten. Das Secret erfüllt entweder den Nasenrachenraum oder die hintere Nasenhälfte oder beide. Entfernt man die eingetrockneten Borken, dann ist gewöhnlich ohne weiteres das Nachquellen des Secretes aus einer Oeffnung der vorderen Keilbeinhöhlenwand zu constatiren. Der Eiter quillt entweder gleichmässig oder tritt tropfenweise unter pulsirenden Erscheinungen hervor. Die Einführung einer Sonde gelingt leicht, ebenso die Ausspülung der Keilbeinhöhle.

Ad 2. Die Enge der fissura olfactoria ist entweder ein normales Vorkommnis, indem die mittlere Muschel zu stark gegen das Septum vorspringt, oder sie ist die Folge von länger dauernden Eiterungen, indem die durch Secret gereizten Schleimhautflächen sich vollkommen aneinander lagern, und dadurch der Riechspalt kaum für eine dünne Sonde passirbar wird. Auch in acuten Fällen kann die Schwellung, wie schon erwähnt wurde, zu vollkommenem Verstreichen der fissura olfactoria führen. Die Diagnose ist in diesen Fällen viel schwieriger, zumal dann, wenn man sie in einer überzeugenden Weise bieten will. Es ist bei diesen Fällen die Secretion aus der fissura olfactoria der einzige Anhaltspunkt, welcher die Vermuthung einer Eiterung aus der Keilbeinhöhle auftauchen lässt, und dies auch nur dann, wenn nach

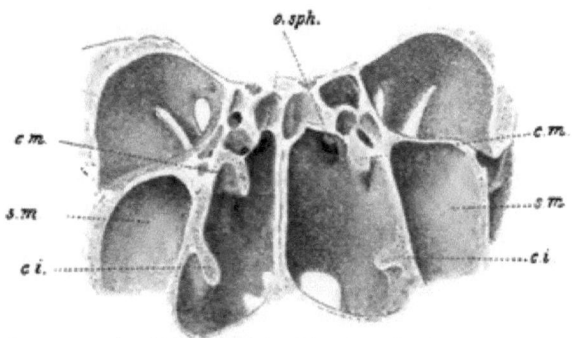

Fig. 88. Beiderseits sichtbares ostium sphenoidale in Folge hochgradiger Erweiterung der Riechspalte, bedingt durch vorgeschrittene Atrophie der Innenwand der Siebbeinkapsel. (Mittlere und obere Muschel.) Frontaldurchschnitt in der hinteren Nasenhälfte. $c.i.$ = concha inferior; $c.m.$ = concha media (beide Muscheln atrophirt); $s.m.$ = sinus maxillaris; $o.sph.$ = ostium sphenoidale.

Entfernung des Secretes letzteres gleich wieder aus der fissura olfactoria hervorquillt. Dieses Hervorquellen kann noch dadurch deutlicher gemacht werden, dass man für wenige Minuten einen Cocaïnbausch in die fissura olfactoria einzwängt und dadurch den Riechspalt, wenn auch nur für kurze Zeit, erweitert. In Fällen dagegen, bei welchen in Folge Unwegsamkeit der fissura olfactoria das Secret nur nach hinten abfliessen kann, besteht nur das Symptom des Retronasalkatarrhes mit dem objectiven Befunde von Borken an dem Rachendache.

Borken am Rachendache können ebenso der Ausdruck einer Secretion an Ort und Stelle als auch einer aus der Nasenhöhle herrührenden Secretion sein. Es muss daher jeweilig darauf geachtet werden, ob die Borken am Rachendache begrenzt sind, oder ob sie sich gegen die Choanen, respective gegen die Nasengänge zu fortsetzen. Ist letzteres der Fall, dann muss sofort die Vermuthung einer Nebenhöhlensecretion auftauchen. Stammt das Secret im speciellen Falle aus der Keilbeinhöhle, so erstreckt sich die Borke für gewöhnlich auf die Partien oberhalb der mittleren Muschel. Ist die Secretion eine sehr abundante, dann kann man sogar in einzelnen Fällen nach vorsichtiger Ausräumung der Borken im Nasenrachenraume einen Eiterstreifen oberhalb der mittleren Muschel erblicken. Dass diese Untersuchung genau, und im Nothfalle mit Cocaïn und Uvulahaken ausgeführt werden muss, ist selbstverständlich. Diese Fälle, in welchen mangels anderweitiger ausgesprochener subjectiver Symptome die Secretion im Nasenrachenraume das einzige krankhafte Substrat bildet, sind es, welche zumeist von den Praktikern übersehen werden. Man übersieht sie, weil noch vielfach die irrige Anschauung herrscht, dass die an einer bestimmten Stelle erscheinende Schleim- oder Eiterborke an derselben Stelle secernirt worden sein musste. Die Verhältnisse gestalten sich aber dadurch noch schwieriger, dass der ununterbrochene Zusammenhang zwischen Secretborke am Rachendache und an der Choane nicht einmal immer vorhanden zu sein braucht und trotzdem die Quelle der Secretion in der Nasenhöhle, respective Keilbeinhöhle liegen kann. Dies ist insbesondere bei spärlicher Secretion eines mehr schleimigen, denn eitrigen Secretes der Fall. Die Sache verhält sich nämlich, wie folgt: Sind am Rachendache eine oder mehrere Vertiefungen oder im Fornix pharyngis ein ausgesprochener recessus medius vorhanden, dann bildet das Secret nur in den vertieften Stellen Borken, während die Schleimhaut der übrigen, mehr glatten Partien im besten Falle nur durch ihre trocken-glänzende Beschaffenheit auffällt. Diese Fälle werden besonders leicht übersehen. Ich selbst habe mich früher, weil scheinbar nur eine typische Recessuseiterung bestanden hat, wochenlang mit Cauterisation desselben abgemüht, ohne damit auch nur im geringsten die Secretion vermindert zu haben. Erst nach Monaten kam ich darauf, dass das Secret doch aus der Keilbeinhöhle stammte. Wie viele Fälle ich in früheren Jahren übersehen habe, und wie viele noch heute von Anderen übersehen werden, lässt sich nur vermuthen. Man muss dies alles wissen, vielmehr durch die eigenen Misserfolge belehrt worden sein, um nach Thunlichkeit einer Fehldiagnose auszuweichen. Selbst in denjenigen Fällen, in welchen scheinbar alle Symptome einer selbstständigen Nasenrachensecretion vorliegen, unterlasse man niemals, eine eingehende Untersuchung der Nasenhöhle vorzunehmen; insbesondere vergesse man nie in diesen Fällen, auch wenn die Inspection der Nasenhöhle ein vollkommen normales Aussehen darbietet, das hintere Ende der fissura olfactoria mit Sonde und Cocaïnbausch zu lüften. Wider Erwarten wird da zuweilen eitriges Secret erscheinen und zu weiteren Massnahmen anregen, welche schliesslich die Diagnose einer Keilbeinhöhleneiterung ermöglichen. Zuweilen sind eine leichte Hypertrophie des hinteren Endes der mittleren Muschel oder einzelne oberhalb der mittleren Muschel sichtbare Polypen ein Anzeichen, dass das Secret aus der Nasenhöhle stammt.

b) Diagnostische Bedeutung der Eiterung aus der fissura olfactoria. Differentialdiagnose der Nebenhöhleneiterungen zweiter Serie.

Die nächste Frage, welche in dem weiteren Aufbaue der Diagnose beantwortet werden muss, ist die: Was beweist eine Eiterung aus der fissura olfactoria?

Eine Eiterung aus der fissura olfactoria kann folgende Quellen haben: 1. Secretion aus der Keilbeinhöhle, 2. Secretion aus dem hinteren Siebbeinlabyrinthe, 3. Knochennekrose im Siebbeinlabyrinthe oder in der Keilbeinhöhle, 4. diffuse Secretion der die fissura olfactoria begrenzenden Schleimhaut. Auch eine combinirte Eiterung ist in Betracht zu ziehen.

Wir stehen hier beiläufig denselben Verhältnissen gegenüber, wie wir sie im allgemeinen Theile für die Nebenhöhlen des mittleren Nasenganges auseinandergesetzt haben. So wie bei diesen, falls nicht vorstechende, manifeste Symptome sofort unser Augenmerk auf eine bestimmte Nebenhöhle gelenkt haben, immer zuerst zur Exploration der am leichtesten zugänglichen Nebenhöhle, nämlich der Kieferhöhle, geschritten wurde, müssen wir bei den Eiterungen aus der fissura olfactoria immer die Keilbeinhöhle zuerst angehen. Die Untersuchung der Keilbeinhöhle ist somit das erste Glied in der Differentialdiagnostik der Eiterungen der fissura olfactoria.

Da in den meisten zur Beobachtung gelangten Fällen wegen ungenügender Weite der fissura olfactoria die directe Besichtigung des ostium sphenoidale ausgeschlossen ist, muss die Sondirung der Keilbeinhöhle versucht werden. Drängt man einen Cocaïnbausch für einige Minuten in die hintere Partie der fissura olfactoria ein, dann gelingt es, die Sonde ohne Belästigung des Kranken nach der bereits früher angeführten Regel gegen die vordere Keilbeinhöhlenwand ein-zuführen. In einzelnen Fällen kann man dann auch durch das ostium sphenoidale in die Keilbeinhöhle gelangen, eine zarte Canüle in die Keilbeinhöhle einführen und diese ausspülen. Natürlich muss aber früher die fissura olfactoria gründlich gereinigt werden, damit nicht ein aus anderer Quelle stammender Eiter dem Spülwasser sich beimengt und hierdurch einen Eiterbefund in der Keilbein-höhle vortäuscht. Ich muss aber gestehen, dass ich dieser Methode bei sehr enger fissura olfactoria nicht jene diagnostische Beweis-kraft zuschreiben kann, wie es andere Autoren thun, und zwar deshalb, weil in den besprochenen Fällen die höheren Partien des Riechspaltes nicht tadellos gereinigt werden können, somit Secret zurückgehalten werden kann, welches dann durch das aus der gesunden Keilbeinhöhle abfliessende Spülwasser mitgenommen wird. Ich will hiermit selbstver-ständlich nicht gesagt haben, dass die Sondirung und Ausspülung der Keilbeinhöhle für die Diagnose überhaupt werthlos sind.

In einer ganzen Anzahl von Fällen ist die fissura olfactoria, wenn auch im Ganzen enge, doch immerhin nicht vollkommen verstrichen, so dass die sie begrenzenden Schleimhautpartien sich abtupfen und reinigen lassen. Wenn dann das Secret immer wieder in der hintersten Partie des Riechspaltes erscheint, und es durch Sondirung, respective Ausspülung der Keilbeinhöhle, gelingt, noch etwas mehr Secret heraus-zubefördern, dann ist die Diagnose über jeden Zweifel sichergestellt; aber es sei nochmals betont: bei sehr enger fissura olfactoria ist diese Procedur nicht ganz verlässlich.

Da man häufig das ostium sphenoidale gar nicht findet, wurde von einigen Autoren, vor allem von Schäffer (131), Grünwald (l. c.), Spiess (132) der Rath ertheilt, die vordere Wand der Keilbeinhöhle mittelst eines scharfen Instrumentes zu eröffnen. Schäffer thut dies mit der Löffelsonde, Spiess mit der durch Elektromotor bewegten Trephine. Und dies alles soll man auf Grund einer Vermuthung, wohl gemerkt, nicht etwa nach bereits vorhandener sicherer Diagnose thun. Ich kann dieses Vorgehen nicht billigen, und zwar deshalb nicht, weil wir die Diagnose durch ein anderes einfacheres und durchaus verlässlicheres Vorgehen sicherstellen können. Ich meine die:

Resection der mittleren Muschel. Bei Unwegsamkeit oder besonderer Enge der fissura olfactoria ist dies der einzige Weg, um den in der fissura olfactoria erscheinenden Eiter bis zu seinem Ursprunge zu verfolgen. Wir können vor allem durch Resection des hinteren Endes der mittleren Muschel die vordere Keilbeinhöhlenwand freilegen. Die Sichtbarkeit der vorderen Keilbeinhöhlenwand ist aber von ganz besonderem Werthe, weil dadurch in vielen Fällen das ostium sphenoidale freiliegt, und man das Secret aus ihm direct hervortreten sehen kann. Aber wenn auch das ostium selbst nicht immer freigelegt werden kann, da es sich oft ganz seitlich im recessus spheno-ethmoidalis befindet, so lässt sich doch mit aller Sicherheit feststellen, dass nach Abtupfen der vorderen Keilbeinhöhlenwand das Secret nicht von v o r n e h e r, sondern immer von r ü c k w ä r t s und von der Seite erscheint, ein Befund, der ebenfalls mit voller Sicherheit die Affection der Keilbeinhöhle beweist.

Die Resection der mittleren Muschel bei enger fissura olfactoria setzt uns auch in den Stand, die Differentialdiagnose zwischen Keilbeinhöhleneiterung und den übrigen bereits genannten, zu Eiterung in die fissura olfactoria führenden Processen zu stellen.

Empyem der hinteren Siebbeinzellen. Dieses kommt hier in erster Linie in Betracht. Auch hier fliesst der Eiter am häufigsten in den Nasenrachenraum, seltener in die fissura olfactoria. Die Untersuchung lässt auch ·hier die fissura olfactoria als Ursprungsstelle des Eiters erkennen.

Somit verhält sich die Eiterung des hinteren Siebbeinlabyrinthes ganz ähnlich wie die Keilbeineiterung, weshalb es nicht möglich ist, ohneweiters die Differentialdiagnose zu machen. Aus diesem Grunde bin ich genöthigt, über die Richtigkeit der Diagnose, welche z. B. Schäffer (131) in einigen seiner Fälle von Keilbeinhöhlenempyem angeführt hat, meinem Zweifel Ausdruck zu verleihen. So beschreibt der erwähnte Autor, dass er in einer grossen Anzahl von acuten Empyemen der Keilbeinhöhle mit seiner Löffelsonde die vordere Keilbeinhöhlenwand durchbrach, worauf Blut mit etwas Eiter untermengt zum Vorscheine kam. Dass dieser Eiter s i c h e r aus der Keilbeinhöhle stammte, kann ich nicht unwidersprochen lassen.

Um die wahre Quelle der Eiterung aus einer engen fissura olfactoria bestimmen zu können, lässt sich gar nichts anderes ausführen als die Entfernung aller Hindernisse, welche uns von dem Eiterherde trennen. Dieses Hindernis ist aber fast immer die stark hervorragende mittlere Muschel, seltener eine hochsitzende Deviation des Septum. Entfernen wir die mittlere Muschel mit der Schlinge gradatim in 2 bis 3 Sitzungen von ihrer vorderen Partie ausgehend, dann lässt sich im Falle eines Empyems der hinteren Siebbeinzellen nach Ablauf der reactiven Schwellung feststellen, dass die

Quelle der Eiterung nicht rückwärts im Niveau der vorderen Keilbeinhöhlenwand, sondern weiter vorne zu suchen ist. Zwar ist die vordere Keilbeinhöhle auch bei der Eiterung aus dem hinteren Siebbeinlabyrinthe immer von Eiter überschwemmt, so dass es im Beginne den Anschein hat, als käme das Secret von der Keilbeinhöhle her; allein nach gehörigem Abtupfen der vorderen Keilbeinhöhlenwand lässt sich leicht feststellen, dass die neuerliche Ansammlung des Secretes nicht von hinten, sondern von vorne her, stattfindet. In einigen Fällen gelang es mir, durch Rückwärtsneigen des Kopfes oder Rückenlage ein promptes Abfliessen des Secretes aus dem hinteren Siebbeinlabyrinthe gegen die vordere Keilbeinhöhlenwand herbeizuführen. Es ist dies durch die tiefere Lage des Ausführungsganges bei der erwähnten Körperstellung zu erklären. Geht man mit der Sonde dem Ursprunge des Eiters nach, dann wird man finden, dass derselbe über d e m Ansatz des hinteren Endes der mittleren Muschel in einem recessus sich befindet, was eben für das Empyem des hinteren Siebbeinlabyrinthes charakteristisch ist. Ich habe dies in zwei Fällen mit absoluter Sicherheit feststellen können. Ohne Entfernung der mittleren Muschel oder hochgradige Atrophie derselben lässt sich eine derartige exacte Diagnose überhaupt nicht stellen.

Combination von Empyem der Keilbeinhöhle und des hinteren Siebbeinlabyrinthes. Diese lässt sich dadurch erkennen, dass nach Abschluss der eiternden Keilbeinhöhle von vorne her die fissura olfactoria abermals mit Secret überschwemmt wird.

In drei Fällen, in welchen ich eine derartige Combination festzustellen Gelegenheit hatte, ging ich in folgender Weise vor: Ich legte durch Resection des grössten Theiles der mittleren Muschel die vordere Keilbeinhöhlenwand frei und fand in der Keilbeinhöhle Secret. Wenige Minuten nach stattgehabter Reinigung der Höhle erschien die hintere Partie der fissura olfactoria von Eiter überschwemmt. Ich presste hierauf vor die Oeffnung der Keilbeinhöhle einen Wattetampon, welcher nach kaum 10 Minuten von vorne her mit Eiter bedeckt war. Somit stand fest, dass vor dem Tampon in der fissura olfactoria ein Eiterherd vorhanden war. Nach Entfernung des Ansatzrestes der mittleren Muschel konnte ich das Siebbeinlabyrinth vom oberen Nasengange aus weiter eröffnen und eine breite Communication mit der Nasenhöhle herstellen. Die Sonde drang seitlich und nach oben etwa 1 Centimeter vor und schlug an die Papierplatte des Siebbeines an (zweimal rechts, einmal links).

In einem vierten Falle habe ich, nachdem durch Resection des grössten Theiles der mittleren Muschel die vordere Keilbeinhöhlenwand freigelegt worden war, ein Empyem der Keilbeinhöhle festgestellt und durch Ausspülungen gereinigt. Aber schon wenige Minuten nach stattgehabter Ausspülung sah ich an der vorderen Keilbeinhöhlenwand von oben her Eiter herabfliessen. Durch Sondirung fand ich eine zweite Oeffnung, welche in einen oberhalb der Keilbeinhöhle gelegenen Raum nach rückwärts drang. Die Länge der in die Keilbeinhöhle eingeführten Sonde mass, von der spina nasalis inferior ab gemessen, 9·1 Centimeter. Die gleiche Länge zeigte die in die obere Höhle eingeführte Sonde, von demselben Ausgangspunkt aus gemessen.

Es kann nach den in der Anatomie erörterten Beziehungen zwischen Keilbeinhöhle und hinterem Siebbeinlabyrinth keinem Zweifel unterliegen, dass es sich in diesem Falle um eine Eiterung der Keilbeinhöhle und einer solchen sphenoidalen Siebbeinzelle handelte, welche in eine obere Etage des Keilbeinkörpers gelagert war, wie ich dieselbe in Fig. 70 abgebildet habe.

Differentialdiagnose zwischen Empyem der Keilbeinhöhle und Empyem der hinteren Hälfte einer zweigetheilten Kieferhöhle. Grosse Schwierigkeiten kann die Diagnose bereiten, wenn die hintere Partie einer zweigetheilten Kieferhöhle ein Empyem birgt. Da deren Oeffnung, wie bei der Anatomie der Kieferhöhle erwähnt und in Fig. 34 und 66 abgebildet wurde, gewöhnlich in dem oberen Nasengang sich befindet, erscheint das Secret, ganz analog wie das der Keilbeinhöhle und des hinteren Siebbeinlabyrinthes, in der hinteren Partie der fissura olfactoria. Jedermann wird wohl in einem solchen Falle in erster Linie an ein Keilbeinhöhlenempyem denken. Ich habe einmal, dies geschah noch vor 5 Jahren, auf den erwähnten Befund der Eiterung hin, die Keilbeinhöhle angebohrt. Im Spülwasser zeigte sich auch immer ein Eiterballen. Nichtsdestoweniger war aber die hintere Partie der fissura olfactoria und des Nasenrachenraumes schon wenige Minuten nach der Ausspülung wieder mit Eiter überschwemmt. Da eine ausgiebige Orientirung in Folge ungenügender Weite der hinteren Partie der fissura olfactoria nicht möglich war, entfernte ich das hintere Ende der mittleren Muschel und stellte durch Anpressen eines Wattetampons an die vordere Keilbeinhöhlenwand fest, dass der Eiter vor dem Tampon secernirt wurde und von vorne nach rückwärts floss. Ich tamponirte hierauf an ein paar folgenden Tagen die Keilbeinhöhlenöffnung und überzeugte mich dabei, dass die von mir eröffnete Keilbeinhöhle gar nicht secernirte, dass somit der früher nach jedesmaligem Ausspülen herausbeförderte Eiterballen anderswoher kommen musste und nur immer mitausgespült wurde. Bei dieser Sachlage dachte ich an ein Empyem des hinteren Siebbeinlabyrinthes; ich war aber erstaunt, als die Sonde von dem nunmehr zugänglichen oberen Nasengange nach aussen und unten, etwa 3 bis 4 Centimeter in eine Höhle eindrang. Die Höhle musste der Lage nach die Kieferhöhle sein. Ich eröffnete sie später vom zweiten Molaris aus, worauf die Eiterung nach einem halben Jahre vollkommen aufhörte.

Derartige Fälle müssen uns in der Ansicht bestärken, dass immer, wenn die vordere Keilbeinhöhlenwand nicht zugänglich ist, ihre Freilegung durch Resection der mittleren Muschel die einzig sichere Gewähr bietet, um den Ursprung der Eiterung festzustellen.

Eiterung in der fissura olfactoria in Folge von Nekrose der die fissura olfactoria constituirenden Knochenwände und in Folge von flächenhafter Secretion. Die Diagnose der Nekrose der die fissura olfactoria begrenzenden Partien des Siebbeines und der vorderen Keilbeinhöhlenwand gelingt mittelst Sondenuntersuchung. Nur muss das Gefühl, einen rauhen Knochen zu tasten, über jeden Zweifel erhaben sein. Der Umstand, dass man durch relativ geringen Druck ein Knistern und Krachen hervorrufen kann, ist dafür durchaus nicht beweisend.

Ich habe bei tertiärer Syphilis ganz erhebliche Nekrosen gesehen, welche eine bedeutende Eiterung in der fissura olfactoria bedingten. Die Frage, ob es sich nur um eine Knocheneiterung oder gleichzeitig auch um eine Höhlenaffection (Keilbeinhöhle und hinteres Siebbeinlabyrinth) handelt, lässt sich auch nur durch Freilegung der respectiven Herde, zumeist erst nach partieller Resection der mittleren Muschel beantworten.

Relativ oft hat man Gelegenheit, nach acutem Schnupfen eine Ansammlung von schleimigem Eiter in der fissura olfactoria zu beobachten. Die Eiterung klingt aber nach Ablauf des acuten Schnupfens spontan ab. Es ist schwer, ja fast unmöglich, in jedem Einzelfalle zu bestimmen, ob das Secret nur das Product einer Flächensecretion oder einer spontan zur Heilung gelangten Höhleneiterung gewesen ist. In zwei Fällen ist es mir jedoch gelungen, bei genügender Weite der fissura olfactoria die hintere Partie ganz zu tamponiren und die Entstehung des Secretes an der vorderen, glatten Partie, an welcher keinerlei Nebenhöhlenmündungen existiren, festzustellen. Auch hier erfolgte nach kurzer Zeit spontane Heilung.

Seltener besteht in der fissura olfactoria eine chronische flächenhafte Eiterung. Ich habe zwei hieher gehörige Fälle beobachtet. Beide verhielten sich fast gleich, wie folgt: Jeden Morgen war das vordere Ende der mittleren Muschel von einer Secretborke bedeckt. Entfernte man die Borke, so quoll aus der Fissur schleimigeiteriges Secret in unerheblicher Menge hervor. Es bestand eine diffuse Hypertrophie der mittleren Muschel der entsprechenden Seite, welche der Septumschleimhaut innig anlag. Ich amputirte in beiden Fällen das vordere Ende der mittleren Muschel. Die convexe Fläche der amputirten Theile hatte eine körnige Oberfläche, war also in einem chronisch-entzündlichen Zustand. Nach Heilung der Wunde hörte in beiden Fällen die Secretion auf. Es scheint, dass durch den innigen Contact des Muschelrandes mit dem Septum die fissura olfactoria theilweise abgeschlossen wird, wodurch das dortselbst abgesonderte Secret unter Umständen in grösseren Mengen sich ansammeln kann, ohne dass eine Nebenhöhlenaffection vorläge.

Therapie.

Wie bei den übrigen Nebenhöhlen, so bezweckt auch bei der Keilbeinhöhle die Therapie in erster Linie die Herstellung des freien Secretabflusses, sodann die Einschränkung, eventuell vollkommene Aufhebung der Secretion der erkrankten Schleimhautauskleidung der Höhle.

a) Herstellung des freien Abflusses.

In einer grossen Anzahl der Fälle besteht diese Indication gar nicht, da keine Stauung des Secretes, sondern nur eine Secretanomalie besteht. Insbesondere gilt das Gesagte für zahlreiche Fälle von chronischer Secretion der Keilbeinhöhle, welche gleichzeitig mit Atrophie der unteren und der mittleren Muschel combinirt sind, wobei die fissura olfactoria wegsam, die Oeffnung der Keilbeinhöhle sichtbar und ohne weiteres sondirbar ist. In diesen Fällen kann von einer Erweiterung des Ausführungsganges zum Zwecke des besseren Abflusses abgesehen werden. In einer anderen Reihe von Fällen wird die Ursache der Stauung dadurch beseitigt, dass die hypertrophische mittlere Muschel oder anlagernde Polypen entfernt werden. Der Beweis dafür, dass in diesen Fällen die Stauung aufgehoben ist, liegt in dem erheblichen Nachlasse oder dem vollkommenen Aufhören der Kopfschmerzen und der meisten übrigen Beschwerden. Auch ist nicht zu vergessen, dass es mitunter schon durch wenige Ausspülungen gelingt. das dickflüssige Secret in ein dünnflüssiges zu verwandeln und dadurch die Stauung auch bei relativ kleinem ostium zu beheben.

Es bleibt indes noch immer eine ganze Anzahl von Fällen übrig, in welchen das vorhandene ostium für den Abfluss nicht genügt; dies erhellt einerseits aus dem Fortbestande der subjectiven Beschwerden, andererseits aus der directen Beobachtung selbst. Vor sehr kleinen Oeffnungen trocknet nämlich das Secret leicht zu einer Borke ein, welche dann nebst der Enge der Oeffnung den Abfluss hindert. Nach Entfernung der Borke quillt gleich eine grössere Menge Eiter hervor. Ebenso fliesst der Eiter in grösserer Menge nach Sondirung der Keilbeinhöhlenöffnung. Alle diese Umstände beweisen, dass das Secret in der Keilbeinhöhle über das Niveau des Ausführungsganges gestiegen ist, denn es kann nach Lüftung des Ausführungsganges immer nur die über dem Niveau des Ausführungsganges liegende Secretmenge abfliessen.

1. **Künstliche Erweiterung des ostium sphenoidale.** Ich benütze zur Erweiterung des ostium spenoidale meinen Haken (s. Fig. 79) in der Weise, dass ich zuerst den unteren Rand der Oeffnung durch Zug nach unten und vorne abreisse. In derselben Weise kann die Oeffnung auch seitlich erweitert werden. Die Ränder der Oeffnung hängen dann wie abgerissene Fetzen gegen die Nasenhöhle zu vor und können mittelst einer der gebräuchlichen, gut fassenden Pincetten entfernt werden. Nach der Erweiterung der Oeffnung tamponire ich die Keilbeinhöhle mit Jodoformgaze und achte besonders darauf, dass die künstlich geschaffene Oeffnung vollkommen austamponirt werde. Ich belasse den Tampon 24 Stunden und erneuere ihn nachher. Diese Procedur setze ich mindestens 5 bis 8 Tage fort, und zwar aus dem Grunde, weil die erweiterte Oeffnung eine grosse Neigung zur Verengerung zeigt, durch den Tampon indes weit gehalten wird. Sollten am Rande der erweiterten Oeffnung Granulationen aufschiessen, welche ebenfalls zur raschen Einengung der Oeffnung führen, so kann man dieselben mit Lapis in Substanz, besser noch mit Trichloressigsäure wegätzen. Jedenfalls soll man die Oeffnung bis zur vollkommenen Uebernarbung der Ränder im Auge behalten, da sonst die ganzen Erweiterungsmanipulationen illusorisch werden. Ich habe in dieser Weise Oeffnungen an der vorderen Wand der Keilbeinhöhle von mehr als 1 Centimeter Durchmesser erzielt, eine Weite der Oeffnung, durch welche nicht nur ein tadelloser Abfluss ermöglicht wird, sondern durch welche auch das Innere der Keilbeinhöhle theilweise der directen Besichtigung erschlossen wird.

2. **Anlegen einer neuen Oeffnung in der vorderen Keilbeinhöhlenwand.** Wenn die seitwärts gelegene Oeffnung der Keilbeinhöhle schwer oder

17*

gar nicht zugänglich ist und Symptome der Secretstauung bestehen, dann muss die vordere Wand eröffnet werden. Ich thue dies auch mit meinem bereits vielfach angeführten Haken. Nach Cocaïnisirung der vorderen Wand taste ich zuvor mit einer steifen, stumpfen Sonde die vordere Wand ab, und da gelingt es bald, Stellen zu entdecken, welche ein wenig auf Druck nachgeben. An einer solchen Stelle lege ich den nach unten gerichteten Haken an und reisse ein Stück der vorderen Wand nach vorne und unten aus.

Der weitere Vorgang schliesst sich vollkommen dem im früheren Capitel Gesagten an. Es drängt mich, hier noch zu betonen, dass die von mir anempfohlene Methode eine vollkommen ungefährliche ist, weil das Ausbrechen der Knochenwand zuvörderst nur durch Zug nach vorne und unten erfolgt. Das Wichtigste dieser Methode besteht aber in dem Umstande. dass in Folge besonderer Schlankheit des Instrumentes jede Phase des Eingriffes durch den Gesichtssinn genau controlirt wird, ein Vortheil, welchen man dem Operiren mit breiten, scharfen Löffeln und schneidenden Zangen nicht nachrühmen kann.

Der Gedanke liegt nahe, die durch den Elektromotor bewegte Trephine zur Anbohrung der Keilbeinhöhle anzuwenden. Ich habe dies zweimal gethan, und es ist die Methode von Spiess (132) unter Angabe einer speciell zu diesem Zwecke construirten Trephine neuerdings warm empfohlen worden. Ich konnte mich nicht für diese Methode begeistern, da die anfängliche Erschütterung des Instrumentes mich gerade jenes sichere Gefühl vermissen lässt, welches einen so hervorragenden Vortheil bei Anwendung des Hakens bildet.

b) Beschränkung oder Aufhebung der Secretion.

Es finden hier alle diejenigen Mittel Anwendung, welche auch bei den anderen Nebenhöhleneiterungen eingehend erörtert wurden. Nur die anatomischen Verhältnisse bringen es mit sich, dass bei der Keilbeinhöhle einzelne Methoden, welche bei den anderen Nebenhöhlen nicht gut anwendbar waren, eine leichtere Verwendung finden und sich deshalb hier von höherem Werthe zeigen. Man kann auch hier zwei Methoden unterscheiden.

1. **Conservative Methode.** Diese besteht in medicamentöser Behandlung der Schleimhaut. Der einfachste dieser therapeutischen Vorgänge ist das Ausspülen der Keilbeinhöhle durch die natürliche oder durch eine künstliche Oeffnung. Man kann physiologische Kochsalzlösung oder schwache antiseptische Lösungen anwenden. Sie bezwecken die raschere und gründlichere Entfernung des Secretes.

Nur selten habe ich gesehen, dass die Ausspülungen allein eine abnorme Secretion vollkommen beseitigt hätten. In frischen Fällen ziehe ich vor, das Secret aus der Höhle mittelst des Politzer'schen Verfahrens auszublasen. Ich habe mit dieser Methode allein bei mehr acuten oder subacuten Entzündungen geringerer Intensität raschen Abfluss des Secretes mit Aufhören der subjectiven Beschwerden beobachtet. Wenn nach 14tägiger Dauer der Behandlung das Ausspülen und Ausblasen nicht zum Ziele führen, mache ich jeden zweiten Tag Injectionen mit anfangs 2-, später 5%iger Lapislösung. Nach den ersten

Injectionen nimmt die Secretion eher zu als ab, und erst nach der vierten und den weiteren Injectionen ist eine Besserung zu constatiren. Die Lapisinjectionen können bequem mit meiner, bereits bei der Stirnhöhle erwähnten Canüle mit adaptirter Spritze ausgeführt werden. Ich biege das Ende der Silbercanüle in der sagittalen Ebene noch stärker abwärts, als dies bei der Sondirung angezeigt ist, damit dasselbe bei der Injection mitten in der Höhle stecke. Weder bei der Ausspülung, noch bei der Application von Lapislösung ist die Injection unter hohem Druck gestattet. Dieser wird zuweilen durch das Anlegen der Canüle an die Höhlenwand künstlich herbeigeführt und lässt sich durch Zurückziehen der Canüle leicht vermeiden. Im Uebrigen applicire ich den Lapis in denjenigen Fällen, in welchen früher eine genügende Erweiterung der Keilbeinhöhle vorgenommen wurde, mit einem festen Wattebausch, den ich 5 bis 10 Minuten lang in der Keilbeinhöhle belasse und nachher wieder entferne.

2. Radicale Methode. Diese bezweckt die Entfernung der ganzen secernirenden Schleimhaut und der eventuell vorhandenen erkrankten Knochentheile. Ich habe aber Fälle von syphilitischer Zerstörung der vorderen und unteren Wand der Keilbeinhöhle beobachtet, in welchen nur behufs Entfernung der nekrotischen Knochen radical verfahren werden musste. Die Secretion der Schleimhaut liess spontan nach und verschwand vollständig, ohne dass es nöthig gewesen wäre, die Schleimhaut zu curettiren.

Nach meiner Erfahrung ist das Nichtversiegen der Secretion viel öfters durch hochgradige Veränderungen der Schleimhaut als durch Knochennekrose bedingt.*) Wenn daher die Secretion trotz genügenden Abflusses und trotz des mehrere Wochen hindurch angewandten conservativen Verfahrens nicht versiegt oder zum mindesten nicht erheblich vermindert wird, so ist die Verödung der ganzen Schleimhaut angezeigt.

Von der von einigen Autoren geübten Verätzung der Schleimhaut mit Trichloressigsäure Gebrauch zu machen habe ich bisher nicht den Muth gehabt. Auch den scharfen Löffel kann ich nicht durchwegs empfehlen. Die Manipulation mit dem scharfen Löffel an der unteren und hinteren Wand der Höhle dürfte noch gestattet sein; an der oberen und seitlichen Wand einen scharfen Löffel zu handhaben, verbietet die in gewissen Fällen vorliegende besondere Zartheit der Knochenwände. Zweckmässiger ist der Gebrauch einer gut fassenden, starken Pincette, mit welcher die Schleimhaut nach vorheriger Application einer 10procentigen Cocaïnlösung entfernt werden kann. Selbstverständlich erfordert die Entfernung der Schleimhaut stets eine vorangehende, ausgiebige Erweiterung der vorderen Keilbeinhöhlenwand. Die Entfernung selbst bedarf zumeist mehrerer Sitzungen, da eine eventuelle Blutung hinderlich sein kann. Nach Entfernung der Schleimhaut tamponire man die Keilbeinhöhle für 24 Stunden mit Jodoformgaze.

Die Heilung eines Keilbeinhöhlenempyems nach totaler Entfernung der Schleimhaut könnte durch Verödung in Folge der die Höhle

---

*) Der entgegengesetzten Ansicht sind Schäffer und Grünwald, deren Auffassung ich nicht zu theilen vermag.

ausfüllenden Granulationen oder durch Uebernarbung des Keilbeinhöhleninneren vom ostium sphenoidale her erfolgen. Ich habe beides
bisher nie beobachten können. Woran dies liegt, kann ich nicht sagen.
Allem Anscheine nach obwalten hier ähnliche Verhältnisse, wie bei
der Kieferhöhle, indem einerseits das innere Periost geringe Neigung
zeigt, hyperplastische Granulationen zu bilden, andererseits die Umrandung des ostium sphenoidale wenig Angriffsfläche für die Ueber-
häutung der ganzen Keilbeinhöhle darbietet. Das Endresultat ist demnach immer nur eine relative Besserung, d. i. quantitative Verringerung des Secretes. Was die Qualität des Secretes betrifft, so erreicht
man fast immer eine mehr schleimige Umwandlung des früher dickflüssigen und eitrigen Secretes; ein vollkommenes Versiegen der
Secretion nach Curettirung habe ich bei chronisch-eitrigen Fällen
noch nicht gesehen.

Durch diese wenig günstigen Erfolge wurde ich in den letzten
Jahren zu neuen Massnahmen angeregt, welche mir bisher in vier
Fällen ein sehr günstiges Resultat lieferten. Der Vorgang ist im
Principe derselbe, wie ich ihn bei der Küster'schen Operation beschrieben habe, nur mit dem Unterschiede, dass ich das künstlich
erweiterte ostium sphenoidale für immer offen lasse, während die
bei dem Kieferhöhlenempyem angelegte Oeffnung in der fossa canina
nach Aufhören der Secretion wieder verschlossen wird. Die detaillirten
Massnahmen gestalten sich bei der Keilbeinhöhle folgendermassen:

Die Keilbeinhöhlenöffnung wird in der früher beschriebenen Weise
mittelst Hakens und Knochenzange erweitert, hierauf die Höhle
während vier Tagen mit Jodoformgaze tamponirt. Nach acht Tagen
wird der granulirende Rand der erweiterten Oeffnung mit Lapis in
Substanz oder mit Trichloressigsäure verätzt; diese Aetzung wird
nunmehr alle sechs bis acht Tage so lange fortgesetzt, bis der Rand
der Oeffnung sowohl von innen als von aussen vollständig vernarbt
ist. Die Oeffnung bleibt dann für alle Zukunft weit oder verengt sich
doch nur unerheblich.

Bei constant weiter Oeffnung lässt sich nun der grössere Theil
des Keilbeinhöhleninneren leicht überblicken, besser noch mit der
Sonde abtasten, wodurch man über die Beschaffenheit der Schleimhaut
einen genügenden Aufschluss erhält. Zeigt die Schleimhaut nur geringgradige Veränderungen, dann kann noch die conservative Behandlung
der Höhle: Ausspülung, Aetzung mit 2- bis 10procentiger Lapislösung
platzgreifen; sind aber erhebliche hypertrophische Schleimhautwülste
oder von Epithel entblösste Stellen, Granulationen, vorhanden, dann
kann die Ausschabung besagter Stellen vorgenommen werden. Diese
soll nun aber, wie ich dies bereits bei dem Kieferhöhlenempyem
geschildert habe, nie auf einmal, sondern in mehreren Abschnitten
innerhalb gewisser Zeitintervallen geschehen, damit die Ueberkleidung
der curettirten Stellen mit Epithel erfolgen kann. Ich habe keine der vier
in dieser Weise behandelten Patienten länger als drei bis vier Monate in
Behandlung gehabt. Das Resultat ist, abgesehen von einer ganz mini-
malen Secretion und der Bildung einer trockenen Borke, ein tadelloses.

Die Grenzindication zwischen conservativer und radicaler Methode
kann nicht scharf umschrieben werden, da hierbei die subjective Auffassung des Arztes und individuelle Verhältnisse des Kranken eine her-

vorragende Rolle spielen. Im Allgemeinen halte man daran fest, dass
mit Sicherung des freien Secretabflusses und Abnahme der eitrigen
Secretion die Hauptbeschwerden des Kranken beseitigt werden, und
dass der Hauptzweck der Therapie — gefährliche Complicationen
hintanzuhalten — erreicht ist. In einer Anzahl von Fällen bessert
sich die Secretion nachher auch spontan oder bei Zuhilfenahme
von Ausspülungen und Lapisinjectionen bis zu einem erträglichen
Grade. Nur in einer relativ geringen Anzahl von Fällen bleibt noch
eine sehr belästigende Secretion zurück, so dass eine wenigstens
partielle Entfernung der gewucherten Schleimhaut angezeigt ist.

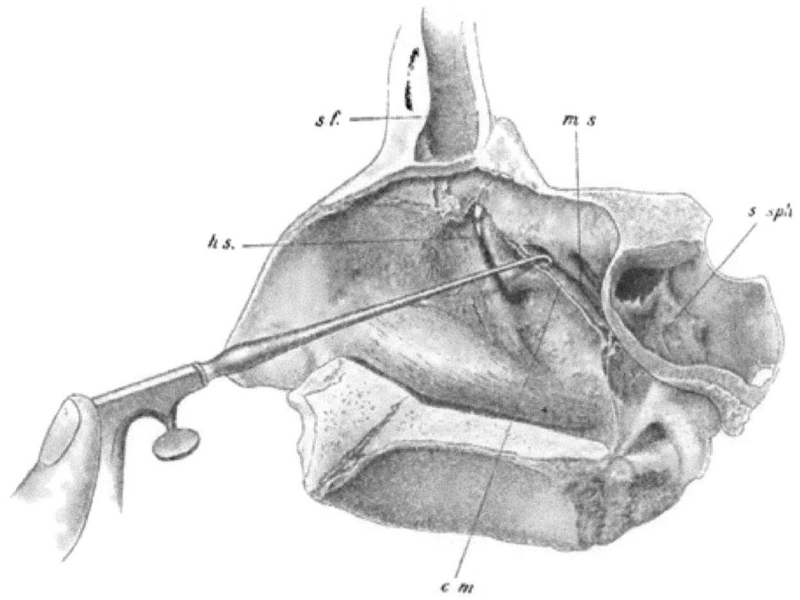

Fig. 89. Die Eröffnung des hinteren Siebbeinlabyrinthes mittelst meines
Hakens.
s.f. = sinus frontalis; *s.sph.* = sinus sphenoidalis; *m.s.* = meatus superior; *c.m.* = concha
media.

Der für die Keilbeinhöhle erörterte therapeutische Vorgang gilt
auch für das hintere Siebbeinlabyrinth. Hauptsache bleibt auch
hier die Freilegung des Eiterherdes; diese ist immer zu erreichen,
während das vollkommene Aufhören der Secretion zumeist doch nur
frommer Wunsch bleibt.

Die Eröffnung des hinteren Siebbeinlabyrinthes geschieht am
besten mit meinem Haken, indem man mit demselben oberhalb des
Ansatzes der mittleren Muschel das Siebbeinlabyrinth nach vorne und
unten ausbricht. Die hängengebliebenen Knochenpartien sollen dann
mit der Knochenzange entfernt werden. Es gelingt in dieser Weise,
den grössten Theil des hinteren Siebbeinlabyrinthes freizulegen und
letzteres für die locale Behandlung zugänglich zu machen. In Fig. 89
habe ich den technischen Vorgang der Erweiterung des hinteren
Siebbeinlabyrinthes bildlich darstellen lassen.

Die Nachbehandlung des freigelegten hinteren Siebbeinlabyrinthes deckt sich mit der des vorderen Labyrinthes. (Siehe Siebbeinlabyrinth.)

Bei diffuser Secretion der die fissura olfactoria begrenzenden
Schleimhautpartien genügt nach Entfernung der Hypertrophien der
mittleren Muschel die Application von 2- bis 5procentiger Lapislösung in der fissura olfactoria, um die Secretion vollständig zum
Schwinden zu bringen.

Nekrotische Knochen müssen entfernt werden; sind sie nur mit
der Sonde zu fühlen und sonst unzugänglich, dann müssen sie freigelegt
werden. Wenn keine Combination mit einem Empyem vorliegt, hört
mit ihrer Entfernung die Secretion in kurzer Zeit auf.

Fälle von Empyem der Keilbeinhöhle.

Fall 1. L. Karl, 15. November 1892 zum erstenmale in meiner Sprechstunde
erschienen, leidet angeblich seit zwei Jahren an linksseitigem Schnupfen. Er entleert
eine dicke, grünliche Schleimmasse; Kopfschmerzen bestehen seit 14 Tagen, und zwar
über dem linken Auge. Die Wegsamkeit der linken Nasenhälfte ist behindert.

Rhinoskopische Untersuchung. In beiden Nasenhälften und im Nasenrachenraum ist massenhaft schleimig-eitriges Secret angehäuft. Nach Reinigung der
Nase und des Nasenrachenraumes durch mehrere Tage wird man gewahr, dass das
Secret stets in der linken fissura olfactoria erscheint und von hier aus den Nasenrachenraum und die rechte Nasenhälfte überschwemmt.

Die linke mittlere Muschel liegt der ganzen Länge nach dem Septum an und
ist stark hypertrophisch. Die in die fissura olfactoria vorgeschobene Sonde gelangt
rückwärts in eine Höhle, welche, da die Entfernung der Sondenspitze von der spina
nasalis anterior 9½ Centimeter beträgt, als Keilbeinhöhle angesprochen werden muss.
Die hierauf vorgenommene Ausspülung mittelst einer dünnen Silbercanüle gelingt nur
unvollkommen. Die Spülflüssigkeit fliesst zum grössten Theil in den Rachen. Die
während der nächsten 14 Tage fortgesetzte tägliche Ausspülung führt nicht zum Ziele,
da weder Secretion noch Kopfschmerzen sistiren.

Ich entferne die hypertrophische mittlere Muschel, worauf die abundante Secretion
im Laufe der nächsten acht Tage erheblich abnahm. Die Kopfschmerzen verschwanden
innerhalb 14 Tagen gänzlich. Nach drei Wochen war noch eine kleine Borke an dem
noch nicht ganz vernarbten Saum der mittleren Muschel zu constatiren.

Nach weiteren acht Tagen verschwand auch die Secretion vollkommen.

Der angeführte Fall ist deshalb besonders bemerkenswerth, weil
erstens, der Schmerz auf die Stirn derselben Seite verlegt wurde, und
zweitens, weil das Keilbeinhöhlenempyem nach Entfernung der mittleren
Muschel nahezu spontan heilte.

Fall 2. H. J., 26 Jahre alt, hat am 5. Februar 1893 zum erstenmale vorgesprochen,
leidet beiläufig seit sieben Jahren an chronischem Schnupfen, an lästigem Trockenheits-
gefühl in Nase, Rachen, Kehlkopf und an Heiserkeit; letztere besteht seit zwei Jahren.
Zuweilen sind die aus der Nase entleerten schmutzig-grünlichen Borken übelriechend.

Rhinoskopische Untersuchung. Die unteren Muscheln sind beiderseits,
besonders rechts, mässig atrophisch, trockenglänzend, die Schleimhaut dünn, unmittelbar
dem Knochen auflagernd. Das Septum in der unteren Partie ein wenig nach links
gedrängt. Die linke fissura olfactoria ist wegsam, die rechte ist durch eine bucklige
Hervorragung am Septum fast vollständig verlegt. Die Sondenuntersuchung zeigt,
dass der Buckel beweglich und von derber Beschaffenheit ist, somit seinen Ursprung
einer Schleimhauthypertrophie verdankt.

Rechts ist zuvörderst der untere Rand der mittleren Muschel und die fissura
olfactoria durch eine Borke verlegt. Nach Entfernung derselben ist zu constatiren,
dass bei Lüftung der fissura olfactoria Eiter nachfliesst.

Dem Vordringen der Sonde wird durch die bucklige Hypertrophie Widerstand
entgegengesetzt, weshalb an die Entfernung der Hypertrophie geschritten wird (Blu-

tung, Tamponade auf 24 Stunden). Nach einigen Tagen ergibt die neuerdings versuchte Sondirung der fissura olfactoria, dass rückwärts noch ein Hindernis besteht, welches das Vordringen der Sonde erschwert. Es wird daher in einer zweiten Sitzung auch das hintere Ende der mittleren Muschel entfernt.

Erst nach weiteren vier Tagen sieht man nach vorsichtiger Reinigung der rechten Nasenhälfte die vordere Wand der Keilbeinhöhle, an welcher noch angetrocknetes Secret liegt. Nach Entfernung der Eiterborke fliesst flüssiger Eiter nach, welcher nach Abtupfen sich immer wieder unter pulsirenden Bewegungen erneuert.

Die eingeführte Sonde dringt durch eine enge Oeffnung in eine Höhle. Die Sondenlänge, von der spina nasalis inferior gemessen, beträgt 9 Centimeter. Die Entfernung von der spina nasal. infer. bis zum pulsirenden Eiterpunkt, also dem Eingang in die Keilbeinhöhle, beträgt genau $6\frac{1}{2}$ Centimeter. Die Sonde ist somit $2\frac{1}{2}$ Centimeter in die Keilbeinhöhle eingedrungen.

Da die Oeffnung in der Vorderwand der Keilbeinhöhle nur für eine sehr dünne Sonde passirbar ist, wird mit meinem Haken der untere Rand der Oeffnung ausgebrochen, worauf eine erhebliche Menge dicken, grauröthlichen, ein wenig foetiden Eiters entleert wird. Die nachfolgende Ausspülung mit 3procentiger Borsäurelösung lässt noch restlichen, flockigen Eiter zum Vorschein kommen. Durch die erweiterte Oeffnung wird ein circa 15 Centimeter langer Jodoformgazestreifen in die Höhle eingeführt und 24 Stunden belassen. In den nächsten acht Tagen, während welcher Ausspülung der Höhle und Insufflation von Jodol vorgenommen wurden, nimmt die Secretion erheblich ab.

Die künstlich erweiterte Oeffnung der Keilbeinhöhle verengte sich rapid, so dass wieder Secretretention entstand. Ich entschloss mich, die Ränder der abermals erweiterten Oeffnung mit Lapis in Substanz zu ätzen und klemmte einen kleinen Stöpsel aus Jodoformgaze in die Oeffnung ein. Ich setzte die Behandlung drei Wochen lang fort, wobei ich noch dreimal die Ränder der Oeffnung cauterisirte. Hierauf blieb die Oeffnung der Keilbeinhöhle weit und verengte sich nicht mehr.

Merkwürdig war in diesem Falle eine Beobachtung, welche ich seither auch in mehreren anderen Fällen gemacht habe, nämlich, dass die Secretion nach Stabilisirung der weiten Ausflussöffnung rasch an Menge abnahm. Der Kranke, von seinen Beschwerden befreit, entzog sich der weiteren Beobachtung.

Fall 3 zeigt ein Empyem der linken Keilbeinhöhle bei tertiär-syphilitischer Affection der Nase.

Fall 3. T. W., 32 Jahre alt, mit hochgradiger Zerstörung des knöchernen Nasengerüstes in Folge von Syphilis, kam am 3. November 1892 in meine Behandlung. Es besteht hochgradige Sattelnase. Die Rhinoscopia anterior ergibt umfangreichen Defect des Septum, welcher den grössten Theil der Cartilago, die untere Partie der perpendiculären Siebbeinplatte und einen Theil der vorderen Partie des Vomer betrifft. Die untere und mittlere Muschel beiderseits zum grossen Theile defect. Zahlreiche Borken und penetranter Gestank vorhanden. Nach Reinigung der Nase und Entfernung einiger loser nekrotischer Knochenpartien des Septum und der Muschel muss die Nase wegen eingetretener Blutung tamponirt werden. Schon am nächsten Tage ist linkerseits oben und ganz hinten ein eigenthümlicher, pulsirender Lichtreflex zu sehen. Die nachgehende Sonde gelangt an der vorderen Wand des Keilbeines durch ein Loch in die Keilbeinhöhle, worauf sofort Eiter in grösserer Menge nachfliesst. Ausserdem fühlt sich die vordere Fläche der Keilbeinwand in grösserem Umfange rauh an. Nach Entfernung einiger Granulationen am hinteren Ende der linken mittleren Muschel sind die vordere Fläche der Keilbeinhöhle und das ostium sphenoidale sichtbar.

Es wird hierauf die Vorderfläche der Keilbeinhöhle mit einem scharfen Löffel vom ostium sphenoidale aus ausgebrochen, wobei mehrere platte Knochenstückchen mitgehen. Die linke Keilbeinhöhle besitzt nunmehr eine mindestens 1 Centimeter im Durchmesser haltende Oeffnung, so dass dieselbe bequem mit Jodoformgaze tamponirt werden kann. Nach fünfmaligem Wechsel der Gaze, nebst Darreichung von 2 Gramm Jodkalium pro die, hört die Eiterung aus der Höhle vollkommen auf, und sind gleichzeitig auch die anderweitigen Defecte in der Nase verheilt.

Interessant ist der Befund in der rechten Nase. Hier ist die vordere Wand der Keilbeinhöhle mit ihrer Oeffnung zu sehen. Die Höhle enthält jedoch kein Secret. Die Kranke wurde nach fünfwöchentlicher Behandlung geheilt entlassen.

Der folgende Fall von Empyem der Keilbeinhöhle, welcher mit bedrohlichen Stauungserscheinungen auftrat, ist wegen der besonderen diagnostischen Schwierigkeit von Interesse. Der Krankheitsfall wurde von mir*) bereits im Jahre 1895 veröffentlicht, und will ich ihn hier in den wesentlichsten Punkten wiedergeben.

Fall 4. H. E., 45 Jahre alt, erscheint am 1. November 1894 zum erstenmale in meiner Sprechstunde, gibt an, bereits vor neun Jahren an abundantem Eiterausfluss der rechten Nasenseite gelitten zu haben. Der Ausfluss, welcher ursprünglich dünnflüssig war, nahm vor beiläufig sieben Jahren eine zähere Consistenz an. In den letzten Jahren traten Kopfschmerzen hinzu, welche die ganze rechte Schläfenseite einnahmen, während hie und da sich in der Tiefe des Kopfes auch ein schmerzhaftes Hämmern bemerkbar machte. Die intensivsten Beschwerden verursachte aber das starke Vornüberbeugen des Kopfes, wenn Patient einen Gegenstand von dem Boden aufheben wollte. Es stellte sich hierbei nämlich immer eine eigenthümliche Schwere des Kopfes ein, welcher beim Aufrichten ein so starkes Schwindelgefühl folgte, dass der Kranke, um nicht zu fallen, eine Stütze suchen musste; der Schlaf war gestört. Der Kranke klagte auch über Schwäche des rechten Auges.

Die rhinoskopische Untersuchung ergab: Zahlreiche Polypen im rechten mittleren Nasengange, die mittlere Muschel daselbst hypertrophisch und von höckeriger Oberfläche; sie liegt ihrer ganzen Länge nach dem Septum so innig an, dass es selbst mit einer sehr dünnen Sonde unmöglich ist, in die fissura olfactoria einzudringen. Im mittleren Nasengange ist zwischen den Polypen dickflüssiger Eiter sichtbar, demzufolge eine Orientirung über die Verhältnisse im mittleren Nasengange unmöglich ist. Es wurde zuerst zur Räumung des mittleren Nasenganges geschritten und die Polypen wurden in mehreren Sitzungen entfernt, so dass am 15. November der Nasengang ziemlich frei war. Die Kieferhöhle liess sich hierauf von dem ostium maxillare aus sondiren. Vermittelst einer Canüle wurde die Kieferhöhle ausgespritzt, nachdem vorher die Nase von dem Secret gründlich gereinigt worden war. Die Spülflüssigkeit der Kieferhöhle erwies sich frei von jeder eitrigen Beimengung. Die Beobachtung während der nächsten Tage zeigte constant eine eitrige Borke im mittleren Nasengange, welche sich an die laterale Fläche und an den freien Rand der mittleren Muschel anlegte. Nach Entfernung dieser Borke sah man nirgends Eiter nachfliessen, so dass die Quelle der Eiterung vorderhand nicht eruirbar war. Der Nasenrachenraum zeigte sich immer frei von Secret.

Um eine weitere Orientirung zu ermöglichen, insbesondere um die Stirnhöhle und das Siebbeinlabyrinth zugänglicher zu gestalten, trug ich am 21. November mit der kalten Schlinge das vorderste Ende der mittleren Muschel ab. Die Blutung war gering. Am hinteren Ende des Schnittrandes, beiläufig der Mitte des unteren Randes der mittleren Muschel entsprechend, ragte eine polypöse Wucherung aus der fissura olfactoria hervor, welche mittelst der Schlinge durch Evulsion entfernt wurde.

Auch nach der Entfernung dieser letztgenannten Wucherung kam kein Eiter nach. Wäre dies geschehen, so würde sofort klar geworden sein, dass die Quelle der Eiterung in der fissura olfactoria, also auch möglicherweise in der Keilbeinhöhle zu suchen sei. In Ermangelung eines solchen Befundes musste naturgemäss meine Aufmerksamkeit jetzt auf die Stirnhöhle und das vordere Siebbeinlabyrinth gelenkt werden, umsomehr, da das constante Erscheinen der Borke im mittleren Nasengange bei der schon vorher constatirten Integrität der Kieferhöhle zur Untersuchung der Stirnhöhle und des Siebbeinlabyrinthes aufforderte. Die nach Abheilung der Wunde vorgenommene Sondirung der Stirnhöhle ergab in Bezug auf den Eiterabfluss negatives Resultat. Auch zeigte die Eiterborke im mittleren Nasengange keine Continuität gegen die Stirnhöhle. Wiederholte Sondirung der fissura olfactoria, welche übrigens recht enge war, liess niemals Eiter erblicken, so dass ich am 30. November in das Protokoll schrieb: „Es lässt sich nach wiederholt vorgenommener Untersuchung keine Höhlenerkrankung nachweisen. Wahrscheinlich stammt die eitrige Borke im mittleren Nasengange von einer circumscripten Secretion daselbst, wozu die wunden Stellen nach Extraction der Polypen auch ihren Antheil beitragen mögen. Es wurde deshalb der mittlere Nasengang mit 10procentiger Lapislösung geätzt. In Bezug auf die heftigen Kopfschmerzen wurde der Patient vorderhand vertröstet."

*) Separatabdruck aus der „Wiener med. Wochenschrift" Nr. 32 und 33, 1895.

Der Kranke blieb längere Zeit ohne Behandlung und kam erst anfangs März wieder mit der Angabe, dass die Kopfschmerzen durchaus nicht nachgelassen hätten, und dass er noch täglich Eiter aus der Nase entleere. Die abermals vorgenommene Untersuchung liess noch immer nicht die Quelle der Eiterung mit Sicherheit erkennen. Es war jedoch sehr auffallend, dass die in toto verdickte mittlere Muschel dem Septum fest anlag, so dass die fissura olfactoria für die Sonde nicht ganz zugänglich war. Ich entfernte daher innerhalb weniger Tage partienweise die anliegenden Theile der mittleren Muschel, und am 4. März konnte ich nach Reinigung der Wunde deutlich sehen, dass Eiter aus der fissura olfactoria nach vorne floss. Eine eingeführte sehr dünne Sonde gelangte bis zur vorderen Wand der Keilbeinhöhle, aber nicht in dieselbe. Es ist nun evident gewesen, dass die Quelle der Eiterung in der fissura olfactoria, beziehungsweise in den in die fissura olfactoria mündenden Höhlen: in der Keilbeinhöhle oder im hinteren Siebbeinlabyrinthe zu suchen sei. An den folgenden Tagen entfernte ich die restlichen Theile der mittleren Muschel, so dass die fissura olfactoria und die vordere Wand der Keilbeinhöhle freilagen.

Am 11. März wurde nach Austupfen der Nase folgender Befund notirt: „Die hinterste Partie der fissura olfactoria ist freigelegt. Nach gehörigem Abtupfen ist ein glänzender, pulsirender Punkt sichtbar, welcher der vorderen Keilbeinwand entspricht. Eine feine, in der Richtung des pulsirenden Punktes vorgeschobene Sonde dringt durch eine sehr enge Oeffnung in eine Höhle. Nach Entfernung der Sonde quellen sofort drei bis vier dicke Eitertropfen nach. An selbiger Stelle wurde der von mir construirte Haken in die Oeffnung eingeführt und ein Stückchen der vorderen Wand ausgebrochen, wonach eine grössere Menge dicken, rahmigen Eiters hervorquoll. Durch die erweiterte Oeffnung wurde eine Canüle eingeführt und die Höhle ausgespritzt. Blutung gering. Gleich nach dem Abfliessen des Eiters fühlte sich der Patient erheblich erleichtert, da offenbar der Eiter bei der sehr engen Abflussöffnung vorher unter erheblich erhöhtem Drucke gestanden war. Die Oeffnung in der vorderen Keilbeinhöhlenwand musste in der folgenden Zeit des öfteren erweitert werden, weil dieselbe eine grosse Neigung, sich zu verengern, hatte. Im Monate Mai wurde die Keilbeinhöhle alle drei bis vier Tage mit Dermatolgaze tamponirt, worauf die Secretion nur langsam abnahm. Ich entfernte Ende Mai mit dem scharfen Löffel einige auffallend wulstige Stellen der Schleimhaut der Keilbeinhöhle; von diesem Zeitpunkte ab war die Secretion in stetigem Abnehmen begriffen. Ende Mai lautete meine Notiz: „Gegenwärtig ist die Secretion schon sehr gering und hat mehr einen schleimig-eitrigen Charakter. Das Wichtigste für den Kranken ist aber, dass er schon wenige Tage nach der Operation von allen seinen Beschwerden befreit wurde. Kopfschmerz, Schwindel, Schlaflosigkeit sind vollkommen gewichen."

V. Nebenhöhlenaffectionen bei Ozaena.

Es ist im Verlaufe der Darstellung der Nebenhöhlenaffectionen wiederholt darauf hingewiesen worden, dass die rhinoskopische Untersuchung bei älteren Empyemen des öfteren den objectiven Befund der Ozaena darbietet, und zwar dasjenige Bild, welches wir nach der Definition B. Fränkel's (133) als primäre, genuine Ozaena ansehen.

Das vorliegende Capitel stellt sich die Aufgabe, bei einer ganzen Reihe von als typische Ozaena anerkannten Krankheitsbildern festzustellen: 1. Woher das Secret geliefert wird und 2. welche Beziehungen zwischen der Secretion und den constatirbaren anatomischen Veränderungen vorhanden sind.

So verlockend es scheinen mag, bei dieser Gelegenheit auch die Frage nach der Aetiologie der Ozaena aufzurollen, so werde ich mich dennoch enthalten, dies zu thun. Meine Absicht ist es vielmehr nur, die Frage der Betheiligung der Nebenhöhlenaffectionen bei typischer Ozaena zu erörtern, um Thatsachen festzustellen, welche sich noch nicht allgemeiner Anerkennung erfreuen und doch wichtig

sind, um die Erkenntnis der als „Ozaena" bezeichneten Krankheit
zu fördern.

Analyse verschiedener als Ozaena bezeichneter Krankheitsfälle.

Fall 1. Der 17jährige Hilfsarbeiter Emil R. stellt sich zu Ende des Jahres 1895
in meiner Krankencassenambulanz als ein mit Ozaena behafteter Kranker vor. Diese
Diagnose sei ihm bekannt, da er schon seit Jahren wegen seines Uebels an verschiedenen
Abtheilungen (vor fünf Jahren auch von mir) ohne wesentlichen Erfolg behandelt
worden sei. Schon während seiner Erzählung macht sich der penetrante Ozaena-
gestank in unangenehmer Weise bemerkbar.

Die rhinoskopische Untersuchung ergibt thatsächlich einen für Ozaena
typischen Befund. Die beiden unteren Muscheln sind bis auf schmale Leisten verdünnt, die mittleren Muscheln ragen dagegen ziemlich stark gegen das Septum vor.
Durch die weiten, unteren Nasengänge kann man Einblick bis an die trocken glänzende
hintere Pharynxwand gewinnen und auch die Tubenmündungen übersehen. Der Nasenboden, der freie Rand der mittleren Muschel, sowie das Rachendach sind von schmutzig-
grünen, fest anhaftenden Borken bedeckt. Mit der Sonde constatirt man gleichfalls, dass die untere Muschel in eine fibröse Leiste umgewandelt ist, während
die sich derb anfühlende, verdickte Schleimhaut der mittleren Muschel, insbesondere
an ihrem freien Rande, entschieden den Eindruck ausgesprochener Hypertrophie erweckt.
Die Beschaffenheit des mittleren Nasenganges ist in der ersten Sitzung nicht festzustellen, da die Reinigung desselben von den dort anhaftenden Borken beschwerlich
ist, und die Schleimhaut bei dieser Manipulation zu bluten beginnt. Ich tamponirte
daher vorerst die linke Nasenhälfte (denn es handelte sich zuvörderst um diese) und
konnte nach 24 Stunden mit dem Tampon auch leicht die festhaftenden Borken aus
der Nasenhöhle entfernen. Jetzt erschien der mittlere Nasengang, so weit es sich um
die Partie nach aussen von der mittleren Muschel handelte, fast verstrichen: nach
entsprechender Cocaïnisirung constatirte ich mittelst Sonde, dass dieses Verstrichensein
des mittleren Nasenganges durch Hypertrophien sowohl der concaven Fläche der
mittleren Muschel, als auch durch solche der lateralen Nasenwand war. Nach
Lüftung des zwischen den Hypertrophien befindlichen Spaltes sickert tropfenweise
dicker, grünlicher Eiter hervor, was der Vermuthung Raum gibt, dass es sich hier
um einen Eiterherd handeln müsse, welcher entweder im mittleren Nasengange selbst
oder in einer dorthin mündenden Nebenhöhle seinen Sitz habe. Dadurch war die
Frage, woher sämmtliche in der Nase und im Nasenrachenraume abgelagerten Borken
herrühren, noch nicht beantwortet; es erschien allerdings wahrscheinlich, dass die
im mittleren Nasengange sich anhäufenden Borken von jenem Eiterherde im mittleren
Nasengange herrührten, während die Annahme, dass die am Nasenboden und im
Nasenrachenraume sich abgelagerten Borken desselben Ursprunges seien, zum mindesten
zweifelhaft erschien.

Die weiteren Massnahmen bestanden zuerst in der Abtragung des vordersten
hypertrophischen Endes der mittleren Muschel, worauf die im mittleren Nasengange
sitzenden Hypertrophien sich entfalteten; zwischen letzteren wurden auch zwei linsengrosse Polypchen sichtbar. Wegen heftiger Blutung wurde der mittlere Nasengang für 24 Stunden tamponirt. Tags darauf war auffallenderweise die linke
Nasenhöhle vollkommen rein, der Nasenboden zeigte keine Spur einer Borke, und in der
linken Choane war nur ein dünner, mehr firnissartiger Ueberzug, aber keine ausgesprochene Borkenbildung sichtbar. Um so merkwürdiger war es, als nach Entfernung des
Jodoformgazetampons eine beträchtliche Menge blutig gefärbten, rahmigen Eiters hervor-
schoss, welcher in kurzer Zeit den ganzen mittleren Nasengang erfüllte und über die
schmale Leiste der unteren Muschel sich auf den Nasenboden verbreitete. Diese Beobachtung liess mit zwingender Nothwendigkeit den Gedanken aufkommen, dass der
hauptsächlichste, ja vielleicht der einzige Eiterherd oberhalb der tamponirten Stelle
sich befinde. Nach Abtupfen des Secretes flossen unaufhörlich neue Massen nach.
Die Stelle, an der das Secret hervorquoll, liess als der zwischen dem restlichen
Ansatz der mittleren Muschel und der lateralen Nasenwand bestehende Spalt constatiren. Da derselbe noch durch eine Menge Hypertrophien und Polypen verengt
war, säuberte ich ihn, indem ich diese Hypertrophien mittelst scharfer Zange entfernte und die kleineren mittelst scharfen Löffels von ihrem Ansatze am Dache des
mittleren Nasenganges auskratzte. Hierauf tamponirte ich das Operationsfeld abermals
für 24 Stunden, nicht so sehr wegen der Blutung, welche diesmal gering war, als vielmehr um den Secretionsherd gegen die übrige Nasenhöhle abzuschliessen. Auch dies-

mal erwies sich die linke Nasenhöhle nach Abschluss des constatirten Eiterherdes fast rein, nur blieb der trockene, glänzende Ueberzug an der Choanenmündung noch bestehen. Der Tampon war von blutig-eitrigem Secrete durchtränkt, und nach seiner Entfernung flossen wieder erhebliche Eitermengen nach.

Es unterlag nunmehr keinem Zweifel, dass der Ursprung des ganzen, borkigen Secretes linkerseits in dem mittleren Nasengange gelegen hatte. Nach Ausschluss eines Kieferhöhlenempyems und nach gänzlicher Ausräumung des mittleren Nasenganges konnte ich vom Dache des letzteren mit der Sonde circa 1 Centimeter nach aussen und oben in eine geräumige Eiterhöhle gelangen. Bei der erwähnten Lage der Sonde konnte es sich nur um das Siebbeinlabyrinth des mittleren Nasenganges handeln. Ich erweiterte jetzt den Eingang in die Siebbeinhöhle, indem ich mittelst meines Hakens nach vorne, unten und hinten Knochensplitter aus seiner Umrandung ausbrach. Jetzt floss der Eiter unbehindert ab, und es zeigten sich in ihm auch zwei coagulirte schleimig-eitrige Klumpen. Hierauf spülte ich die Höhle mit schwacher Borsäurelösung aus.

Tags darauf konnte man durch die breite Oeffnung das Innere der Höhle leicht überblicken. Die Schleimhautbekleidung sah oedematös aus, wie wenn sich daselbst ein Polyp befunden hätte. Merkwürdig erschien mir auch, dass sich die Höhle nach dem Austupfen gleich wieder mit Eiter füllte; dieses Phänomen wiederholte sich auch in den folgenden Tagen und berechtigte zur Annahme, dass diese offen daliegende Höhle mit einem anderen, ebenfalls mit Eiter gefüllten Hohlraume communicire und von letzterem überschwemmt werde. Nach wiederholter Untersuchung konnte ich auch constatiren, dass dieser Hohlraum sich nach vorne von der eröffneten Siebbeinzelle befinden müsse. Mittelst meines Hakens brach ich dann weitere Splitter der knöchernen Wandung heraus, und eröffnete hierdurch eine noch mehr vorne liegende Siebbeinzelle, aus welcher sich nebst Eiter eine zusammengeballte, diesmal sogar penetrant stinkende Masse entleerte. Nachdem ich mittelst einer gekrümmten Sonde die Communication beider Höhlen nachgewiesen hatte, entfernte ich mit der Knochenzange die zwischen beiden Höhlen liegende Scheidewand, verwandelte hierdurch beide Hohlräume in eine einzige, beiläufig haselnussgrosse Höhle und tamponirte dieselbe. Diese Tamponade wurde täglich wiederholt, bis die Wundränder (nach 14 Tagen) zugeheilt waren. Die Eiterung, welche gleich nach Eröffnung der nach vorne gelegenen Siebbeinzelle sich wesentlich verringert hatte, machte jetzt einer mehr schleimigen Secretion Platz; nur an den Rändern der Oeffnung trocknete das Secret zu einer Borke ein. Nach mehrmaligem Austupfen der Höhle mit 5procentiger Lapislösung hörte auch die schleimige Secretion auf, und der mittlere Nasengang erschien jetzt secretfrei. Die künstliche Oeffnung im Siebbeinlabyrinthe verengerte sich allmählich, ist aber jetzt noch für eine ziemlich dicke Sonde passirbar.

In der rechten Nasenhöhle waren ähnliche Verhältnisse vorhanden, jedoch nur ein circumscripter Eiterherd in einer Siebbeinzelle zu constatiren.[*]

Das Ergebnis der Behandlung lässt sich nach meinen Aufzeichnungen in Folgendem zusammenfassen: Die beiden Nasenhöhlen zeigen keinerlei Borkenbildung, die Schleimhaut ist indes trocken und leicht glänzend. Am Rachendache entstehen alle drei bis vier Tage dünne Borken, welche den Kranken nur wenig belästigen. Die Ursache dieser letzteren Borkenbildung liegt in der diffusen Erkrankung der Schleimhaut des Rachendaches; es ist daselbst weder adenoïdes Gewebe noch ein recessus vorhanden. Der penetrante Gestank ist vollkommen geschwunden. Die Atrophie der unteren Muschel besteht im gleichen Stadium wie vor der Behandlung.

Die Analyse des vorliegenden Falles ergibt folgendes Resultat:

In dem vorgeschrittenen Falle von „Ozaena" mit erheblicher Atrophie der unteren, Verdickung der mittleren Muscheln erwies sich als Quelle des borkigen, übelriechenden Secretes in der Nase eine beiderseitige Eiterung des Siebbeinlabyrinthes. Ausserdem bestand aber auch eine diffuse, zu leichter Borkenbildung neigende Secretion am

---

[*] Da auf der rechten Seite die Verhältnisse ähnlich wie links waren, sei mir hier die diagnostische Beweisführung erlassen. Nach breiter Eröffnung derselben schwand auch hier allmählich das eitrige Secret, und es blieb nur eine schleimige Borke zurück.

Rachendache. Der grösste Theil der Nasenschleimhaut trug zur Zeit der Beobachtung zur Bildung des Secretes sicherlich nichts bei. Darüber, wie der Process begonnen hatte, in welcher Beziehung die Atrophie zur Siebbeineiterung stand, lässt der Fall keine weiteren Schlüsse zu.

Fall 2. Herr Dr. Heinrich E., Advocat, 37 Jahre alt, kam im März 1895 in meine Sprechstunde mit der Klage über grosse Trockenheit in Nase und Rachen, sowie über massenhafte Entleerung borkigen Secretes aus der Nase. Der Krankheitsprocess bestand nach Erinnerung des Kranken in der damaligen Intensität mindestens zehn Jahre; seit zwei Jahren leidet er noch dazu an einem krampfartigen Husten. Ueber Foetor wurde nicht geklagt, derselbe war auch nicht im Laufe der Behandlung zu constatiren.

Die rhinoskopische Untersuchung ergab: Beide Nasenhöhlen ziemlich geräumig, das Septum hat linkerseits eine geringe Convexität, die unteren Muscheln trocken, glänzend, wie mit einem firnissartigen Ueberzuge bedeckt. Die Schleimhaut der unteren Muscheln fühlt sich fibrös an und zeigt nirgends schwellkörperartige Beschaffenheit; überdies sind beide deutlich atrophisch. Auch der freie Rand der beiden mittleren Muscheln trocken-glänzend, im Uebrigen aber von normaler, weich-elastischer Consistenz. Beide Choanen sind durch massenhaftes, borkiges, grünlich-gefärbtes Secret verlegt. Die Rhinoscopia posterior zeigt auch das ganze Rachendach von gleichen Secretborken bedeckt. Die sonstige Schleimhaut des Nasenrachenraumes ist trocken und glänzend; ebenso erscheint auch der orale Theil der hinteren Pharynxwand. Die hintere Larynxwand ist leicht verdickt und zeigt grauweisse Verfärbung des Epithels.

Nach Entfernung der zahlreichen Borken aus den Choanen und nach Reinigung des Rachendaches zeigte es sich, dass an letzterem adenoïde Vegetationen von erheblichem Umfange ihren Ursprung nahmen. Die Vegetationen hatten eine mehr papilläre Form, und aus den zahlreichen Einsenkungen sickerte grünlicher, dicker Eiter hervor. In der Nase liess sich nirgends ein Secretionsherd nachweisen. Auch die Beobachtung der nächsten Tage lehrte, dass das Secret immer von dem adenoïden Gewebe des Rachendaches seinen Ursprung nahm und von hier aus die Nasenhöhle überschwemmte. Das Bild glich im Uebrigen dem geläufigen Bilde der Ozaena, denn die unteren Muscheln waren atrophisch, das Secret war borkig; nur der Foetor fehlte.

Die einzuschlagende Therapie war durch den geschilderten Befund vorgeschrieben: Es musste vor allem das adenoïde Lager des Rachendaches entfernt werden. Da der Rachen trotz ausgiebiger Cocaïnapplication hochgradige Empfindlichkeit zeigte, empfahl es sich, die Vegetationen mittelst kalter Schlinge durch die Nase zu entfernen. In sechs Sitzungen war das Rachendach wie glatt rasirt. 14 Tage später war die Operationswunde verheilt und die abnorme Secretion vollkommen verschwunden. Ich sehe den Patienten von Zeit zu Zeit und konnte bisher keine Recidive constatiren. Interessant ist es, dass, obwohl die unteren Muscheln klein und atrophisch geblieben sind, die trocken-glänzende Beschaffenheit der Nasenschleimhaut verschwunden ist. Auch die hintere Rachenwand ist nicht mehr trocken, und die hintere Larynxwand erscheint normal.

Als Ergebnis der Beobachtung in dem vorgeführten Falle ist Folgendes anzuführen:

In einem Falle von „Ozaena" mit ausgesprochener Atrophie der beiden unteren Muscheln, trocken-glänzender Nasenschleimhaut und Anhäufung von borkigem Secrete in Nase und Nasenrachenraum, trockener Beschaffenheit der hinteren Rachenwand, bei Abwesenheit jeden Foetors, ergab sich als Secretionsherd eine eitrige Affection des adenoïden Gewebes am Rachendache. Nach Entfernung dieser adenoïden Wucherungen hörte nicht nur die Ansammlung des borkigen Secretes auf, sondern es verschwand auch die trocken-glänzende Beschaffenheit der Nasenschleimhaut und des Rachens. Die Beobachtung der letzten Jahre zeigt auch einen Stillstand der Atrophie der unteren Muscheln. Das

Symptomenbild drängt hier zur folgenden Erklärung: Die
Eiterung des adenoïden Lagers ist als die primäre Krankheit, die Atrophie des Rachens und der unteren Nasenmuscheln
als die secundäre Folge aufzufassen.*)

Es wird zweifellos Autoren geben, die die Einreihung des vorgeführten Krankheitsbildes in das Symptomenbild der Ozaena wegen
des mangelnden Foetors nicht anerkennen werden. Diesen Autoren
möge folgender wichtige Fall zur Erwägung empfohlen werden.

Fall 3. Der 17jährige Franz H., Mitglied der allgemeinen Arbeiterkrankencassa,
erschien am 8. März 1897 zum erstenmale in meiner Sprechstunde. Es fiel sofort der
für „Ozaena" so charakteristische penetrante Foetor auf. Der Kranke klagte, dass
ihn jedermann wegen des ekelhaften Gestankes meide, und ihn sein Arbeitsgeber deswegen zu entlassen drohe. Trotz aller Anstrengung sei er ausser Stande, die stinkenden
Massen auszuschneuzen, auch helfe ihm die von ärztlicher Seite empfohlene Ausspülung
der Nase mittelst Irrigators fast gar nicht. An den verschiedensten Abtheilungen für
Nasenkrankheiten sei er wiederholt wegen der „Ozaena" erfolglos behandelt worden.
Die Krankheit besteht seit frühester Kindheit, so weit seine Erinnerung zurückreicht.
Die rhinoskopische Untersuchung ergab folgenden Befund: Beide Nasenhälften sind sehr weit, die unteren Muscheln deutlich atrophisch, vom freien Rande
her geschrumpft, der Schleimhautüberzug der unteren Muscheln hat seine Elasticität
vollkommen verloren und fühlt sich derb an. Beide mittleren Muscheln erscheinen
ein wenig vergrössert und lagern dem Septum an. Die gesammte Nasenschleimhaut
sieht trocken und glänzend aus. Während vorne am Nasenboden nur einige dünne
Schleimkrusten lagern, erscheint die hintere Nasenhälfte von schmutzig-grünen Krusten
wie austapezirt, welche den Blick zur hinteren Rachenwand über der Nase aus unmöglich machen. Ebenso ergibt die Rhinoscopia posterior, dass das ganze Rachendach mit
eitrigen Borken bedeckt ist, welche nahezu bis zum weichen Gaumen hinabreichen.
Der orale Theil der hinteren Rachenwand erscheint trocken und glänzend; die hintere
Larynxwand zeigt eine leichte Verdickung, ferner eine trübe, weissgraue Verfärbung
des Epithels. Im übrigen haben Larynx, sowie Trachea ein normales Aussehen. Nach
Entfernung der im Nasenrachenraume festhaftenden Borken mittelst Pincette zeigte es
sich, dass dieselben auf einem stark entwickelten adenoïden Lager aufsassen. Es waren
eigentlich schon mehr adenoïde Vegetationen, welche von eitrigen Gängen
durchsetzt waren.
Wenn ich von der Nase her mittelst Tampons das adenoïde Gewebe andrückte,
triefte grünlicher Eiter, wie aus einem Schwamm, in den Rachen hinab. Das adenoïde
Gewebe bedeckte gut die zwei oberen Drittheile des Septum. Am nächsten Tage war
der Nasenrachenraum wieder mit Borken der geschilderten Qualität bedeckt. Es war
nun klar, dass dieselben von dem aus dem adenoïden Lager hervorquellenden Eiter
herrührten. Ich entfernte in drei Sitzungen mittelst kalter Schlinge von der Nasenhöhle her die meisten Vegetationen und den Rest derselben vom Rachen her mit der
Jurasz'schen Zange. Die Folge dieser Eingriffe war das vollkommene Versiegen der
Borkenbildung, mit Ausnahme einer bohnengrossen Stelle am Rachendache an der
Oberfläche der Narbe.
Gestank und Borken sind vollkommen verschwunden; ebenso hörte die Trockenheit des Rachens und der krampfhafte Husten, an welchem der Kranke seit Jahren
litt, auf. Auch die Epitheltrübung an der hinteren Larynxfläche verschwand nach
weiteren vier Wochen vollkommen. Die unteren Muscheln blieben atrophisch; es war
aber unverkennbar, dass sie ein wenig succulenter geworden waren, indem sie ihr
trockenes Aussehen verloren hatten.

Der Schluss aus obigem Falle lautete:
In einem Falle von typischer Ozaena mit Atrophie beider
unteren Muscheln, mit borkigem Secrete und charakteristischem Foetor erwies sich als einzige Quelle der Eiterung
die chronisch-eitrig entzündete Rachenmandel. Nach Entfernung derselben hörten die abnorme Secretion und

---

*) Ich habe diesen Fall, trotzdem keine Nebenhöhlenaffection bestand, hier
behufs Completirung der Analyse des Krankheitsbildes der „Ozaena" angeführt.

der Foetor sehr bald auf. Der Umstand, dass der Schleimhautüberzug der unteren Muscheln nach Entfernung des
Eiterherdes seine Trockenheit verlor und dadurch scheinbar
sogar an Elasticität gewann, lässt nur die Annahme berechtigt erscheinen, dass jene Dürre und folgende Schrumpfung
des Schleimhautüberzuges als Folgen der vom Rachendache
aus die Schleimhaut der Nase und des Rachens über-
schwemmenden Eiterung anzusehen sind.

Fall 4. Frau Emilie Th., 34 Jahre alt, spricht am 10. Juni 1890 zum erstenmale in meiner Sprechstunde vor; sie gibt an, seit ihrer Kindheit an einem Schnupfen
der linken Nasenhälfte zu leiden, aus welcher sie täglich mehrere harte, nur während
der wärmeren Jahreszeit einen unangenehmen Geruch verbreitende, Krusten entleert.
Von der rechten Nasenhälfte behauptet Patientin, dass sie normal sei. An den
Beginn der Krankheit kann sie sich nicht erinnern, jedenfalls aber datirt dieselbe
aus frühester Kindheit. Die hauptsächlichste Beschwerde der Kranken besteht in der
Schwierigkeit, das angesammelte, consistente Secret zu entfernen.

Die rhinoskopische Untersuchung ergibt: Die rechte Nasenseite zeigt
nichts Abnormes, das Septum zeigt eine Deviation nach der linken Nasenhöhle. Diese
ist durch eine grosse schmutzig-grüne Kruste zum grössten Theile verlegt. Die
Kruste haftet scheinbar der Schleimhaut des mittleren Nasenganges an. Die untere
Muschel ist zu einer ganz dünnen Leiste atrophirt, ihre Schleimhaut hat ein trockenes
Aussehen und fühlt sich derb an. Die mittlere Muschel zeigt beiläufig normalen Umfang,
auch ist die Consistenz ihrer convexen Fläche und des freien Randes normal; dagegen
ist die Schleimhaut ihrer concaven, dem mittleren Nasengange zugewendeten Fläche
deutlich verdickt (atypische Hypertrophie). Die Untersuchung dieser Partie mittelst
Sonde erzeugt sofort Blutung; es finden sich mehrere Schleimhautexcoriationen,
welche wahrscheinlich in Folge Ablösung der daselbst festhaftenden Secretborke entstanden sind. Vier Tage hindurch wandte ich die Gottstein'sche Tamponade der
linken Nasenseite an, um die vollkommene Ablösung der Secretborke zu erzielen und
um die Excoriationen zur Verheilung zu bringen. Jetzt ging ich daran, die Quelle des
Secretes genau zu bestimmen. Nach dem bisherigen Befunde lag die Vermuthung nahe,
dass die Secretquelle im mittleren Nasengange sich befinde. Ich führte daher eine
circumscripte, aber genaue Tamponade des mittleren Nasenganges aus und wartete
24 Stunden ab. Da zeigte es sich, dass die linke Nasenseite vollkommen secret- und
borkenfrei war, ja es war auffallend, dass die sonst trocken erscheinende untere Muschel
jetzt einen gewissen Grad von feuchtem Glanz hatte, ein Fingerzeig dafür, dass das
dürre Aussehen zum grossen Theile durch die eintrocknende dünne Schichte, eitrigen
Secretes bedingt war. Es wurde auch sofort klar, dass die Quelle des Secretes oberhalb
der tamponirten Stelle, am Dache des mittleren Nasenganges, oder in den dahin mündenden
Nebenhöhlen, zu suchen sei. Nach Entfernung des Tampons quoll auch thatsächlich
eine Menge schleimig-eitrigen Secretes von glasiger Consistenz hervor und überschwemmte in wenigen Minuten den ganzen mittleren Nasengang und die untere
Muschel. Das Secret, das offenbar in einer Nebenhöhle abgesondert wurde, hatte sich
in Folge der 24 Stunden währenden Tamponade gestaut und der Kranken heftige
Kopfschmerzen bereitet.

Nach gewissenhafter Reinigung der ganzen linken Nasenhöhle punktirte ich
die Kieferhöhle vom unteren Nasengange aus; die darauffolgende Ausspülung derselben brachte nur wenige Ballen eines glasigen Secretes zu Tage. Dagegen erschien
kurz darauf wieder Eiter im mittleren Nasengange, was unzweifelhaft bewies, dass,
wenn auch die Kieferhöhle an der Secretion betheiligt sein mochte, jedenfalls das Hauptquantum der gelieferten Secretmassen nicht aus dieser, sondern aus einer anderen in
den mittleren Nasengang mündenden Höhle herkommen musste. Die weiteren Massnahmen
bestanden in der Resection der mittleren Muschel und Eröffnung mehrerer secernirender
Siebbeinzellen. Der Fall erwies sich als äusserst hartnäckig, insofern es mir nicht
gelingen wollte, den ganzen Secretionsherd im Siebbeinlabyrinthe zu bewältigen. Im
weiteren Verlaufe betheiligte sich auch die Kieferhöhle mehr als anfänglich an der
Secretion. Die wochenlang geübte Ausspülung der Kieferhöhle durch die natürliche
Oeffnung führte zu keinem Resultate; auch die vordersten Siebbeinzellen, welche in
diesem Falle sich weit gegen die Stirnhöhle zu ausdehnten, hörten nicht vollständig
zu secerniren auf, so dass sich täglich im mittleren Nasengange eine schmutzig-grüne,
aber nicht übel riechende Borke ablagerte. Nachdem noch durch mehrere Wochen mit

5procentiger Lapislösung getränkte Wattebäuschchen in die weit eröffneten Siebbein-zellen eingelegt wurden, hörte die Secretion bis auf das tägliche Erscheinen einer zarten Borke auf. Die Kranke fühlte sich so weit gebessert, dass sie weiteren Ein-griffen sich entziehen zu dürfen glaubte.

Wenn wir die wichtigsten Phasen dieser Krankengeschichte zu-sammenfassen, so ergibt sich:

In einem Falle von sogenannter einseitiger Ozaena mit ausgesprochener Atrophie der unteren Muschel, leichter Ver-dickung der mittleren Muschel und typischer Borkenbildung, jedoch ohne Foetor, lässt sich auf der erkrankten Seite die Secretion auf eine combinirte Eiterung der Kieferhöhle und mehrerer Siebbeinzellen des mittleren Nasenganges zurück-führen. Die Krankheit besteht nach Aussage der Kranken von Kindheit an, mindestens seit 20 Jahren. Ueber den Beginn der Erkrankung lässt sich nichts Bestimmtes aussagen.

Was den letzteren Punkt anbelangt. möchte ich noch einige er-läuternde Bemerkungen hinzufügen. Das Resultat der Untersuchung bezieht sich selbstverständlich nur auf die Zeit, in welcher ich die Behandlung geleitet habe. Für dieses Stadium ist es ausser Zweifel, dass alles pathologische Secret von der Kieferhöhle und von einigen in den mittleren Nasengang mündenden Siebbeinzellen herrührte. Es wäre verfehlt, oder zum mindesten unmotivirt, zu schliessen, dass die Nebenhöhleneiterung die primäre Erkrankung und die Atrophie der unteren Muschel deren Folge war, wenn auch diese Annahme nicht unwahrscheinlich ist.

Fall 5. Syrowatka M., 17 Jahre alt, stammt von gesunden Eltern, hat drei gesunde Geschwister. An keinem Familienmitgliede sollen Anzeichen einer Nasen-krankheit vorhanden sein. Patientin gibt an, im Alter von sechs Monaten Masern, und als fünfjähriges Kind eine Lungenentzündung überstanden zu haben. Die Nasen-beschwerden sollen in ihrem neunten Lebensjahre begonnen haben. Dieselben bestanden damals schon in unangenehmer Trockenheit, Verstopfung der Nasenhöhlen durch Borken und in üblem Geruche. Seit vier Jahren hat sie ihren Geruchsinn eingebüsst, dafür wird aber ihre Umgebung durch den von ihrer Nase aus sich verbreitenden abscheulichen Foetor in unangenehmster Weise belästigt. Flüssiger Eiter wurde angeblich niemals aus der Nase entleert, auch litt Patientin nie an Kopfschmerzen.

Die rhinoskopische Untersuchung ergab folgenden Befund: Die gesammte Nasenschleimhaut blass, die unteren Muscheln deutlich atrophisch, ihre hinteren Enden in höherem Masse als die vorderen. Die vorderen Enden der mittleren Muscheln liegen nahezu vollkommen dem Septum an, die hinteren Enden derselben sind mehrere Millimeter vom Septum entfernt. Das ganze Naseninnere ist von dicken, festen, grün-lichen Borken überzogen, welche einen scheusslichen Gestank verbreiten. Diese Borken finden sich, wie gesagt, an sämmtlichen sichtbaren Partien; sie sind beiderseits gleich-mässig vertheilt und haben nur in der hinteren, mehr offenen Partie der fissura olfactoria einen grösseren Dickendurchmesser. Da die Ausspülung der Nase die Borken nicht genügend beseitigte, und der Versuch, dieselben mittelst Pincette zu entfernen, Blutung hervorrief, zog ich es vor, die Gottstein'sche Tamponade auszuführen. Nach drei-maliger Anwendung derselben, an jeder Nasenseite abwechselnd, gelang es mir, die Nase vollkommen rein zu erhalten.

Die wichtigste Frage war nun: Woher stammt das Secret? Der Umstand, dass der grösste Theil der Secretmassen in der fissura olfactoria zu finden war, legte die Vermuthung nahe, dass sich der Secretionsherd in der fissura olfactoria, respective in der Keilbeinhöhle oder in dem hinteren Siebbeinlabyrinthe befinde. Aber Vermuthung ist noch kein Beweis. Ich nahm hierauf beiderseitig eine vorsichtige aber gründliche Tamponade der fissura olfactoria vor, um von hier aus den Zufluss von Secret in die vorderen Nasenpartien zu verhindern. Tags darauf waren trotzdem der mittlere Nasengang, der freie Rand der mittleren Muschel, sowie die untere Muschel von einer Secretborke überzogen. Ich wiederholte dieses Experiment mehrere Tage hindurch und erhielt stets das gleiche Resultat. Es war somit zweifellos, dass meine oben angeführte Vermuthung:

das gesammte Secret stamme nur aus der fissura olfactoria, den Thatsachen nicht entsprach. Es zeigte sich zwar, dass in der fissura olfactoria ein Eiterherd lag, da der Tampon von Eiter förmlich durchtränkt war, und nach seiner Entfernung eine geringe Quantität eines trüben, glasigen Secretes nachquoll, aber nebstbei mussten noch anderwärts Secretionsherde vorhanden sein. Bei Entfernung der Borken aus dem mittleren Nasengange floss kein Secret nach, auch konnte ich mittelst Sonde daselbst keinen Secretionsherd nachweisen. Die Tamponade des mittleren Nasenganges lieferte gleichfalls ein negatives Resultat: Die Borken zeigten sich abermals ausserhalb der Tampons, und nach Entfernung der Tampons quoll kein flüssiges Secret aus dem mittleren Nasengange hervor. Es unterlag somit keinem Zweifel, dass hier eine diffuse Secretion der Nasenschleimhaut vorliegen musste. Letztere wollte ich noch durch die directe Beobachtung constatirt wissen. Nach gründlicher Reinigung der Nase untersuchte ich die Kranke von drei zu drei Stunden und habe dabei in unverkennbarer Weise gesehen, wie an der Oberfläche der unteren Muschel, insbesondere unmittelbar über dem Ansatze derselben grau-weisse, tröpfchenartige Erhebungen entstanden, die zu schuppenähnlichen Auflagerungen heranwuchsen, bis sie miteinander zu einer zusammenhängenden Borke verschmolzen. Ich habe dieses Phänomen der diffusen Secretion niemals wieder in einer so schönen, jeden Zweifel ausschliessenden Weise beobachten können. Ich habe in diesem Falle die Erscheinung zu wiederholtenmalen und beiderseits in gleicher Weise beobachten können.

Es blieb noch übrig, festzustellen, ob das in der fissura olfactoria abgesonderte Secret von der Schleimhaut des Riechspaltes selbst oder von den dahin mündenden Nebenhöhlen (Keilbeinhöhle, hinteres Siebbeinlabyrinth) herrührte. Es liess sich niemals nach Entfernung der Borken der Abfluss flüssigen Secretes constatiren. Die linke Keilbeinhöhle konnte sondirt und ausgespült werden. Diese Manipulation brachte niemals Secret zu Tage, wenn vorher die Borken aus der fissura entfernt wurden. Aller Wahrscheinlichkeit[*]) nach bestand also auch hier nur eine diffuse Secretion.

Dass im Uebrigen die meisten Borken sich immer im Riechspalt angesammelt vorfanden, rührt daher, dass der Exspirationsstrom beim Schneuzen Borken aus der fissura olfactoria fast gar nicht herauszubefördern im Stande ist.

Es ist dieser Fall noch deswegen von besonderer Wichtigkeit gewesen, weil ich einzelne kleine Schleimhautstücke von den erwiesenermassen secernirenden Partien entfernt und mikroskopisch untersucht habe. Das Resultat der mikroskopischen Untersuchung ist im Capitel der anatomischen Veränderungen bei Ozaena angeführt.

Die therapeutischen Massnahmen bereiteten mir in diesem Falle grosse Verlegenheiten. Was sollte man mit einer so ausgedehnten secernirenden Schleimhautfläche beginnen. Ich erzielte durch Bepinselung mit 5- bis 10procentiger Lapislösung später mit Chromsäurelösung (1 : 30) eine Verringerung der Secretion: ich musste aber nach monatelanger Behandlung zur Ueberzeugung gelangen, dass der Erfolg nur ein sehr vorübergehender gewesen. Ich habe später die Anwendung von alkalischen Nasenspülungen verordnet, wodurch die Borken leichter entfernt wurden, und der Gestank auf ein erträgliches Mass gesunken ist.

Das Ergebnis der Beobachtungen im vorliegenden Falle lautet: In einem typischen Krankheitsfalle von Ozaena mit deutlicher Atrophie der unteren Muscheln, Borkenbildung und charakteristischem Foetor wurde das Secret von der Schleimhautbekleidung der unteren Muschel, der angrenzenden Theile des mittleren Nasenganges, sowie von der Schleimhaut der fissura olfactoria geliefert. Eine Herdeiterung in Form eines Nebenhöhlenempyems war trotz wiederholter eingehender Untersuchung nicht zu constatiren.

Fall 6. Else F., 7 Jahre alt, für ihr Alter vorzüglich entwickelt, von blühendem Aussehen und von gesunden Eltern herstammend, war seit einem Jahre wegen mangelhafter Durchgängigkeit beider Nasenhöhlen in meiner Behandlung. Als Ursache

---

*) Leider nur „wahrscheinlich", denn die Schleimhautflächen der fissura olfactoria sind nicht für die directe Beobachtung so geeignet, wie die unteren Partien der Nasenhöhle, wo wir die Entstehung der Secrettropfen und das Zusammenfliessen derselben zu grösseren Borken direct controliren konnten.

fand sich ein subacuter Schwellungszustand der unteren und mittleren Muscheln, welcher allem Anscheine nach mit einem gleichzeitigen Katarrh des Nasenrachenraumes (flache Luschka'sche Tonsille mit Recessussecretion) in Zusammenhang stand. Nach Cocaïnisirung beider Nasenhälften war nichts Besonderes wahrzunehmen. Die beiden unteren Muscheln wurden cauterisirt. Da die Secretion im Nasenrachenraume trotz wiederholter Application von 2- bis 5procentiger Lapislösung nicht abnahm, entschloss ich mich zur Auskratzung des secernirenden adenoïden Gewebes. Daraufhin hörte die Secretion auf, und die Schwellung der Nasenmuscheln ging zurück. Nach 1½ Jahren, erschien das Kind abermals in meiner Sprechstunde (Mai 1895) und seine Angehörigen klagten, dass seit circa zwei Monaten sehr viel eitriger, übel riechender Schleim aus der Nase entleert werde.

Die rhinoskopische Untersuchung ergab: Links vollkommen normalen Befund. Rechts zeigte sich folgendes interessante Bild: Die untere Muschel erschien schmal, trocken, glänzend, wie atrophisch. (Es hat sich später herausgestellt, dass die untere Muschel nur contrahirt war.) Die mittlere Muschel wie kolbig angeschwollen, berührt das Septum; am freien Rande der mittleren Muschel und im mittleren Nasengange eine graugrünliche festhaftende Borke.

Ich war über dieses Bild höchst erstaunt. Kein Zweifel, dachte ich, das ist Ozaena, und da vor 1½ Jahren von alledem keine Spur vorhanden gewesen war, muss die Krankheit erst im letzten Jahre, nach Angabe der Mutter sogar erst im letzten halben Jahre sich entwickelt haben. Es war nun für mich klar, hier einen Fall von beginnender Ozaena vor mir zu haben. Was ich aber fand, war ein sehr gewöhnliches Bild, dem ich zu wiederholtenmalen bei Erwachsenen begegnet war. Nach Entfernung der erwähnten Borke strömte aus dem mittleren Nasengange flüssiger, grüngelber Eiter hervor. Die Stelle, an welcher der Eiter erschien, entsprach ungefähr der Mitte des Daches des mittleren Nasenganges. Die in diese Richtung geführte Sonde gelangte in eine buchtige Ausweitung welche topographisch den Siebbeinzellen entsprach. Nachdem ich das Vorhandensein eines Eiterherdes an mehreren nacheinander folgenden Tagen mittelst Sonde sichergestellt hatte, kratzte ich mit meinem scharfen Löffel die erwähnte Bucht aus und tamponirte mit Jodoformgaze. Nach dreiwöchentlicher Behandlung (mehrmaliger Aetzung der ausgekratzten Bucht mit der Lapisperle) hörte die Eiterung vollkommen auf.

Das Interessante aber war, dass die im Beginne trocken und glänzend, sowie geschrumpft aussehende untere Muschel sich wieder entfaltete, normalen feuchten Glanz und auf Sondenberührung einen als normal anzusehenden Grad von Elasticität zeigte. Seit 2 Jahren controlire ich den Fall, er erweist sich bisher als vollkommen geheilt.

Die gedrängte Darstellung des Falles ergibt:

In einem dem Anscheine nach beginnenden Falle von Ozaena (einseitig) mit scheinbarer Atrophie der unteren Muschel, circumscripter, polypenähnlicher Bildung im mittleren Nasengange, Borkenbildung und deutlichem Foetor, wird das Secret von einer circumscripten Bucht am Dache des mittleren Nasenganges (offenbar Anlage des Siebbeinlabyrinthes) geliefert. Nach chirurgischer Entfernung der erkrankten Schleimhautpartien erfolgt vollkommene Heilung.

Fall 7. Ernst Sch., 15 Jahre alt, von gesunden Eltern, consultirte mich im Februar 1895 zum erstenmale. Derselbe gab an, in der Kindheit einmal Masern und Scharlach durchgemacht zu haben, erfreute sich indes bis vor zwei Jahren einer tadellosen Gesundheit. Zur angegebenen Zeit fiel der Umgebung des Kranken zum erstenmale ein unangenehmer Geruch auf. Seither verstärkte sich dieser Geruch zu einem penetranten Gestank, und der Kranke entleerte beim Schneuzen grosse missfärbige Borken.

Die äussere Nase ist im Verhältnis zur sonstigen Körperentwickelung stark zurückgeblieben.

Rhinoskopischer Befund: Beide Nasenhälften sind mit bernsteingelben, äusserst foetiden Borken ausgefüllt. Durch Ausspülung lassen sich die Borken nicht vollkommen entfernen; erst durch Zuhilfenahme der Pincette kann man die Nase vollständig ausräumen. Die untere Muschel erscheint von beiläufig normalem Umfange, ihre Schleimhaut von anscheinend normaler Elasticität, nur die vorderen Enden der unteren Muscheln scheinen ein wenig vergrössert und ihre Consistenz derber. Die beiden

18*

mittleren Muscheln erscheinen, wenn auch nicht hochgradig, so doch entschieden hypertrophisch, insbesondere der freie Rand lässt sich mittelst der Sonde leicht verschieben.
Das hintere Ende der linken unteren Muschel ist dagegen deutlich atrophisch. Nach
Entfernung der Borken wird die Aufmerksamkeit sofort auf die hintere Partie der
rechten fissura olfactoria gelenkt, wo selbst nach fortgesetztem Abtupfen unaufhörlich
ein grünlicher Eiter von rahmiger Consistenz nachquillt. Es war somit klar, dass rechts
ein localer Eiterherd vorhanden sein musste. Links konnte ich anfangs keine derartige
Stelle vorfinden.

Rechts. Wiederholte Untersuchungen ergaben den bereits oben erwähnten
Befund in der fissura olfactoria und berechtigten zur Annahme eines daselbst befindlichen
Eiterherdes. Die Frage, ob nur dieser Herd allein vorhanden sei, oder ob noch
ausserdem eine diffuse Secretion der Nasenschleimhaut bestünde, war nicht ohneweiters
zu entscheiden. Zu diesem Zwecke sperrte ich mittelst mehrerer kleiner in die
hintere Partie der fissura olfactoria eingeführter Wattebäuschchen den Eiterherd
der fissura olfactoria von der übrigen Nasenhöhle ab. Nach 24 Stunden zeigte die
Inspection, dass, wenn auch in der rechten Nasenhöhle keine umfangreichen Borken
zu constatiren waren, die Schleimhaut daselbst doch nicht frei von Secret war. Gleich.
wie der Nasenboden, zeigte auch der ganze convexe Theil der unteren Muschel zahlreiche inselförmige Auflagerungen, in deren Umgebung überdies noch graue Secret-
tröpfchen zu sehen waren. Es war somit erwiesen, dass der Secretüberzug über der
unteren Muschel an Ort und Stelle von der Schleimhaut abgesondert wurde, wenn
auch das Hauptquantum der Borken von der fissura olfactoria herrührte. Die Ab-
sperrung des Secretes der fissura olfactoria wurde öfters wiederholt und immer dasselbe Resultat über den Ursprung des Secretes erhoben.

Links. Auf der linken Nasenseite hafteten die Borken hauptsächlich im mittleren Nasengange. Nach Entfernung derselben quoll flüssiger Eiter aus dem mittleren
Nasengange hervor. Nach Abtupfen desselben floss sofort wieder Secret nach. Es
musste somit hier ein circumscripter Eiterherd vorhanden sein, welcher nicht genau
localisirt werden konnte, da die mittlere Muschel verdickt und stark nach aussen
gerollt war. Auch die Sondenuntersuchung ergab wegen erschwerter Zugänglichkeit
keinen genügenden Aufschluss.

Bevor ich diesen Eiterherd operativ freilegte, musste ich die Frage er-
ledigen, ob nicht auch hier nebstbei noch eine diffuse Secretion, so wie rechts bestand.
Wiederholte Tamponaden des mittleren Nasenganges sperrten den Secretabfluss gegen
die übrige Nasenhöhle ab; der Eiter floss in Folge dessen in den Nasenrachenraum,
wo er zu Borken eintrocknete. Sonst waren auch in dieser Nasenhälfte keine dicken,
zusammenhängenden Borken sichtbar, sondern nur etwa stecknadelkopf- bis linsengrosse Schüppchen, welche an Ort und Stelle secernirt worden sind.

Von Wichtigkeit sind in diesem Falle die vorgenommenen therapeutischen Massnahmen.

Auf der rechten Seite constatirte ich nach Entfernung des hinteren Endes der
mittleren Muschel, dass der Eiter aus dem hinteren Siebbeinlabyrinthe herrührte. Die
Nothwendigkeit der Entfernung des hinteren Muschelendes war aus dem Grunde gegeben, weil die Oeffnung der Keilbeinhöhle weder sichtbar noch sondirbar war. Nach
der Resection gewahrte man die vordere Wand der Keilbeinhöhle stets von
Eiter überschwemmt, und mitten durch diesen konnte man mit der Sonde durch die
natürliche Oeffnung in die Keilbeinhöhle gelangen. Nach Abtupfen des Eiters liess sich
mit Leichtigkeit constatiren, dass derselbe nicht aus der nunmehr sichtbaren Keilbeinhöhle herrühre, sondern von vorne her gegen die vordere Wand der Keilbeinhöhle
hinfloss. Als ich hierauf in den nächsten Tagen an die vordere Keilbeinfläche einen
Tampon anpresste, bemerkte ich, dass der Eiter sich stets vor dem Tampon ansammelte,
und nach Entfernung desselben zeigte sich die vordere Keilbeinhöhlenwand vollkommen rein. Es unterlag somit keinem Zweifel, dass das Secret aus dem hinteren
Siebbeinlabyrinth herrührte. Eine weitere Untersuchung mit der Sonde über dem Rest
des mittleren Muschelendes konnte keine rauhe Stelle constatiren. Ich brach nun mit
meinem Haken den falzförmigen Saum des übrig gebliebenen Ansatzes der mittleren
Muschel heraus, erweiterte mit demselben Instrumente auch den oberen Nasengang
nach vorne und entfernte die nun locker gewordenen Knochenplättchen mittelst der
Knochenzange. Den somit zu einer Höhle erweiterten oberen Nasengang tamponirte ich
mit Jodoformgaze. Trotzdem ich die Tamponade vierzehn Tage hindurch wiederholte,
wollte die Secretion nicht abnehmen. Ich applicirte dann jeden dritten Tag einen mit
5procentiger Lapislösung getränkten Wattebausch in die Höhle, worauf die Secretion
erheblich nachliess. Gerade in der fissura olfactoria sammelte sich von nun ab kein
Secret mehr an, und die Bildung von umfangreichen Borken war in der rechten Nasen-

höhle jetzt nicht mehr nachzuweisen, dagegen sah man auch weiterhin die erwähnten kleinen inselförmigen Secretauflagerungen.

Linkerseits war ich genöthigt, den grössten Theil der mittleren Muschel zu reseciren, um den Eiterherd des mittleren Nasenganges freizulegen. Nach Verheilung der Wunde zeigten sich noch am Dache des mittleren Nasenganges, sowie an der Oberfläche der bulla mehrere Hypertrophien und ein Polyp, nach deren Entfernung man das Hervorsickern des Eiters an zwei Stellen beobachten konnte.

Eine Stelle entsprach der typischen Oeffnung des Siebbeinlabyrinthes am Dache des mittleren Nasenganges. Eine andere Eiterquelle lag im hiatus selbst. Es unterlag keinem Zweifel, dass die erstere Quelle dem Siebbeinlabyrinthe entsprach, denn die Sonde konnte daselbst 1 Centimeter weit nach aussen und oben vordringen, und neben der Sonde quoll reichlich Eiter hervor. Die Eiterung im hiatus entsprach gleichfalls einer Erkrankung des Siebbeinlabyrinthes, denn 1. ergab die Probeausspülung der Kieferhöhle, welche mit Leichtigkeit durch die natürliche Oeffnung ausgeführt werden konnte ein negatives Resultat, und 2. war gerade die vordere Partie des hiatus frei von Secret, welcher Umstand gegen die Affection der Stirnhöhle sprach. Wiederholte Sondirungsversuche zeigten, dass die Quelle im Hiatuseiterung nach aussen und oben vom infundibulum, somit ebenfalls in einer Siebbeinzelle gelegen war. Ich erweiterte nun mittelst des Hakens die beiden Oeffnungen, worauf sich eingedickte, schmutzig-grau aussehende eitrige Klumpen entleerten. Ich habe dann durch Entfernung der bulla beide Höhlen in eine umgewandelt, dieselbe tamponirt und später mit 2- bis 5procentiger Lapislösung ausgepinselt. Die wunden Ränder der Höhle übernarbten in kurzer Zeit, und es erfolgte vollkommene Ausheilung des Siebbeinempyems. Aber die sonstige Schleimhaut der linken Nasenhöhle secernirte noch weiter fort, es entstanden, ebenso wie auf der rechten Seite, kleine plaqueförmige Borken. Gegen diese diffuse, wenn auch nicht erhebliche Secretion wandte ich 2- bis 10procentige Lapislösung mehrere Wochen hindurch an, aber nur mit partiellem Erfolge. Die Bildung von Borken sistirte für einige Zeit vollkommen, um aber bald wiederzukehren. Von einer eingreifenden Behandlung (Exstirpation der secernirenden Stellen) konnte ich wegen der geringfügigen Beschwerden des Kranken absehen. 1½ Jahre nach Entlassung des Patienten hatte ich Gelegenheit, ihn wieder zu rhinoskopiren und Status idem zu constatiren (andauernde Ausheilung der localen Eiterherde, diffuse plaqueförmige Secretion von Borken).

Die Schlüsse aus der Beobachtung dieses Falles lauten:

In einem typischen Bilde von Ozaena mit beginnender Atrophie einzelner Schleimhautstellen fanden sich zwei verschiedene Quellen des Secretes: 1. Rechts eine Eiterung im hinteren Siebbeinlabyrinthe, links Eiterung in einigen in den mittleren Nasengang mündenden Siebbeinzellen: diese lieferten das borkige Secret. Ausserdem bestand eine diffuse Secretion der übrigen Nasenschleimhaut, welche zu kleineren, schuppenförmigen Auflagerungen auf verschiedene Stellen des Naseninneren führte.

Die übrigen Fälle will ich nur kurz, mit Angabe des wesentlichen Untersuchungsergebnisses anführen:

Fall 8. Elise F. (1893), 12 Jahre alt, gut genährt, von kräftigem Körperbau. Ozaenaartiger Geruch aus der Nase, seit mehreren Monaten stinkende Borken in der rechten Nasenhälfte; linke Nasenhälfte normal.

Befund: Atrophie der rechten unteren Muschel, mässige Hypertrophie der rechten mittleren Muschel. Rechts ein Empyem des vorderen Siebbeinlabyrinthes. Nach eingeleiteter Therapie Heilung.

Fall 9. Fräulein Sophie G. (1898). Seit dem zehnten Lebensjahre übler Geruch aus der Nase, Entstehung von grünlichen Borken. Patientin stand seit Jahren in Russland und Deutschland mit „Ozaena" in Behandlung.

Befund: Beiderseits stark ausgeprägte Atrophie der unteren Muscheln und leichte Verdickung der mittleren Muscheln. Borkiges Secret von leicht ozaenaartigem Geruche.

Beiderseits veraltetes Kieferhöhlenempyem. Eröffnung durch die fossa canina. Ausräumung von hypertrophischen secernirenden Partien aus der Kieferhöhle, insbesondere um das ostium maxillare herum. Secret und Geruch sind verschwunden. Gegenwärtig sind beide Kieferhöhlenempyeme in vollkommener Ausheilung begriffen.

Fall 10. Eduard L. (1895), 29 Jahre alt, anämisch, aber sonst gesund, klagt über grosse Trockenheit in Nase und Nasenrachenraum, Gestank aus der Nase.

Befund: In der linken Nasenhälfte und im Nasenrachenraume borkiges Secret. Leichte Atrophie beider unteren Muscheln. Das Secret stammte aus der linken Keilbeinhöhle, welche zugänglich war. Nach Ausspülung der Keilbeinhöhle und Injection von 2- bis 5procentiger Lapislösung in dieselbe erhebliche Besserung.

Fall 11. Friderike Er. (1896), 18jähriges, anämisches Mädchen, Geruch aus der Nase und Borkenbildung seit ihrer Kindheit.

Befund: Ausgesprochene Atrophie beider unteren Muscheln, auch die mittleren Muscheln erscheinen schlank, wenn auch nicht ausgesprochen atrophisch. Borkiges Secret in Nase und Nasenrachenraum. Das Secret rührt rechts aus der Kieferhöhle und aus dem vorderen Siebbeinlabyrinthe, links secernirte die Schleimhaut des mittleren Nasenganges (keine Nebenhöhlenaffection nachweisbar).

Fall 12. Franz B. (1895), 11 Jahre alt, seit zwei Jahren intensive Stirnkopfschmerzen rechts, welche insbesondere während des Lernens auftreten. Seit den letzten Monaten merken die Eltern einen Foetor aus der Nase. Auch ich habe während der Untersuchung den Eindruck eines ozaenösen Gestankes.

Befund: Die rechte Nasenhälfte von übelriechenden Borken erfüllt. Untere Muschel ausgesprochen atrophisch. Die rechte mittlere Muschel hypertrophisch. Auch im rechten mittleren Nasengange Verdickungen. Links normale Verhältnisse. Es bestand ein Empyem der rechten Kieferhöhle und des vorderen Siebbeinlabyrinthes. Der Foetor und Kopfschmerz verschwanden bald vollständig. Die Secretion der rechten Kieferhöhle ist bisher noch nicht vollkommen verschwunden, so dass der Kranke durch die Fistelöffnung in der Alveole seine Kieferhöhle ausspülen muss.

Im Anschlusse an die dargestellten Krankheitsfälle sollen: 1. Die Secretionsquelle, 2. die anatomischen Veränderungen bei der Ozaena eine eingehendere Würdigung finden.

1. Die Secretionsquelle.

Wie wir aus der Analyse der im Vorhergehenden angeführten Fälle ersehen, wurde das Secret nur in einem Falle anscheinend von dem grössten Theile der Nasenschleimhaut geliefert; in den meisten Fällen entstammte das Secret nur einzelnen Schleimhautpartien, es war somit eine Herdeiterung vorhanden. So sehen wir in zwei Fällen eine hochgradig erkrankte Rachentonsille mit ihrem Secret die im Uebrigen gesunde Nasenhöhle überschwemmen, ein Vorkommnis, welches zu den relativ seltensten gehören dürfte. In anderen Fällen waren es einzelne oder gleichzeitig mehrere Nebenhöhlen. deren erkrankte

Schleimhaut das Secret absonderte. In wenigen Fällen war eine
circumscripte Secretion im mittleren Nasengange vorhanden. In allen
Fällen führte die Secretion zu einer Ansammlung von mehr oder
weniger foetiden Borken in der Nasenhöhle.

Ich könnte an die angeführten 12 Fälle noch weitere 18 aus
meinem Beobachtungsmateriale der letzten fünf Jahre anschliessen,
in welchen zumeist Herderkrankungen in Form von Nebenhöhlenaffectionen, seltener von circumscript-secernirenden Schleimhautpartien in den Nasengängen das Secret lieferten. Da indessen in den
angeführten 18 Fällen alle von mir beobachteten Varietäten des Secretionsherdes angeführt sind, kann ich von der weiteren Darstellung ana-
loger Krankheitsbilder Abstand nehmen.

Dass bei einer typischen Ozaena die Secretion von Borken durch
einen circumscripten Krankheitsherd bedingt werden kann, hat, wenn
wir von den älteren diesbezüglichen Angaben von Vieusseux und
Reininger*) absehen, zuerst Michel (134) behauptet, dann Schäffer
(135) auf Grund einiger, allerdings wenig genau dargestellter Krankheitsbilder gezeigt. Den Veröffentlichungen Schäffer's folgten
sporadische Publicationen über diesen Gegenstand, bis Grünwald
(l. c.) auf Grund eines ansehnlichen Beobachtungsmateriales das
Vorhandensein einer Herderkrankung für die meisten unter dem
Ozaenabilde einhergehenden Krankheitsprocesse nachgewiesen hat.
Ihm folgten dann bald Bresgen (135) und einige Andere.

Die Erkenntnis, dass die Secretion bei Ozaena in der Mehrzahl der Fälle zur Zeit unserer Beobachtung eine herd-
förmige ist, muss nunmehr als eine nicht zu bezweifelnde
Thatsache angesehen werden. Daran ist nicht zu rütteln. Ich
muss indes jetzt schon, um Missverständnissen vorzubeugen, betonen,
dass ich nur bis zu diesem Punkte und nicht weiter der Lehre
Michel's, Grünwald's etc. folgen kann. Denn so wichtig auch meiner
Ansicht nach das Vorhandensein einer Herdeiterung für das Verständnis
der Ozaena sein mag, so berechtigt uns diese Erkenntnis trotzdem noch
nicht, um daraus die Pathogenese des gesammten vorliegenden Krankheitsbildes zu beurtheilen. Es sind vor allem keine weitergehenden
Rückschlüsse auf die Entstehung der ganzen Krankheit gestattet.

Es wäre zu weit gegangen, wenn wir beispielsweise behaupten
wollten, dass dort, wo wir in einem fortgeschrittenen Falle von Ozaena
eine Siebbeinerkrankung als den Herd der Secretion vorfinden, der
Process auch mit einer Siebbeineiterung begonnen haben muss. Es
ist ja nicht ausgeschlossen, dass ursprünglich die gesammte Schleimhaut secernirt hatte, und dass die entzündliche Affection des übrigen
Secretionsgebietes mit Ausnahme des zur Zeit unserer Beobachtung
noch bestehenden Secretionsherdes in irgend einer Weise zum Abschlusse gelangt ist. Darüber, ob dieser Vorgang stattfindet, oder ob
von vornherein nur eine Herderkrankung vorliegt, könnte nur ein
grösseres, genau geführtes Beobachtungsmaterial über Rhinitiden
im kindlichen Alter Aufschluss geben.

So weit mich meine bisherigen, relativ spärlichen Beobachtungen
aus dem frühesten Kindesalter zu einer Ansicht über die Art, wie

---

*) Citirt nach Zuckerkandl (7).

der Process beginnt, ermächtigen, scheint es mir allerdings, dass schon im frühesten Stadium eine Herdsecretion obwaltet. Denn in den zwei angeführten Fällen, bei welchen die Eltern den Beginn der Krankheit nur einige Monate zurückdatirten,*) konnte ich beidemale mit Bestimmtheit die Herdsecretion feststellen. In beiden Fällen entstammte das Secret den Siebbeinzellen des mittleren Nasenganges. Die unteren Muscheln waren im Zustande grosser Trockenheit und schienen schon ein wenig geschrumpft, wenn auch nicht ausgesprochen atrophisch zu sein. Nur in dem einen Falle (7) war eine deutliche diffuse Secretion an den Muscheln und in den Nasengängen mit leichter Hypertrophie einzelner Stellen vorhanden. Aber auch in diesem Falle waren neben der diffusen Secretion noch circumscripte Höhlenaffectionen nachzuweisen.

Wenn ich nunmehr an die Beantwortung der Frage herantrete, warum das Vorhandensein einer Herdeiterung in den meisten Fällen von Ozaena nicht von allen Autoren anerkannt wird, so gibt es für mich dafür nur eine Antwort: Es liegt das an der oberflächlichen, durchaus nicht genügenden Untersuchung. So sah ich bisher die Herdaffection von anderer Seite aus demselben Grunde verkannt. Ich selbst habe sie Jahre lang ebenfalls übersehen. Es steht diese gegenwärtige Lehre sogar mit dem Inhalte einer meiner früheren Publicationen (137) im Widerspruche. Dass ich letztere nicht vertheidige, ist selbstverständlich, da ich im Laufe der Jahre eines Besseren belehrt worden bin.

Ein sogenannter typischer Fall von Ozaena wird von dem Erfahrenen zumeist schon par distance diagnosticirt. In bestem Falle pflegt noch ein flüchtiger Blick durch das Nasenspeculum die Diagnose sicherzustellen, um dann irgend eine Reinigungstherapie anzuwenden. Es wird noch immer wenig Lust empfunden, die Borken systematisch aus der Nase auszuräumen. um nachzusehen, wo hinter einer festen Borke flüssiges Secret nachquillt, oder wo nach völliger Reinigung das Secret sich von neuem zeigt. Diese erwähnten Proceduren sind aber die erste unerlässliche Bedingung, um den Secretionsherd zu ermitteln, ganz abgesehen von den weiteren unerlässlichen Massnahmen der Sondirung, der circumscripten Tamponade, durch welche es erst gelingt, mit einiger Genauigkeit den Herd topographisch festzustellen. Jeder, der in dieser Weise arbeitet, weiss, welche grosse Opfer an Zeit und Geduld auch nur wenige Fälle erfordern, um bei ihnen die Secretionsherde festzustellen. Die angeführten und analysirten Krankheitsfälle illustriren den Vorgang in den wichtigsten Phasen. Wer die Dinge nicht in ähnlich ausdauernder Weise nachahmt, hat kein Recht mitzureden.

Es deckt sich die von mir dargestellte Lehre durchaus nicht, wie es bei flüchtiger Betrachtung den Anschein haben könnte, mit der seinerzeit zuerst von Michel (134), oder mit der jüngst von Grünwald (l. c.) aufgestellten Theorie über den Ursprung der Ozaena; denn Michel stellt die Nebenhöhlenaffection als einen bei Ozaena constant vorkommenden Befund hin, eine Annahme, welche den Thatsachen nicht entspricht. Mit den Befunden Grünwald's

---

*) Allerdings ist die Angabe über den Beginn der Krankheit nur mit grosser Reserve aufzunehmen.

stimmen allerdings die meinen ziemlich überein, indem der genannte Autor in den meisten Fällen circumscripte Secretionsherde feststellen konnte.

Worin ich aber von den beiden Autoren abweiche, ist der Umstand, dass, während letztere zwischen dem vorgefundenen localen Secretionsherd und dem Symptomencomplex der Ozaena eine causale Beziehung annehmen, ich diese durchaus nicht als erwiesen betrachte, wenn auch die Möglichkeit derselben a priori nicht von der Hand gewiesen werden kann. Damit soll gesagt sein, dass die Erkenntnis der herdförmigen Secretion bei vorgeschrittenen Fällen von Ozaena einen wichtigen Fortschritt bedeutet, aber durchaus nicht das letzte Glied in der Erkenntnis der Aetiologie der Ozaena aufgedeckt hat, und zwar aus Gründen, welche ich bereits früher erwähnt habe.

Das mitgetheilte Ergebnis der rhinoskopischen Untersuchung am Lebenden, dass nämlich die Nebenhöhlen des öfteren bei Ozaena das Secret liefern, steht, wie bekannt, mit den bisherigen Obductionsbefunden in Widerspruch; letztere werden in den letzten Jahren immer wieder herangezogen, wenn es gilt, die Betheiligung der Nebenhöhlen an der Lieferung des Ozaenasecretes gründlichst zu widerlegen. Solche Sectionsbefunde liegen vor von Hartmann (118), Krause (138), E. Fränkel (139), Zuckerkandl (7), Harke (l. c.). Schon Grünwald hat dieselben einer eingehenden Kritik unterzogen und meiner Ansicht nach mit Recht hervorgehoben, dass diese Befunde nur mit Vorsicht zu verwenden sind, da bei den meisten Sectionen nicht alle Nebenhöhlen, insbesondere nicht das Siebbeinlabyrinth, berücksichtigt worden sind. Zu diesem Einwande möchte ich noch hinzufügen, dass, so unglaubwürdig dies auch von vornherein klingen mag, meiner Ansicht nach die Anatomen nicht immer in der Lage sind, durch die Section die Secretionsherde festzustellen, denn die secernirenden Schleimhautpartien zeigen in sehr vielen Fällen makroskopisch keine auffallenden Veränderungen. Es ist mir diese Thatsache zu wiederholtenmalen begegnet, sowohl in Fällen von Secretion circumscripter Stellen der Nasenschleimhaut, als auch gelegentlich der Eröffnung des Siebbeinlabyrinthes und der Keilbeinhöhle bei unter dem Symptomenbilde der „Ozaena" einhergehenden Krankheitsbildern. Für den Anatomen dürfte somit zumeist nur das in der Nebenhöhle vorgefundene Secret als der einzige Anhaltspunkt für die Annahme einer vorhandenen Nebenhöhlenaffection bilden. Mit Ausnahme der Kieferhöhle aber ist es wahrscheinlich, dass in keiner der Nebenhöhlen eine auffallend grosse Menge des Secretes sich ansammeln kann, da in den meisten Fällen dem Abflusse des Secretes keine sonderlichen Hindernisse entgegenstehen.

Da nun die krankhafte Veränderung der Schleimhaut weniger in makroskopisch-anatomisch wahrnehmbaren Veränderungen als vielmehr in einer Anomalie der Secretion sich documentirt, so ist es begreiflich, dass dieselbe dem Anatomen leicht entgehen kann, während sie dem mit den modernen Untersuchungsmethoden arbeitenden Rhinologen ein sehr auffallendes Symptom darbietet.

Ueberdies möchte ich noch hervorheben, dass zuweilen von einem ganz umschriebenen Schleimhautbezirke eine enorme Menge zu Borken eintrocknendes Secret geliefert werden kann.

Diese Erfahrung scheint mir noch viel zu wenig gewürdigt zu werden. Ich habe Fälle von Siebbeinlabyrintheiterung gesehen, bei welchen nur wenige Siebbeinzellen ergriffen waren, und dennoch täglich eine ganz unglaubliche Menge stinkender Borken sich bildete.

Auch darüber geben einige im Vorhergehenden mitgetheilten Krankheitsfälle Aufschluss, Fälle, in welchen durch Eröffnung einzelner Siebbeinzellen, und Entfernung des muco-periostalen Belages die Secretion von massenhaften Borken bekämpft wurde.

Nach meiner Erfahrung gibt es nur einen Anhaltspunkt, welcher auch den Anatomen als Richtschnur dienen mag, um die Secretionsherde festzustellen, und dieser ist folgender:

Es sind niemals die atrophischen Stellen, welche das Secret liefern; im Gegentheile, es zeigen die secernirenden Stellen immer ein leicht hypertrophisches, gedunsenes Aussehen.

Ich habe dies sowohl in den bei Fällen von Ozaena weit eröffneten Keilbeinhöhlen als auch in den Siebbeinzellen gesehen. Einer der Sectionsbefunde Hartmann's, in welchem die Schleimhaut der Keilbeinhöhle gedunsen aussah, während die Nasenschleimhaut atrophisch war, und welcher in der Literatur als negativer Sectionsbefund in Bezug auf Nebenhöhlenaffectionen figurirt, ist für mich in hohem Grade dahin verdächtig, dass die Schleimhaut der Keilbeinhöhle das Secret geliefert hat.

2. Anatomische Veränderungen.

Es handelt sich hier um den pathogenetischen Zusammenhang zwischen Secretion einerseits, Hypertrophie und Atrophie der Nasenschleimhaut andererseits. So lange man die Bezeichnung Gottstein's, einer Rhinitis atrophicans foetida für berechtigt hielt, konnte es sich nur um die Frage handeln, ob die Atrophie der Nasenschleimhaut ein primärer Process ist, oder ob derselbe aus dem hypertrophischen Katarrh entstanden ist.

Da wir uns nach dem Ergebnisse der klinischen Analyse mit der Idee vertraut machen müssen, dass offenbar schon in einem sehr frühen Stadium der Krankheit die Herdeiterung den Process beherrscht, so steht die Frage anders. Es muss vor allem ermittelt werden, welche Rolle den secernirenden und welche den nicht secernirenden Partien zukommt.

Hypertrophische Veränderungen in dem Gebiete der Secretionsherde. Wie ich schon früher erwähnt habe, zeigen die secernirenden Partien und ihre unmittelbare Umgebung ein mehr oder weniger ausgesprochen hypertrophisches Aussehen. Bei allen Herdeiterungen im mittleren Nasengange waren an den Lefzen des hiatus semilunaris, an der concaven Fläche der mittleren Muschel, und in Fällen, in welchen die Eiterung in den Siebbeinzellen lag, auch in letzteren hypertrophische Schleimhautpartien vorhanden. Ebenso war in denjenigen Fällen, in welchen die Keilbeinhöhle den Secretionsherd beherbergt hat, die Schleimhaut in derselben gequollen, deutlich hypertrophisch, mochte auch die ganze übrige Nasenschleimhaut deutlich atropisch sein. In den erwähnten zwei Fällen von Ozaena, deren Secret vom Nasenrachenraum herstammte, waren ganz ausgesprochene Hypertrophien der Rachentonsille vorhanden, obwohl die ganze übrige Nasenschleimhaut deutliche Zeichen der Atrophie aufwies. Im Falle (8), wo nebst anderen Secretionsherden auch die vordere Partie der unteren Muschel an der Secretion theilnahm, war jene deutlich hypertrophisch.

Freilich waren die in besagten Fällen constatirten Hypertrophien niemals hochgradig. Gewöhnlich waren es nur eben noch constatirbare Hypertrophien; nur in dem mittleren Nasengange fand ich etlichemale ausgesprochene pendelnde Hypertrophien und Polypen.

Ausgeprägt atrophische Schleimhautbezirke secernirten niemals. Wenn somit die atrophischen unteren Muscheln zuweilen in massige Borken eingehüllt sind, kann man sicher sein, dass die Quelle des abgesonderten Secretes doch nicht im Gebiete der unteren Muschel, sondern anderswo liegen müsse.

Der Einwand einiger Autoren, nach welchem es nicht gut anzunehmen sei, dass ein massenhaftes borkiges Secret von einer relativ circumscripten Schleimhautstelle abgesondert werde, ist nicht stichhältig, da die Thatsachen das Gegentheil lehren. In den obigen Krankengeschichten sind mehrere Fälle angeführt worden, in welchen das Secret einzelner erkrankter Siebbeinzellen genügte, um täglich Nasenhöhle und Nasenrachenraum mit borkigem Secret zu erfüllen.

Atrophische Veränderungen. 1. Viel schwieriger als die Deutung der Hypertrophie ist die der Atrophie. Da die Atrophie am constantesten und hochgradigsten die unteren Muscheln betrifft, so wollen wir hier die Frage behufs leichterer Erörterung concret stellen: Entsteht die Atrophie der unteren Muschel in Folge einer primären genuinen Entzündung der unteren Muschel, und wenn dies der Fall, geht dem atrophischen Processe ein hypertrophisches Stadium voran oder nicht? 2. Oder ist die Atrophie der unteren Muschel überhaupt nur eine secundäre Krankheitserscheinung, bedingt durch die Einwirkung eines anderweitig abgesonderten, aber die untere Muschel bedeckenden Secretes.

Es ist klar, dass behufs Studiums dieser Frage die Analyse vorgeschrittener Fälle von Ozaena mit hochgradiger Atrophie der unteren Muscheln nicht geeignet ist, da man hier über die Ursache der bereits completen Atrophie nichts Bestimmtes erfahren kann. In Fällen aber, in welchen die Atrophie der unteren Muscheln noch nicht hochgradig ist, lässt sich doch einigermassen feststellen, wodurch die fortschreitende Atrophie bedingt ist. In diesen letzteren Fällen kann man nämlich nicht wie in den ersteren annehmen, dass der zur Zeit constatirbare Secretionsherd die letzte Phase des die ganze Nasenschleimhaut allmählich ergreifenden Krankheitsprocesses darstellt.

Ich glaube nunmehr hinsichtlich der Entwickelung des atrophirenden Processes denjenigen Vorgang als den häufigsten annehmen zu müssen, bei welchem die Atrophie als secundäres Product, hervorgerufen durch das bedeckende Secret, zu betrachten ist. Ich bin zu dieser Annahme durch die Beobachtung mehrerer beginnender Ozaenafälle genöthigt, bei welchen durch Eliminirung des Secretionsherdes die unteren Nasenmuscheln sich erholten und trotz jahrelanger Beobachtung nicht weiter degenerirten. Nehmen wir behufs Beleuchtung des Vorganges vor allem den Fall Nr. 6, in welchem auf der einen Seite die Siebbeinzellen den Secretionsherd darstellten. Das in die Nasenhöhle und in den Nasenrachenraum sich entleerende Secret überzog die Schleimhaut überall mit einem firniss-ähnlichen Ueberzug, wodurch die Schleimhaut ein trockenes, glänzendes Aussehen erhielt. Der Schwellkörper der unteren Nasenmuschel zog sich zusammen und bot schon in diesem Stadium das Aussehen einer atrophischen Schleimhaut dar.

Nach Beseitigung des Eiterherdes pflegen die unter dem Einfluss des eintrocknenden Secretes contrahirten Muscheln sich völlig zu entfalten, so dass sie ein normales Aussehen erhalten. Die Unkenntnis dieser Thatsache hat schon zu wiederholtemmalen zu irrigen Schluss-folgerungen Veranlassung gegeben.

Obwohl nun dieses Stadium der Contraction noch nicht mit einer Atrophie identisch ist, unterliegt es doch keinem Zweifel, dass bei andauernder Einwirkung des Secretes die Atrophie sich allmählich entwickelt. Dort, wo der Secretherd liegt, sind deutliche Hypertrophien der mittleren Muschel und der den mittleren Nasengang bedeckenden Schleimhautbekleidung vorhanden. Die Hypertrophie findet sich an dem primär erkrankten Herde, während die Atrophie das secundäre Product darstellt. So sind die meisten Fälle aufzufassen, bei denen sich der Process in der Nase aus einzelnen Herden entwickelt hat. In diesem Sinne sind die im späteren Stadium vorgefundenen Bilder zu deuten, welche neben sehr ausgeprägter Atrophie der unteren Muscheln allerlei Hypertrophien, in seltenen Fällen sogar polypenähnliche Excrescenzen in der Siebbeingegend, darbieten.

Mit dieser Anschauung stimmt auch die Beobachtung in den Fällen 2 und 3 überein, in welchen der Eiterherd in den Nischen des adenoïden Polsters lag. Es nahm hier die gesammte Nasenschleimhaut an den beginnenden Symptomen der Atrophie: Trockenes glänzendes Aussehen der Nasenschleimhaut, dauernde Contraction der Muschel-schwellkörper, Antheil. Nirgends war eine Spur von Hypertrophie vor-handen, während das adenoïde Gewebe ganz hervorragende Hyper-plasien zeigte. Für alle diese Fälle ist es nahezu sicher, dass die Atrophie sich von vornherein ohne ein hypertrophisches Vorstadium entwickelt hat; klinisch wenigstens war letzteres nicht zu constatiren.

Im Widerspruche mit dieser Annahme steht die Beobachtung im Falle 7, in welchem die convexe Partie der unteren Muschel deutliche Borken zeigte, und wo die Muschel selbst in der vorderen Hälfte deutlich hyperplastisch aussah, während das hintere Ende be-reits ebenso deutlich atrophisch war. Aus dieser Beobachtung geht zweifellos hervor, dass in den Fällen, in welchen die untere Muschel selbst an der Secretion theilnimmt, auch diese deutliche hyperplastische Entzündung zeigt. Nur dieser letzte Fall zeigt typisch den von Zuckerkandl vermutheten Vorgang der primären Hypertrophie der unteren Muschel. Dass aber dieser Vorgang als die Regel zu betrachten sei, davon kann keine Rede sein. Das hypertrophische Vor-stadium gilt nur für jene Partien der Schleimhaut, welche primär den Secretionsherd darstellen, welche also anfangs Hyperplasie zeigen und später, viel später als die nur secundär ergriffenen Partien, der Atrophie anheimfallen.

Von der atrophisirenden Einwirkung des eitrigen Secretes kann man sich übrigens fast täglich überzeugen. Es ist doch eine der häufigsten Erfahrungen, welche wir seit der Erkenntnis der Nebenhöhlenaffectionen machen, dass eine grosse Anzahl der trockenen, atrophischen Katarrhe im Nasenrachenraum und an der hinteren Rachenwand nur dem nach hinten fliessenden Nebenhöhlensecrete ihren Ursprung verdanken. Nach künstlicher Ableitung des Nebenhöhlensecretes erholen sich besagte Schleimhäute rasch, wenn der Process nicht sehr lange gedauert hat, und wenn noch nicht wirklich irreparable degenerative Veränderungen der Schleimhaut platzgegriffen haben.

Die pathologisch-anatomischen Vorgänge der Atrophie habe ich an zahlreichen mikroskopischen Schnitten studirt, indem ich ganz kleine Schleimhautstückchen von der Mucosa am Lebenden entfernt habe. Ich habe das Hauptgewicht insbesondere auf die beginnenden Fälle gelegt, bei welchen der zu Atrophie führende Process noch in bester Blüthe stand. Denn es ist von vornherein klar, dass von dem normalen Zustande der Mucosa mit intacten Drüsen und mit normalem Flimmerepithel bis zur völligen narbigen Degeneration der Schleimhaut, d. i. bis zum Untergang der Drüsen und Umwandlung des Flimmerepithels in ein geschichtetes Pflasterepithel, es eine Reihe von Uebergangsbildern geben muss. Diese Uebergangsbilder sind aber viel instructiver für das Verständnis des Krankheitsprocesses als das Endstadium, weil sie die Entwickelung der Atrophie Schritt für Schritt vor Auge führen.

Die wesentlichsten Veränderungen zeigen sich überall im Epithel; sie sind die Folge der macerirenden Wirkung des Secretes an den Stellen, an welchen das Secret längere Zeit festhaftet. Merkwürdig ist es, dass das Epithel an den secernirenden Stellen sich viel länger erhält als an jenen, wo das Secret sich ablagert.

Wie schon erwähnt wurde, ist der hermetische Ueberzug der Schleimhautoberfläche die erste Folge der Secretablagerung. Vielleicht wird hierdurch allein schon eine erhebliche Störung in der Function des Flimmerepithels bedingt. Thatsache ist, dass das Flimmerepithel anfangs nur an einer circumscripten, später an ausgedehnten Flächen verloren geht, und dass statt dessen eine ganz excessive Proliferation der tieferen Zellschichten des Epithels stattfindet. Die Epithelschichte wird in diesem Stadium vier- bis fünfmal so hoch als in normalem Zustande. Die oberflächlichen Epithelschichten verlieren die Färbbarkeit ihrer Kerne und lagern als fetzige Schollen an der Oberfläche. Ich habe in einzelnen Fällen 10 bis 16 Schichten derart degenerirten Epithels constatiren können, während nur zwei Schichten der unmittelbar über der Basalmembran lagernden Epithelzellen normale Färbbarkeit zeigten. Die mortificirten Epithelmassen werden auf grossen Strecken abgestossen und erneuern sich bald wieder. Stellenweise wird auch die ganze Epithelschichte abgestossen. In Folge des innigen Anhaftens der Borken an der Schleimhautoberfläche kommt es dann in der oberflächlichen Schleimhautschichte zu Einrissen, welche Hämorrhagien in die Schleimhaut zur Folge haben. Diese

Hämorrhagien treten mitunter sehr zahlreich auf, wodurch die Schleimhaut im Laufe der Zeit wie mit Blutpigment infiltrirt erscheint. Dass eine derartige Schleimhaut allmählich der Degeneration, der narbigen Schrumpfung anheim fällt, kann nicht wundernehmen. Der Vorgang der fortschreitenden Degeneration ist in seinen weiteren Einzelheiten vollkommen mit dem von Zuckerkandl (15) an der pars anterior der cartilaginösen Nasenscheidewand beschriebenen Krankheitsprocess identisch, welcher zur Degeneration und Atrophie des Involucrum septi führt.

Wenn wir auf Grund der vorliegenden Krankenbeobachtungen mit Hilfe der aus der mikroskopischen Untersuchung gewonnenen Erkenntnis die verschiedenen in das Symptomenbild der Ozaena eingereihten Krankheitsbilder noch einmal Revue passiren lassen, so stellt sich Folgendes heraus:

In einem relativ frühen Stadium treten einzelne oder mehrere Herderkrankungen in der Schleimhaut der Nase, oder der Nebenhöhlen, selten des Nasenrachenraumes auf. In der Umgebung des Secretionsherdes entwickelt sich zuvörderst eine Hypertrophie der Schleimhaut, während an den Stellen, an welchen das Secret abgelagert wird, sehr bald in Folge gestörter Function des Epithels eine Abschuppung. später Mortification und schliesslich Umwandlung desselben in Plattenepithel erfolgt.

In Folge der Hämorrhagien in die Schleimhaut entsteht narbige Degeneration des Gewebes: Atrophie. Ein hypertrophisches Vorstadium scheint an den durch Secretablagerung bedingten atrophischen Stellen nicht vorhanden zu sein. In dieser Weise sind einige eingangs erwähnte anatomische Bilder der Ozaena zu verstehen, Fälle, in welchen neben der Atrophie der unteren Muschel Hypertrophie der mittleren Muschel, der Lefzen des hiatus semilunaris, in seltenen Fällen sogar Polypen im mittleren Nasengange vorhanden sind. Ist der Secreterd auf dem Nasenrachenraum allein beschränkt, dann fehlt in der Nase jede Hypertrophie.

Im Uebrigen schwinden im Laufe der Jahre in allen Fällen die Hypertrophien, so dass eine allgemeine Atrophie platzgreift. Die Ursache hiervon ist einleuchtend, wenn man bedenkt, dass schliesslich auch die ursprünglich hypertrophischen Partien durch dauernde Einwirkung des Secretes ihres Flimmerepithels beraubt werden, wodurch auch hier jene Reihe von Veränderungen platzgreift, welche zur Schrumpfung der bindegewebigen Grundlage führt.

Die im Vorhergehenden dargestellte Lehre über das Auftreten der Herdsecretion und über die damit zusammenhängenden hypertrophischen und atrophischen Vorgänge präjudiciren in keiner Weise die Aetiologie der Krankheit. Es ist aber nothwendig, wenigstens in klinischer Beziehung, einige festbegründete Thatsachen zu liefern, um den Zusammenhang der wichtigsten Veränderungen der Ozaena einer, wie es scheint, bisher nicht erreichten allgemeinen Erkenntnis entgegenzuführen.

VI. Die Complicationen.

1. Complicationen seitens der Augenhöhle und des Sehorganes.

Im Verlaufe der Erörterungen über die Fortpflanzung der Nebenhöhlenentzündungen auf die Umgebung ist wiederholt auch auf die Betheiligung der Orbita und des Augapfels hingewiesen worden. Ueber den Mechanismus und die wahrscheinliche Ursache dieser Fortpflanzung ist an den betreffenden Stellen das Wissenswerthe mitgetheilt worden.

All die dort erwähnten entzündlichen Processe der Orbita waren als directe Fortsetzungen der Nebenhöhlenentzündung, als deren peripherste Ausläufer anzufassen; es handelte sich somit um eine ex continuo entstandene Entzündung.

In diesem Capitel sollen die sogenannten secundären*) Erkrankungen der Orbita und des Sehorganes kurz erörtert werden; ich folge dabei hauptsächlich der ausgezeichneten Darstellung von Kuhnt (l. c.), der auf diesem Gebiete die reichsten und gediegensten Beobachtungen gemacht hat.

Nach Kuhnt ist die Genese der secundären Erkrankungen der Orbita und des Sehorganes dreierlei Art: 1. Mechanische Ursachen. 2. Secundäre entzündliche Veränderungen durch Verschleppung von Infectionsträgern aus der erkrankten Nebenhöhle. 3. Functionelle Störungen.

a) Mechanische Ursachen.

Störungen durch rein mechanische Ursachen kommen nur bei Hydrops vor, da bei den Empyemen auch die entzündliche Infiltration in Rechnung kommt, daher von einer mechanischen Wirkung allein nicht gesprochen werden kann.

Die mechanischen Wirkungen äussern sich: in Verlagerung und in Störung der Beweglichkeit des Bulbus; ferner in Störungen der Ableitung der Thränenflüssigkeit.

Am häufigsten wird eine Verlagerung des Bulbus aus rein mechanischen Ursachen durch die Mukokele der Stirnhöhle hervorgerufen. Es ist mir kein Fall aus der Literatur bekannt, in welchem eine ausgesprochene Mukokele irgend einer anderen Nebenhöhle Dislocation des Augapfels bedingt hätte. Damit soll aber durchaus nicht behauptet werden, dass unter Umständen nicht auch ein Hydrops der Kieferhöhle oder eine Mukokele des grösseren Theiles des Siebbeinlabyrinthes eine Dislocation des Augapfels bewirken könnten. Bei dem Hydrops der Kieferhöhle würde allerdings die pars membranacea des mittleren Nasenganges als das punctum minoris resistentiae am frühesten nachgeben, aber bei einer Mukokele des Siebbeinlabyrinthes ist eine mechanische Vortreibung der lamina papyracea sehr wohl denkbar. Doch zeigt die Erfahrung, dass Mukokelen des Siebbeinlabyrinthes

---

*) Die Bezeichnung „secundär" rührt von Kuhnt her.

gewöhnlich nur circumscript auftreten, daher nicht im Stande sind, eine erhebliche Raumbeschränkung der Orbita zu erzeugen. Von einer Mukokele der Keilbeinhöhle ist überhaupt nichts bekannt.

Aber auch eine Mukokele der Stirnhöhle*) wird nur dann zu einer Dislocation des Augapfels führen, wenn vorzugsweise das Orbitaldach an der Ausdehnung betheiligt ist. Gewöhnlich fällt die innere obere Partie des Orbitaldaches der Resorption anheim, und erfolgt die Dislocation des Augapfels deshalb nach aussen und unten. In den weitaus selteneren Fällen von Resorption der temporalen Seite des Orbitaldaches kann auch die Verschiebung nach unten und innen stattfinden. Nur bei einem Drucke hinter dem Aequator des Augapfels entsteht auch Exophthalmus.

Dass bei Verdrängung des Bulbus Functionsstörungen entstehen können, ist selbstverständlich. Wird der Bulbus nach unten und innen verdrängt, dann werden vor allem der musculus obliquus superior, der musculus rectus superior und der levator palpebrae geschädigt. Die Störung äussert sich in einer Insufficienz der besagten Muskeln, welche indessen niemals so hochgradig wird, als es bei den entzündlichen Processen des Orbitaldaches in Folge eines Empyems der Fall ist.

Die subjectiven Beschwerden bestehen in Doppeltsehen, welches sich manchmal trotz Wachsthums der Geschwulst eher bessert als verschlechtert, da der Kranke im Laufe der Zeit das zweite Bild der gesehenen Gegenstände zu unterdrücken lernt, wie dies bei Strabismus divergens des öfteren vorkommt.

Der Sehnerv wird bei hochgradiger Dislocation ebenfalls durch Dehnung und Druck geschädigt. Die Folgen sind zuerst Einengung des Gesichtsfeldes und Amblyopie. Interessant ist es, dass nach Entfernung des mechanischen Hindernisses auch in Fällen von hochgradiger Amblyopie eine vollständige restitutio ad integrum erfolgen kann, wie dies Richet (140) in einem Falle beobachtet hat.

Die ophthalmoskopische Untersuchung zeigt nur bei starker Dislocation leichte Hyperämie und weniger scharfe Begrenzung der Papille. Als Veränderungen der Refraction des Auges sind hypermetropische oder astigmatische Befunde erhoben worden, je nachdem der Druck auf den Augapfel mehr über dem Aequator oder dahinter stattgefunden hat.

Die mässige Epiphora, welche zuweilen bei hochgradiger Dislocation des Bulbus beobachtet wird, beruht auf einer Läsion der die Thränenaufsaugung befördernden Partie des musculus orbicularis (M. Horneri).

b) Secundäre entzündliche Affectionen der Orbita.

Die Betheiligung des Orbitalinhaltes an den entzündlichen Infiltrationen des Orbitaldaches oder bei Abscessbildung (Durchbruch einer Nebenhöhlenaffection) ist schon gelegentlich der Pathologie der Stirnhöhle und des Siebbeinlabyrinthes angeführt worden. Es ist dabei

---

*) Dass von allen Nebenhöhlen die Stirnhöhle am häufigsten an einer Mukokele erkrankt, rührt von der freien Lage der Stirnhöhle her, wodurch dieselbe mechanischen Insulten leichter ausgesetzt ist. (Siehe Pathologie der Stirnhöhle.)

gesagt worden, dass der Augapfel je nach der Intensität und Localisation der Infiltration des Orbitalgewebes nach verschiedenen Richtungen dislocirt, eventuell bei Bestand einer entzündlichen Infiltration hinter dem Augapfel. protrudirt wird (Exophthalmus). Erstreckt sich die entzündliche Infiltration bis auf die Umgebung des Augapfels, dann kommt es sehr leicht zu hochgradigen Bewegungsbeschränkungen der Augenmuskeln, welche stärker ausgeprägt sind als die durch eine Mukokele bedingten. So ist nach Kuhnt bei der in Folge Durchbruches eines Stirnhöhlenempyems hervorgerufenen Infiltration des Orbitaldaches eine entzündliche Parese des musculus levator palpebrae, respective des musculus obliquus superior. ein häufiges Vorkommnis, und äussert sich, abgesehen von der Bewegungsbeschränkung, im Auftreten von Schmerzen bei Bewegungen des Augapfels nach oben.

Dass bei anfänglich nur circumscripten Abscessen der Orbita eine Fortpflanzung auch nach anderen Theilen der Augenhöhle, sowie nach dem Gehirn und in die Sinuse u. s. w. stattfinden kann, wird bei Besprechung der zumeist tödtlich endenden cerebralen Complicationen auseinander gesetzt werden. Hier sei nur auf die Möglichkeit der Etablirung multipler Abscesse der Augenhöhle in Folge Verschleppung des Virus hingewiesen. Der Bulbus ist dann hochgradig gefährdet; er erscheint bewegungslos, hervorgetrieben, die Conjunctiva der Lider stark geschwollen und die der Sklera stark chemotisch. Entleert sich der Eiter nicht rechtzeitig nach aussen, so kann das Auge zugrunde gehen, wenn nicht durch Thrombophlebitis oder durch anderweitige Gehirncomplicationen früher der Tod eintritt.

Dass die Verschleppung des Virus, also Etablirung multipler Orbitalabscesse, und die erwähnten tödtlichen Complicationen relativ selten auftreten, erklärt Kuhnt. wie ich glaube, sehr treffend in folgender Weise: „Durch die häufigen, anfänglich oft auch unbedeutenden Anfälle hat sich in Folge der Infiltration eine wesentliche Verdickung der Periorbita, zumal an den bedrohteren Punkten, ausgebildet, welche nun bei einem heftigen Anfalle, der wirklich mit einer Eiterung zwischen Knochen und Periorbita einhergeht, dieselbe nach dem orbitalen Gewebe hin gewissermassen abkapselt, und sie zwingt, sich einen Weg nach aussen, d. h. durch die Lidsubstanz, und zwar dort, wo die fascia tarso-orbitalis bereits am dünnsten ist, zu suchen.''

Affectionen des Augapfels. Diese zerfallen zunächst in Affectionen der Bindehaut, Hornhaut, des weiteren in die Affectionen der Uvea, der Netzhaut und des Sehnerven.

Affectionen der Bindehaut, Hornhaut und der thränenableitenden Organe. Die Affectionen der Bindehaut bestehen in katarrhalischen Zuständen. Dass dieselben aber in der grossen Mehrzahl der Fälle durch Vermittlung der secundär erkrankten Nasenschleimhaut entstehen, scheint unbestritten zu sein. Der Zusammenhang mit dem Empyem ist gewöhnlich der, dass letzteres zuerst eine secundäre Erkrankung der Nasenschleimhaut hervorruft, von welcher her durch Fortleitung durch den ductus naso-lacrimalis und den saccus lacrimalis zum Schlusse die Bindehautaffection entsteht. Auch die Blenorrhoe des Thränensackes ist bei lange dauernden chronischen Affectionen der Nebenhöhlen kein seltenes Vorkommnis. Allerdings konnte Kuhnt

nur in einem Falle von Stirnhöhlenempyem eine Thränensackblenorrhoe
constatiren, dagegen sah er dieselbe öfters bei Empyem der Kieferhöhle, eine Erfahrung, welche ich ebenfalls in mehreren Fällen von
Kieferhöhlenempyem gemacht habe.

Der Grund, warum der thränenableitende Apparat im Verlaufe
von Kieferhöhlenentzündung mehr als bei Erkrankung der anderen
Nebenhöhlen der entzündlichen Affection ausgesetzt ist, kann nur
durch die bekannten anatomischen Beziehungen des ductus naso-lacrimalis zur Kieferhöhle erklärt werden. Dass bei Bestand einer Thränen-
sackeiterung oder Thränensackfistel auch der Bindehautsack mit Eiter
bespült wird. jede Erosion an der Cornea von schlimmen Folgen
(Perforation, Ulceration, Exfoliation der Cornea, Staphylombildung)
begleitet sein kann, ist bekannt.

Affectionen des Uvealtractes. Ziem (141) gebührt auch das Verdienst,
über directe Beziehungen zwischen Nebenhöhlenaffection und Erkrankungen des Uvealtractus die ersten Anregungen gegeben zu haben.

Die entzündlichen Affectionen des Uvealtractes zerfallen in die
der Iris und die der Chorioidea.

Affectionen der Iris. Während Ziem die directe Abhängigkeit einer
Iritis von einer entzündlichen Nebenhöhlenaffection für möglich hält,
will Kuhnt in der Nebenhöhlenaffection nur ein stark disponirendes
Moment erblicken. Kuhnt sah nie eine Iritis durch Beseitigung der
Nebenhöhlenaffection definitiv heilen. Er konnte nur eine auffallende
Besserung constatiren; die definitive Heilung erfolgte in den von
ihm beobachteten Fällen stets nur nach der Anwendung einer speci-
fischen. antisyphilitischen Therapie. In Folge dieser Erfahrung glaubt
Kuhnt, dass, wenn auch die Annahme der directen Abhängigkeit einer
Iritis von der Nebenhöhlenaffection unmotivirt ist, es ausser Zweifel
stehe, dass die Behandlung des Empyems der Nebenhöhle von nicht
zu verkennendem, günstigem Einfluss auf den Verlauf und auf die
gründliche Heilung des erkrankten Uvealtractes, und nach seinen
Erfahrungen. auch auf die des Sehnerven und der Netzhaut sei.

Den Mechanismus des Zusammenhanges zwischen entzündlicher
Nebenhöhlenaffection und Störungen im Gebiete des Uvealtractes
wissen wir nicht genau. Die Annahme Ziem's (141), dass die Erkrankung
des Uvealtractes bei Nasen- und Nebenhöhlenerkrankungen mittelbar
durch Störung des physiologischen Kreislaufes, welcher sich als passive
Stauung in der Uvea kundgibt. entsteht, ist diejenige, welche am
ehesten mit den bisherigen Beobachtungen in Einklang zu bringen ist.

Cyclitis und Chorioiditis. Ueber secundäre Entzündung des Ciliar-
körpers und der Chorioidea in Folge von Nebenhöhlenempyemen
ist nur sehr wenig bekannt. Nach Kuhnt ist dieses Ereignis ein sehr
seltenes und kann auch nur in demselben Sinne aufgefasst werden,
wie es in Bezug auf die Iris angedeutet worden ist.

Katarakta. Ziem (141) hat auch Kataraktbildung von Nebenhöhleneiterungen abhängig gefunden. Er hat bei den ihm zur Beobachtung
gekommenen Fällen von Altersstaar fast immer chronische Eiterung
der Nase gefunden. und auch in mehreren Fällen von nicht reifer
Katarakt durch Behandlung der Kieferhöhlen- und Naseneiterung
Verbesserung der Sehschärfe trotz persistirender Linsentrübung erzielt. Diese Angabe ist von Kuhnt zum Theile bestätigt worden, da

er bei Kieferhöhlenempyem des öfteren Trübung der hinteren Corticalis der Linse wahrnehmen konnte, während er bei seinen zahlreichen
Fällen von Stirnhöhleneiterung niemals eine Linsentrübung sah.
Kuhnt sagt: „Es handelte sich um jüngere Individuen in den Vier-
ziger-, aber auch in den Dreissiger- und Fünfzigerjahren, die ohne
alle hereditäre Belastung oder sonstige eruirbare körperliche Ge-
brechen Kataraktbildung zeigten. Es fanden sich bei ihnen niemals
irgend welche Veränderungen im Augenhintergrunde oder an dem
Gefässsystem des Körpers oder des Auges. Die Kataraktbildung stellte
sich immer dar in Form von radiären oder speichenartigen Trübungen
in der hinteren Corticalis. Der übrige Lens blieb lange Zeit frei, auch
fehlten stets Veränderungen am hinteren Pole.''
        Ob der angegebene Unterschied in dem Verhalten der Stirn-
höhle und Kieferhöhle nur als ein zufälliger oder als ein constanter
zu betrachten ist, werden weitere Erfahrungen auf diesem Gebiete
zeigen müssen. Erwähnt muss aber werden, dass Kuhnt, ebenso wie
Ziem, nach Entfernung des Eiters aus der Kieferhöhle und nach fort-
gesetzter Ausspülung Besserung der Sehschärfe constatiren konnten.
        Trübung des Glaskörpers. Dass nach Behandlung der Kieferhöhlen-
eiterung früher vorhandene mouches volantes wesentlich abnehmen,
hat Kuhnt des öfteren bei seinen Kranken erfahren. In einem Falle
konnte er auch den objectiven Befund erheben, dass grosse Trübungen
des Glaskörpers kleiner und spärlicher wurden, und dass sich die
Sehschärfe gehoben hatte.
        Nach Kuhnt kann bei Entstehung der Katarakta und der Trü-
bungen des Glaskörpers in Folge von Nebenhöhleneiterung nur das
corpus ciliare als vermittelndes Glied angesprochen werden. Da aber
manifeste Entzündungen in diesem Organe fehlen, kann es sich nur
um Circulationsstörungen handeln, in Folge welcher eine mangelhafte
Ernährungsflüssigkeit für Iris und Glaskörper ausgeschieden wird,
wodurch die Trübungen entstehen. Diese Annahme deckt sich in ihren
letzten Consequenzen mit der Hypothese von Ziem.
        Veränderung des Aussehens der Papille. Kuhnt fand eine leichte
Hyperämie der Papille, eventuell verbunden mit einer unbedeutenden
Verschleierung der umscheidenden Ringe und stärkerer Füllung der
Venen, und hält diesen Befund bei der entzündlichen Stirnhöhlenerkrankung für einen sehr häufigen, so dass er sagt: „Diesen Befund
haben wir bisher weder bei acuten Infectionen, noch auch bei den
chronischen Pyorhöen, während der Attaquen und längere oder kürzere
Zeit nach diesen jemals vermisst. Die Veränderung der Papille betrifft
meist dieselbe Seite, auf welcher die erkrankte Stirnhöhle lag.''
        Als Ursache dieser Erscheinung dürfte nach der Ziem'schen
Deutung die passive Hyperämie der Orbita zu betrachten sein, da es
sich um keine wirkliche Entzündung, sondern nur um Stauung
handelte. Diese konnte Kuhnt durch Ausrottung des als Ursache zu
betrachtenden Eiterherdes in jedem Falle beseitigen.
        Thrombose der Vena centralis retinae. Kuhnt beschreibt drei Fälle
von veraltetem, chronischem Empyem der Kieferhöhle, bei welchen
er eine Thrombose der Vena centralis retinae constatiren konnte.
Immer war das gleichseitige Auge befallen, welches äusserlich keinerlei
Veränderung, keine Motilitätstörung, keinerlei entzündliche Symptome

aufwies. Charakteristisch für alle drei Fälle war, dass sich jedesmal hochgradige hämorrhagische Retinitis zeigte, trotz völligem Mangel von Eiweiss und Zucker im Harne, und ohne Veränderungen am Herzen und am Gefässsystem. In allen drei Fällen war hochgradige concentrische Einengung des Gesichtsfeldes vorhanden.

c) Functionelle Störungen.

Unter diesen versteht man Einschränkungen des Gesichtsfeldes, ferner muskuläre Asthenopie und Herabsetzung des Accommodations-vermögens ohne wahrnehmbaren pathologischen ophthalmoskopischen und orbitalen Befund.

Die Einschränkung des Gesichtsfeldes ist von einer Reihe von Autoren als zuweilen constatirbarer Befund bestätigt, und nur von einem Autor. der übrigens kein Fachmann ist, geleugnet worden.

Nach Kuhnt ist die Einengung des Gesichtsfeldes concentrisch und wird gewöhnlich durch die ausgedehntere Unempfindlichkeit der dem Eiterherde zugewandten Netzhautpartie segmentartig nach dieser Richtung vergrössert. Die Folge ist, dass die der erkrankten Neben-höhle abgewandte Partie des Gesichtsfeldes einen grösseren Defect aufweist. Die Einengung des Gesichtsfeldes ist auch bei einseitiger Nebenhöhlenaffection stets doppelseitig, freilich hochgradiger auf der erkrankten Seite.

Nach Kuhnt coïncidirt mit der Gesichtsfeldeinengung stets auch eine Schwäche der musculi recti interni. Die Klagen solcher Kranken sind die für Asthenopie charakteristischen: Ein-genommenheit des Kopfes, Schwindel, selbst Uebelkeit bei relativ kurz dauernder Anstrengung der Augen, z. B. beim Lesen, beim Ar-beiten, besonders wenn dies feinere Gegenstände betrifft. Das Sehen in der Ferne ist verschwommen, undeutlich.

Asthenopische Beschwerden haben auch Grünwald (l. c.) und Cald-vell (142) bei Siebbeinempyem mitgetheilt. Ich habe sie in einer Reihe von Fällen gesehen, sowohl bei Erkrankungen der Stirn- und Kiefer-höhle, als auch des Siebbeinlabyrinthes.

Ueber die Ursachen der erwähnten functionellen Störungen bestehen vorläufig nur Hypothesen. Während Knies (143) dieselben als nervöse Augenreflexe betrachtet, will Ziem (144) auch für diese Störungen die passive orbitale Hyperämie verantwortlich machen.*) Kuhnt endlich will diese Beschwerden als Folge der Resorption von eitrigen und foetiden Massen aus den erkrankten Höhlen, also als eine Art von Intoxication, ansehen. Er will dadurch die Gesichts-feldeinschränkung mit der so häufig entstehenden cerebralen Ermü-dung in eine Reihe stellen, welche insgesammt Folgen der Eiterresorp-tion sein sollen. Die muskuläre und accommodative Asthenopie will Kuhnt auf den elenden Kräftezustand der anämisch und muskel-schwach gewordenen Individuen zurückführen. Endlich betont er

---

*) Die Annahme Ziem's ist durch den Nachweis von Gurvitsch (v. Gräfe's Archiv XXIX. Bd.), dass ein erheblicher Theil des venösen Blutes der Schleimhaut der Nase und der die Orbita umgebenden pneumatischen Räume durch die vasa supra-orbitalia, frontalia, ethmoïdalia, ophthalmo-facialia in die vena ophthalmica abfliesst, anatomisch gut begründet.

mit Recht, dass häufig die asthenopischen Beschwerden durch die in Folge der fast nie fehlenden chronischen Rhinitis bedingte chronische Conjunctivitis allein herbeigeführt sein können.

Blepharospasmus hat Kuhnt relativ häufig bei Kieferhöhlenempyem angetroffen; nach ihm bildet diese Beschwerde zuweilen den einzigen Beweggrund, ärztlichen Beistand in Anspruch zu nehmen.

In den mir zur Untersuchung zugekommenen Fällen von Blepharospasmus habe ich bisher niemals eine Nebenhöhlenaffection nachweisen können.

2. Cerebrale Complicationen.

A. Allgemeiner Theil.

Aetiologie und Pathogenese.

Die cerebralen Affectionen gehören zu den gefährlichsten Complicationen der entzündlichen Nebenhöhlenerkrankungen. Sie betreffen Veränderungen der harten und der weichen Hirnhaut oder der Gehirnsubstanz oder gleichzeitig mehrerer der erwähnten Organe. Demzufolge kommt es zu extraduralen und intraduralen Abscessen, zu Pachy- und Leptomeningitis, sowie zu regionären Gehirnabscessen. Eine nicht seltene Form der Fortpflanzung der Entzündungsproducte ist die auf dem Wege der Thrombophlebitis. Leider ist das bisher beobachtete Krankenmaterial in vieler Beziehung lückenhaft, so dass die Pathogenese der cerebralen Affectionen noch viele dunkle Punkte aufweist. Die erwähnte Lückenhaftigkeit äussert sich entweder in dem gänzlichen Mangel einer Section oder in dem Uebersehen der Nasen-, respective Nebenhöhlenaffection. Es ist indes zu hoffen, dass bei der nunmehr durch die Harke'sche Sectionstechnik leichter ausführbaren Zergliederung der Nasenhöhlen auch die Pathogenese der in Folge von Nebenhöhlenaffectionen auftretenden cerebralen Complicationen baldigst in jeder Beziehung geklärt sein wird.

Die Ursache der entzündlichen cerebralen Complicationen ist in letzter Instanz in der Infection der Nebenhöhlen gelegen. In der Fortpflanzung des infectiösen Virus von der erkrankten Nebenhöhle auf den Schädelinhalt in irgend einer Form liegt das entscheidende Moment. Die Erfahrung zeigt indes, dass in manchen Fällen Entzündungen scheinbar geringen Grades eine besondere Tendenz zeigen, auf den Inhalt der Schädelhöhle überzugehen, während in anderen Fällen Jahre lang dauernde, intensive Erkrankungen der Nebenhöhlen eine solche Complication nicht bedingen. Es ist nicht möglich für jeden einzelnen Fall zu bestimmen, durch das Zusammenwirken welcher Momente der rasche Uebergang der Entzündung auf das Gehirn und dessen Häute bedingt wird. Nur im Allgemeinen können wir sagen, dass es neben der infectiösen Ursache auch noch disponirende Momente gibt und müssen als solche *a)* angeborene Defectbildung in den knöchernen Wandungen der Nebenhöhlen, *b)* Verlegung des Ausführungsganges, respective Behinderung des Secretabflusses und *c)* eine besondere Virulenz des infectiösen Materiales, respective besondere Heftigkeit des pathologischen Processes angeführt werden, um die rasch eingetretene Infection des Gehirnes erklären zu können.

a) **Defectbildung.** Defecte in der knöchernen Wandung der Kieferhöhle sind nicht bekannt. Das ostium accessorium der membranösen Partie des mittleren Nasenganges kommt nicht in Betracht, weil es nicht an die Schädelhöhle angrenzt. Die Kieferhöhle spielt überhaupt die geringste Rolle bei der Erzeugung von Gehirnaffectionen, was durchaus nicht befremdet. sobald man erwägt, dass die Kieferhöhle die einzige Nasennebenhöhle ist, deren Wandung, mit Ausnahme des hintersten oberen Winkels. überhaupt nicht an die Schädelhöhle angrenzt.

Bei der Anatomie der Stirnhöhle habe ich bereits die von Zuckerkandl beschriebenen Defecte in der an die Schädelhöhle grenzenden Lamelle des processus orbitalis erwähnt. Es ist bei einem solchen Vorkommen begreiflich, dass, wenn die trennende Scheidewand zwischen dem pathologischen Stirnhöhleninhalt und der Schädelhöhle äusserst dünn ist und nur aus der Stirnhöhlenschleimhaut und der dura mater besteht, dem Uebergreifen der Entzündung auf die Schädelhöhle kein grösserer Widerstand im Wege steht.

Defecte an der unteren Orbitalplatte der Stirnhöhle schaffen gleichfalls eine weniger widerstandsfähige Grenze gegen die Orbita. Die Stirnhöhle wird dann nur durch die zarte Stirnhöhlenschleimhaut von dem lockeren Periorbitalgewebe getrennt, und dadurch wird der Entstehung eines Orbitalabscesses grosser Vorschub geleistet. Orbitalabscesse können aber ihrerseits zu Meningitis führen, sei es durch directe Fortpflanzung der Entzündung durch das foramen opticum, sei es auf dem Wege der Thrombophlebitis ophthalmica.

Bei der Anatomie des Siebbeines ist ebenfalls der Defecte in der lamina papyracea gedacht worden. Diese schaffen ein ähnliches Verhältnis, wie die Defecte in der Augenhöhlenwand des Stirnbeines, sie begünstigen die Entstehung von Orbitalabscessen.

Mehrere Fälle von nach heftigem Schneuzen entstandenen Orbitalabscessen, welche in der Literatur bekannt geworden sind, lassen sich nur durch die erwähnten Defecte in der orbitalen Wand der Stirnhöhle und des Siebbeinlabyrinthes erklären; denn dass bei pathologischem Inhalte der genannten Höhlen ein Riss in der Schleimhaut nicht harmlos ablaufen kann, ist einleuchtend.

Das Siebbein zeigt überdies zuweilen Defecte in der lamina cribrosa. Für den Inhalt der Schädelhöhle kann diese Anomalie bei bestehenden Eiterungen in der Stirnhöhle und im Siebbeinlabyrinth, oder auch nur in der fissura olfactoria, leicht verhängnisvoll werden.

Auch die Defectbildung in den oberen seitlichen Winkeln der Keilbeinhöhle hat schon entsprechende Würdigung gefunden. Es ist darauf hingewiesen worden, dass energische und rohe operative Manipulationen daselbst verpönt sein müssen, weil wegen der unmittelbaren Nachbarschaft der Schädelhöhle leicht eine Infection stattfinden kann, sowie dass derartige membranöse Stellen in der Keilbeinhöhle einen locus minoris resistentiae für die Fortpflanzung der Entzündungen der Keilbeinhöhle abgeben.

So einleuchtend es einerseits ist, anzunehmen, dass erwähnte Defectbildungen die Erkrankung des Gehirnes bei bestehenden Nebenhöhleneiterungen begünstigen. so schwer ist es andererseits, den Beweis zu führen, dass dieselben in einzelnen Fällen des bisher bekannt gewordenen Materiales vorgelegen sind.

Es sind zwar zwei Beobachtungen, die eine von H. Chiari (145), die andere von Kayser (146) bekannt geworden, welche ein solches Vorkommen als wahrscheinlich hinstellen, dasselbe jedoch in Folge besonderer Complicirtheit der Fälle nicht ganz einwandsfrei beweisen.

Was den Fall H. Chiari betrifft, so ist die Anamnese unklar und keine rhinoskopische Untersuchung im Leben vorgenommen worden. Die Kranke stürzte eines Tages plötzlich zusammen, nachdem sie schon seit mehreren Tagen an Kopfschmerzen, Uebelkeiten, Erbrechen gelitten hatte. Sie hatte auch abundanten Schleimabfluss durch die Nase gehabt.

Der hier im Auszug wiedergegebene Sectionsbefund lautet: Der dritte Ventrikel und beide Seitenventrikel lufthaltig. Ferner war eine lufthaltige Höhle im linken Stirnhirn vorhanden, welche von einer glatten Membran ausgekleidet war, in der grosse Blutgefässe verliefen. Beim genaueren Zusehen nun liess sich entsprechend, der inneren Grenze des gyrus orbitalis, eine trichterförmige Einstülpung der die Höhlenwand bildenden Hirnsubstanz durch eine hanfkorngrosse Lücke des Schädels im medialen Rande des Orbitaltheiles des linken Stirnbeines (13 Millimeter nach links von der crista galli) constatiren. Durch diese Lücke ragte der Trichter in eine der vom Stirnbein gedeckten vorderen Zellen des linken Siebbeinlabyrinthes hinein, und mündete der Canal des Trichters in diese Zelle mit einer an seiner Spitze befindlichen miliaren Lücke, so dass also auf diese Art die Höhle im linken Stirnbeine mit der Nase in Communication stand. Ueberdies zeigten sich umfängliche Cholesteatommassen in der Gegend des Pons, ohne Zusammenhang mit dem obigen geschilderten Befunde.

Chiari hält die hochgradige Usur an der erwähnten Stelle des Stirnbeines für eine Folge des Hydrocephalus, die leere Höhle im Stirnlappen für eine leere Abscesshöhle mit unbekanntem Ursprunge. Der Abscess des Stirnlappens hat sich durch die usurirte Stelle den Weg gebahnt.

Dreyfuss (l. c.) glaubt, dass die verdünnte Stelle durch Schneuzen durchbrochen wurde. Ich habe darüber keine Ansicht, da der Fall mir unklar scheint.

Nicht viel klarer erscheint der Fall Kayser's in Bezug auf Vorhandensein eines angeborenen Defectes.

Der Fall Kayser's betraf einen 14jährigen Kutscher, der in der linken Nasenhälfte nebst schleimig-eitrigem Secrete einen grossen Polypen hatte. Nach Entfernung des letzteren mittelst der kalten Schlinge entleerte sich reichlich Flüssigkeit, was den Verdacht einer Cyste erweckte. Nach wenigen Tagen trat plötzlich Schüttelfrost und hohes Fieber ein, wozu sich bald meningitische Erscheinungen (Erbrechen, Kopfschmerz, Nackensteife und Bewusstlosigkeit) gesellten.

Die Section ergab: Eitrige Meningitis, Empyem der linken Kieferhöhle und einen sondirbaren Gang von der Schädelhöhle durch die lamina cribrosa in die Nasenhöhle.

Die Epikrise Kayser's lautet: „Es scheint die Annahme gerechtfertigt, dass in diesem Falle ein Ausläufer der dura mater (Meningocele) in die Nasenhöhle eingedrungen war, dass durch die Abtragung des Polypen eine Communication zwischen Nasenhöhle und Schädelinneren hergestellt wurde. dass dann Eiter, der aus der Kieferhöhle stammte, in diesen Communicationscanal gelangt sei. Es ist wahrscheinlich, dass die bei der Operation des Polypen abgeflossene Flüssigkeit theilweise Cerebrospinalflüssigkeit war."

6) Verlegung des Ausführungsganges. Ich bin geneigt, diesem Umstande eine erhebliche Bedeutung für die Entstehung der cerebralen Affectionen beizumessen. Kuhnt legt auf die Verlegung des Ausführungsganges kein besonderes Gewicht, weil die Section in einigen zum Tode führenden Stirnhöhlenaffectionen Wegsamkeit des Ausführungsganges ergab. Ich kann diesen letzteren Grund nach meiner

Erfahrung nicht für stichhältig erklären. Ich habe bei der Therapie der
acuten Entzündungen der Kiefer- und Stirnhöhle sowie des Siebbeinlabyrinthes darauf hingewiesen, wie rasch die Schwellung an den Ostien
verschwindet, wenn dem Eiter freier Abfluss geschafft wird. Insbesondere
bei den acuten Kieferhöhlenempyemen ist es auffallend, dass das vorhandene Oedem in dem mittleren Nasengange und an den Lefzen des hiatus
semilunaris verschwindet, sobald der eitrige Inhalt der Kieferhöhle durch
eine künstlich geschaffene Gegenöffnung entleert wird. Wenn somit
in den erwähnten tödtlich verlaufenden Fällen der Ausführungsgang
des öfteren wegsam befunden wurde, so kann dies daher rühren,
dass der Eiter inzwischen anderweitigen Abfluss gefunden hat. Ferner
ist vor Augen zu halten, dass die Verlegung des Ausführungsganges
keine absolute zu sein braucht, um Druck- und Durchbruchserschei-
nungen hervorzurufen. Es genügt eine relative Verengung des Ausführungsganges, besonders wenn sie längere Zeit andauert. Ich
erinnere hier besonders an die von mir angeführten Krankengeschichten über Fälle von acutem Empyem des Siebbeinlabyrinthes,
bei denen nicht bloss rasende Kopfschmerzen, sondern bereits
Schwellung des oberen Augenlides, also drohende Durchbruchs-
erscheinungen vorhanden waren. und in welchen doch nach Entfernung
der mittleren Muschel und der hindernden Hypertrophien der Abfluss
einer erheblichen Menge Eiters mit Zurückgehen sämmtlicher subjectiver und objectiver Symptome beobachtet wurde. Das sind Thatsachen, die wohl unwiderleglich für den wichtigen Einfluss der
Stauung sprechen.

c) **Die infectiösen Ursachen.** Es ist eigentlich selbstverständlich,
dass die Virulenz des eingeschlossenen Eiters eine sehr wichtige
Rolle spielt; denn bei Abschluss eines schleimigen oder kaum infectiösen Inhaltes entsteht zunächst eine erhebliche, fast ganz symptomenlos verlaufende Dilatation (Mukokele der Nebenhöhlen), wobei die Knochenwände atrophisch, ja stellenweise membranös werden
können. aber durchaus nicht geschwürig zerfallen. Der infectiöse Eiter
hingegen dehnt die knöchernen Wände nicht einfach mechanisch aus,
sondern erzeugt an ihnen krankhafte Veränderungen. Ja, nach den vorliegenden Beobachtungen müssen wir sogar der Vermuthung Raum geben,
dass manchem Eiter. respective den in ihm enthaltenden Bakterienarten
eine ganz besondere Fähigkeit innewohnt, tiefere Veränderungen sowohl
in der Schleimhaut als in den knöchernen Rahmen der Nebenhöhlen-
wände herbeizuführen und hierdurch ganz besonders die Verschleppung der Entzündung nach dem benachbarten Gehirne und der Orbita
zu begünstigen. Der beste Beweis hiefür sind jene acuten, tödtlich verlaufenden Infectionen des Gehirnes in Folge von Nebenhöhleneiterungen,
welche überhaupt keinerlei locale Symptome gemacht haben. Leider
blieb in den meisten Fällen die Aetiologie dunkel, und es sind auch keine
tadellosen bakteriologischen Untersuchungen gemacht worden.

Die Kieferhöhlenempyeme waren zumeist durch Zahncaries
bedingt, was noch später zu besonderen Betrachtungen Veranlassung
geben wird. Bei den Stirnhöhlenaffectionen wird anamnestisch in
einigen Fällen acuter Schnupfen angegeben. In anderen weniger zahlreichen Fällen wurde der Beginn der Erkrankung auf Influenza
zurückdatirt, bei einem Kranken wurde ein Trauma beschuldigt. Die

Siebbein- und Keilbeinhöhlenerkrankungen waren zumeist chronischer Natur, so dass über den Beginn nichts ausgesagt werden konnte. Nur in wenigen Fällen war Syphilis als Ursache der Erkrankung zu eruiren.

Die Infection des Gehirnes wurde in der grösseren Anzahl der Fälle durch Zerstörungen der Schleimhaut und der knöchernen Wand der Nebenhöhlen bedingt, in einer geringeren Anzahl der Fälle erschien der Knochen makroskopisch intact; nur in der Verfärbung eines circumscripten Theiles der darüber liegenden dura mater lag der Beweis, dass an der betreffenden Stelle der darunter liegende Knochen erkrankt sein musste, dass somit an dieser Stelle der Uebergang der Erkrankung von der Nasenhöhle aus stattgefunden hatte. Der Beweis für die Erkrankung des Knochens lässt sich in diesen Fällen nur durch mikroskopische Untersuchung erbringen, wie dies auch in einem Falle von Ortmann (147) geschehen ist.

In einer anderen Anzahl von Fällen war weder am Knochen, noch an der Dura irgend eine Veränderung wahrzunehmen, so dass der Weg der Infection überhaupt nicht ermittelt werden konnte.

Die pathologische Anatomie der hier erwähnten Veränderungen ist bislang in Dunkel gehüllt, und wir müssen uns vorläufig sowohl in Bezug auf die Natur der Knochenzerstörung als die Durchwanderung des Knochens mit hypothetischen Annahmen begnügen.

Was zuvörderst die Zerstörung des Knochens anlangt, so ist es mit Ausnahme der durch die specifischen Krankheitsprocesse (gewöhnlich Lues, sehr selten Tuberculose) verursachten Destruction durchaus nicht festgestellt, inwieweit hierbei die besondere Virulenz des infectiösen Agens, vorübergehende oder länger dauernde Stauungen des eitrigen Höhleninhaltes, oder angeborene Disposition (besonders dünne Knochenwand, oder die erwähnten Defectbildungen) eine Rolle spielen. Kuhnt sieht in den bekannten Anastomosen der Venen der Stirnhöhlenschleimhaut mit dem duralen Venennetz*) ein für die Verschleppung der Infection in die Schädelhöhle besonders disponirendes Moment.

Die Details dieser Annahme habe ich schon bei der Pathologie der Stirnhöhle erwähnt. allein, damit eine Thrombose von Venen der

---

*) Es unterliegt keinem Zweifel, dass die Abflussverhältnisse der Venen der Nase und ihrer Nebenhöhlen eine Verschleppung von infectiösem Material gegen die Orbita und das Gehirn in hohem Grade begünstigen. Zuckerkandl (7) konnte durch Injection in den oberen Sichelblutleiter die Venen des Stirnbeines, einen Theil der Venen der Stirnhöhlenschleimhaut, die Venen im Durafortsatze des foramen coecum und schliesslich auch die Venen in den unteren Partien der Nasenschleimhaut füllen. Einzelne Venenstämme der Nasenschleimhaut haben erwiesenermassen ihren Abfluss nach den Sichelblutleitern. Es sind dies die Ethmoidalvenen (venae ethmoidales anteriores et posteriores), welche theils direct, theils indirect durch die vena ophthalmica superior, seltener durch die vena ophthalmica inferior den Weg gegen das Gehirn einschlagen. Allgemein bekannt ist eine Vene, welche durch die lamina cribrosa in die Schädelhöhle eindringt, wo sie entweder (selten) direct in den sinus falciformis major einmündet oder in das Venengeflecht des tractus olfactorius übergeht. Die venae ethmoidales anteriores anastomosiren constant mit den Venen der Dura. Erwägt man überdies, dass die Venen der Nasenhöhle untereinander anastomosiren, so ist es begreiflich, dass eine Verschleppung von infectiösem Material gegen das Gehirn zu durch die erwähnten Abflusswege sehr begünstigt wird.

Schleimhaut entstehe, muss zuvörderst letztere ulcerirt und die periostale Schichte blossgelegt sein. Es ist nichts wahrscheinlicher, als dass
derartige Ulcerationen einer circumscripten Nekrose der Schleimhaut
ihre Entstehung verdanken. Ob nun diese circumscripte Nekrose im
speciellen Falle Folge des Druckes durch das stauende Secret, oder
Folge der besonderen Malignität des infectiösen Virus, oder das
Resultat beider ist, wird wohl vorläufig dahingestellt bleiben
müssen.

Noch schwieriger ist es, endlich die Fälle zu deuten, in welchen
weder Knochen noch Dura krankhaft afficirt erscheinen; ob in
diesen die früher veränderten Stellen wieder verheilt sind, oder
ob die Infection des Gehirnes und seiner Häute auf dem Wege der
Lymphbahnen der Nasenschleimhaut, oder durch Vermittlung der
perineuralen Scheiden der Olfactoriuszweige vor sich gegangen, müssen
wir vorläufig unentschieden lassen. Von den perineuralen Scheiden
ist durch die Untersuchungen von Kay und Retzius (148) nachgewiesen, dass sie mit dem subduralen und dem subarachnoidalen
Raume communiciren.

Erwägt man nun den Umstand, dass bei Meningitiden
und Abscessen des Gehirnes bisher eine genaue Section der
Nase nur ausnahmsweise gemacht wurde, erwägt man ferner
insbesondere, dass oft auffallende makroskopische Veränderungen an der Schädelbasis, welche den Anatomen auf
den peripheren Ursprung des Leidens aufmerksam machen
würden, fehlen, dann greift unwillkürlich die Ueberzeugung
Platz, dass der rhinogene Ursprung der Cerebralleiden offenbar in einer viel grösseren Anzahl vorkommen mag, als
dies aus der bisherigen relativ spärlichen Casuistik ersichtlich ist.

Die nasale Aetiologie der Cerebrospinalmeningitis. Es liegen bereits
einige wohl verwerthbare Angaben über den rhinogenen Ursprung
mancher als Cerebrospinalmeningitis aufgefassten Erkrankungen vor.
Nach den Angaben Strümpell's (149) war Weigert der Erste, welcher
bei einigen Sectionen von Cerebrospinalmeningitis den Befund einer
intensiven eitrigen Entzündung des oberen Theile der Nasenhöhle
erhob. Weichselbaum (150) gebührt das weitere Verdienst, diesen
Zusammenhang in einer Reihe von Fällen auf Grund exacter
bakteriologischer Untersuchungen bewiesen zu haben; derselbe untersuchte von zehn Fällen acuter Cerebrospinalmeningitis in fünf
Fällen die Nebenhöhlen der Nase, respective die Paukenhöhlen,
und fand viermal eitrige Entzündung derselben. Im Eiter der Nebenhöhlen befand sich, wie im Eiter der Meningen, der diplococcus
pneumoniae. Nebst dem diplococcus pneumoniae waren
noch von eitererregenden Mikroben: der staphylococcus aureus
und streptococcus pyogenes, sowie auch der diplococcus intracellularis meningitidis vertreten. Nach Weichselbaum's Darlegung ist die Nebenhöhleneiterung als die primäre, die Meningitis,
respective Encephalitis dagegen als die secundäre Affection zu bezeichnen.

Weichselbaum motivirt seine Ansicht in folgender Weise: „A
priori muss zwar die Möglichkeit zugegeben werden, dass die geschil-

derten Veränderungen in den genannten Höhlen bei Meningitis auch
secundärer Natur seien, da die Entzündung ebenso gut von den Hirnhäuten auf diese Höhlen übergreifen, als den umgekehrten Weg
machen kann. Im Falle Nr. 1, besonders aber im Falle Nr. 3 wäre
jedoch eine solche Annahme sehr gezwungen, da hier die Veränderungen in den Paukenhöhlen und Nebenhöhlen der Nase sehr intensiv
waren, viel intensiver als auf der Hirnbasis und am Rückenmarke.
Gerade im Falle Nr. 4, in welchem die Meningitis bereits sieben
Wochen gedauert hatte und theilweise in Rückbildung begriffen war,
fehlten die erwähnten Veränderungen. Wenn die Entzündung sich
in der Regel erst von den Hirnhäuten auf die Nebenhöhlen der Nase
und auf die Paukenhöhlen fortpflanzen würde, so hätte man gerade
in letzterem Falle Veränderungen in den genannten Höhlen erwarten
sollen, während es im umgekehrten Falle nicht Wunder nimmt, wenn
sie sich bereits ebenso zurückgebildet haben, wie dies an den Hirnhäuten der Fall war. Ich glaube daher annehmen zu können, dass
bei den obigen vier Fällen von primärer Meningitis cerebrospinalis,
respective Meningo-Encephalitis, der diplococcus pneumoniae von der
Nase oder dem Pharynx aus in die Nebenhöhlen der ersteren, respective in die Paukenhöhlen gelangte und von da aus auf die Meningen
und das Gehirn übertrat."

Selbstverständlich lässt sich aus diesen Beobachtungen noch durchaus nicht der Schluss ziehen, dass alle sporadisch oder epidemisch auftretenden Cerebrospinalmeningitiden rhinogenen Ursprunges sind.
Darüber müssen noch weitere Beobachtungen gesammelt werden. Dass
man bei der Aetiologie dieser Meningitiden früher gar nicht an den
nasalen Ursprung dachte, hat wohl darin seinen Grund, dass der die
Krankheit einleitende Schnupfen vom Patienten und von seiner Umgebung kaum beachtet wurde. Die Krankheit verlief mitunter so rasch,
dass die Kranken bei ihrer Aufnahme in das Spital bereits bewusstlos
waren, so dass mangels anamnestischer Daten an die Nase und ihre
Nebenhöhlen kaum gedacht wurde. Dazu kommt noch, wie bereits
angedeutet worden, der Umstand, dass bei länger dauernden Meningitiden oder Gehirnabscessen der Process in der Nase bereits zur
Heilung gelangen konnte, so dass bei der Obduction nichts auf den
nasalen Ursprung hingewiesen hatte. Dreyfuss (151) citirt diesbezüglich
den lehrreichen Fall von Jacubasch (152), bei welchem laut Anamnese zwei Monate vor dem Manifestwerden der Gehirnerkrankung
ein Geschwür in der Nase bestand, seither ein dumpfer Kopfschmerz
andauerte, und die Section ausser zwei grossen Abscessen im Vorderlappen des Gehirnes zahlreiche und innige Verwachsungen zwischen
der rechten Siebbeinplatte und den Gehirnhäuten ergab. Der Knochen
der Siebplatte erwies sich als gesund. Hier deuten die Adhäsionen
auf den ursprünglichen Herd der Infection hin. Des öfteren mag
aber, wie Dreyfuss bemerkt, jeder Fingerzeig fehlen. Die später an-
zuführende Casuistik der durch cerebrale Affection tödtlich geendeten
Stirn-, Keilbeinhöhle und Siebbeinlabyrinthaffectionen weist eine
Anzahl acut verlaufener Fälle auf, welche fast sicher in diese
Kategorie gehören. Hier seien nur die besonders charakteristischen
Fälle von Huguenin (153), Ogston (154) und Warner (155) in
Kürze angeführt.

Beobachtung von Huguenin (1882).

Ein 19jähriger Seminarist erkrankt am 27. November Vormittags, nachdem er bereits seit einem Tage über Zahnweh und Kopfschmerzen und einige Tage über lästigen Nasenkatarrh geklagt hatte, mit Frost und hartnäckigem Kopfweh in Stirn und Hinterhaupt. Am 28. November Schmerzen in beiden Ohren und Hinterkopf. Am 29. Erbrechen, zunehmende Mattigkeit, schnell fortschreitende Affection des Sensoriums. Am 30. November Untersuchung der Retina. Röthung der gut conturirten, nicht geschwollenen Papille, Erweiterung der sämmtlichen Retinalvenen. Im Uebrigen geben alle Symptome das Bild des meningitischen Hirndruckes. Am 1. December neuerliche Untersuchung der Augen; man constatirt sehr deutliches Oedem der Papille, dieselbe ist elevirt, allgemein geröthet und mit einer Menge dunkelrother, feiner radiärer Streifen versehen; Conturen ganz undeutlich, Venen sehr weit und bis weit in die Peripherie hinaus geschlängelt. Verschlimmerung des Zustandes nach jeder Richtung. Comaähnliche Besinnungslosigkeit, hohes Fieber, starke Nackenstarre. Exitus im Laufe des Vormittags.

Section (Professor Ziegler): Dura adhärent. Nach Fortnahme derselben zeigt sich sofort eine ausserordentlich stark entwickelte Meningitis der Convexität und Concavität. Knochen und Aussenfläche der Dura normal. Keinerlei Verletzung an den Schädelknochen. Linker Seitenventrikel etwas erweitert, enthält ziemlich viel leicht getrübte Flüssigkeit. Das gleiche Verhalten rechterseits. Encephalitische Herde in den Centralganglien; hämorrhagische Infiltration in der rechten Lunge und Pleura. Milzschwellung, flüssiges, dunkles Blut. Makroskopisch undefinirbare Nierenveränderung.

Beide Stirnhöhlen zeigen eine starke Infiltration der Auskleidungsmembran mit ziemlich dickem Eiterbelage. Eitriger Nasenkatarrh. Vergebens wurde in den eitrigen Secrete nach einer charakteristischen Bakterienform gesucht; einzelne Coccen, die zur Beobachtung kamen, liessen vor allem eine herdartige Häufung und multiples Vorkommen vermissen, so dass über das infectiöse Agens nichts ausgesagt werden konnte. Einen positiven Befund für Mikrococcen ergab erst die Untersuchung der vermehrten exsudativen Ventrikelflüssigkeit. In derselben befanden sich grosse Colonien unzähliger kugelförmiger Bakterien feinster Art, zum Theile zu Haufen vereint, zum Theile in den Eiterzellen liegend.

Beobachtung von Ogston (1885).

Mädchen von 9 Jahren war einige Tage lang nicht wohl und missgestimmt und erkrankte dann an Kopfschmerz und Uebelkeit. Am dritten Tage klagt es über Schmerzen in den Augen und im Kopf, und starb plötzlich.

Eine ärztliche Behandlung hatte nicht stattgefunden; es wurde deshalb eine gerichtliche Section angeordnet. Dieselbe ergab: Gelatinöse, halbflüssige Substanz im Subarachnoidealraum; dura mater der Convexität gesund, die basale dura ebenfalls, mit Ausnahme einer Stelle über dem linken Orbitaldach; hier war sie verdickt, an der äusseren Seite rauh und an der inneren mit Exsudat bedeckt. Auch auf der correspondirenden Stelle der rechten Seite leichte Röthung und Rauhigkeit; ebenso die Partien der dura über dem tegmen tympani geröthet. Die Nasenhöhlen beim Durchschnitt an der lamina cribriformis mit Eiter gefüllt, der durch die Löcher des Siebbeines in die Schädelhöhle eingedrungen ist. Das Mittelohr enthielt schmutzig röthliche Flüssigkeit.

Gleichzeitig berichtet Ogston, dass ein anderes Kind derselben Familie wenige Tage später von der Krankheit befallen wurde, die ein hinzugerufener Arzt als Meningitis erklärte. Es starb wenige Tage nach dem Anderen. Auch der Vater erkrankte zur selben Zeit unter gleichen Symptomen.

Anlässlich dieser Publication erschien eine Zuschrift an die Redaction des British Medical Journal, in der Warner einen ähnlichen Fall mittheilte.

Beobachtung von Warner (1885).

32jähriger Gärtner erkrankt an intensivem Kopfschmerz, zuerst in der Stirngegend, dann über den ganzen Kopf sich erstreckend. Es erfolgte zweimal Erbrechen; Schlaflosigkeit trat ein und bereits am zweiten Tage der Krankheit Coma und Convulsionen. Tod am Beginne des dritten Tages.

Section: Acute Meningitis, die sich über beide Hirnhälften ausdehnt; in den Seitenventrikeln viel Eiter. Dura mater der Basis gesund, mit Ausnahme der Stellen über den orbitalen Platten des os frontale; hier ist sie verdickt und leicht abhebbar. Die lamina cribrosa mit Exsudat bedeckt. Die Stirnhöhlen voll Eiter. Die Schleimhaut der oberen Nasenpartien und der Siebbeinzellen geschwollen und mit übelriechendem Eiter erfüllt. Keine Caries der Knochen.

Nach dem Gesagten kann kein Zweifel mehr darüber obwalten, dass die entzündlichen Nebenhöhlenaffectionen sowohl klinisch als anatomisch eine viel bedeutendere Rolle spielen, als ihnen bislang zugeschrieben wurde. Nur die genaueste klinische Beobachtung am Lebenden, nebst verlässlichen Obductionsbefunden, werden ihre volle Bedeutung als Ursache von Cerebralleiden illustriren können.

B. Specieller Theil.

Um die Antheilnahme der einzelnen Nebenhöhlenaffectionen an der Entstehung von tödtlichen Complicationen seitens des Gehirnes besser zu überblicken, ferner um die Infectionswege und die Art des hervorgerufenen Cerebralleidens näher würdigen zu können, führe ich im Folgenden die von Dreyfuss zusammengestellten Tabellen an, welche mir bisher die vollkommensten zu sein scheinen.

A. Eiterungen der Kieferhöhle.

Autor	Form	Seite	Infectionsweg	Gehirnaffection
Foucher (156)	chron.	—	*Thrombophlebitis des plex. pteryg. und ophthalm.*	Sinusthrombose
Mair (157)	acut	L.	*Caries des Siebbeines und Perfor. der lam. cribr.*	Abscess im Orbitallappen
Westermayer (158)	chron. acut	R.	*Perfor. der hint. ob. Wand. Caries des grossen Keilbeinflügels*	Abscess im Temporallappen
Panas (159)		R.	*Osteo-Periost. orbitalis. Caries des Stirnbeines (obere Orbitalwand)*	Abscess im Frontallappen
Dmochowsky (6)	—	L.	*Perfor. verschiedener Wände. Orbitalabscess, zugleich auch Perfor. der Keilbeinwand*	Eitrige Meningitis. Intraduralabscess. Abscess im Frontallappen

Schon aus der spärlichen Anzahl der hier mitgetheilten Fälle geht hervor, dass die Kieferhöhleneiterung in Bezug auf cerebrale Complication die am wenigsten gefährliche ist; aber selbst diese fünf Fälle halten einer genaueren Kritik nicht Stand. Es macht sich hier insbesondere der Mangel einer eingehenden rhinoskopischen Untersuchung und gründlicher Obduction in der auffälligsten Weise geltend.

So ist es in dem Falle von Foucher und Mair durchaus nicht
erwiesen, dass die Kieferhöhleneiterungen als solche die tödtliche
Cerebralcomplication bedingt haben. Es ist vielmehr nicht ausgeschlossen, dass eine eitrige, infectiöse Periostitis des Oberkiefers
die deletären Symptome bedingt hat. Im ersteren Falle kam es offenbar auf dem Wege einer Thrombophlebitis ophthalmica, im zweiten
durch Fortpflanzung der Eiterung in die Orbita zu den verhängnis-
vollen Folgen. Dass in beiden Fällen eine Eiterung der Kieferhöhle
bestanden hat, ist noch kein ausschlaggebender Beweis dafür, dass
diese als Ursache der cerebralen Complication zu betrachten sei, denn
die Antrumeiterung kann auch nur ein daneben bestehendes Symptom der
cariösen Destruction des processus alveolaris bedeuten. Selbst in dem
sonst so ausgezeichneten Fall von Panas ist diese Möglichkeit nicht
ausgeschlossen. Der Tod erfolgte augenscheinlich durch Nekrose eines
Theiles des Orbitaldaches, hervorgerufen durch eine eitrige Osteo-
periostitis der Orbita, wodurch ein Abscess im Stirnlappen entstand.
Dass aber diese Nekrose durch die Kieferhöhlenerkrankung bedingt
wurde, ist durch nichts bewiesen. Es ist ebenso wahrscheinlich, dass
die Kieferhöhlenerkrankung (vielleicht auch die der Stirnhöhle) durch
eine von einer Zahncaries ausgehende infectiöse Periostitis der äusseren
Fläche des Oberkiefers mit Eindringen der Entzündung in die Orbita complicirt wurde, welche dann die deletären Folgen herbeigeführt hat.
Die Fälle aber, wo im Gefolge einer Zahncaries durch Fortkriechen
der eitrigen Periostitis des Oberkiefers eine Thrombophlebitis oder
Orbitalphlegmone mit tödtlichem Ausgange herbeigeführt wurde, sind
zahlreich und den Chirurgen seit lange her bekannt.

Ueber jeden Zweifel erhaben scheint mir indes der Fall
von Westermayer den ich deshalb hier in extenso anführen
will.

Beobachtung von Westermayer (1895).

Westermayer hat im ärztlichen Verein Nürnberg Präparate von einem diesbezüglichen Fall demonstrirt.

Die 40jährige Frau war Ende December 1894 wegen eines nach (?) der Ent-
fernung von Nasenpolypen entstandenen Highmorshöhlenempyems ausserhalb des
Krankenhauses operirt worden; anscheinend wurde Extraction des rechten oberen
Eckzahnes und Perforation der Alveole desselben vorgenommen.

Ende April erkrankte sie wieder mit Mattigkeit, Schmerzen in allen Gliedern,
sowie im Hals und Rücken. Bei der Aufnahme (8. Mai) Temperatur 39·7 Grad; ausser
Schmerzhaftigkeit der Hals- und Brustwirbelsäule und geringgradigem Eiterabfluss
aus der Zahnlücke nichts nachweisbar. Nach einigen Tagen, während welcher das
Fieber fortdauerte, stellte sich leichte Pupillenstarre ein, die Temperatur sank unter
die Norm, Patientin wurde somnolent und starb am 13. Mai.

Die Section ergab einen hühnereigrossen, mit stinkendem Eiter
erfüllten Abscess im rechten Schläfenlappen, basilare, eitrige Meningitis des Kleinhirns, sowie Meningitis spinalis. Die Basis des rechten
Schläfenlappens war mit der Mitte der mittleren Schädelgrube verwachsen. Hier fand sich nach aussen vom foramen rotundum und ovale
ein pfenniggrosser Defect in der Schädelbasis, der durch fungusartig
herauswuchernde, eitrig-fibrinöse Beläge, sowie durch eine derbe Binde-
gewebsschwarte ersetzt war. Von hier aus gelangte die Sonde mit
Leichtigkeit durch die citererfüllte Highmorshöhle und von da durch
die Alveole des Eckzahnes in die Mundhöhle.

Es ist hier also der seltene Fall eingetreten, dass der Eiter nach
Durchbruch der hinteren oberen Highmorshöhlenwand durch die fossa

pterygo-palatina, sowie durch den grossen Keilbeinflügel, sich einen Weg ins Gehirn gebahnt hat.

Hier war durch die Obduction der Uebergang der Entzündung von der Kieferhöhle in die Schädelhöhle durch eine deutlich bestehende Destruction einer Stelle der Kieferhöhle zweifellos nachgewiesen. Ein solcher Nachweis ist aber bei den früheren Fällen nicht erbracht worden.

Was endlich den Fall von Dmochowsky anlangt, so ist derselbe wichtig wegen der zahlreichen Perforationen der Kieferhöhle. Leider lässt sich auch aus diesem sonst sehr ausführlichen Obductionsbefunde nicht der Gang der Infection mit Sicherheit entnelimen. Es wurde keine Krankengeschichte mitgetheilt. Die wichtigsten Punkte des Obductionsbefundes will ich hier auszugsweise anführen.

Beobachtung von Dmochowsky (1895).

Diese betrifft einen Mann von 51 Jahren. Sectionsbefund: Im vorderen Theile des rechten Stirnlappens beobachtet man einen wallnussgrossen Abscess mit glatten Wänden. Die dura mater ist an der rechten Seite neben der sella turcica stark verdickt, eitrig infiltrirt und perforirt Die Oeffnung von der Grösse einer kleinen Erbse hatte den Knochen durchbohrt und führte in den sinus sphenoidalis. Das Unterhautzellgewebe des rechten Stirnbeines, der ganzen Schläfengegend und der Wange stark oedematös und hyperämisch, im Gewebe daselbst isolirte oder zusammenfliessende Eiterherde. In der Augenhöhle hinter dem Augapfel ebenfalls Eiter vorhanden. An der unteren Wand der Augenhöhle, ½ Centimeter nach innen vom canalis infraorbitalis, eine in die Kieferhöhle führende, erbsengrosse Oeffnung. Die nasale Wand der Kieferhöhle blossgelegt und erweicht. An drei Stellen ist dieselbe usurirt, und gelangt die Sonde in die Kieferhöhle. Letztere ist von einem dickflüssigen, zähen, nicht überriechenden Eiter ausgefüllt Im hinteren oberen Winkel der Kieferhöhle ist ebenfalls eine Ulceration vorhanden, durch welche die Sonde in den sinus sphenoidalis gelangt. Der Canal enthält Eiter und hat unebene Wände. Sinus frontalis und ethmoidalis vollkommen gesund.

Die bakteriologische Untersuchung des Gehirn- und Naseneiters ergab verschiedene Mikroorganismen, jedoch keine der bekannten Arten.

Wenn ich kurz resumire, so kann ich nur den Fall Westermayer's als einen solchen ansehen, bei dem der Gang der Infection von der Kieferhöhle auf die Schädelhöhle tadellos nachgewiesen ist.

B. Eiterungen der Stirnhöhle.

Autor	Form	Seite	Infectionsweg	Gehirnaffection
Richter (160)	chron.	L.	Perforation der hinteren Wand	Keine Gehirnsection
Celliez (161)	chron.	R.	Perforation der hinteren Wand	Keine Gehirnsection
Paulsen (162)	chron.	L	Perforation der hinteren Wand (Links neben der crista galli ein Loch von der Grösse einer Silbermark)	Intraduraler Abscess. Meningitis convexitatis et baseos

Autor	Form	Seite	Infectionsweg	Gehirnaffection
Bourot-Lécard (163)	chron.	R.	*Periostitis der frontalen und orbitalen Fläche des Stirnbeines*	Trombophlebitis ophthalm. et sin. cavern., petros. et longit. sup. Eitrige Meningitis
Bousquet (164)	acut	R.	*Perforation der hinteren und der unteren Wand*	Frontalabscess
Knapp (165)	chron.	L.	*Perforation der hinteren Wand* (Periostitis der orbitalen Fläche der Stirnhöhle)	Beginnender Frontalabscess
Huguénin I (153)	acut	Beide	*Knochen makroskopisch intact*	Encephalitis. Eitrige Meningitis der Convexität und der Basis
Huguénin II (153)	chron.	—	*Perforation der hinteren Wand*	Pachy- und Leptomeningitis purulenta. Intraduraler Abscess
Carver (166)	chron.	L.	*Diploë der hinteren Wand. Circumscripte Nekrose der Dura*	Thromb. sin. longit. Meningitis convexitatis
Köhler (167)	acut	L.	*Perforation der hinteren Wand*	Intraduralabscess. Meningitis basilaris
Zirm (168)	acut?	L.	*Diploë der unteren Wand*	Thrombophlebitis ophthalmica et sinus cavernosi
Redtenbacher (71)	chron.	L.	*Perforation der hinteren Wand*	Frontalabscess. Intraduralabscess
Schindler (169)	acut	L.	*Perforation der hinteren oberen Wand ausserdem Pyaemie*	Frontalabscess
Lennox Browne (111)	chron.	L.	*Perforation der hinteren oberen Wand*	Extraduralabscess. Pachy- und Leptomeningitis.
Hoppe (170)	chron.	R.	*Anomaler Defect der hinteren Wand*	Meningitis der Convexität und der Basis
Weichselbaum (2)	acut	R.	*Diploë der hinteren Wand*	Extraduralabscess. Frontalabscess.
Krecke (171)	chron.	L.	*Diploë der hinteren Wand*	Extraduralabscess Frontalabscess. Durchbruch im Seitenventrikel
Wallenberg (172)	chron.	L.	*Perforation der hinteren und unteren Wand*	Intraduralabscess

Die vorliegende Zusammenstellung ist die von Dreyfuss modificirte Statistik Kuhnt's, mit dem Unterschiede, dass ich die auch von Dreyfuss als zweifelhaft angesehenen Fälle von Treitel (174) (2 F) und von Sillar (173) (1 F) ausgeschieden habe. Auch einen Fall von Grünwald habe ich angesichts der Unklarheit des Gehirnprocesses und der schliesslich erfolgten Heilung nicht aufgenommen, so dass bei mir nur 18 Fälle figuriren. Die Rubriken „Infectionsweg" und „Gehirnaffection" wurden stellenweise von mir ergänzt.

Beobachtung von Paulsen (1861).

Diese betraf eine 23jährige Frau, welche im neunten Monat schwanger war. Angeblich bis vor drei Tagen ganz wohl, bekam sie plötzlich Kopfschmerzen und eine geringe Geschwulst um das Auge, Somnolenz, Stupor. Patientin lag ruhig da mit Zeichen von Kopfcongestion, gleichmässig contrahirten Pupillen und starrem Blick. Nach drei weiteren Tagen paralytischer Zustand der rechten Körperhälfte, Partus in diesem und Exitus.

Beobachtung von Bourot und Lecard (1875).

Die Krankengeschichte des Falles von Bourot und Lecard weist einige typische Momente auf.

Ein 22jähriger Soldat bekam vor einem halben Jahre einen Faustschlag gegen die rechte Orbitalgegend. Die Beschwerden schwanden damals nach kurzem Aufenthalt im Spital. Jetzt besteht ausgebreitete Schwellung der rechten Orbitalgegend, Lidorbitalphlegmone, Chemosis, Exophthalmus, das Auge selbst ganz functionstüchtig. Heftiges Fieber und starke Kopfschmerzen. Am dritten Tage wird tiefe Fluctuation gefühlt, und durch einen Einschnitt parallel dem arcus superciliaris werden circa 150 Gramm guten Eiters und Fibringerinnsel entleert. Locale Besserung. Im Allgemeinbefinden folgen auf die ataktischen Symptome tiefe Adynamie mit Singultus, Bewusstlosigkeit, linksseitige Hemiplegie und Tod am fünften Tage.

Beobachtung von Knapp (1880).

Die auszugsweise gebrachte Krankengeschichte dieser Beobachtung lautet folgendermassen:

Bei einer 30jährigen Frau bildet sich unter Schüttelfrösten eine Lidorbitalphlegmone. Die äussere Hälfte des oberen Augenhöhlenrandes roth, geschwollen, hart und auf Berührung schmerzhaft. Das Auge mässig nach vorne und innen getreten. Nach zwei Tagen Incision, Entleerung vielen Eiters, Wohlbefinden. Am sechsten Tage Kopfschmerzen, stete Eingenommenheit, Erbrechen, am neunten Exitus letalis.

Sectionsbefund: Die Basis des Stirnlappens, so weit sie über dem Orbitalrande lag, zeigte eine gelbliche Verfärbung und war mit der harten Hirnhaut an einer runden Stelle von 1 Centimeter Durchmesser fest verwachsen. Nur hier war die Dura bläulich und mit wenigen anhaftenden Eiterflocken bedeckt. Dieser runde Fleck der Dura lag auf einer gleich grossen nekrotischen Knochenstelle am inneren vorderen Abschnitt des horizontalen Stirnbeinfortsatzes. In dieser eine Perforation, welche in das temporale Ende der Stirnhöhle führt, letztere voll foetiden Eiters. Die der Augenhöhle zugewandte Knochenfläche vom Periost entblösst, rauh, aber nicht nekrotisch. Orbita frei von Eiter. Die mit der Stirnhöhle zusammenhängenden vorderen Siebbeinzellen gleichfalls mit übelriechendem Eiter erfüllt und mit verdickter Schleimhaut bekleidet. Eine Communication der Augenhöhle mit der erweiterten Stirnhöhle oder den Siebbeinzellen liess sich nicht auffinden. Abscess im linken Frontallappen des Gehirns.

Beobachtung von Huguenin (1882).

Anschliessend an die erste ausführlichere Krankengeschichte theilt Huguenin Folgendes mit:

„Man ist in solchen Fällen eben nicht immer in der glücklichen Lage, in der wir uns bei einem früheren Falle befanden, in welchem die chronisch entzündete Stirnhöhle eine Perforation des Knochens nach innen zeigte, und von der betreffenden Stelle eine mit Gefässen versehene, bindegewebige Verlöthung der Dura mit der Pia und der Pia mit der Hirnoberfläche ausging. Das ganze verbindende Bindegewebe war eitrig infiltrirt. Die Pia im Zustande schwerer. eitriger Entzündung.''

Beobachtung von Köhler (1890).

Die auszugsweise gebrachte Krankengeschichte von Köhler lautet:

22 Jahre alter Student, stark verfallen, mit ikterischer Hautfarbe, hohem Fieber, etwas benommen. Anamnese nicht zu erheben. Stirne gegen Druck empfindlich, auf dem linken tuber frontale fluctuirende Schwellung. Der Abscess wurde geöffnet. Von den mit kleinen Eiterherden durchsetzten missfärbigen Knochen wurde ein über thalergrosses Stück mit dem Meissel entfernt und der sinus frontalis eröffnet. Ueberall entleerten sich mässige Mengen stinkenden Eiters. Die vorliegende Dura missfärbig. An mehreren Stellen quoll aus ihr Eiter hervor. Hinter der gespalteten und excidirten Dura lag ein grosser Abscess. Die Pia war getrübt, missfärbig und mit Eiter infiltrirt. In die Stirnhöhle wurde ein Drain eingelegt, mit der Nase bestand keine Communication. Die Operation hatte keinen Einfluss auf die Weiterverbreitung der Meningitis.

Beobachtung von Zirm (1892).

Der Obductionsbefund des Falles von Zirm verdient vollständig wiedergegeben zu werden.

Zellgewebe über dem linken arcus superciliaris blutig infiltrirt. In den den nervus frontalis begleitenden Venen schwarzrothe Thromben, die duralen Venen der mittleren Schädelgrube meist thrombosirt, eitrig infiltrirt. Im sinus cavernosus beiderseits, namentlich links, braungraue, jauchige Flüssigkeit. Rechts sind die Venen in der Muskulatur der Pterygoidei thrombosirt und stellenweise haemorrhagisch infarcirt. Die Schleimhaut der linken Stirnhöhle schwarzgraulich verfärbt, in derselben weisslicher, etwas krümeliger, übelriechender Eiter. Das Zellgewebe der Orbita injicirt, lateral vom nervus opticus ein mit stinkender Jauche gefüllter Abscess mit glatter Wand, hervorgegangen aus Vereiterung und Verjauchung von Venenthromben.

Beobachtung von Redtenbacher (1992).

Die Krankengeschichte dieses Falles ist wegen des besonders acuten Verlaufes der Erkrankung interessant:

34jährige Frau war immer gesund, hat drei gesunde Kinder geboren. Dritte Entbindung am 16. November 1879. Normaler Verlauf des Wochenbettes. Am 29. November Erkrankung an starkem Schnupfen mit hohem Fieber. Anfangs December schwoll das linke obere Augenlid an, welche Anschwellung für Rothlauf gehalten wurde. Am 6. Januar plötzlich tiefe Ohnmacht, klonische Krämpfe, zugleich zeigte sich eine kleine Anschwellung an der behaarten Kopfhaut über der Stirne, die von einem Chirurgen für ein Atherom erklärt wurde; seitdem öfters Kopfschmerzen, epileptiforme Anfälle, Schwäche der rechten Körperhälfte. Die Geschwulst am rechten

Auge am 6. Januar eröffnet, die Wunde heilte nicht zu, fortan heftiger Kopfschmerz und fortschreitende Apathie. Der Status am 10. März lautete: Ueber der linken Hälfte des Stirnbeines, im Bereiche der behaarten Haut eine flache Geschwulst, von der Grösse einer halben Walnuss, über welcher die Haut geröthet ist. Ueber dem linken oberen Augenlid eine linsengrosse Fistelöffnung, aus welcher sich dicker Eiter ausdrücken lässt. Die rechte Hälfte des Gesichtes schlaffer. Die Pupillen mittelweit, verengen sich auf Licht sehr wenig und träge. Die äusseren Augenmuskeln functioniren gut. Gesicht und Gehör gut, keine Sprachstörung. Steife und Schmerzhaftigkeit des Nackens, obere Extremitäten frei, untere paretisch. Sensibilität intact. Incontinenz der Blase und des Darmes. Urin frei von Zucker und Albumen. Am 14. März: Starker Stupor. Eröffnung des Abscesses am linken Auge und des Atheroms am Schädel. Am 16. März: Ausgesprochene neuritis optica, Pupillen von mittlerer Weite, reagiren träge auf Licht, der linke Bulbus weicht etwas nach aussen ab. Nackenstarre. Schluck-beschwerden, Contracturen. Nach einigen Tagen Exitus.

Beobachtung von Hoppe (1893).

Der genaue Obductionsbefund des Hoppe'schen Falles verdient ausführlich angeführt zu werden:

Eine eitrige Infiltration der pia mater, an der vorderen Convexität des rechten Stirnlappens beginnend, bis zur Höhe des rechten Stirnlappens reichend und daselbst über die Mittellinie auf den linken Scheitellappen in Thalergrösse übergreifend. In dem sinus nur gutartige Gerinnsel. Etwa 1 Centimeter nach rechts und vorne von der crista galli fand sich ein kirschkerngrosser Knochendefect mit zugeschärften, glatten Rändern, ungemein ähnlich den am oberen Schädeldach und in der linken mittleren Schädelgrube zahlreich sich vorfindenden Pacchionischen Grübchen, aber mit dem wesentlichen Unterschiede, dass dem Defect entsprechende Granulationen hier, wie auch in seiner weiteren Umgebung gänzlich fehlten, während die den Grübchen entsprechenden Pacchionischen Granulationen nirgends vermisst wurden. Ueber diesem Knochendefect erschien die dura mater in der Ausdehnung eines Daumennagels getrübt, am Rande des Bezirkes erblickte man einen Kranz zarter Gefässreiser. Hier befand sich die untere Grenze der Eiterinfiltration der Pia. Von der Stirnhöhle her legte sich über den Defect eine circa ½ Millimeter dicke, glatte, halb durchscheinende elastische Membran, die makroskopisch anscheinend nicht wesentlich veränderte Stirnhöhlenschleimhaut. Eine Perforation der Membran war trotz genauer Nachforschung nicht zu entdecken. Der Defect lag dort, wo die obere cerebrale Wand in die untere, orbitale übergeht. Letztere wies einen Defect von der Grösse eines Daumennagels mit unregelmässiger, rauher Umrandung auf.

Im cavum des sinus befand sich ein halber Fingerhut voll eines schleimigen Eiters. Die Wandungen waren mit einer grauweissen, leicht gelblichen Schicht rahmigen, stinkenden Eiters bedeckt. Im Uebrigen schien die Schleimhaut glatt und nicht auffällig verändert. Derselbe Befund in der Highmorshöhle; ductus nasofrontalis absolut frei. Am ostium nasale und im ganzen mittleren Nasengange starke, graurothe, sulzige Schwellung der Schleimhaut. Hier sassen in letzterer auch drei gerstenkorngrosse, prominirende Eiterbläschen mit stinkendem, gelblich-weissem Inhalt. Der in toto mit dem hinteren Bulbusabschnitt herausgenommene Orbitalinhalt erschien makroskopisch normal, desgleichen der n. opticus mit seinen Scheiden; Venen der Orbita, Chorioidea, Retina stark mit Blut gefüllt. Im Uebrigen die Augenhäute pathologisch nicht verändert. Nirgends im Orbitalgewebe Bakterien nachweisbar.

Beobachtung von Weichselbaum (1890).

Ein junger Mann gab an, vor acht Tagen an Influenza erkrankt zu sein. Bei der Aufnahme wurde eine bedeutende Anschwellung des rechten oberen Augenlides und undeutliche Fluctuation daselbst constatirt. Der Bulbus war intact. Bei der

Incision entleerte sich eine grössere Menge dicken Eiters. Am nächsten Tage klagte der Kranke über Kopfschmerz; es traten Erbrechen, Delirien. Bewusstlosigkeit auf und der Patient starb am selben Tage.

Die Section ergab ausser dem Abscess am rechten oberen Augenlid eine Eiteransammlung in der rechten Kiefer- und Stirnhöhle und zwischen der hinteren Wand der rechten Stirnhöhle und der dura mater. Die letztere entsprechend dieser Ausdehnung eitrig infiltrirt; gegenüber dieser Stelle, im Stirnlappen, bestand ein frischer Abscess. Die Ventrikel enthielten eine eitrige Flüssigkeit. Die Hirnhäute waren stellenweise eitrig infiltrirt. Nach diesem Befunde war anzunehmen, dass der todbringende Process seinen Ausgang von der Kiefer- und Stirnhöhle genommen, und dass sich von da aus eine eitrige Pachy- und Leptomeningitis nebst einem Gehirnabscess entwickelt hatte. Auch hier wurden Pneumoniecoccen nachgewiesen.

Beobachtung von Krecke (1894).

Krecke's (1894) Beobachtung betrifft einen der wenigen Fälle, bei welchem auch ein rhinoskopischer Befund vorliegt:

Fräulein von 58 Jahren ist seit frühester Jugend nasenleidend gewesen. (Ausfluss von Schleim und Eiter aus der Nase.) Im 14. Lebensjahre an Nasenpolypen operirt, seit der Zeit ohne ärztliche Behandlung. Mai 1892 zeigte sich plötzlich eine ziemlich grosse rothe Anschwellung oberhalb des linken Auges, ohne dass dabei Schmerzen vorhanden waren. Im Juli desselben Jahres brach die Geschwulst auf und es entleerte sich eine ziemlich reichliche Menge rahmigen Eiters. Seit der Zeit besteht eine Fistel, die beständig ziemlich viel Eiter absondert. Schmerzen sind auch später nie aufgetreten. Kopfschmerzen fehlten völlig. Befund: Vom verbreiterten Nasenrücken aus zieht sich eine Anschwellung am oberen Orbitalrande entlang bis zu dessen äusserem Drittel hin. Diese Schwellung erweist sich als durch eine Auftreibung des Stirnbeines bedingt. In dieser Anschwellung findet sich etwas oberhalb der Augenbraue, an ihrer medianen Grenze, eine linsengrosse, mit wuchernden Granulationen umkleidete Fistel, in deren Umgebung die Haut röthlich verfärbt ist. Aus der Fistel entleert sich andauernd dünner, nicht übelriechender Eiter. Die in die Fistel eingeführte Sonde dringt 5 Centimeter weit nach unten und innen. Der linke Bulbus steht etwa 1 Centimeter weiter nach vorne als der rechte, auch ist derselbe deutlich nach aussen gerückt. Augenbewegungen normal.

Rhinoskopischer Befund (Professor Schech): Rechte Nase sehr weit, atrophisch, mit Krusten, ohne Polypen. Die linke Nase enger, am Nasendach zahlreiche Prominenzen (Polypen), sehr starke Eiterung. Im Uebrigen an der Patientin nichts Krankhaftes.

Operation in Narkose. Schnitt entlang dem Orbitalrand. Eröffnung der gut hühnereigrossen, mit Eiter erfüllten Stirnhöhle. In deren Wand ebenfalls stark ausgedehnt. Die Stirnhöhle ist mit einer derben, an der Innenfläche mit vielen warzigen Erhebungen versehenen, 3 bis 4 Millimeter dicken Membran ausgekleidet. Abtragung der vorderen und eines Theiles der unteren Wand, ferner des linken Nasenbeines. Ausstopfung mit Gaze. Vollkommenes Wohlbefinden in den nächsten elf Tagen. Nur zeitweilige Abendtemperatur von 37·6 bis 38·2. Am zwölften Tage plötzlich unter leichtem Frösteln Temperatur von 40·4, Puls 120.

Gleichzeitig leichter Kopfschmerz links. An der Wunde keine Störungen; auch sonst keine Erscheinungen. Am folgenden Tage Temperatur 38·0, 39·4. Puls 110, 128. Patientin fühlt sich sehr matt, Kopf noch leicht eingenommen, Sensorium frei. Am Abend Klagen über Schmerzen in der Hinterhauptsgegend. Linkes Scheitelbein druckempfindlich, keine Nackenstarre. Sensorium leicht benommen.

Tags darauf Temperatur 38·4, 39·8, Puls 160. Patientin liegt apathisch da, reagirt nur ganz wenig auf lautes Anrufen. Keine Nackenstarre, keine Lähmungen, Pupillen reagiren gut. Gegen Abend Trachealrasseln. Nachts Exitus.

Section: Schädeldach enorm verdickt; Gefässfurchen tief einschneidend. Dura mater zeigt graue Oberfläche und ist bedeutend verdickt, dem Schädeldach anhaftend. Am Orbitaldach und an der hinteren Wand des linken Stirnbeines ist sie durch eine ungefähr haselnussgrosse Eiteransammlung vom Knochen abgehoben. Die weichen Häute an der Basis sind bis zur Medulla oblongata hinab stark durchfeuchtet, mit dickem grünlichen Eiter bedeckt.

Im linken Frontallappen sitzt, bis an die weichen Häute heranreichend, ein walnussgrosser Abscess mit glatter, von Blutungen durchsetzter Wandung. Beide Ventrikel sind stark erweitert, besonders der linke. Die Wand des letzteren ist von reichlichen Blutungen durchsetzt; er enthält eitrigen Inhalt; ebenso der dritte Ventrikel, der Aquaeductus Sylvii und der vierte Ventrikel. Die Gehirnsubstanz selbst blutreich, mässig saftreich, die Rinde atrophisch.

Diese, wenn auch spärliche Casuistik lässt immerhin in Bezug auf den Infectionsweg, sowie auf die Art der vorkommenden Cerebralaffectionen einige Schlüsse allgemeiner Natur zu.

1. **Infectionsweg.** Der häufigste Modus der Infection des Schädelinneren wird durch Perforation der hinteren Stirnhöhlenwand bedingt. Eine Prädilectionsstelle für diesen Durchbruch lässt sich nicht ermitteln. Von den angegebenen 18 Fällen hat die Fortpflanzung der Eiterung in die Schädelhöhle 11mal durch Perforation stattgefunden.

Als der seltenere Verbreitungsweg erscheint die Durchwanderung der Diploë der hinteren oder der unteren Wand. Dieser Vorgang ist viermal notirt worden.

Von den restirenden zwei Fällen war der Knochen einmal makroskopisch intact (Fall Huguenin), einmal lag offenbar ein Defect an der hinteren Platte der Stirnhöhle, aber ohne Perforation, vor (Fall Hoppe). In beiden Fällen müssen wir auf eine Infection durch die Lymphwege recurriren. In einem Falle führte die Periostitis der orbitalen Fläche des Stirnbeines zu Thrombophlebitis.

2. **Art der Gehirnaffection.** Als cerebrale Affection sehen wir zumeist den Frontalabscess, dann den intraduralen und extraduralen Abscess, Meningitis, ferner die Periostitis orbitalis mit Thrombophlebitis ophthalmica und Thrombose des sinus cavernosus figuriren. Das Auftreten dieser Affectionen erscheint in folgender Weise von den Infectionswegen abhängig:

Die Perforation führt in der einen Hälfte der Fälle zu einem Abscess im Frontallappen, wobei der Abscess in Folge vorhergehender Anlöthung der Dura und Fistelbildung gewöhnlich mit der Perforationsöffnung communicirt. In der anderen Hälfte erscheint ein circumscripter, intraduraler Abscess. Nur in einem Falle (L. Browne) ist neben der Perforation der hinteren Wand ein extraduraler Abscess notirt.

Die Durchwanderung der Knochendiploë bedingt: *a)* An der hinteren Wand: extraduralen Abscess, verbunden mit Frontalabscess oder einer Meningitis convexitatis (einmal mit Thrombose des sinus longitudinalis). *b)* An der unteren Wand: Periostitis orbitalis, Thrombophlebitis ophthalmica und Thrombose des sinus cavernosus.

Endlich ergab die Obduction in dem Falle von Huguenin, in welchem der Knochen makroskopisch intact erschien, eine allgemeine eitrige Meningitis und Encephalitis. Meningitis allein bestand in dem Falle von Defectbildung an der hinteren Wand (Hoppe).

C. Eiterungen der Siebbeinzellen.

Autor	Form	Seite	Infectionsweg	Gehirnaffection
Begbie (110)	acut	L.	*Perforation der lamina cribrosa*	Abscess im Vorderlappen
Trousseau (175)	Syphil.	—	*Exfoliation des Siebbein- knochens*	Meningitis (Keine Section)
Schäffer (113)	acut	R.	*Perforation der lamina papyracea. Periostitis orbi- talis, Perforation des Orbitaldaches*	Abscess im Orbitallappen
Jacubasch (152)	—	R.	*Lamina cribrosa*	Zwei Abscesse im Vorderlappen
Ogston (154)	acut	L.	*Lamina cribrosa* (Knochen gesund)	Meningitis basilaris
Warner (155)	acut	Beide	*Lamina cribrosa* (Knochen gesund)	Meningitis basilaris
Ewald (176)	acut	L.	*Lamina cribrosa* (Knochen gesund)	Meningitis basi- laris et conve- xitatis
Grünwald (l. c.)	chron.	R.	*Perforation der lamina cribrosa*	Keine Section
Störk (97)	Syphil.	Beide	*Lamina cribrosa* (Knochen gesund)	Meningitis basilaris
Bosworth (177)	—	—	—	Gehirnabscess

Leider geben die beobachteten Fälle in Bezug auf Dauer des Verlaufes und die Aetiologie nur sehr wenig brauchbare Anhaltspunkte. Eine tadellose rhinoskopische Untersuchung hat in den wenigsten Fällen stattgefunden.

Beobachtung von Jakubasch (1878).

Der Fall von Jakubasch sei hinsichtlich der wichtigsten Punkte angeführt:

Ein 20 Jahre alter Mann erkrankte im October 1873 angeblich an einem „Geschwür" in der Nase. Welcher Natur diese Affection gewesen, liess sich nicht feststellen. Seit jener Zeit blieb ein beständiger, dumpfer Kopfschmerz in der rechten Stirnhälfte zurück. Anfangs December steigerte sich der Stirnkopfschmerz bis zur Unerträglichkeit, zugleich traten Schwindelanfälle und Erbrechen auf. Bei der Aufnahme ins Garnison- lazareth am 8. December wurde erhoben: Der Kranke macht den Eindruck eines Apathischen. Pupillen reagiren träge, Sprache auffallend langsam. Es besteht Erbrechen, Kopfschmerz. Am 18. December stärkere Benommenheit, heftige Schmerzen in der Nackengegend und Druckempfindlichkeit der ganzen Wirbelsäule. Nach kurzem schmerzfreien Intervall wiederum tiefe Bewusstlosigkeit. Der Puls klein, frequent und unregelmässig. Zwischen 20. bis 30. December traten täglich Schüttelfröste auf, welche eine rasche Consumption der Kräfte bedingten. Parese der Blase und des Mastdarmes und linksseitige Hemiplegie. Exitus am 12. Januar.

Obductionsbefund: Im Bereiche der rechten Siebbeinplatte zahl- reiche und innige Verwachsungen zwischen dieser und den Gehirnhäuten. Daselbst an den Knochenpartien kein cariöser oder nekrotischer Process zu sehen. Nach Herausnahme des Gehirns sinkt der rechte Vorderlappen zusammen und entleert circa 120 Gramm dünnflüssigen Eiters. Ein Querschnitt durch die Mitte des Lappens eröffnet einen zweiten, nach rückwärts gelegenen Abscess mit dickflüssigem, eitrigem Inhalt. Beide Abscesshöhlen sind von einer Pseudomembran bedeckt und mit serös-fibrinösem Exsudate angefüllt. Die vierte Gehirnhöhle ist mit einer eiterähnlichen Flüssigkeit angefüllt.

Beobachtung von Ewald (1890).

Der Fall von Ewald lautet im Auszug folgendermassen:

Ein junger Schweizer Arzt vor circa drei Wochen an Influenza erkrankt, litt seit acht Tagen an Schmerzen im Gebiete des zweiten Astes des Trigeminus. Zwei Tage vor Aufnahme in das Spital stellten sich Morgens Schüttelfröste ein. Am nächsten Morgen fand ihn sein Freund bewusstlos und veranlasste seine Ueberführung ins Hospital. Bei der Aufnahme konnte ein geringes Oedem der Augengegend linkerseits und eine leichte Prominenz des Bulbus, aber keine Pupillenanomalie, wahrgenommen werden. Keine Nackensteife. Bei jedem Versuch, ihn zu bewegen, machte der Patient heftige Abwehrbewegungen. Trotz dieser geringen Anhaltspunkte wurde die Highmors-höhle auf der linken Seite nach Küster eröffnet, und es wurden ziemlich beträcht-liche Mengen von stinkendem Eiter aus der Höhle entleert. Der Kranke blieb indes dauernd bewusstlos und ging im Coma zugrunde.

Die Section zeigte eine circumscripte eitrige Meningitis, die sich wesentlich an der Basis entwickelt hatte. Die inneren Lamellen des Sieb-beines und die oberen Muscheln der Nasenhöhle waren mit dickem, zähem Eiter gefüllt, respective belegt. Eine Untersuchung des an den Meningen befindlichen Eiters ergab die Anwesenheit des staphylo-coccus pyogenes aureus. Eine directe Continuität zwischen den Process an den Meningen und der Knochenaffection liess sich nicht nachweisen.

Dreyfuss hat neben den in obiger Tabelle angeführten Fällen noch drei andere Fälle angeführt. Diese betreffen Beobachtungen von Trousseau, Bosworth und Grünwald. Da aber in keinem dieser Fälle eine Section vorliegt, habe ich dieselben nicht für einwandfrei erachtet.

Selbstverständlich ist die Anzahl von sechs Fällen eine so ge-ringe, dass allgemeine Schlüsse zu ziehen überhaupt nicht statthaft ist. Wir wollen deshalb nur einiger Eigenthümlichkeiten Erwäh-nung thun.

1. Infectionsweg. Es ist auffallend, dass mit Ausnahme des Falles Störk, bei welchem eine chronische, tertiäre Syphilis vorlag, alle zu einer tödtlichen Cerebralcomplication führenden Fälle acuter Natur waren. Bemerkenswerth erscheint ferner, dass in vier von sechs Fällen eine Durchwanderung des Knochens oder eine Fort-pflanzung durch die Lymphwege stattgefunden haben muss, da an den Knochen keinerlei pathologischen Veränderungen constatirt werden konnten.

Die Durchwanderung hat wahrscheinlich immer durch die lamina cribrosa stattgefunden. Am sichersten ist dies von dem Falle Jaku-basch anzunehmen, in welchem die Adhäsionen der dura mater über der Siebbeinplatte auf einen hier abgelaufenen entzündlichen Process hinwiesen. Dieser Fall ist nebstbei, wie schon gelegentlich der Patho-genese der Cerebralerkrankungen betont wurde, von besonderem Interesse, da er beweist, dass das ursprüngliche Nasenleiden ausheilen kann, während die durch dasselbe bedingte cerebrale Complication weiter um sich greift.

In den übrigen fünf Fällen dürfte die Fortpflanzung der Entzündung durch die lamina cribrosa deshalb wahrscheinlich sein, weil in diesen Fällen die vorliegende Meningitis über der Siebplatte stärker ausgeprägt war als an anderen Stellen.

Durch Perforation pflanzte sich die Entzündung nur in zwei Fällen fort. Die Perforation betraf in einem der Fälle die lamina cribrosa (Begbie), im anderen Falle (Schäffer) brach das Empyem des Siebbeinlabyrinthes in die Orbita durch, und erst von hier aus entstand ein zweiter Durchbruch am Orbitaldache, welcher zu der Cerebralaffection führte. In dem chronischen Falle von Störk war merkwürdigerweise der Knochen auch makroskopisch intact.*) Die Fälle mit besonders acutem Verlaufe ohne sichtbare Knochenveränderung haben schon bei der Besprechung der Cerebrospinalmeningitis eingehendere Würdigung gefunden. Die Fälle von Ogston und Warner sind dort als typische Beispiele angeführt worden.

2. Art der Gehirnaffection. Von Cerebralaffectionen ist nur der Gehirnabscess und die Meningitis beobachtet worden. Entsprechend der Fortpflanzung durch die lamina cribrosa lag der Hirnabscess im Vorderlappen, einmal im Orbitallappen, wo der Abscess von der Orbita aus entstand. In allen anderen Fällen war Meningitis basilaris allein oder mit Meningitis der Convexität verbunden, vorhanden.

D. Eiterungen der Keilbeinhöhle.

Nach der Statistik von Dreyfuss, welche ich hier unverändert wiedergebe, sind in der Literatur folgende Beobachtungen über Cerebralcomplicationen in Folge von Keilbeinhöhleneiterungen gesammelt.

Autor	Form	Seite	Infectionsweg	Gehirnaffection
Duplay (178)	chron. Syphil.	Beide	*Periostitis suppurativa. Ablösung der Schleimhaut. Diploë der sella turcica*	Meningitis basilaris. Phlebitis suppurativa des sinus coronarius, cavernosus und petrosus.
Rouge (128)	chron.	L.	*Periostitis suppurativa. Ablösung der Schleimhaut. Diploë.*	Meningitis?

*) Es sei darauf hingewiesen, dass die Stirnhöhlenaffectionen nach der auf S. 304 angeführten Tabelle in der Mehrzahl der Fälle durch Knochenzerstörung die Entstehung des Cerebralleidens bedingen, während bei Erkrankungen des Siebbeinlabyrinthes zumeist eine Durchwanderung des Knochens stattfindet. Allerdings ist die Rubrik der zu cerebraler Complication führenden Fälle von Siebbeinlabyrintherkrankungen bislang eine so kleine, dass vorläufig kaum eine Berechtigung zur Constatirung des erwähnten Gegensatzes vorhanden sein dürfte.

Autor	Form	Seite	Infectionsweg	Gehirnaffection
Scholz (127)	chron.	R.	*Periostitis suppurativa. Perforation der oberen Wand*	Meningitis der Basis und der Convexität. Arrosion des sinus cavernosus. Thrombose des sinus caroticus und petrosus dexter. Intraduraler Abscess der mittleren Schädelgrube
Russell (179)	chron.	L.	*Periostitis suppurativa. Ablösung der Schleimhaut. Diploë*	Thrombose des sinus cavernosus, petrosus und der linken vena ophthalmica. Intraduraler Abscess der mittleren Schädelgrube
Raymond (180)	acut	L.	*Keine Nasensection. Perforation der oberen Wand*	Thrombose beider sinus cavernosi und der vena ophthalmica
Ortmann (147)	acut	Beide	*Periostitis suppurativa. Ablösung der Schleimhaut. Diploë der oberen Wand*	Extraduraler Abscess an der sella turcica. Thrombose beider sinus cavernosi.
Thiroloix (181)	acut	Beide	*Diploë*	Meningitis basilaris der mittleren Schädelgrube. Extraduraler Abscess der sella turcica
Zörkendörfer (182)	acut	Beide	*Diploë*	Meningitis basilaris et convexitatis
Grünwald (l. c.)	—	—	*Perforation (wo?)*	Meningitis basilaris
Pekastowsky (125)	—	—	*Necrosis der sella turcica*	Meningitis und Thrombose des sinus longitudinalis
Flatau (119)	chron.	L.	*Perforation der hinteren Wand*	Meningitis
Sandford (183)	—	—	—	Intracranieller Abscess
Grünwald (l. c.)	chron.	Beide	*Periostitis suppurativa. Ablösung der Schleimhaut.*	Erweichungsherde in beiden Hinterhörnern

Beobachtung von Duplay (1874).

45jährige Taglöhnerin. Vor drei Monaten Erysipel des Gesichtes. Seit 14 Tagen intensive Schmerzen in und um die rechte Orbita; seit acht Tagen rechtsseitiger Exophthalmus und absolute Blindheit. Angeblich erst seit 14 Tagen Halsschmerzen und näselnde Stimme. Untersuchung ergibt ausser Chemosis, Infiltration der Conjunctiva und Unbeweglichkeit des Bulbus einen grossen Substanzverlust am Zäpfchen und weichen Gaumen mit drei Perforationen. Tod in Bewusstlosigkeit sechs Tage nach der Aufnahme.

Autopsie: Basale Meningitis, besonders am Türkensattel. Im linken Stirnlappen oberflächlicher Erweichungsherd mit zahlreichen punktförmigen Haemorrhagien. Eitrige Phlebitis in den meisten Sinusen, besonders im sinus coronarius, cavernosus und petrosus dexter und sinister. Das Periost sehr leicht von der sella turcica und der apophysis basilaris abzutrennen: es ist verdickt, geröthet, der Knochen offenbar an Ostitis erkrankt und morsch.

Am rechten Felsenbein ebenfalls Ostitis, hauptsächlich am foramen lacerum anticum, wo massenhaft Eiter vorhanden ist. Die knöcherne Hülle der Orbita gesund. Im orbitalen Zellgewebe verschiedene Eiterherde. Nasenhöhle: Rhinitis chronica. Schleimhaut verdickt, in den vorderen Partien ein wenig geröthet; in den hinteren Partien zahlreichere Läsionen. Die Keilbeinhöhlen strotzen von Eiter, die Schleimhaut zerstört, der Knochen blossgelegt Aehnliche Befunde, doch nicht so ausgeprägt, in den rechten Siebbeinzellen.

Duplay glaubt, dass die syphilitische Coryza das Primäre war, und die Entzündung direct durch den Keilbeinknochen die Meninx inficirte; die Meningitis selbst hatte während des Lebens keine bestimmten Symptome verursacht.

Beobachtung von Rouge (1871).

Mann von 30 Jahren wird aufgenommen wegen Strabismus divergens des linken Auges Verlust des Gesichtes und Gehörs auf dieser Seite. dabei näselnde Sprache. Die Beschwerden hatten vor fünf Monaten begonnen. Man dachte zuerst an empyema untri Highmori. Die Eröffnung zeigte zwar verdickte Schleimhaut, aber keine Flüssigkeit. Auch der Boden der Orbita erwies sich als gesund. Das Fieber blieb beständig auf 40 Grad.

Tod am siebenten Tage nach der Operation.

Autopsie: Keine Veränderung am Gehirn. Die linke Keilbeinhöhle erfüllt mit käsig-krümligen Eiter. Daselbst eine eitrige Periostitis. Das Mittelohr enthielt ebenfalls Eiter, in dem die Gehörknöchelchen förmlich badeten.

Beobachtung von Scholz (1872).

Caries des Keilbeines. Eitersenkung durch die fossa sphenomaxillaris. Perforation des sinus cavernosus, Pyämie und Meningitis. Tödtliche Blutung aus dem sinus cavernosus.

21jähriger Mann wird mit Fieber und Delirien eingeliefert. Anamnestisch nichts zu eruiren, nur klagte er seit ½ Jahre über Halsbeschwerden. Befund: Phlegmone der rechten Gesichtshälfte in der Schläfengegend, welche sich immer weiter ausdehnte und schliesslich die ganze rechte Gesichtshälfte von der Stirne bis in die obere vordere Halsgegend und vom Nasenrücken bis zum Ohr einnahm. Es trat weitere bedeutende Schwellung des Gesichtes ein, welche nach successiver Eröffnung verschiedener fluctuirender Stellen am äusseren Orbitalrande, Schläfe, Wange, Submentalgegend, wobei jedesmal viel stinkender Eiter entleert wurde, nur wenig nachliess. Durchbruch in die Mundhöhle hinter dem letzten oberen Backenzahn der rechten Seite. Vom dritten Tage an täglich mehrere Schüttelfröste, ganz unregelmässige Temperaturen bis 41 Grad. Puls andauernd klein und frequent. Exitus im Coma, zwölf Tage nach der Aufnahme in Folge plötzlicher profuser Blutung aus Mund und Nase unter Suffocationserscheinungen.

Section: Adhärente Dura, unter der Pia gleichmässig über die Convexität und Basis sich verbreitendes seröses Exsudat, an der unteren

Fläche des rechten mittleren Lappens festes, eitriges Exsudat in der Ausdehnung von 3 Centimeter Länge und Breite und 2 Millimeter Dicke. Die Hirnsubstanz weich, anämisch. die Seitenventrikel wenig Flüssigkeit enthaltend. auf der Oberfläche des rechten Thalamus opticus gelbliche Verfärbung des Ependyms. Im vierten Ventrikel kleine punktförmige Blutextravasate.

Beim Abziehen der dura mater von der Schädelbasis wird der Körper des Keilbeines cariös gefunden. Namentlich zeigt sich rechts die untere und die obere Fläche rauh und vom Periost entblösst. Die Zerstörung erstreckt sich hier nicht bloss auf die Knochensubstanz, sondern auch die untere Wand des sinus cavernosus findet sich entzündet und theilweise zerstört, so dass der sinus cavernosus unmittelbar mit der rechten Keilbeinhöhle communicirt. Er enthält beträchtliche Mengen Eiter, und die innere Wandfläche erscheint injicirt und geschwellt. Auch in dem sinus petrosus finden sich geringe Mengen Eiter; die übrigen grossen Blutleiter sind frei und zeigen keine Abnormität, ebenso wenig die vena ophthalmica. Vom Körper des Keilbeines erstreckt sich die cariöse Zerstörung bis auf den oberen Theil des rechten processus pterygoideus, welcher an seiner hinteren Fläche gleichfalls rauh und von Periost entblösst ist; die Weichtheile sind macerirt und verfärbt.

Das Zellgewebe der rechten Gesichtshälfte bis herab zum Kehlkopf mit Eiter und Serum durchtränkt. Das Stirnbein ebenfalls an groschengrosser Stelle rauh. Nase, Mund, Kehlkopf, Luftröhre bis zu den Bronchien und Alveolen mit geronnenem Blut gefüllt.

Epikrise: Der ursprüngliche Krankheitsherd war das cariöse Keilbein. Ursache und Entstehung dieses Leidens lässt sich nicht feststellen. Eine krebsige oder tuberculöse Erkrankung lag nicht vor. Die Frage, ob ein vor einem Jahre erlittener Fall auf den Kopf als Ursache anzusehen sei, musste unentschieden bleiben.

Beobachtung von Russell (1878).

Mann von 34 Jahren, ohne syphilitische Antecedentien, litt seit langer Zeit an hartnäckigem Nasenfluss und Schnupfen und erkrankte plötzlich an heftigen Kopfschmerzen in der linken Schläfe.

Ausserdem besteht gesteigerte Empfindlichkeit in den Zähnen des linken Oberkiefers. Durch 14 Tage häufiges Erbrechen, Schüttelfröste und Abnahme der Sehkraft. Bei der Aufnahme Ptosis des linken Oberlides und Unbeweglichkeit des linken Bulbus; später Benommenheit und Delirien. Exitus drei Wochen nach Beginn der Erkrankung. Section: Man fand die Siebbein- und Keilbeinsinuse mit jauchiger, foetider Flüssigkeit von brauner Farbe gefüllt. In dieser Flüssigkeit schwamm die vom Knochen abgelöste Schleimhaut. Die Knochenwände waren nicht nekrotisch, die vorderen Siebbeinzellen gesund. In den Stirnhöhlen etwas katarrhalisches Secret. Unter der Dura, in der ganzen Länge des Keilbeines, ein grosser Erguss von halbzersetztem Blut. Der sinus cavernosus, der sinus circularis und die vena ophthalmica der linken Seite waren von einem soliden Thrombus verstopft. Die Venenwände selbst infiltrirt. Orbita gesund. Ein eitriges Exsudat bedeckte die ganze mittlere Schädelbasis und hüllte die Gefässe und den linken Trigeminus ein. Die übrigen Blutleiter und die vena jugularis normal. Die Gehirnventrikel enthielten viel trübe Flüssigkeit und waren stark erweitert.

Beobachtung von Raymond (1885).

Frau von 40 Jahren erkrankt plötzlich an Kopfschmerz in der linken Schläfen- und Scheitelgegend. Schüttelfröste, Uebelkeit, Fieber, Appetitlosigkeit. Nach drei Tagen Schwellung des linken oberen Augenlides; Exophthalmus, Abnahme der Sehkraft; schliesslich Blindheit Nach weiteren zwei Tagen beginnt derselbe Process am rechten Auge. Tod im Collaps am neunten Tage nach Beginn der Erkrankung.

Autopsie: Eitrige basale Meningitis an der ganzen Unterfläche des Gehirns. Das eitrige Exsudat comprimirt das Chiasma. Die Hypophysis ist in eine foetide, zerfallene Masse verwandelt. Der linke sinus cavernosus enthält einen eitrig zerfallenen, der rechte einen soliden Thrombus. Die venae ophthalmicae sind in Eitermasse eingehüllt. Die Keilbeinplatte ist cariös, ihr centraler Theil perforirt.

Wie es scheint, fand keine Section der Nasenhöhlen statt, ebenso wenig wie eine Rhinoskopie intra vitam.

Den wichtigsten Fall Ortmann's wollen wir wegen der genauen mikroskopischen Untersuchung des erkrankten Knochens mittheilen.

Beobachtung von Ortmann (1890).

13jähriger Waisenknabe erkrankte am 4. September unter Frösteln und Fiebererscheinungen, starkem Schnupfen, Kopfschmerz und Bindehautentzündung. Am 7. September stellen sich Schluckbeschwerden und Behinderung der Sprache ein, zugleich traten Symptome von Meningitis auf, welchen der Kranke 30 Stunden nach der Aufnahme erlag.

Die wichtigsten Angaben des Obductionsbefundes sind folgende: Entlang den Gefässen der Hirnbasis und den beiden art. fossae Sylvii finden sich ziemlich derb anzufühlende, theils flache, plattenartige, theils perlschnurartige Verdickungen der Pia von gelber Farbe. Die harte Hirnhaut ist im Bereich der sella turcica braunroth verfärbt. Nach Ablösung derselben liegt zwischen ihr und dem Knochen eine etwa 1 Millimeter dicke Schicht puriformer, breiiger, von Blut durchsetzter Flüssigkeit. In beiden sinus cavernosi puriformes Gerinnsel. Die Knochensubstanz des Keilbeinkörpers schmutziggelb verfärbt. Beide Keilbeinhöhlen sind mit Eiter gefüllt, und zwar flottirt in jeder, von Eiter umspült, ein Säckchen, das selbst wieder Eiter enthält, die abgelöste Schleimhaut. In den hinteren oberen Abschnitten der Nasenhöhle reichlich eitriges Secret. Die Schleimhaut ist dunkelroth geschwollen. Die Siebbein-, Stirnbein-, Oberkieferhöhlen enthalten keinen Eiter, ihre Schleimhaut ist nicht auffällig verändert. Die Paukenhöhlen sind ebenfalls normal. Die mikroskopische Untersuchung des Nasensecretes und des Secretes der Keilbeinhöhlen ergab nun Mikrococcen, theils isolirt, theils in Form von Diplococcen und Ketten mit deutlicher Kapselbildung und Lanzettform.

Auf Blutserum-strichculturen wuchs neben vereinzelten, nicht pathogenen Colonien überwiegend der diplococcus pneumoniae in der charakteristischen Form. In den Hirnhäuten fand sich sowohl mikroskopisch, wie in der Cultur, nur der Diplococcus. Die Culturen desselben waren für Kaninchen und Mäuse virulent (Septicämie).

Von besonderem Interesse war die mikroskopische Untersuchung der Umkleidung der Keilbeinhöhle und des Knochens (Ortmann). Es liess sich feststellen, dass sowohl auf der Schleimhaut, wie auf der periostalen Fläche der Keilbeinhöhlenwand zahlreiche Diplococcen zwischen Eiterkörperchen lagerten. Auch in der herdförmig haemorrhagisch infiltrirten Schleimhaut. sowie in dem Knochen (Keilbeinkörper) und in den Hirnhäuten liessen sich Diplococcen nachweisen.

Aus diesem Befunde ergibt sich, dass die Infection der Meningen auf dem directen Wege der Continuität stattfand. An die Entzündung und Secretstauung in den Keilbeinhöhlen schloss sich eine Periostitis und Ostitis purulenta an, die den Knochen durchdringend an seiner cerebralen Fläche zu Periostitis führte und so die harte und weiche Hirnhaut mit ergriff.

Beobachtung von Grünwald.

Der Fall von Grünwald lautet auszugsweise folgendermassen: Aus der Anamnese war nur soviel zu erfahren, dass der Kranke schon seit längerer Zeit ein Loch in der Nasenscheidewand hatte, und vor etwa drei Wochen schwer erkrankt war. Der behandelnde Arzt traf ihn schon drei Wochen vor dem Tode ganz bewusstlos, schielend hie und da mit einem Arme zuckend.

Obductionsbefund: Die Gefässe der Meningen strotzend gefüllt. Beide Seitenventrikel enorm erweitert, enthielten ungefähr 300 Cubiccentimeter klarer, bernsteinfarbener Flüssigkeit. Am Ende beider Hinterhörner lagen grüngelbe, sulzige Massen, unter denen die Hirnsubstanz in der Tiefe von 2 bis 3 Centimeter erweicht und bröcklig erschien. Dura der Basis überall anscheinend intact, nirgends dem Knochen adhärent.

Nach Abmeisselung der Decke der Keilbeinhöhlen zeigte sich eine grüngelbliche, wein-gelatinartige Masse, zwischen Knochen und Auskleidungsmembran beiderseits. Letztere intact, nach ihrer Durchschneidung ist in beiden Höhlen flüssiger, gelbgrüner Eiter sichtbar. Das Siebbeinlabyrinth und die Stirnhöhlen sind leer, die Schleimhaut blass. Beide Kieferhöhlen enthalten flüssig-schmierigen, gelbgrünen Eiter. Fast das ganze Septum cartilagineum fehlt, die Ränder des Defectes sind glatt.

a) **Infectionsweg.** Wenn man den einen nähere Angaben entbehrenden Fall von Sandford ausschaltet, so zeigt es sich, dass der häufigste Modus, nach welchem die Keilbeinhöhleneiterungen in die Schädelhöhle sich fortpflanzen, die Durchwanderung der Knochendiploë ist. Dieser Vorgang ist bei den Keilbeinhöhlenerkrankungen am klarsten ersichtlich. Gewöhnlich kam es in den betreffenden Fällen zu einer tiefer greifenden, zu einer submucösen, respective subperiostalen Eiterung, wodurch die Schleimhaut zuvörderst von dem Knochen abgelöst wurde. Der nun entblösste Knochen wurde durchwandert, und es entstand intracraniell eine extradurale Eiteransammlung. In anderen Fällen war der Durchwanderungsprocess (Fall Ortmann) nur mikroskopisch nach Entkalkung des Knochens nachzuweisen.

Der nächst häufige Vorgang ist die Perforation. Es ist mehr als wahrscheinlich, dass der bei der Durchwanderung stattfindende Process in seiner weiteren Folge die Perforation bedingt; die Perforation ist nur das spätere Stadium des Krankheitsprocesses im Knochen.

Die Perforation kam in der oberen, hinteren und oberen seitlichen Wand zu Stande;*) letzteres in dem Falle von Scholz, in welchem durch Eröffnung des sinus cavernosus die tödtliche Blutung bedingt wurde.

b) **Art der Gehirnerkrankung.** Die für die Keilbeinhöhleneiterung specifische intracranielle Läsion ist die Thrombose des sinus cavernosus, ebenso wie für die Stirnhöhlenerkrankungen vorwiegend der intracerebrale Abscess, für die Siebbeinerkrankung die Meningitis.

Die Thrombose kann sich von dem einen sinus cavernosus auf denselben sinus der anderen Seite durch Vermittlung des sinus coronarius, nach vorne auf die vena ophthalmica, seitlich auf den sinus petrosus fortpflanzen. Die Sinusthrombose war in allen Fällen (5) mit basaler Meningitis verknüpft. Intraduraler Abscess bestand zweimal nebst Sinusthrombose, während ein ausgesprochener extraduraler Abscess nur in einem Falle vorlag.

---

*) Man kann angesichts des spärlichen Materiales kaum von Lieblingsstellen für die Perforation sprechen, da bei nicht tödtlich endenden Fällen Perforationen häufig an der vorderen Wand (bei Syphilis der Nase), ja sogar in der unteren Wand (Störk) beobachtet wurden.

LITERATUR-VERZEICHNIS.

1. Harke, Beiträge zur Pathologie der oberen Athmungswege. Wiesbaden 1895.
2. Weichselbaum. Wiener med. Wochenschrift 1890, S. 223.
3. E. Fränkel, Virchow's Archiv f. pathologische Anatomie 1896, Bd. XLIII.
4. O. Lindenthal, Wiener klinische Wochenschrift 1897, Nr. 15.
5. Weichselbaum, Die phlegmonöse Entzündung der Nebenhöhlen der Nase. Wiener med. Jahrbücher 1881.
6. Dmochowsky, Entzündliche Processe des antrum Highmori. Archiv f. Laryngologie, Bd. III, 1895.
7. Zuckerkandl, Normale und pathologische Anatomie der Nasenhöhle. Bd. I, II. Auflage. 1893.
8. Zuccarini, Wiener med. Wochenschrift 1853.
9. Killian, Münchener med. Wochenschrift 1892, Nr. 32 u. 33.
10. Grünwald, Die Lehre von den Naseneiterungen. München 1893.
11. Herzfeld u. Herrmann, Bakteriologische Befunde bei Kieferhöhleneiterung. Archiv f. Laryngologie, Bd. III, 1895.
12. Weichselbaum. Fortschritte der Medicin 1887.
13. Kuchenbäcker (Siebenmann). Monatsschrift f. Ohrenheilkunde 1892. 5—7.
14. Avellis, Das acute Kieferhöhlenempyem. Archiv f. Laryngologie. Bd. IV, H. 2.
15. Zuckerkandl, Normale und pathologische Anatomie, Bd. II 1892.
16. Weil, Wiener med. Wochenschrift 1897.
17. Fliess, Nasale Reflexneurosen. Wien 1893.
18. Bayer, Beitrag zum Studium und zur Behandlung des Empyems der Highmorshöhle. Deutsche med. Wochenschrift Nr. 10, 1889.
19. B. Fränkel, Ueber das Empyem der Kieferhöhle. Berliner klinische Wochenschrift Nr. 16, 1887.
20. Hartmann, Zur Casuistik des Highmorshöhlenempyems. Deutsche med. Wochenschrift Nr. 50, 1889.
21. M. Jeanty, De l'Empyème latent de l'antre d'Highmore 1891.
22. Holländer, Drei Fälle aus der Praxis. Ref. Centralblat f. Laryngologie 1887.
23. Bordenave, Précis d'observations sur les maladies du sinus maxillaire, abscès, fistules etc. (in mémoires de l'Académie de chirurgie 1768).
24. Scheff, Ueber das Empyem der Highmorshöhle und über seinen dentalen Ursprung. Wien 1891.
25. Hartmann, Anatomische Tafeln.
26. Godlé, Suppuration im linken Antrum etc. Refer. Centralblatt f. Laryngologie 1885.
27. Bayer, Kieferhöhleneiterung. Oest. Ung. Vierteljahrschrift f. Zahnheilkunde 1886.
28. Dr. v. Poël, A case of foreign body etc. Ref. Centralblatt f. Laryngologie 1888.
29. Langenbeck, Archiv f. klin. Chirurgie, Bd. XI. 1869.
30. Maydl, Zu der Discussion über Chiari's Vortrag: Ueber Empyema antri Highmori. Wiener klin. Wochenschrift, Nr. 44, 48 und 51. 1889.
31. Heymann, Ueber gutartige Geschwülste der Highmorshöhle. Virchow's Archiv 1892, Bd. CXXIX.

32. Virchow, Geschwülste, Bd. I, pag. 245, ferner Berliner klin. Wochenschrift 1887, Nr. 13.
33. Wernher, Ueber die Auftreibung des sinus maxillaris etc. Langenbeck's Archiv 1876, Bd. 19.
34. Baginsky B., Demonstration eines Antrumpolypen. Berliner klin. Wochenschrift 1886, Nr. 17.
35. Giraldés, Schleimcysten des Oberkiefers. Virchow's Archiv, Bd. IX, S. 463.
36. Ziem, Ueber Behandlung und Bedeutung der Naseneiterungen. Monatsschrift für Ohrenheilkunde.
37. Kauffmann, Monatsschrift f. Ohrenheilkunde 1890, S. 13.
38. Moldenhauer, citirt bei M. Jeanty 21.
39. Kuhnt, Ueber die entzündlichen Erkrankungen der Stirnhöhlen und ihre Folgezustände. Wiesbaden 1895.
40. Ziem, Monatsschrift für Ohrenheilkunde 1885, S. 376.
41. Hartmann, Ueber Empyem der Oberkieferhöhle. Deutsch. med. Wochenschrift 1889, Nr. 10).
42. Chiari, Wiener laryngol. Gesellschaft 1897.
43. Hartmann, Discussion über die Küster'sche Operation. Berliner klin. Wochenschrift 1889.
44. Bresgen, Instrumente für Nase und Kehlkopf. Therapeutische Monatsschrift 1888, S. 107—111.
45. Lichtwitz, Bulletin medical 1890, October.
46. M. Schmidt, Krankheiten der oberen Luftwege. 1896.
47. Hartmann, Ueber das Empyem der Stirnhöhlen. Deutsches Archiv f. klin. Medicin 1877, Bd. XX.
48. Heryng, Die elektrische Durchleuchtung der Highmorshöhle im Falle eines Empyems. Berl. klin. Wochenschrift 1890, Nr. 35.
49. Vohsen, Berliner klin. Wochenschrift 1890, S. 1062.
50. Noltenius, 37 Fälle von seröser Erkrankung der Oberkieferhöhle. Monatsschrift f. Ohrenheilkunde 1895, Nr. 4.
51. Körner, Seröse Ergüsse in der Kieferhöhle. Naturforscherversammlung zu Frankfurt a. M. 1896.
52. F. Semon, Acute inflammation of the left antrum of Highmore after influenza. British med. Journal, 3. Febr. 1894.
53. Alexander, Die Schleimhautcysten der Oberkieferhöhle. Archiv f. Laryngologie, Bd. VI, Heft 1.
54. Kunert, Kiefercysten und Empyeme. Archiv f. Laryngologie, Bd. VII, Heft 1.
55. Störk, Wiener med. Wochenschrift 1886, Nr. 43.
56. Chiari, Wiener klinische Wochenschrift 1889, Nr. 48.
57. Hajek, Laryngo-rhinologische Mittheilungen. 1892.
58. Mikulicz, Archiv f. klin. Chirurgie 1886.
59. Krause, Berliner klin. Wochenschrift 1887.
60. Friedländer, Berliner klin. Wochenschrift 1889, Nr. 37.
61. Lamorier, citirt nach Grünwald.
62. Desault, citirt nach Grünwald.
63. Küster, Deutsche med. Wochenschrift 1889.
64. Jansen, Zur Eröffnung der Nebenhöhlen der Nase bei chronischer Eiterung. B. Fränkel's Archiv f. Laryngologie 1894, Bd. II.
65. Panas, citirt nach Kuhnt bei Gillemain. Etudes sur les abscès des sinus frontaux, considérés principalement dans leur complications orbitaires, leur diagnostic, et leur traitement. Archives d'Ophtalmolog, 1891, Janviér-Févrièr.
66. Langenbeck-Barkhausen, C. J. M. Langenbeck, Neue Bibliothek für die Chirurgie und Ophthalmologie. Hannover 1819, Bd. II, Stück 2, S. 238, ferner Bd. II, Stück 3, S. 365, citirt nach Steiner.
67. Knapp, Archiv f. Augenheilkunde IX, S. 452.
68. Cyrill H. Walker, Ophthalmic hospital Report 1889.
69. Bellingham, Dublin Annal. 1853, Schmidt's Jahrb., Bd. XXXI, S. 91.
70. Killian, Ueber communicirende Stirnhöhlen. Münchener med. Wochenschrift 1897, Nr. 35.
71. Redtenbacher, Wiener med. Blätter 1892, S. 200.
72. Spencer Watson, Diseases of the nose and its accessory cavities, S. 393.
73. Lichtwitz, Communication sur l'empyème latent du sinus frontal diagnostiqué et traité par voie naturelle. Société de laryngologie, otologie et rhinologie de Paris. Archives internationales de laryngologie etc. 1893, Nr. 3.

74. Jurasz, Die Krankheiten der oberen Luftwege 1892.
75. Schäffer, Deutsche medic. Wochenschrift 1890, Nr. 41.
76. Herzog Carl Theodor in Bayern, Beitrag zur Casuistik der Orbitaltumoren. Annalen der städtischen Krankenhäuser in München 1885.
77. Mason Warren, Surgical observ. 1867, citirt nach Steiner.
78. Jurasz, Berliner med. Wochenschrift 1887.
79. Hansberg, Monatsschrift f. Ohrenheilkunde 1890, Nr. 1 u. 2.
80. Cholewa, Monatsschrift f. Ohrenheilkunde XXVI, S. 246.
81. Hartmann, Langenbeck's Archiv XXV, S. 150.
82. Herzfeld, Verhandlungen der Berliner laryngologischen Gesellschaft 1899, S. 59.
83. Winkler, Münchner med. Wochenschrift 1894, Nr. 31 u. 32.
84. Scheier, Ueber die Sondirung der Stirnhöhle. Wiener med. Presse 1898. Nr. 10.
85. Winkler, Zur Anatomie der unteren Wand des sinus frontalis. Archiv f. Laryngologie und Rhinologie, Bd. I, S. 2, 179—197.
86. Steiner, Entwickelung der Stirnhöhle und deren krankhafte Erweiterung durch Ansammlung von Flüssigkeit. Archiv f. klin. Chirurgie XIII.
87. Kocher, angeführt bei Em. König. Ueber Empyem und Hydrops der Stirnhöhle. Dissertation. Bern 1882.
88. Praun, Die Stirnhöhleneiterung und deren operative Behandlung. Dissertation Erlangen 1890.
89. Luc, Contribution à l'étude des suppurations du sinus frontal et en particulier de son traitement chirurgical. Arch. international de Laryngol, Bd. VII, Nr. 27.
90. Killian (siehe Engelmann), Der Stirnhöhlenkatarrh. Archiv f. Laryngologie, Bd. I, S. 320.
91. Czerny, Osteoplastische Eröffnung der Stirnhöhle. Bericht über Verhandlungen der Deutschen Gesellschaft für Chirurgie, Bd. XXII. Congress 1895.
92. Röpke, Radicaloperation bei Erkrankungen der oberen Nasennebenhöhlen. Archiv f. Laryngologie 1898, Bd. VIII, Heft 2.
93. O Seydel, Ueber die Nasenhöhle der höheren Säugethiere und der Menschen. Morphol. Jahrb. Leipzig 1891.
94. Zuckerkandl, Zur Muschelfrage. Monatsschrift f. Ohrenheilkunde 1897.
95. Killian, Zur Anatomie menschlicher Embryonen. Archiv f. Laryngologie, Bd. III.
96. Bosworth, Archiv f. Laryngologie, Bd. III u. IV.
97. Störk, Die Erkrankungen der Nase etc. Wien 1895.
98. Berger u. Tyrmann, Die Krankheiten der Keilbeinhöhle und des Siebbeinlabyrinthes. Wiesbaden 1886.
99. M. Mackenzie, Die Krankheiten des Halses und der Nase 1884.
100. Glasemacher. Berliner klin. Wochenschrift 1884.
101. Schech, Die Krankheiten der Mundhöhle 1886.
102. Woakes, Ueber necrosing ethmoiditis. Lancet 1885, Juli 18.
103. Martin, British medical Journal 1892, December 24.
104. M. Hajek, Archiv f. Laryngologie, Bd. IV, Heft 3.
105. Otto, Deutsches Archiv f. klin. Medicin XI, 4. 5.
106. Knapp, Zeitschrift f. Ohrenheilkunde 1894, XXV.
107. Baasner, Münchener med. Wochenschrift 1887.
108. Stewart, Lancet 1892, April.
109. Schütz, Allg. med. Annalen 1872, citirt nach Steiner.
110. Begbie, Med. Times und Gaz. 1852, II S.
111. Lennox Browne, Journal of Laryngol. VII.
112. Kipp, Transact of the Amer. Opthalm. Soc. 1885, Referat, Schmidts Jahrbücher 1886.
113. Schäffer, Prager med. Wochenschrift 1883.
114. Sonnenburg, Deutsche Zeitschrift f. Chirurgie 1877, S. 495.
115. Bull, Transact. of the amer. ophthalm. society. 25 meet. Referat in Schmidt's Jahrbücher 1890.
116. Jeaffreson, Lancet 1890, July 20.
117. Suchanek, Monatsschrift f. Ohrenheilkunde 1893, 4.
118. Hartmann, Deutsche med. Wochenschrift 1878, Nr. 13.
119. Flatau, Nasen-, Rachen- und Kehlkopfkrankheiten. Leipzig 1895.
120. Alexander, Die Nasenpolypen in ihren Beziehungen zu den Empyemen der Nasennebenhöhlen. Archiv f. Laryngologie, Bd. V.
121. Demarquay, citirt bei Mackenzie, Krankheiten des Halses etc.
122. Quénu, Semaine medicale 1890, 22. October.
123. Baumgarten, Pester med. chir. Presse 1891, Nr. 10.
124. Bresgen, Deutsche med. Wochenschrift 1893, Nr. 37.

125. Pekostawsky, Internationales Centralblatt f. Laryngologie, Bd. X, S. 288.
126. Panas, Phlegmon. orbitaire. Meningo-encephalite consecutive. Neurite optique avec amaurose. Perforation spontanée par ostéite des os et du crane. Gazette des Hopiteaux 1873.
127. Scholz, Berliner klin. Wochenschrift 1892. S. 43.
128. Rouge, Union med. 1872.
129. Berger, Rapports entre les maladies des yeux et celles du nez et des cavités voisines. Paris, 1892.
130. Baratoux, Progrès med. 1883.
131. Schäffer, Ueber Keilbeinhöhleneiterung. Deutsche med. Wochenschrift 1892.
132. Spiess, Archiv f. Laryngologie, Bd. VII, Heft 1.
133. B. Fränkel, Krankheiten des Respirationsapparates. Ziemssen's Handbuch der speciellen Pathol. u. Ther. Bd. IV, 1.
134. Michel, Krankheiten der Nase und des Nasenrachenraumes. Berlin 1878, S. 35.
135. Schäffer, Erfahrungen in der Laryngologie und Rhinologie. Wiesbaden 1885.
136. Bresgen, Beiträge zur Ozaenafrage. Münchener med. Wochenschrift 1894, Nr. 10 und 11.
137. Hajek, Die Erkrankungen des Siebbeines und ihre Bedeutung. Wiener klin. Wochenschrift 1895, Nr. 19.
138. Krause, Zwei Sectionsbefunde bei reiner Ozaena. Virchow's Archiv 1881, Bd. LXXXV.
139. E. Fränkel, Pathologisch-anatomische Untersuchungen über Ozaena. Virchow's Archiv 1879, Bd. LXXV; ferner weitere Untersuchungen über die Rhinitis chronica atrophica foetida. Virchow's Archiv 1882, Bd. XC.
140. Richet, Thèse Sautéreau pag. 68; citirt nach Kuhnt.
141. Ziem, Beziehungen zwischen Augen- und Nasenkrankheiten. Monatsschrift f. Ohrenheilkunde, Nr. 8 u. 9, 1893; ferner, Iritis bei Eiterung der Nase und ihrer Nebenhöhlen. Centralblatt f. Augenheilkunde 1887, S. 358.
142. Caldwell, Diseases of the pneumatic sinuses of the nose and their relation to certain affections of the eye. Centralblatt f. Laryngologie. Bd. 10.
143. Knies, Beziehungen des Sehorganes und seiner Erkrankungen zu den übrigen Krankheiten des Körpers und seiner Organe. Wiesbaden 1893.
144. Ziem, Ueber Einschränkung des Gesichtsfeldes bei Erkrankungen der Nase und ihrer Nebenhöhlen. Berliner klin. Wochenschrift 1888, Nr. 37.
145. H. Chiari, Prager Zeitschrift f. Heilkunde 1884, Bd. V.
146. Kayser, Monatsschrift f. Ohrenheilkunde. September 1895.
147. Ortmann, Virchow's Archiv, Bd. CXX.
148. Key und Retzius, Studien in der Anatomie des Nervensystems. Stockholm 1875.
149. Strümpell, Deutsches Archiv f. klin. Medicin, Bd. XXX.
150. Weichselbaum, Fortschritte der Medicin 1887, Wiener klin. Wochenschrift 1888.
151. Dreyfuss, Die Krankheiten des Gehirns und seiner Adnexa im Gefolge von Naseneiterungen. Jena 1896.
152. Jacubasch, Berliner klin. Wochenschrift 1875, S. 505.
153. Huguenin, Correspondenzblatt der Schweizer Aerzte 1882, Nr. 4.
154. Ogston, British medical Journal 1885, May 23.
155. Warner, British medical Journal 1885, June 13.
156. Foucher, citirt bei Courtaix, Recherches cliniques sur les relations pathol. entre l'oeil et les dents. Thèse de Paris 1877.
157. Mair, Edinburgh med. Journ. 1866, May.
158. Westermayer, Münchener med. Wochenschrift 1895, S. 766.
159. Panas, Archiv d'Ophthalmol. 1885, März.
160. Richter, De morbis sinuum frontal. in Commentar. societ. reg. Göttingen 1773.
161. Celliez, Journal de Médecine, Chirurgie etc. XI, pag. 516.
162. Paulsen, Hospitals Tidende 1861; Schmidt's Jahrbücher, Bd. CXIX.
163. Bourot und Lécard, Bordeaux médicale 1875, Nr. 24.
164. Bousquet, Progrès medical 1877, Nr. 51.
165. Knapp, Archiv f. Augenheilkunde 1880, S. 448.
166. Carver, British medical Journal 1883, June 16.
167. Köhler, Charité-Annalen 1892, pag. 333.
168. Zirm, Wiener med. Wochenschrift 1892, Nr. 2.
169. Schindler, Archives de med. et de pharm. militaires 1892.
170. Hoppe, Klin. Monatsblatt f. Augenheilkunde, Mai 1893.
171. Krecke, Münchener med. Wochenschrift 1894, Nr. 51.
172. Wallenberg, Neurolog. Centralblatt 1895.
173. Sillar, Edinburgh medical Journal 1889, August.

174. Treitel, Zeitschrift f Ohrenheilkunde 1895, Bd. XXVII.
175. Trousseau, Clinique medicale. Deutsch. 2. Aufl. 1866, S. 552.
176. Ewald, Deutsche med. Wochenschrift 1890.
177. Bosworth. New York med. Record 1895, July 20.
178. Duplay, Archiv géner. de Médecine 1874.
179. Russel, Medical Times and Gaz. 1878, June 8.
180. Raymond, Bull. Soc. Anatom. Paris 1885, p. 226.
181. Thiroloix et du Pasquier, Bulletin Société Anatomique 1892, pag. 673.
182. Zörkendörfer, Prager med. Wochenschrift 1893.
183. Sandford, British Laryng. assoc. 1894.

SACHREGISTER.